铁路企业文化纵横探

王兆善　著

中国铁道出版社

2019年·北京

内 容 简 介

企业文化是将文化规律、作用方式和理念体系运用于经营管理过程的管理理论、管理思想和管理方式。本书详尽地讨论了铁路企业相关的安全文化、服务文化、经营文化、班组文化、创新文化、职工文化、诚信文化等专项文化建设，体现了对铁路企业文化建设方向的前瞻性，对企业文化建设的深化起到了引领作用。本书共10编，内容丰富，适合铁路企业管理人员参考，也可作为职工学习用书。

图书在版编目(CIP)数据

铁路企业文化纵横探/王兆善著. —北京：中国铁道出版社，2018.1(2019.1重印)
ISBN 978-7-113-24215-2

Ⅰ.①铁… Ⅱ.①王… Ⅲ.①铁路企业-企业文化-建设-中国 Ⅳ.①F532.6

中国版本图书馆CIP数据核字(2018)第010245号

书　　名：铁路企业文化纵横探
作　　者：王兆善　著

责任编辑：杨　哲　　**编辑部电话：**010-51873657
编辑助理：安　琪
封面设计：郑春鹏
责任校对：焦桂荣
责任印制：高春晓

出版发行：中国铁道出版社(100054，北京市西城区右安门西街8号)
网　　址：http://www.tdpress.com
印　　刷：北京建宏印刷有限公司
版　　次：2018年1月第1版　2019年1月第3次印刷
开　　本：700 mm×1 000 mm　1/16　**印张：**33　**字数：**636千
书　　号：ISBN 978-7-113-24215-2
定　　价：78.00元

序
PREFACE

作为一种现代企业管理思想和理论，企业文化已经传入中国并实践了三十多年。这期间中国企业文化研究和建设实践出现了生机勃勃的局面，积累了丰富的经验，涌现了一批先进典型，也诞生了一批深富启发力的著作，王兆善先生的《铁路企业文化纵横探》便是其中之一。

企业文化是管理学发展的第四个阶段，其基本属性是管理学属性和意识形态属性，既体现以人为本的终极目的价值，也为企业管理提供了现代性、工具性解决方案，是道器合一的产物。企业文化是将文化规律、作用方式和理念体系运用于经营管理过程的管理理论、管理思想和管理方式。

企业文化本质特征是以人为本、以文化人、文化主导。企业文化之以人为本是从物本向人本管理方式的转变，文化管理并不否认制度物质等要素的作用，只是主导要素由物转为人，反对制度物质至上论，强调激发员工的文化主体意识，尊重员工的文化主体性，建立全员高度认同的价值理念体系，引导员工的职业主动性和创造性，使企业成为充满活力的生命有机体。这些基本内涵和特点在《铁路企业文化纵横探》中有着充分的展示。

王兆善先生多年探索辛勤耕耘，结出丰硕的成果，此著作涉及企业文化理论和实践的方方面面，其论域之广，解析之详，很值得称道。本书中在深入论证企业价值观和企业精神等文化本体内容的基础上，对企业文化与经营、管理、品牌、人力资源、创新、领导的关系也多有涉猎，澄清了企业文化建设中多个难题，为中国企业文化建设作出了贡献。

当前的企业文化建设向纵深发展的一个重要路径，是建设企业专项文化。各企业尤其是集团化企业，构建文化体系过程中，对如何处理主文化与亚文化的关系常常感到困惑，理不出思路，找不到方法。在本书中，作者比较详尽地讨论了安全文化、服务文化、经营文化、班组文化、创新文化、职工文化、诚信文化等专项文化建设，体现了对企业文化建设方向的前瞻性，对企业文化建设的深化起到了引领作用。

王兆善先生立足于企业文化理论，与自己所在铁路行业的专业领域实践紧密结合，重在实践意义和操作方法的钻研。本书既具理论价值，也有实践意义，既具行业特征，也有广泛的启示性。

是为之序。

（中国企业文化研究会常务副理事长、秘书长，教授）

2017 年 12 月

前言
PREFACE

在全党学懂弄通做实十九大精神的热潮中，《铁路企业文化纵横探》即将出版，特借此前言回顾一下我与企业文化结缘与出书的过程。

首先，与企业文化结缘完全是一种偶然巧合，而把自己的文字汇集成册，也是他人不经意间的提醒。与企业文化产生的缘份，还是要追溯到20世纪80年代中期，偶然接触了一本关于企业文化领域的奠基之作《企业文化：企业生活中的礼仪和仪式》，让我对企业文化产生了浓厚的兴趣。随着改革开放的深入，企业文化这个词作为舶来品大举进入中国，但从总体来看还停留在形象设计层面。当时，我在蚌埠铁路分局宣传部从事生产宣传工作，负责编辑一份面向班组的《宣传》月刊，对安全经营管理中无所不在的文化现象以及形象宣传产生一些疑惑：企业文化是什么？为什么要建设企业文化？建设什么样的企业文化？怎样建设有铁路特色的企业文化？正是对企业文化建设实践问题的追问，驱使我多年来孜孜以求铁路企业文化理论与实践的观察与思考，并在不懈探索中努力把这些问号拉直。这种持续的研究与思考，并没有因环境的变化而中断，也没有因职务调整而懈怠。我笃信：坚持就是一种力量，认同与坚持同样也是企业文化建设的不二法门。时光荏苒，长期持续坚持的结晶，就有了近30年时间积累的50多万字的作品。

虽然撰写企业文化方面的研究文章是我不变的追求，但要让文字变成一本书，是未曾想过的事。两年前曾为一个基层单位讲“企业文化理论与实践”，课后该单位党委书记建议我把发表的文章系统整理一下，有助于当下铁路企业文化建设的深入推进。他的提醒启发了我，于是利用业余时间整理散见于各类报刊上的作品便成为我的重要功课。今年年初，中国铁路上海局集团有限公司运输处安全设备科高级工程师曲思源听说我在整理企业文化作品时，积极推荐我将作品目录发到中国铁道出版社。未曾想,《铁路企业文化纵横探》被审批纳入了出版选题计划。其后一年多时间,出版社编辑们给予了精心指导和帮助,提出了很多文字修改的建设性意见和建议。特别是有的作品跨越时间很长,一些不合时宜的提法很多,借此机会,有的进行了修改,有的忍痛删除,个别文章几近重写。

收入这本书的文章,大都是不同时期发表在各类刊物上的作品和教学研究心得,特别是突出铁路企业安全文化、服务文化、经营文化建设,以宽阔的理论视野探讨了企业文化若干前沿性理论问题;同时以问题和实践为导向,把握了当前和长远、历史与现实、国内与国外,探索了企业文化实践中的难点和热点问题,总结了铁路企业文化探索中的实践经验。

党的十八大以来,随着社会主义文化强国战略的实施,作为社会亚文化的铁路企业文化又进入了新的发展时期。期间,我多次受邀参加中国铁路总公司企业文化建设研讨会和相关课题研究,进一步开拓了视野,深化了我对企业文化的认识和理解。特别是铁路总公司企业文化处郝文杰处长认真审读了我的作品并推荐中国企业文化研究会常务副理事长兼秘书长孟凡驰作序,铁道党校吸纳我参与铁路总公司重点课题《铁路企业文化建设研究》,都增强了我对新时代铁路企业文化建设的信心。

新时代带来新机遇,呼唤新作为。习近平总书记在党的十九大报告中指出:“文化是一个国家、一个民族的灵魂。文化兴国运兴,文化强民族强。没有高度的文化自信,没有文化的繁荣兴盛,就没有中华民族伟大复兴。”同样,铁路企业是社会的细胞,优秀的企业文化是中国特色社会主义文化的重要组成部分。实践表明,优秀的企业文化是决定企业兴衰的关键因素之一,更是支撑企业持续成长的内在动力。一个组织的文化之所以伟大,不在于这个组织提出了多少漂亮的口号,而在于这个组织是否长期坚持了一些基本的价值观,把他们渗透到整个组织当中,形成组织成员共同的心理契约,从而自然而然地规范成员的言行。中国铁路企业文化建设要在新时代有新作为,必须以习近平新时代中国特色社会主义思想为指引,注重以人为本、文化铸魂、以文化人，聚力安全文化、服务文化、经营文化建设，使社会主义核心价值观在内化、固化、外化中落地生根，形成牢不可破的软实力，进而成为支撑铁路企业由做大到做强的动力之魂。

一年企业靠产品，十年企业靠品牌，百年企业靠文化。优秀的独具特色的企业文化，是不断提升企业整体实力、可持续发展能力和核心竞争力的精神支撑。从这个意义上说，文化力就是铁路企业的核心竞争力。以自己有限的经验、学识和见识"抛砖引玉"，为铁路企业文化建设提供一点思路，探寻铁路持续发展的成功之道，是出版本书的最大心愿。我将以《铁路企业文化纵横探》出版为新的起点，继续当好铁路企业文化的传播者和探索者，在"交通强国、铁路先行"进程中贡献自己的智慧和力量。

王兆善

2017 年 12 月

目　录

第一编

软实力与企业文化

党的十九大报告指出，要深化国有企业改革，发展混合所有制经济，培育具有全球竞争力的世界一流企业。

经济学家于光远说：国家的强大在经济，经济的繁荣在企业，企业的发展在管理，管理的优劣在文化。企业文化对企业的长期经营业绩有着重大的作用，在21世纪将成为决定企业兴衰的关键因素。企业文化建设是管理创新的重要内容，也是国有企业持续、快速、协调发展的重要保证，同时也是新世纪我国经济发展的重要基础。

随着铁路事业的快速推进，文化软实力越来越成为铁路建设的重要组成部分，越来越成为铁路行业增强凝聚力、创造力的重要源泉，越来越成为提高铁路综合竞争力的重要因素。要提高铁路综合竞争力，必须培育新时代企业家精神，以建设现代企业制度为契机，以做大做强国有资产为目标，以社会主义核心价值观为引领，弘扬新时期铁路精神，突出安全文化、服务文化和经营文化建设，在传承优秀文化基因、汲取时代文化精华、彰显社会责任中构建强企之魂，在“交通强国、铁路先行”中承担使命与担当。

兴国之魂与强企之路

社会主义核心价值观是兴国之魂。企业是社会的细胞，企业核心价值观是社会主义价值观的有机组成部分，是社会价值观在企业的具体反映。企业自觉贯彻十八大精神，就必须围绕社会主义核心价值观，突出爱国、爱党、爱企这一主题，以培养高素质的职工队伍为目标，以特色文化建设为重点，传承优秀文化基因，汲取时代文化精华，着力构建企业之魂，促进企业核心竞争力的增强。

胡锦涛同志在十八大报告中强调，扎实推进社会主义文化强国建设，并就社会主义核心价值观从三个层次进行了 24 个字“画龙点睛”式的概括提炼，不仅阐明了社会主义核心价值观的丰富内涵，又指明了构筑精神家园、建设文化强国的正确方向。笔者认为，建设社会主义文化强国，必须首先加强社会主义核心价值观建设，才能以“党魂”“国魂”“民魂”为文化强国提供精神支撑，为企业可持续发展提供正确的发展之道。

一、社会主义核心价值观是兴国之魂

社会主义核心价值观是文化强国的内核和灵魂，也是兴国之魂的首要任务。这是由核心价值观的功能和发展环境对我国文化建设提出的新挑战新要求决定的。

1. 从核心价值观的功能看

十八大报告提出，文化是民族的血脉，是人民的精神家园，发挥文化引领风尚、教育人民、服务社会、推动发展的作用。在现代社会中，人们深切地感受到，文化的内涵越来越丰富，文化软实力的作用越来越大。没有文化的积极引领，就没有人民精神世界的极大丰富，就没有精神力量的充分发挥。特别是当物质财富和物质力量得到极大发展和扩充时，必须要有精神文化的相应发展，从而使物质财富成为文明发展的积极成果。只有构筑美好精神家园，才能为全面建成小康社会、实现中华民族伟大复兴提供精神支持。文化的核心是价值观。没有一种吸引力、生命力、凝聚力强的核心价值观，一种文化就立不起来、强不起来，一个民族就没有赖以维系的精神纽带，一个国家就没有统一的意志和共同行动。从党的十六届六中全会第一次明确提出“建设社会主义核心价值体系”，到党的十七大提出“社会主义核心价值体系是社会主义意识形态的本质体现”；从十七届六中全会进一步提出“社会主义核心价值体系是兴国之魂”，再到这次党的十八大“倡导富强、民主、文明、和谐，倡导自由、平等、公正、法治，倡导爱国、敬业、诚信、友善，积极培育社会主义核心价值观。”这一系列核心价值观的“顶层设计”，无不体现了我党高度的文化自觉和文化自信，以及对核心价值观在民族复兴中地位和作用的清醒认识。

2. 从国际竞争视野看

党的十七届六中全会指出：“当今世界正处在大发展大变革大调整时期，文化在综合国力竞争中的地位和作用更加凸显，维护国家文化安全任务更加艰巨，增强国家文化软实力、中华文化国际影响力要求更加紧迫。”“三个更加”深刻洞察与准确判断了当今世界发展趋势。“软实力”来源于一个国家的文化、政策和价值观念的吸引力。价值观和思想的力量才是一个国家文化软实力的真正核心。正如德国宗教改革家马丁·路德所说：“一个国家的前途，不取决于它的国库如何殷实，不取决于它的城堡如何坚固，也不取决于它的公共设施如何华丽，而取决于它的公民的文明素养，即人们所受的教育、人们的学识、开明和品格的高下。这才是一个国家的力量所在。”历史和现实表明，世界上不同文化的竞争，往往表现为蕴含其中的核心价值的竞争。大国博弈正在进入以核心价值观为支点的文化竞争时代。当今许多国家都把提高文化软实力作为增强国家核心竞争力的重要战略。在世界范围内各种思想文化交流、交融、交锋更加频繁的背景下，谁占据了文化道义制高点，谁拥有了强大文化软实力，谁就能够在激烈的国际竞争中赢得主动。特别是随着世界政治多极化、经济全球化的深入发展，思想文化阵地已经成为国际范围内意识形态斗争的前沿。奥巴马政府公布了首份《美国国家安全战略报告》，虽然主要讲美国的国家安全问题，但有一个突出特点，就是强调输出美国的价值观。强大的苏联之所以解体，很重要的一个原因就是指导思想多元化，导致思想信仰危机和精神支柱崩塌。从国际竞争来说，一个国家的文化软实力如果长期落后、长期滞后于经济、政治和社会的发展，就不可能实现由富国向强国的战略转变。从我国的经济、军事、科技等实力看来，我国已经是公认的大国，但是我国文化落后的状况尚未得到根本改变，文化软实力的影响力仍很小，“西强我弱”的国际文化和舆论格局尚未从根本扭转。迄今为止，国际敌对势力对我们西化、分化的图谋和意识形态领域的“渗透”，从来就没有停止过的，目的就是要动摇马克思主义在我国意识形态领域的指导地位，破坏我国社会主义社会的主导价值体系。能否构建起具有强大感召力的核心价值体系，增强社会主义意识形态的吸引力和凝聚力，有效地化解西方“西化”“分化”的图谋，成为维护国家文化安全的严峻考验。

3. 从国内现状来看

十八大报告指出，我国进入全面建成小康社会决定性阶段。十七届六中全会提出，我国目前正处于“两个时期”——“全面建设小康社会的关键时期”“深化改革开放转变经济发展方式的攻关时期”。文化越来越成为民族凝聚力和创造力的重要源泉、越来越成为综合国力竞争的重要因素、越来越成为经济社会发展的重要支撑，丰富精神文化生活越来越成为我国人民的热切愿望。这“决定性阶段”“两个时期”和“四个越来越”充分反映了文化建设的重要性、紧迫性。经济学家林毅夫表示，中国的经济至少还能高速发展20年，但同时要提防中国文明的核心价值体系消失。他说：“在我国当前经济快速发展的过程中，有些人为名为利昧着良心而干伤风败俗的事时有发生，并且，在现代化的过程中透过传播、接触，人们也容易不自觉地受到外来文化伦理取向的影响。如果这样的事发生多了，影响到下一代的成长，传统文化的核心伦理价值也可能会逐渐消失。”应当看到，近年来一些党员干部理想信念缺失、党员意识淡化、脱离群众甚至以权谋私、腐化堕落现象仍比较突出。在当下，人们对物质利益的片面追求造成了精神空虚、道德滑坡、诚信缺失等乱象，构成当下社会核心价值观混乱的典型特征。广东省委书记就“小悦悦被车碾压事件”说：“物质贫乏不是社会主义，精神空虚也不是社会主义，道德堕落更不是社会主义。”一个“缺德”的民族，是难于有真正的辉煌的。因此，经济社会发展和转变经济发展方式的艰巨任务，以尖锐的形式把文化建设提到日程上，要求我们必须大力推进以社会主义核心价值观为核心的文化强国战略，以文化软实力带动硬实力的发展。十八大从建设文化强国的战略高度强调，积极培育社会主义核心价值观，必将在全党全社会形成统一指导思想、共同理想信念、强大精神力量、基本道德规范，增强中华民族凝聚力，提升国家文化软实力。

二、探索用文化之魂构筑强企之路

著名经济学家于光远先生说：“国家的富强在于经济，经济的繁荣在企业，企业的兴旺在于管理，管理的有效在于文化。”企业是社会的细胞，企业核心价值观是社会主义价值观的有机组成部分，是社会价值观在企业的具体反映。企业自觉贯彻十八大精神，就必须围绕24字社会主义核心价值观，突出爱国、爱党、爱企这一主题，以培养高素质的职工队伍为目标，以特色文化建设为重点，传承优秀文化基因，汲取时代文化精华，着力构建企业之魂，促进企业核心竞争力的增强。

1. 把文化之魂装进脑袋

文化如人，重在其神。要用社会主义核心价值观教育广大干部职工，凝聚企业发展的精气神。首先要着眼于教育。社会主义核心价值观是文化软实力的核心内容，是企业文化建设的指针和灵魂，决定企业文化建设的方向。要把用社会主义核心价值观教育干部职工作为根本任务和主线贯穿于企业经营管理全过程，成为企业文化建设的主旋律。要提炼具有特色的核心价值观，通过通俗化、生动化、大众化的培训和传播，使其成为干部职工共同的理想信念、价值追求和行为规范。其次，要着力于提升文化素养。干部职工作为文化建设的实践主体，必须提高文化素养，才能形成文化自觉。重点是提高领导干部对文化的驾驭能力和领导能力，切实担负起设计者、组织者、示范者的角色，争当践行核心价值观的排头兵。

2. 把文化之魂渗进制度

真正强大的企业，往往是核心价值力量强大的企业，以先进的显规则为载体，并成为大家普遍遵循的行为模式。国有企业与国际知名企业的最大差距，不在于显规则，而在于对显规则的真正认同和执行。当前，影响企业文化建设的障碍是潜规则消解和侵蚀主流文化，使显规则处于边缘化。文化建设就其本质来说就是显规则代替潜规则的过程。一家著名公司正是从领导者带头落实“迟到了，罚站一分钟”制度，才使诚信、守时的价值观念深入人心。要使文化显规则为企业所真正认同，必须从上而下强化制度机制建设，使文化转化为可操作性的显规则渗透于制度之中，成为企业人自觉遵守的显规则，企业才能在规范中可持续发展。

3. 把文化之魂融入道德

企业核心价值观是行业道德的核心和基础，是企业调整各种利益关系的根本准则，更是“追求什么，放弃什么”的荣辱标准。企业如果没有行业道德底线，就谈不上企业的先进文化，更谈不上职工核心价值观的形成与发展。从实践来看，敬业诚信已成为行业道德的根本底线，无论是美国次贷危机、还是“三鹿奶粉”事件，都应验了“心灵发霉必然导致事业倒霉”。企业一旦失去了起码的诚信底线，无论过去光环多耀眼，其结果终将被市场所抛弃。这也从反面证明，行业道德不仅关系到企业的发展前途与荣辱，而且关系到每一名员工的幸福与荣辱；核心价值观的培育，归根结蒂要通过每位职工个体的职业道德行为才能实现。企业核心价值观只有体现爱国、敬业、诚信、友善的基本道德取向，才能符合企业使命和追求，为广大顾客提供满意的产品和服务，形成维系企业和谐发展的精神纽带、价值准则和行为导向。

4. 把文化之魂变成行为

真正的文化并不只是表面有倡导，而是企业员工真实的行为，因为行为习惯背后体现的是员工对企业核心价值观的认同。一位著名企业家说，企业文化的本质不在于知，而在于行；其验证不在于内容，而在于实践。企业文化建设不是喊口号、赶时髦，为了好听、好看，关键是要把文化成果转化为员工的实践行为，使核心价值观变成具体行动，最终化为企业的良好形象。事实上，执行力也是企业的核心竞争力。只有正确的执行才能让战略落地，只有准确的执行才能让策略实施，只有严格的执行才能让组织运行，只有尊重执行才能让文化扎根。行为是从上而下影响的，许多行为规范流于形式，原因多是在高层、中层和基层干部的言行不一。因此，良好的行为规范必须从“一把手”做起，从提高中层干部的执行力入手，从管理和作业标准化着力，才能真正让企业核心价值观变成员工的行为习惯。

5. 把文化之魂注入品牌

成功企业注意通过大众传媒，把定位准确、富于个性的企业理念融入品牌战略之中，融入形象广告之中，既画龙点睛，又润物无声，使其在第一时间将自己和其他品牌区别开来，从而塑造差异化的品牌形象，在人们记忆深处“定格”。特别是随着市场竞争的加剧，产品质量上的差距越来越小，品牌形象越来越成为影响消费者购买行为的重要因素，越来越成为企业竞争力的重要标志。一旦产品中注入文化内涵，其内在价值和形象就会在人们的感知中不断提升。苹果公司的成功就是科技与人文的融合。可以说，品牌是企业文化传播的最重要载体，企业文化最终要体现到品牌内涵上。我们不仅要实现企业文化的扩大再生产，努力延长文化产业链条，拓展区域性文化产业，更要实施品牌战略，提升具体产品的文化内涵，着力把企业价值观凝结在品牌上，才能持久提升产品的美誉度和综合竞争力。

6. 把文化之魂铸成“偶像”

核心价值观是抽象的，但职工身边活生生的典型是最有说服力的核心价值观样本。实践表明，先进人物的理想信仰、人生态度、价值取向和行为方式，是企业的“偶像”，既能从他们身上提炼职工核心价值观的精神元素，又能发挥其价值引导、人格塑造和标杆辐射作用。一方面，先进人物的评选要以企业核心价值标准。要以“提炼典型精神、彰显价值追求”为主题，开展先进人物评选活动，注重从其令人感动的事迹中提炼核心价值理念元素，使先进典型选有据、立得住，职工核心价值观有泛的认同基础。另一方面，开展传播和践行企业核心价值观活动。要做到故事理念化、理念故事化，或为先进典型“著书立传”，或让身边典型“现身说法”，大力传播实践核心价值观的人和事，使职工悉心领会他们的感人事迹，深刻感悟他们行为背后的动机，进而达到“点亮 ·盏灯、照亮一大片”的效果。

7. 把文化之魂融入载体

参观过海尔集团的人都会感慨：走进海尔，脚步所至，目力所及，处处都有文化的氛围。比如，海尔的方圆标志意味着“思方行圆”，即在工作中要将原则性和灵活性有机地结合起来，以达到预定的目标和效果。因此，要让文化之魂看得见、感受得到、吸引力强、辐射面广，必须充分利用各种物质载体搭建企业文化的识别系统、构建企业文化的熏陶环境、搭建身临其境的企业文化平台，把企业核心价值观融入企业歌曲、口号、标志、礼仪、典礼、典型、活动等有形载体之中，进而使文化的力量引领风尚、塑造形象、服务社会、推动发展。

（本文原载 2013 年第 2 期《现代管理与现代领导》、2012 年第 6 期《上海建设交通政工研究》，获 2012 年全路党校学习贯彻党的十八大精神研讨会三等奖）

企业文化是企业长寿的基因密码

企业作为一个生命体有自身的基因，这个基因就是促进企业健康的企业文化。时下流行这样一段顺口溜："企业一年获利靠机遇，企业三年不败靠领导，企业五年成功靠制度，企业百年发展靠文化"，形象地反映了企业文化在企业兴衰中的作用。

众所周知，影响人寿命长短的因素有很多，但长寿家族中促进长寿的遗传因素非常明显。同人类一样，物种的竞争，实际上就是基因的竞争。一个物种如果能够随着环境的变化而不断改变基因构成，这种物种也就具有不朽的生命力。比如，曾经在地球上称王称霸达几千万年之久的恐龙，之所以从地球上灭绝，这也与其缺少适应地球环境变化的基因有关。我们可以从中得到一个明白无误的道理，那就是变化无所不在，能否持续适应才是生存之道。

正像其他生命体有其自身的基因一样，企业作为一个生命体也有自身的基因，这个基因就是促进企业健康的企业文化。企业文化如同企业组织的基因密码，直接决定企业能否持续稳定发展，是实现健康长寿的决定性因素。好的文化让企业健康长寿，不好的文化使企业折寿。就是说，如果一个企业的企业文化是强势的和可持续的，那么，企业文化就可以直接起到推动和促进企业持续稳定，保证企业健康长寿的作用；如果说，企业文化是颓败的，它不仅不会对企业的发展起到正面作用，相反还会阻碍企业的发展，甚至把企业推上崩溃、短命之路。

在全球企业界，通用电气公司(General Electric Company，简称 GE)被誉为"商界的西点军校"，成就百年的秘诀就是持之以恒地推崇"坚持诚信、注重业绩、渴望变革"的核心价值观。这一价值观就像一个巨大的磁场，把与这种文化相匹配的全球最优秀的人才吸引过来，使公司成为一个拥有雄厚的人才培养系统的组织。GE 的领导者认为，"人"是所有事业成功的关键，GE 的发展已经不是靠业务、产品或服务，而归根结底都是靠人的进步与发展。为此，他们通过各种方式吸引人才，在获取人才的途径上最极端的例子是"如果不能雇到这个人，就连他所在公司一起收购"。这无疑是 GE 成就百年的文化基因。

同仁堂之所以 300 多年不倒，关键在于他们尊崇"可以养生、可以济世者、惟医药为最"，恪守老祖宗留下的对联"炮制虽繁必不敢省人工，品味虽贵必不敢减物力"的古训，树立"修合无人见、存心有天知"的信条，把行医卖药作为一种济世养生、效力于社会的高尚事业来做，践行诚信始终如一，品质始终如一的文化自律，使同仁堂支撑 300 多年不倒。相反，安然公司(Enron Corporation)曾是美国最大的电力和天然气销售和交易商，2001年因做假账，被迫宣布破产，成为美国历史上最大的公司破产丑闻，安然公司股东和员工成为最大的受害者，企业的高层管理人员被送进监狱。安然公司的破产从文化中找原因，那就是应验了“心灵发霉必然导致事业倒霉”。这个曾几何时在全美乃至全球能源商品交易市场上举足轻重的龙头公司，几乎是在一夜之间突然倒下了，说明一时的辉煌并不代表永远的辉煌，没有诚信价值观这一文化基因也是难以长久发展的。

有专家研究发现，当剖析企业的成功与失败的时候，在举出一百条经营上的原因的同时，也能举出一百条文化上的原因，甚至如果深究下去，许多经营上的原因其实就是企业文化不适应的内在根源。一般来说，长寿企业往往要成功迈过五道坎，即技术坎、营销坎、管理坎、战略坎和文化坎。比如，与联想并驾齐驱的方正为什么到了20世纪90年代后期停滞不前，远远被联想抛在后面的原因，说明方正没有成功跨越五道坎，特别是最为关键的“文化坎”，不少企业就是在过这道坎时摔下马来。这也是不少企业做不大、做不强、做不长的根本原因。

事实证明，企业是有生命的有机体，企业最终的目的是希望自己长寿，能够基业长青，这也是为什么企业文化建设如此重要的原因。如果把经营管理比作企业的骨骼脏腑，核心价值观就是企业的灵魂和“遗传基因”，从根本上决定企业从哪里来、到哪里去，以及能够走多远。企业如何保持长寿？实践表明，企业只有创造最适合自己发展的企业文化，并让文化深入人心，才能让文化对内成为统一思想、凝聚人心、传递健康发展的基因，对外成为塑造企业形象、提升企业吸引力和感召力的一面旗帜。

一、恪守底线

企业必须要有底线意识，恪守基本的价值理念，什么事能做、什么事不能做，要有基本的诚信价值准则，才能发挥文化的“软约束”的作用，为企业提供“免疫”功能。“诚”是企业聚心之魂，“信”是企业立足之本。一个企业，推向社会、卖给顾客的不仅仅是商品的本身，更重要的是隐藏在商品内的文化，特别是推销过程中的品德，售后服务中的信誉。如果一个企业没有基本的道德诚信，尽管有短期的辉煌，但从长远来看，必将成为制约企业发展的障碍因素。GE原CEO杰克·韦尔奇说：“我们没有警察，没有监狱。我们必须依靠我们员工的诚信，这是我们的第一防线。”许多中国企业经过多年的发展止步不前，就是因为这一防线失守，致使企业品牌一夜倒塌。党的十八大报告强调，全面提高公民道德素质，深入开展道德领域突出问题专项教育和治理，加强政务诚信、商务诚信、社会诚信和司法公信建设。这为企业加强诚信文化建设指明了方向。因此，要让企业这面旗帜不倒，使企业品牌不衰，企业必须提升诚信文化的高度自觉，坚持“以信为本”的基本准则，唤起职业道德意识，通过制定企业的诚信规则，开展企业诚信培训，强化知行合一的道德实践，进而把“诚信第一、品格第一”的价值观渗透到企业全员和经营管理全过程，并成为支撑企业发展的文化基因。

二、超越自我

企业不仅是经济组织，还是社会组织的一员，必须有超越利润的社会价值，成为负责任的“社会公民”。就是说，企业不仅要对企业内部的员工负责，还要对与之关联的供货商、分销商、社区负责，更要对养育自己的消费者和使自己安身立命的国家负责，才能赢得社会公众的尊重，让企业活得更好。回顾企业的发展史，企业经历了最大利润价值观、经营管理价值观和社会互利价值观的演变过程。一个优秀企业理应是“取之于社会，回馈于社会，造福人类”的企业。微软曾被人看作一家庞大的垄断企业，但其创始人比尔盖茨并没有为富不仁，他退下来之后创立了比尔及梅琳达·盖茨基金会，以促进国际医疗和教育水平并承诺将捐出自己的全部财产。如今微软已经成为一家公认的有爱心的公司，懂得回馈社会的公司无疑会得到公众尊敬与支持，并将走得更远。实践证明，能永续发展的企业，无不与其坚持崇高的使命、自觉履行自己应尽的社会责任密切相关。诺贝尔经济学奖获得者西蒙的论断：生存得最好的生物是对周围环境最有利的生物。同样，发展得最好的企业是对社会公众最有利的企业。因此，企业要超越短期行为、追求长远利益，必须坚持人的价值高于物的价值、用户价值高于生产价值、共同价值高于个人价值、社会价值高于利润价值，才能真正成为对社会公众有利的企业。

三、学习创新

创新是企业可持续发展的永恒主题。在全球信息化、网络化及经济全球化的趋势不断加快情况下，企业的核心竞争力源于持续不断的创新能力和强大的变革能力，而创新能力和变革能力基于适应性强的学习创新文化。特别是当企业内外环境发生了急剧变化，企业文化产生了激烈冲突，需要选择、整合和变迁的时候，就要强化企业文化的变革思维，对原有文化实行彻底的扬弃，重新构建和创造新型的企业文化。比如，传统影像“巨人”柯达公司倒在数码时代，申请破产保护，就是因为创新不足，不适应时代发展潮流，终被市场所摒弃。因此，企业要适应环境变化，必须不断学习创新，再造充满活力的文化基因，成为学习型组织，才能从根本上提升企业的健康水平，始终保持持续的盈利增长和竞争能力。《长寿公司》这本书总结出成功企业的四条原则：第一是对环境非常敏感，与时俱进，关注变化，适应市场，适应外界的需求；第二是员工对企业有较强的认同感，即文化上的同一性；第三是公司的宽容性很强；第四是财政比较保守，有审慎的财政政策，敢冒风险，但比较谨慎。这可能就是长寿公司的一部分共同基因。正是凭着这四大支柱所形成的文化力，使这些公司保持基业长青，成为企业赢得客户、赢得市场、赢得竞争优势之本。

（本文原载 2013 年第 6 期《中外企业文化》）

核心价值观是企业文化的基石

从成功企业的实践看，他们之所以能持续生存发展，一个共同特点是信守核心价值观，在企业经营发展全过程中渗透，并内化到员工的心灵深处，外化为员工的集体行为、习惯和性格，固化为规划、制度和机制，从而形成企业的核心竞争力。实践表明，企业文化建设始于核心价值观的精心培育，终于核心价值观的维护、延续和创新。

美国学者威廉·詹姆斯这样说过："人的思想是万物之因。你播种一种观念，就收获一种行为；你播种一种行为，就收获一种习惯；你播种一种习惯，就收获一种性格；你播种一种性格，就收获一种命运。总之，一切都始于你的观念。"这一观点同样适应于企业的生存发展。同任何生命体一样，企业也有自身的生命周期，有的寿命长一些，成为百年老店，有的寿命短一些，如昙花一现，其共同点可以套用列夫·托尔斯泰的一句话，成功的企业都是一样的，失败的企业各有各的不幸。

从成功企业的实践看，他们之所以能持续生存发展，一个共同特点是信守核心价值观，在企业经营发展全过程中渗透，并内化到员工的心灵深处，外化为员工的集体行为、习惯和性格，固化为规划、制度和机制，从而形成企业的核心竞争力。因此，核心价值观是企业文化的基石，是所有成功企业的文化基因。

一、以核心价值观塑造企业的行为

企业核心价值观明确告诉员工什么是我们应该做的，什么是不该做的，对员工起着一种非正式的控制作用。而统一的集体行为是实现企业目标的基石，是围绕企业目标有效运作的重要保证。潜移默化的文化氛围，长期积累的文化底蕴，以人为本的人文关怀，能够使员工形成与核心价值理念相一致的集体行为。据此有专家称，衡量企业凝聚力大小的标准是集体行为的统一程度、运作强度、持续韧度。实践证明，那些成功企业的文化建设之所以能够成为推动企业发展的动力，一个重要原因就在于企业文化有广泛的群众基础，能够使企业价值观深植于员工的内心，变成员工的行为和岗位实践。特别是拥有强大集体行为的企业，实现目标的力度越大，就越需要统一的核心价值观规范员工的行为，使个人行为与企业行为统一起来，变制度规范为行为规范，变外在约束为内在约束，变多元文化为一元文化。科龙集团曾专门实施了"万龙耕心"工程，统一员工行为方式。因此，要从加强企业文化管理入手，在全员共同认知和实践核心价值观上下功夫，形成符合企业价值观要求的员工共同的“做事方式”，营造适应经济、社会发展要求、顾客需求的企业运行环境。

二、以核心价值观塑造企业的性格

性格是企业集体个性的集中体现。如果一个企业没有统一的个性，企业对市场和环境便无法适应，企业就没有竞争优势，就不能持续生存和发展。适应性、个性是企业生命力和活力的集中表现。企业核心价值观和经营理念个性化是塑造企业性格的集中体现。从某种意义上说，企业文化是企业家文化，有什么样的领导人就有什么样的企业文化，企业领导人的素质决定企业文化的优劣；企业家不仅是构成企业核心竞争力的基本要素，也是培育独特的企业价值观的关键所在。同样，企业领导人作为企业的“精神领袖”，其自身的特质和人格魅力决定了企业的性格。如华为的狼式文化体现了任正非的独特价值观，海尔文化体现了张瑞敏的自强不息、追求卓越的精神，GE 文化体现了韦尔奇追求“速度、简单和自信”的思想。微软公司在比尔·盖茨领导下，以其不息的创新精神、杰出的开发和管理才能，成为知识经济时代精英朝觐的圣殿。可见，每一个企业的企业文化都深深打下了企业家的鲜明思想烙印，尤其是企业创始人的思想和作风对于企业文化的形成起重要的奠基作用。同时企业的集体性格塑造不是一朝一夕形成的，而是几代企业家呕心沥血精心打造的结晶，更是全员团队精神的凝聚。因此，企业家既是企业文化的第一推动者，又是企业文化的“播种机”“传教士”，阐明企业价值观是卓越领导人的重要标志，而实践价值观和塑造有个性的企业文化是全员的共同责任。

三、以核心价值观塑造企业的习惯

亚里士多德曾经说过：“我们每一个人都是由自己一再重复的行为所铸造的。因而优秀不是一种行为，而是一种习惯。”实践证明，良好习惯是企业群体智慧的结晶，是一笔宝贵的精神财富，是牢不可破的无形力量。企业良好习惯的养成过程就是渗透企业核心价值观的过程。因为企业文化是企业发展到一定阶段的产物，形成于企业家的自觉倡导和示范，形成于企业发展过程之中，产生于企业变革过程之中，落实在员工集体行为之中。“天下大事必做于细”。企业核心价值观要变成员工的良好习惯，并不是轻而易举的，必须体现在管理过程中的每一个细节。一方面要建立、健全、完善必要的规章制度，使员工既有看不见的价值观导向，又有看得见的制度化的规范、习惯和准则。理念的生命力就在于管理支持和制度的配套。如华为公司倡导员工学雷锋，但不让学雷锋者吃亏，使自觉遵守“华为基本法”成为员工的习惯；在沃尔玛的成功经验中，有个著名的“10 英尺规则”，即只要顾客在你周围的 10 英尺之内，你就要笑脸相迎。另一方面企业习惯的形成重在养成，持之以恒，特别是通过反映企业核心价值观的生动案例、经常性文化载体和宣传教育活动来潜化。比如，海尔注重企业价值观的活动化和案例化，开展“来自员工的画与话”活动，鼓励员工在业余时间里动脑子去画漫画，以漫画的形式，来诠释海尔理念，体现了海尔员工对企业价值观的认同。同时，注意用案例促进员工观念的转变，如通过“砸冰箱事件”，建立起了全新的质量意识；通过“范萍事件”引发了海尔管理观念大转变；通过海尔文化激活“休克鱼”，达到了企业经营新境界。这种别开生面的员工自我教育活动，使海尔员工自觉实践海尔价值观成为一种习惯。

四、以核心价值观铸造企业的命运

企业的命运是由核心竞争力决定的。核心竞争力是企业文化长期积淀和升华的结果，鲜明地体现了无形资源的力量。据 2002 年中国铁路企业文化考察团访美时发表的观点，产品竞争是由技术竞争力决定的，技术竞争力是由制度竞争力决定的，而制度无非是物化了的理念的存在形式。可以说理念才是第一竞争力，谁拥有正确的、不断创新的理念，谁就具有最强的竞争力，而创新的理念来自于创新的、拥有活力的企业文化。在某种意义上说，GE 之所以百年不衰，就是因为坚持不懈地推崇三种核心价值观：坚持诚信、注重业绩、渴望变革；海尔的成功也是其理念的成功，创新理念成为海尔生生不息的源泉。著名的海尔定律（斜坡球体论）形象地反映了其发展规律。“企业就像斜坡上的球体，市场竞争与员工惰性会形成下滑力，如果没有一个止动力，球体就会下滑，这个止动力就是基础管理；斜坡上的球体不会自行上升，如果有个向上的拉动力，企业才能发展，这个拉动力就是创新。”这个有趣的定律实际上向我们展示了企业竞争力的一大内容——无形资源优势的力量。现在一个企业兼并另一个企业，所依赖的优势不仅仅是技术，更重要的是管理模式或企业理念，或强势品牌。目前我国之所以缺少百年企业，个中原因不言而喻。因此，企业核心竞争力不仅表现为经济实力技术优势问题，还体现在社会认同的富有鲜明价值观的企业文化特色。这种企业文化特色不仅渗透于企业产品之中，融汇于企业员工行为规范之中，更重要的是体现在反映企业核心价值观的具体经营理念之中。

综上所述，企业文化的本质在于全员共同认知的核心价值观，企业文化建设始于核心价值观的精心培育，终于核心价值观的维护、延续和创新。这是成功企业不变的法则。企业要持续发展，实现基业长青，必须与时俱进，承优创新，培育和实践别人难以复制和移植的“基因密码”——核心价值观。

（本文原载 2004 年第 3 期《思想政治工作研究》）

从三维视角看国有企业文化建设的深层动因

国有企业要做强做优做大，不仅是规模的提升，而是对企业文化建设提出了更高的要求。要从提升企业管理境界、增强核心竞争优势和传承百年基因密码来认识和把握企业文化的深层动因，这无疑是国有企业文化建设能否卓有成效开展的关键所在，也是企业做大做强做优的应有之义和内在要求。

习近平总书记强调，国有企业是壮大国家综合实力、保障人民共同利益的重要力量，必须理直气壮做强做优做大，不断增强活力、影响力、抗风险能力，实现国有资产保值增值。笔者认为，国有企业要做强做优做大，不仅是规模的提升，而是对企业文化建设提出了更高的要求。因此，国有企业要把企业文化作为提升企业软实力的重要途径，认识和把握企业文化的深层动因，这无疑是国有企业文化建设能否卓有成效开展的关键所在，也是企业做大做强做优的应有之义和内在要求。

一、从提升企业管理境界视角看，加强企业文化建设是做大国有企业的迫切需要

小企业与大企业，对企业管理方式要求是不同的，境界也是不一样的。首先，企业越大越需要价值观管理。企业文化的核心是价值观。“道不同，不相为谋”，“不是一家人，不进一家门”，“物以类聚，人以群分”都是在说明一个道理，那就是要靠共同的核心价值观凝聚人心。特别是当企业做大了的时候，文化管理就成为当务之急的事。因为企业越大，越需要群体的共同语言和行为习惯，通过培植价值观念、创造民主气氛、融洽人际关系、激励员工动机来增强内部员工的凝聚力，才能使大家凝聚在一个大旗下行动。一位企业家曾说“10 个人的时候，你走在最前面；100 个人的时候，你走在中间；1 000 个人的时候，你走在后面；10 000 个人的时候，你就只能祈祷上帝的帮助了。”这个上帝就是共同的信仰和价值观。因为企业文化不仅是企业家的文化，而是企业所有人的文化，特别是企业越大，越需要领导人把自己的理念和思维方式转化为大家的共识，才能上下同欲，实现由“人治”到“文治”的升华。其次，企业越大越需要弥补制度管理的不足。从企业治理历程考察，经历了三个比较重要的阶段，即：人管人、制度管人和文化管人这三个阶段。这三个阶段是企业由小到大对企业管理方式的内在要求。如果说，制度是让人没有机会犯错；那么，文化是让有机会犯错的人不愿犯

错。我们知道，制度是管理的底线，可以让职工不迟到早退，但解决不了出工不出力的问题，更解决不了精神状态问题。也就是说，制度只能使人达到最低标准，而文化是人的自觉行为，给员工以希望，给工作以意义，因而能够引导人达到最高标准。制度和文化都是规范员工行为的，只不过规范的范围和力度有差异而已，凡制度必有死角，而文化则无孔不入，总是扮演着弥补制度漏洞的角色。企业越大越需要这种弥补，因为企业越大，层次越多，结合部也越多，越需要弥补制度的滞后与缺陷。事实证明，“人管人气死人，制度管人累死人，文化管人管住魂”。正是从这个角度上说，文化管理是弥补制度不足的重要途径。再次，企业越大越需要企业管理境界的提升。老子《道德经》说管理的境界：“太上，不知有之；其次，亲而誉之；其次，畏之；其次，侮之。”最好的管理就是员工感觉不到领导的管理，各自做好自己的事，把自己岗位上的事情安排得妥妥当当。领导说最少的话，管最少的事，干预最少的过程。这也就是老子讲的“无为而治”。因为源自文化层面产生的力量，比起传统管理的命令、监督、惩罚的力量更彻底，更有凝聚力、约束力和推动力，也更有持久的活力。特别是企业越来越大，人数越来越多，如果员工自觉用企业文化武装，将核心价值观融入心里，体现在行动上，就会变“要我做”为“我要做”。如此“无为而治”，正是企业做大后企业管理所追求的最高境界，也是形成人企合一命运共同体的重要目标。

二、从增强企业核心竞争优势视角看，加强企业文化建设是做强国有企业的必然要求

企业做大关键是做强，做强重在核心竞争优势的提升。而企业要长期保持竞争优势，离不开企业文化建设的独特优势助力。首先，企业文化具有资产长期增值优势。经营成功与否的另一面是文化。特别是在知识经济社会中，企业无形资产的作用将超过有形资产的作用。企业文化作为一种无形资产，可以为企业带来市场、客户、品牌、合作者等一系列的资产增值。拥有优秀的企业文化就可以自如地在有形资产和无形资产之间进行转换和支持，促进企业整体资产的增值。不仅如此，当有形资产遭受损失时，企业文化还可以起到补偿和替代作用。美国哈佛商学院两位著名教授约翰·科特和詹姆斯·赫斯克特总结了他们在1987～1991年间对200多家公司的企业文化和经营状况的深入研究结果表明，企业文化对企业长期经营业绩有着重要的影响，具有无形资产增值效应。其次，企业文化是构成企业长期竞争优势的关键要素。企业竞争的实质是看谁能赢得持续的核心优势。企业核心优势是一个非常复杂的系统，但其关键的要素无非是产品力、技术力、管理力和文化力。有人说，产品、人才、高新技术、管理制度是企业的核心竞争力。但在科技飞速发展的今天，新产品、新技术会被更新的产品和技术所取代，人才会在企业间流动，管理制度会不断地被相互效仿。而唯一不能被复制的是企业的文化力，因为它凝结了在创业过程中创业者集体形成的经营理念和个人特质，并且在企业长期发展中被员工所认同，深植在每位员工的心里。这也是为什么很多企业学海尔的文化，但很难复制到海尔的精髓。正是这种独特的企业文化力和员工的身体力行，凝聚成了企业持续发展的动力和核心竞争优势。再次，企业文化具有无可替代的整合优势。好的企业文化能够用核心价值观把技术力、管理力、品牌力等要素融合起来，形成别人无法取代软实力的整合优势。因此，不能简单地把企业核心竞争力仅仅归结为某种技术、某种知识、某种设备、某种资源。其实，技术、设备、资源的内在之魂不在其本身，而在企业文化之中。从表面上看，核心竞争力来自于技术，但技术来自于管理，而管理靠的是以价值观为核心的企业文化。没有企业文化的整合，形成竞争优势的各种要素就是一盘散沙，无法形成凝聚力，就谈不上核心竞争力。国际上的一些研究成果也证明了这一结论的正确。因此，离开企业文化的整合作用，尽管有短期的产品、技术、人才和管理优势，但很难保持并形成某种持续的竞争优势。

三、从传承百年老店基因密码视角看，加强企业文化建设是做优国有企业的重要途径

企业做优的目标是长期可持续发展，进而成为百年老店，而百年老店得益于长寿基因密码。首先，企业长寿的基因是文化。现在流行这样一段顺口溜："企业一年获利靠机遇，企业三年不败靠领导，企业五年成功靠制度，企业百年发展靠文化"。正像其他生命体有其自身的基因一样，企业作为一个生命体也有自身的基因，这个基因密码就是企业文化。一家公司花了20年跟踪了500家世界大企业，发现他们有个共同点，即他们始终如一地坚持四种价值观：人的价值高于物的价值；共同价值高于个人价值；社会价值高于利润价值；用户价值高于生产价值。这无疑是企业长寿的共同基因密码所在。其次，企业百年不衰的关键是传承文化。诺贝尔经济学奖获得者西蒙论断：生存得最好的生物是对周围环境最有利的生物。同样，发展得最好的企业是对社会公众最有利的企业。同仁堂之所以300多年不倒，关键在于他们尊崇"可以养生、可以济世者，惟医药为最"，恪守"炮制虽繁必不敢省人工，品味虽贵必不敢减物力"的古训，树立"修合无人见、存心有天知"的自律意识，把行医卖药作为一种济世养生、效力于社会的高尚事业来做。正是这种诚信始终如一，品质始终如一的企业文化基因传承支撑了企业300多年发展的历史。实践证明，一个企业的企业文化如果是强势的和可持续的，企业文化就有保证企业健康长寿的作用；如果其企业文化是颓败的，没有促进企业持续健康发展的基因密码，就会阻碍企业的发展，甚至把企业推上崩溃、短命之路。许多企业做不长，就是因为促进企业长寿的基因密码缺失而难以延续。再次，承优创新是企业文化建设的终极追求，也是长寿基因延续的根本。企业组织的基因密码是直接决定企业能否持续稳定发展，实现健康长寿的决定性因素。因此，既要弘扬企业优秀文化传统，更要形成开放包容支持创新的企业文化，把传承基因密码作为企业文化建设的着力点，把党建优势转化为人才优势，把文化优势转化为竞争优势，持续给企业文化注入活力。要加强核心价值观的有形化建设，通过机制创新，着力把团体协作精神、客户至上、平等对待员工、激励和创新这些共识内化于心、固化于制、外化于行，并贯穿于企业改革发展全过程，成为企业持续健康发展的软实力。

（本文原载 2017 年第 3 期《上海建设交通政工研究》）

荣辱观与企业文化的关系

社会主义荣辱观与企业文化之间是相互促进和制约的关系，培养社会主义荣辱观是建设先进文化的重要内容，也是企业文化建设的重要方面。社会主义荣辱观是社会主流文化的体现，是社会主流价值观的反映。企业是社会的细胞，企业文化是社会主流文化的有机组成部分，是社会文化的亚文化。不同的企业有不同的企业文化，不同的文化从不同侧面折射社会主流价值观。

社会主流文化制约企业文化，企业文化虽有其个性，但必须以共性文化为基础才不致偏离方向。社会主义企业必须坚持以社会主义基本价值观为指导，同时，企业文化不是孤立的，与企业战略是相互融合的，与外部环境是相互影响的，因此，企业文化无时不在受社会主流文化的影响。良好的主流文化会促进企业文化的发展，反之就影响和制约企业文化的健康发展；同样，良好的企业文化会对社会产生辐射作用，不良的企业文化也会对社会主流文化产生破坏作用。如果社会主流价值观模糊，企业价值观就很难清晰和坚定，如果企业价值观背离社会主流价值观，就会破坏社会风气，影响人们对社会主流价值观的信仰和坚持。

企业文化与荣辱观是在相互支撑和磨合中不断发展的，荣辱观在企业集中体现为利益观。由于市场经济体制发展不成熟，企业损人利己、见利忘义、商业贿赂和欺诈等现象还较为普遍，一方面反映了主流价值观不清、尚未形成强势，但也与企业利益观的严重错位密不可分。前不久发生的“欧典地板事件”“亨氏奶粉事件”等，都从某些方面证明了企业错误的利益观。这种不负责任的企业行为不仅危及自身，更危及了公民利益、社会利益甚至和谐社会的建设。实践证明，讲求伦理道德才是追求利润的根本，诚信经营才是企业基业长青的关键。成功的企业是在商业生态环境中运作的，企业追求利润和讲求信誉是相互依赖而生存的。企业的发展有三个层次，首先是“术”，即怎样把东西卖出去，虽无可厚非，但却是最低层次的发展思路。其次是“道”，企业的经营要符合事物发展的规律。最高的层次是“德”，指的就是“伦理价值观”。蒙牛董事长所言：“小胜凭智，大胜靠德。”企业只有从根本上修德，再按一定的经营规律办事，最后在操作层面上“造势”才能成功。企业只有注重“术”“道”与“德”的和谐统一才是对社会负责的体现，才有可能走得更远更长。企业文化的核心是价值观，而价值观是基于企业的荣辱价值的判断，独特的价值观决定独特的能力观，并由此形成差异化的竞争优势。超越竞争者并不是要跑得更快，而是要找得到那条指向正确方向的起跑线，前提就是解决“价值判断”问题。而这一“价值判断”是企业能否可持续成长，乃至成为受人尊重的企业的关键。

荣辱观对企业而言是一种社会利益至上的价值观，社会主义荣辱观所倡导的发展社会主义先进文化，弘扬爱国主义、集体主义和社会主义思想，倡导社会主义基本道德规范，促进良好社会风气的形成和发展，既符合企业的基本道德理念，也是企业人共同追求的社会责任：就是要使社会主义荣辱观成为企业的核心价值观，成为全体干部员工的道德行为规范和人生指南。企业是利益相关者的集合体，既是经济人也是道德人，既是社会的细胞又是社会的“公民”，既然社会赋予了其生存和发展的权利，也就应当承担起相应的社会责任。树立正确的荣辱观既是构建和谐社会的思想基础，也是建设和谐企业的核心基石；企业文化离不开先进文化的指导，更离不开荣辱观的引路导航。尽管企业不同于社会，企业文化表述上没有社会基本价值观那样宽泛、全面，但荣辱观是企业文化的灵魂和基石，是能否使企业行为不偏离轨道的关键。

一、荣辱观是企业精神文化的支撑

理想是精神的支柱，信念是行为的源头。社会主义荣辱观的建立，固然离不开外力的推动，但归根结蒂要通过个体落实，仰仗个体的自我内心修养，仰仗个体自省、自我矫正和肯定。同样，企业精神文化的形成过程，实际也是人心的修炼、人心的净化过程，一个从共识到内化的渗透过程。理念文化包括企业核心价值观、企业使命、企业精神、企业哲学等。核心价值观就是企业生存的理由和目的，就是“追求什么，放弃什么”。就社会主义荣辱观而言，是一个有机整体，涵盖个人、集体、国家三者关系，涉及人生态度、公共行为、社会风尚，构成了社会主义道德的鲜明指向，既是一条基本道德底线，也是指导企业发展的核心价值观。因此，社会主义荣辱观既是企业的理想信念和支撑，更是干部员工的道德行为规范和人生指南。只有从全面建设小康，构建和谐社会，落实科学发展观的高度系统理解、深刻领会，才能全面把握社会主义荣辱观的内涵、实质和意义，才能认识到每一个“荣”不仅关系到国家的前途和人民的幸福，而且关系到企业的前途和员工幸福；每一个“耻”不仅关系到社会的安定和个人的命运，也关系到企业的发展和员工的利益。当然，这一理想信念并非自然而然形成的，共识更不是不知不觉转化的。因此，树立社会主义荣辱观是一个长期的过程，必须通过强化学习培训，加强世界观改造，积极有效传播，才能成为内心的一种信念乃至人生的座右铭。强化学习培训，就是要把社会主义荣辱观作为党委中心组学习、领导干部教育培训和“四好”班子思想建设的重要内容，作为廉洁勤政的基本要求和基本准则，作为干部理论学习、党员党课教育、员工日常学习的重要内容，使广大干部员工真学真信，把握本质，理解内涵，入脑入心，形成群体共识，进而转化为企业的基本理念。

二、荣辱观是企业制度文化的依据

世界500强企业之所以强大，一个重要原因就是把核心价值观理念化，理念制度化，才确保了企业在高度竞争的世界市场环境中始终处于领先地位。荣辱观制度化，就是指把社会主义荣辱观转化成企业倡导的核心价值观并渗透于经营管理全过程，成为可操作性的管理制度和机制。制度只有通过长期持续执行才能形成机制。制度只有通过文化渗透才能体现以人为本，才能实现有效的管理。因此，只有从人性的高度，从制度层面落实企业荣辱观，对符合价值观行为的“荣”进行肯定或奖励，对不符合价值观行为的“耻”进行否定或惩罚，才能形成符合企业荣辱观要求的行为方式。有德行的人得不到社会荣誉的肯定，不道德的人也得不到应有的贬斥，就会出现“英雄流血又流泪”，就会出现“张思德不烧炭了，白求恩离开医院了，雷锋不接站了，老愚公也不肯干了”的怪现象。华为公司正是将“绝不让学雷锋者吃亏”写进“华为基本法”，才使得学雷锋成为员工的自觉行为。借鉴成功企业的做法，树立社会主义荣辱观也必须制度化、理念化，通过价值观指导制度的制定，通过巩固具体制度和渗透荣辱观，形成有效的制度文化，从而使符合企业行为的荣辱观贯穿于企业经营管理和生产服务的全过程，成为衡量企业和人才成长的标尺。

三、荣辱观是企业行为文化的标志

社会主义荣辱观的形成是一个潜移默化的过程，要从“头”做起、从“我”做起，从“好”做起、从“小”做起。从“头”做起，就是从领导做起，以德兴企，以德立行，树立正确的政绩观，做到依法经营、诚信经营、以义取利，做到管好别人先管好自己，用人格力量和表率行为给广大员工以示范。从“我”做起，就是每一名员工都要摆正自己的角色，时刻把荣辱观作为一面镜子，不断校正自己的言行。个人是多重角色的复合体：作为公民要遵守法律；作为党员要遵守党章；作为员工要遵守企业规章制度。只有在家是好家长，在单位是好员工，在社会是好公民，才能体现个人多重角色的统一。从“好”做起，就是养成好的习惯，营造好的氛围。人的行为是受习惯影响的，习惯成自然。企业文化建设就是播种思想、收获行为、成就企业习惯的过程。从“小”做起，就是从身边事情做起、从容易的事情做起，“勿以善小而不为，勿以恶小而为之”，把“小细节”与“大关键”相结合，把荣辱观渗透到自己的工作、生活和学习中，以实际行动弘扬真善美、摒弃假恶丑，把平凡工作做得不平凡、把简单工作做得不简单，积小成大，历久为功。

（本文原载2006年第9期《中外企业文化》）

关于铁路“文化强企”的战略思考

企业文化是成功企业的密码，是推动企业持续发展的“发动机”、确立企业科学发展的“主心骨”、是凝聚企业和谐发展的“黏合剂”。软实力不强是当前制约铁路科学发展、安全发展、可持续发展的短板。“文化强企”的路径是：以铸文化之“魂”为源、以强文化之“本”为根、以固文化之“制”为基、以融文化之“道”为重、以化文化之“行”为本。

十七届六中全会发出社会主义文化强国的号召，成为新世纪新阶段我党推进文化领域的又一重大决策部署。历史证明，任何一个大国的崛起，不仅伴随经济的强盛，而且伴随文化的昌盛。国家强大背后是企业，企业强大靠管理，管理背后是文化。因此，文化强，则企业强；文化弱，则企业弱。中国不缺少大企业，但缺少持续百年的强大企业。那么，对于铁路来说，如何“文化强企”成为当务之急的重大战略任务。

一、企业文化具有“强企”的独特功能

从根本上讲，强势企业之所以强，既不是靠资产规模，也不是靠员工数量，而是靠企业的头脑——独具特色的企业文化。正如尼采说：“当婴儿第一次站起来的时候，你会发现，使他站立起来的不是他的肢体，而是他的头脑。”权威机构调查发现，世界500强有一个共同的特点，就是不断为企业文化注入活力，像通用电气推崇的三个传统：“坚持诚信，注重业绩，渴望变革”。企业文化是成功企业的基因密码，而企业文化建设关键在于经营人心。虽然企业文化是无形的柔软的，但“柔弱胜刚强”。企业文化促进企业发展的特殊功能，主要体现在四个方面：

一是推动企业持续发展的“发动机”。就是为企业持续发展提供自强不息的动力。因为任何东西包括物质刺激在内，其激励作用都是边际效率递减的。只有依靠企业文化来激励员工，才能为企业的发展寻找新的动力。二是确立企业科学发展的“主心骨”。就是形成一种精神支柱，使员工知道什么可以做、什么不可以做，什么是企业倡导的、什么是企业反对的，起到制度起不到的作用。因为制度规范总是有限的，当制度管不到的地方，企业员工的行为更多的是靠企业文化来引领。三是凝聚企业和谐发展的“黏合剂”。文化作为企业整合资源的黏合剂，能够起到高效运转的润滑剂和团队行为的导向与灵魂的作用，把大家凝聚在一个旗帜下，形成“形散而神聚”的命运共同体，为了共同的目标奋进。四是提升企业整体实力的“精气神”。好的文化对内能让人有自尊感和归属感，成为企业

实力的精气神；同时，好的文化被社会认同和赞赏时，成为展示企业形象的一面旗帜。

二、铁路“文化强企”的迫切性

企业实力包括硬实力和软实力。硬实力则指企业有形的设备、厂房、资本、人员、利润、规模等。而软实力是指以无形的宗旨、价值观、行为规范、品牌信誉、创新能力等为基本构成要素的企业文化。企业之间的竞争往往都是软实力与硬实力相结合的综合实力的竞争。硬实力是软实力的基础，软实力是硬实力的提升和保障。目前，铁路硬件有了大发展，装备设施现代化有了大幅度提高，但与之相适应的软实力不强仍然是困扰铁路科学发展、和谐发展和可持续发展的短板所在。同时，许多单位虽然重视企业文化的物质层建设，而忽略核心价值观的作用；重视策划人员的创意，忽视企业的实际情况，致使企业文化“两层皮”现象比较严重，无法获得员工的认同；企业文化千篇一律，缺乏个性，重视文字的工整，形式上的花哨，忽略企业特性的表达等。如何重新提升软实力，是铁路“文化强企”面临的迫切而繁重的战略任务。

一是价值理念需要重构。随着社会转型、经济转轨，铁路职工思想活跃，价值取向多元化、精神需求多样化的特征明显，价值主体逐步从社会本位向个体本位转变，人生价值目标呈现世俗化和功利化倾向。在企业并购重组活动中，大多数企业只重视了企业资金和技术的整合重组，却忽视了企业文化的整合。这就迫切要求铁路重构核心价值观系统，以此强化人民铁路为人民的宗旨，形成广大职工一致认同的理想信念、价值追求和行业规范，筑牢共同奋进的思想文化基础。二是精神状态需要提振。近年来铁路高速发展为国民经济又好又快发展提供了运力保障，但内部职工的精神状态与铁路高速发展的现实不相称，一些干部职工心浮气躁，责任意识、敬业意识、标准意识淡薄，违章违纪现象屡禁不止，给运输安全生产带来直接危害。特别是“7·23”事故，使一些铁路干部职工由自信变为自卑，一定程度上影响着干部职工的精神状态和工作状态。这就迫切需要从精神价值的高度，弘扬铁路优良文化传统，尽快提振全行业员工自信和文化自强的精神状态。三是安全管理能力需要提升。铁路服务国计民生的行业特性，注定铁路在任何时候、任何条件下都要高度重视安全。尽管数十年来，铁路安全管理上有了较大进步，但执行当中依然存在“严不起来、落不下去”的现象，安全隐患仍然层出不穷，安全事故屡有发生。特别是“7·23”事故，集中反映出从普速时代到高铁时代，安全管理模式和手段的不适应。迫切要求牢固树立“安全第一”意识、安全无小事的意识，不断提升安全管理能力和水平，使职工实现从“要我保安全”向“我要保安全”“我能保安全”的升华。四是经营管理意识需要创新。随着运输市场竞争日趋激烈，铁路的服务理念和模式越来越不能适应市场经济发展要求。“高、大、半”的管理模式和传统计划经济“收支两条线”的粗放经营方式，重安全生产、轻经营管理，越来越不能适应当今铁路快速发展的需要。这就迫切要求从改革经营机制入手，以市场为导向，强化铁路局市场主体地位，创新服务理念和营销方式，提高经营管理能力。五是铁路整体形象需要重塑。“7·23”事故不仅是铁路安全管理的问题，也是铁路形象的重塑问题。要恢复公众的信任，重塑造铁路负责任的社会形象，还要有一段路要走。这就迫切需要依靠文化的力量，通过文化理念的引领、文化氛围的熏陶，打造一支遵章守纪、思想素质过硬、自觉按标准化作业的职工队伍，以强大的凝聚力使铁路走出低谷、再创辉煌。

三、“文化强企”的重要路径

“文化强企”并不是权宜之计，更不是另起炉灶，而是立足于铁路科学发展、和谐发展和安全发展的战略高度，遵循文化建设规律，由内而外推进和落实铁路精神文化、制度文化和行为文化，探索具有行业特色的铁路“文化强企”之路。

以铸文化之“魂”为源。核心价值观是企业之魂，是精神状态之源。如果企业没有灵魂，再多的人也只能是散兵游勇。企业核心价值观是企业为追求愿景、实现使命而提炼出来并予以践行的精神元素和判断企业是非的根本准则。铸企业之“魂”既需要顶层设计，更需要上下互动。首先要定位“魂”。没有差异就没有企业文化。个性是企业价值观的魅力之所在。因此，铁路价值观必须源于企业传统，体现行业特征、代表时代发展方向，才能精准定位、引领未来。同时，核心价值观是一个系统集成，需要细化分解，并形成理念体系才能贯彻落实。其次要践行“魂”。领导者要率先垂范，既要做倡导者又要做模范实践者。如果说的是一套，做的是另一套，则是对企业文化的伤害。同时，树立职工身边的先进典型人物，来展示和弘扬企业价值观，给职工以精神导向和榜样力量。再次要管理“魂”。要推进价值观管理，并贯穿于企业重组整合和安全经营管理全过程，使之成为企业又好又快发展的“定海神针”。

以强文化之“本”为根。强国必先强民，强民必先强心。职工的心是企业的根。以人为本首先要强化“以职工为本”，这是夯实铁路发展的根本。一是强化“职工是企业主人”的观念。坚持关心人、理解人、尊重人的原则，加大“三线”建设力度，满足职工心理情感和自尊需求，培养职工的主人翁精神，鼓励职工参与民主管理，努力把铁路营造成融洽和谐的“大家庭”，成为人企合一的“命运共同体”。二要强化“能力就是岗位”的意识。根据“性本善”的Y理论（现代管理科学中以人定向的行为学派关于人性的一种假设），企业只有为员工提供工作和发展的条件和机会，才能激励和调动员工的工作积极性，在满足个人需求和目标的同时完成组织的目标。因此，要进行职工生涯设计，提高职工的知识能力和过硬的技术本领，为他们岗位成才提供多元化发展渠道和空间。三是强化“做文化人”的意识。首先必须把企业文化理念转化成被员工所共同认同的做人做事准则，使其在文化认同中成为企业人。同时，增强铁路社会责任感，树立与社会共赢的理念，实现职工由企业人向文化人的转化。

以融文化之“道”为重。如果说文化战略是“道”，那么经营战略是“术”。只有把文化战略与经营战略策略相互融合，才能使铁路发展不偏离正道，持久提升核心竞争力。世界知名企业成功实践表明，优秀的企业文化可以强有力地加强企业经营战略的实施，从而取得某种竞争优势。同时，经营战略的实施进一步强化企业文化。企业间竞争的需要决定了企业必须重视文化战略，必须以更加明确的文化模式、文化手段来塑造自己的个性特征，才能最终达到“企业品牌靠文化来宣传，企业信誉靠文化来播扬，企业精神靠文化来培育，企业形象靠文化来塑造”。因此，铁路制定经营战略要更加注重文化因素，将文化提升到软实力的高度，才能为战略的最终方向保驾护航。目前，铁路要针对现有文化不适应经营战略的方面，增强干部职工的危机意识，努力变革和再造经营文化，使文化与经营战略相适应，确保“道”与“术”融为一体，战略与文化和谐共进。

以固文化之“制”为基。制度是文化的载体，也是观念、行为产生的土壤。企业文化只有体现在企业的体制、机制、组织、流程和制度之中，才能得到强力支撑，否则，就会成为空中楼阁。特别是当前，铁路规章制度不到位的背后是认同力不够，这也是执行力不强的深层文化因素。前提是铁路要通过改革体制机制使其成为真正意义上的企业。一是建立公司治理与现代企业制度，明晰产权结构、完善法人治理结构，使企业的权力机构、决策机构、监督机构、经营管理层规范有效地运作与制衡；二是建立有效的人事与激励约束机制，建立公平、公正、透明的人才“赛道”和“以业绩论英雄”的效绩考核体系；三是建立科学人性的安全管理制度，既要严格管理又要人文关怀。如此，企业才能由“人治”逐步让位于“法治”。当然，制度的执行是需要成本的，而“好”的文化可以减小这些成本。当务之急，一方面，要建立以价值观为基础的企业制度；另一方面，要以价值观为导向实施企业制度。

以践文化之“行”为本。就是要使文化理念落实到职工的具体行动之中，转变为职工的文化自觉和行为习惯，并以此展示企业的精气神，树立企业的良好形象。如果文化理念不能外化于行，再华丽的理念，也很难把企业文化建设的成果转化为有效的生产力。企业文化的本质，不在于知而在于行。要通过加强铁路管理规范化和作业标准化建设，确保职工把安全标准变成行为习惯，展示职工岗位服务形象。当然，要让职工把标准变成行为习惯，必须加强职业道德建设，继承优秀历史文化传统，由内而外塑造“服务旅客创先争优”的职业形象和执行制度标准不打折的职业精神。同时，建立相应的激励机制，既使得职工尝到企业文化建设的“甜头”，又使得职工体验不贯彻执行文化理念的“苦果”，才能把企业倡导的文化变成一种行为自觉，一种促进铁路整体形象提升的文化自信。

（本文原载 2012 年第 1 期《上海建设交通政工研究》）

以"文化自觉"提升铁路文化软实力

文化软实力是一种生生不息的无形实力。从铁路资源看，主要分为实物资源、人力资源和无形资源。无形资源包括企业文化、商誉、品牌、顾客的忠诚度等。前二者是有形资源，容易引起重视，而后者是无形资源，易被忽视。但随着经济的发展，无形资源优势日益显示出其强大的力量。自觉把文化软实力建设落到实处，必须以提升铁路核心竞争力为目标，以安全文化、服务文化建设为重点，努力在运作软资源上下硬功夫，实现无形文化有形化管理，在长期文化渗透中展现其功能和魅力。

十七届六中全会的决定，充分反映了我党对肩负历史使命的深刻把握，对文化建设的高度自觉。"文化自觉"最早是社会学家费孝通提出的一个理论，核心思想是对自己的文化有自知之明，同时正确对待别人的文化。笔者以为，铁路企业要落实十七届六中全会精神，必须以"文化自觉"提升文化软实力，才能自觉增强文化自信，以文化自信实现文化自强。

一、自觉增强对铁路文化软实力的认识

"软实力"一词并不是我们的发明，而是由美国哈佛大学教授约瑟夫·奈提出的，"是通过吸引和说服他人采用你的目标而获得你想要的东西的能力"。十七大报告首次使用"软实力"这一概念，并在前面加上"文化"二字，凸显了文化是软实力中的核心要素，体现了对文化建设的高度自觉。

文化软实力是企业第一竞争力。企业能否可持续发展，取决于企业有无核心竞争力。核心竞争力是一种别人所不具备的独特优势和能力，是贯穿于组织中的DNA。核心竞争力包括硬件和软件两个部分。硬件包括产品、技术、知识、外部资源获取等能力，软件包括核心价值观、使命、愿景等。经营企业就是经营企业的价值观、使命、愿景。如果把战略、人本、文化看成企业管理的金字塔，那么，企业战略的高端是愿景、文化的高端是价值观、人本的高端是使命，惟有将愿景、价值观、使命结合起来，才能构成企业的核心竞争力。如同电脑一样，文化这一软件是支撑并整合硬件使其发挥优势的核心能力。从表面上看，产品竞争是由看得见的硬实力——技术竞争力决定的，而技术竞争力是由制度竞争力决定的，制度无非是物化了的理念的存在形式。可以说理念才是第一竞争力，谁拥有正确的、不断创新的理念，谁就具有最强的竞争力。而创新的理念来自于创新的、拥有活力的企业文化。

文化软实力是一种生生不息的无形实力。从铁路资源看，主要分为实物资源、人力资源和无形资源。无形资源包括企业文化、商誉、品牌、顾客的忠诚度等。前二者是有形资源，容易引起重视，而后者是无形资源，易被忽视。但随着经济的发展，无形资源优势日益显示出其强大的力量。海尔集团总裁张瑞敏说，海尔取得成就的原因，主要不在于有形的东西，而在于无形的东西。他所说的无形的东西就是海尔的“企业文化”。任何东西包括物质刺激在内，其激励作用都是边际效率递减的。正如华为基本法的引言，“物资资源总有枯竭的时候，惟有文化生生不息。”文化软实力中的“软”是指文化的特性，虽然看不见、摸不着，难以用数量来表达，但可以转化为一种精神力量的实力，是长期起作用的因素。世界500强企业表明，竞争对手可以很快拥有实物和人力资源，但长期形成的无形资源优势，却是难以模仿和超越的。

文化软实力是支撑铁路科学发展、和谐发展和安全发展的硬支撑。文化软实力不仅是铁路经营发展的一部分，也是推动铁路科学发展、和谐发展和安全发展的硬支撑。一个时期以来，我们没有从战略高度去认识文化软实力的地位和作用，仅仅把它当成一种标签、工具和手段，致使功利化、形式化、泛化的铁路文化现象大行其道，严重阻碍了铁路现代化。倘若没有铁路文化的繁荣发展，没有人的素质的现代化，就不可能实现真正意义上的现代化。特别是随着铁路事业的快速推进，文化软实力越来越成为和谐铁路建设的重要组成部分，越来越成为铁路行业增强凝聚力、创造力的重要源泉，越来越成为提高铁路综合竞争力的重要因素。也许在铁路发展初期，可以侧重于硬实力的提升，但当铁路发展到一定规模时，软实力的提升就应放到应有的高度，否则，硬实力就会受到观念、意识的限制，成为制约铁路持续成长的“短板”。正如GE原CEO杰克·韦尔奇说：“如果你想让列车再快10公里，只需要加大油门；而若想使车速增加一倍，你就必须要更换钢轨了。资产重组可以提高一时的公司生产力，只有文化上的改变，才能维护高生产力的发展。”

二、自觉把铁路文化软实力建设落到实处

自觉把文化软实力建设落到实处，必须传承优秀文化基因，汲取时代文化精华，以提升铁路核心竞争力为目标，以社会主义核心价值体系为主线，以安全文化、服务文化建设为重点，努力在运作软资源上下硬功夫，实现无形文化有形化管理，在长期文化渗透中展现其功能和魅力。

一是自觉在精神武装上着力。文化如人，重在其神。要用社会主义核心价值体系教育广大干部职工，凝聚铁路发展的精气神。首先要着眼于武装头脑。社会主义核心价值体系是文化软实力的核心内容，是铁路文化建设的指针和灵魂，决定铁路文化建设的方向。要把用社会主义核心价值体系武装党员干部头脑、教育职工作为根本任务和主线贯穿于铁路经营管理全过程，成为铁路文化建

设的主旋律。要提炼具有铁路特色的核心价值观，选择与之相适应的先进典型，通过通俗化、生动化、大众化的培训和传播，使其成为干部职工共同的理想信念、价值追求和行为规范。其次，要着力于提升文化素养。铁路干部职工作为文化建设的实践主体，必须提高文化素养，才能形成文化自觉。重点是提高领导干部对铁路文化的驾驭能力和领导能力，切实担负起设计者、组织者、示范者的角色，争当促进铁路文化繁荣的排头兵。

二是自觉在制度渗透上着力。其实，真正强大的企业，往往有一套先进的显规则，并成为大家普遍遵照的行为模式。铁路与国际知名企业的最大差距，不在于显规则，而在于对显规则的真正认同和执行。当前，影响铁路文化建设的障碍是潜规则消解和侵蚀主流文化，使显规则处于边缘化。文化建设就其本质来说就是显规则代替潜规则的过程。一家著名公司正是从领导者带头落实“迟到了，罚站一分钟”制度，才使诚信、守时的观念深入人心。要使铁路文化显规则为企业所真正认同，必须从上而下强化制度机制建设，使文化转化为可操作性的显规则渗透于制度之中，成为铁路人自觉遵守的显规则，铁路企业才能在规范中可持续发展。

三是自觉在品牌物化上着力。随着运输市场竞争的加剧，产品质量上的差距越来越小，品牌形象越来越成为影响消费者购买行为的重要因素，越来越成为铁路竞争力的重要标志。一旦产品中注入文化内涵，其内在价值和形象就会在人们的感知中不断提升。苹果公司的成功就是科技与人文的融合。可以说，品牌是企业文化传播的最重要载体，企业文化最终要体现到品牌内涵上。我们不仅要实现铁路文化的扩大再生产，努力延长文化产业链条，拓展区域性文化产业，更要实施品牌战略，提升铁路具体产品的文化内涵，着力把企业价值观凝结在品牌上，才能持久提升铁路产品的美誉度和综合竞争力。

四是自觉在行为习惯养成上着力。真正的文化并不是表面有倡导，而是企业员工真实的行为，因为行为习惯背后体现的是员工对企业文化的认同。行为是从上而下影响的，许多行为规范流于形式，原因多是在高层、中层和基层干部的言行。当然，企业员工行为的改变是循序渐进式的，润物细无声式的，指望通过搞几个“运动式”的文化“组合拳”来影响或改变员工的行为都是不现实的。因此，良好的行为规范必须从“一把手”做起，从提高中层干部的执行力入手，从管理和作业标准化着力，真正让铁路文化变成员工的行为指南和习惯。

五是自觉在文化载体融入上着力。要把铁路文化融入企业歌曲、口号、标志、礼仪、典礼、典型、活动等有形载体之中，让特色文化看得见、感受得到、吸引力强、辐射面广。参观过海尔集团的人都会感慨：走进海尔，脚步所至，目力所及，处处都有文化的氛围。比如，海尔的方圆标志意味着“思方行圆”，即在工作中要将原则性和灵活性有机地结合起来，以达到预定的目标和效果。因此，要重视发挥铁路文化载体的优势，努力在占领阵地、拓展功能、服务中心、塑造形象上下功夫。

（本文原载 2012 年第 5 期《上铁论坛》）

软力量:企业持续成长的内在"基因"

如果说硬力量是"筋骨肉",那么,软力量就是企业的"精气神"。"软力量"从本质上说是一种文化的力量,它伴随企业发展的始终,内生于企业经营管理各环节,是一种具有不可复制的影响力、吸引力和辐射力。

当今世界,无论是国家还是企业,有两种力量在支配着他们的发展,一是硬力量,二是软力量。一般来说,硬力量就是看得见的力量,而软力量则是企业内在的无形力量。正如引入"软力量"一词的美国哈佛大学教授约瑟夫·奈所说的:"软力量是吸引和说服他人的力量。"一般认为,"软实力"是指精神力量,包括文化、制度、价值观念等所谓的软要素表现出来的一种力量,其在当今综合国力和企业竞争中的作用越来越突出。

一、软力量是企业持续成长的文化力

从结构上看,文化一般有三个层面,如外在的器物层面,中间的制度层面,以及核心的价值观层面。核心价值观就是企业在长期实践中认同和践行的价值理念。不同的价值观决定了不同的器物、制度层次和行为方式,其发展结果也大相径庭。美日企业的实践充分证明了这种力量的存在。20 世纪 70 年代,美国麦肯锡咨询公司在研究结构与经济效益的关系时,得出这样的结论:任何一种明智的管理都涉及 7 个变量:结构、战略、体制、人员、作风、技能、共有价值观。前三项是硬件,后四项是软件。美日企业管理实践的真正区别在于,美国企业家重视硬件,即战略、结构与制度要素;而日本企业不但重视硬件,更重视软件,这正是他们一跃成为世界经济强国的秘诀所在。日本企业之所以重视"软力量"也是有历史渊源的。日本政府在总结明治维新时期经济能得到迅速增长的经验时发表过一份白皮书,其中有这样一段话:日本的经济发展有三个要素:即精神、法规和资本。这三个要素的比重是:精神占 50%,法规占 40%,资本占 10%。这就是说,钱和资本并不是最关键的要素,精神的、文化的要素所体现的"软力量"才是最关键的。哈佛国际和地区问题研究所所长亨廷顿对比了一下加纳和韩国的经济统计数据,发现 20 世纪 60 年代两国的经济水平惊人的相似:人均国民生产总值约等,初级产品制造业和服务业所占的比例彼此相近,绝大部分是出口初级产品,他们接受的经济援助水平也差不多相等。30 年后,韩国成了一个工业巨人,经济名列世界第 14 位。加纳却没有发生这样的变化,它的人均国民生产总值仅相当于韩国的十四分之一。据此,亨廷顿判断,文化在起重要作用。如今,美国之所以无人能与之抗衡，充当“世界警察”的角色，表面上是一种硬力量，实际上还有其强大的“软力量”的支持，特别是其无处不存在、根深蒂固的冒险精神和不断进取的开拓精神，成就了其强大的实力。

企业是社会的细胞，品牌国家对外的脸面。企业精神是企业价值观的集中体现。中国温州奇迹的创造同样靠一种强大的“软力量”——企业精神的力量。即：历尽千辛万苦，说尽千言万语，走遍千山万水，想出千方百计。还有白手起家，艰苦奋斗的创业精神；不等不靠，依靠自己的自主精神；闯荡天下，四海为家的开拓精神；敢于创新，善于创新的创新精神。以青岛、烟台、威海为中心的半岛城市群的崛起也是靠的一种“软力量”——海纳百川，有容乃大的包容精神；上善若水，灵活机动的创新精神；走出市外，联合创业的拼搏精神。尤其是张瑞敏、汪海、周厚健等一大批企业家产生，一批有影响力的品牌涌现，成为中国一道独特的文化风景线。

不重视“软力量”的结果是殊途同归的。2001 年，具有 70 年历史、年上缴利润 1 000 万元的南京冠生园因“陈馅事件”被央视曝光后被迫破产再造，根本原因是该企业本身失去了起码的诚信价值观，不重视产品质量，愚弄、坑害消费者，结果终被消费者所抛弃，被市场所淘汰。无独有偶，美国安然公司因做假账，被迫宣布破产，成为美国历史上最大的公司破产丑闻，安然公司股东和员工成为最大的受害者，企业的高层管理人员被送进监狱。安然公司的破产从“软力量”中找原因，就是企业道德底线——诚信价值观的缺失，应验了“良心发霉必然导致事业倒霉”。可见，“软力量”从本质上说是一种文化的力量。

西方学者有句名言，经济现象和伦理文化是同一因果链的两个侧面。经济现象的背后是文化力。在激烈的市场竞争中，企业经久不衰的背后，必然是其适应企业现状的文化作支撑。谁拥有文化优势，谁才能拥有竞争优势和发展优势。有企业在总结经验时得出这样的结论：实力弱、文化强者兴；实力强、文化弱者衰；实力强、文化强者胜；实力弱、文化弱者亡。成功企业的代表——世界 500 强实践表明，他们胜出其他公司的根本原因，就是在于这些公司重视“软力量”，善于给他们的企业注入活力，凭借企业文化力保持了百年不衰。他们与普通公司的不同在于：一是团队协作精神；二是以客户为中心；三是平等对待员工；四是激励与创新。正是这种以价值观为核心并践行而形成的一种文化力，成为企业赢得客户、赢得市场、赢得竞争优势之本。

二、软力量是企业持续成长的核心竞争力之源

企业核心竞争力是指企业独具的、支撑企业可持续性竞争优势的核心能力。值得重视的是，硬力量并不一定就是核心竞争力。仅有资金、技术、人才、设备资源是远远不够的，如果没有一种以核心价值观为基础的“软力量”与之有机融合并整合起来，这些要素优势就难以有效发挥。以史为镜可以知兴替，以人为镜可以明得失。这些年来，为什么中国一些企业盛极一时而后又昙花一现，正如有人编的顺口

溜:"'巨人'倒下了,'太阳'下山了,'三株'入土了,'飞龙'折翅了,'爱多'失恋了。"我以为"软力量"的不足是造成硬力量缺失,最后导致失败的重要原因。在考察众多被公认是成功的企业时,我们不难发现,真正使企业久盛不衰的核心竞争力往往是隐含在商品力和销售力后面的"软力量",而不是人们所想象的经济实力。

实践证明,作为核心竞争力之源的"软力量"在企业战略中的作用不亚于在军事中的作用。这种作用体现在其导向力、凝聚力和约束力上。有人可能会说,战略决定企业成败。当然,没有战略的企业是没有归属、没有方向的企业,没有方向的企业是难以取得成功的。也就是说,战略是企业发展的硬力量,那么战略提出和执行靠什么?提出战略需要企业家的个性和创新思维,需要正确的企业哲学和价值观指导,而执行战略更需要一种"上下同欲"的精神理念支持。如果说,战略是决定企业做什么和不做什么,那么,企业理念就是及时为战略纠偏,不使战略方向有误,从而做正确的事,把目标变为现实,使不可能变为可能。看起来体制、战略是硬的,是人对环境与能力的理性反映,但是如何执行这一战略,就需要一种人性的力量——"软力量"的有效支持和配合。也就是说,无论是制定战略还是实施战略,都必须要有一致性的文化认同,否则,战略只能是领导者的一厢情愿、纸上谈兵,难以发挥作用和达到预期的目的。中国工程院院长徐匡迪有一个生动的比喻,他把企业的资本、技术、设备和产品等物质文明建设,比作人的"筋骨肉",而将企业职工的理想信念、价值取向、思想观念、行为规范等精神文化方面的素质,比作企业的"精气神"。如果说硬力量是"筋骨肉",那么,软力量就是企业的"精气神"。离开了"精气神",企业自然就丧失了生机和活力。目前,越来越多的企业领导者认识到,如果要想发挥员工的潜能、调动他们的积极性,必须强化企业的精气神,以文化俘获人心。

其实,核心竞争力是企业软力量长期积淀和升华的结果。从表面上看,产品竞争力是由技术竞争力决定的,技术竞争力是由制度竞争力决定的,而制度竞争力无非是物化和固化的理念存在形式。特别是当一项新的全球性技术标准出台后,企业要适应它,拼的往往并不是已有的硬力量,而是企业潜在的软力量。因此,作为体现企业核心价值观的理念才是核心竞争力,是企业成长的"基因密码",是隐藏在产品、行为和制度背后的无形力量,离开了所处的具体环境就难以复制。这也是许多人学海尔总是学不像、学不到的重要原因。其实,海尔以创新为核心的软力量,早已成为企业独特的核心竞争力之源。从此意义上说,企业只有在继承发扬优秀传统文化资源的同时,善于取长补短,以开放的态度博采众长,不断优化本企业的文化基因,才能形成自己特色价值体系,把软力量转化为企业核心竞争力。

三、软力量源于企业持续成长中的人格力

企业即人。离开了有思想的人的相互支撑,企业就如同脆弱的苇草那样,经

不住大风大浪的冲击。如果把经营管理比作企业的骨骼脏腑，核心价值观就是企业的灵魂和“遗传基因”，从根本上决定企业从哪里来、到哪里去，以及能够走多远。正如一句广告词：思想走多远，企业就能走多远。如果把企业当作有生命的人，那么，人格力就是企业持续成长的力量之源，体现了对真、善、美境界的不懈追求。高品质的人格力体现为企业的领导力、认同力和学习力。三者是有机整体，互为补充和融合，才能成为健全的、富有文化品位的、有核心竞争力的企业，这样的企业才能在激烈的市场竞争中不断成长、壮大。为此，一要培育以价值为核心的领导力。彼得·德鲁克在研究了689家企业后发现：一个企业所能依赖的只有企业精神，而这种企业精神的实质往往受到企业领军人物核心价值观的影响。企业管理者作为企业的舵手和主心骨，要引领企业这条大船顺利驶向目标，一定要培养以价值观为核心的非权力影响力，以高超的文化定力、正确的文化主张、独特的管理理念，通过有效的文化传播，把广大员工团结在一个旗帜下，这样，才能使管理者变成领导者，成为企业的“精神领袖”和“首要头脑”，成为企业思想、理念的引领者，才能把领导力转变为企业凝聚力、竞争力。因此，领导者必须从战略高度建设企业文化，从经营绩效方面评价企业文化健康情况，从履行社会责任角度体现企业的核心价值体系。二是强化以忠诚度为核心的认同力。认同，包含对形势、任务、目标的判断，是权衡损益、明确立场后形成的价值观。从某种意义上说，认同与认知互为因果，是对认知的选择与升华。只有认同才能产生动力，转化为行为。因此，企业要坚持一切以员工为本，以提升员工忠诚度为目标，以塑造团队精神为核心，持之以恒地重视企业员工文化素养的提升，特别是加强对员工有关企业诚信、发展战略、企业哲学、管理宗旨和企业道德伦理的培训，让员工认同：只有企业发展了，自己才能在共建中共享。实践证明，员工只有以企业为家，把企业的意志变为自己的意志，把个体价值与企业价值融合起来，才能与企业形成命运共同体，从而变“精气神”为士气，变士气为“财气”。三是培育以创新为核心价值观的学习力。成功企业实践表明，在这“惟一不变的是变”的世界上，惟有持续学习力和创造力能产生核心竞争力。因为企业最本质的变革就是观念的转变，而观念的变革在于找到一种符合时代、符合规律的新理念，才能创新企业文化，并带动经营管理上的一系列变革。

综上所述，“软力量”伴随企业发展的始终，内生于企业经营管理各环节，是一种具有不可复制的影响力、吸引力和辐射力，但不可能像“硬力量”那样可以“拿来”或短期内获得，只能立足于自身积累，潜心修炼，长期培育，才能成为企业核心竞争力之源，企业持续成长的内在“基因”。

（本文原载2009年第2、3期《政工研究动态》）

企业文化：人力资源开发的最高境界

如何把个人价值观与企业价值观相融合，使员工个人发展与企业发展相统一，既是企业文化的重要目标，也是人力资源开发的最高境界。企业从单纯的人事管理发展到人力资源管理，并不是简单的名称改变，而是从科学管理到文化管理的转变，就是以企业战略为目标，以企业文化为引领，以企业价值观为核心，把人作为能动的、可实现创新价值的资源，激发人的潜能，着眼于人的素质全面提升，实现战略、文化、人力资源的互动统一。

一般来说，一个人的行为很大程度上是由其个人的价值观决定的，而企业人力资源管理的核心是以企业价值观为本。因此，如何把个人价值观与企业价值观相融合，使员工个人发展与企业发展相统一，既是企业文化的重要目标，也是人力资源开发的最高境界。这是因为，就人力资源管理与企业文化关系而言，两者是相辅相成的关系。皮之不存，毛将焉附？如果没有健全的人力资源系统相适应，企业文化就是一句空洞的口号，以人为本的理念就没有依附的载体；而单纯的人力资源管理，没有企业文化配合，不考虑员工的心理、自尊、人格等价值需求，员工的发展就不全面，就难以长久锁定人才，企业战略也就难以实现。因此，企业战略、企业文化、人力资源是企业发展的三大支撑系统，相互渗透，相互关联，缺一不可。人力资源管理只有与企业文化建设相结合，把企业文化纳入人力资源范畴，才能把人力资源管理升华为战略管理，提升人力资源管理的境界，发挥企业文化在人力资源配置中的独特功能。从这个意义上说，企业从单纯的人事管理发展到人力资源管理，并不是简单的名称改变，而是从科学管理到文化管理的转变，就是以企业战略为目标，以企业文化为引领，以企业价值观为核心，把人作为能动的、可实现创新价值的资源，激发人的潜能，着眼于人的素质全面提升，实现战略、文化、人力资源的互动统一。

实践证明，成功企业无不重视人力资源观与企业价值观的一致性、相融性。GE之所以高速发展，重要原因之一就是把公司核心价值观贯穿于人力资源管理全过程。GE原CEO杰克·韦尔奇把员工分为三类：第一类是既能为公司创造价值又符合公司的文化精神、价值标准的人。对于这样的员工，要提拔重用。第二类是目前不能为公司创造价值，但其思维方式、价值观符合公司的文化精神、价值标准的人。对于这样的员工，要对其进行培训，为其创造发展机会。第三类是能够为公司创造价值的人，但其思维方式、价值观却不符合公司的文化精神和价值标准。对于他们，开除掉。为了体现这一思想，通用电气（中国）的考核内容包括“红”和“专”两部分。“专”是工作业绩，是硬性考核部分；“红”是考核软性的东西，主要是考核价值观。GE正是从最高领导人到各级人事部门，重视并建立了一整套规范的与价值观相适应的人事管理制度，才确保了公司在高度竞争的世界市场环境中始终处于领先地位。

在吸引和留住人才方面，国有企业差距很大，除缺乏成熟完善的激励机制外，文化环境是重要因素之一，并且已成为阻碍国企发展的一大不容忽视的问题。如重企业价值轻个体价值，重物质刺激轻精神激励，重学历轻能力，重短期使用轻长远发展。2005年国务院发展研究中心发布的一份人力资源报告表明，缺乏针对员工职业生涯发展的相关计划在中国企业中已经成为一种普遍现象，将会殃及中国企业的凝聚力和吸引力，并对企业的竞争力构成伤害。由于员工职业生涯发展计划在企业中未能得到有效建立和实施，员工忠诚度不高，主动自觉的责任意识不强，“当一天和尚，撞一天钟”的现象较为严重。这种员工价值与企业价值的分离，短期急功近利与长期有效的激励机制背离，人事管理与企业文化脱节的现象，无疑是制约国有企业人力资源开发的关键。

当前，我国铁路人才队伍存在着人才流失严重、人才结构不合理、人才素质不高、许多专业人员本专业的基础理论和基本技能功底不够扎实等问题，制约了铁路发展的客观要求。从表面上看是企业发展要求与人才素质和能力的差距问题，深层次看，铁路企业思想观念、体制机制等方面还保留了许多陈旧的东西，特别是缺乏成熟完善的激励机制和以人为本的用人环境和文化环境，是优秀的年轻人才留不住，急需的高层次管理人才、专业人才引不进，高技能人才缺少的问题所在。这一局面不改变，将难以适应铁路发展对人才的需求。因此，要构建人才新高地，做好“吸引、用好、留住”人才的大文章，必须多管齐下，全方位推进，特别要重视企业文化在人力资源开发中的导向、凝聚和激励功能。

一、用“能力本位”的价值观导向吸引人

成功企业的发展史表明，对共同价值观的认同会使员工产生稳定的归属感，从而吸引和留住人才。企业只有坚持以人为“本”，强化以人的“能力”为本，特别是体现能力重于学历的观念，才能真正以文化力提升企业的吸引力，以能力提升企业的竞争力。学历尽管重要，但它毕竟不等于能力，能力有着比学历更丰富、更高的内涵与实质，其最佳体现是实践经验，基石是学识素养，目标是创造价值，而知识经济的发展，关键取决于人力资源的人格素质、创新能力以及技能熟练程度。其实，当今发达国家，选才用人大多已从“学历至上”进入到以创新和绩效为主导的“能力时代”。有人研究了美国《华尔街日报》招聘广告后发现：除2%要求硕士、4%要求学士外，其余一概不提学历要求。连一贯看重学历、资历的日本、韩国，也扬弃唯学历人才观，提出能力主义人才观。因此，企业只有信奉和实践“以能力为本”的价值理念，并把这一价值理念融入企业战略中，“固化”到企业

章程、员工手册以及各种规章制度等各种相关的文件中，特别是渗透到企业员工的招聘与甄选，以及培训和选拔未来领导者的过程中，才能体现价值观导向与用人理念的一致性。

二、用共同的事业和利益追求凝聚人

企业不仅是利益共同体，也是理想和事业的命运共同体。实践证明，真正有事业心的人才，会淡化金钱的数量，为企业的利益和个人事业的发展而甘心“衣带渐宽终不悔”。为此，一方面，要营造共同干事业的环境。满足人才的高层次精神需要和帮助实现其自我实现的目标，出路主要在于企业是否能够为人才提供人性化的环境，满足其精神需要和实现自我价值，形成公平、公正、和谐的心理环境，营造出集中精力干事业、凝心聚力谋发展的工作环境。有了这样一种尊重规则，敬畏人类文明，秉公论事，平等待人的干事业环境，才有可能使人才对企业具有“家”的感觉，才能以高度的事业心和责任感做好本职工作，而不致“身在曹营心在汉”。另一方面，企业不仅要重视人才的体力、智力、技能、文化资源开发，还要重视员工职业生涯规划设计，提高员工对企业的归属感。重视员工职业生涯规划设计，就是为员工确立个人在本企业中的职业发展目标，并提供职业素质提高的机会，使企业的发展目标与员工个人的长远发展目标相一致，变人力资源为人力资本，从而拓展员工多元化的职业生涯通道，使其既可以成为管理者，也可以成为具有核心专长和技能的专家，获得和管理者同样的报酬待遇、权限、地位和尊重。通过这种“价值分流”，建立企业与员工间的双赢关系，把个人短期利益与企业长远利益相结合，把员工追求与企业追求融为一体，进而结成紧密的利益和命运共同体，才能使不同身份、不同地域的员工凝聚在一个大目标下，形成价值趋同、人企合一、同频共振的合力。

三、用有效的机制激励人

企业激励的目的是提高员工对企业的忠诚度，使员工共享企业发展的成果。马斯洛的需要层次理论把人的需要分为生理需要、安全需要、受到尊敬的需要、自我实现需要等，薪酬、福利虽然不是员工选择工作的惟一目标，但却是最重要的、最基本的衡量标准。培养员工的忠诚度，最基本的是要理解员工的工作动机是为了满足自己的各种需要，企业实施的薪酬计划应尽力使每个员工把自己看做是共同体的一员，这就要求企业建立有效公正的激励体系，如员工持股计划、利润分享计划等。要使薪酬计划有效地起到激励作用，必须建立以绩效为导向的企业文化，制定标准明确、可操作性强的绩效考核办法，遵循优胜劣汰的市场竞争法则，适度引入末位淘汰机制，使员工业绩同报酬挂钩，所得收益显性化，从而使人的价值得以承认，人的潜能得以开发。同时，在激励安排上，要以践行价值观为核心，以实绩为标准，不仅要评选首席工程师，还要评选首席员工；不仅要重视个体典型的培育，更要重视群体团队精神的弘扬等，使物质刺激和精神激励相统一，人力资本与人力资源相结合，才能使企业永葆生生不息的力量源泉。特别是当前，铁路发展迫切需要大批自主创新型人才，而现代人力资源管理所要求的科学的、完善的、尽可能量化的绩效考核体系，如何与体现创新理念、难以量化评估的创新价值与风险管理有机对接，形成有效的与市场经济相适应的人才激励机制，不能不说是人力资源管理创新的新课题，更是提升铁路自主创新文化的关键所在。为此，一方面，要营造共同干事业的环境。满足人才的高层次精神需要和帮助实现其自我实现的目标，出路主要在于企业是否能够为人才提供人性化的环境，满足其精神需要和实现自我价值，形成公平、公正、和谐的心理环境，营造出集中精力干事业、凝心聚力谋发展的工作环境。有了这样一种尊重规则，敬畏人类文明，秉公论事，平等待人的干事业环境，才有可能使人才对企业具有“家”的感觉，才能以高度的事业心和责任感做好本职工作，而不致“身在曹营心在汉”。另一方面，企业不仅要重视人才的体力、智力、技能、文化资源开发，还要重视员工职业生涯规划设计，提高员工对企业的归属感。重视员工职业生涯规划设计，就是为员工确立个人在本企业中的职业发展目标，并提供职业素质提高的机会，使企业的发展目标与员工个人的长远发展目标相一致，变人力资源为人力资本，从而拓展员工多元化的职业生涯通道，使其既可以成为管理者，也可以成为具有核心专长和技能的专家，获得和管理者同样的报酬待遇、权限、地位和尊重。通过这种“价值分流”，建立企业与员工间的双赢关系，把个人短期利益与企业长远利益相结合，把员工追求与企业追求融为一体，进而结成紧密的利益和命运共同体，才能使不同身份、不同地域的员工凝聚在一个大目标下，形成价值趋同、人企合一、同频共振的合力。

（本文原载 2006 年第 3 期《铁道企业管理》）

论企业文化建设的自觉意识

从一定意义上讲，企业文化规定了人们的基本思维模式和行为模式，或者说是习以为常的东西，是一种不需要思考就能够表现出来的东西，是一旦违背了它就感到不舒服的东西。这就是企业文化建设的自觉意识，有无这样一种意识，体现了企业文化建设的力度、深度和持久度。

实践证明，成功的有活力的企业文化是企业全员团结一致、上下同欲的结晶，更是一种全员自觉意识的集中体现。这种自觉意识首先来自于对企业文化内涵的深刻理解和和本单位企业文化特点的系统把握上。

一般来说，文化是主观意识对客观事物的反映。同样，企业文化作为一种经营管理文化，也是企业所有管理行为在精神层面上的反映，与企业所有管理行为相对称。企业文化内涵丰富、实在，包括物质文化和精神文化的方方面面。一般包括三个层面：体现在表层为企业的风气、传统和习惯等；表现在中层为准则、制度、道德规范等；表现在深层为价值观念、信仰和企业精神等。用全国政研会常务副会长徐惟诚的话讲，企业文化是一种氛围，是一种理念，是一种追求，是一种形象，是一种精神，是一种习惯，总体上说，就是企业的灵魂。我们进行的文化建设，就是塑造企业灵魂。用形象一点的比喻，企业文化是凝心聚力的“黏合剂”，协调内外关系的“润滑剂”，促进企业发展的“助推器”。我以为，企业文化建设是一次企业管理的深刻革命，特别是对国有企业来说，是从传统的做法向现代企业管理的一种转变，是从科学管理向文化管理的跨越。从成功的企业文化实践看。企业文化完全是企业自身发展的需要，它不是搞给外人看的，不是从外面强加给企业的东西，而是一种适合于企业所采取的自觉行为。因此，企业文化建设绝非是锦上添花，而是企业适应竞争和变革环境的需要，主动发现自身问题、解决自身问题、完善自我的需要，必须着力在“为顾客创造价值，增强竞争力；为职工创造机会，增强凝聚力；为社会创造效益，增强诚信力”上下功夫，全方位创新企业体制、制度、机制，构筑企业的精神支柱，实现学习兴企、发展兴企、诚信兴企、文化兴企，从而推进企业的可持续发展。从这个意义上说，企业文化就是企业做事的方式，就是企业生存的理由和目的，就是企业的无形资本，而企业理念是企业做什么和不做什么的判断标准。每个企业尽管生存状态、成功模式不尽相同，但有一点是相同的，那就是必须有长期坚持不移的核心价值观，这一点正是企业文化建设的内在活力所在，也是企业全员必须深刻和系统把握的重点所在。

从一定意义上讲，企业文化规定了人们的基本思维模式和行为模式，或者说是习以为常的东西，是一种不需要思考就能够表现出来的东西，是一旦违背了它就感到不舒服的东西。这就是企业文化建设的自觉意识，有无这样一种意识，体现了企业文化建设的力度、深度和持久度。因此，要充分把握企业文化内涵，还必须从企业内在发展规律出发，定位本单位企业文化的特点，利用多种载体和手段渗透企业核心价值理念，把宣传发动、提炼企业价值观的过程作为提升人的境界的过程，从而增强全员认知意识，让广大职工真正了解本单位企业文化的内涵，认清自身在企业文化中的价值地位，从而把实践企业精神作为提升自己的重要职责和使命，变“要我这样做”为“我要这样做”。

其次，企业文化的自觉意识还来自于全员的积极参与，尤其是领导班子、各级组织和部门以及广大职工群众在企业文化建设中的各自作为。主要体现在三个层面：

一、“牵引层”文化建设的自觉

从某种意义上说，企业文化是“企业家文化”，从根本上说，企业文化的自觉关键是企业家的文化自觉。企业领导班子是企业文化的牵引层，必须提高第一领导谋划企业文化的积极性。尤其是“一把手”要亲自上手，党政主要领导高度重视，纳入企业发展战略，成为经常性工作，真正成为“一把手工程”和“凝聚力工程”，在企业管理全过程中尊重人、理解人、关心人，激励职工生活乐观向上，工作积极上进，学习积极进步，企业充满活力。领导人的文化建设自觉意识不仅体现在亲自设计规划企业文化，而且还集中体现在主动传播、身体力行企业核心价值观上。海尔集团总裁张瑞敏说，在海尔集团，我的角色，第一应是设计师，在企业发展中使组织结构适应于企业的发展；第二应是牧师，不断地布道，使员工接受企业文化，把员工自身价值的体现和企业目标的实现结合起来。魏杰教授指出，企业领导人的一项重要工作就是要做企业文化的“传教士”，因为思想如果不统一，企业是干不成事的。国外公司的培训会很多，培训的主要内容就是企业文化，而且公司的最高领导要亲自讲课。美国微软公司的比尔·盖茨无论多忙，每月都要为员工讲几次课。摩托罗拉等跨国公司在中国办的商学院开学时，公司老总也都要过来讲课。他们这样做的目的就是向员工灌输企业价值观，使员工认同企业文化，在工作中思想统一地按照企业的要求去做，从而形成企业合力，增强企业的市场竞争力。同时，企业文化作为艰巨复杂的系统工程，是潜移默化、长期积累的结晶，不能急于求成，避免行政命令、一阵风或短期行为、形式主义，核心价值理念一旦确立，必须保持相对稳定，就要不折不扣地遵守，任命人都没有违反的特权，更不能由于领导人的更换而使原企业文化失去延续性，造成半途而废。因此，企业文化的自觉意识要体现继承性，体现在每一任领导任职中。

二、“链接层”文化建设的自觉

从某种意义上说，企业文化也是“组织文化”，各级组织和部门是企业文化的链接层，必须提高各级组织和部门共同落实企业文化的积极性。要建立党委统一领导，行政主动参与，工会团委主动配合的工作格局，实现组织领导在站段，日常管理在车间，具体活动在班组的三级网络。各级组织和部门要像环环相扣的链条，围绕企业核心价值观，系统负责，分工负责，逐级负责，岗位负责，通力协作，相互支撑，默契配合，形成合力，发挥优势，体现作为。改变把企业文化建设仅仅看成是牵头部门的事，或看成是党群部门的事的认识误区。从蚌埠分局企业文化问卷调查看，75％的被调查对象认为，企业文化是各级组织和部门的共同责任。现实是，责任是共同的，但如何把责任转化为自觉行动，减少本位主义，减少推诿扯皮，减少工作中的人为梗阻，是需要我们各级组织和部门共同研究的课题。这里既有责任分工问题，领导协调问题，也有一个团队精神的问题。目前我们缺少的恰恰就是这样一种打破部门分割的团体协作精神。从铁路来看，由于管理层次繁多，职责不清，有的事情看起来“齐抓共管”，但真出了问题却无人管，尤其是许多问题就出在管理的结合部上。因此，共同落实责任既要靠制度，更要靠自觉，因为任何制度办法都有缺陷，都有漏洞，都有不完善之处，弥补的唯一途径就是依靠各级组织和部门互为顾客的能动意识，“心往一处想，劲往一处使”的补台、换位意识，一种以集体主义为核心的团队精神。我们看到，在日本企业人力资源的管理全过程中，贯彻始终的一条主线就是协作精神，视企业的事为自己的事，彼此精诚团结、协调动作，凝成一股绳，这种集体观念和协作精神主要来自于对企业文化的高度认同。这是值得我们学习的一种境界，更是彰显企业文化是否有活力的重要标志。

三、“支撑层”文化建设的自觉

实践证明，那些成功企业的文化建设之所以能够成为推动企业发展的动力，一个重要原因就在于企业文化有广泛的群众基础，能够调动广大职工参与企业文化建设的积极性，把企业文化建设真正当作自己的事来做，使企业精神能够深植于企业员工的内心，变成员工的岗位实践，成为群体的认知习惯。因此，企业文化是“群体文化”，必须调动广大职工群众参与企业文化建设的积极性和创造性，必须自始至终坚持群众路线，让全体员工自觉参与到企业文化建设中来。广大职工是企业文化强有力的支撑，是企业文化的忠诚建设者、实践者和创造者。没有广大职工的直接参与，企业文化就没有源头活水，就难以生根开花结果，更难以成为企业之魂，更难以转化成实实在在促进企业发展一种力量。只有全体职工的广泛参与塑造企业文化，学习企业文化知识，理解企业文化内涵，才能使企业上下全面准确地理解和形成企业核心价值观，层层传递企业核心价值观，并转化为职工的具体行为导向，形成推动企业发展的持久动力。比如，美国的惠普公司则以“自己就是企业”作为精神支柱，有一则传颂甚广的故事：参观者看到该企业员工满头大汗，而把电风扇直吹机器，不解地问这是为什么？员工回答很干脆：“要保持公司机器的清洁。”这种自觉爱护设备，保证工作而不顾自己的精神实在令人感动，从一个侧面证明了企业文化被员工认知的重要性。企业文化建设的最终目的是使员工共同关心企业，能够与企业同心同德，尽职尽责，让员工分享企业成长所带来的好处。因此，企业文化的自觉意识还需要行之有效的利益机制作保证。我们不仅要在企业文化推进全过程，找准企业发展和职工利益的切入点，调动全员建设企业文化的积极性，层层建立目标责任制，纳入综合经营目标责任制考核，用制度确保企业精神在各项工作中得以体现和落实。对做得好的给予激励，做不到位的给予批评，尤其是对那些模范实践企业精神和忠诚维护企业核心价值观的员工给予重奖，弘扬光大其事迹。更为重要的是，还要在企业用人机制上体现企业文化的导向作用，以此让更多的人见贤思齐，维护企业价值观，让更多的人感受企业文化的力量，从而形成企业文化建设人人有责、自觉维系的良好习惯。因为每一个员工的形象都代表着企业形象，每一个员工都肩负着企业文化建设的重任，只有每一个员工都要自觉信守企业价值观，发自内心地爱护企业，在岗位实践中维护企业、发展企业，这样，企业才能成为企业与员工共同生存和发展的“大平台”；成为制度共守、利益共享、风险共担的“大家庭”；成为提高员工自身素质、完善自我的“大学校”。

（本文原载 2003 年第 4 期《理论园地》）

正确把握廉政文化建设的深层意蕴

从文化角度看，腐败是消极的文化现象，反腐败不仅是一场政治斗争，更是一场文化斗争。廉政文化建设就是以廉洁价值观为核心内涵，用文化的视角和方式来传播廉洁的理念、制度、行为的综合价值系统，是促进廉政建设长期起作用的深层因素。加强廉政文化建设，就是要最大限度净化社会不良心灵环境，直至铲除腐败文化土壤，剥夺潜规则的生存空间，让有机会“破窗”者不想、不屑“破窗”，确保广大党员干部从心灵深处不越“防火墙”、不触“高压线”，让勤政廉洁成为自觉行为习惯。

党的十七大报告中，中央第一次开宗明义提出“加强廉政文化建设”的表述，体现了我党打造反腐倡廉社会文化基础工程的决心。从文化角度看，腐败是消极的文化现象，反腐败不仅是一场政治斗争，更是一场文化斗争。廉政文化建设就是以廉洁价值观为核心内涵，用文化的视角和方式来传播廉洁的理念、制度、行为的综合价值系统，是促进廉政建设长期起作用的深层因素。当务之急，只有正确把握廉政文化建设的深层意蕴，改变对廉政文化的浅层次的理解，才能培养领导干部廉洁勤政意识和干部群众反腐倡廉意识，营造良好的廉洁从政的道德环境。

一、廉政文化建设重在从价值层面促进正确荣辱观的传播

价值观的主要表现形式是信念、理想和道德系统。道德约束是底线约束，再往下就是法律约束。但在道德与法制之间还有一个灰色地带。廉政文化建设的着力点是前者，而不在后者，重在预防而不是惩治。当前，之所以强调廉政廉洁价值观的社会传播，关键在于廉政文化的导向性、渗透性、凝聚性、约束性、激励性等特质对人的独特影响力，且这种影响是潜移默化的。一旦通过有效的文化传播，辐射到社会的方方面面，使廉洁价值观变成主流价值观念，变成一种信念，成为持久的信仰，就会润物无声地影响和决定每一个人的行为，从而提升人的荣辱境界，降低法律制裁的成本。毕竟在廉政建设上，制度管理的成本是相当大的，再健全的体制都有不完善的地方，再严格的制度都有漏洞，再严密的监督也有空隙，而廉政文化犹如空气一样无处不在，可以弥补法律制度管理的不足，变“要我遵纪守法”为“我要遵纪守法”。这也是廉政文化建设的理论依据。如果说，法律制度是不让人有机会犯罪，那么，廉洁文化是让有机会犯罪的人，由于内在的道德约束不去犯罪。特别是廉洁价值观所包含的健康的思想观念、正确的

道德准则，通过有效教化成为思维模式，就会不由自主地控制人的思想和行为，在人的潜意识中发挥“软约束”作用。2006 年 3 月 15 日，原韩国总理李海瓒“在不适当的时间和不适当的人士打高尔夫球”，被媒体斥为“不务正业”，在三次向国民公开道歉，依然难平民怨之后，引咎辞职，黯然退出“江湖”，就是因为社会“有知耻文化的氛围”。其实，腐败就是廉洁行为的背离，是非观念的不分，荣辱意识的错位。为什么在同样环境下，有的人能经受考验，而有的人却败下阵来？首要的问题是理想信念出问题，是荣辱意识问题，一旦荣辱信念失守，不辨美丑，不分是非，发生蜕变只是迟早的事。可见，信念的动摇是最危险的动摇，荣辱意识的丧失是最大的丧失。其实，廉洁文化就是一种以荣辱观为核心的假设和预期，就是使某种道德、观念、信念通过持续倡导和传承，变为一种“契约”，使群体行为由内化而转变为外化的过程。武警驻无锡某团政治委员丁晓兵说得好：不知荣耻，往往是走向人生败局的源头祸水。只有不断地升级自己灵魂的“杀毒软件”，让社会主义荣辱观成为一道坚不可摧的“防火墙”，自觉构建起扬荣抑耻的“防疫系统”，才能牢牢坚守住共产党人的精神高地。正如胡锦涛在中纪委七次全会上强调，要从思想道德教育这个基础抓起，不断夯实廉洁从政的思想道德基础、筑牢拒腐防变的思想道德防线。2008 年 7 月 16 日，习近平副主席在全国干部教育培训工作会议上强调指出：“在干部培训工作中，要以坚定理想信念、增强执政本领、提高领导科学发展能力为重点。”因此，廉政文化建设就是一种正确荣辱观的倡导，一种积极人生观的弘扬，一种理想信念的坚定，使领导干部明确坚持什么、提倡什么，反对什么、抵制什么，知道什么可以做，什么不可以为，在潜移默化中受到熏陶，在道德修养提升中筑牢防线。尤其是在目前社会转型、价值多元的形势下，面对形形色色的诱惑，坚守精神高地并非易事，只有从树立社会主义荣辱观入手，寓廉政理念于各种生动性、艺术性的文化活动之中，通过生动活泼的形式、独特新颖的载体，强化党员干部理想信念教育、民主法制教育、优良道德文化传统教育，在广大党员干部中弘扬真善美、摒弃假恶丑，营造一种“以廉为荣、以贪为耻”的社会风尚，才能不断提高干部政治素质和职业素质，不断提升廉政教育传播的文化内涵，形成廉洁至上的群体价值共识，使“淡如秋菊无妨瘦，清似莲花不染尘”成为一种社会道德风尚。

二、廉政文化建设力在从心理层面促进社会不良文化土壤的改善

近年来，各级组织不断加大打击腐败的力度，取得了社会多方认可的明显成效，但是腐败现象易发多发的土壤和条件在一些领域依然存在，一些重大的违纪违法案件也时有发生。之所以在高压态势下腐败现象仍然不减，原因固然是多方面的，但从深层文化上找原因，最为根本的恐怕是在社会文化心理层面，不同程度地滋生着一种产生腐败的不良社会土壤。而这一腐败土壤，就根深蒂固地存在于人们的内心信念中，渗透在人们司空见惯的日常行为中，蔓延在社会各种

不良环境中。正是因为这种腐败心理长期积淀，就会使意识薄弱者在错误思想导向下，在机会合适的条件下最终导致腐败行为；也正是因为这种腐败文化的土壤和环境，催生了诱发腐败的潜规则，以至在个别地方和部门，不贪不沾、清正廉洁、一身正气、与潜规则格格不入的干部反而被孤立，出现"劣币驱除良币""不进圈子等于不进班子"的现象。其实，潜规则是一种心照不宣但人人认同的变相的腐败规则，更是一种贪赃枉法的内部规矩。如果这种以不良心理规则形态存在的腐败现象，获得了一种文化心理上的支持，被人们默认为一种正常的生活方式时，人们不得不用腐败的观点看问题、习惯于用腐败的观点指导生活，那么，主流文化就会被腐败文化严重扭曲和消解，腐败就会呈现出流行化的趋势。正如"破窗理论"所揭示的，腐败行为并非突如其来的，而是由小到大、点滴积累并逐步放大的，而没有廉洁至上的社会心理环境，是产生"破窗"行为，腐败得以大面积长期持续的重要前提。其实，借用海恩法则，任何一起严重腐败案件，此前都有一些轻微腐败行为和腐败先兆，并非"一失足成千古恨"的，而是腐败的种子早已深藏于心，一旦时机成熟便故态复萌。从表面上看，许多腐败现象反映的是个人的"破窗"问题，其背后是社会、文化心态出现了"破窗"，如不及时"修补"，将遗患无穷。因此，如果能从防微杜渐入手及时消除诱发腐败的意念，那么腐败行为是完全可以避免的。从实践看，如果不重视改良腐败文化的土壤对人的心灵侵害，破除腐败文化的心理规则，等事情积重难返了再去事后处理，不仅腐败治理的成本加大，而且由于腐败毒素已长期寄存于群体行为之中，一旦环境适宜还会死灰复燃、生根花芽。古人说："良医者，常治无病之病，帮无病；圣人者，常治无患之患。""良医治未病"的故事就说明了这个道理。深入反腐倡廉，就要像扁鹊的大哥那样，治病于未发之前；像扁鹊的二哥那样，治病于初起之始；要像扁鹊那样对腐败分子动手术、下猛药。心病还须心药治。由此可见，廉政文化建设必须防患于未然，未雨绸缪，警钟长鸣，加强预警机制建设，从心理上帮助干部自觉慎独慎微慎初，"勿以善小而不为，勿以恶小而为之"，常修为政之德、常思贪欲之害、常怀律已之心、常弃非分之想，最大限度净化社会不良心灵环境，直至铲除腐败文化土壤，剥夺潜规则的生存空间，让有机会"破窗"者不想、不屑"破窗"，确保广大党员干部从心灵深处不越"防火墙"、不触"高压线"，让勤政廉洁成为自觉行为习惯。

三、廉政文化建设贵在从制度层面促进"法制精神"的确立和弘扬

李瑞环同志在《学哲学　用哲学》里说过："凡普遍存在的问题，要在方针政策上找根源，凡是反复出现的问题，要在客观规律里找根源。"如果说"59 现象"是领导干部晚节不保，自律不严，那么企业家激励规则缺失是重要原因；如果说，建筑、交通领域腐败呈大面积"前赴后继"之势，从深层次上看，也是体制、制度、监督有不到位的表现。其实，表面上的腐败"层出不穷"，根子上还在于社会转

型、企业转制的情况下，体制不完善、制度不健全、监督不到位。由于腐败的成本过小，就会有人铤而走险；由于制度不完善，就会有人钻制度的空隙；由于制度不透明，就会以部门利益取代国家利益；由于廉洁者得不到弘扬，内部就难有好的风气。比如，近年来我们制定的制度法规并不少，但腐败现象仍司空见惯居高不下，一个重要原因还在于制度没有形成体系，执行制度的成本太高，而执行靠的是强有力的文化认同。这是因为，如果没有正确的理念引导，制度设计就不可能做到公正、公平、合理，而不好的制度存在，好人也会办坏事，更会有人“依法腐败”，出现“行政权力部门化、部门权力利益化、部门利益法制化”；如果制度规则设计缺少文化支撑，特别是没有形成人人尊崇法制规则的精神，人人都想钻法律的空子，那么就会普遍存在“上有政策，下有对策”的现象。如果说，法律制度的目标是规范，是治标，那么廉政文化的目标是自觉，是治本，核心是规则意识的强化，法制精神的践行。因此，如何弘扬“法制精神”，设计一种使廉者受益、贪者受罚的制度安排，使廉洁价值观在实践中畅行是关键。曾有这样一个经典的寓言故事。有七个人曾经住在一起，每天分一大桶粥。要命的是，粥每天都是不够的。一开始，他们抓阄决定谁来分粥，每天轮一个。于是乎每周下来，他们只有一天是饱的，就是自己分粥的那一天。后来他们开始推选出一位品德高尚的人出来分粥。强权就会产生腐败。大家开始挖空心思去讨好他，贿赂他，搞得整个小团体乌烟瘴气。然后大家开始组成三人的分粥委员会及四人的评选委员会，互相攻击扯皮下来，粥吃到嘴里都是凉的。最后想出来一个方法：轮流分粥，但分粥的人要等其他人都挑完后拿剩下的最后一碗。为了不让自己吃到最少的，每人都尽量分得平均，就算不平，也只有认了。同样是七个人，不同的分配规则，产生不同的效率和风气。“分粥故事”说明只有强化规则意识，建立一套“轮流分粥、分者后取”的监督约束机制，才能实现廉洁高效。同时也表明，规则只有建立在公正、公平、公开基础之上，才能使法规制度体系合法合理合情，使人们在理念认同中自觉践行。对执政党来说，既要加强中国共产党的领导，又要强化对权力的监督与制约，是政治体制改革面临的挑战，也是廉政文化建设的关键。当务之急，要弘扬“法制精神”，必须强化“用制度管人，用制度管事，用制度管权”的规则意识，才能彰显法律的公平正义，营造敬畏制度和维护制度的法制环境，使廉洁的理念和行为模式变成长期起作用的体制、机制和规范。有了这样一个人人认同的规则、在规则面前人人平等的透明体制、赋予多数人对少数人监督的机制，那么，以正义、公平、民主为内涵的法制精神就一定能深入人心并得弘扬光大！

（本文原载 2008 年第 21 期《领导科学》）

关于企业文化"有用还是无用"的探讨

先进的企业文化对企业有促进作用，使企业产生凝聚力并且提供竞争优势，成为企业持续成长的动力；落后或过时、虚假的企业文化，对企业发展有制约作用，甚至可以扼杀一个企业，直至企业的衰败。

在一次企业经理人沙龙上，组织者举办了一场关于"企业文化有用还是无用"的辩论赛，结果是智者见智，仁者见仁，难分伯仲。我以为，企业文化是有用还是无用的提法本身就是问题。企业文化是客观存在的，只要企业存在一天，企业文化总是自觉或不自觉地在起作用，不是简单的有用还是无用，而是有好的作用，还是有不好的作用问题。这实质上是先进企业文化与落后企业文化的问题。

事实证明，先进的企业文化对企业有促进作用，使企业产生凝聚力并且提供竞争优势，成为企业持续成长的动力；落后或过时、虚假的企业文化，对企业发展有制约作用，甚至可以扼杀一个企业，直至企业的衰败。

企业文化在企业中的正负效应是辩证发展的过程，是永无止境的。一般情况下，企业文化是企业发展到一定阶段的产物，形成于企业家的自觉倡导和示范，形成于企业发展过程之中，产生于企业变革过程之中。当企业解决问题的方法通过反复强化，逐渐演变成一种思维方式和习惯时，这些思维方式和习惯就成为一种解决问题的标志，逐步积淀成相对稳定的文化。由于这些思维方式和习惯曾经被证明是成功的，但危险的是这时环境可能已经发生了变化。如果此时的企业文化不能创新，不能变革，不能适应环境的变化，对新出现的问题再使用过去的思维方法，企业就有可能走向事物的反面，产生负面效应，成为阻碍企业发展的障碍，那些原本先进的企业文化也会变成落后的企业文化。

如今，我们可以看到，世界上有许多原本十分强大的文化之所以衰落，根本原因就在于它们的封闭性、保守性，适应不了变化的内外环境。优秀的、先进的企业文化之所以展现出勃勃生机，就在于它不断创新，不断标新立异，引领知识经济发展的方向。而落后的企业文化之所以在竞争中败北，就是因为缺少创新和变革，不能快速适应变化了的环境。20 世纪，以美国微软公司为代表的新一代高新技术企业发展历程表明，信息化网络时代需要的是个人的独创性和组织的灵活机动，而不是日本企业大兵团作战般的人海战术和舰队的统一行动。这并不是说微软文化是多么先进，而是说任何一种文化如果不与时俱进，承优创新，融合锻造，那么它必然会衰落。

从此意义上说，企业文化是与时俱进、动态发展的过程，绝不能过分内向，固步自封，停滞不前，在成功簿上吃老本。否则，成功也会变成失败之母，相对稳定、无法适应环境变化的所谓成功的企业文化也会成为失败的因子；当然，又不能过分超前，尤其是不能超越自身的发展实际和阶段，对世界先进文化不加区别的引进和吸收，否则只能造成水土不服，适得其反。要从本企业实际情况出发，以构建现代企业制度为契机，以优秀传统文化为基础，实现文化与经济的互动，文化与管理的融合，促进企业管理在法、理、情上的有机结合。

目前新的企业文化热为什么再度重现？为什么众多企业如此看重企业文化？这主要是因为，人们看到先进的企业文化确实能够为企业增加效益，增强凝聚力，为企业带来活力。当代经济的生存和发展已不是单纯的经济活动过程，而是呈现出经济、文化一体化发展的态势，当我们从文化的视角管窥经济的运行，便会看到文化对经济发展的深刻作用。

据 2002 年中国铁路企业文化考察团访美时发表的观点，产品竞争是由技术竞争力决定的，技术竞争力是由制度竞争力决定的，而制度无非是物化了的理念的存在形式。因此，可以说理念才是第一竞争力，谁拥有正确的、不断创新的理念，谁就具有最强的竞争力。而创新的理念来自于创新的、拥有活力的先进企业文化。企业文化持续再造成为推动企业前进的原动力，企业文化成为核心竞争力之一。在某种意义上说，企业的竞争就是文化的竞争，先进的企业文化总是战胜落后的企业文化。适者生存永远是企业发展的规律。如何打造一种适应企业发展要求、体现文化发展方向，激发员工创新精神和智慧潜能的先进企业文化，永远是企业不变的追求。

从成功企业文化实践看，先进的企业文化无时不对企业发展有重要的促进作用。据国外“企业文化与经营业绩”研究成果表明，企业文化是一种力量，是决定企业成功的关键因素。据哈佛商学院著名学者约翰·科特教授 11 年的考察，那些“具有重视所有关键管理要素，重视各级管理人员的领导艺术的公司，其经营业绩远远胜于没有这些企业文化特征的公司”，前者总收入平均增长 682%，后者仅达 166%；企业员工增长前者为 282%，后者为 36%；公司净收入增长前者为 756%，而后者仅为 1%。充分证明了企业文化与经营业绩之间的密切关系，而且那些最成功的公司往往也具有非常鲜明和强大的文化。同时也说明优秀的企业文化对企业兴衰将发挥越来越重要的作用，甚至是关键性的作用。这种作用常常表现在对内、对外经济合作的成败上面。许多跨国公司在中国的成功着陆，在某种意义上就是企业文化融合的成功，是跨文化管理的成功实践。正如某外商曾经说过的：“在中国办企业，有我们的技术和机制优势，但是必须重视中国文化。”

有专家研究发现，当剖析企业的成功与失败的时候，在举出一百条经营上的原因的同时，也能举出一百条文化上的原因，甚至如果深究下去，许多经营上的原因其实就是企业文化上的原因。具有 70 年历史、年上缴利润 1 000 万元的南京冠生园因“陈馅事件”被央视曝光后被迫破产再造，根本原因是该企业本身失去了起码的诚信，没有践行以诚信文化为核心的价值观，不重视产品质量，愚弄、坑害消费者，结果终被消费者所抛弃，被市场所淘汰。2001 年，美国 Enron(安然)公司因做假账，被迫宣布破产，成为美国历史上最大的公司破产丑闻；Enron 公司股东和员工成为最大的受害者，企业的高层管理人员被送进监狱。Enron 公司的破产从文化中找原因，那就是应验了以诚信为底线的优秀文化的缺失，必然导致失败。而在考察众多被公认是成功的企业时，我们不难发现，真正使企业久盛不衰的秘密往往是隐含在商品力和销售力后面的文化力，而不是人们所想象得到的经济实力。从一家濒临破产的小企业，成长为享有世界声誉的企业集团，海尔的产品行销五大洲，海尔的员工来自世界各地。是什么让海尔冲险破隘、创造出一个个骄人业绩？是什么把不同地域、不同民族的 3 万海尔员工，聚合在蓝色的海尔旗下，忘我工作，协力进取？是生机勃勃、创新不止的海尔文化，成为海尔人创造奇迹的强大动力。同时也证明，企业文化并非是锦上添花，是单纯成功企业的事，暂时弱小或困难企业也可以通过先进的企业文化融入，成就企业的未来，使企业由弱变强，由小到大。其中企业文化的优劣至关重要。

有人会说，为什么有些搞过企业文化的企业最终也失败了，我认为，这并不是企业文化本身的问题，而是我们对企业文化的理解和实践出了问题。须知，优秀企业文化是有底蕴的、有根基的，要经历一个漫长的过程，而不是一朝一夕的事情，它需要一批批、一代代的企业家和员工在经营企业的过程中去营造、培养和发展。企业文化对企业的作用不是直接的，更不是立竿见影的“速成”，而是间接的，潜移默化的，长期起作用的因素。所以，我们不能简单否定企业文化的作用，更不能神化，甚至于急功近利、盲目复制别人成功的企业文化。海尔在国内成为知名企业后，据说有人曾问张瑞敏怕不怕海尔的管理经验被同行模仿而使海尔的竞争优势受到影响。张回答说，海尔取得成就的原因，主要不在于有形的东西，而在于无形的东西。他所说的无形的东西就是海尔的“企业文化”。事实是，有形的东西好复制，企业文化作为无形的东西，比如企业的风气、环境、背景、传统、氛围和凝聚力，这种长期积淀逐步成为企业成功的内在基因，是很难轻易复制和移植的。

从我国的企业实践来看，企业文化实施的效果之所以不佳，源于缺乏优秀的企业文化积累，假大空的企业文化盛行，这一方面是把企业文化泛化。由于企业文化是舶来品，对企业文化的内涵缺少准确客观把握，盲目照搬，导致口号雷同，内容空泛，或者是为了赶时髦，作为思想政治工作的另一种表达方式，或者是仅作为活跃员工文化生活的手段，致使企业文化的真正作用没有充分发挥出来。许多企业的企业文化是宣传出来的，并没有真正意义上的自觉实践。另一方面把企业文化神化。神化企业文化的功效，不从实际出发，以为搞所谓形象导入就能马上见效，盲目请设计公司设计企业形象识别系统，企图用形象设计代替系统的、艰巨的企业文化建设工程。第三，把企业文化虚化，把企业管理制度与企业文化人为搞成两张皮。企业领导人只关注经济目标，忽视科学管理，表现在很多的企业有很多闪光的理念和口号，却没有与之相适应的制度和管理措施跟进，没有专门部门和人员去具体实施，企业文化规划留于形式。其实，管理与文化是同一事物的两个方面，有什么样的管理制度，背后就有什么样的管理理念，而支持这一理念的恰恰就是企业的核心价值观。目前，我国之所以缺少长寿企业，除了缺少卓越的企业家，还缺乏优秀企业文化长久支撑的体制、机制环境。国有企业建立现代企业制度喊了这么多年，为什么难以推行，根本原因之一还在于缺少与之相配套的先进的企业文化系统。

没有先进的文化支撑的企业是没有希望的企业，但拥有过时的或伪劣的企业文化也是没有前途的企业。先进企业文化是企业的思想灵魂，不仅使企业在市场竞争中所向披靡，持续推动企业进步。然而伪劣的、过时的企业文化，则迟早会让企业品尝到自己酿造的苦果。也许合适的才是最好的。我们只有共同培育适应企业发展要求的先进企业文化，才能把文化力转化为为企业的竞争力，使其真正成为推动企业持续发展的灵魂和动力之源。

（本文原载 2004 年第 1 期《理论园地》）

企业内刊:承载企业追求的文化名片

企业内刊既浓缩了企业的性格、精神和气质,承载了企业的理想和追求,又凝聚了企业形象、风格和作风。内刊不仅要有行业特点和地域特色,又要始终不渝以企业理念为核心,体现温和而充满睿智、精致而不失大家风范,与企业发展同频,与企业成长同行。

企业内刊是一面镜子,既浓缩了企业的性格、精神和气质,承载了企业的理想和追求,又凝聚了企业形象、风格和作风。企业内刊绝不是锦上添花的点缀,而是促进企业发展的无形资产,激励企业进步的文化名片。企业内刊要承载企业的文化追求,必须成为企业理念传播的喉舌、形象展示的使者、思想共享的平台,才能与企业共生共荣、和谐发展。

一、传播理念的喉舌

一份内刊,就是企业发展演进规律的见证,更是记录企业探索轨迹的“发言人”。内刊要想发挥促进企业发展的作用,就要坚持实事求是,不断完善自我,既要有一定的知识性、探索性、前瞻性,更要有较强的应用性和操作性,既要传播企业的价值观和相关信息,又要反映员工和社会对对企业的要求,使多元思想在传播中形成共识。一是传达企业领导者的声音。企业内刊要反映企业的价值追求,特别是要反映企业主要领导人的主张,这是内刊的重要职责。二是传递社会对企业的呼声。内刊不仅要关注自身还要关注社会。企业与时代同频共振,企业产品与顾客需求是息息相关,有时,社会的热点就是企业的焦点,社会的呼声就是企业的追求。从服务顾客的角度传达顾客的声音,从社会需求的角度宣传企业的社会责任,是内刊担当的职责。三是反映基层对企业的要求。基层员工是内刊的最大受众。基层的需求和难点就是内刊报道的热点、重点。只有从基层普遍性的问题入手,通过典型视角问题的切入,拓展解决问题的突破口,致力于重点问题的思考、难点问题的破解、疑点问题的疏导、关键问题的指导,才能促进员工对企业价值观的认同,把企业的目标变成员工的追求。这样,内刊才能与企业同呼吸、共命运,发挥传播企业理念、凝聚企业人气的作用。

二、展示形象的使者

塑造差异化形象既是企业竞争的需要,也是企业内刊的不懈追求。而差异化是由企业个性化理念决定的。成功内刊实践证明,内刊不仅要有行业特点和地域特色，又要始终不渝以企业理念为核心，体现温和而充满睿智、精致而不失大家风范，与企业发展同频，与企业成长同行。相对于大众期刊来说，企业内刊只是小众刊物，只有独出心裁、发挥优势、借鉴提高，使企业理念与内刊理念统一，才能在“真、善、美”的终极追求中，体现内刊的吸引力、生命力和影响力，彰显企业独树一帜的形象品位。一是在定位上体现个性。定向决定定位。内刊既是传递企业信息的渠道，又是引领企业发展方向的延伸空间。内刊只有首先解决是给谁看的，找准定位，有的放矢，才能把握重点，体现特色，为企业发展服务，特别是为企业管理者和员工成长服务。其次，在栏目设置上要拓展个性视角。如何拓展员工的视野，聚焦企业发展战略、品牌管理、人力资源开发、产品设计，传播先进员工的道德追求和精神风采，是内刊需要突出策划的主题。思路决定出路，视野决定境界。在全球化背景下，只有具备全球眼光，站在世界行业发展前沿，审时度势，策划选题，突出重点栏目、专题栏目、特色栏目的报道，才能整合最新资讯，开阔员工视野，把握自身定位。二是在内容上体现新意。内刊没有新主张、新见解、新观念，就难以以理服人。当然，理性的东西还要通过情理结合的方式和具体生动的事实进行传播，从而实现内刊与读者的真情互动，是体现内刊新意的重要途径。三是在包装上体现创意。图片也是思想的另一种表达方式。图文并茂是刊物发展的主流趋势，封面、标题是否有创意，是读者是否愿意继续读下去的重要理由。用丰富的版式刺激感官，用丰富的视觉元素为读者创造阅读价值，使生动的图片与有文采的文章相得益彰，是内刊形式与内容和谐统一，形成鲜明风格的重点所在。为此，编辑作为企业文化的传播者，企业个性形象的塑造者，要时刻把握企业理念对内刊的要求，经常研究读者的需求，努力“用外刊的水准做内刊”，通过汲取大众期刊的成功经验，不断打造内刊的品质，提高读者阅读的愉悦度，才能使内刊成为展示企业形象的“大使”，在向员工、向社会输出企业资讯的同时，输出企业品牌的内涵，在人们心目中塑造出个性化企业形象。

三、共享思想的平台

内刊没有思想，就没有灵魂；没有交流，思想就难以共享，理念就难以在传播中内化。但如果思想只有单向灌输没有多元疏导，不能真正做到平等交流，就难以形成广泛的认同。因此，如何凸显内刊的“平等性”，是营造以人为本的文风，发挥内刊思想共享平台作用的关键。

首先，平等性重在办刊思想的平等。文章是思想的载体，成功的内刊是企业的“传道者”，任何人在这一平台上都应相互尊重，体现人格平等。这样，内刊才能使企业理念人格化，在平等的思想交流中展现智慧的火花。强化内刊的平等性，要求不看职位看思想，不看关系凭质量，把更多有文采、有内涵、有真知灼见的文章奉献给读者。其次，平等性贵在人文精神的弘扬。人文精神体现出“办刊人一切为读刊人着想”的思想，体现出编者对读者的尊重和理解。内刊是文化的载体，体现了企业人对企业理念的独特理解。要把这一理解艺术地传递给读者，要尊重读者的选择，以朴实的文风吸引读者，以亲切、可读性的文字感染读者，才能以有价值的思想征服读者，以读者满意的人文精神提升读者。事实证明，成功内刊就在于对人本理念始终不渝地坚持，就在于对受众人文需求的细致把握。第三，平等性落实在实事求是作风的传承。内刊不是简单的教化工具，不在于表达什么，而在于如何表达出真实的思想；内刊不仅是思想分享和满足精神需求的阵地，更是启迪员工思考，沟通思想的平台。只有讲真话，讲实话，讲新话，深度挖掘企业中的得与失，才能让员工在观念碰撞中受到启迪并增添动力。

（本文原载 2009 年第 2 期《中外企业文化》）

企业核心价值观与企业核心竞争力

从企业长期发展看，有变和不变的两个方面。变的是企业产品、经营策略和营销手段，不变的是企业的核心价值观。正是不变的核心价值观决定了企业的核心竞争力。

著名经济学家于光远曾说:“国家富强在于经济，经济繁荣在于企业，企业兴旺在于管理，管理关键在于文化。”这个“文化”实际上就是“核心价值观”。笔者以为，企业核心价值观是核心竞争力的核心要素，是企业制胜的核心动力和法宝。

一、企业核心价值观与核心竞争力内涵辨析

所谓核心竞争力根据首创者普拉哈拉(C. K. Prahalad)和哈麦尔(Gary Hamel)的定义应为:组织中的积累性学识，特别是关于如何协调不同的生产技能和有机结合多种技术流派的学识。企业文化的核心是价值观，创新的核心价值观来自于创新的、拥有活力的企业文化。战略可以复制，营销方式可以复制，但企业的氛围难以复制，践行核心价值观的行为更难以复制。什么是核心价值观?企业核心价值观是企业愿景、使命据以建立以及指导企业形成共同行为模式的精神元素，是企业得以安身立命的根本，是企业倡导什么、反对什么、赞赏什么、批判什么的基本原则。核心价值观在企业的文化体系中处于核心地位，是企业的灵魂。也就是说，核心价值观是企业对于客观事物的基本信仰，是关于好坏、善恶、美丑的判断，是企业生存与发展的指导思想和基本准则。一个企业的价值观会反映在企业经营的营销、研发、生产、财务、人力资源等各个方面，特别是集中体现在企业战略、企业管理和企业经营管理理念上。按王成荣教授的观点，企业文化理念体系不是一两句闪光的语言，它是一个有核心价值观的一个完整的思想体系。简单扼要地说，所谓经营管理理念，是企业经营的核心思想和终极之道。松下幸之助指出:“一个企业的成功，当然涉及很多因素和条件，而是否有正确的经营理念，则是最重要的因素。换句话说，经营理念居于主宰企业成功的地位。”著名管理学家克拉克如是说:“评价一个企业成功与否不在于年限长短，关键看它的经营理念能否跟上时代的潮流。”他们指的经营理念就是企业核心价值观。在企业发展的初、中级阶段，硬性资源往往是短缺的，因而是急需的，而在企业发展的高级阶段，软性资源，如企业文化、理念则上升为最重要的资源。企业短期的繁荣可以通过许多方式获得，但企业持续增长的力量却只能依靠先

进的企业文化、核心价值观。可以说，谁拥有正确的、不断创新的核心价值观，谁就具有最强的核心竞争力。核心价值观的创新是一切创新的根本和先导。没有核心价值观的创新，就没有战略的定位、思路的更新、体制的变革、制度机制的更进，更没有企业自身的超越。

二、核心价值观是企业发展的核心动力

著名的管理咨询公司麦肯锡公司，用著名的组织管理 7-S 框架，描述出影响企业竞争力的七个方面，即：组织结构、战略、体系、技能、管理风格、员工、核心价值。他们认为：这七个变量中的核心是组织的核心价值观。核心价值观作为企业文化的精髓和灵魂，是企业长期秉承的一套根本原则、企业经营战略的思想保证，是从深层次影响企业的基本信念，是企业生存发展的活力源泉。从企业长期发展看，有变和不变的两个方面。变的是企业产品、经营策略和营销手段，不变的是企业的核心价值观。正是不变的核心价值观决定了企业的核心竞争力。

核心价值观是企业可持续发展的必然要求。企业能否可持续发展关键是有无支撑企业发展的核心竞争力。企业文化是企业发展中强大的内在驱动力量，而核心价值观的打造更是企业可持续发展的必然要求。世界五百强企业正是始终不渝地恪守企业核心理念，通过企业产品和营销策略的创新，才成就今天百年的基业。比尔·盖茨成功致富的核心理念有三个方面内涵：一是掌握最大趋势的致富理念；二是企业的市场要大；三是从事竞争对手越少越好。正是比尔·盖茨成功地把握了个人电脑的发展趋势的理念，通过"不断淘汰自己的产品"，成为世界 IT 业的领跑者，变不可能为可能。反之，一个企业不能有正确的核心价值观，以快速圈钱为目的，把消费者的利益放在一边，最终将被消费者所抛弃，就不可能有可持续发展。美国学者查尔斯·汉普顿和阿尔方斯·特龙佩纳对 12 个国家的 15 000 家企业进行调研，最后得出结论：企业一旦做出"反经济信用行为"，它的最重要的无形资产——企业商誉就会受到重创。著名管理学家克拉伦斯·沃尔顿指出，企业是讲信用、讲商誉、讲道德的组织，而不是赚钱的机器。因此，以顾客为本的核心价值观是企业能否可持续发展的必然要求。

核心价值观是企业科学发展的战略要求。战略是实现企业核心价值观的一种手段。如果一个企业的战略变了，其核心价值观也随之改变，那就需要很好地审视一下这个核心价值观是不是真的具有"核心地位"。核心价值观决定企业战略实现的内动力表现在两个方面：一方面，价值观为战略的制定提供成功的动力；另一方面，价值观是战略实施的关键。因此，不同的核心价值观往往有不同的战略观，而不同的战略观决定不同的管理观和经营观，而不同的管理观和经营观决定不同的管理模式与管理行为、经营模式与经营行为，进而影响企业核心竞争力。无论是同仁堂的诚信文化，还是 GE 百年不衰，都是因为坚持了"炮制虽繁必不敢省人工，品味虽贵必不敢减物力"的古训，以及不懈地推崇"坚持诚信、

注重业绩、渴望变革”的核心理念，才体现了企业科学发展战略对核心价值观在经营观、管理观上的要求。实践证明，成功企业正是始终坚持推行自己连贯的经营理念，才取得战略目标的成功；如果没有连贯的经营理念，就无法形成自始至终的经营战略。

核心价值观是统领全员行动的思想指针。企业是需要有精神的，需要用精神来组织人，产生凝聚力和创造力，进而才能有核心竞争力。这种精神就是以企业价值观为核心的企业文化。正如张瑞敏讲：“海尔过去的成功是观念和思维方式的成功。企业发展的灵魂是企业文化，而企业文化最核心的内容应该是价值观。”从一家濒临破产的小企业，成长为享有世界声誉的企业集团，海尔的产品行销五大洲，海尔的员工来自世界各地，是什么让海尔冲险破隘、创造出一个个骄人业绩？是什么把不同地域、不同民族的海尔员工，聚合在蓝色的海尔旗下，忘我工作，协力进取？是生机勃勃、创新不止的海尔核心价值观，成为海尔人行动的思想指针和创造奇迹的强大动力。从这个意义上说，核心价值观对行为的规范远胜于有形的约束。作为文化的核心要素，核心价值观不仅决定发展战略和发展思路，而且决定人的境界和思想行为，最终决定产品的竞争力。因为产品竞争是由技术竞争力决定的，技术竞争力是由制度竞争力决定的，而制度无非是物化了的理念的存在形式。因此，启动人要从启动核心价值开始，启动核心价值要从启动文化开始，才能统领全员的思想行动，提升企业的核心竞争力。

三、把企业核心价值观转化为核心竞争力的路径

一个企业要做到“基业常青”，就需要一种核心价值观的指导，这种核心价值观是企业生存与发展的基本准则。但光有核心价值观还不行，还必须通过全员认同，把核心价值观渗透到企业的理念、战略、制度和行为里去，才能使核心价值观的“落地”，进而转化为企业核心竞争力。

一是理念上认同。核心价值观的力量来源于员工内在思想的认同。否则，企业就会是一盘散沙，而失去应有的竞争力。一个核心价值观被建立起来，并且被组织真正的坚持延续下去，不在于这些核心价值观怎么表述，最根本的是在于是否获得了企业组织成员的共同内在认同，尤其是企业领导者的认同和遵循，并且把它转化为企业的日常管理和员工行为，持之以恒的落实，使之成为企业认同和坚持不渝的经营之道和原则，这才是核心价值观成功打造的关键。作为管理者只有首先思想上认同，以身作则，做好表率和示范作用，以诚实正直的品质、开拓进取的精神、艰苦奋斗的作风，体现企业核心价值观，才能赢得员工的尊重并认同。要以各种活动为载体推展企业文化，让员工潜移默化地接受企业核心价值观，特别是通过设立丰富多彩的文化礼仪，表现企业文化的个性，固化企业文化的精髓，增强对企业发展的信心、对个人在企业成长的信心。还要塑造企业楷模，使价值观人格化，创造企业文化的模仿效应，促使全体员工知晓、理解、认同

的基础上，将个人目标与企业目标协调一致，将个人价值与企业价值有机结合。

二是战略上支持。企业核心价值观集中反映了战略目标实现和结构性整合的要求，既是对企业成功经验的总结，又是对一些先进文化要素的充分吸收。战略是实现企业核心价值观的一种手段，是企业根据外部环境、内部资源和能力状况，为求得企业生存和长期稳定的发展，并不断获得新的竞争优势，对企业的发展目标以及达成目标的途径和手段的总体谋划。只有把核心价值观转化为企业战略，才能实现战略对企业价值观的有力支持，体现全局性、系统性、稳定性、动态性等特征。同时，在战略管理过程中，充分体现企业核心价值观的科学、法制和合作精神，全力渗透企业价值观，才能实现企业的发展战略，实现对核心价值观的双向支撑作用。

三是制度上保证。价值观需要寻找具体的模式和载体来转化、来体现。制度作为企业生产经营过程中的组织基础、规章制度和约定俗成的行为规范，是企业文化最好的载体之一。企业价值观落地的过程也就是企业制度健全、规范和落实的过程。要通过建立健全必要的规章制度和行为规范，在企业理念制度化的同时实现制度的观念化，使员工行为既有价值观的导向，又有制度化的规范，才能把核心价值观转化成看得见的企业制度机制和管理方式，最大限度使发展的理念变为制度，变为用人标准，变成符合企业发展要求的行为准则。在这方面，原通用公司韦尔奇堪称典范，他对有业绩、有能力但不认同核心价值观者坚决不用。同时，发挥价值观的导向作用，建立相应的激励制度机制，对符合企业价值标准的行为不断地给予鼓励和激励，对不符合核心价值观的行为给予惩治，从而强化制度的落实，促进核心价值观的固化。

四是行为上跟进。从员工行为落地，到组织行为落地，再到企业言行一致，是一个具有高度相关性的逻辑过程。在这一过程中，处处体现出企业倡导的核心价值观。没有游离于生产经营之外的企业文化，更没有不能落实的核心价值观。企业的所有行为都要真正体现企业价值观，否则就会“魂不附体”。2004年夏天，杰克·韦尔奇在北京与中国工商界精英对话中写下了一句经典名言，当时，有一位中国企业家问：“我们大家知道的都差不多，但为什么我们与你们的差距却那么大?”杰克·韦尔奇一字一句地回答：“你们知道了，但是我们做到了。”因此，价值观不是每天不断地说教，而是应当融于企业的生产经营细节之中，体现在员工的执行力上，变成一种职业行为和习惯。如此，核心价值观才能落在实处，成为促进企业发展的牢不可破的惯性力量。

走出企业文化的认识误区

企业文化并不是虚无缥缈的，实际上是一种市场经济中的微观文化，是企业家倡导、广大员工长期实践中形成并认同的工作态度、行为规范和价值观念的总和。它内在地产生于企业自身，并随着企业的发展而日益强化，最终成为企业取之不尽、用之不竭的精神源泉。讲究经营之道是基本内容，培育企业精神是核心成分，整合企业资源是重要职能，塑造企业形象是外在表现。

由于对企业文化存在认识误区，成为制约企业文化建设健康发展的桎梏。笔者就此谈点一孔之见，与大家共同探讨。

一、企业文化是“标语口号”？

从现象上看，企业文化的核心部分，企业之魂——企业价值观、企业精神、企业使命等总是通过具体的理念，如标语口号、短句、广告语表现出来，但从本质上说，企业理念与口号是性质不同的范畴。理念是价值观的具体化，需要员工的共识，通过渗透于企业制度的规范要求，化为员工的岗位行为；而口号仅仅是一般化号召，只有倡导力，缺少约束力，难以成为持久的推动力。理念一般长期不变，有的百年不变，体现了企业存在的理由和目的，而标语口号则因时而变，为某个时期的经营任务服务。有的口号通过认同并长期实践，成为企业的理念；同时，只有把企业理念润物无声地准确界定，使其具有企业自身的特点和个性，并得到方方面面的认知，内化为职工的岗位实践，固化为制度机制，才能成为凝聚企业的灵魂，真正变成职工自己的“口号”。因此，我们既要注重提“口号”的艺术，注意总结提炼最具企业典型意义，最具说服力、感召力、反映核心价值观的“口号”作为企业理念，同时要提出与之相配套的相关制度措施，并付诸实践。当然，企业文化的内涵是含蓄的、深刻的，并不是简单的一两句“口号”所能全部涵盖的，只有当我们有意实施一些与核心价值观相抵触的企业发展新战略或经营新举措时，我们才可能深刻感受到企业文化那实实在在的力量，只有当我们每一名员工在岗位上真正实践这些富含企业哲学和价值取向的理念时，企业理念才能自下而上升华，自上而下落地，让顾客领略到企业之所以强大背后的一些东西，真正感受到企业之魂的存在。

二、企业文化是“形象设计”？

企业形象设计于 20 世纪 50 年代诞生于美国，发展于日本。企业形象设计重外在包装，强调的是“识别”，体现企业差异化策略，使本企业与其他企业区别开来，给人以视觉冲击力。而企业文化重在队伍内在素质的提升，是以人为中心的管理，突出关心人、理解人、尊重人、引导人，没有良好的队伍素质，就不可能有企业的整体形象。形象设计仅仅是企业文化的有机组成部分，是依附于企业实体而存在的，要与企业整体素质相适应，不能认为形象设计就是企业文化全部，尽管企业文化战略的实施大都是先从企业形象设计导入的。许多人之所以将企业文化与CI战略混为一谈，或彻底分开来看待，究其原因，可能是企业领导者的认识误区，过分看重CI战略的“显性化”“速成化”，往往急功近利，以为CI战略成功了，企业文化就建设到位了，从而把企业文化仅仅停留在“形象化”上，不注重企业内在素质的积累，不注重企业优秀文化传统的传承，不注重企业资源的系统优化，结果专家一走，企业理念识别系统就被搁在一边，剩下徒具形式的视觉系统。其实，企业文化并不是一般可以复制和移植的资源，而是能够创造独特价值的资源，是一种能整合其他资源的资源，能决定其他资源的配置方式和配置效率。因此，作为企业文化资源的形象设计不能孤立地进行，必须以核心价值观为指导，从企业战略高度整合与创新资源，把理念识别与视觉识别相结合，理念识别与行为识别相统一，与企业文化整体战略相融合，才能最大限度增强企业市场竞争力，发挥其作为视觉识别系统的应有作用，使“形象设计”的过程变成整合企业资源，内强素质、外塑企业形象的过程。

三、企业文化是“思想政治工作”？

人们通常把企业文化与思想政治工作混为一谈，有的人甚至说成是一回事，由于普遍存在对两者关系上把握不准的认识误区，使企业文化难深入，难操作。实际上，企业文化与思想政治工作虽有一致性、趋同性，但差异还是明显的，两者更多的体现为一种并列、交叉关系。从范畴上讲，企业思想政治工作属于政治学范畴，主要表现为精神方面。企业文化本质上属经济学范畴，是经营管理文化，属于管理范畴，既包含精神方面，如思想道德和科学文化，又涉及物质方面，如员工工作学习生活环境建设等。从作用和任务上讲，企业思想政治工作强调的是政治目标，根本任务是提高职工的政治思想觉悟，塑造“四有”新人；企业文化强调的是企业经营和管理，直接服务于企业发展战略和目标，根本任务是通过增强企业凝聚力，提高企业创新能力，提升企业形象和市场竞争力，从而提高企业经济效益。从特点讲，企业思想政治工作表现为相对稳定性和整体性，其基本内容，如理想信念、马克思主义的基本原理、科学社会主义、民主法制教育等，是不因企业内外环境的变化而变化的；而企业文化突出的是其创新性和独特性，随着企业内外环境的变化，企业文化的内容也随之不断充实修改完善，有时为适应竞争环境还要实行彻底变革，以满足新的企业战略的整合要求。对跨国公司而言，还必须实行跨文化管理，以适应本土化要求。从手段上看，企业文化还带有一定的强制性，如把某种理念转化为行为，需要制定相应制度规范；而思想政治工作注重内在启发，不带有强制性。企业文化一般采取“虚”（教育）“实”（制度）结合的办法达到目的，而思想政治工作主要是通过“虚”（宣传教育）的办法提高职工觉悟。两者相互联系、相互促进，无论是企业文化，还是思想政治工作主体和终极目标都是一致的，都是以人为本，提升人的素质，调动职工积极性。从根本上说，企业文化是一种人文管理模式，是一种以人为中心的管理理论，体现了企业管理和人力资源开发中的人文关怀。建设有中国特色的企业文化，必须做好两者结合的大文章。通过发挥党建思想政治工作的宣传优势、群众工作优势、组织工作优势，为企业文化提供思想保证和宏观指导，确保企业文化的前进方向和促进理念的落地生根；通过加强企业文化建设，为企业思想政治工作提供载体和拓展发展空间，使思想政治工作充满旺盛生机和活力。

四、企业文化是“企业家文化”？

从某种意义上说，企业文化往往是由企业家率先倡导并身体力行的，是自上而下的结果，特别是创始人的思想决定企业的性格、特质，因而有人把企业文化看作是企业家的人格化身，是企业家精神文化。当然，企业家精神是一个企业精神的核心，是影响企业经济增长最重要的非经济因素，没有企业家的倡导，没有企业家的身体力行，企业文化是难以实质推动的。但企业家精神并不能涵盖企业文化的全部。企业文化不仅仅是企业家文化，更是一种群体文化，因为企业文化的真正主体是广大员工，理念靠员工去宣传贯彻，制度靠员工去执行落实，行为准则要靠员工去遵循和维护。没有广大员工的参与和认同，没有广大员工的创造与实践，仅靠企业家本人或靠少数人闭门造车，只能是孤掌难鸣、无人喝彩。特别是当前，倡导团队精神和集体主义精神，仅靠企业家个人的力量，是难以奏效的。实践证明，那些成功企业的文化建设之所以能够成为推动企业发展的动力，一个重要原因就在于企业文化有广泛的群众基础，能够调动职工和积极参与，把企业文化建设的过程变成员工自我教育的过程，使企业价值观能够深植于企业员工的内心，变成员工的岗位实践，成为群体认知习惯，从而实现全员认同、“上下同欲”。因此，先进的企业文化是卓越的企业家和广大员工人格化的产物；企业文化建设不仅仅是企业家的事，而是一个全面、全过程、全员的培育和实践。只有把企业文化看成为群体文化，才能通过企业领导人率先垂范，模范信守，聚群体智慧，集全员之力，自觉地进行企业文化建设，企业文化才能成为共建、共享，有根基有活力的文化。

（2002年9月作者参加安徽省职工思想政治工作研讨会交流材料）

从多维视角考察企业文化的功能

从经济学视角看，企业文化可以提升企业的经营绩效；从管理学视角看，企业文化可以促进制度的执行；从文化学视角看，企业文化可以凝聚人心、吸引人才；从政治学视角看，企业文化可以提高整个社会的道德水平。

一般来说，企业文化具有导向、激励、整合、约束和幅射功能。由于企业文化是一门综合性、边缘性、多学科相互交叉的管理思想和管理方式，如能从多个学科视角考察企业文化的功能，可以更准确地理解和把握企业文化的精髓要义，进而提升对企业文化建设的思想自觉和行为自觉。

一、从经济学视角看，企业文化可以提升企业的经营绩效

竞争中的企业只有不断创造效益、降低成本才能在激烈的市场竞争中生存下去。否则，就会被市场所淘汰。这是经济学的基本观点，也是企业文化的核心要义和实践要求。特别是在知识经济时代，企业文化作为一种“知识资本”，已成为企业创造效益的巨大动力。美国哈佛商学院著名教授约翰·科特的《企业文化与经营业绩》一书在论述企业文化的力量时指出，企业文化将很可能成为决定企业兴衰的关键因素。他指出，企业文化包括共同的价值观念，即企业中多数成员共同拥有，能成为企业行为方式的、会长期存在的重要目标和切身利益；还包括部门行为规范，即由于共同价值观传授给新企业成员，同时企业实行奖善惩恶措施，形成能延续的普遍行为模式。由于企业成员中共同的价值观念和行为方式使得他们主动为企业出力，因而有助于企业成本的降低和经营业绩的增长。另一方面，企业文化作为一种新型管理理论和管理方法，给企业带来了管理方式的创新，而管理方式的创新提高了员工的工作效率，自然而然使企业的组织成本降低，增加企业的经营效益。这一点充分体现了企业文化管理的实质，即以人为中心，以文化引导为手段，以激发员工的自觉行为为目的的一种企业经营管理思想和管理模式。

二、从管理学视角看，企业文化可以促进制度的执行

从管理学实践看，以企业的价值观为核心的企业文化不仅是经营理念问题，实际上也是一个企业制度如何认同与执行的问题。实践证明，只有被员工认同的制度，才能被自觉执行，而被员工认同的制度才能通过持续坚持变成一种文化。因此，加强企业制度的认同对企业文化建设至关重要。企业制度是企业文

化的中坚和桥梁，它把企业文化中的物质文化和精神文化有机地结合成一个整体。一般包括企业法规、企业的经营制度和企业的管理制度。企业法规为企业确定了明确的行为规范，是依法管理企业的重要依据和保障。企业的经营制度是企业制度文化的组织形态。企业法规和企业经营制度不仅影响和制约着企业文化发展的趋势，同时也促使不同企业的企业文化朝着个性化的方向发展。但真正制约和影响企业文化个性化的原因，还是企业内部的管理制度。

企业的制度与企业的文化有着相互影响、相互促进的作用。合理的制度必然会促进正确的企业经营观念和员工价值观念的形成；而正确的经营观念和价值观念又会促使员工形成良好的行为习惯，改变企业员工的价值观和思想习惯。这种良好行为习惯的养成又会使企业的各种制度能更好地贯彻落实，从而形成良性循环。企业文化正是在这种良性循环中逐渐建立起来的，并逐步从规范中走向成熟的。

三、从文化学视角看，企业文化可以凝聚人心、吸引人才

从文化学角度看，文化的本质是是以人为本、由人化文和以文化人。企业文化的精髓在于企业的理念，核心要素是企业共同的价值观，它决定着企业成员的思维方式和行为方式。企业文化所形成的企业内部的文化氛围和价值导向能够起到精神激励的作用，极大地激发员工的积极性、主动性和创造性，进而不用扬鞭自奋蹄，自觉地把个人的目标与企业的目标联系起来，形成人人争先为企业的业绩提高而努力的良好风尚。如此，通过企业文化把人们的潜能诱发出来，使员工的能力得到充分发挥，提高各部门和员工的自主管理能力和自主经营能力。为什么通用电气的旗帜百年不倒？GE 原 CEO 杰克·韦尔奇认为："健康向上的企业文化是一个企业战无不胜的动力之源。"海尔首席执行官张瑞敏也说过："企业文化是海尔的核心竞争力。"实践经验也证明，世界成功的顶尖企业都将其先进的企业文化像基因一样植入企业。可见，优秀的企业文化已经成为凝聚人心的关键，成为企业核心竞争力的重要组成部分。在中国本土企业和跨国企业争夺资源和市场的同时，越来越多的中国本土优秀人才也成为国内外企业竞相争夺的目标。这就使人才争夺战愈演愈烈。要想留住真正的人才，最重要的不是金钱，而是企业文化。通过企业文化形成的凝聚力、影响力可以吸引更多的优秀人才为企业服务。如果单纯以金钱为标准，只会造成员工没有归属感，频繁跳槽，当前社会上的"跳槽"现象也从一个角度说明了这一点。

四、从政治学视角看，企业文化可以提高整个社会的道德水平

从政治学角度看，建设和谐社会是国家现代化的重要内涵，而和谐社会需要公众的良知和一定的道德水准为支撑。从企业看，成功的企业文化在促使员工在工作上尽心尽力，多做贡献的同时，还会培养员工在社会上遵守公德，助人为

乐；在家庭中树立新风、弘扬美德，会激发员工处处延伸企业的理念，进而向社会幅射企业的价值观，彰显企业的社会责任感。这种弘扬企业正能量的外溢效应，能够使与该企业有关的团体和个人潜移默化地感染企业文化的价值理念。其实，企业文化之中所蕴涵的道德精神，诸如诚信、合作、互惠等内容不仅是经济生活中的基本道德原则，也是人们交往甚至整个社会存在发展的重要道德准则。我国历来有“以德报德”“己所不欲，勿施于人”的思想观念，企业文化所倡导的道德理念具有示范效应，它能够提升整个社会的道德水平。人们普遍的道德理念是良好的社会秩序得以获得的根本出路，它为社会和谐提供了内在机制。目前，我国处于从传统社会向现代社会转型的过渡时期，整个社会人文精神的重塑需要企业文化作为切入点或可操作系统，既能较好地满足人们不断增长的物质需求，又能够让人们展示自己的人生抱负，在追求幸福和美满中实现人生价值。从此意义上说，以践行社会主义核心价值观为契机，大力倡导并推进企业文化建设，让人们树立正确的做人做事原则和方式，进而为集体和社会承担责任，在实现共同理想中实现个人的生存价值，是促进整个社会的和谐发展与人文精神弘扬的重要途径。

可执行的核心价值观才是企业第一竞争力

我们缺少以价值观为核心竞争力的百年企业，还在于我们的企业家太过急功近利，停留在虚拟的核心价值体系上。实践证明，花拳绣腿式的虚拟价值观是不能执行的，是难以转化成管理行为的，更难以对企业战略有持久支撑和推动作用。

有人说，企业文化是第一竞争力。理由何在？从表面上看，核心竞争力的背后是技术，而技术进步的背后是管理，管理的背后是核心价值观。从此意义上说，以价值观为核心的企业文化是第一竞争力。特别是许多经久不衰的百年企业，充分印证了企业核心价值观的力量。放眼全球，世界五百强企业正是始终不渝地恪守企业核心价值观，通过正确的战略执行，产品和营销策略的创新，才成就今天百年的基业。

从企业长期发展看，有变和不变两个方面。不变的是企业的核心价值观，变的是企业经营策略、营销手段和物质产品。应当说，中国传统文化博大精深、源远流长，为世界前沿管理思想丰富提供了不竭源泉。我们缺少百年企业不是我们没有管理思想，关键是没有落实这些管理思想的持久动力转化机制。如果企业的核心价值观不能延续，而是朝令夕改，换一任领导换一套思路。这样在不断折腾中的企业或许有一时的发展，但难以有可持续发展；或许有机会主义的成功，但难以做到理性的战略成功。

当然，从根子上说，我们缺少以价值观为核心竞争力的百年企业，还在于我们的企业家太过急功近利，停留在虚拟的核心价值体系上。实践证明，花拳绣腿式的虚拟价值观是不能执行的，是难以转化成管理行为的，更难以对企业战略有持久支撑和推动作用。比如，我们在安全生产上提出牢固树立“零故障、零误差、零缺陷”的质量管理理念。那么，什么叫零缺陷？如何才能做到零缺陷？这一理念背后有大量问题需要研究解决，而不是仅仅停留在华而不实的空洞要求上。否则，理念不能量化细化，就难以转化为员工的管理思想，那只能是领导者的一厢情愿，难以转化为职工共同的行为。与此相对照，杜邦公司不仅把“制定并遵守科学的安全制度，任何工业都是可以避免的”作为首要的企业精神，而且更为重要的是，他们在企业精神的量化、细化上做文章。比如，公司召开任何一个会议都有一个惯例：会议主持人说的第一句话是：“开会前我先向诸位介绍安全出口。”不仅如此，在会议室里还有一张特殊的椅子，上面罩着一个红布套，套上写着“如有紧急情况请跟我来”。公司还规定，上下楼梯必须扶扶手，在办公室里不准奔跑，铅笔芯要朝下插在笔筒里，喝水时手里不准玩东西。每个进入公司的员工最先接受的是安全培训，要严守十大安全信念，并且每年都询问员工：“你做到了吗?”如此细微的规定和做法，确保了各类事故不会发生。以致有人说，在杜邦公司工作比在家还安全。又比如，在美铝公司曾经发生这样一件事。公司高层正准备录用一个能力和经验都很令人满意的高级经理之前，发现他的安全意识非常差——此人要在一个车速非常快的非人行路口横过马路，在大家的劝阻之下，他还要执意要冲过去。就是因为这个因素，公司决定不录用他了。原因很简单，他不注重“保护和提升个人的健康和安全”，违背了公司的安全价值观。这说明美铝公司安全价值观不是空的，而是有形的，活生生的，可以执行的，真实地渗透在人力资源管理行为中。与此相对照，我们看到了中外管理的差距所在。有一次，韦尔奇来中国管理论坛布道，答复我们一位企业家他的管理秘诀：都是一些常识，你们知道了，我们却做到了。这就是为什么我们借来了很多西方企业的管理理念，并没有在异地开花的真正原因。具体一点说，我们一方面“结合”“转化”的功夫下得不够，缺少把西方管理思想中国化的过程，没有做到与中国国情和传统文化相结合。由于水土不服，这些管理思想只能流行一时，在企业家头脑里“跑马”，看起来很美，说起来很甜，但做起来很难。另一方面，人家的价值观是可以细化的，而我们的价值观却停留在会上，讲话稿上，没有将想法设法细化，不具有可操作性，往往是悬在空中，落不到地下，更难以在管理实践中生根、开花、结果。

综上所述，我们并不缺少核心价值观，但缺少真实的核心价值观，就是将其转化成企业战略规划，量化成可执行的职业信条，细化为行为规范的能力的价值观。实践表明，企业的使命不是为了单纯完成任务，而是为顾客提供有价值的结果。没有量化细化具体化的措施为基础，没有实实在在的可执行的管理行为来推动，有价值的结果只能是画饼充饥，第一竞争力只能是一句空话。这就要求我们不能简单地把核心价值观虚拟化，而是要用硬功夫来强化、用硬措施来转化，通过强有力的执行力来落实。

一、把核心价值观“转化”成企业的战略

企业所崇尚的价值观念，是企业文化的核心。从某种意义上说，企业文化首先是企业家的文化。企业所有者或企业领导人有什么样的价值追求，秉承什么样的理念，就会在企业的经营管理行为中表现出来，就会使企业呈现出与这种价值观念相匹配的管理模式和特点。不同的管理模式和特点折射不同的企业精神和价值观。成功企业家往往通过自己的价值追求，制定企业战略，给员工描述出一幅生动的令人向往的未来前景目标，凝聚众人智慧并全力落实。因此，企业核心价值观的量化和执行是企业家的首要责任，体现出企业家的作风和人格追求。

从中外企业的管理实践来看，没有张瑞敏提出的创世界名牌战略，把创新价值观变成“日事日毕、日新日高”的企业追求，就没有今天海尔集团的发展与进步；没有韦尔奇对诚信这一核心价值观的长期坚守，变成企业的全球化发展战略，就没有 GE 公司百年以来延续的辉煌。也就是说，企业核心价值观不能只停留在提炼层面，或领导人的一般化号召上，而是要变成企业家的真实追求和内在驱动力，特别是通过自己的率先垂范、言传身教，通过战略目标的制定，具体策略的配合，形成一种显性化的全员目标行为导向，才能使企业家的思想变成员工的思想，使核心价值观真正具有可执行性的企业战略，成为企业战略背后的文化支撑。

二、把核心价值观“量化”成企业管理的标准与尺度

我们常常讲安全第一，但为什么安全第一仍然不到位？一个重要原因是说理念是一套，而做的又是另一套，理念没有没有衡量、检验的标准和可操作法的方法。为了使“安全第一”的理念落到实处，一位铁路局长把“安全第一”理解和细化为五个方面：一是要有“第一位的责任”，各项工作都要在保证安全的前提下开展；二是要用“第一位的精力”，千万不能精力旁顾，要全身心地投入；三是要坚持“第一位的标准”，标准决定水平，没有高标准的要求，也就没有高质量的工作；四是要有“第一位的投入”，在资金紧张的情况下，要讲究轻重缓急，把安全投入真正放在第一位；五是要建设“第一流的队伍”，一支敬业爱岗、技术娴熟、作风扎实、纪律严明的职工队伍是安全稳定的基础保证之一。正是由于他把安全第一的核心价值理念有形化，量化成五个方面看得见、摸得着的具体内容，细化成可操作的举措，才使抓安全既有理念高度，又有执行的力度和实践的强度，从而使抽象的安全理念有了实施的载体和方法，并最终变成安全工作的管理标准和检验的尺度。又如，GE 之所以成功实施六个希格马管理，其提出的理念内涵是可以精确量化的，六个希格马意味着百万次操作仅有 3.4 个缺陷，而零缺陷是企业追求的终极目标。特别是六西格玛运用的 SIPOC、卡诺模型等方法和统计工具，把“顾客之声”作为质量的定义的思维，注重质量的经济性，提高顾客满意度，降低资源成本，为“了解顾客和市场”提供了具体的路径。也就是说，真正运用了六个希格马管理方法，对“了解顾客和市场”的要求也就有了卓越的管理标准。实践证明，把核心价值观变成企业管理标准和方法，管理工作才具有可执行性，工作质量优劣才有了可检测的尺度。

三、把核心价值观“固化”成企业的制度机制

制度机制既是企业成熟的标志，也是企业可持续发展的保证。核心价值观不是空洞的，而是一种管理行为，体现在企业人力资源管理、绩效考核制度等方方面面，使员工知道什么可以做、什么不可以为，什么样的行为才是企业所倡导

的，什么样的人才是企业的英雄和楷模。实践证明，知名跨国公司成功的重要原因，归功于它身体力行的价值理念，将其固化为制度机制，内化为员工“虔诚”信仰的工作信条，作为日常工作的指导原则。超市巨无霸沃尔玛公司提出“员工是合伙人”理念，这并不是一句“以人为本”口号所能涵盖的，而是有着丰富实在可操作性的内容，背后其实是三大制度机制，即利润分享机制、雇员购股机制和损耗奖励机制。GE 在 20 世纪 20 年持续成长的背后，是以一年为一全循环，以一季度为一个小单元的法制化的制度系统。这种“业务管理系统”是把公司看作一架机器，把公司所有业务流程用 1 月到 12 月的时间来编排，每个月应该做什么，到哪个月应该达到什么效果，取得多少成绩做到一目了然，从而通过制度力把战略落实为行为。从此意义上说，只有落实体现核心价值观的企业制度才是真制度，这样的文化行为才会体现真精神，如此长期坚持不懈，才能形成真正意义上的第一竞争力。

第二编

企业之魂与企业精神文化建设

党的十九大报告中强调："没有高度的文化自信，没有文化的繁荣兴盛，就没有中华民族伟大复兴。""四个自信"中，文化自信是更基础、更广泛、更深厚的自信。文化自信是发自内心的对自身文化的价值、能力和前途的坚信，是一种内在精神力量的自信。确立高度的文化自信，对于实现"两个一百年"奋斗目标和中华民族伟大复兴的"中国梦"，具有全局性、战略性、根本性、基础性的理论价值和实践意义。

以"安全优质、兴路强国"为基本内容的新时期铁路精神，体现了铁路本质属性和行业特点，以及在实现中国梦中应承担的神圣使命。特别是十八大以来，中国成为世界上高铁发展速度最快、系统技术最全、集成能力最强、运营里程最长、运营速度最高和在建规模最大的国家。这一成就的背后必然有一种精神文化和群体正能量的驱动。"高铁精神"是铁路企业文化建设的核心内容，是反映高速铁路建设、运营和发展的"运行高速度、安全高可靠、服务高品质、经营高效益、创新无止境"特征的行业文化精髓。当务之急，必须从战略和全局高度总结提炼高铁精神，并渗透于安全文化、服务文化和经营文化建设之中，提升文化自觉和文化自信，彰显"强基达标、提质增效"工作主题，为铁路转型发展提供强有力的精神动力支撑。

总结提炼“高铁精神”要注重“三个把握”

高铁已成为一张亮丽的国家名片和民族精神的象征。总结提炼“高铁精神”有着深刻的时代背景和现实要求。“高铁精神”的总结提炼要坚持原则，着力在突出导向性、独特性、认同性、渗透性上做文章，才能在共性中凸显个性，进而塑造出具有标识意义、富有个性魅力、彰显时代特色、体现先进性要求的行业精神。

目前，中国是世界上高铁发展速度最快、系统技术最全、集成能力最强、运营里程最长、运营速度最高和在建规模最大的国家。这一成就的背后必然有一种群体精神力量的驱动。在铁路总公司工作会议上，总公司党组明确提出总结和提炼“高铁精神”，此举将为铁路全面创新发展注入灵魂和动力。

一、把握总结提炼“高铁精神”的时代背景和现实意义

高铁已成为一张亮丽的国家名片和民族精神的象征。总结提炼“高铁精神”有着深刻的时代背景和现实要求。

1. 总结提炼“高铁精神”，是铁路进入高铁时代的必然要求

随着新一轮《中长期路网规划》的实施，铁路全面进入高铁时代，必然要求铁路人的精神状态与之相适应。进入高铁时代，不仅是以先进制造装备为标志的硬件现代化，更为重要的是以铁路人素质能力、精神状态、工作作风和思维方式为重点的软件现代化。中国高铁已不仅仅代表一种交通工具，而是整个中国高铁水平和高铁人时代精神的彰显。因此，总结提炼“高铁精神”，就是要为高铁时代铸魂，让中国高铁在软硬并举、形神兼备中焕发新的生机和活力，为实现中国梦创造更大的辉煌。

2. 总结提炼“高铁精神”，是叫响高铁品牌的迫切需要

随着国家“一带一路”倡议的实施，高铁国际竞争渐趋白热化，表面上这是国与国的竞争，深层次是高铁品牌和核心竞争力的较量。尽管在过去一段时间，高铁通过引进消化再创新成果丰硕，但主要体现在装备层面和技术上，而在原始创新、运营管理、运营模式、技术创新平台等综合创新方面，还有很大提升空间。因此，应对国际竞争的新挑战，叫响真正意义上的中国高铁品牌，必须总结提炼有特色的高铁精神，提升自主创新能力和管理水平，并渗透于“走出去”战略全过程，才能持续走在世界高铁发展最前沿，进而持续增强中国高铁核心竞争新优势。

3. 总结提炼“高铁精神”，是铁路企业文化建设的应有之义

“高铁精神”是铁路企业文化建设的核心内容，是反映高速铁路建设、运营和发展的“运行高速度、安全高可靠、服务高品质、经营高效益、创新无止境”为特征的行业文化精髓。当务之急，必须从战略和全局高度总结提炼高铁精神，并渗透于高铁安全文化、服务文化和经营文化建设之中，才能提升文化自觉和文化自信，体现“强基达标、提质增效”工作主题，为铁路转型发展提供强有力的精神动力支撑。

二、把握总结提炼“高铁精神”的核心要义

总结提炼“高铁精神”要突出重点，关键是回顾历史、展望未来、把握当下，从世情、国情和路情视角把握其中的核心元素和要义。

1. 敢于担当、自主创新的时代精神

从世界发达国家高铁建设史来看，高铁是一个集当代世界先进科学技术之大成的综合体，是世界各国综合实力和竞争力的具体体现。中国仅用 7 年时间走过其他国家三四十年走过的道路，通过对世界先进技术引进、消化、吸收、再创新，最终实现“弯道超车”。特别是自主研制且全面拥有自主知识产权的中国标准动车组“金凤凰”和“海豚蓝”，在郑徐线上实现了世界上首次拟运营高铁动车组列车时速 420 公里交会和重联运行，标志着我国已经全面掌握高速铁路核心技术，具备了设计制造满足世界各国不同需求动车组的能力。正是坚持以我为主、敢于担当、自主创新的精神，中国铁路才能在短短几年间实现破茧成蝶般的涅槃，以高姿态跻身世界铁路先进行列，站在世界高铁最前端。这一引领世界高铁发展的历程，彰显了中国特色社会主义制度集中力量办大事的优势，体现了中国铁路自主创新、不解追求的时代精神。

2. 勇于超越、自强不息的民族精神

从中国高铁的诞生与发展看，中国高铁运营里程突破 2 万公里，占世界高铁运营总里程的 60%以上，深刻影响了中国政治、经济、文化和社会的发展，与载人航天、探月工程等一道，成为创新型国家建设的“重大突破”。中国高铁从无到有、由小到大，从“追随”到“超越”，从超越“欧标”到“日标”，成为世界标准，实现了华丽转身，成为中国改革开放 30 多年来制造业发展成就的重要标志之一，是中华民族产业报国精神的写照。忆往昔，正是坚持勇于超越、自强不息的民族精神，从 2007 年铁路大提速动车组亮相，到 2008 年时速 350 公里的京津城际铁路开通，再到现在“四纵四横”高铁网初具规模，中国高铁发展之快，让世界由震惊到逐步信服。从此意义上说，高铁发展既是中国制造业快速发展的标志，也是中华民族自强不息精神在铁路行业的缩影，更是激发国人民族自信心的体现。

3. 团队协作、拼搏奉献的工匠精神

面对技术匮乏，经济技术底子薄弱，国外同行的傲慢轻视，中国高铁人没有

妄自菲薄、怨天尤人，而是在严峻的形势面前看到了战胜困难的有利条件，将攻坚克难、联合攻关作为自己“强筋壮骨”的机遇，赋予了“中国高铁发展模式”的体制优势和精神内涵。资料显示，仅研制 CRH380A 型动车组，就有 50 多家企业、330 多个科研院所参与，近 60 名院士、500 多名教授、近万名科研企业研发人员贡献智慧。从此意义上说，中国高铁是各行业的大协作，更是中国工匠拼搏奉献、执着追求、持续改进的结晶。从“追赶者”到“引领者”，从“学徒”到“师傅”，中国高铁人凭借团队协作、拼搏奉献优势，铸就了享誉海内外的品质和品牌，向世界代言了“精益求精，追求卓越”的工匠精神。

三、把握总结提炼“高铁精神”的重要原则

“高铁精神”的总结提炼要坚持原则，着力在突出导向性、独特性、认同性、渗透性上做文章，才能在共性中凸显个性，进而塑造出具有标识意义、富有个性魅力、彰显时代特色、体现先进性要求的行业精神。

1. 突出导向性

成功总结提炼出的“高铁精神”理应是铁路企业精神文化的灵魂，是铁路行业的精气神，应具有无所不在、无时不有的凝聚力、引领力和感召力，能够把全路干部职工为了实现中国梦的共同目标凝聚在一个大旗下行动。因此，总结提炼“高铁精神”要突出导向性、引领性和前瞻性，着眼于全面实现中华民族伟大复兴的中国梦，着眼于升华安全优质、兴路强国的新时期铁路精神，着眼于落实“强基达标、提质增效”工作主题，着眼于引领企业发展战略、增强企业核心竞争力。

2. 突出独特性

如同世界上没有两片完全相同的树叶一样，“高铁精神”也应是与众不同的，是不可复制的。从此意义上说，高铁精神要强化主体性，突出特质性，注重挖掘并彰显其个性特征，展现时代精神和行业特色，既不能浮于表面，更不能面面俱到，在雷同化中掩盖其独特魅力，变成“你有我有全都有”的大路货。从此意见上说，总结提炼“高铁精神”就是要着力为促进高铁发展的软实力定位，既要注重挖掘高铁发展历程背后的精神动因，更要学习借鉴国内外企业提炼精神成功经验，力求站得更高、谋得更深、提炼得更好，特别是在精准表达上体现创意，才能实现人有我优、人优我特、人特我新。

3. 突出认同性

总结提炼“高铁精神”，不仅仅是提炼几个表述语的问题，也不仅仅是宣传部门和个别人的事，而是全路广大干部职工能否认同并践行的大事。实践表明，只有形成共识的企业精神才能为绝大多数人所认同，才能成为精神旗帜，进而成为绝大多数人日常践行的行为准则。因此，总结提炼“高铁精神”全过程要坚持群众路线，从群众中来到群众中去，通过讲好高铁经营、发展、人物、走出去的故事，真正使之成为集中民智、汇聚民意的连心桥，构筑“人企合一”精神家园的助推

器，打造“形散而神聚”命运共同体的黏合剂。

4. 突出渗透性

“高铁精神”是无形的群体精神表达，虽不能像纪律和制度一样记录下来，但它却可以润物无声、潜移默化地渗透于安全经营管理全过程，渗透到企业的各个层面和员工的言行举止当中。因此，要把握这一渗透性特点，把总结提炼过程作为文化育人聚人的过程，作为检验管理激励是否有效的过程。因此，要以此为契机，完善标准、考核、奖惩三大体系，深化人力资源制度改革，构建科学公平的绩效考核机制，从根本上克服干好干坏一个样、干多干少一个样、会干与不会干一个样的弊端，进而让“高铁精神”在渗透“强基达标、提质增效”工作主题实践中弘扬光大。

综上所述，总结和提炼有时代特色和标识意义的“高铁精神”，并在实践中不断地丰富、拓展和提升，有助于做高铁精神的传承者、实践者、发展者，有助于弘扬以爱国主义为核心的民族精神和以自主创新为核心的时代精神，彰显新时期铁路文化建设成果。

（本文原载 2017 年第 2 期《上铁论坛》）

践行新时期铁路精神要弹好“四部曲”

新时期铁路精神是铁路凝魂聚气、强基固本的基础工程，要真正落地生根，必须弹好“四部曲”：弹好精神要义的“主旋律”；弹好主体认同的“共鸣曲”；弹好内外传播的“协奏曲”；弹好外化于行的“进行曲”。

古语云：“上下同欲者胜。”毛泽东同志曾经说过，人是要有一点精神的。铁路事业同样需要精神支柱的支撑，这个精神支柱就是新时期铁路精神。在全路工作会议上，总公司明确提出“安全优质、兴路强国”的新时期铁路精神，体现了铁路本质属性和行业特点，以及在实现中国梦中应承担的神圣使命。这是铁路企业文化建设的迫切要求，也是践行社会主义核心价值观的具体体现。笔者以为，新时期铁路精神重在落地生根，当务之急是弹好“四部曲”。

一、弹好精神要义的“主旋律”

新时期铁路精神是凝魂聚气、强基固本的基础工程，如何让干部职工深刻理解精神内涵，把握好精神要义，是让人躬身实践的内在要求。一方面，新时期铁路精神是社会主义核心价值观在铁路企业的具体化。新时期铁路精神就是居于主导地位、起着支配作用的价值理念，是铁路企业坚持的态度、原则、立场，是处理好与国家、企业、个人之间利益关系的根本准则。铁路作为特殊的国有企业，以及国家重要基础设施、国民经济大动脉和大众化交通工具，在实现中华民族伟大复兴中承担着极其重大的历史使命，有着不可替代的作用。培育和践行新时期铁路精神并不仅仅是自己的事，不仅直接关系着铁路自身的发展，而且关系着中华民族伟大复兴的中国梦的实现。以“安全优质、兴路强国”为核心内容的新时期铁路精神，体现了意识形态的本质和企业行业特点，是把中国特色社会主义共同理想、民族精神和时代精神转化为企业精神追求的重要方式，有利于巩固和发展积极向上的主流意识形态，有利于促进铁路企业的全面发展和进步，有利于彰显铁路企业的社会责任。另一方面，新时期铁路精神体现了铁路干部职工的共同价值追求。新时期铁路精神是光荣传统的继承与发展，较好地处理了企业利益与个人利益的关系，不仅是形成铁路和谐发展的软实力、凝聚企业人格力量的“精气神”、实现中国梦的精神支撑，也彰显了铁路干部职工的共同价值追求。国家好，企业才会好；同样，企业好，职工才会好。新时期铁路精神体现了铁路使命和干部职工价值追求的统一，进而使他们清楚地知道在铁路企业里的利益所在，应该追求什么、倡导什么，支持什么、反对什么，什么应该做、什么不应该做，怎样才能做得更好。因此，只有从落实社会主义核心价值观的战略高度、从铁路可持续发展进步与职工价值追求结合的维度，深刻理解新时期铁路精神的要义，才能使之成为铁路改革发展的“主旋律”。

二、弹好主体认同的“共鸣曲”

新时期铁路精神主体要明确，才能在强化认同基础上自觉践行。需要强调的是，新时期铁路精神的主体理应是企业和广大干部职工，两者只有同频共振才能形成践行的合力。首先，铁路企业要以实现职工价值追求为出发点，企业精神才能有所依附。实践表明，作为企业要推动自身价值的实现，必须以职工价值实现为出发点。企业只有以职工为本，职工才会以企业为家，形成“形散而神聚”的命运共同体，全心全意为顾客服务。许多成功企业首先把员工价值放在第一位，这是其做大做强的重要秘诀之一。而反观我们的许多企业，强调企业核心价值多，而重视职工核心价值少，致使许多企业价值观的字眼里没有“职工”，职工只是实现企业价值的工具而已。试想，一个没有人文关怀的企业，谁会为企业分忧解难？一旦遇到困境，其结局往往是“树倒猢狲散”。让职工关心企业、热爱企业、奉献企业，作为企业首先要关爱职工，维护职工利益，才能给职工以自豪感、归属感，才会不用扬鞭自奋蹄，竭诚为企业创造价值。从此意义上说，新时期铁路精神不仅是企业成为什么样的企业的价值追求，也是检验企业凝聚力、归属感和执行力的重要标尺。其次，干部职工必须立足企业这一平台，才能共享企业发展成果。企业与职工是一个风险共担、荣辱与共的命运共同体。干部职工只有依靠企业发展，以岗位为平台，努力把自身追求与企业追求相统一，把自身价值观与企业核心价值观相融合，才能与企业共同进步、和谐发展。众所周知，在激烈市场竞争中，企业这条船要破浪前行，没有全体船员的尽心尽责，就不可能成功达到彼岸。因此，干部职工只有主动强化当家做主的责任与义务，正确对待改革中的利益调整，珍惜主人权利，履行主人义务，自觉承担企业生存、发展的责任，才能共享企业发展的成果。因此，新时期铁路精神要渗透认同的力量，既要重视“顶层设计”，更要下力气解决“接地气”的问题，才能形成共识力，产生内动力，进而才有生命力，形成巩固发展实现铁路现代化的共同思想基础。

三、弹好内外传播的“协奏曲”

企业精神只有以适合的方式内外传播，企业和职工方能“精神”起来，进而以正能量辐射社会大众。要让新时期铁路精神深入人心、产生共鸣，必须通过多种方式做好传播，让人们愿意听关于铁路精神的诠释，使自己的职工能够“看得见”“感受到”，才能“参与得了”，进而使企业精神入心入脑。一方面，要强化内部传播。企业精神是一种全员文化的共鸣，只有通过内部有效传播，让所有员工明白“我们应该如何做、做什么，以谁为标杆”，基础才会牢固，才能显示企业精神的魅力。对内传播，就是通过人格化的先进人物，使干部职工学有样、干有标。要开展经常性弘扬企业精神主题实践活动，创作更多"感动铁路"的主题文学创作，让更多体现铁路精神的人格化典型不断涌现，进而打动更多的铁路职工与其同行。同时，还要把传统的节日与传承中华民族的美德结合起来，把学习雷锋等模范与学习身边的好人好事结合起来，在平凡的人和事中发现崇高，让人习惯于在现实中学会见贤思齐，让高尚的道德和价值理想在职工工作、生活中潜移默化地落地生根，进而形成学习先进、争当先进的正能量。另一方面，要优化外部传播。对外传播企业精神要注意内外有别，突出形象化、个性化和亲和力。途径是通过大众传媒和新兴媒体，把企业精神融入品牌战略之中，融入产品文化营销之中，特别是融入企业形象广告之中，既画龙点睛，又润物无声，使其在第一时间将自己和其他品牌区别开来，从而塑造差异化的品牌形象，在人们记忆深入"定格"。这种传播不能有太多的宣传痕迹，而是通过形象生动的诠释企业理念、企业精神的故事来传播，以潜移默化的方式打动大众。当然，企业精神从内到外传播是一个水到渠成的过程，那种以作秀和点缀为特征的企业精神，虽然能暂时哗众取宠，但难以长久推进铁路企业健康发展的，更难以让社会大众"点赞"。

四、弹好外化于行的"进行曲"

很多企业精神沦为一句空洞的口号，原因就在于形神不一，没有转化为一种企业的人格和外在的群体行为。企业精神不是一般的口号，而是一种神圣承诺和行为要求。只有重视理念到规范的转化、自律到他律的约束、他律到习惯的升华，才能成为推进铁路企业科学发展的"进行曲"。

首先，确立基本的做人做事的价值准则。大多数职工行为选择的价值依据，行为得失评价的价值标准，往往最能彰显企业的精神和做人做事的价值取向。从实践和现实看，维系铁路长期发展和存在的行为规范，则正是职工内心共同价值取向的道德积淀。践行新时期铁路精神必须明确底线要求，把企业倡导的价值准则和要求，转化为职工基本的做人做事的行为规范，并具体落实到岗位责任上，才能形成维系铁路和谐发展的行为准则和价值取向。其次，建立制度化职业行为奖惩标准。新时期铁路精神是精神层面的，要使之外化于行，就需要可操作的职业标准来规范。要把新时期铁路精神纳入铁路改革发展的总体战略，渗透在企业的人力资源激励、管理制度中，转化为职业行为标准，才能旗帜鲜明地彰显铁路的主流价值，进而体现规则的内在价值和力量。要通过制定与企业精神要求相符合的制度、办法等奖惩标准，鼓励正确的价值观，抑制消极的价值取向，抵制腐朽的价值观，惩罚错误的价值观。再次，健全和落实监督和评价机制。，要发挥外在监督的作用，体现广大职工群众和社会的有效监督，形成践行企业精神的约束力。要健全综合评价考核机制，定期公布检查结果，让践行新时期铁路精神成为一种制度化、常态化管理行为。在这里，领导干部作为企业的公众人物和企业精神的倡导者、示范者，理应“讲精神、重品行、作表率”，带头遵守职业道德、家庭美德、社会公德和个人品德，做践行企业精神的模范，并自觉接受各方面监督，发挥好带头、带动作用。唯此，精神层面的东西才能由他律转化为自律，并外化为群体的行为习惯。

（本文原载 2014 年 5 月 19 日《人民铁道》、2014 年第 2 期《理论学习与探索》）

践行新时期铁路精神贵在从"头"做起

领导干部是铁路群体行为规范的"风向标"，是企业公信力的"火车头"，是企业精神楷模的"人格化"。领导干部行为背后的权力观、地位观、利益观和政绩观，无不体现铁路倡导的精神和价值观取向。新时期铁路精神要落地生根、开花结果，从"头"抓起是关键。

习近平总书记在上海考察时强调，培育和践行社会主义核心价值观，贵在坚持知行合一、坚持行胜于言，在落细、落小、落实上下功夫。特别要抓好领导干部、公众人物、青少年、先进模范等重点人群。习总书记的要求不仅强调了落实社会主义核心价值观的明确要求，还提出了如何践行的方法论和重点论。以"安全优质、兴路强国"为基本内容的新时期铁路精神，体现了铁路本质属性和行业特点，以及在实现中国梦中应承担的神圣使命。这是铁路企业文化建设的迫切要求，也是践行社会主义核心价值观的具体体现。新时期铁路精神是社会主义核心价值观的铁路表达，要落地生根、开花结果，如何从"头"抓起是关键。

一、践行新时期铁路精神必须从"头"做起

"发乎于心，践之于行。"新时期铁路精神不在口号，重在实践，只有首先转化为领导干部的价值追求和行为习惯，才能激励带动广大群体的具体实践，起到凝聚力量、强化共识、激励斗志、促进发展的作用。践行新时期铁路精神要从"头"做起，这是由领导干部的角色和地位决定的。

首先，领导干部是铁路群体行为规范的"风向标"。顾名思义，领导干部是领路者和导向者，其精神状态和行为方式如何，既是个人行为的体现，更是企业行为的代表。从 80/20 管理法则看，领导者在企业虽是少数，但却决定着次要的多数。领导干部行为背后的权力观、地位观、利益观和政绩观，无不体现铁路倡导的精神和价值观取向。职工正是从身边领导干部的一言一行来认识企业价值取向的。因此，领导干部是群体行为规范的"风向标"，一言一行都具有示范导向作用，一点一滴都折射出企业的精神坐标和价值导向。

其次，领导干部是企业公信力的"火车头"。企业公信力首先体现为领导干部的公信力。职工对领导干部不仅是察其言，更是观其行的。职工的执行力，正是基于对领导者的信任度决定的。领导者廉洁奉公、作风正派、严于律己、身体力行，这是用实际行动向职工灌输企业精神。领导干部的角色，决定了必须说到做到，在其位、谋其政、履其责，才能以信树威，不辱使命，成为引领企业公信力的

标杆。如果领导干部“台上一套、台下一套”，说与做反差太大，不以身作则，其行为就像传染病一样影响职工，企业内部就会潜规则盛行，大大损害新时期铁路精神的践行，使企业失去信用基础。从此意义上说，领导干部如何践行铁路精神，不仅是个人职业道德修养问题，而是关系铁路公信力的大问题。

再次，领导干部是企业精神楷模的“人格化”。领导力就是人格力，有人格力才有真正意义上的感召力和执行力。职工是否真心服从领导，自愿跟随领导，取决于领导者是否有人格感召力。从某种意义上说，一个企业的文化，就是企业领导人所展示和传播的文化；一个企业的行为习惯和做事方式，就是在领导干部的影响下形成的。楷模人物是企业精神的化身，企业倡导彰显铁路精神的楷模人物，领导干部自身首先应成为职工效仿的榜样。从此意义上说，领导干部不仅要推广典型，更要把自己塑造成人格楷模。其人格力量一旦被员工所接受，就会上行下效、潜移默化地影响员工行为，进而促进健康企业文化的形成。

“一个行动比一打纲领更重要。”中央领导正是带头践行八条规定，以实际行动来改进党风政风，营造凝聚人心、共谋发展的政党文化环境，才赢得了人民群众的拥护和支持。律己足以服人，身先足以率人。践行新时期铁路精神，同样需要从“头”做起，领导干部身体力行、率先垂范，树立正确的价值导向，才能发挥带头、带动作用，使新时期铁路精神真正成为人们心灵的罗盘，成为引领铁路企业发展进步的强大正能量。

二、领导干部要做践行新时期铁路精神的模范

领导干部要做践行新时期铁路精神的模范，重在角色到位、知行合一，在带头认同、倡导和践行上下功夫、做表率。

1. 着眼内化，做到带头认同

企业精神是群体内化、认同的结果。铁路精神能否真正弘扬起来，最根本的要将其内化干部职工的为政治信仰、理想追求。认同得越彻底，精神追求就会树得越牢固；认同得越自觉，精神追求就会越管用。新时期铁路精神只有普遍认同，才能形成共识力，产生内动力，进而才有生命力。否则，新时期铁路精神只能是上级组织的一厢情愿，最终沦落为一句空洞的口号。当然，新时期铁路精神的认同首先是领导干部基于认知、内化基础上的认同。就是要围绕新时期铁路精神把握为什么、是什么、怎么做。当然，这一过程并不是自然而然形成的，而是强化学习、理论武装、坚定信念的结果。真信始于真学，真用源于真信。真心认同就必须强化新时期铁路精神是凝魂聚气、强基固本的基础工程的认识，提升自觉意识，升华思想境界，集聚推进铁路科学发展的正能量，把真学转化为坚定不移的信念追求。因此，领导干部要真心认同，必须站得高、看得远，特别是从实现中华民族伟大复兴中国梦的高度来认识铁路企业精神的要义，从铁路可持续发展的维度来认识铁路企业精神的现实意义，从建设铁路精神家园的角度认识增强软实力的凝心聚力作用，从铁路文化建设的着力点上认识铁路企业精神的传承意义，才能从战略上把握铁路企业精神的

内涵和实质，增强带头践行新时期铁路精神的责任感和使命感。

2. 着眼推动，做到带头倡导

领导干部要带头倡导和传播新时期铁路精神，积极营造有利于践行新时期铁路精神的浓厚氛围。要敢于弘扬正气，反对歪风邪气，大力宣传践行新时期铁路精神的新事物、新典型和新风尚，理直气壮地批评背离新时期铁路精神的错误言行，形成遵守新时期铁路精神为荣、违背新时期铁路精神为耻的人文环境。要克服简单灌输、居高临下传播新时期铁路精神的倾向，充分利用新兴媒体，运用纪实影像宣传片和讲故事的方式，传播职工身边"最美人物"，使精神由抽象变为形象，由理念到现实，进而使职工对新时期铁路精神产生共鸣，在"接地气"中生根、开花、结果。同时，还要从制度机制上倡导，建立有利于新时期铁路精神践行的制度安排，努力把新时期铁路精神弘扬常态化和规范化，使精神力量像空气一样无时不有、无所不在，渗透于铁路安全经营管理全过程。这既是领导干部的履职责任，更是新形势下对领导干部能力的实际检验。

3. 着眼示范，做到带头践行

喊破嗓子，不如做出样子。领导干部要用自己的实际行动去践行新时期铁路精神，成为职工群众树立效仿和追随的榜样。因此，领导干部不仅要增强思想自觉，更要增加行动自觉，努力做到以"知"促"行"、以"行"促"知"、言行一致、知行统一。管好别人先管好自己和身边人，号召职工做到的自己首先做好；要求职工抵制的，自己坚决不染指，严格守法经营，遵守各项规章制度，按规则办事，才能以公树威、以绩固威，成为有道德操守的人，深受职工尊重和爱戴的人；反之，德不能高于群，行不能高于众，绩不能服于人，就无法凝聚人心，鼓舞斗志，促进企业和谐，铸造企业辉煌。要强化"向我看齐"意识，以群众路线教育实践活动为契机，以"三严三实"为镜，以更高的标准、更严的要求、更实的作风，讲党性、重品行、作表率，从我做起，从身边的事情做起，从小事做起，"勿以善小而不为，勿以恶小而为之"，坚持不懈、久久为功，成为职工信得过的人格化楷模。当然，领导干部带头践行新时期铁路精神既要强化自律，更要注重他律。有关部门要加强管理和监督，把铁路精神量化细化具体化，转化为领导干部的行为规范和职业准则，并成为领导作风建设考查和升迁的重要依据。

古人曾说："上好德则下无隐。"就是说，居上位的人崇尚美德，下面的人就不会做不好的事。践行新时期铁路精神也是一样，只有领导干部带头学习践行新时期铁路精神，成为坚定信仰者、促进者和自觉实践者，时时处处做出好的榜样，才能以健全的人格服务党和人民，以求真务实的精神奉献企业，以和谐的心态成就自我价值，才有资格和能力当好践行新时期铁路精神的火车头，带动更多的干部职工效仿并践行。

（本文获 2015 年上海铁路局调研论文一等奖）

“158”雷锋服务站：新时期铁路精神的精彩诠释

作为铁路系统叫得响的服务品牌，南京站“158”雷锋服务站用“敬业爱岗甘当螺丝钉，无私奉献甘当践行者，温暖社会甘当一团火”的“158”精神指导客运工作实践，生动诠释了以雷锋精神为内涵的服务文化，彰显了“安全优质、兴路强国”的新时期铁路精神。

建站47年来，“158”雷锋服务站坚持岗位学雷锋，以实际行动弘扬社会主义核心价值观，践行“人民铁路为人民”的服务宗旨，彰显了“安全优质、兴路强国”的新时期铁路精神，是铁路服务文化建设的成功探索。如何让“158”雷锋服务站精神在新时期服务文化建设中落地生根，是铁路重要而紧迫的战略任务。

一、“158”雷锋服务站精彩诠释了新时期铁路精神

作为铁路系统叫得响的服务品牌，“158”雷锋服务站用生动实践诠释了以雷锋精神为内涵的服务文化。47年来，“158”雷锋服务站用“敬业爱岗甘当螺丝钉，无私奉献甘当践行者，温暖社会甘当一团火”的“158”精神指导客运工作实践，培育了有铁路特色的理念文化、能力文化和团队文化，是铁路服务文化建设的成功实践。

1. “158”雷锋服务站精彩诠释了“在平凡岗位中体现不平凡”的服务精神

建站47年来，南京站“158”雷锋服务站始终，数十年如一日岗位学雷锋、全员学雷锋、常态学雷锋，从来没有为了做好事而做好事，也从未脱离本职工作而刻意追求崇高，而是干一行爱一行，做“永不生锈的螺丝钉”，在平凡工作中体现不平凡，用实际行动兑现了让旅客“安全出行、方便出行、温馨出行”的庄严承诺，体现了铁路职工坚持旅客至上，敬业爱岗、服务人民的精神风貌，生动诠释了“以服务为宗旨，待旅客如亲人”的服务理念。

2. “158”雷锋服务站精彩诠释了“为人民服务无止境”的服务品质

建站47年来，“158”雷锋服务站着眼服务需求，坚持群众利益无小事、为人民服务无止境，把学雷锋升华为职业操守，不论是“绿皮车”时期，还是“高铁时代”，始终如一的高扬雷锋精神大旗，以精湛的服务技能赢得了社会各界的广泛赞誉。着眼满足困难旅客的服务需求，他们不断创新服务困难旅客的方式方法，逐步形成了“五到位”“五帮助”“五免费”“五感受”等服务项目，以及“五字”亲情工作法，即让旅客走进车站有亲切感，等候乘车有舒适感，上下车站有安全感，接

受服务有愉悦感，离开铁路有留念感。为了体现服务工作日益个性化、亲情化、人性化，他们创新服务品质，刻苦学习客运业务，自觉学习心理学、外语、手语、急救护理及导游等知识，开辟 QQ 群、微博、微信等新的服务平台，推出旅客预约、私人定制、上门回访等特色服务，由此形成了与时俱进、精益求精的能力文化。

3. “158”雷锋服务站精彩诠释了“爱心驿站、薪火相传、接力奉献”的优良传统。

“158”雷锋服务站把关爱他人、助人为乐当作自己最大幸福，以实际行动倡导文明、诚实、守信的时代新风，串起了三代铁路员工组成的爱心接力团队，特别是培养了一批“80 后”“90 后”新一代服务明星。1 条 47 年的毛竹扁担，1 辆推了 29 年的“雷锋车”，见证了“158”这个爱心驿站薪火相传的历史。“158”雷锋服务站以传递友爱、传播友善为己任，主动与铁路和社会上众多志愿服务团队建立起学雷锋服务联动网络，广泛开展扶贫济困、帮孤助残、捐资助学等社会公益活动，扩大了铁路系统学雷锋志愿服务活动的影响力，让车站成为传播社会主义精神文明的窗口，彰显了诚信友善、无私奉献的团队文化。

二、以弘扬“158”精神为契机，让新时期铁路精神落地生根

以“158”雷锋服务站为载体，从战略高度切实发挥服务文化的引领和推动作用，是新常态下促进铁路创新发展、提升铁路企业核心竞争力的迫切要求。企业文化建塑的根本目的，就是用文化力激活生产力，增强凝聚力、执行力和创造力，进而提升企业核心竞争力。当前，建设服务文化，对铁路企业来说，一项极为重要的工作是以雷锋精神为引领、打造铁路服务竞争力，促进“158”雷锋精神在服务文化建设中落地生根。

1. 重在理念先行，为新时期铁路精神落地生根提供思想保证

建设服务文化的过程，就是重视人的积极因素，充分认识雷锋的时代精神，挖掘其时代价值，使两者相互融合、促进服务文化落地生根的过程。一要提高服务意识。服务是铁路的本质属性，也是铁路存在的理由。“158”是“义务帮”的谐音，形象表达了对人的爱护和帮助，体现了企业的价值追求。因此，坚持以人为本，注重对人的尊重、关心、理解、爱护和帮助，既要关爱员工更要关爱顾客，使尊重、关心、理解、爱护和帮助惠及每个人，才能使服务文化更有生命力。二是丰富理念内涵。要立足时代赋予雷锋精神以新的内涵，使服务文化蕴含的雷锋精神在新时期得以拓展和延伸。要把学雷锋精神与安全、优质、兴路强国的新时期铁路精神结合起来，既要向雷锋个人学习，更要领会雷锋所代表的时代精神内涵，传承中华传统美德，把握时代精神的现实召唤，为铁路创新发展提供动力之源。三是强化理念认同。开展“职工核心价值观”主题教育实践活动，举行“学习 158，我们怎么办”大讨论，定期组织职工到“158”雷锋服务站跟班锻炼、学习体验，引导广大职工见贤思齐、身体力行，在认知中强化理念的认同力。要突出软

硬件并举，加强班组员工和旅客服务文化环境的营造，让服务理念看得见、摸得着、感受得了。

2. 重在需求导向，为新时期铁路精神落地生根提供能力保证

从满足服务对象的需求出发，不断提升服务能力，不断放大“158”雷锋服务站的影响力、渗透力、生命力。一是优化服务内容和方式。围绕旅客多元多样多变需求，不断拓展服务领域、丰富服务内涵、创新服务举措、打造服务亮点，最大限度体现超值服务，让旅客满意加惊喜。优化服务方式，强化联网联动，着力构建信息服务系统，不断提高服务效能。二是提高服务能力。经常性开展“争创学习型企业、争当知识型职工”活动，大力开展“人人苦练服务技能，个个争当服务明星”比武竞赛活动，练就服务的硬本事，鼓励员工以雷锋为榜样，立足岗位学习，形成学业务、比技能、作贡献的风气。三要加强服务文化培训。要充分发挥局党校、培训中心的作用，加强对员工进行社会主义核心价值观、路情局情与服务文化、岗位行为规范和文明礼仪等方面的学习培训。要重视现场体验培训，从历史传承、服务理念、工作方法、现场作业等方面接受全面培训，亲身感受服务的艰辛，努力造就一支适应新形势、新要求的学习型员工队伍。

3. 重在制度创新，为新时期铁路精神落地生根提供机制保证

深入开展学雷锋活动、推动学习活动的常态化，是服务文化建设的一项重要任务。“158”精神的可贵在于长期坚持、常态保持。学雷锋活动只有结合人们的日常生活、本职工作长期开展，而不应该是“一阵风”“表面化”，追求短期效应。因此，要把学雷锋成为一种文化，在企业常态化开展，必须坚持立足岗位学雷锋，否则，让雷锋精神远离现实生活，就难以长期坚持，难免流于走过场。一是规范服务标准。严格落实和细化铁路职工岗位职业道德规范；进一步完善服务相关标准、岗位职责和工作流程，把岗位学雷锋的要求具体化、标准化、规范化。二要规范激励培养机制。要有一套可量化的员工行为考核标准。把握服务优劣直接与经济利益和评先评优挂钩，让职工学雷锋有成就感，进而为促进雷锋精神在服务文化建设中落地提供制度保证。正如一家知名公司倡导的那样，让干部职工学雷锋，但决不让雷锋们、焦裕禄们吃亏，奉献者定当得到合理的回报。把服务优劣直接与经济利益和评先评优挂钩，让职工学雷锋有成就感。建立和锻炼培养机制，促进新老典型的有序承接。三要加强社会测评，主动接受社会各方监督。积极开展第三方评价调查，让铁路服务内容和方式不断改进，促进服务文化良性循环。要通过向社会公布监督电话，聘请新闻媒体和政府部门进行监督，定期召开服务对象座谈会，向服务对象发送征求意见信、监督卡等措施，切实将群众的评议监督转化为品牌创建的动力，不断提高优质服务品牌的创建质量。

4. 重在以上率下、典型引路，为新时期铁路精神落地生根提供行为保证

实践表明，党员干部和先进典型是服务精神的人格化，把抽象的说教变成形象的示范，把空泛的概念变成实在的样板，把精神的感召变成具体的行动，着力发挥他们的示范力和表率力，是促进雷锋精神在服务文化建设中落地生根的重要保证。一要发挥党员干部的人格力。党员干部是群体行为规范的“风向标”，一言一行都具有示范导向作用，一点一滴都折射出企业的精神坐标和价值导向。要注重发挥党员干部特别是领导干部的表率作用，通过开展创建学习型、服务型、创新型领导班子建设活动，引导党员干部自觉成为学雷锋活动的积极倡导者、先行示范者、有力推动者。二要发挥典型的示范力。要把学雷锋活动与道德模范评选表彰、先进典型学习宣传结合起来，把学习雷锋等模范与学习身边的好人好事结合起来，在平凡的人和事中发现崇高，让人习惯于在现实中学会见贤思齐，让高尚的道德和价值理想在职工工作、生活中潜移默化地落地生根，进而形成学习先进、争当先进的正能量。三要放大服务品牌效应。要讲好雷锋故事，重点是让身边的雷锋发扬光大，做到理念故事化、故事理念化。加强设计制作“158”文化系列产品，编写高水准的《服务文化手册》《服务文化故事与案例》、提升服务品牌形象的影响力。要拓展传播渠道，继续发挥电视、报纸以及广播的作用，同时充分发挥互联网、手机等新兴媒体的优势，以新的传播手段和新的文化样式开展学雷锋活动，特别是通过舞蹈、诗朗诵、小品等群众喜闻乐见的艺术形式，生动再现先进典型的感人事迹，进一步增强服务品牌的感染力。

5. 重在加强领导，为新时期铁路精神落地生根提供组织保证

不要把服务文化仅仅看成党群部门的事。党组织要高度重视服务文化建设对企业发展的重大作用和意义，协调各级组织和机构，按照所担负的责任，形成协同配合、各有侧重的工作格局。要把服务文化建设作为企业党组织思想政治工作的主战场，努力把服务文化优势变成竞争优势。行政组织要着重在服务文化融入管理制度机制和流程上下功夫，做到用氛围激励人、用信念铸造人、用制度规范人。

善于从奥运精神中汲取企业发展的动力

“更快、更高、更强”是奥运会的核心理念。这既是奥运精神的原动力，更是奥运精神的境界升华。其实，奥运精神与企业精神是息息相通的。企业的持续成长发展的过程，也需要一种“更快、更高、更强”的精神力量的支撑，才能在成功的道路上走得更远更长。

第30届奥运会的圣火在“伦敦碗”里渐渐熄灭了。16天的比赛，302个项目，10 500名运动员，有欢笑，也有泪水，有成功，也有失败，无数精彩瞬间已经定格在人们的回忆里，特别各国运动员以永不放弃的行动诠释了奥运精神。笔者以为，尽管伦敦奥运会已成为历史，但如何把奥运精神转化为企业发展的力量，这也是奥运会留给企业的宝贵精神财富。

“更快、更高、更强”是奥运会的核心理念。这既是奥运精神的原动力，更是奥运精神的境界升华。从第一届古代奥运会开始，至今已有几千年的历史，尽管奥运会每四年换一个承办国家，但奥林匹克运动的精神信念一直没有变。人们对奖牌的关注，不在于奖牌本身，而在于奖牌背后人的超越自我的精神和境界。这是奥林匹克运动生生不息的动力所在。其实，奥运精神与企业精神是息息相通的。企业的持续成长发展的过程，也需要一种“更快、更高、更强”的精神力量的支撑，才能在成功的道路上走得更远更长。

企业如同人一样，也是一个生命体，也有一个出生、成长、成熟和衰退的过程。企业的持续发展过程，就是以强大精神力量的支撑，不断焕发内在生机活力，应对各种挑战，葆有持久竞争优势，努力减缓衰退进程的历程。许多企业难以成为百年老店，有的中途夭折，有的甚至于昙花一现，原因是多方面的，一个重要原因是缺少“更快、更高、更强”精神力量的支持。特别是企业遇到困难和挑战时，不仅是对企业竞争能力的严峻考验，更是对企业精神的实际检验。目前，铁路企业在发展中也面临一些不和谐、不科学和不可持续的问题，特别需要有强大的精神力量和克服困难的勇气，直面问题，应对挑战，才能化解各种困局，实现“柳暗花明又一村”的境界。

一、企业要从奥运精神中汲取力量，必须坚持以人为本，才能形成共谋发展的合力

奥运会归根到底是人的奥运，以人为本是最终目的。离开人的奥运去谈论国家的奥运，即使有一天某一个国家包揽上大部分甚至全部的金牌，也没有什么

意义。同样，企业的发展首先是人的发展，离开人的发展，企业发展是没有意义的。因此，以人为本的理念，这是所有企业发展的根本之所在。在企业管理中，以人为本重在以企业员工为本。作为企业领导者，就是要尊重、理解、关心职工群众，以开发人的潜能、提高人的素质为第一职责，最大限度地激发人的积极性，发挥人的创造性，增强人的工作能力，提高人的生活待遇，尊重人的合理要求，促进人的全面发展。同时，企业领导者是企业的核心与灵魂，作为企业职工群众也要理应尊重、理解和关心企业领导者，以企业领导为本，才能调动企业两个主体的积极性，进而形成上下同欲、共谋发展的合力。

二、企业要从奥运精神中汲取力量，必须体现“更快”的要求，才能精准定位，在市场竞争中赢得主动

奥运会田径比赛上，速度就是一切。同样，企业在市场竞争中不进则退，进步慢了也会淘汰出局。特别是在全球化竞争面前，没有精准的制胜战略，仅靠运气和机会谋发展，是难以引领企业未来的。显而易见的是，许多企业存在着只盯眼前目标、忽视长远战略，只凭直觉做事、不重系统思考，突出个人“英明”、淡漠团队价值的短板和软肋，制约了企业的快速发展。当然，企业高速发展、快速扩张要量力而行，不能没有战略方向，特别是不顾自身的主业、实力和能力，盲目地追逐和扩张，否则，到头来一个也做不专、做不精。因此，企业要实现快速、持续和稳健发展，必须从战略上建立学习型组织，强化团队学习和系统思考，通过精准定位科学发展战略，明确自己的发展定位，做精自己的核心专长，从而不断适应内外部环境的变化，赢得在市场竞争中的主动权。

三、企业要从奥运精神中汲取力量，必须体现“更高”的要求，才能强化管理，始终立于不败之地

奥运会强调的是公正、公平的规则意识。当然，奥运会规则也需要与时俱进，才能避免“消极比赛”现象，让奥运精神得以真正承载。同样，企业之间的竞争不仅是速度的竞争，也是企业管理规则的较量。没有公正公平的管理基础，可能有暂时的领先，但不可能有持续的领先，更不可能支持更高境界的发展目标。可以说，好企业是那些管理规则运用好的企业，是那些依法合规经营的企业，而不是那些靠运动或活动来折腾，以个人意志代替企业管理规律的企业。其实，无论世界格局如何变化，企业强化管理基础，做好自己的事情，诚心诚意为消费者提供最优质的产品和服务的规则不会变。因此，企业必须养成对规则的敬畏和尊重意识，着眼于强化以诚信为核心的制度建设，不断探索管理规律，夯实管理基础，做到高标准、严要求、强素质，才能以高效和谐的管理提供高质量的产品，以规范化的经营支撑企业更高的发展目标，以诚实守信的境界承担更高的社会责任。

四、企业要从奥运精神中汲取力量，必须体现“更强”的要求，才能增强核心优势，在市场竞争中独领风骚

蝉联奥运会金牌是每个运动员的梦想。同样，企业之间的竞争不仅是个别产品的竞争，而是企业核心竞争优势的PK。因为任何企业要想在市场竞争中处于强势地位，千办法、万办法，关键要建设自己的核心竞争力，拥有不同于他人的核心产品、核心技术、核心战略、核心文化，没有这样的优势和特色，就难有长远立足之地。联合国教科文组织的一项统计资料显示，文化因素占经济增长方式中50%的份额，也就是说，经济的一半是文化。那些成功走出来的企业，其成功的关键要素是企业文化，即通过良好的企业文化凝聚稳定员工队伍和干部队伍，通过企业文化弥补管理上的漏洞，通过企业文化把企业家个人的成功扩展到全体员工的成功。因此，企业要增强核心竞争优势，必须强化基于核心竞争力的企业文化建设，不仅要有硬件的支撑，更有要以企业文化为核心的软件的支持，不断超越自我、追求卓越，才能以独特的文化和感召力、吸引力强的品牌永续发展、基业长青。

“不经一番寒彻骨，哪得梅花扑鼻香。”每一块金牌都来之不易，背后都有着运动员辛勤的劳动和汗水，都包含着“更快、更高、更强”的精神意志。审视每一个独领风骚企业的背后，同样也有这种不断进取、永不满足的奋斗精神和不畏艰险、敢攀高峰的拼搏精神，才成就了企业的科学发展、和谐发展和可持续发展。奥运会是短暂的，但奥运精神永存。当前，铁路企业要持续科学发展，转变发展方式，要善于从奥运精神中汲取力量，并让这种精神根植于企业发展全过程，进而成为激励企业不断前行的动力所在。

（本文原载2012年第8期《上铁论坛》）

坚持用巴山精神铸魂育人
——看《巴山魂·西铁人》想到的

“魂”就是信念，就是支柱，就是动力。人总是要有一点精神的。精神状态体现一个人的理想信念、思想境界、工作标准和生活态度，是干好工作的前提和原动力。对铁路企业来说，同样离不开精神力量的支撑。精神的力量虽然是无形的，但却是牢不可破的促进铁路持续发展的软实力。当前和今后一个时期，铁路要全面深化改革，促进铁路全面和谐发展，离不开新时期铁路精神的铸魂育人作用，更离不开巩固发展实现铁路现代化的共同思想基础，而“巴山精神”正是铁路人的精神富矿，是传递正能量的最好榜样。

是什么力量让一个名不见经传的车间从 1978 年成立以来，长年居于深山，巡路养路，用青春和生命保障铁路连续 36 年安全生产零事故，让险境中的“担心线”成为“放心线”，设备质量合格率和优良率均为 100％？是什么方法让一个车间获得过 102 项省部级以上荣誉，走出了 8 名全国、省部级劳动模范？是什么魔力让一个汇聚了襄渝线上隧道最长、桥梁最高、曲线半径最小、线路坡度最大、海拔最高、生活最艰苦的“六大之最”的车间拥有和睦融洽的干群关系？大巴山到底拥有什么支撑他们扎根在这里？又是什么令他们在那样艰苦卓绝的环境下依然过得那么幸福？直到看了反映西安局安康工务段巴山工务车间的专题纪实片《巴山魂·西铁人》，这一系列的问号才变成了直线。

正是“巴山精神”，让一茬茬巴山人把爱党爱国爱路的热情转化为工作的动力，以苦为荣、勇于担当，立足岗位、创先争优，标准作业、精益求精，确保铁路安全畅通成为神圣职责和使命。

正是“巴山精神”，让一茬茬巴山人把朴实的价值追求和乐观的人生态度变成一种团队文化：平等的干群关系、公平的处事原则、包容的成长环境、浓厚的同事情谊，进而使巴山车间成为人才成长的摇篮，培养了一批又一批管理和技术人才。

正是“巴山精神”，让一茬茬巴山人通过党支部一班人各种“暖心”的思想政治工作感召，在艰苦环境中找到了人生坐标，做巴山铁路人成为无悔的选择，呈现出“退休的职工不愿走，调走的职工爱回门，年轻的职工争着来”的感人场面。

养路先养人，养人先铸魂。每逢清明节，领军人物之一的夏传康都要带领党团员为当年修建襄渝铁路线的筑路烈士扫墓、描碑文，每月都要组织党员职工瞻仰巴山荣誉室，组织收看反映巴山铁路人奋斗史的纪录片《巴山路魂》。“巴山条件确实苦,但它却在祖国的版图上。铁路修到这里,总要有人来养护,我不来别人就得来。既然来了,在一天,就要干好一天。”第一代巴山铁路人朴素而有力的话,深深扎根在一代代巴山铁路人心中,成为巴山铁路人的信念和行为准则。“育人铸魂”是他们积聚力量的内在源泉,也是他们凝聚队伍的根本方法。36 年来,他们既把人留在这里,也把他们的心留在了这里,特别是把新时期的年轻人吸引到这里,靠的就是这种铸魂育人的精神力量和深入有效的思想工作方法。

什么是魂?“魂”就是信念,就是支柱,就是动力。人总是要有一点精神的。精神状态体现一个人的理想信念、思想境界、工作标准和生活态度,是干好工作的前提和原动力。对铁路企业来说,同样离不开精神力量的支撑。精神的力量虽然是无形的,但却是牢不可破的促进铁路持续发展的软实力。铁路现代化建设迫切需要这种软实力的提升。因为铁路现代化不仅是硬件的现代化,更是软件的现代化,而软件的现代化最关键的是人的精神状态和思维方式的现代化。当前和今后一个时期,铁路要全面深化改革,促进铁路全面和谐发展,离不开新时期铁路精神的铸魂育人作用,更离不开巩固发展实现铁路现代化的共同思想基础,而“巴山精神”正是铁路人的精神富矿,是传递正能量的最好榜样。因此,如何发挥“巴山精神”的铸魂育人作用,彰显新时期人格化铁路精神,既是时代发展的必然要求,铁路发展的现实需要,也是广大干部职工坚守铁路精神家园的具体行动,践行新时期铁路精神的生动体现。

一、用巴山精神铸魂育人重在“吃透内涵”

文化是历史的沉淀,精神是文化的内涵。以“吃苦为荣、艰苦奋斗、无私奉献、奋发进取”为内涵的巴山精神,表现的是执着,洋溢的是乐观,矢志的是奋进,崇尚的是务实,不移的是自强,追求的是创新,铸造的是灵魂,无悔的是奉献。吃透巴山精神丰富内涵和精神实质,就是要学习他们艰苦奋斗、无私奉献的优良品质;严谨科学、精益求精的工作理念;务实创新、开拓进取的担当精神;干群和谐、坚定乐观的文化氛围;以人为本、催人奋进的育人机制,进而武装人、转化人、感染人,不断提升广大员工的思想道德境界,使之成为全路的价值追求和奋进向上的动力之魂。

二、用巴山精神铸魂育人重在“传播故事”

发生在职工身边的故事是企业精神的最好传播方式。要发挥典型的选树和示范导向作用,充分利用各种宣传媒体和载体,加大对巴山精神的宣传力度,让反映巴山精神的巴山人故事成为激励铁路职工奋进前行的“标杆”和奉献社会的“坐标”。要借鉴巴山精神铸魂育人的经验,以加强和推进企业文化建设为载体,让巴山精神故事化,通过组织开展“我身边的巴山精神”的故事发掘活动,发现和传扬一线干部职工的感人事迹,凝聚干部职工确保安全、增收创效的强大合力。

党校要发挥主阵地作用，努力把反映巴山人精神的精彩故事进教案、进课堂、入人心。要运用微电影、局域网、互联网、“双微”平台以及开放式视频网站，广为传播诠释企业精神正能量的好故事，不断增强铁路干部职工的自豪感和荣誉感。

三、用巴山精神铸魂育人重在“知行合一”

现实告诉我们，生活中不缺少感动，最缺的是行动。如何把“感动”变成行动，强化巴山精神落地是目标。同属铁路职工，我们工作和生活条件要比巴山优越很多，我们学习巴山精神，就是要立足本职岗位用行动落实巴山精神。从此意义上说，如何把巴山精神落实在具体行动中，既是学习弘扬巴山精神的要义所在，也是铁路企业和干部职工能否知行合一的关键。对铁路企业来说，要把弘扬巴山精神作为践行社会主义核心价值观的重大典型，渗透在安全文化、服务文化、经营文化建设之中；对铁路干部来说，要争做践行巴山精神的表率，用巴山精神砥砺意志、锤炼作风，用巴山精神提升人格、服务职工、引领职工；作为现场职工，就是要把巴山精神落实在攻坚克难、消除现场安全隐患中，落实在“标准在手心、安全在脚下”的执行力中，进而转化为“在岗必尽责，作业必达标”的职业操守和作业习惯。

（本文原载 2014 年第 3 期《铁路政工》）

从多维视角看新时期铁路精神

新时期铁路精神彰显了时代对铁路工作和铁路队伍的新要求，体现了国家利益与铁路利益的一致性。开创铁路事业新局面，只有从多维视角弘扬新时期铁路精神，激发全路干部职工的凝聚力和创造力，把中国铁路打造成安全稳定、服务优质、效益良好、管理科学的大型国有企业，才能当好全面建成小康社会“火车头”，以实际行动践行社会主义核心价值观，彰显铁路人的理想追求和社会责任担当，为实现中华民族伟大复兴中国梦贡献力量。

以“安全优质、兴路强国”为基本内容的新时期铁路精神，是社会主义核心价值观的铁路表达，也是铁路人安身立命的根本所在。“安全优质”是铁路的首要责任和本质属性，更是铁路人的责任担当；“兴路强国”体现了铁路振兴、报效国家的神圣使命和爱国情怀，彰显了铁路人的价值追求与共同愿景。“安全优质、兴路强国”是一个相互关联、不可分割有机整体，体现了国家、企业、个人之间利益关系的有机统一。

一、从实现中华民族伟大复兴中国梦的高度来看新时期铁路精神

国家主席习近平访欧期间，在巴黎联合国教科文组织总部发表演讲指出，没有文化的弘扬和繁荣，就没有中国梦的实现。文化建设是中国特色社会主义事业“五位一体”之一，成为实现中国梦的精神动力和价值支持。实现中华民族伟大复兴的中国梦，是每个中华儿女的共同期盼。铁路梦与中国梦紧密相连、目标同向。对中国铁路来说，如何以体制变革为契机，实现精神文化理念的全面更新，以一流的技术、管理和效益，为国民经济和社会发展、实现中国梦提供运力支撑，责无旁贷，使命光荣。新时期铁路精神是时代精神和民族精神在铁路的集中体现，能够激发起干部职工自强不息、干事创业的主人翁责任感和使命感。新时期铁路精神彰显了时代对铁路工作和铁路队伍的新要求，体现了国家利益与铁路利益的一致性。开创铁路事业新局面，只有从兴路强国的战略高度弘扬新时期铁路精神，激发全路干部职工的凝聚力和创造力，把中国铁路打造成安全稳定、服务优质、效益良好、管理科学的大型国有企业，才能当好全面建成小康社会“火车头”，以实际行动践行社会主义核心价值观，彰显铁路人的理想追求和社会责任担当，为实现中华民族伟大复兴中国梦贡献力量。

二、从铁路可持续发展的维度来看新时期铁路精神

一个成功的百年企业，往往不是凭借自身的经济实力，而是隐含在商品和销售后面的精神文化和价值观，也是企业可持续发展的灵魂。“魂”就是信念，就是支柱，就是动力。对铁路企业来说，要实现可持续发展，同样离不开精神力量的支撑。企业信仰一旦形成，就会表现为凝聚、约束与支撑的无形力量，成为企业内部团结的纽带和集体的“共同语言”，对企业成员的思想和行为起到潜移默化作用，进而推动企业的可持续发展。铁路的发展证明，只有用信仰铸魂，建立共同的价值目标，才会有赖以维系的精神纽带，才会有统一的意志和行动；反之，没有精神信仰，企业就是一片散沙，人再多也是一群乌合之众。面对运输市场竞争的新态势，转型发展的新挑战，铁路要实现可持续的发展，打造市场化、现代化、国际化的一流企业，必须以新时期铁路精神铸魂，才能拥有持久的核心竞争力和攻坚克难的精神动力。

三、从建设铁路精神家园的视角来看新时期铁路精神

新时期铁路精神是铁路的血脉和精神家园，更是维系职工的精神纽带。这种精神家园对内就是企业的归属感和凝聚力，对外就是促进铁路发展的竞争力。实践表明，铁路职工不仅要有物质利益的维系，更需要有精神家园的维系。劳动契约作为物质利益纽带是有限的、单薄的、脆弱的，只有尊重职工，尊重人格，增强职工的归属感，把信任与默契深植于职工心灵深处，才能以事业心做工作，用共同的目标愿景统一全员的思想和行动，与企业形成“命运共同体”。当前，随着世情、国情和路情的深刻变化，职工队伍价值观念呈现多元、多样、多变的新态势，对建设精神家园提出了更高的要求。特别是随着铁路跨入高铁时代，如何以共同的思想凝聚力量，以共同的行为支撑发展，建设共有精神家园比以往任何时候都显得重要，形成铁路和谐发展的软实力比以往任何时候都显得更加紧迫。新时期铁路精神是维系全路职工的无形精神纽带，能够最大限度在各种利益冲突与思想差异之上达成共识，进而形成职工与企业共同发展的良好局面，为推进铁路科学发展营造和谐的人文环境。用新时期铁路精神筑牢精神家园，让职工在共享铁路发展成果中，发自内心地感到有奔头、有盼头、有靠头，是构建和谐铁路的根本，也是铁路软实力的集中体现，更是践行新时期铁路精神的应有之义。

四、从铁路文化建设的着力点来看新时期铁路精神

如果把铁路文化分为精神文化、制度文化和物质行为文化建设三个层面。其中，精神文化是核心，制度是精神的固化，物质行为是精神的外化。没有精神文化的弘扬，就谈不上完善的制度文化和高效的行为文化。着力加强精神文化建设，把新时期铁路精神渗透到安全文化、服务文化和经营文化建设之中，能够

培育和强化文化的导向作用、激励作用和约束作用，有利于凝聚人心、铸魂育人、促进发展。强化导向作用，就是以新时期铁路精神为核心理念，形成铁路科学发展的方向标、主心骨和指南针；强化激励作用，就是发挥新时期铁路精神的育人功能，在尊重人、信任人、依靠人、培养人、关心人上下功夫，塑造安全、经营、服务品牌；强化约束作用，就是把新时期铁路精神转化为岗位行为规范，纳入选人用人、考核评比、表彰奖励等工作中，通过有形的硬约束和无形的道德力量制约人的行为，发挥文化软约束的特殊功效。新时期铁路精神是铁路发展战略的内在要求，只有把铁路文化建设的重点落到精神文化上，突出加强铁路价值理念体系建设，才能形成有时代特征、铁路特色和行业特点的企业文化，传承“人民铁路为人民”的服务宗旨，形成推动铁路科学发展的正能量。

（本文原载 2014 第 9 期《铁路政工》）

基于全球化视野的企业精神培育

在今天这个国际环境复杂多变、企业竞争日趋激烈、科技和管理日新月异的时代，没有民族性、融合性、开放性、创新性的企业精神的支撑，就无法让员工在认同中凝聚力量、激发动力。惟有以积极开放的心态面向世界，用全球化的视角审视自我，以个性思维升华群体智慧，才能在开放创新中追求卓越，引领时代潮流。

回顾企业发展史，中国的一些企业之所以落后，表面上是产品、产业、制造、标准化诸方面的差距，更重要的是隐藏在后面的软实力——创新精神的缺失和开放意识的不足。面对挑战，为数不少的企业萎靡不振，乱了阵脚；有的在封闭的小圈子里“找不到北”；有的在盲目合资中失去自我，致使民族品牌被“束之高阁”。在今天这个国际环境复杂多变、企业竞争日趋激烈、科技和管理日新月异的时代，“辉煌”“成功”都已成过去，自我封闭、坐井观天、孤芳自赏只能是死路一条。

一、民族性与竞争性共存

经济的较量实质上是企业精神的较量和民族精神的较量。企业精神是企业价值观的高度浓缩，是民族精神与时代精神在企业的个性化，其核心是“爱国主义”与“改革创新”。这既是企业文化的灵魂，也是企业精神的第一要义，更是促进企业持续发展的动力之源。实践证明，没有民族精神就没有企业自身的文化基因，更难以在全球化竞争中安身立命、持续发展。同时，没有民族性、自主性，也就没有竞争性。只有弘扬自强不息、爱国主义的民族精神，才能为企业提供内在的精神动力。因此，作为拥有源远流长、博大精深的传统民族文化的中国企业，既不能妄自尊大，更不能妄自菲薄。只有坚持民族性与竞争性共存，弘扬“天行健，君子以自强不息；地势坤，君子以厚德载物”的民族精神，同时积极汲取各民族的优秀文化，既打造经济、科技、人才的硬实力，更要打造以企业精神为核心的软实力，才能与世界文明同步在全球化竞争、合作、发展中，使企业永远充满生机和活力。

二、传承性与融合性共聚

企业精神并不是一时的冲动，而是反映了企业的共同理想和目标，是企业先进文化的积淀与升华；企业精神也不是一成不变的，需要在企业适应内外环境中传承与发展。我国企业上世纪形成的“孟泰精神”“大庆精神”，无不体现出自强不息的创业精神，对我国的经济社会发展起到了较好的推动作用。要持续坚持这些精神，必须融合新时代的新元素，才能顺应时代发展潮流。世界一些百年企业之所以至今仍基业长青，企业精神的传承是基础，融合新思想是关键。特别是在不断变革的时代，企业发展离不开文化融合，文化融合必然会催生出更为卓越的企业精神，这是文化发展的一条客观规律。企业精神既要汲取一切优良传统精华，又要融合国内外一切优秀企业文化，才能脚踏实地，凝聚共识，激发动力，引领企业的前进方向。正是基于创国际化企业、创世界级品牌的全球眼光，海尔精神才由过去的“敬业报国、追求卓越”改为现在的“创造资源、美誉全球”。从这个意义上说，全球化视野中的企业精神，就是传承文明、适应变革、与时俱进的“融合精神”，既植根于中国传统文化的沃土不失自我，又汲取世界优秀文化精华，体现鲜明的时代特征，才能强有力地推动社会和人类的全面进步。

三、创新性与开放性共进

企业发展史是一部市场开放史、创新史。企业精神体系也不是封闭的而是开放的，惟有开放才能创新。没有开放性、创新性的企业精神，就无法让员工在认同中凝聚力量、激发动力。惟有不断创新才能开辟未来，惟有摒弃盲目乐观、消极等待、畏惧竞争的思想，以积极开放的心态面向世界，用全球化的视角审视自我，以个性思维升华群体智慧，才能在开放创新中追求卓越，引领时代潮流。

（本文原载 2008 年第 4 期《中外企业文化》）

关于提炼铁路企业精神的思考

企业精神对员工具有导向、约束、凝聚和激励作用，对企业成员的思维方式和行为方式起决定作用。但企业精神能否成为“企业之魂”，成为推动企业发展的宝贵精神财富，关键是企业精神提炼要源于优秀传统，反映时代要求、体现行业特色、融入企业特点，才能得到广大职工的普遍认同。如何提炼铁路企业精神？一是把握“我从哪里来”，着力从中国铁路发展的历史中挖掘铁路精神；二是把握“我是谁”，着力从中国铁路的行业特色中概括铁路精神；三是把握“我到哪里去”，着力从中国铁路的时代要求中提炼铁路精神。

十八大报告从三个层面倡导社会主义核心价值观，对我们铁路企业精神培育和提炼指明了方向。《孙子兵法》说：上下同欲者胜。“欲”就是铁路共同的精神价值追求。提炼企业精神是企业文化自觉的标志，也是现代企业凝聚员工意志的法宝。

一、把握铁路企业精神提炼的辩证关系

企业精神，是企业发展的凝聚剂和催化剂，对员工具有导向、约束、凝聚和激励作用，对企业成员的思维方式和行为方式起决定作用。但企业精神能否成为“企业之魂”，成为推动企业发展的宝贵精神财富，关键是企业精神提炼要源于优秀传统，反映时代要求、体现行业特色、融入企业特点，才能得到广大职工的普遍认同。

1. 既要把握共性，更要体现个性

企业文化是亚文化，离不开所处时代文化和民族文化的影响，因此，企业精神要体现一切先进文化的共性特征。十八大报告从三个层面提炼的社会主义核心价值观，既为铁路精神提供了共性价值取向，又为铁路企业精神提炼指明了方向。另外，世界五百强企业与普通公司的不同在于：一是团队协作精神；二是以客户为中心；三是平等对待员工；四是激励与创新。这也为铁路企业精神提供了重要参照。提炼企业精神只有体现这些共性因素，才能与时俱进、与先进同行。如同世界上没有两片完全相同的树叶那样，由于不同的企业处于不同的内外部环境中，有着不同的发展历程和发展目标，经营不同的产品，提供不同的服务，企业精神就不可能“千篇一律”。人们常说：“物以稀为贵。”企业精神和其他事物一样，再好的词语，“你有我有全都有”也会贬值。只有特色鲜明的企业精神，才有可能成为企业宝贵的精神财富。特别是有先进个性的企业文化容易使企业员工

对企业产生认同感，进而增强凝聚力，为企业提高效益提供内在的动力。比如，北京王府井百货大楼（集团）股份有限公司的“一团火”精神，载人航天的“特别能吃苦、特别能战斗、特别能攻关、特别能奉献”的企业精神都很形象，富有个性色彩。因此，铁路企业精神提炼既要把握共性，更要体现个性，才能使企业精神既有先进性更有推动力。

2. 既要领导大力倡导，更要职工广泛参与

没有企业领导者对企业文化的高度重视和高度自觉，就不可能有企业精神的提炼、整合和践行。因此，企业精神的提炼离不开领导者的大力倡导，离不开部门和各方面专家的精心策划。但企业精神是员工群众精神的体现，更离不开广大职工的参与。实践证明，只有广大职工积极参与提炼，才能激发热情，引起共鸣，夯实认同的群众基础，才会有真正意义上的群体实践。当然，企业所倡导的价值观与员工追求的价值观并不是同步的，而是一个不断碰撞、相互磨合、达成共识的过程。只有强化参与意识，群策群力，才能使他们感受到企业精神的力量，系统领悟企业的过去和现在，准确把握企业走向未来的动力之源，从而把个体追求与企业发展目标相结合。从此意义上说，企业精神提炼的过程，既是群体发动、企业定位的过程，更是企业文化寻根、引发群体共鸣的过程。如何广泛发动职工参与，坚持群众路线，尊重职工的首创精神，调动广大职工的积极性，是企业精神提炼和认同的重要原则，也是“企业灵魂”得以共同践行的根本要求。

3. 既要有感召性，更要有实践性

企业精神只有感召性，体现时代发展潮流，才能有引领性，促进企业科学发展。同时，还有要实践性，才能让企业精神落地生根，成为企业的灵魂所在。当前，许多企业精神读起来虽然朗朗上口，好像很有感召力，但提炼上墙后便以为大功告成，致使企业精神形同鸡肋，“魂不附体”，其中一个重要原因就是知行不一，“止于知疏于行”，说归说做归做，这是许多企业精神成为华而不实的口号的重要原因。因此，只有领导者率先垂范，中层管理干部强化执行力，做到“言必行、行必果”，把说的和做的统一起来、把倡导的东西与制度规范结合起来，才能使企业精神形神兼备，以人格力带动群体感召力，形成共谋发展的整体合力，进而成为推动企业发展的动力之源。

二、如何提炼铁路企业精神

精神是一种信念和意志，是一种崇高的价值追求，伟大的事业需要伟大的精神。中国铁路从无到有、从弱到强靠的是精神动力支撑。当前铁路要实现科学发展、和谐发展和可持续发展目标，进一步转变铁路发展方式，仍然需要这种精神动力的支撑。

1. 把握“我从哪里来”，着力从中国铁路发展的历史中挖掘铁路精神

要把握过去支撑铁路成功发展的内在基因和精神动力所在。铁路行业具有悠久历史和光荣传统，在革命战争、社会主义建设和改革开放等各个历史时期，铁路职工勇当先锋、敢打硬拼、艰苦创业，特别是面对强大的工作压力和心理压力，广大铁路人以无私奉献的意识，以勇于争先、敢于担当的精神和气概，把个人追求融入铁路事业中，形成了著名的二七精神、火车头精神和青藏铁路精神，还有“一点不差、差一点不行”的小东站精神和“一心扑在线路上，一丝不苟严要求，一分钱掰成两半花”的孙家工区精神等。这些都是铁路精神提炼的重要源泉，激励着铁路人不断前行。尽管企业是随着时代的发展和环境的变化而变化的，但企业精神作为企业文化的核心和灵魂，是不能轻易改变而失去延续性的。因此，铁路企业精神必须坚持“敢于担当、勇于争先”的拼搏奉献精神，才能继承和光大铁路光荣传统，支撑铁路可持续发展。

2. 把握“我是谁”，着力从中国铁路的行业特色中概括铁路精神

从行业角度区分铁路企业与其他企业不同的个性，才能使铁路企业精神更鲜明，更具独特性。铁路是个大联动机，具有高、大、半的行业特征。这种大联动机和一盘棋思想，要求严字当头、团结协作、高度的组织纪律性。就其使命而言，铁路是国民经济大动脉，大众化交通工具，必须坚持服务大局，为国家和社会经济发展提供安全可靠的运输保障必须以安全、优质的客货运输服务社会、服务人民，才能体现人民铁路为人民的服务宗旨。这是铁路企业一切工作的出发点和落脚点，也是铁路必须承担的政治责任和社会责任。因此，铁路企业精神要体现“安全是天、旅客至尊”的价值追求，才能使铁路企业追求与社会要求相统一，以优质的服务和安全便捷的运输服务体现自身价值，服务于全面建设小康社会目标。

3. 把握“我到哪里去”，着力从中国铁路的时代要求中提炼铁路精神

胡锦涛总书记在海南考察铁路工作时强调，转变铁路发展方式，不断提高铁路发展的质量和效益。铁路科学发展的中心任务是创造效益。没有效益就没有铁路自身的发展，更谈不上对社会的责任。特别是随着铁路进入高铁时代，面临着“运行高速度、管理高标准、设备高质量、队伍高素质、安全高可靠、服务高品位、经营高效益”的新要求，迫切需要新的时代精神与之相适应。以李东晓、孙奇等为代表的铁路人是铁路企业时代精神的最好诠释。尽管目前铁路技术装备现代化水平有了大幅度提高，但创新攻关能力不强仍然是困扰铁路科学发展的“短板”，必须追求卓越，弘扬“勇攀科技高峰、争创世界一流”的高铁精神，才能大力提升自主创新能力，促进铁路安全发展。同时，只有以科学求实的态度、创新的思维，创造性开展工作，才能破解影响科学发展的难题，创新有利于科学发展体制机制，促进多元化经营战略的推进，进而创造良好的经济效益和社会效益，实现铁路现代化建设事业的可持续发展。因此，铁路企业精神必须体现“追求卓越、求实创效”的精神，才能与时代同步，引领企业未来发展。

综上所述，新时期铁路企业精神的提炼和培育，一要注重传承性，就是要继续发扬铁路企业光荣传统，体现铁路人“敢于担当、勇于争先”的精神，弘扬铁路人特别能吃苦、特别战斗、特别能奉献的拼搏精神。二是要注重行业性，就是要体现“安全是天、旅客至尊”的价值追求，坚持“三个重中之重”的理念，“视服务为宗旨，把旅客当亲人”，以安全、便捷、优质的服务让人民群众满意，并成为铁路全部工作的第一标准。三是要注重时代性，就是要以科学的态度和求真务实的意识，体现“追求卓越、求实创效”的精神，不断提升铁路自主创新能力，促进多元化战略实施，确保铁路经济效益和社会效益最大化，更好地服务国民经济和社会发展。

（本文原载 2012 年第 6 期《铁路文化建设》、2013 年 3 月 13 日人民网-理论频道）

企业精神提炼与认同重在把握“度”

当前，许多企业精神之所以形同鸡肋，“魂不附体”，其中一个重要原因，就是不重视企业精神的“转化”，还在于管理者没有给职工以表率、以感召、以人格影响，表现为知行不一，“止于知疏于行”，企业文化与经营战略“两张皮”，缺少行之有效的激励机制和约束机制，这是许多企业“集而不团”“大而不强”“有制造无创造”“有产品无品牌”的重要原因。

《孙子兵法》说：上下同欲者胜。提炼企业精神是企业文化自觉的标志，也是现代企业凝聚员工意志的法宝。但企业精神能否成为“企业之魂”，成为推动企业发展的宝贵精神财富，并不是轻而易举的事。因为企业精神要反映时代要求、体现行业特色、融入企业特点，特别是要得到广大职工的普遍认同。笔者以为，企业精神提炼与认同重在把握好“度”。

一、参与的广度

有人认为，企业精神是领导定调、秀才编造、部门参与的产物。当然，企业精神的提炼离不开领导者的大力倡导，离不开部门和各方面专家的精心策划，但这并不说明企业精神就是个别领导和部门主观意志的产物，其实质是群体共建、共享的价值观和精神信念的结晶。实践证明，企业精神的认同程度取决于职工参与的广度，以及企业精神在企业内部普及的程度。GE原CEO杰克·韦尔奇认为，有长久生命力的理念，必须能够抓住所有人——规模大、范围广、普及性强。因此，只有广大职工积极参与提炼的文化理念，才能激发热情，引起共鸣，夯实认同的群众基础，才会有真正意义上的群体实践，企业才能有“企业灵魂”所系。其实，企业所倡导的价值观与员工追求的价值观并不是同步的，而是一个不断碰撞、相互磨合、达成共识的过程。只有强化参与意识，群策群力，通过宣传培训、研讨交流，特别是经过自下而上、自上而下的反复，让职工知道企业精神为何物，为什么提炼企业精神，特别是要让员工懂得，来企业到底为了什么，为企业奉献什么，企业为职工和社会提供什么、创造什么，自己能够得到什么，才能使他们感受到企业精神的力量，系统领悟企业的过去和现在，准确把握企业走向未来的动力之源，从而认知主体定位、自觉融入其间，把个体追求与企业发展目标相结合。从此意义上说，企业精神提炼的过程，既是群体发动、企业定位的过程，更是企业文化寻根、引发群体共鸣的过程。如何广泛发动职工参与，坚持群众路线，尊重职工的首创精神，调动广大职工的积极性，是企业精神提炼和认同的重要原则，也是“企业灵魂”能否强化群众基础，得以共同践行的根本路径。

二、传播的力度

强化企业精神提炼与认同，离不开内外传播的力量。对内传播，重在典型精神的感召，给职工以榜样、以激励、以方向，形成员工眼中的“英雄”；对外传播，重在使企业自己所倡导的企业文化，与公众眼中所认识、所期待的企业文化相一致，形成顾客眼中的品牌人物和企业形象。榜样是群体价值观的浓缩、企业精神的化身、人格力量的凝聚。广大职工正是从他们身上，看到企业倡导的价值观和精神追求；顾客也正是从他们身上感受企业品牌的人文内涵。因此，从典型事迹中提炼企业精神，是反映企业价值观的重要环节，也是强化价值观传播的重要途径。要利用一切宣传渠道和宣传工具，让职工知道典型之所以成为典型的精神内核、怎样做才符合企业精神的要求，只有这样，才能使职工在无形中感到有形、抽象中感到具体，自觉形成与企业精神相适应的思想观念和价值取向。因此，要科学地加大典型人物的传播力度，重视从企业价值观认同的角度，利用人们的“从众心理”，从事实出发，挖掘其内在精神，做到典型人物故事化、典型事迹理念化、企业精神人格化，从而使企业精神易于接受、便于传播，使员工在互相学习中深化、在互相竞争中升华，成为引领职工追求卓越的“发动机”。

三、内化的深度

企业精神的认同过程，既是职工精神境界的升华，更是企业信仰的重塑。企业精神是企业行为规范长期积淀的精华所在，并不是企业强加给职工的东西，而是广大职工发自内心信奉并为之追求的信仰和价值观。许多人学海尔之所以学不像，就是因为其价值观已内化为企业的基因和员工的信仰，成为难以模仿的核心竞争力的重要组成部分。当企业遇到困难的时候，正是检验企业精神和职工信仰的最佳时机。实践表明，只有当职工把自己的利益同企业的经营业绩紧密地联系在一起，与企业同呼吸共命运，才能激发职工的能动精神；企业只有以职工利益为根本，让职工从工作中获得使命感、归属感、责任感和成就感，才能激发职工对企业的依恋和信任。知名跨国公司取得成功的重要原因，在于将它的价值理念，内化为员工“虔诚”信仰的工作信条，并以此作为日常工作的指导原则。沃尔玛“员工是合伙人”理念的背后其实是三大机制：利润分享机制、雇员购股机制和损耗奖励机制。从此意义上说，企业信仰是企业精神内化和机制化的结果，体现在“人企合一”的境界之中，渗透在“命运共同体”的打造之中。我们只有强化共同体建设、共建职工与企业的和谐利益关系，才能使企业精神由认同到内化、由内化逐步转化为职工对企业的信仰。

四、转化的强度

企业精神能够融入管理、深入人心、变为使命，转化为战略目标、职工执行力和职业素养，是企业精神认同的重要目标，也是企业行为真正成熟的体现。当前，许多企业精神之所以形同鸡肋，“魂不附体”，其中一个重要原因，就是不重视企业精神的“转化”，还在于管理者没有给职工以表率、以感召、以人格影响，表现为知行不一，“止于知疏于行”，企业文化与经营战略“两张皮”，缺少行之有效的激励机制和约束机制，这是许多企业“集而不团”“大而不强”“有制造无创造”“有产品无品牌”的重要原因。“鞭打快牛”、能者多劳、干的不如看的、干的不如捣蛋的、“学雷锋者总是吃亏”，这样的企业精神是很难有吸引力的，这样的企业机制也是难以提高职工忠诚度的，这样的价值观也只能是口惠而实不至的口号而已。华为正是把“不让学雷锋者吃亏”写进华为基本法，才使奉献、拼搏成为企业人的自觉追求。在员工行为转化方面，领导者的行为转化起着至关重要的作用。企业只有领导者率先垂范，坚持诚信底线，做到“言必行、行必果”，把战略与执行结合起来、把说的和做的统一起来、把倡导的东西与制度规范结合起来，才能使企业精神形神兼备，转化为战略目标、制度机制和行为规范，细化为流程和标准，融化为绩效考核、行为纠偏的执行力。

五、变革的速度

企业精神也不是一成不变的，它要随着企业战略和外部环境的变化，做到与时俱进，重新提炼，及时变革，在新的企业精神基础上达成新的价值认同。企业精神调整更新速度，往往取决于观念变革的速度。特别是在全球化竞争中，新企业精神能否尽快认同，取决于企业与职工互动与磨合的速度、企业价值与个体价值融合的程度。也就是说，尽快缩短磨合期，适应新的“话语”系统，是新企业精神得以认同的内在要求。GE把“乐于变革”作为员工的根本价值观之一。海尔集团为适应“走出去”战略，创世界顶级品牌目标，迫切需要一种全球视野的共享价值观。于是，新的海尔企业精神和作风——“创造资源、美誉全球”“人单合一、决战速胜”应运而生，逐步成为不同国家、不同地域海尔员工的共识。它既体现了海尔创新精神又蕴含了国际化的背景要求，使所有员工快速找到自己在全球化竞争中的位置，较好地实现了企业精神的稳定性与动态性、继承性与创新性的有机融合，一元文化与多元文化的包容与无缝对接。因此，“精神”永恒、“话语”常新，是创建企业新文化必须坚持的又一重要原则，也是新企业精神尽快导入，达到认同，继而转化为职工新行为的关键所在。

（本文原载2005年第2期《思想政治工作研究》）

“企业之魂”何以雷同化

企业的魅力在于其独特的个性，没有差异就没有企业文化，更没有企业精神。正如找不到两片完全相同的树叶那样，企业里应找不到两种完全相同的企业精神。时下企业精神雷同化、流俗化现象是不正常的，是企业不成熟的体现。培育有特色的企业精神，要从宏观上看要体现中华民族特色和时代风范；从微观上看要有本企业的个性特点。

多年来，铁路企业文化建设成效显著，企业精神成为众多企业的精神支柱，成为民族精神、时代精神在铁路企业的具体再现，被誉为“企业之魂”。但为数不少的企业精神，生搬硬套，呆板雷同，概念有余而特色不足，严肃有余而生动不足，听起来虽动听，喊起来虽响亮，但实在难以获得广大职工的认同，难以成为凝聚和感召职工的动力之源。从某种意义上说，企业精神雷同化也是一种缺少“文化”的表现。

一、企业精神雷同化的原因分析

造成企业精神雷同化倾向的原因是多方面的，归结起来有：

1. 认识上的误区

总认为有无企业精神，工作照样转；或以为企业内已有思想政治工作了，培育企业精神有无必要；或口头上提企业精神，仅仅在总结经验、工作报告上“移花接木”，赶时髦，似乎不提企业精神就赶不上时代，上不了档次。一时间，企业精神“全面开花”，“似曾相识雁归来”。

2. 忽视群众首创精神

在企业精神的孕育过程中，不是依靠群众，认真做好扎实细致的培育工作，而是热衷于走捷径，有意无意地生搬硬套，靠秀才“妙笔生花”，创造“企业精神”。因此，许多职工对本单位提出的所谓的“企业精神”一问三不知。

3. 体制上的制约

如果以上两条是形式主义作祟的结果，那么，大体相同的管理体制是企业精神缺少个性化的重要原因。目前，计划经济下原有管理制度、手段、模式仍然发挥作用，加之在由计划经济向市场经济转轨过程中，企业改制并未完全到位，现代企业制度千呼万唤尚难建立，许多企业还不是真正意义上的企业，因而提出所谓“精神”只能是一厢情愿的空洞口号。

4. 不能客观认识自己

每个企业都有每个企业的具体情况、从属行业、历史发展、文化传统、经营特色，其所处环境、职工素质、发展轨迹也参差不一。这种差异正是企业魅力、个性所在，也是企业精神五彩缤纷的原因。目前，之所以克隆出如此大体相近的企业精神，说明我们没有认真考察企业的昨天、今天和明天，没有正确认识自己的长处和短处，而把本不属于自己的东西强加于自己，把别人的口号移植过来替别人宣传。显然，这样“吹别人的号，唱别人的调”，难以在市场中定位，难以树立独具一格的企业形象。

5. 行为短期化的结果

我们说，企业精神看似一句口号，但这口号的提出绝非易事，而是要按企业的发展规律，按企业精神的内在要求，经过有目的苦心培育才能成功。当前，缺乏企业根基的企业精神显然是急功近利，行为短期化的结果，没有把企业精神的培育当作企业长远发展战略，从长计议，仅仅把它当作应景之物，成为领导报告中的点缀。须知，企业精神有其持续性特征，一旦产生，并不因管理者的更迭而随意改变。

二、走出企业精神雷同化的路径

企业的魅力在于其独特的个性，没有差异就没有企业文化，更没有企业精神。正如找不到两片完全相同的树叶那样，企业里应找不到两种完全相同的企业精神。时下企业精神雷同化、流俗化现象是不正常的，是主观代替客观的产物。因此，要培育有特色的企业精神，从宏观上看要体现中华民族特色和时代风范；从微观上要有本企业特色。同时在具体培育中还要把握以下几点：

1. 不拘一格，形象表达

首先表达形式上要观念创新，不拘一格，摒弃形式主义、四平八稳的大锅词；其次，从本质上体现企业内涵，文辞上简洁易记易懂，力求达到准确、鲜明、形象、生动。如我国汽车工业的“摇篮”——第一汽车制造厂以“争第一、创新业”六字作为“一汽精神”，可谓高度凝练，富有个性，既具有深厚的历史渊源，反映出一汽职工永葆第一、争创新业的强烈自豪感，又具有鲜明的时代特征，体现了一汽职工面对挑战、不甘落后、自强不息的拼搏精神。

2. 群策群力，铸造“灵魂”

企业的根基是企业的职工群众，没有群众的参与，没有群众的首创精神，没有群众的伟大实践和聪明才智，简单模仿、秀才闭门造车提出的，或个别领导欣赏的企业精神，不仅无个性，也会失去应有的凝聚力、感召力和生命力，难以引起职工的共鸣。因此，培育个性化的企业精神，必须发动群众，深入调查研究，了解职工的现状、需求，把企业的利益与职工利益紧密结合起来，把企业目标与职工目标有机结合起来，形成“利益共同体”、这样，通过自上而下的发动职工参与，把企业精神培育的过程变成凝聚职工智慧，引导职工成长的过程，如此，才能使企业精神真正成为职工自己的“灵魂”，成为凝聚职工群体的价值观和行动指南。

3. 准确定位,强化教育

首先在定位上要明确自己企业是质量型、技术型,还是服务型,这样才能形成具有个性的价值取向和文化定势,才能挖掘既具有时代特征又具有企业员工所特有的群体意识,并使之升华为企业精神,同时教育职工自觉地团结在企业精神这面旗帜下,与企业荣辱与共。当然,一种价值观的树立不可能一蹴而就,而是需要付出艰苦细致的努力。在这方面,国外许多企业家,为了使其所倡导的企业文化深入人心,通常亲自写一本书,来阐明企业文化所涉及的主要问题的具体内容,并发给每一位员工,以使员工深入理解。有的企业还把企业精神纳入企业发展大纲,并编成企业手册,做到人手一册,家喻户晓。日本松下电器公司员工,在每日上、下班前都要朗诵员工守则(员工“七大精神”),长年累月,从不间断,使七大精神自然而然渗入松下人的心灵。这种“背诵社训”制度,成为日本经营管理的一大特色。

4. 博采众长,创新发展

随着科学技术的迅猛发展,市场竞争日趋全球化,劳动力素质不断提高。企业必须打开眼界,博采众长,补己之短,才能在市场中立足。博采众长的过程,既是每个员工学习的过程,也是企业组织学习的过程,而知识经济的挑战对此提出了更新更高的要求。可以说,学习是企业生命的源泉,创新能力的提高是企业发展的关键。因此,企业精神提出后,必须随企业的发展不断更新、调整、定位,赋予其新的内涵。

总之,国有国魂,军有军魂,一个企业赖以支持的崇高精神力量集中体现为企业精神。物质力量是企业发展的基础,充满活力、富有个性的企业精神是企业生存和发展的源泉和无形资产。没有灵魂的企业只能是空壳僵体,只有“灵魂附体”企业才能兴旺发达。

(本文原载 1999 年第 2 期《研究与应用》)

影响新时期铁路精神弘扬的因素分析及对策建议

人无精神不立，企业无精神不强。新时期铁路精神能否形神兼备，体现认同力、约束力和感召力，成为铁路的一种信仰、一种信条和行为准则，这是衡量企业是否成熟、是否有竞争力的重要标志。新时期铁路精神重在弘扬，通过内强素质、外树形象，做到现场上看到、岗位上体现、行为上表现、形象上展示。如果企业精神游离企业实际，热衷于夸夸其谈、沉迷于作秀表演，说一套做一套，新时期铁路精神就会在花架子、摆样子中散落迷失。

企业精神是企业价值观的熔铸与升华，是企业文化中核心的核心。“安全优质、兴路强国”为基本内容的新时期铁路精神是社会主义核心价值观的铁路表达，也是铁路企业文化的核心，更是铁路人安身立命的根本所在。在深化铁路改革、提升企业竞争力的今天，如何以问题为导向，理性分析影响新时期铁路精神弘扬的因素，探索铁路企业精神弘扬的途径，并升华为铁路基业常青的“企业之魂”，这是全路重要而紧迫的战略任务和亟待回答的新课题。

一、影响新时期铁路精神弘扬的因素分析

企业精神是企业在长期经营实践中所凝聚、积淀起来的一种文化氛围、精神力量、经营境界，外在表现为企业形象，内在体现为企业的凝聚力、激励力、约束力和导向力。分析影响企业精神弘扬的因素是多方面的，主要体现在“三个不到位、三个缺少”上：

1. 培育过程不到位，缺少应有的认同力

实践证明，只有当一种精神成为企业内部的一种群体共识时，才可认作是企业精神。否则，企业精神只能是没有生根的种子，或上级组织的一厢情愿，最终沦落为一句空洞的口号。许多职工反映，新时期铁路精神的提炼发动面还不够广，缺少员工的直接参与，加之提炼出来后宣传培训不够，满足于生硬的对外宣传和对内灌输，仅仅体现了企业对员工的要求，并没有满足员工全面发展的内在需求，缺少理念认同和价值认同，因而很难产生情感认同，进而成为群体的共识。

2. 奖罚机制不到位，缺少应有的约束力

目前，新时期铁路精神还停留在展示和宣传层面，并没有融入战略导向，纳入企业管理，纳入绩效考核，因而说是一回事，做又是一回事；精神是精神，管理是管理。由于管理中缺少战略导向和奖惩机制，特别是没有建立与之相适应的

制度机制约束，没有企业理念的无形渗透，致使企业精神沦为可有可无的鸡肋和点缀，难以对人的行为产生无形约束力。

3. 榜样引导不到位，缺少应有的感召力

没有吸引力和感召力的企业精神是难以持久的。目前，由于许多典型是人为拔高，墙内开花墙外香，并没有立得住、叫得响、树得牢，因而难以发挥人格化榜样引导作用。特别是领导干部作为“关键的少数”，理应是新时期铁路精神的模范倡导者和践行者，其示范和导向作用不可忽视。有的领导干部把企业精神变成约束员工的工具，要求别人做到的，自身做不到，或做得不好，其人格力大大缺失。如此，企业精神就会因感召力的缺失成为可有可无的幌子，在表面轰轰烈烈中落空。

中外成功企业实践表明，一个企业形成了自己独特的企业精神，反映了这个企业的成熟；一旦这个企业的精神被社会所公认，甚至于有了很大的知名度和美誉度，反映了这个企业的成功。从某种意义上说，新时期铁路精神能否形神兼备，体现认同力、约束力和感召力，成为铁路的一种信仰、一种信条和行为准则，这是衡量企业是否成熟、是否有竞争力的重要标志。

二、弘扬新时期铁路精神的对策建议

人无精神不立，企业无精神不强。新时期铁路精神重在弘扬，通过内强素质、外树形象，做到现场上看到、岗位上体现、行为上表现、形象上展示。如果企业精神游离企业实际，热衷于夸夸其谈、沉迷于作秀表演，说一套做一套，新时期铁路精神就会在花架子、摆样子中散落迷失。当然，弘扬新时期铁路精神是一个系统工程，既需要从长计议，更需要把握当下，才能使之真正成为企业的灵魂。从长计议，就是要保持相对稳定，不因领导人的变更而变更，不因领导人的注意力变化而变化，真正纳入企业发展战略，融入企业各项管理之中，成为企业可持续发展的主线和精神动力支撑；把握当下，就是着眼精神的认同力、约束力和人格力，使其纳入日常管理，在具体化、形象化、常态化上下功夫，实现由理念到共识、由自律到他律、由个体到群体的升华，真正做到内部有凝聚力、创造力，外部有影响力、感召力，市场有竞争力、诚信力。具体来说，要做到“三个强化、三个升华”。

1. 弘扬新时期铁路精神，必须强化认同力，实现由理念到共识的升华

新时期铁路精神理应是企业思想升华、理念提炼、全员共识的结晶。要使员工普遍接受和认同，关键是强化精神要义的传播力，突出时代化、通俗化和大众化诠释，实现认知度、认可度、认同度的统一。一要着眼认知度，重在强化传播的广度。虽然新时期铁路精神只是几个字，但它所包含的内容应是丰富多彩的，实践主体是全员的，对其内容的传播也应是全员的、持续的、利用各种场合进行的，其形式可以是多种多样的。因此，要着眼认知度，运用新兴媒体和职工群众喜闻乐见的方式做好传播工作，还可采取主题演讲，对话、民主协商、专题讨论、技术比武、知识竞赛等形式，强化企业精神传播的方式和广度，就铁路的使命和愿景达成共识，从而为产生合乎铁路规范要求的言与行。二要着眼认可度，重在强化传播的深度。尽管企业精神的概括、提炼表述的字数较少，但其内容却十分丰富和深刻，反映了铁路行业的价值追求和使命担当，见证了百年来中国铁路人光荣与梦想，因而理解其真实含义和深层意义的要求不能简单化、浅表化。一方面，要把新时期铁路精神的专题培训，进教材、进课堂、进人心，特别是新入路职工要作为必须培训的内容；另一方面，要深化新时期铁路精神的诠释，就是要从历史、现实与未来结合的维度，准确回答“是什么”“为什么”“怎么样”的问题，使受众理解每一个“精神”揭示的实质、特征、依据和要求，进而为产生“怎么做”的行为打下基础。三要着眼认同度，重在强化传播的力度。企业所倡导的精神与员工追求并不是同步的，而是一个不断碰撞、相互磨合、达成共识的过程。就是说，企业精神必须被广大干部职工普遍接受、理解和认同，才能转化为人们自觉遵守和奉行的价值标杆。实践表明，理念认同得越彻底，精神追求就会树得越牢固；认同得越自觉，精神追求就会越管用。因此，新时期铁路精神弘扬，要深度挖掘员工的创造精神，尊重职工的首创精神，注重职工价值的实现，注重调动职工参与传播的积极性，使他们在参与中引发共鸣，增进情感认同、理念认同、价值认同，进而实现由理念到共识的升华。这既是企业精神认同的重要原则，也是“企业灵魂”得以附体的重要前提。当然，对外传播是必要的，是社会认同的重要方面，但这种传播不是精神的简单灌输，而是通过反映精神的故事、形象片来反映。

2. 弘扬新时期铁路精神，必须强化约束力，实现由自律到他律的升华

新时期铁路精神的主要靠自律，通过学习研讨、氛围营造内化于心，但也离不开“他律”，没有“他律”的自律，很难做到真正的自律。《论语》中说：“道之以德，齐之以礼，有耻且格”，其中的“齐”就是用一种制度规范来约束人的行为。现代企业精神既表现为身体和精神的内在自律，又表现为有形制度约束下的个人欲望和竞争行为的外在规制。当前从新时期铁路精神的弘扬来看，既需要人关关怀的软约束，更需要他律的硬要求。一是固化为制度机制。新时期铁路精神作为精神文明的成果，只有通过可操作的制度机制来规范，才能加以巩固。其实，制度也是企业文化的载体，只有软约束硬化，把新时期铁路精神转化为制度，才能持久保持、加以固化，体现根本性、全局性、稳定性和长期性。实践证明，成功企业成功的重要原因，归功于它身体力行的价值理念，将其固化为制度机制，内化为员工“虔诚”信仰的工作信条，作为日常工作的指导原则。华为的基本法和公司员工手册，就是从制度文化层面规范了员工的行为，让员工应当做什么、不应当做什么。二是突出人力资源管理中的价值导向。企业精神不是空洞的，而是一种无形的纠错机制，体现在企业人力资源管理制度等方方面面，使员工知道什么可以做、什么不可以为，什么样的行为才是企业所倡导的，什么样的人才是企业的英雄和楷模，像空气一样在企业无所不在。因此，要突出管理中的精神价值导向，从宏观上纳入铁路改革发展战略的指导方针，纳入铁路发展战略和综合绩效考核评价值体系，制定与企业精神要求相符合的行为规范、办法，渗透在企业绩效考核制度中，并作为选拔任用干部的重要依据，旗帜鲜明地彰显以德为先的用人导向，从机制上对符合新时期铁路精神的行为要表扬和鼓励，对违背新时期铁路精神的行为进行批评和惩戒，夯实践行新时期铁路精神的管理文化基础，进而实现新时期铁路精神由自律到他律的统一。

3. 弘扬新时期铁路精神，必须强化人格感召力，实现由个体到群体的升华

新时期铁路精神之所以不是一般的应景口号，就在于它是一种企业的神圣承诺，既体现了企业的愿景、使命和社会责任，又是校准员工行为的“方向盘”和持久行动的“风向标”。当然，这一承诺不仅仅是少数人的行为，而是企业全员的群体行为。文化的核心是精神，精神的传承要靠以上率下的示范和人格感召，才能养成群体的行为习惯。虽然这一形成过程艰难，但一旦形成就很难改变，就会成为一种牢不可破的推动企业创新发展的群体人格力。首先，重视发挥党员干部的人格力。打铁还须自身硬。“喊破嗓子不如做出样子。”“上有所好，下必甚焉。”领导人重视什么，下属就会注意什么，或者下属就要应付他做什么，领导人不重视什么，下属就对什么无所谓。因此，党员干部特别是领导干部作为企业的公众人物，是企业精神的倡导者、传播者、示范者，理应发挥好带头、带动作用，要求别人做的自己带头做好，要求别人不做的自己带头不染指，真正成为践行铁路精神的“火车头”。同时，加强对职工的感情投入，把职工的喜怒哀乐放在心上，让职工对企业有想头、有靠头、有盼头，才能使职工工作起来有劲头，增强对企业的归属感。唯此，广大职工才能因党员、干部的人格正能量感召，实现铁路精神由感动到行动的转变。其次，重视发挥典型人物的示范力。要以新时期铁路精神作为规范员工行为的价值坐标，充分发挥身边典型的立标打样作用，树立职工公认的、叫得响的、立得住的先进人物，通过建立党员示范岗、劳模品牌工作室等，给职工以精神导向和榜样力量感召，进而“拨亮一盏灯，照亮一大片”。同时要注重把典型从个体到群众的延伸，体现群众先进的辐射力。比如，南京站“158”雷锋服务站就是47年四代人的爱心接力，将道德模范的“典型效应”扩展为持续长久的“社会辐射效应”。再次，重视强化群体行为习惯的养成力。广大职工是实践企业精神的主体，作为主体实践者很重要的一条就是要增强坚持和发扬企业精神责任感和自觉性，养成在本职工作岗位践行新时期铁路精神的习惯。有了这样一支高素质的职工队伍，企业精神的推行和落实就有了比较强大、可靠的保证。要眼于落细、落小、落实，以落实铁路员工守则为重点，加强员工行为规范化、标准化建设，广泛开展“6S”管理活动，把新时期铁路精神渗透到安全文化、服务文化、经营文化和班组文化建设之中，促进广大职工养成“管理规范化、作业标准化”的职业操守和“常态优秀、业内领先”的群体素养。这是实现新时期铁路精神由个体到群体的重要途径。

综上所述，精神的本质和生命力就在于它的实践特征。新时期铁路精神的弘扬是一项长期的“塑人工程”，其全部意义就是知行合一。特别是转型期的中国铁路，深层次的矛盾与问题更加突出、集中和复杂，只有充分发挥铁路职工的主体作用，积极探索和践行当代中国铁路人共享的企业精神的方式方法，才能凝聚推动铁路改革发展的动力。因此，新时期铁路精神的弘扬，必须坚持以人为本、以文化人、价值主导，遵循企业精神文化发展规律，着眼于企业精神的认同力、约束力和感召力，实现由理念到共识、由自律到他律、由个体到群体的升华，才能见物见人见思想，见精神见制度见形象，让人感受到“企业之魂”无所不在、催人奋进。

（本文原载 2015 年第 1 期《铁路文化建设》，获 2015 年上海铁路局企业管理优秀论文及调研报告一等奖）

关于培育铁路职工核心价值观的路径

培育当代铁路职工核心价值观意义重大，既是提升铁路现代化的基础性工程，也是推进铁路和谐发展的“核动力源”。培育职工核心价值观必须在明确内涵基础上，清晰地把握培育思路，才能形成共同的精神支柱，促进铁路和谐发展。

在全国铁路政治工作会议上，铁道部党组提出培育当代铁路职工核心价值观，形成巩固实现铁路现代化的共同思想基础。当代铁路职工核心价值观是铁路企业文化的“核动力源”，渗透在企业的目标、战略、政策、日常管理及一切活动中，反映到每个职工的具体行为、形象塑造上。古语云：“上下同欲者胜。”做好这项工作，既是凝聚人心、激励士气，提升铁路现代化的软实力，促进铁路和谐发展的基础工程，也是铁路企业文化建设面临的核心课题。

培育职工核心价值观首先必须明确与之相关联的概念。马克思指出，“价值”这个普遍的概念是从人们对待满足他们需要的外界物的关系中产生的。作为一个关系范畴，价值是指人们在认识和改造世界的过程中形成的一种满足和被满足的关系。通俗地说，价值即意义，就是好与坏，指客体的存在对主体需要的意义和作用。价值观则是关于价值的基本观点，表现为态度、原则、立场等。作为一种社会意识，价值观从本质上说是人们对社会存在的反映，归根到底反映着人们的利益关系。正如马克思、恩格斯指出，人们奋斗所争取的一切，都同他们的利益有关，而每一个社会的经济关系首先是作为利益关系表现出来的。因此，作为反映广大铁路职工的核心价值观就是居于主导地位、起着支配作用的价值理念，是铁路职工坚持的态度、原则、立场，是自身如何处理好与国家、企业、顾客之间利益关系的根本准则。培育当代铁路职工核心价值观，就是要让职工清楚地知道他们在铁路企业里的利益所在，应该追求什么、倡导什么，支持什么、反对什么，什么应该做、什么不应该做，怎样做才能做得更好。因此，培育职工核心价值观必须在明确内涵基础上，清晰地把握培育思路，才能形成共同的精神支柱，促进铁路和谐发展。

一、以社会主义核心价值体系为“引领”

这是关系职工核心价值观的方向性问题。企业是社会的细胞，职工核心价值观是社会价值观的有机组成部分，是社会价值观在企业的集中反映。不同的职工核心价值观从不同侧面折射社会主流价值观。如果社会主流价值观模糊，职工核心价值观就很难清晰和坚定，如果职工核心价值观背离社会主流价值观，就会破坏社会风气，影响人们对社会主流价值观的信仰和坚持。社会主义核心价值体系赋予职工核心价值观以质的规定性，指导着职工核心价值观的培育与弘扬；而职工核心价值观则是社会主义核心价值体系的具体化，使之具有不同行业的职工特色。因此，铁路职工核心价值观虽有其个性成分，表述方式有所不同，但必须以社会主流核心价值观为主导，特别是以社会主义核心价值体系为引领，才能使职工核心价值观不致游离主题、偏离轨道。我们正处在一个思想大活跃、观念大碰撞、文化大交融的时代，传统文化与现代文化、东方文化与西方文化、本国文化与外来文化共相竞争，先进文化与落后文化、健康文化与腐朽文化同时并存。培育当代铁路职工核心价值观，必须有利于毫不动摇地坚持马克思主义的指导地位，有利于巩固和发展积极向上的主流意识形态，有利于培养高素质的职工队伍。也就是说，当代铁路职工核心价值观必须突出爱国、爱党、爱路这一主线，把中国特色社会主义共同理想、民族精神和时代精神体现在职工敬业爱岗、价值实现上，才能形成企业人格力量的“精”“气”“神”，促进职工核心价值观与社会主义核心价值体系同频共振。

二、以铁路企业精神为“源泉”

这是关系职工核心价值观的来源问题。企业精神并不是标语口号，而是现代意识与企业个性相结合的一种群体意识，是企业经营宗旨、价值准则、管理信条的集中体现。只有当一种精神成为企业内部的一种群体共识时，才可认作是企业精神和价值观。作为企业核心价值观和职工核心价值观，虽有包容和一致的方面，但并不是一回事。只有当企业追求与职工追求融为一体，两者才能和谐一致，成为统一整体。也就是说，让职工关心企业、热爱企业、奉献企业，作为企业首先要以人为本、关爱职工，维护职工利益，才能给职工以自豪感、归属感，竭诚为企业创造价值。从此意义上说，企业核心价值观需要职工核心价值观的认同，才能凝心聚力，成为促进企业和谐发展的精神支撑；职工只有把自身价值观与企业核心价值观相融合，才能体现自身价值，并升华为企业精神。从历史和实践看，我国铁路形成了闻名全国的“二七”精神、“火车头”精神。在推进铁路现代化建设的新阶段，铁路又锤炼了“高标准、讲科学、不懈怠”和“苦干实干拼命干”的精神和作风，形成了“挑战极限、勇创一流”的青藏铁路精神和“勇攀科技高峰，争创世界一流”的高铁精神。尽管这些精神和作风打上了不同的时代烙印，但都体现了铁路职工这一群体加快推进铁路现代化建设的共同理想信念、价值追求和行为规范，理应成为提炼当代铁路职工核心价值观的重要源泉。特别是随着铁路进入高铁时代，企业核心价值观既要体现自身的社会责任，又要体现以人为本的职工价值观，才能升华而可持续；铁路职工核心价值观只有为企业创造价值为己任，才能与时俱进、引领时代。

三、以先进企业共同价值观为“参照”

这是关系职工核心价值观的参照标准和视野问题。许多世界著名企业的核心价值观是有共性的，理应成为铁路职工核心价值观的重要参照。比如，美国一家公司对世界500强企业进行了长达20年的跟踪，最后得出的调查报告显示，企业保持百年不衰需要遵循三大价值观：第一，人的价值高于物的价值，优秀的公司总是把人的价值放在首位，物的价值放在第二位；第二，合作价值观，人共同协作的价值高于个体价值，共同协作高于独立单干，集体高于个人；第三，社会价值高于利益价值，用户价值高于生产价值。这种以人为本、团队协作、社会责任至上的核心价值观，既是企业的共同价值观，也是员工共同价值观的浓缩，折射了世界先进企业价值观的精华，成为企业最具价值的无形资产，已经超越了意识形态和地域限制，成为所有企业共同遵循的普适价值。比如沃尔玛的核心价值观是：“尊重每位员工，服务每位顾客，每天追求卓越。”而反观我们的许多企业，强调企业核心价值多，而重视职工核心价值少。致使许多企业没有灵魂，没有精神支撑，没有人性的目标导向，一旦遇到困境，往往是“树倒猢狲散”，无人为企业分忧解难。因此，培育当代铁路职工价值观必须具备世界眼光，能够跳出铁路看铁路，以战略视野看发展，以宽广胸怀面向未来，以世界最先进价值观为参照坐标，汲取其中的先进精神元素，才能把握时代脉搏和前进方向，与世界先进价值观接轨，与世界文明共进，与铁路发展同行。

四、以铁路行业道德为“底线”

这是关系职工核心价值观的基础问题。如果说一个人的良知来源于自身的价值观的话，那么，维系铁路长期发展和存在的行为规范，则是职工内心共同价值取向的道德积淀。如果没有行业道德底线，就谈不上企业的先进文化，更谈不上职工核心价值观的形成与发展。“人民铁路为人民”是铁路行业道德的核心，是铁路企业调整各种利益关系的根本准则，也是铁路职工核心价值观的形成基础，更是“追求什么，放弃什么”的荣辱标准。从实践来看，敬业诚信已成为行业道德的根本底线，无论是美国次贷危机、还是“三鹿奶粉”事件，都应验了“心灵发霉必然导致事业倒霉”。企业一旦失去了起码的诚信底线，无论过去光环多耀眼，其结果终将被市场所抛弃。这也从反面证明，行业道德不仅关系到企业的发展前途与荣辱，而且关系到每一名员工的幸福与荣辱；职工核心价值观的培育，归根结蒂要通过铁路每位职工个体的职业道德行为才能实现。从此意义上说，行业道德是职工核心价值观的底线价值，更是规范铁路职工行为操守的重要“标尺”。职工核心价值观只有把握底线，体现诚信、守法、团结、进取的基本道德取向，才能符合企业使命和追求，为广大顾客提供安全、正点、便捷、舒适的服务，形成维系铁路和谐发展的精神纽带、价值准则和行为导向。

五、以职工身边的楷模为“样本”

这是关系职工核心价值观的人格化与认同的问题。价值观是抽象的，但要成为行为习惯，必须以大家认同的样本来体现。先进典型是职工核心价值观的有形化载体，特别是职工身边活生生的典型是最有说服力的核心价值观样本。实践表明，模范人物的理想信仰、人生态度、价值取向和行为方式，是企业的“旗帜”和“偶像”，通过广泛传播，既能从他们身上提炼职工核心价值观的精神元素，又能发挥其对员工潜移默化、耳濡目染的价值引导人格塑造和标杆辐射作用。而先进典型能否引导职工群众、引领时代潮流，关键在于先进典型自身能否立得住，成为职工心目中的英雄，学习宣传形式是否适应职工群众的思想期盼、接受程度。一方面，先进人物的评选和宣传要以职工核心价值观为标准。要以“提炼典型精神、彰显价值追求”为主题，开展“当代先进铁路职工核心价值观”教育活动，注重从核心价值理念方面对其事迹进行提炼，从可以令人感动的方面挖掘，使先进典型选有据、立得牢，职工核心价值观有泛的认同基础。另一方面，开展向先进典型看齐活动，全方位传播核心价值观。要利用各种宣传工具和时机，通过会议、活动、报刊、电视、网络等载体，或为先进典型“著书立传”，或让身边典型“现身说法”，大力传播实践职工核心价值观的人和事，做到理念事迹化、事迹理念化，使职工悉心领会他们的感人事迹，深刻感悟他们行为背后的崇高境界，进而达到“点亮一盏灯、照亮一大片”的效果。

（本文原载 2010 年第 8 期《上铁论坛》，获 2010 年“党委书记谈高铁时代党建和思想政治工作”征文活动三等奖）

在抗击雨雪冰冻中锤炼铁路企业精神

灾情就是命令。全路干部职工迎难而上，分秒必争，紧急吹响迎战冰雪的“集结号”。7.8 万公里铁道线上，200 多万铁路人拧成一股绳，全力以赴投入抗灾救灾大决战。鲁迅先生说，自古以来，就有埋头苦干的人，有拼命硬干的人，有为民请命的人，有舍身求法的人，他们是中国的脊梁。应当说，经历这场特大的暴风雪后，200 万铁路人无愧为中国的脊梁！突如其来的雪灾检验了铁路的企业精神，丰富了新时期铁路企业精神的新内涵。

2008 年初的那场罕见的雨雪冰冻灾害，波及广州、武汉、郑州、南昌、上海、南宁、成都、西安八个铁路局，影响了京广、沪昆、京沪、湘桂、焦柳线等主要干线。京广铁路南段受供电中断影响严重受阻，350 万旅客滞留广州地区。灾区电煤支援频频告急，节后出现有史以来客流最高峰。灾情就是命令。全路干部职工迎难而上，分秒必争，紧急吹响迎战冰雪的“集结号”。7.8 万公里铁道线上，200 多万铁路人拧成一股绳，全力以赴投入抗灾救灾大决战。铁路广大干部职工发扬一方有难，八方支援的优良传统，不怕疲劳、连续作战的工作作风，以关键时刻拉得出、困难面前不低头的英雄气概，以为国分忧、为民解难的社会责任感，保证了滞留旅客有饭吃、有水喝、不受冻，确保了电煤抢运成效显著，实现了节后客流安全有序流动，凸显了铁路大联动机的整体优势，塑造了铁路职工特别能战斗、特别能吃苦的行业风采，更锤炼和丰富了新时期的铁路企业精神。

一、锤炼一线精神：靠前指挥、身先士卒

领导干部是企业精神的提炼者、倡导者和第一实践者。关键时刻，领导干部身体力行、率先垂范，既当指挥员又当战斗员。在抗击冰雪、疏运旅客的战斗中，铁路各级领导干部始终战斗在第一线，实践了靠前指挥、身先士卒的“一线精神”。铁道部党组成员带队，分赴广州、贵阳、南昌等重点地区组织指挥抗灾救灾，与广大干部职工并肩作战；部机关、各路局、站段领导干部坚守岗位，靠前指挥。铁道部先后有十余名司局长在广州地区坐镇指挥。铁道部公安局局长副局长像普通战斗员一样，10 天里，雪里、雨里，没日没夜，与民警们一起筑起一道道“人墙”，维护着旅客的安全。十几天来，部领导不知下了多少道紧急命令，但就是有一条“死命令”难以落实：要求在广州地区指挥运输的铁道部副部长和广铁集团主要领导，每天必须保证两小时睡眠。面对潮涌的客流，每天两小时睡眠，始终没有得到保证。2008 年 1 月 26 日始，杭州站的旅客越集越多，只能容纳

6 000 人的杭州站候车室，如何安顿好五六十万滞留旅客？杭州站领导班子成员不分白天黑夜坚守现场。10 个昼夜的拼搏，8 位同志嗓子全都嘶哑得几近失声，有的病倒了，拔下吊针头又继续投身人流之中。榜样的力量是无穷的，人格的力量是伟大的。正是这种“一线精神”，极大地鼓舞了干部职工夺取抗灾救灾胜利的士气和斗志，增强了广大干部职工连续作战、敢打必胜的信心和决心，最终创造了惊天地、泣鬼神，确保铁路大动脉安全畅通的壮举，创造了世界铁路运输史上的奇迹：10 个不眠的昼夜，相当于欧洲一个中等国家人口的350 万旅客，如数踏上回家的列车；10 天，全路电煤日均装车达到 4.3 万车，同比增加 1.5 万车，每天多运 101 万吨，10 天增运超过千万吨，部分地区电力供应紧张的状况得以缓解。节后，面对有史以来铁路最高客流的压力，创日发送旅客588.3 万人次的最高纪录。春运期间，全国铁路旅客发送量累计完成 1.96 亿人，创日发送旅客人数最高纪录。在雪灾第一线，各级干部带头讲政治、讲责任、讲奉献，带头身先士卒、冲锋陷阵，带头苦干实干拼命干，彰显了领导作风和人格力量，体现了关键时刻思想政治工作的说服力、感召力，促进了各种急难险重任务的成功化解、层层落实。

二、锤炼宗旨精神：情系人民、顽强拼搏

铁路企业精神不仅是职工群体精神的凝聚，也是以“人民铁路为人民”为宗旨的职业精神的浓缩；广大职工是企业精神的践行者，更是铁路企业抗雪灾精神的创造者；抗御历史罕见的自然灾害，是企业物质实力的较量，更是对非常态下铁路职工奉行“人民铁路为人民”宗旨精神的检验。

面对雪灾，广大职工顽强拼搏，日夜鏖战，挑战极限，以“牺牲我个人、温暖全社会”，“宁可自己挨冻不让旅客挨冻、宁可自己挨饿不让旅客挨饿”的精神意志，用真情谱写了感天动地的壮丽诗篇。2008 年 1 月 25 日傍晚，京广线湖南境内、沪昆线贵州境内相继因冻雨冰凝发生高压电线断落砸断铁路接触电网，导致两条大干线供电中断。广铁集团上万名抢修人员第一时间赶赴一线，配合地方电力部门投入抢修，3 000 多名铁路供电系统维护人员坚守在京广全线的每个区间小站，24 小时巡视监控，确保供电设备状态良好。在受灾最严重的郴州至衡阳间，铁路一线职工充当人工信号，用手持电台替代信号机指挥列车运行，保证了铁路应急运输的基本需要。T12 次列车是辆英雄列车，1959 年 7 月某日，曾在洪水中保护了 600 多名旅客并营救了 350 名灾民。在这次冰雪灾害中，T12 次列车严重晚点，6 天 6 夜里，断水断电，食物和水“弹尽粮绝”。支撑 T12 次列车人顽强拼搏的是“英雄列车”精神：“一心想着旅客、一切为了旅客。”他们情系旅客，所有食品和矿泉水平价甚至降价供应，千方百计让所有旅客吃上饭，吃好饭，对确有困难的旅客还免费供应。许多乘务员把身上的棉大衣脱下来给重点旅客穿。通过千方百计的努力和沿途车站的大力支持，3 300 多名旅客平安到达目的地。在 200 多封的旅客留言、感谢信中，有一封署了 66 位旅客的名字。一位旅

客写道:“广州沈阳一线牵,通途受阻成天堑,冰雪无情人有情,英雄列车谱新篇。”在千里铁道线上,这样的事例不胜枚举。职工们说:“为了尽快疏通线路,让旅客早日回家过年,我们再苦再累也值得。”

三、锤炼奉献精神:顾全大局、团结协作

为了保证春运期间完成好旅客输运工作,根据客流的不均衡性,节前,铁路将大量客车车底调往广州、北京等节前重点地区;节后,又要把车底紧急调往农民工的集中输出地。从运输成本讲,空驶几千公里不划算,但为了社会效益,铁路人义无反顾。这种大局意识、责任意识和奉献意识,使铁路各系统、各部门、各单位和各工种职工自觉形成目标一致、团结紧密的战斗整体;站在国家和人民利益至上的高度,坚持全路一盘棋,举全路之力,不惜一切代价,以最优的运力配置、最快的装运速度、最高的工作标准,全力抢运电煤油运和救灾物资,紧急输送滞留旅客回家过年。广州地区旅客严重积压的1月17日夜,铁道部召开全路紧急电视电话会议,决定提前6天启动春运。铁道部调集全路资源全力支援广州地区。从11个铁路局紧急调集1 800余辆客车和6 000多名列车人员迅速向广州集结;紧急调集2 500名公安干警到广州地区,帮助维持车站和列车秩序;针对电煤告急:铁路打响为期10天的抢运电煤攻坚战……春运期间,铁路累计向湖南、贵州、湖北等灾区组织开行抢险救灾专列,装运粮食、食品等节日物资20多万车,石油近24万车,为全国夺取抗灾救灾全面胜利提供了有力的运力支持。为应对节后客流高峰,全路图定临客直通能力合计达到795.5对,同比增加163列,为历年之最。表现了铁路人“钢铁动脉,勇挑重担”的行业特征,展示了半军事化的铁路上下一盘棋,集中统一调度指挥的体制优势,检阅了一个组织目标同向、相互支撑、高效运行的团队合力。

四、锤炼先行精神:中流砥柱、勇挑重担

“众志成城抗雪灾,勇于先行当表率。”在抗击雨雪冰冻灾害的战斗中,铁路各级党组织勇挑重担,攻坚克难,充分发挥组织优势和政治优势,筑就了一座座坚强堡垒,形成一个个中流砥柱。“哪里有危险,共产党员就出现在哪里;哪里最苦最累,共产党员就第一个冲向哪里;一个党员,就是一面旗帜;党员突击队,就是抗灾救灾的尖兵。”冰天雪地成为党员拼搏和奉献的主战场,最困难的地方成为检验党员先进性的示范地。成都铁路局都匀站站长、党员李黔生,听着电话中被冰雪困在家中的年近八旬父母的抽泣声,流泪说道:“儿子不孝,在这样困难的时候不能回去帮助你们。我是一站之长,车站需要我,职工需要我,旅客需要我。请二老原谅。”都匀站所在黔南布依族苗族自治州是重灾区。如果都匀站瘫痪,黔桂铁路中断,物资、人员都进退两难。年过半百的李黔生3天3夜没沾过床铺,他像铁人一样昼夜在站场上指挥行车,任冰雪湿透衣服,寒风冻僵腿脚。该站停电7天7夜,却安全接发列车298列。抢运电煤攻坚战中,全路先进党支部

标杆——湖东电力机务段大秦第一乘务管理组，有40名党员志愿报名参加党员乘务员补强队，保证了两万吨列车机班人员的需求。党员机班防止各类设备故障问题11件，在突运电煤主战场上发挥了“重载线上一面旗”的引领先行作用。抢运电煤攻坚战期间，呼和浩特铁路局包头西机务段“党员攻坚队”的45名队员，冒着零下20摄氏度的严寒抢修机车，有的人身上的棉衣被汗水浸湿冻成硬块，却不叫一声苦，经常工作到凌晨。“春运作表率，抗灾立新功！”受冰雪灾害影响，各铁路局开往广州、长沙等地的列车严重晚点，列车滞留时，车上充分发挥“三乘一体”党支部战斗堡垒作用，确保旅客列车的生命财产安全。上海客运段沪汉车队59岁的党员、列车长李荣根面对200多名因晚点而冲动的旅客，与乘警一起站成人墙，竭尽全力劝阻、说明，终于使旅客平静下来。事后，一位旅客感慨地说：那些挂着党员徽章的列车工作人员，让我惭愧，更让我敬佩！灾害中，单程不足12小时南昌至广州东的列车运行了62个小时。在停电停水断粮的危急时刻，列车党支部成立应急小分队，组织列车工作人员到两公里外的村庄买来食品和矿泉水，免费送给上千名旅客。温情融化冰雪，斗志感天动地。在列车受困5天5夜抵达终点时，旅客联名给北京铁路局T89/90次列车列车长兼党支部书记张洁写了一封感谢信：雪灾无情，党员有情，乘务员胸前的党徽，让我们感受到了“和谐春运”的温暖。一个个可歌可泣、催人泪下的感人事迹，为党旗增光添彩，昭示了铁路党组织不愧为迎难而上、能打硬仗的铜墙铁壁。

在冰雪灾害面前，铁路人彰显企业精神的强大力量，向社会交出一份令党和人民满意的答卷：这场为期45天的铁路春运，创发送旅客1.96亿人的最高纪录，创日发送旅客588.3万人的最高纪录，创10天突击抢运增运电煤超千万吨的奇迹……胡锦涛总书记、吴邦国委员长、温家宝总理等领导同志对铁路系统抗灾救灾，在最短时间内恢复铁路畅通，疏运旅客，抢运电煤等给予充分肯定，国内外媒体给予较好评价。目睹今年中国春运的德国最大私立电视台编导拉尔斯·皮特，也不禁感慨：“中国铁路太累了！”中国铁路以人均铁路长度不足6厘米的现实，交出了世界运输密度与效率世界第一的成绩单！

鲁迅先生说，自古以来，就有埋头苦干的人，有拼命硬干的人，有为民请命的人，有舍身求法的人，他们是中国的脊梁。应当说，经历这场特大的暴风雪后，200万铁路人无愧为中国的脊梁！突如其来的雪灾检验了铁路的企业精神，丰富了新时期铁路企业精神的新内涵。正如铁路“二七”革命精神、新时期“火车头”精神、苦干实干拼命干精神、“挑战极限、勇创一流”的青藏线精神，都成为中华民族精神和时代精神的重要组成部分一样，广大铁路干部职工在这次抗击冰雪灾害中表现出来的“靠前指挥、身先士卒的一线精神；顽强拼搏、情系人民的宗旨精神；顾全大局、团结协作的奉献精神；中流砥柱、勇挑重担的先行精神”，也将铭刻进历史的记忆，化作铁路企业和铁路人奋发图强、促进发展的强大动力之源。

（本文原载2008年第5期《思想政治工作研究》、2008年第2期《铁路文化建设》）

促进企业理念传播的“四个环节”

理念传播分为内外两个方面，对内通过舆论引导，潜移默化，群体认同，形成凝聚力，使企业理念“入心”“落地”；对外通过弘扬企业价值观，塑造个性化品牌形象，让社会和顾客认识企业，加强外部市场的开拓，促进企业理念“定格”“升华”。尽管反映企业价值观的理念是一种无形的存在，一但当它为大多数人所认同，反映在员工岗位实践之中，体现在企业规章制度之中，就会成为一种催人奋进的强大力量，促进企业发展的动力之源。

卓越的理念是推动企业不断走向成功的发动机，而卓越的企业文化是企业理念有效传播、规范运作的结晶。如何促进企业理念传播，把理念贯穿于企业文化始终，真正体现其作用，是企业文化建设取得实效的关键。笔者以为，理念传播分为内外两个方面，对内通过舆论引导，潜移默化，群体认同，形成凝聚力，使企业理念“入心”“落地”；对外通过弘扬企业价值观，塑造个性化品牌形象，让社会和顾客认识企业，加强外部市场的开拓，促进企业理念“定格”“升华”。

一、在认知中促进理念“入心”

企业文化不仅是一种企业行为的方式，更是一种全员、全方位、全过程的认知系统，特别是如何把企业理念变成员工共识，深植员工心灵深处，是企业文化能否成功的关键所在。在某种意义上说，企业文化首先是企业家文化。企业文化往往是由企业家率先倡导并身体力行的，是自上而下的结果。没有企业家的倡导和传播，没有企业家的身体力行，企业文化是难有实质推动的。因此，各级管理干部，特别是领导干部首先要做到文化自觉，“真学、真懂、真信”企业文化，率先成为企业理念的模范倡导者。另一方面，企业文化也是一种员工文化。因为企业文化的主体是广大员工，理念靠员工去宣传贯彻，制度靠员工去执行落实，行为准则要靠员工去遵循和维护。企业文化传播实践证明，员工参与度越深，理念认知度越高，企业凝聚力也越强。为此，要通过多种形式发动员工参与企业理念的提炼，把参与的过程作为学习企业文化知识、认知核心价值观的过程，使企业理念深入人心的过程。同时，利用多种途径和载体，加强对管理层和新老员工的培训灌输，让员工知道企业文化为何物，为何实施企业文化塑造，企业文化建设与自己的关系，反思自己与企业理念的差距，在理念认知的基础上实现文化认同，从而把企业当作寄托理想的精神家园、施展才华的广阔舞台、实现自身价值的重要阶梯、塑造自我的最好熔炉。只有把员工价值观融入企业价值观，与企业形成命运共同体，才能在企业内部凝聚成“不用扬鞭自奋蹄”的奋进力量。

二、在渗透中促进理念“落地”

理念传播重在渗透，企业文化重在“落地生根”。张瑞敏曾说：任何高深的哲理如果不能还原为生活中的事实，并对其加以指导，就不是真正有用的理论。为此，要利用各种宣传工具和时机，通过会议、活动、报刊、电视、网络等各种载体，大力传播企业价值观，宣传实践企业价值观的人和事，尤其是宣传反映企业理念的典型人物故事和事件，通过这些企业“旗帜”和“偶像”的人格化传播，使员工潜移默化、耳濡目染，赶有方向。同时，先进人物的评选和宣传也要以理念为核心，注重从理念方面对其事迹进行提炼。实践证明，理念—故事—规范，这是传播渗透和落实企业文化的三大法则。理念就是领导者清晰阐明的企业价值理念；故事就是体现这一理念的典型事件和故事；规范就是由理念外化成为各种行为的规范和制度，使员工清楚地知道企业追求什么、倡导什么，支持什么、反对什么，什么应该做、什么不应该做，要怎样做才能做得更好，才能实现自身的人生价值与企业价值的融合。这就是所谓的“价值观理念化、理念故事化，行为习惯化”。世界零售业巨头沃尔玛则把“员工是合伙人”的理念口号具体化为三大机制，即利润分享机制、雇员购股机制和损耗奖励机制。就是说，企业倡导的文化理念只有通过有效渗透，引起员工的共鸣，化为员工的行动，变制度为员工的习惯，才能形成真正的文化，理念也才能落地生根，产生核心竞争力。

三、在融入中促进理念“定格”

成功企业注意通过大众传媒，把定位准确、富于个性的企业理念融入品牌战略之中，融入形象广告之中，既画龙点睛，又润物无声，使其在第一时间将自己和其他品牌区别开来，从而塑造差异化的品牌形象，在人们记忆深入“定格”。企业文化的个性化主要体现在企业价值理念的个性化表达上，而独特价值观既需要个性化理念表述，更需要形象化传播手段来“定格”，因此，提炼传播反映核心价值观的形象广告语，是塑造差异化企业形象的重要途径。如何提炼个性化的企业理念口号，使之与众不同，标新立异，体现民族传统特色和行业特色，是企业面临的现实课题：一方面，建设中国特色的企业精神文化，必须坚持民族文化的独特性，继承中华民族文化的优秀遗产。比如，中华传统文化中的诚信伦理、团队精神、和谐思想和爱国主义精神，是企业健康发展的共同价值理念。因为企业价值观、行为准则无不打上民族文化的烙印，如果核心价值观与民族文化相违背，那么它根本就无法生存。我们有的企业的文化建设之所以“水土不服”，这与企业文化没有与本民族文化融合有关。因此，在理念形象口号的建立上，必须“博采众长，以我为主，个性表达”，不能盲目去模仿所谓世界级公司的核心理念口号。另一方面，要体现行业特色。这种行业特色是由不同的企业处于不同的内外部环境，不同的发展历程和发展目标，经营不同的产品，提供不同的服务所决定的。从实践看，优秀的企业文化，无不是从本企业的实际出发，在找准自己的优势、劣势的基础上，结合时代的要求和行业特点，借鉴融合世界一切先进的文明成果，创出自己的特色，从而在大众心中“定格”。

四、在交流中促进理念“升华”

管理学家克拉克强调：“评价一个企业成功与否并不在于年限长短，关键看它的理念能否跟上时代的潮流。”实践证明，文化的生命力不是来自于它的悠久历史，也不在它所存在的地域的辽阔，而在于平等交流，在于其包容性、开放性以及这种文化能否与时俱进。任何一种文化如果不与世界文化交流，不适应内外环境变化，那么它必然衰落。企业是社会的一分子，思想、理念交流不仅是内部的，也应有外部的。这既是企业文化建设的本质属性所决定的，也是价值观生长发展的规律所要求的。世界上有许多原本十分强大的文化之所以衰落，根本原因就在于它们的封闭性、保守性。世界文明中为什么中华文明得以流传至今，重要原因之一是其能够“海纳百川”“和而不同”。特别是当企业的生存环境发生重大变化，或企业经营战略已经调整，或企业文化出现病态时，企业又没有对企业文化加以变革，麻木不仁，致使不良的企业文化侵蚀着企业的方方面面。思路决定出路，理念决定成败。企业要与时代同行，体现核心价值观的经营策略和行为也必须与时俱进。这就要求企业面对全球化挑战，必须以开放的心态、世界的眼光、博大的胸怀，虚心向一切先进学习，打造学习型组织，不断提高创新力、学习力、竞争力。在交流过程中，把握沟通中产生的思想碰撞，及时修正和调整自己的策略，从而保证企业始终做正确的事情，沿着正确的发展轨道前进，并能够在关键时刻成功跨越“拐点”，促进企业理念在适应变革中“升华”。

可见，尽管反映企业价值观的理念是一种无形的存在，一但当它通过有形的故事传播真正为大多数人所认同，反映在员工岗位实践之中，体现在企业规章制度之中，就会成为一种催人奋进的强大力量，促进企业发展的动力之源。

（本文原载 2005 年第 2 期《思想政治工作研究》）

培育企业精神要体现“四化”

作为“企业之魂”的企业精神，是企业发展的凝聚剂和催化剂，对员工具有导向、约束、凝聚和激励作用，对企业成员的思维方式和行为方式起决定作用。企业精神的培育升华是一项长远的“塑人工程”，贯穿于企业生存发展的始终，是企业准确定位、定向引导、长期潜移默化的结晶。企业文化在某种意义上是一种“人化”，而企业精神的培育过程就是“以文化人”的过程。要把准确提炼和定位企业精神摆上重中之重的位置，努力在经营管理的实践中培育出体现本企业精神风貌、激励职工奋发向上的群体意识。

衡量一个企业是否有生命力、是否有发展前景，到底看什么？笔者以为，关键是看企业有无持续发展的动力和活力，有无真正意义上的企业精神。尤其是作为“企业之魂”的企业精神，是企业发展的凝聚剂和催化剂，对员工具有导向、约束、凝聚和激励作用，对企业成员的思维方式和行为方式起决定作用。因此，要把培育企业精神摆上重中之重的位置，努力在经营管理的实践中培育出体现本企业精神风貌、激励职工奋发向上的群体意识，并以此引导职工树立正确的价值观，促进企业全面、协调、可持续发展。

一、准确定位，体现个性化

就如同世界上没有两片完全相同的树叶那样，由于不同的企业处于不同的内外部环境中，有着不同的发展历程和发展目标，经营不同的产品，提供不同的服务，企业文化的特征就不可能一样，企业精神就不可能“千篇一律”。从这个意义上说，是否有个性化的企业精神是评价一个企业是否成熟的重要标志。企业应根据自己的特点和经营环境，对企业精神进行提炼概括，准确定位，把最需要突出和强化的核心理念找出来，通过简洁的文字表现出来，不求其全，而求其特，以其独具的文化魅力塑造差异化的企业形象。如上海市南自来水公司立足于“弘扬水精神，建设水文化”，他们提出的“发扬水滴石穿的敬业精神，水流不息的进取精神，水乳交融的团队精神，水润万物的奉献精神、水清如镜的诚信精神”颇具有时代特征、行业特色和企业特点。从实践看，优秀的企业文化，无不是从本企业的实际出发，在找准自己的优势、劣势的基础上，结合时代的要求，有针对性地继承民族文化的精华，借鉴世界一切先进的文明成果，创出自己的特色。海尔精神文化最大的特色就是创新，不断地标新立异，不停地否定自我，去追求卓越的氛围。敬业报国，追求卓越的企业精神；日事日毕，日清日高的管理模式；“产品质量零缺陷，流动资金零占有，与用户保持零距离”的市场创新准则；赛马不相马的人才机制充分体现了创新、竞争和团队精神。正是这种个性化的海尔精神文化，培育了“真诚到永远”的海尔人。可见，企业精神的概括和提炼，既要在内容上顺应时代发展要求，体现企业核心价值观，表达出企业理想、信念和追求，又要与时俱进，以人为本，整合民族精神和广大职工的群体智慧。

二、示范引导，体现人格化

人格化是企业精神“人本”理念的集中体现。这里有两层含义：一方面，企业领导者要率先垂范，既要做企业文化的倡导者、设计者，又要做企业精神的模范实践者，通过言传身教，身体力行，使企业精神真正深入人心。从某种意义上讲，企业第一管理者应是企业精神的第一规划者，第一身体力行者，第一倡导者。正如张瑞敏所言，领导干部要当好三个角色，第一是当好“设计师”，在企业发展中设计企业发展战略，使组织结构更好地适应企业发展；第二是当好“牧师”，不断地布道灌输传播，使员工自觉接受企业精神和核心价值观，把自身价值的体现和企业目标的实现有机结合起来，第三是当好“教练”，积极示范，帮助员工如何在实际工作中有效推行和落实企业精神。无论是“设计师”“牧师”，还是“教练”，都体现了领导干部的人格力量。另一方面，要发挥典型示范的引导示范作用，树立职工身边的，各种岗位层次的，个体的或群体的，职工公认的、叫得响的、立得住的先进模范人物，使企业精神在他们身上得以生动体现，通过对他们的事迹以理念化的诠释，给职工以精神导向和榜样力量，进而“拨亮一盏灯，照亮一大片”，使企业精神由个体到群体较大范围弘扬和传播。特别要注意发挥“名人效应”和“英雄效应”，通过建立党员示范岗、劳模品牌工作室等，强化品牌创效意识，加强品牌激励机制建设，培养“名牌”职工，创造名牌产品，进而在弘扬“品牌精神”中，激活无形资产，渗透经营理念，体现品牌服务的人格力量。近年来，蚌埠分局党委积极开展群众性精神文明建设奖“万人评选”活动，全方位实施品牌战略，以此培育和弘扬人格化的企业精神，收到了良好的效果。

三、化虚为实，体现制度化

实践证明，成功的企业文化无不是通过制度建设鲜明体现，具体实践企业精神的典范。现在，口头上讲企业文化的多，自觉地、系统地实施企业文化的不多，而把企业精神上升到制度规范落实的更少。这是当前企业文化难以得到真正发挥作用的根本原因。从制度上解决问题，是一项带有稳定性、长期性、全局性和根本性的治本之策。因此，企业精神要落地生根，化虚为实，由软变硬，形成机制，若不与具体的企业制度相结合，不具体落实到企业经营管理各环节，企业精神就难以深植于职工内心深处，更难以成为“企业之魂”，与生产经营两张皮的现象就难以避免。其实，管理与文化是同一事物的两个方面，有什么样的管理制度，背后就有什么样的管理理念，而支持这一理念的恰恰就是企业的核心价值观。目前，我国之所以缺少长寿企业，除了缺少卓越的企业家，还缺乏企业文化长久支撑的体制、机制环境。确保企业精神制度化，关键是把精神理念化，理念具体化，真正落实到服务、营销、竞争、产品质量上，外化为员工的岗位实践中，变成员工自觉遵守的规章制度、行为规范和准则。这样，企业精神才能在实践中生根落地，由无形资产变为有形资产，使企业精神转化为核心竞争力。

四、依靠群众，体现认知化

企业文化的主体是广大职工，企业精神源于职工实践活动，必须得到广大职工的认同，才能起激励导向约束凝聚作用，因此企业文化又是一种群体文化。目前，之所以有的单位企业精神“曲高和寡”，一个重要原因是忽视了群众的首创精神，不是依靠群众、发动群众，而是热衷于走捷径，靠秀才“妙笔生花”，生搬硬套“移花接木”，闭门造车创造“企业精神”。因此，企业精神培育提炼必须得到广大职工支持和参与，把企业精神培育过程变成广大职工认知过程，把企业精神提炼过程变成凝聚职工智慧、引导职工成长的过程。为促进企业精神的认同和奉行，但凡经营成功的企业，大都有一套富有特色别开生面的员工认知仪式和程序，营造企业精神的文化氛围；创造性开展符合企业实际又有自身特色，职工乐于参与的日常性教育活动，加强企业文化知识培训和企业优良传统的灌输，有意识有目的地渗透企业经营理念和企业哲学，使职工在参与中接受企业精神教育，使职工对企业精神从感性认识上升到理性认识，深深植根于心灵深处，成为职工自己的精神。双星集团在培育企业精神时，提出了“四个一切”的做法，即“一切教育与双星精神相联系，一切活动与双星精神相结合，一切考核与双星精神相挂钩，一切总结表彰与双星精神相维系”，使职工不仅在意识上而且在行动上爱企业，关心企业，支持企业，使职工真正成为企业的主人。这样，使顾客透过员工优质的服务和产品，就能领略到集团“没有最好、只有更好”的企业精神，感悟到企业获得强大发展动力背后的东西。同时对弘扬企业精神者给予激励，违背企业精神者予以惩处。从这个意义上说，企业精神作为全员的认知系统，必须坚持企业文化发展的内在规律，遵循“从群众中来，到群众中去”的原则，才能筑牢企业文化建设大厦的思想基础，成为体现企业核心理念的群体价值观，指导企业行为的指南，增强群体凝聚力的重要法宝。

实践证明，企业精神的培育升华是一项长远的“塑人工程”，贯穿于企业生存发展的始终，是企业准确定位、定向引导、长期潜移默化的结晶。企业文化在某种意义上是一种“人化”，而企业精神的培育过程就是“以文化人”的过程。从这个意义上说，企业精神是润物无声、点滴渗透的，必须在坚持中形成全员自觉，在岗位实践中强化养成，从而见物见人见思想，见精神见制度见形象，让外人一接触到该企业，就能体验到该企业独特的文化品位，感受到该企业不同寻常的“企业之魂”的存在。

（本文原载 2005 年第 10 期《研究与应用》）

落实新时期铁路精神须在“三力”上强化

新时期铁路精神要成为铁路的一种信仰、一种信条和行为准则，必须在具体化、形象化、常态化上下功夫，着眼强化传播的认同力、强化奖惩机制的约束力、强化人格的感召力，实现由理念到实践，由实践到习惯的升华，才能真正做到内部有凝聚力、创造力，外部有影响力、感召力，市场有竞争力、诚信力。

习近平总书记指出，于实处用力，从知行合一上下功夫，核心价值观才能内化为人们的精神追求，外化为人们的自觉行动。这为我们如何把新时期铁路精神落到实处指明了方向。以“安全优质、兴路强国”为基本内容的新时期铁路精神是社会主义核心价值观的铁路表达，也是铁路人安身立命的根本所在。弘扬新时期铁路精神重在知行合一，做到现场上看到、岗位上体现、行为上表现、形象上展示。如果热衷于夸夸其谈、沉迷于作秀表演，说一套做一套，新时期铁路精神就会在花架子、摆样子中散落迷失。从某种意义上说，新时期铁路精神能否形神兼备，成为铁路的一种信仰、一种信条和行为准则，这是衡量企业是否有生命力、是否有发展前景、是否成熟的重要标志。因此，新时期铁路精神要在具体化、形象化、常态化上下功夫，实现由理念到实践，由实践到习惯的升华，才能真正做到内部有凝聚力、创造力，外部有影响力、感召力，市场有竞争力、诚信力。

一、强化传播的认同力，实现新时期铁路精神由理念到自律的升华

新时期铁路精神理应是企业思想升华、理念提炼、全员共识的结晶。实践证明，只有当一种精神成为企业内部的一种群体共识时，才可认作是企业精神。否则，企业精神只能是没有生根的种子，或上级组织的一厢情愿，最终沦落为一句空洞的口号。要使员工普遍接受和认同，关键是强化精神要义的传播力，突出时代化、通俗化和大众化诠释，实现认知度、认可度、认同度的统一。实现认知度，重在强化传播的广度。新时期铁路精神的实践主体是全员的，对其内容的通俗化解读培训也应是全员的、持续的、利用各种场合进行的，其形式可以是多种多样的，特别是运用新兴媒体和职工群众喜闻乐见的方式做好传播工作，让广大员工在提高对企业精神文化的认知度基础上，理解其真实含义和深层意义，就铁路的使命和愿景达成共识，从而为产生合乎铁路规范要求的言与行。实现认可度，重在强化传播的深度。尽管企业精神的概括、提炼表述的字数较少，但其内容却十分丰富和深刻，反映了铁路行业的价值追求和使命担当，见证了百年来中国铁

路人光荣与梦想，因而传播的要求不能简单化、浅表化。要深化新时期铁路精神的诠释，就是要从历史、现实与未来结合的维度，准确回答“是什么”“为什么”“怎么样”的问题，使受众理解每一个“精神”揭示的实质、特征、依据和要求，进而为产生“怎么做”的行为打下基础。实现认同度，重在强化传播的力度。企业所倡导的精神与员工追求并不是同步的，而是一个不断碰撞、相互磨合、达成共识的过程。就是说，企业精神必须被广大干部职工普遍接受、理解和认同，才能转化为人们自觉遵守和奉行的价值标杆。实践表明，理念认同得越彻底，精神追求就会树得越牢固；认同得越自觉，精神追求就会越管用。因此，新时期铁路精神弘扬，要深度挖掘员工的创造精神，尊重职工的首创精神，注重职工价值的实现，注重调动职工参与传播的积极性，使他们在参与中引发共鸣，增进情感认同、理念认同、价值认同，进而实现由理念到自律的升华。这既是企业精神认同的重要原则，也是“企业灵魂”得以附体的重要前提。

二、强化奖惩机制的约束力，实现新时期铁路精神由自律到他律的统一

加强新时期铁路精神建设主要靠自律，但也离不开“他律”。《论语》中说：“道之以德，齐之以礼，有耻且格”，其中的“齐”就是用一种制度规范来约束人的行为。现代企业精神既表现为身体和精神的内在自律，又表现为有形制度约束下的个人欲望和竞争行为的外在规制。一是突出软约束硬化和长效化。铁路精神作为精神文明的成果，只有通过可操作的制度机制来规范，才能加以巩固。其实，制度也是企业文化的载体，只有软约束硬化，把新时期铁路精神转化为制度，才能持久保持、加以固化，体现根本性、全局性、稳定性和长期性。实践证明，成功企业成功的重要原因，归功于它身体力行的价值理念，将其固化为制度机制，内化为员工“虔诚”信仰的工作信条，作为日常工作的指导原则。华为的基本法和公司员工手册，就是从制度文化层面规范了员工的行为，让员工应当做什么、不应当做什么。二是要突出管理中的精神价值导向。企业精神不是空洞的，而是一种无形的纠错机制，体现在企业人力资源管理制度等方方面面，使员工知道什么可以做、什么不可以为，什么样的行为才是企业所倡导的，什么样的人才是企业的英雄和楷模，像空气一样在企业无所不在。因此，要突出管理中的精神价值导向，制定与企业精神要求相符合的行为规范、办法，从机制上对符合新时期铁路精神的行为要表扬和鼓励，对违背新时期铁路精神的行为进行批评和惩戒。三要纳入综合绩效考核和评价值体系。不仅要从宏观上把新时期铁路精神纳入铁路改革发展战略的指导方针，更重要的是健全和落实综合考核评价办法，使之细化、渗透在企业绩效考核制度中，并作为选拔任用干部的重要依据，旗帜鲜明地彰显以德为先的用人导向，夯实践行新时期铁路精神的制度文化基础，进而实现新时期铁路精神由自律到他律的统一。

三、强化人格的感召力，实现新时期铁路精神由自律到习惯的养成

新时期铁路精神之所以不是一般的应景口号，就在于它是一种企业的神圣承诺，是校准员工行为的"方向盘"和持久行动的"风向标"。文化的核心是精神，精神的传承靠自律基础上的习惯行为养成。虽然这一形成过程艰难，一旦形成就很难改变，就会成为一种牢不可破的人格感召力。首先，重视发挥党员干部的人格力。打铁还须自身硬。"喊破嗓子不如做出样子。""上有所好，下必甚焉。"党员干部特别是领导干部作为企业的公共人物，是企业精神的倡导者、传播者、示范者，理应发挥好带头、带动作用，把说与做有机统一起来，要求别人做的自己带头做好，要求别人不做的自己带头不染指，真正成为践行铁路精神的"火车头"。唯此，广大职工才能因党员、干部的人格正能量感召，实现铁路精神由感动到行动的转变。其次，重视发挥典型人物的示范力。要以新时期铁路精神作为规范员工行为的价值坐标，充分发挥身边典型的立标打样作用，树立职工公认的、叫得响的、立得住的先进人物，通过建立党员示范岗、劳模品牌工作室等，给职工以精神导向和榜样力量感召，进而"拨亮一盏灯，照亮一大片"。再次，重视强化行为习惯的养成力。要眼于落细、落小、落实，以落实《上海铁路局员工守则》为重点，加强员工行为规范化、标准化建设，广泛开展"6S"管理活动，把新时期铁路精神渗透到安全文化、服务文化、经营文化和班组文化建设之中，促进广大职工培育良好的道德情操，养成"在岗必尽责，作业必达标"的职业操守和作业习惯。这是实现新时期铁路精神由自律到习惯养成的重要途径。

综上所述，新时期铁路精神的弘扬与践行是一项长期的"塑人工程"，其全部意义就是知行合一。就是说，要让全员在认知认同基础上自觉践行，必须遵循企业文化发展规律，从企业发展战略上着眼，在落细、落小、落实着力，坚持以人为本、以文化人、文化主导，见物见人见思想，见精神见制度见形象，进而让人感受到"企业之魂"无所不在、催人奋进。

（本文原载 2015 年第 1 期《铁路文化建设》）

在抗击雪灾中升华民族精神

2008年入冬以来，一场百年不遇的雨雪冰冻灾难降临南中国广大的区域。它像一本厚厚的历史教科书，不仅让我们从中看到了大自然狰狞无情的一面，更为重要的是，它让我们看到了在危难面前，一个民族是如何迅速动员起来，齐心协力，共克难关，最大限度确保人民的生命财产损失降低到最小限度的。

“祸兮福所倚，福兮祸所伏。”“祸”与“福”是可以相互转化的，不利因素是可以转化为有利因素的。雪灾毁坏了我们的家园，也给我们带来宝贵的精神财富。冰天雪地像一张试卷，集纳着社会百态，凝聚着民生之重，检验着民族精神，也印证了中华民族朴素的辩证法思想。尽管暴雪肆虐是一场空前的自然灾难，却激发了中华民族的群体意志和精神，并转化为一种强有力的粘合剂，使中华民族先国后家、和谐仁爱、坚忍不拔、自强不息的美好品质得到了最大限度的张扬和挥洒。从此意义上说，这既是一种“祸”，更是一种“福”。

事实证明，同舟共济、众志成城抗雪灾，这种惊天地、泣鬼神的钢铁意志和英雄气概，来自党和政府的坚强领导，来自改革开放30年综合国力的增强，来自优越的社会主义制度，来自于中华民族的凝聚力、向心力的大融合。中国只要有了这样一种民族精神和意志，就没有创造不出来的人间奇迹，就没有克服不了艰难困苦。

这场雪灾作为一个民族的记忆，我们永远不能忘记，作为宝贵的精神财富，给我们深刻的启示很多，许多精彩的细节值得我们永远记取。

一、一方有难、八方支援的集体主义情操让国人感动，值得大力传播

面对雪灾，社会各界群众慷慨解囊，捐钱捐物，所表现出来的“一方有难，八方支援”的集体主义情操，谱写着爱的奉献，体现着人间的大爱大德，无不令人感动。无论是中央紧急下拨数以亿计的救灾资金，还是各地政府迅速调拨救灾物资，再或是交通运输、济困保障等等环节，无数人的努力与爱心，仿佛风雪中的星星之火，给受灾群众送去涓涓暖流。哪里灾害最重，哪里便是四面八方关注、支持的中心；哪里损失最大，哪里便是各行各业援助、捐赠的热点。风雪路上，素不相识的人相互救助，共度难关；被困途中，天南海北的人互相鼓励，彼此温暖。雪灾面前，特别让人感动的还是那些普通人，他们放弃与家人团聚的机会，结队南下抢险救灾、扶危济困。河北省唐山市玉田县东八里铺村村民宋志永等13个农民，他们没有人去动员，听到消息后，自发组织起来，千里迢迢自费而来，大年三

十踏上了救灾一线的征途，在灾区不怕艰险，日夜奋战，为抗击南方冰雪灾害贡献绵薄之力。用他们的话说：“30 多年前唐山大地震时，全国人民都在支援我们，现在南方遭了灾，我们也应该去支援他们。”质朴的话语，让人不知说什么好；真诚的行为，让寒冷的人世间立刻充满了温情。有网民评价说：13 个人感动了 13 亿人。这种一方有难、八方支援的无私奉献精神，是无法用金钱和物质去衡量的。他们是新时代最可爱的人，是践行社会主义核心价值观的模范；他们的事迹，是生动的人生观、价值观教材，值得在全社会广为传播，值得我们每一个中国人去用心思考，并启示后人，发扬光大。

二、忧民亲民、人格关爱的公仆情怀让国人振奋，值得经常保持

人格的力量是伟大的，公仆的情怀是博大的。面对雪灾造成缺电缺水、房屋倒塌、通信网络损坏、交通运输受阻的困境，面对灾区人民盼望过上吉祥团圆春节的迫切心情，中央迅速作出反应，紧急部署抗灾救灾工作，及时作出了“保交通、保供电、保民生”的战略部署。党和国家领导人以最快的速度，以人格的力量感召着人们，激励着人们树立信心，战胜灾害，他们的身影不时出现在最关键、最困难、最危险的地方，察看灾情、现场指挥、嘘寒问暖、慰问灾民。煤炭、电力，车站留下了他们的身影，抢险工地留下了他们的足迹。在抗灾的关键时刻，胡锦涛总书记的身影出现在山西大同 400 米深的矿井下，出现在秦皇岛寒风凛冽的码头上，出现在桂林的输电线路抢修现场。这种公仆情怀也诠释了“先天下之忧而忧，后天下之乐而乐”的人本思想，张扬了一种“生命至上、民生为重”的人文关怀，体现了“情为民所系，利为民所谋，权为民所用”的公仆情怀。这种国家领导人与职工群众共同战斗在第一线的场面，是党和政府与受灾群众心连心、共度难关的生动写照，更是最有说服力的思想政治工作。这也使受灾群众坚信这样一个道理，只要有中国共产党的坚强领导，就没有克服不了的困难，就没度不过去的难关。中国领导人的这种人格力量，需要永远保持，必将成为凝聚人心，激励斗志，战胜困难，增强信心，取得中国特色社会主义事业成功的精神动力和思想保证。

三、忠于职守、献身事业的职业精神让国人铭记，值得永远弘扬

人与自然灾害的斗争，既是力量的角逐，更是意志的较量。各行各业、各条战线的广大职工和军人，尤其是电力、运输部门、军队武警官兵，都在抗击雪灾的第一线。面对雪灾，他们夜以继日地坚守在岗位、奋战在岗位，履行着他们的神圣职责，用他们的全部身心、直至鲜血和生命，交上了一份又一份出色的答卷。在与天灾的残酷斗争中，20 多人殉难于这场暴雪，以生命承担了悲剧中的不幸，而湖南电力系统在为电网除冰中以身殉职的 5 位年轻烈士，则重新燃起人们久违的职业激情和职业操守的关注。在冰雪灾害中，T12 次列车累计晚点达 82 个

小时，是沈阳客运段建段以来，所属列车晚点最长的一次。在长达六天六夜的时间里，面对断水断电，食物匮乏的局面，支撑 T12 次人顽强拼搏的是“英雄列车”精神：“一心想着旅客、一切为了旅客。”他们忠于职守，情系旅客，列车上的所有食品和矿泉水平价供应甚至降价供应，千方百计让所有旅客吃好饭，吃得起饭，遇到确实有困难的旅客还免费供应。许多乘务员还把身上的棉大衣脱下来拿给了重点旅客。通过千方百计地努力和沿途车站的大力支持，3 300 多名旅客平安到达了目的地。在多达 200 多封的旅客留言或感谢信中，有一封整整署了 66 位旅客的名字。有一位旅客写道：“广州沈阳一线牵，通途受阻成天堑，冰雪无情人有情，英雄列车谱新篇。”其实，在千里铁道线上，这种舍小家顾大家、忠于职守的事例数不胜数。各地媒体记者纷纷奔赴灾区，用他们的镜头、口头和笔头向全国忠实地报道灾情及抗灾救灾进展，一些记者因劳累过度，晕倒在岗位上。一幕幕动人的场景、一个个感人的事迹，化作一股股催人奋进的力量，感染着每一个国人。更多的普通职工们，虽然他们在各自的岗位上，没做出什么惊天动地的伟大壮举，更没有什么感人肺腑的英雄事迹，有的只是对事业的默默奉献，对工作的热爱，对党的忠诚，在这场没有硝烟的与自然灾害的斗争中，用他们自己的行动实践了新时期普通劳动者“特别能吃苦，特别能战斗”的职业追求。这种对职业精神的承诺、信奉和践行，值得各行各业认真总结，在今后的工作中常态保持，使以忠诚、奉献、责任为核心的职业精神魅力永存。

雪灾虽然过去了，但抗雪灾所体现的民族精神不能忘却。正如 2003 年抗击非典、1998 年抗击洪灾中激发形成的顽强精神，成为伟大民族精神重要组成部分一样，此次亿万人在战雪灾抗冰冻中表现出来的一方有难、八方支援的人道主义情操，忧民亲民、人格关爱的公仆情怀，忠于职守、献身事业的职业精神，也将刻进历史的记忆，化作民族奋发图强的动力源泉。

（本文原载 2008 年第 2 期《上海建设交通政工研究》）

从世界杯看铁路团队精神

铁路就是一个为了共同目标组成的大团队。如果把整个铁路系统看成一个大团队，那么，把每一部门看成一个小团队，只有每个部门团队成员的协作与努力，才能共同保证整个团队大目标的高效运作、期到必成。

近日看世界杯，一个现象让人百思不得其解，那就是拥有大牌球星的队，并不是最强的队，也不是笑到最后的队。拥有一群著名球星的阿根廷竟惨败在德国战车无情的车轮之下，看似让人大跌眼镜，实则有规律可循。德国队之所以让人感到战车势不可挡，因为他们为了共同的目标，拥有着钢铁般的身体、钢铁般的意志、最严谨的战术纪律性，没有突出个人的能量，而是发挥团队精神，配合默契，明确分工，正确执行。尽管阿根廷队中的大牌球星很多，又有上帝之手“老马”执教，但面对德国战车无计可施，整体缺乏配合，进攻能力不强，防线漏洞百出。

足球队作为一个分工明确的团队，由前锋、中场、前卫、后卫、门将等不同角色组成，只有各司其职、相互协作、执行到位，才能成为铜墙铁壁。如果突出自我，角色错位，前锋防守、后卫进攻，就会顾此失彼，险情不断，战术失效。足球比赛如此，铁路工作同样如此。

铁路既是一个各部门、各专业相互支撑的大联动机，又是个相互交织的网状组织体系，每一个工序之间都是相互提供服务的链条，每一个环节都不能有任何闪失，否则，就会造成整体功能的弱化。因此，铁路就是一个为了共同目标组成的大团队。如果把整个铁路系统看成一个大团队，把每一部门看成一个小团队，那么，只有每个部门团队成员的协作与努力，才能共同保证整个团队大目标的高效运作、期到必成。从此意义上说，安全稳定，不是靠个别先进人物来支撑，而是更依赖于训练有素的高效团队来保证；高质量的服务，也不是仅限于站车服务人员一家唱独角戏，而是与其相关的各工种各部门的相互配合。

当然，团队需要有核心，才能拧成一股绳，树立大局意识、协作精神和服务精神，形成统一的意志，进而组成“形散而神聚”的命运共同体。但核心不能多，否则，多核心就等于没有核心，易引起内耗。阿根廷就是因为球星太多，反而缺少配合、缺少整体攻防能力。有的单位不乏能人和高手，但整体实力和战斗力不强，就是因为缺乏真正意义上的核心力量，致使“主心骨”缺失而军心涣散。

特别是我们已进入高铁时代，这一时代的重要特征之一就是“团队”。比如，动车组技术是高精尖的高度集成，涉及 5 万个零部件，每一个看似不起眼的部件，每一项细微的技术，没有强大的团队力量，没有分工明确、共同作战的团队精神，是不可能实现的。同时，动车组本身动力分散的技术特点，正因为体现了相互提供动力、相互服务的团队系统特征，才有了超一流的高速度。

团队精神的基础是尊重个人，核心是协同合作，最高境界是向心力、凝聚力。团队精神的形成，不仅取决于每个现场工作人员的努力，还取决于各级管理者对人的高度尊重。只有干群彼此尊重，才能上下都有主动性积极性创造性，都有共同向前发展的动力，才能像动力车组那样形成高速度。相反，如果内部缺乏尊重，员工认为“多一事不如少一事”，必然是遇事相互推诿，工作中的漏洞就难以弥补，事故教训就难以真正吸取。从此意义上说，铁路企业与足球队一样，都需要相互尊重基础上的协作与配合，才能目标同向，心往一处想、劲往一处使，强化向心力、凝聚力，做到互相补台、好戏连台，发挥优势、和谐发展。

（本文原载 2010 年 7 月 10 日《上海铁道》）

第三编

安全管理与安全文化建设

党的十九大报告指出，树立安全发展理念，弘扬生命至上、安全第一的思想，健全公共安全体系，完善安全生产责任制，坚决遏制重特大安全事故，提升防灾减灾救灾能力。要深入学习贯彻这一重要思想，必须牢固树立安全发展理念，统筹推进安全生产领域改革发展，全力打造安全生产治理新格局，为促进经济社会持续健康发展、决胜全面建成小康社会创造良好安全生产环境。

党的十八大以来，党和国家高度重视安全生产，把安全生产作为民生大事，纳入到全面建成小康社会的重要内容之中。随着我国安全生产事业的不断发展，严守安全底线、严格依法监管、保障人民权益、生命安全至上的发展理念已成为全社会共识。

铁路作为国民经济的大动脉、大众化的交通工具，确保运输安全是永恒的主题。要确保运输生产长治久安，就必须坚持现代管理发展的方向，在提高装备、科技保安全能力的同时，更加注重安全文化建设，坚持高铁和旅客安全万无一失的安全理念，从文化的高度研究和分析安全规律，形成人防、技防、物防的系统保障机制，不断提升系统安全管理水平，全方位强化安全保障能力建设。

安全文化建设是落实安全风险管理的根本保证

安全文化是安全风险管理的前提和灵魂，更是把安全文化引向深入的根本保证。要把安全文化建设贯穿到安全风险管理全过程，就是加强基于风险管理的安全文化建设，从风险文化的层面上研究安全规律，强化人们的安全风险无时不在、无处不有的价值观，达到识别、预防、避免、控制和消除意外事故和灾害，建立起以理念、制度、能力“三位一体”的安全风险文化管理体系。

全面推行安全风险管理，是基于铁路传统管理更高层次的安全管理，是铁路科学发展、和谐发展和安全发展战略对新时期安全工作提出的新要求。笔者以为，安全文化是安全风险管理的前提和灵魂，更是把安全文化引向深入的根本保证。因为安全文化建设更加注重以人为本的理念，更加突出职工的能动因素和价值观念、行为规范和职业行为养成，既是现代安全风险管理的理性升华，更是安全风险管理常态化的根本保证。

一、铁路安全风险管理常态化迫切需要安全文化建设来引领

安全风险管理是指通过对风险的识别和研判，采取有力措施来监控、规避、驾驭、转移风险，最终达到防范和消除风险的目的。要达到这一目的，使安全风险管理常态化，离不开安全文化建设的引领和导航。安全文化建设突出发挥人的主观能动性，其凝聚、导向、激励和约束功能，如同灵魂和方向盘一样，能够统领铁路安全风险管理方向，潜移默化地把安全风险管理引向深入。

1. 安全文化建设有助于安全风险理念的内化

事故致因理论揭示出各类安全事故的规律，即不外乎人的不安全行为（人为因素）、生产或技术系统的不安全状态（物质因素）、作业条件或环境不良（环境因素）、生产或经营管理欠缺（管理因素）等“四要素”。“四要素”当中，人的风险因素是最重要的。人的风险因素主要表现在作业人员违章或差错。墨非定律告诉我们，只要发生事故的可能性存在，不管这种可能性多么小，这个事故迟早会发生的。美国调查 7 500 起工伤事故，由于不安全行为造成的事故占 88%。日本统计 8 天以上的事故，有 96%的事故与人的不安全行为有关。我国事故统计表明，80%以上事故是由于职工不安全行为所致。目前，高铁作业方式的特殊性、野外作业的流动性和人员成分的多重性，给现场安全管理带来诸多挑战，尤其是一些不安全行为直接危及人身、行车安全。能否有效地消除“两违”造成的风险和事故，取决于人对安全工作的认识、价值取向和行为准则，取决于职工对安全

风险理念的情感认同。安全文化就像一根无形的精神纽带，凝聚员工把思想和行动统一到安全风险管理要求上来。特别是如何从根子上防止发生“人为差错”，促进安全风险理念的内化，仅凭传统说教和经验型运作机制来规范、约束是远远不够的。因此，在推进安全风险管理中，运用文化的方式和手段，能够润物无声地激发职工共保安全生产的自主意识，促进人、机、环境的和谐，进而把安全风险理念注入人的心灵，有助于消除不安全行为，促进安全风险理念的内化和安全思路的优化。

2. 安全文化建设有助于安全风险管理制度的执行

与传统安全管理相比，安全风险管理更注重超前预防、过程控制和应急处置，是传统安全管理的一大进步。但要走出运动式、突击式抓安全的套路，必须使安全风险管理制度化，使风险源发现、识别和预防以制度机制的方式坚持并巩固下来，成为一种以风险预防和控制为核心的制度文化。需要强调的是，这些年来，铁路规章制度并不少，但审视这些制度措施的背后，缺少内在文化理念支撑和思想保障，管理者对制度文化建设认识不到位，只重视制度的外在束缚，而不探讨制度内涵是否被员工心理认同，制度和文化存在“两张皮”现象，这是诸多制度“落而不实”的文化根源。文化的作用是内在的、柔性的、潜移默化的和持久性，具有制度约束无法比拟的优越性，可以弥补制度不完美的缺陷。事实表明，当规章制度的内涵未被员工心理接受时仅是管理规范，至多是管理者的“文化”，只有实现有形的制度与无形价值的有机结合，规章制度的内涵被员工心理接受并自觉遵守时，制度才能变成一种责任文化并转化为执行力。加强安全文化建设，能够把管理的有限性和文化的无限性统一起来，把管理的强制性和文化的能动性结合起来，有助于安全风险制度管理体系的建立和完善，就像一只“看不见的手”，发挥制度文化软约束的功效，强化员工对安全风险制度的认同，进而促进安全风险管理制度的自觉执行。

3. 安全文化建设有助于安全风险控制能力的提升

多年来，铁路企业下了很大精力和气力抓安全，但各类事故仍然频发，距“基本稳定、有序可控”的目标仍有较大差距。尽管原因是多方面的，但究其根本原因，还在于没有形成一种强有力的群体安全风险控制和应急处置能力。按照国际航空领域事故遵循的“海恩法则”，每一起严重事故的背后，必然有 29 次轻微事故和 300 起未遂先兆以及 1 000 起事故隐患。这一法则强调两点：一是事故的发生是量的积累的结果；二是再好的技术，在实际操作层面，也无法取代人的职业素质和现场控制能力。从表面上看，事故发生在职工身上，但问题的根子是管理，而管理的背后是文化。就现实情况看，从路局到站段到车间，司空见惯的是“管”字当头、居高临下的“外力”控制方式，缺少对职工的信任和对职工群体内在安全风险能力提升的高度自觉。实践表明，仅靠上级检查组、暗访组及站段班子成员、相关职能部门去抓安全，周而复始地督促和检查，可能短期有效，但长期未必有效。因为安全风险问题无时不在、无处不在，最终体现在职工现场安全控制能力上。安全风险管理的核心是预防，而事故预防又是安全风险管理的出发点和归宿。预防事故根本的办法是提高人们的责任感和自觉性，消除潜在的危险因素，不发生错误判断、违规操作。因此，加强安全文化建设，突出人的观念、责任、情感、品行等深层次的人文因素，用先进的安全观念、安全知识、安全技术、安全行为方式武装具有现代安全素质的“人”，能够提升职工安全风险控制能力，彻底改变“人盯人“和“管、卡、压”的管理模式，使职工由“被动符合”逐步转化为“主动适应”，实现由“要我安全”到“我要安全、我会安全、我能安全”的转变。

二、着力把安全文化建设贯穿到安全风险管理全过程

原国家安全监管总局局长曾提出了安全生产“五要素”（安全文化、安全法制、安全责任、安全科技、安全投入）的观点，安全文化不仅仅成为要素之一，而且列为第一要素，也理应成为加强铁路安全风险管理的前提。要把安全文化建设贯穿到安全风险管理全过程，就是加强基于风险管理的安全文化建设，意在从风险文化的层面上研究安全规律，强化人们的安全风险无时不在、无处不有的价值观，达到识别、预防、避免、控制和消除意外事故和灾害，建立起以理念、制度、能力“三位一体”的安全风险文化管理体系。

1. 坚持以人为本，着力把强化安全风险理念认同作为安全文化建设的核心来培育

职工不安全行为背后是安全风险理念的不认同，只有把安全风险理念认同作为安全文化建设的核心来培育，并内化为职工的具体行动，才能发挥巨大的作用。一要提炼安全风险理念用语。安全风险理念是职工在学习实践中形成的对安全风险的看法和认识，反过来又对职工的安全行为起着引导作用，好的安全风险理念可以激励职工促进安全意识的转变，安全风险行为的养成。因此，要开展群众性安全风险理念征集活动，提炼不同岗位职工认同的安全风险理念，进而为安全风险管理注入灵魂。二要加强安全风险理念教育。要加强经常性安全风险理念教育，提升职工对安全风险内涵的认识，让职工提炼的安全风险理念变成安全风险管理的“圣经”，成为广大干部职工的共同价值观。同时，积极拓宽安全宣传教育渠道，充分利用演讲、报告会、辩论会、安全知识竞赛等宣传教育方式，不断提升安全理念教育的文化品味，使职工在温馨的文化环境中感受到肩负的安全责任。三要促进安全风险理念的传播。要将安全风险理念通过形象化、生动化、立体化传播，比如艺术化地在职工作业场所推行安全风险理念用语和安全承诺揭挂，让职工能够看得见、感受到、有行动，提升广大职工对“变化就是风险”“违规就是风险”“一切事故都可以预防”等安全理念的认识和升华。特别是要把安全风险理念故事化、案例化，使广大职工常念安全风险的“紧箍咒”、常敲安全生产的“警钟”，潜移默化地认同安全风险意识，进而自觉用安全风险理念规范和

引导自己的行为。

2. 坚持过程控制，着力把落实安全风险管理制度作为安全文化建设的基础来强化

实行安全风险管理，基础是加强对安全风险管理制度的强化，通过对安全风险的研判、科学管控和有效处置，强化安全风险过程控制，防止风险上升为事故。其实，风险制度再完善也有管不到的地方，只有把制度与文化有机结合，才能把制度执行意识渗透到安全管理全过程，从而发挥制度文化的特殊作用。一是在安全风险制度构建上，要体现与铁路核心价值观的一致性。制度文化不仅是组织文化的一种外在表现形式，而且体现着企业的内在精神和价值。因此，凡是铁路核心价值理念提倡的，都应当在制度中有所体现；凡是与核心价值理念相悖的，都应及时修正或废弃，防止现有的制度对核心价值理念的抵触和侵蚀。因此，要明确地告知职工崇尚什么、反对什么，逐步形成正确的安全风险观念，确保安全风险制度与铁路核心价值观内在统一。二是在安全风险制度体系上，要体现科学性和全面性。风险制度并不是孤立的，而是一个完全的体系，要覆盖安全各个领域、各个环节，特别是在容易发生风险的具体岗位，更要有明确的规范和要求。同时，各项制度之间要相互联系、相互衔接、相互配套，充分体现制度体系的集合效应和整体功能。为此，必须站在全局的高度构建安全风险制度体系，调动各方面力量共同参与，特别是吸纳一线职工的意见，增强制度的科学性和可操作性。当前，要适应高速、提速、普速铁路安全工作的不同要求，细化岗位作业标准、工作流程，完善以高铁为重点的技术标准和作业规程，编制图文并茂、简洁易行的安全风险管理员工操作手册，进而形成有利于安全风险制度执行的管理体系。三是在安全风险制度执行上，要体现严爱兼备的原则性。严与爱并不矛盾，严是手段，爱是目的，渗透于安全风险管理制度文化之中。同时，制度具有刚性和强制性特征，在制度文化中表现为执行制度的坚定性和自觉性。因此，要坚持严格管理与人文关怀相结合，努力在严格制度落实上下功夫，最大限度地尊重、关心和依靠全体职工，不断提高安全风险制度的执行力。实践表明，当职工执行安全风险制度成为习以为常的行为习惯时，就标志着制度文化的形成。一方面，按照制度文化要求，对安全风险制度要坚定不移地执行，谁不执行谁就要受到相应的惩处；另一方面，遵循制度文化的特点，强化职工不断提升执行制度的自觉性和责任感。

3. 坚持把标准变成习惯，着力把提升安全风险控制能力作为安全文化建设的目标来推进

安全风险管理的核心是将应对风险的关口前移到落实标准化作业的过程中，采取有效措施进行应对处置和持续改进，最终达到消除风险的目的。一是抓好干部职工安全风险控制标准化能力培训。要利用多种形式，抓好安全风险作业标准化和处置能力教育培训，帮助干部职工普及安全风险管理知识，切实提高安全风险标准化操作和控制能力。特别是各级领导干部要带头学习风险管理理论和知识，在工作实践中提高安全风险管理能力。二是提高职工自觉地按标准作业、争当标准化职工的积极性。要全员、全面、全过程实行安全标准化管理，坚持干部按标准指挥生产，职工按标准生产作业，最大限度减少或避免不安全行为。要通过典型引路，评选表彰运输生产一线标准化作业先进职工，积极营造“遵章守纪、按标作业”的安全文化氛围，调动一线职工自觉地按标准作业、争当标准化职工的积极性。三是加强以自控型班组安全风险激励约束机制建设。要着力于标准化班组建设，努力为职工营造良好的职场环境，进而激励职工自觉执行标准化管理的行为习惯的养成。特别是铁路是一个系统相连、环节相扣的大联动机，必须形成自控型班组建设的合力，才能做到无缝链接，确保安全万无一失。因此，要进一步完善责权利相统一的自控型班组激励约束措施，激发职工间互相帮助、相互提醒、互相激励，促使岗位与岗位、岗位与班组、班组与包保干部结成“命运共同体”，进而提升班组全员自控、互控、他控协作能力，从而筑牢安全生产的前沿阵地。

三、加强基于安全风险管理的安全文化建设亟待走出误区

目前，安全文化建设在一些单位效果并不明显，难以发挥在安全风险管理中的作用，成为一种“讲起来好听、看起来很美、做起来很难”的东西。究其原因，一方面是管理者驾驭安全文化建设的能力不足，另一方面是对安全文化的理解与实践中的困惑是重要因素。笔者以为，加强基于安全风险管理的安全文化建设，必须在以下三个方面努力强化、走出误区。

1. 强化水滴穿石的功夫，走出“急功近利”的误区

急功近利是人类的天性，也是人类的普遍弱点。相对来说，安全文化的特点是见效慢，不是立竿见影就能取得效果的，但安全文化一旦水到渠成，往往成为牢不可破的力量；而安全风险技术控制措施见效快，见效快的东西总是易于受人们所追捧，而对见效慢的事物却有所怠慢。其实，人的安全风险素养的提高，行为规范的养成，并不是一朝一夕就能够形成的，特别是人的思想、态度和价值观不是轻易就能改变的。因此，要充分认识安全文化的特点和规律，注重水滴穿石的功夫，摒弃作秀式的、表面化的速成，着力把安全风险理念管理作为安全文化建设的灵魂工程来抓，通过从安全风险细节入手，从融入文化元素做起，制定促进安全风险理念“落地”的具体措施来体现。

2. 强化知行统一的原则，走出“坐而论道”的误区

安全文化是一种执行文化，真谛在于知、言、行统一。要使安全风险管理卓有成效，必须把企业倡导的安全风险理念变成风险管理制度、标准和流程，转化为职工的岗位规范，以及可持续性的行为习惯。否则，只能是坐而论道、纸上谈兵而已。可以说，搞安全风险文化建设不一定能避免事故，但出事故肯定是不重

视安全风险文化的结果。而重视安全风险文化并不在于调门喊得有多高，更不在于把安全文化提到无以复加的位置，而在于是否注重知行统一，把倡导的东西变成实实在在的安全实践，融入安全风险常态管理全过程，通过润物无声的点滴渗透和精耕细作，形成以人为本、预防为主、综合治理为核心的安全风险文化。

3. 强化制度机制建设，走出“治标不治本”的误区

安全风险文化是安全风险管理的灵魂，但不能代替具体的安全风险制度管理。“修路法则”告诉我们，当一个人在同一地方出现两次以上同样的差错(即在同一地方摔两次跤)，或者两个以上不同的人在同一地方出现同一差错(即在同一地方各摔一次跤)，那一定不是人有问题，而是这条让他们出差错的“路”有问题。此时，作为解决问题的管理者最重要的工作不是管人，而是修“路”。如果就安全风险抓安全风险，出了问题就事论事处罚，只能是头痛医头、脚痛医脚，就会背离安全风险管理的初衷，无助于源头解决问题。因此，安全出了问题，不在于仅仅找到责任人进行处罚，更重要的是深挖根源，找到事故背后的真正原因，特别是不断查找“使人摔跤的路”的问题，通过不断修“路”，更加注重制度机制建设，才能使安全风险管理真正落到实处。

(本文获 2012 年铁道企协、宣传部、安全监察司、铁总工会生产部、铁道团委举办的“铁路企业管理论坛——铁路运输安全与风险管理论坛”论文评选一等奖，获 2012 年上海铁路局安全风险管理征文一等奖)

浅析安全文化建设的几个辩证关系

任何企业都有安全文化,只是先进与落后、自觉与自发之别。安全文化建设要着力把握好六个关系:一是道与术的关系;二是硬与软的关系;三是承与创的关系;四是点与面的关系;五是手段与目标的关系;六是领导带头与职工参与的关系。

安全文化建设作为企业文化建设的重要组成部分,是衡量一个企业管理水平的重要标志。如何充分发挥安全文化对安全生产工作的引领和推动作用,切实用安全文化的力量凝聚起强大合力,当务之急需要着力把握好以下六个关系。

一、道与术的关系

安全文化结构上分为三个层面,看得见的是物质行为文化和制度文化,均属于"术"的层面,看不见的是深层精神文化,核心是安全价值观,这是安全文化"道"的层面。深层安全精神文化是以人的意识形态表现的,它是无形的,内隐的、不易觉察的,是人们对安全规律的认识和头脑中的各种安全观念,也是安全文化改变难度最大的方面。虽然"道"看不见、摸不着,但它的各种信仰以及有关安全的理论、科学原理等,均反映在中层和表层文化中。从冰山理论看,企业管理看得见的占 1/3,看不见的部分占 2/3。安全文化之"道"决定安全文化之"术",是安全文化建设的目标和关键所在。因为无形的东西比有形的东西更重要,即"天下万物生于有,有生于无"。在老子《道德经》中,无形就是灵魂,他认为:"道生一,一生二,二生三,三生万物。"万物的根源是道,而道恰恰是非常重要但看不见的东西。当然,仅有道的层次,没有术的层次跟进和承载,安全文化也是空中楼阁,没有载体和抓手,难以渗透于安全管理全过程,进而提升安全管理的层次。安全文化源于安全管理,同时,安全管理又提炼了安全文化,丰富了安全文化的内容和理念。因此,安全文化不能代替具体的安全管理,只有以培育安全价值观为核心,并渗透到有形的制度文化和行为文化中,才能凝聚安全风险管理之"魂",渗透安全风险管理之"道",塑造安全风险管理之"形",优化安全管理之"术",促进铁路安全长治久安。

二、硬与软的关系

安全管理有硬与软之分。所谓硬管理是指依靠规章制度、直接的外部监督以及行政命令进行的刚性管理。文化管理是以安全价值观为核心的柔性管理方式。虽然文化是软的，但文化的力量是无穷的，正如老子《道德经》："天下之至柔，驰骋天下之至坚，无有入无间。"说的是天下最柔弱的东西，却能在天下最坚硬的东西中穿行驰骋，用无形的力量穿透没有缝隙的有形之物。有句俗话说："四两拨千斤"，讲的就是以柔克刚的道理。纵观历史，我们不难发现，往往刚烈之人容易被柔和之人征服利用，安全管理则更需要善于以柔克刚、严管厚爱、情理相融。安全文化管理虽然就其特点来看是软的，不是直接起作用的因素，但却是牢不可破的力量，最终决定硬管理的成效。需要强调的是，硬管理是文化管理的前提和基础，任何时候都不低估制度建设，否则，安全文化就没有固化的载体和有形的规范。但制度管理总是有限的，有漏洞的，不完美的，总是滞后于安全实践的要求和变化的环境，需要文化的作用来弥补。其实，制度也是文化的载体，缺少文化认同，制度只是管理者的一厢情愿，难以成为执行者的自觉习惯。因此，既要强化制度规范的硬约束作用，加强安全管理定量与定性的考核约束，形成敬畏制度的执行文化，同时又要与时俱进，以新的安全理念为安全制度导航，并强化激励的正能量，不断提升员工主动执行制度的自觉性，才能使严管厚爱、宽严适度相得益彰，使每位员工既受规章制度的约束，又能感到管理者的人文关怀，进而为安全管理提供文化软约束支撑。

三、继承与创新的关系

优秀的安全文化并不是立竿见影的速成，而是长期坚持、不断积累的结果。一方面，安全文化需要传承，保持一定的持续性和稳定性，继承和发扬过去在安全管理实践中创造和总结的好经验、好做法，使之在安全文化建设中进一步发扬光大，发挥更大的作用；但另一方面，安全文化更需要与时俱进，博收众采，虚心学习和借鉴世界一切先进经验和做法，充分吸收其安全文化的先进理念、科学内涵以及丰富的营养，不断适应变化的环境，才能持续提升安全管理的境界。当然，安全文化是一种安全管理的新境界，是对传统安全管理的超越和提升，这并不是意味着对其他科学的安全管理手段的否定和排斥，而是对现有安全管理方法的继承和发展。因为建设安全文化离不开其他行之有效的科学管理手段作为前提和基础。特别是在一个现场作业标准不落实、干部作风不良、管理混乱的企业中是不可能产生优秀安全文化的。如果认为一搞安全文化建设就可以迅速取代其他安全管理手段，那是对安全文化的误读，其结果必然是轰轰烈烈的安全文化建设，已然如故的现场职工违章违纪，司空见惯的干部不良作风，最终安全文化建设只能是空喊一阵、流于形式，劳无所获、草草收场。因此，安全文化建设的成果是长期起作用的因素，必须在继承的基础上创新，下功夫点点滴滴地积累，总结行之有效的方法手段，并上升到理论的高度，才能使安全文化的优良传统发扬光大。

四、点与面的关系

安全文化既需要找准切入点，更需要由点到面，形成辐射效应。一般来说，安全文化只有找准切入点，才能放大安全文化的效果，为安全文化大面积开展打下基础，形成安全文化的整体合力。实践证明，提出安全理念，并适时推出与之相适应的文化事件，是安全文化建设点上突破、深层推进的重要切入点。海尔集团"不合格的产品就是废品"的质量理念就是从砸冰箱这一事件举一反三，进而形成一整套安全文化建设的模式。另一方面，安全文化建设需要试点，在总结经验基础上才能整体推进，全面开花结果。有的单位把试点经验当作安全文化全部，只注重在"点"上锦上添花，不重视在"面"上雪中送炭，表现在：经验点上出，数据点上采，调研点上走，参观点上看，检查点上转。这非但起不到示范引导和推动工作的作用，反而助长了形式主义、功利主义和说假话之风，最终直接影响到安全文化建设的成效。从某种意义上说，企业文化重在"化"的功夫，就是把领导者的文化理念转化为全体成员的共识。因此，安全文化建设必须弘扬求真务实的精神，绝不能搞以点"代"面，而是要从小处入手、典型引路，注重点的突破和面的推展，才能横向到边、纵向到底、全面覆盖、不留死角，整体提升安全文化建设的辐射力，达到点亮一盏灯，照亮一大片的目的，形成人人关心安全、人人担负安全责任、人人参与安全管理、人人有能力确保安全生产的良好局面。

五、手段与目标的关系

过去，文化时常是一个忠顺"仆人"的角色，为政治和经济服务。当政治需要的时候，文化就充当论证意识形态正确性的工具；当经济需要的时候，又为经济发展鸣锣开道。改革开放以后，在"文化搭台、经济唱戏"的口号下，文化又成为促进经济发展的"道具"。文化这种依附状态直到十七届六中全会才得以扭转，从边缘走向了中心，从配角变成了主角，从手段变成目标。特别是到十八大，文化成为全面建成小康社会的重要目标，成为中国特色社会主义事业"五位一体"的重要组成部分。同样，安全文化也是促进企业发展的软实力，是长期起作用的因素，是持续发展、永无止境的过程，既是一种结果更是一种目标，而不是临时作秀的道具和单纯的手段。虽然安全文化也是一种管理方式，但其功能、作用的发挥，是作为一种规则、一种制度、一种文化机理来实现的，是渗透到管理行为中的，它体现的是目标主导下的目的和手段的统一性。如果把安全文化仅仅当成被一时"利用"的工具，其功能、作用就不可能被充分发挥出来。因此，既要在安全管理中发挥文化的方式的手段作用，提高安全管理的人文内涵，把安全理念渗透与安全管理全过程，更要坚持以人为本、以文化人，提升人的安全文化素质，促进人的全面发展和企业可持续发展目标的实现。

六、领导带头与职工参与的关系

从某种意义上说，安全管理是企业第一管理，安全文化是领导者的核心文化，领导者的安全价值观念、思维方式决定了安全文化的建设进程，决定了安全生产的投入和安全制度、安全科技的落实。因此，安全文化建设能不能搞好，关键在于第一领导者对安全文化的认识程度和行为跟进的结果，进而以自己的模范行动带动员工积极投身到安全文化实践中去。实践证明，只有领导干部把加强安全文化建设作为强化安全管理的一项战略举措，建立健全安全文化建设检查监督考核机制，把安全制度和行为规范落实到日常管理工作中，才能切实发挥安全文化的作用。同时，安全文化也是广大职工的文化，没有职工的参与实践，安全文化就没有源头活水，就难以生根开花，由制度文化变成行为文化。因此，一方面，搞好安全文化建设，必须领导先行，当好表率，努力把领导者的文化转化为职工自己的文化，把企业管理行为转化为职工的安全行为，才能调动员工参与安全文化建设的积极性和创造性。另一方面，安全文化建设重在职工的参与实践。安全文化建设全过程都要充分发动员工，充分依靠员工，通过经常的、广泛的、持久的安全文化建设活动，不断增强广大员工的安全意识、安全文化、安全素质，并走进每个员工心里，也才能实现"要我安全"为"我要安全""我能安全"的转变。

（本文原载 2013 年第 4 期《铁道企业管理》）

走出安全文化的误区

安全文化建设要正本清源，亟待走出“急功近利”的误区误区、“坐而论道”的误区、“工具化”的误区、“单打独斗”的误区、“就事论事”的误区。

目前，安全文化之所以成为一种“讲起来好听、看起来很美、做起来很难”的东西，难以发挥应有的作用，对安全文化的理解与实践中产生的误区是重要因素，亟待正本清源、走出误区。

一、走出“急功近利”的误区

急功近利是人类的天性，也是人类的普遍弱点。相对来说，安全文化建设见效慢，不是立竿见影就能取得效果的，而安全管理措施与安全技术措施见效快，见效快的东西总是易于受人们所追捧，而对见效慢的事物却有所怠慢。其实，人的素养的提高，价值观的转变，行为规范的养成，并不是一朝一夕就能够形成的。特别是人的思想、态度和价值观不是轻易就能改变的。当然，采取强制的、惩罚性的手段可以立竿见影，使人的行为得以收敛。但是，惩罚式的制度见效很快，但是对人们的行为改变并不能从根本上解决，因为人们只是慑于压迫，没有办法，暂时改变了行为，难以持久。如果处罚执行不到位，行为变得快，那么，回去得也快，因为制度并没有真正从根本上改变人的思想。由于认为文化理念太虚、太“软”，加之没有从完整的文化视角来看安全文化，特别是没有从管理制度属性来理解安全文化，而是仅仅把它变成一种看得见的标语口号和突击性活动泡沫，习惯于对安全管理措施、技术措施的“装修”与”补强”，对安全文化的认知仅停留在搞搞安全演讲、喊喊口号、贴贴标语、写写格言警句的层面上，使安全文化只能停留在表层，进入不了深层。其实，安全文化相对于与物质手段来看是虚的，没有像抓产品、技术、赚钱来得“硬”，没有像抓考核来得立竿见影，但对人的精神来说是实实在在的，体现为一种思想认同，一种价值取向。而思想认同决定人的行为，一旦员工认同文化的价值理念，就会成为一种力量，促进安全可持续发展。因此，企业的领导和管理人员要充分认识安全文化的功能和规律，摒弃一些作秀式的，表面化的立竿见影的东西，把安全文化建设作为实实在在的安全基础工程来抓，通过制定促进安全文化发展的具体措施来落实。

二、走出“坐而论道”的误区

安全文化不在于说得怎么样，关键是做得怎么样。虽然知道文化的重要性，但停留在一知半解，不知道怎么去操作，往往热衷于坐而论道，不能起而行之。由于认识的不深入，行动也不可能到位，安全文化就沦为某些管理者时髦的口头禅。于是乎在开始的时候大张旗鼓声势浩大，但遇到实际情况却束手无策，便逐渐偃旗息鼓，特别是发生了事故后就又滑入文化无用论的盲区。这种“高开低走”的现象，主要是因为没有掌握文化管理的规律和具体方法，有愿望没有知识，有想法没有行动，没有体现知、言、行的统一。其实，安全文化是一种执行文化，只有从真知做到真懂、从真懂做到真言，再从真言变成真行，才能发挥文化的价值，体验文化的力量。“知、言、行”不是三个前后的连贯关系，而是互为因果、同时同发的内在逻辑。安全文化建设的真谛就在于知、言、行统一，把理念、制度和行为和谐统一起来，把企业倡导的安全理念转化为职工的岗位行动，把企业安全管理标准转变成流程，以及可持续性的行为习惯，使职工真正成为安全文化建设的主体，成为自主管理的自觉践行者。否则，只能是坐而论道、纸上谈兵。

走出“安全文化”包括理念、制度和物质行为文化三个层面，核心是安全理念和价值观，三者是一个系统整体，离开哪一样都难以发挥安全文化的作用。因此，既不能从理论到理论，把安全文化神化，光口喊安全理念口号，而不重视安全理念落地的研究，特别是如何把安全理念固化为制度规范与行为实践的探索。如果没有制度的配合，没有行为规范的跟进，安全文化只能是纸上谈兵的虚化，难以变成促进安全管理的有效实践。可以说，搞安全文化不一定能避免事故，但出事故的肯定是不重视安全文化建设的结果。而重视安全文化不在于空洞的一般化号召，不在于调门喊得有多高，更不在于把安全文化提到无以复加的位置，而在于是否进行常态管理，通过润物无声、潜移默化的渗透，点点滴滴的精耕细作，确保安全文化既有声有色又扎扎实实推进。

三、走出“工具化”的误区

过去，文化时常是一个忠顺的“仆人”，为政治和经济服务。当政治需要的时候，文化就充当论证意识形态正确性的工具；当经济需要的时候，又为经济发展鸣锣开道。改革开放以后，在“文化搭台、经济唱戏”的口号下，文化又成为促进经济发展的“道具”。文化这种非常尴尬的依附状态直到十七大才扭转，成为一种软实力，从边缘走向了中心，从配角变成了主角。同样，安全文化也是促进企业发展的软实力，是长期起作用的因素，是持续发展、永无止境的过程，是一种结果和目标，而不是临时作秀的道具和单纯的手段。虽然安全文化也是一种管理方式，一种手段。但这种“手段”之功能、作用的发挥，是作为一种规则，一种制度，一种文化机理来实现的，是渗透到管理行为中的。它体现的是目标主导下的目的和手段的统一性。如果把安全文化仅仅当成工具被“利用”，当成解渴时需要的水，是难以发挥安全文化功能的，只会变成好看不管用的摆设。实际上安全文化建设是一个逐渐发展和完成的过程，是一个长期坚持后起作用的因素，不能说安全文化建设了之后，企业的事故就杜绝了，只要建设安全文化就可以不发生事故了。应该说，如果我们从战略高度重视安全文化建设，积极探索安全文化建设的规律，按照安全要求的行为规范去建设，各类事故就能够最大限度的杜绝和减小。

四、走出“单打独斗”的误区

目前，安全事故出了以后，一些管理者为什么不讲实话，大事化小、小事化了，致使应吸取的事故教训没有得到吸取，这与企业文化环境有关。企业文化决定安全文化，有什么样的企业文化，就有什么样的安全文化。企业文化是安全文化建设的一个影响因素，一个基础条件。如果一个企业的文化环境比较好，那么，推进安全文化来就相对容易些；如果企业没有良好的文化环境，做什么、不做什么，没有正确的价值评判，靠单打独斗抓安全文化往往是孤掌难鸣。这其中涉及很多安全文化的基本原理，如安全文化建设中强调的沟通、交流、共享理念，把自己获得的有用安全知识传授给别人，或从别人那里把有用的信息拿过来。这就好像你在完成一件事情的过程中遇到了危险，当危险排除后你立刻去告诉大家，以后其他人就不会再遇到这样的危险。如果一个企业比较强调服从，那么，在建立安全文化过程中就会出现沟通交流障碍，比如员工不太愿意提建议，发现了隐患也不及时去报告，怕说错了挨批评等等，那么，沟通、交流、共享的安全文化建设机制就难以形成。可以说，企业文化基础对于建立安全文化的难易程度起着决定性作用，安全文化建设必须依赖于企业文化这个基础，没有企业文化的建设与发展，企业安全文化也就没有了根基。离开企业文化环境来搞安全文化建设，是难以持续推进的。因此，必须在搞好企业文化建设的同时，大力推进安全文化建设，使之与企业文化相适应。从某种意义上说，安全文化建设是企业文化建设的一个抓手，一个子文化。通过安全文化，在员工中树立“安全生产、以人为本”的文化理念，才能以此推进企业文化建设向深层次发展。

五、走出“就事论事”的误区

安全文化是安全管理的灵魂，提示了安全管理的本质，但不能代替具体的安全管理。安全文化不能仅从表层分析问题，而是要善于剖析问题背后的因素。“修路法则”告诉我们，当一个人在同一地方出现两次以上同样的差错(即在同一地方摔两次跤)，或者两个以上不同的人在同一地方出现同一差错(即在同一地方各摔一次跤)，那一定不是人有问题，而是这条让他们出差错的“路”有问题。此时，作为解决问题的管理者最重要的工作不是管人，而是修“路”。同理，如果就安全抓安全，出了问题就事论事处罚，只能是头痛医头、脚痛医脚，无助于源头解决问题。胶济线为什么多次重复发生低级的、不该发生的事故？透过现象看本质，直接因素是违章，背后是管理问题；看似偶然实则必然；问题出在下边，根子却在上边。职工的心，企业的根。安全反思并不仅仅是操作层的事情，而是所有管理层的事，既要自下而上更要自上而下；既要眼睛向内、对号入座，更要深挖根源，不断查找“使人摔跤的路上”的问题，通过不断修“路”，更加注重治本，更加注重制度机制建设，才是在真正加大从源头治理安全工作的力度。

（本文原载 2009 年第 6 期《中外企业文化》）

提速安全保障体系可靠性的文化支撑

提速安全保障体系是个系统工程，如果没有安全文化支撑是不完备的。安全文化融入安全体系，其最大功能如同GPS的纠错功能，确保安全保障体系因有“主心骨”不致走偏。因此，提速安全保障体系不仅需要以设备、技术等外在有形的硬件投入作保证，更需要以人为本的安全文化机制来支撑，才能确保提速安全保障体系的可靠性。与提速安全保障体系相适应的文化支撑主要体现在观念、制度和行为、物质环境三个层面，三者是有机结合、相互贯通的统一整体，缺一不可，打通三个层面的“生命线”是安全价值观。如果把安全文化比作一个人，那么，观念文化是人的内“心”，制度行为文化是人的外在“骨架”，那么，物质环境文化就是人的“脸”。

在全国铁路运输安全工作座谈会上，铁道部党组领导强调指出，“加快建设和完善全覆盖、立体化、高可靠的提速安全保障体系，为提速持续安全稳定提供可靠保障”，这是全面深入推进和谐铁路战略的首要前提，也是重视探索提速安全规律，突出长效机制系统强化安全基础管理的治本之策。笔者以为，提速安全保障体系是个系统工程，如果没有安全文化支撑是不完备的。安全文化融入安全体系，其最大功能如同GPS的纠错功能，确保安全保障体系因有“主心骨”不致走偏。因此，提速安全保障体系不仅需要以设备、技术等外在有形的硬件投入作保证，更需要以人为本的安全文化机制来支撑，才能确保提速安全保障体系的可靠性。

一、安全文化是提速安全保障体系可靠性的文化支撑

所谓安全文化支撑，就是高度重视人的因素的作用，着力强化安全价值观建设，从精神理念的层面研究安全保障体系和规律，从道德责任的层面落实安全制度规范，从以人为本的角度营造浓厚的安全氛围，构建与提速安全战略相适应的文化保证体系。

安全文化是提速安全保障体系可靠性的精神支撑。从系统角度看，安全文化是一个统一整体，分为核心的精神文化、中层的制度文化和表层的行为物质文化。前者是无形的，后二者是有形的，但它们是由前者决定的。从宏观上看，提速安全保障体系就是安全制度文化的有机组成部分。从实践上看，渗透在体系中的无形力量比有形力量更重要，软件建设比硬件建设更强大。有形与无形结合，才能形神兼备；软件与硬件互补，才能和谐一体。否则，就会貌合神离，形神

不一。单纯的提速安全保障系统再严密，如果没有人的能动性配合，也难以发挥全覆盖、立体化、高可靠的功能。从此意义上说，安全文化是提速安全保障体系的内在灵魂和精神支撑，如同鸟之两翼、车之两轮，不可或缺。只有在制定提速安全保障体系的同时，制定与提速安全保障体系相适应的提速安全文化保障体系，把无形的安全价值观渗透到有形的安全保证体系之中，彰显其凝聚性、激励性、导向性、融合性功能，并贯穿于运输生产全过程，真正变成全员的安全行为素养，才能确保提速安全保障体系的可靠性、全面性，夯实提速安全保障体系的文化支撑。

安全文化是提速安全保障体系可靠性的人本追求。安全是铁路的永恒主题，安全生产、安全生活、安全生存是提速安全保障体系的重要目标，也就是说，以人为本是安全文化的核心理念，更是构建提速安全保障体系可靠性的人本追求。试想，如果没有以人为本的思想，没有视人民生命置于第一位的安全理念，要通过提速安全保障体系实现安全可靠，确保安全发展，提升运输安全的保障程度，确保人民群众生命财产可持续安全是不可能的。另一方面，铁路这种服务于各行各业、涉及千家万户的产品特点，决定了它既是物质文明建设的创造者，又是精神文明建设的传播者。安全文化不仅是构建提速安全保障体的精神保证，也是行业文明的重要标志。增加铁路产品的安全含量，发挥企业的品牌效应，关键要体现产品的安全文化含量。要体现产品的文化含量，必须培育安全文化，强化安全责任，体现职业道德，把干部职工的思想意识、价值取向、安全行为、精神面貌凝结到共同的安全品牌之中。如此，既可以提高铁路的安全保障能力，为旅客货主提供更加安全、优质、快捷的运输产品服务，又可以提高干部职工的思想道德素质、科学文化素质，强化干部职工保安全的过硬技能，实现人和企业、企业与社会的全面进步。

安全文化是提速安全保障体系可靠性的重要载体。提速安全保障体系可靠性主要体现在能否有效执行上。坚持以广大职工为主体，以安全为中心的文化管理，是提速安全保障体系有效执行的重要载体。一方面，安全管理重在人的管理，人是生产力中最活跃的因素，也是确保安全的关键要素，更是安全保障体系执行的重要保障。安全文化注重突出人的观念、道德、情感、品行等深层次的人文因素，能把管理的有限性和文化的无限性统一起来，把管理的强制性和文化的能动性结合起来，使职工自觉遵守安全规章制度，并成为自然而然的行为习惯，保证提速安全保障体系高效、有序地运行。另一方面，安全体系总有缺陷，管理制度总有漏洞，而文化无处不在，可以弥补制度管理的不足，降低管理的成本，减小对制度管理的逆反心理，如影随形般伴随提速安全保障体系运行的始终，实现有形的制度管理与无形的文化管理的有机统一，硬管理和软管理的有机融合，严格管理与有情感召的有机结合，“要我安全”为“我要安全”的根本转变。事实表明，技术措施只能保证基本的安全，管理和法制措施能实现较高层次的安全，而要实现根本的安全，最终的出路还是自主管理或自控管理，这是安全文化建设的最高境界。

二、提速安全保障体系可靠性文化支撑的主要内容

与提速安全保障体系相适应的文化支撑主要体现在观念、制度和行为、物质环境三个层面，三者是有机结合、相互贯通的统一整体，缺一不可，打通三个层面的“生命线”是安全价值观。如果把安全文化比作一个人，那么，观念文化是人的内“心”，制度行为文化是人的外在“骨架”，那么，物质环境文化就是人的“脸”。

1. 核心层面：以观念文化为魂

这是看不见的层面，但也是最重要的层面，更是评价一个企业是否有真正意义上的安全文化层面。文化的核心是价值观，安全文化是企业价值观在安全工作上的体现。美国杜邦公司之所以 200 年来没发生事故，原因在于其背后的“安全、职业道德与尊重人”的核心价值观。安全是和社会可持续发展联系在一起的，人的安全权、生命权是最基本的人权。因此，要发动职工提炼安全理念，加大对提速安全意识的宣传力度，提高人们对生命健康价值的认识。要让人们认识到，安全是人命关天的大事，提速安全保障体系可靠性贯穿始终的就是人的生命高于一切，否则，保障体系就是空洞的文字、冰冷的条文，难以体现应有的保障作用。从此意义上讲，安全观念文化建设，就是保障体系的灵魂铸造，就是一种对生命的敬畏，一种对人性负责的人文关怀，一种对职工生存权、发展权的高度尊重。

2. 中间层面：以制度行为文化为本

这是连接核心层与外围层的中间桥梁。就是要把理念制度化，制度理念化，渗透到提速工作全过程，不断提高人们的行为安全素养，遵守相应的提速安全规章规程，使职工行为符合安全规范的要求。如果职工具备良好的制度行为文化，掌握了正确的安全技能，就会愉快地服从安全管理，剔除不良行为，遵守技术规范、技术标准、操作规程就会成为自然而然的事，“两纪一化”的执行率就会大大提高，那么很多事故就可以避免，许多生命悲剧就可以防止。因此，提倡制度行为文化建设，加强安全制度规范学习，推进技术标准、流程、业务培训，使安全标准成为行为习惯，努力实现人的安全素质现代化，这是安全制度行为文化的素质工程。

3. 外围层面：以物质环境文化为基

这是安全文化看得见的层面。所谓物质文化就是特定的物质环境，这就涉及提速安全设备、设施的资金投入的问题。无数事例表明，运输安全所需要的安全装置、设备是不能节省的，安全技术设备不良很容易引发事故。从安全经济学的角度来讲，预防性的“投入产出比”高于事故整改的“产出比”，安全保障措施的预防性投入效果与事后整改效果的比例关系是 1 比 5 的关系。智者总是善于把

功夫做到事故前面，而愚者则把功夫放在事故之后。无数事实证明，为了节省资金而降低安全成本，一旦事故发生，反而会得不偿失。所以推进物质环境文化建设，建立良好的物质安全环境，以及整洁、舒适、周到的职场环境，做到本质安全，是整个安全文化建设的基础，也是减少和避免安全事故的关键所在。

三、提速安全保障体系可靠性文化支撑的重要路径

强化提速安全保障体系可靠性文化支撑的重要路径是多样化的，可根据单位具体实际，既可以从低到高，从物质行为文化建设做起，逐步树立共同的安全价值观；也可以由高到低，从提炼安全价值理念入手，逐步渗透在制度体系上、并通过物质环境文化表现出来。

1. 加强精神文化建设，凝聚安全之魂

理念是价值观的具体化，是一切行为的先导。“安全第一”的理念是提速安全保障体系的灵魂。从历史看，各类事故发生的总根源，决定的因素是人。其实，人的因素追根究底是文化障碍。从文化障碍上找原因，关键还在于“安全第一”的思想不到位，遵章守纪并没有形成群体的自觉行为，制度虽繁但缺少系统，制度虽严但执行成本太高，办法虽全但没有可操作性。“安全第一”的理念要求我们在提速安全工作中，必须坚持以人为本，强化系统思考，正确处理好人与规章制度办法之间的内在联系，从深层次解决“以人为本”与“严格执行”的关系，从根本上解决“要钱不要命”的问题，从灵魂深处认同“违章就是违法，违章就是犯罪，违章就是杀人”的意识。因此，必须以科学发展观的要求加强安全精神文化建设，抓住安全理念这一牵动体系灵魂的牛鼻子，充分调动和发挥广大职工的聪明才智，参与安全理念体系构建，才能深化安全工作的认同基础，体现安全保障体系的群众性、操作性、可靠性。

2. 加强制度文化建设，固化责任之帆

安全是船，责任是帆。责任制的关键是增强责任心。责任心的背后是价值观。安全责任是保障体系制度执行力的方向盘，要成为提速安全生产之帆，必须通过一种责任机制，把个人目标与铁路安全发展要求相结合，以行之有效的责任制度贯穿到运输安全生产全过程，固化在具体岗位上。实践证明，安全责任形成过程就是安全制度固化的过程。固化责权机制，就是要树立“安全人人有责”的思想不动摇，坚持“逐级负责、分工负责、系统负责、岗位负责”的原则，制定实施安全生产责任制，明确各级干部、各个部门、各个岗位在安全管理中的责任与权利，做到责权分明、运作有序、互相支持、互相保证，把安全责任科学细化、精心落实到生产过程的每一个环节；固化问责机制，就是要形成“发现不了问题可怕，解决不了问题可悲，不去解决问题可耻”的责任意识不动摇，探索岗位互控、联控的办法，建立关键点监控机制，提高现场安全可控度，减少管理不到位、现场“两违”等人为原因造成的安全事故，确保安全隐患得到全方位、多角度、超前性控制，把

各类问题消灭在萌芽状态；固化定责机制，就是坚持“抓小防大”的原则不动摇，对发生的事故和严重事苗、险情，特别是惯性违章，既要坚持“四不放过”原则进行分析，吸取教训，找到解决问题的对策，还要突出80/20法则，对决定次要多数的负有管理责任的人员定主责，给职工以示范，促进干部作风的真正转变。

3. 加强形象文化建设，培树典型之范

安全典型就是一种品牌，就是企业的无形资产。安全工作中的典型模范人物是安全保障体系人格化的楷模。安全保障体系实施需要典型引路，借势发挥，着力优化典型的教育功能。弘扬安全典型，既要多角度总结提速过程中职工行之有效的安全操作法，提炼推广敬业爱岗、无私奉献、做出优异成绩的“安全品牌”，宣传各级党员干部发挥“屏障作用”的生动事迹，大力营造学先进、赶先进、当先进的浓厚氛围，用典型的精神鼓舞人，用典型的言行引导人，用典型的形象鞭策人，用典型的事迹激励人，使广大职工学有榜样、赶有目标。与此同时，还要强化忧患意识，把提速中发生的事故、隐患作为丰富制度体系的宝贵财富，注意通过当事人“现身说法”，既教育自己又提醒别人，使事故案例成为完善安全保障体系的活教材，扩大反面教材的警示效应。

4. 加强行为文化建设，规范养成之本

安全文化本质上是执行文化。群体安全行为是落实安全保障体系的根本。检验安全文化的标准是群体安全行为的规范程度。铁路良好的群体安全行为，离不开安全资金和科技投入管理，更离不开科学管理、精细化管理，以及职工个人良好行为的规范养成。从深层次看，不安全行为不仅仅是一时的大意疏忽，或是业务能力不够，而是一种不良行为素养的集中暴露。“习惯养成”就是要树立安全荣辱意识，突出职业道德、职业纪律、职业精神灌输，倡导标准导向，强化规范作业，不折不扣“把标准变为习惯”，促进人人敬业爱岗，自觉遵守“两纪一化”，这是落实安全保障体系的根本途径。当务之急，要汲取中外安全管理经验，树立“零误差”“零故障”“零缺陷”的理念，普及日本的5S现场管理，做到“日事日毕，日清日高”，培养职工精心维护设备的习惯，提高职工的应变水平和解决实际问题的能力，努力把业务能力转化为科学的安全行为素养。

（本文原载2009年1月16日《人民铁道》“经济专刊”、2008年《铁道企业管理》增刊，获2008年铁道部企协、宣传部、安全监察司、铁总工会生产部、铁道团委“企业文化与安全”优秀论文一等奖）

确保高铁安全是落实科学发展观的具体实践

高铁安全管理只有体现科学发展观的精神内涵和本质要求，才能真正把握高铁安全规律，促进高铁安全可持续发展。确保高速铁路可持续安全，需要始终坚持以人为本、安全发展的核心理念；确保高速铁路可持续安全，需要探索一流的安全保障体系；确保高速铁路可持续安全，需要掌握统筹兼顾的根本方法。

近年来，我国铁路恰逢黄金机遇期，高铁发展迅猛，高铁路网规模不断扩大，高速动车组密集开行，确保高铁安全的任务也极为艰巨和复杂。如何以科学发展观为指导，确保高铁运营管理安全，成为实践中的新课题。当务之急，高铁安全管理只有体现科学发展观的精神内涵和本质要求，才能真正把握高铁安全规律，促进高铁安全可持续发展。

一、确保高速铁路可持续安全，需要始终坚持以人为本、安全发展的核心理念

科学发展观的核心是以人为本，高铁安全同样需要始终坚持以人为本、安全发展的理念不动摇。一方面，坚持以人为本、安全发展，首先是以人的生命为本，以促进铁路和谐发展为基。人的生命是最可宝贵的。在人民群众最关心、最直接、最现实的利益中，最重要的莫过于对生命安全的保障。如果没有把人的生命安全视为高于一切的安全价值观，高铁经常发生事故，特别是发生车毁人亡的事故，人民群众生命财产安全就难以保障，人民群众的根本利益就难以体现，服务人民群众就成为一句空话，高铁的安全品牌就会大打折扣，和谐铁路建设就没有基础，中国高铁“走出去”战略就会备受责难。目前，我国改革发展正处于关键阶段，社会处于快速转型时期，任何一起事故处置不当，都有可能成为矛盾的爆发点。以人为本、安全发展理念，集中体现了对人民群众最大的爱心、责任心，集中体现了人民铁路为人民的服务宗旨。因此，管好用好世界一流的高速铁路，确保高铁安全稳定，不仅关系到广大人民群众的生命财产安全，而且关系到铁路现代化建设的长远发展，更关系到一个国家和民族的形象。与传统铁路事故率相比，高速铁路是事故零容忍，任何事故都出不得。尽管我国已成为世界上高速铁路运营里程最长、运行速度最高、在建规模最大的国家，但高铁安全运营管理时间并不长，掌握安全运营管理规律，还有一段较长的路要走。对此，我们要有忧患意识，不能盲目乐观，而应倍加以科学的精神和严实的作风抓好高铁安全，真正把人的生命安全落到实处。另一方面，坚持以人为本、安全发展，就是要依靠人

来保安全，调动职工群体保高铁安全的积极性。人是生产力中最活跃的因素。做好安全工作的目的是为了人，而安全工作本身又要靠人来做。高铁安全是一个复杂的系统工程，保证高安全的链条上不出现任何漏洞的关键在人。职工的责任感增强了，素质能力提高了，落实安全发展的理念就有了可靠保证，可持续安全就有了扎实的基础。因此，要实现高铁持续安全，必须坚持职工的主体地位，尊重职工的首创精神，使职工严格执行各项作业标准和工艺标准，自觉遵章守纪，做好每一个细节，严把每一个环节。当前，要体现人文关怀，着力解决职工最关心、最直接、最现实的利益问题，特别是切实关心新线职工、异地工作职工、夜间作业职工的生活，最大限度地解决他们的后顾之忧，调动他们保高铁安全的积极性和创造性。

二、确保高速铁路可持续安全，需要探索一流的安全保障体系

高铁安全只有起点、没有终点。落实科学发展观，实现高铁可持续发展，关键是坚持高标准、讲科学、不懈怠，探索如何延长安全周期，持续提高安全管理保证和可控能力。因此，如何以科学求实的态度，探索和遵循高铁安全管理的内在规律，加快建立健全一流高铁安全保障体系，既是实现高铁安全稳定的重要途径，也是中国高铁“走出去”的基础工程。

提炼一流的安全理念保证体系。高铁安全理念体系应包括高铁安全核心价值观、安全精神、安全作风和安全信条等。安全理念体系是魂，只有科学提炼并渗透于安全管理全过程，才能起决定和支配作用。当务之急，要解放思想，转变思维方式，着眼于高铁与普铁的差异点，树立与高铁相适应的思维方式，以正确的思维方式提炼并构建一流的安全理念体系，以“零误差、零缺陷、零故障”和“严检慎修”理念体系的共识力支撑一流的安全保障体系。

建立一流的设备质量保证体系。要坚持预防为主的安全方针，确保设备保持常态最优不动摇，把一流的安全理念渗透在一流的安全设备质量保证体系上。要强化线路基础、牵引供电、列车控制、监测设备的精检细修和标准化管理，确保线路的高平顺性、高稳定性和高可靠性，确保设备设施质量动态达标、系统集成功能整体最优。特别是要提高动车组检修运用质量，以应对当前动车组大量投入运营、走行公里不断延长、设备高级修程逐渐展开等新情况。

建立健全一流的安全管理保证体系。要创新高速铁路安全管理模式，把一流的安全理念渗透在一流的安全管理保证体系上。要全面制定完善行车组织规章制度、设备养护维修体系、现场作业规范和应急处置预案，探索适应新技术装备要求的调度指挥、运输组织和劳动组织方式。同时，在完善专业管理、反恐防爆防破坏等方面构建严密规范、万无一失的安全管理体系。

培育一流的人员素质保证体系。要把一流的安全理念渗透在一流的人力保证体系上。要以深入推进“三项工程”建设为重点，坚持优中选优、精干高效，培

育一支技术过硬、纪律严明、作风扎实的高素质员工队伍；要深化基层、基础、基本功建设，加强高铁人员的技术培训，做到一专多能，动态优化；注重岗位思想政治工作和企业文化建设，用当代铁路职工核心价值观和新时期铁路行业精神激励职工，增强敬业爱岗、遵章守纪、保证安全的责任感和使命感。

三、确保高速铁路可持续安全，需要掌握统筹兼顾的根本方法

用科学发展观指导高速铁路安全管理工作，要善于弹好钢琴，协调矛盾，掌握统筹兼顾的根本方法，以确保高速铁路本质安全。一是既要抓好高速铁路安全，又要统筹抓好提速和普速铁路的安全。高铁时代并不是简单意义上的“高速”，而是高速、提速和普速并存，这就需要我们统筹兼顾，形成共同发展、相互促进的格局。把高铁安全摆在高于一切的位置，决不意味着放松提速和普速安全管理，而是在确保高铁安全的同时，充分运用高铁安全理念指导提速、普速安全管理，使三者相辅相成、共同提高。因此，既要抓好大规模高铁建设，又要抓好高铁安全运营管理；既要确保高速铁路这一重点，又要均衡专业技术力量，统筹做好提速、普速铁路设备养护维修工作，以满足不同运输对安全管理的新要求。二是既要抓好一线职工和专业人才业务水平的提升，更要统筹抓好领导干部驾驭高铁的能力。高铁时代不仅是硬件的现代化也是软件的现代化，也是对铁路思维方式、管理理念、作业方式、劳动组织带来一系列全新的变革。特别是建好、管好和用好发达完善的铁路网，争当世界高铁运营管理的排头兵，对各级领导干部管理水平的要求比以往任何时候都要高，如不尽快提升领导干部驾驭高铁的能力，就难以肩负起领导铁路现代化的重任。当前，要掀起学技术、钻业务的热潮，既要快速提高职工的业务水平，更要尽快提高领导干部驾驭高铁的管理能力，以应对高铁发展对素质和能力的新挑战。三是既要抓好硬管理，又要统筹抓好软管理。规章制度的管理是硬管理，安全文化管理是软管理。两者从根本上说，就是“管”与“育”的关系。首先，高铁安全要靠管。这是管理制度的刚性要求决定的。否则，没有严格规范的要求，安全管理就没有章法，就没有可靠的保障基础，就难以形成安全管理长效机制。其次，高铁安全还要靠“育”。就是用人性的力量培育高铁安全文化，用共同的高铁安全价值观来激发职工自觉遵守安全规章制度，形成把高铁安全标准变成行为习惯的执行力，确保高铁规章制度在实践中落实到位。可见，软硬并举、“管”“育”结合，是统筹高铁安全管理的关键所在。

（本文原载 2011 年第 1 期《上铁论坛》，获铁道部企协、宣传部、安全监察司、铁总工会生产部、铁道团委举办的“2010 年铁路企业管理论坛——高速铁路安全与理论研究”特别奖）

安全文化构筑铁路安全基石

分析各类事故发生的背后，尽管原因是多方面的，但究其根本原因还在于：安全第一的理念并没有深入人心，遵章守纪还没有形成群体的自觉行为，有效的常态防控新机制远没有到位。从文化视角看，就是安全文化的缺失。我们的企业还没有形成足以支撑运输安全生产的安全文化；我们的职工还缺乏一种在安全上追求卓越的共同价值观。

安全是铁路工作的永恒主题，既是各级干部天天讲、月月讲、年年讲的老话题，也是让全路上下提心吊胆最放心不下的新课题。多年来，铁路运输企业在抓安全上下的精力和气力不可谓不大，但各类事故仍然频发，距“基本稳定、有序可控”的目标仍有较大差距。分析各类事故发生的背后，尽管原因是多方面的，但究其根本原因还在于：安全第一的理念并没有深入人心，遵章守纪还没有形成群体的自觉行为，有效的常态防控新机制远没有到位。从文化视角看，就是安全文化的缺失。

关于安全文化缺失，在全路安全文化座谈会上，一位领导讲了这样一个事例。某局领导到基层检查安全，在几根枕木上用手拿出十二颗道钉。他给全局干部职工写了一封公开信，指出了症结所在：就是我们的企业还没有形成足以支撑运输安全生产的安全文化；我们的职工还缺乏一种在安全上追求卓越的共同价值观。由此，该局加强了安全文化建设，促进了安全生产。

无独有偶。为了改变了过去抓安全管理，主要靠宣传说教、靠人盯人、靠检查督促来增强职工安全意识、落实“两纪一化”的现象，阜阳车辆段坚持“以安全塑文化，用文化保安全”的工作思路，把“无功就是过”的安全理念全员导入职工思想之中、全方位导入列检安全管理之中、全过程导入职工检车行为之中，极大地激发了职工学技提素、查找故障、争当“明星”的积极性，有效地提升了检车质量，保证了运输安全畅通。

实践证明，只要群体认同，真抓实干，铁路安全文化建设是行之有效的，前提是对安全文化内涵有个准确把握，对安全文化的定位有个系统的认识。“安全文化”的提出并非心血来潮，而是以血的代价换来的。1986 年国际核安全咨询组织(INSAG)针对美国的三哩岛核事故及前苏联切尔诺贝利核事故的教训，提出“安全文化”一词，意在提倡从文化的层面上研究安全规律，加强安全管理，营造浓厚的安全氛围，强化人们的安全价值观，达到预防、避免、控制和消除意外事故和灾害，建立起安全、可靠、和谐、协调的环境和匹配运行的安全体系。但就目前现状看，人们一说到抓安全，不外乎是标语宣传口号飞满墙，会议贯彻会议成惯性，文件落实文件成常态，突击活动代替日常管理一阵风，如此导致安全宣传教育形式主义，贯彻上级精神形式主义，安全管理形式主义。这显然是对安全文化的误读，也是安全工作落而不实的重要原因。

强化安全教育，形成浓厚的安全氛围，只是“安全文化”建设的表层内容之一，并不是全部内容。安全文化作为铁路安全工程的新视角，也是一个系统工程，也有精神、制度、行为、物质四个层面，哪一个层面的内容都不可少。必须点面推进，系统把握，重在内化，贵在固化，力在外化。

一、把安全理念深植到员工心中

就是把安全融入铁路发展全过程，放在先于一切、高于一切、重于一切、严于一切的位置，通过宣贯《中华人民共和国安全生产法》，大力营造“人人讲安全，人人为安全，人人保安全”的氛围。否则，安全不好，老百姓出行没有安全感，职工人身安全没有保障，人民群众的根本利益就难以得到体现，铁路安全发展就会失去前提条件和基础。“安全是铁路发展生命线”的思想，要求我们各级干部必须带着感情抓安全，带着责任抓安全，扭住安全不动摇，正确处理好安全与效益、安全与任务、安全与家庭、安全与法律的关系，从根本上解决“要钱不要命”的问题，“关注安全、善待生命”，使广大职工在思想深处牢固树立“违章就是违法，违章就是犯罪，违章就是杀人”的观念，从而形成正确的群体认同的安全价值观。

二、把安全理念渗透到安全制度管理之中

从表面上看安全理念是虚的，但务虚的工作要务实，务实的工作要落到。也就是说，安全理念必须“固化”，以行之有效的制度形式固定下来，贯穿到运输安全生产全过程，变成持之有据、可操作性强的长效机制。在安全管理中，既要体现刚性原则，更要体现人文关怀，最大限度减少职工的逆反心理，使安全理念成为推动安全管理的一支“看不见的手”，使职工自觉地承担相应的安全责任。通过法、理、情融合，实现安全生产由突击型管理向规范管理、机制管理转变，从结果控制向过程控制转变，从“要我安全”到“我要安全”转变，推进“人人为安全负责”的安全制度文化的形成。

三、把安全理念转化为员工的自觉行为

当前新体制下，职工思想异常活跃，如何保障安全稳定，是安全文化与安全管理如何融合的新课题。从深层次看，安全不仅仅是一时的大意疏忽，更是一种道德行为的体现。因此，我们必须持之以恒开展职业道德、职业纪律、职业责任的再教育，从根本上使职工立足岗位、确保安全、遵章守纪成为一种自觉、一种习惯、一种美德。当务之急，必须在强化“三基”上要安全。

从基层要安全，就是要工作重心下移，转变作风，关心一线职工疾苦，强化岗位自控、班组互控和现场作业联控，使每个职工都成为安全生产的有心人，最大限度消除安全隐患和薄弱环节；从基础要安全，就是要加大整治力度，强化安全设备管理和控制，加强科技手段的动态把关，培养职工精心维护设备的责任和习惯，使各种设备状态良好，有效发挥作用；从基本功要安全，就是要建立学习型组织，强化职工岗位技术业务培训，推进岗位职工的学历和技能达标，提高职工的应变水平和实际解决问题的能力，使之从“体力型”“技术型”转变为“知识型”“创造型”，从而使“人人保安全”成为自觉行为。当然，强化“三基”还要弘扬细节精神，时时处处不忘从细节着眼，体现“小细节、大关键”，兢兢业业地做好、做细每一项安全工作，使管理不存在死角，不留任何漏洞，把那些看似简单的、容易做的日常安全工作真正做到位。正如李素丽讲的，“认真做事只是把事情做对，用心做事才能把事情做好”。铁路安全工作需要的是全员的责任、群体的力量和群体的协作，没有“在岗一分钟，负责六十秒”和“一点不差，差一点不行”的严细敬业精神，是难以确保安全持续稳定的。

只要找到了路，路就不会太远。只要我们以安全文化为切入点，大胆实践，积极探索，在体现以人为本的安全理念上下功夫，在安全理念的落实上把关键，在提高企业职工整体素质上花力气，可以预见，一个“人人关心安全、人人担负安全责任、人人参加安全管理、人人有能力确保安全生产“的良好局面就一定会蔚然成风。

（本文原载 2005 年 12 月 10 日《上海铁道》）

从文化的视角反思“4·28”事故

文化的核心是价值观，不同的价值观产生不同的行为。无论是何种原因，“4·28”事故都暴露出人在系统安全性与可靠性控制上的弱点，可以说，没有内在的忧患意识，安全是难以从根子上控制的。国际著名的哈里伯顿能源服务集团公司将其企业的安全文化非常形象地概括为“在零的左面”。但愿我们通过反思“4·28”，多做“在零的左面”的事，少做零的右侧的马后炮，从而未雨绸缪，把坏事变成好事，把不利因素变成积极因素，把发生的事故当成一面镜子，把别人的事当作自己的事，把事故教训转化成理念、制度和机制。

4月28日4时48分，一场近十年来全国铁路行业罕见的列车相撞事故在瞬间发生，给国家财产和人民生命安全造成重大损失，举国震惊，全路蒙羞。一场声势浩大的安全大检查、大反思活动在铁路各单位如火如荼展开。

“这起列车撞击事故，不管最终认定原因如何复杂，但可以毫无疑问地说，这不是天灾，是人祸!”(2008年4月30日《人民日报海外版》第2版)。从文化的角度来反思“4·28”事故，文化的核心是价值观，不同的价值观产生不同的行为。无论是何种原因，事故都暴露出人在系统安全性与可靠性控制上的弱点，可以说，没有内在的忧患意识，安全是难以从根子上控制的。安全文化的由来就是基于人类的一种忧患意识，就是为了吸取美国和前苏联两起核电站的事故教训，由此上升到理论层面总结出来的。作为一种忧患文化，安全文化就是如何把安全价值观摆在第一位，不让不应发生的事情重复发生，达到预防、避免、控制和消除意外事故和灾害的目的，建立起安全、可靠、和谐、协调的环境和匹配运行的安全体系。就“4·28”事故而言，之所以暴露出一系列低级错误而没有及时防止，就是因为没有把“安全第一”的价值观真正放在第一的位置，没有真正形成安全重于一切的行为习惯，没有形成与安全文化要求相适应的管理制度和程序，应执行的规章制度没有得到有效执行，从而发生盲目超速、文件传递及调度命令传递混乱、车机联控不落实、机车乘务员不认真瞭望等现象，这些现象叠加在一起的结果，就是形成看是偶然实则必然的结局，在瞬间使一场本来可以避免、不该发生的悲剧在胶济线上“隆重”上演。

安全源自细节，细节成就完美。这已经成为时下人们的口头禅，但从根本上来说，细节是难以穷尽的。问题的关键不在于细节是什么，而在于如何找到忽视这些细节背后的深层因素。那么，细节的背后是什么？细节的背后就是一种职业态度，而职业态度源自一种企业价值观，一种对事物的轻重排序，把什么放在第一位的评价标准，什么能干、什么不能干的行为准则。美国杜邦公司是世界500强企业中历史最悠久的化工企业，自成立200年以来，从未发生过一起工伤事故。原因就在于，杜邦的每个成员坚持从小事入手，从细节做起，时刻把安全放在第一位，使安全成为一种行为习惯。而这些具体细节的背后就是公司“安全、职业道德与尊重人”的核心价值观的坚守，使得他们一直保持着骄人的安全记录，并造就了“让员工在工作场所比在家里安全十倍”的神话。从此意义上说，企业核心价值观决定安全价值观，安全价值观决定安全管理细节，安全管理的根本是职工的自主管理。

其实，自主管理的背后是职业责任感。安全文化不是空洞的口号，而是一种实实在在渗透到干部职工骨子里的性格和行为，一种如何把标准变成习惯，把细节变成执行的职业责任心。按照国际航空领域事故遵循的“海恩法则”，每一起严重事故的背后，必然有29次轻微事故和300起未遂先兆以及1 000起事故隐患。这一法则强调两点：一是事故的发生是量的积累的结果；二是再好的技术，再完美的规章，在实际操作层面，也无法取代人自身的素质和责任心。责任心只有体现在预防上，体现在制度的坚守上，体现在点滴细节上，体现在现场控制上，才能发挥作用。而人的责任心无疑是一种价值观的内化，一种对工作意义的深刻理解，一种安全行为的彰显。呼和浩特铁路局集宁工务段福生庄养路工区之所以实现59年安全无事故，成为铁路安全的标杆，背后就是一种“不走样”精神的支撑，一种把人的生命看作高于一切的责任心。环顾四周，缺少责任心是我们企业的一种通病。因为缺少责任心使我们看不到应该看到的细节，或者看到了也不会当真去对待。这无疑是“4・28”事故发生背后的影子作祟。

“4・28”事故是一面镜子，形象地告诫我们：安全只有起点没有终点，安全重在过程，只有调动每个人的责任心，牢固树立如履薄冰、如临深渊、如坐针毡的忧患意识，事事预想在先，件件控制到位，才能最大限度地避免和延缓事故的发生，不让曾经发生的悲剧重演。套用列夫・托尔斯泰的一句名言，安全生产的规律都是一样的，但造成事故的单位各有各的不幸。造成事故的现象可能是多种多样的，但行为背后的东西是一致的，特别是造成的后果更是惊人的一致。尤其在广大旅客、舆论和社会看来，事故成因并不“类似”，但每一起铁路重大交通伤亡事故是“类似”的——他们给死伤旅客及其家属，带来了类似的痛苦和伤害。因此，反思“4・28”事故教训，要从铁路安全生产在和谐社会中的地位和责任的高度，深入反思安全中的薄弱环节，把安全反思的过程变成树立安全理念的过程，形成以人为本、源头治理、标本兼治、构建安全保障体系的过程，变铁路安全生产由非常态控制变成常态治理的过程。笔者以为，当务之急，铁路安全反思要从以下三个误区中走出来。

一、从大而化之对待安全事故的认识误区中走出来

为什么一些事故会故地重演，一个重要原因是：一些单位只重视对事故本身进行总结，甚至会按照总结得出的结论"有针对性"地开展安全大检查，却往往忽视了对事故征兆和事故苗头进行排查，而那些未被发现的征兆与苗头，就成为下一次事故的隐患。事故的隐患不注意，就会不断积累，演化成大事故的开始。从实践看，抓小防大，防患未然，是长效保安全的根本规律。智者善于把功夫做在事故前面，而愚者把功夫放在事故之后。长期以来，由于我们抓安全的底线过低，管理过程粗放，对一些惯性问题，特别是对一些轻微的隐性事故往往大事化小，小事化了，最后不了了之，从而错过了改进问题的良机。今年 1 月 23 日 20 时48 分，胶济线上已发生重大交通事故，18 名施工人员被高速驶来的动车组吸入轧死，9 人受伤。这样一起重大人员伤亡事故却没有引起全路足够的重视，更谈不上重视其他安全细节和隐患，真正从中吸取教训了。由于存在大而化之，一切归罪于外，一切以"摆平""搞定"为能事的心理，应当吸取的教训没有吸取，把发生的事故当故事，致使更大的事故接二连三发生就不奇怪了，这也是有的单位始终走不出"事故、反思、再发生事故、再反思"怪圈的重要原因。

二、从就安全抓安全的行为误区中走出来

"修路法则"告诉我们，当一个人在同一地方出现两次以上同样的差错（即在同一地方摔两次跤），或者两个以上不同的人在同一地方出现同一差错（即在同一地方各摔一次跤），那一定不是人有问题，而是这条让他们出差错的"路"有问题。此时，作为解决问题的管理者最重要的工作不是管人，而是修"路"。同理，如果就安全抓安全，出了问题就事论事处罚，只能是头痛医头、脚痛医脚，无助于源头解决问题。胶济线为什么多次重复发生低级的、不该发生的事故？透过现象看本质，看似偶然实则必然；问题出在下边，根子却在上边。因此，安全反思既要自下而上，更要自上而下；既要眼睛向内、对号入座，更要深挖根源，不断查找"使人摔跤的路上"的问题，通过不断修"路"，更加注重治本，更加注重制度机制建设，加大从源头治理安全工作的力度。从此意义上说，如何加强凝聚力工程建设，形成企业的命运共同体，做到企业以职工为本，体现人文关怀，职工以企业为家，重铸对企业的信仰，强化职业精神的培育，营造和谐的文化心理环境，是铁路安全管理的重要目标。

三、从对狭隘的安全文化理解的误区中走出来

安全文化之所以成为一种"讲起来好听、看起来很美、做起来很难"的东西，难以成为真正意义上的安全实践，渗透到安全制度管理之中，一个重要原因是：没有从广义的文化视角来理解安全文化，而是仅仅把它变成一种功利性的、看得

见的标语口号和突击性活动泡沫，使之永远停留在表层的活动层面。安全文化是企业文化的重要内容，是企业价值观在安全工作中的体现。安全文化的系统结构分为理念、制度行为规范和物质环境三个层次。三者是有机统一的整体，缺一不可，其核心是安全价值理念，中层是管理制度和行为规范，外层是物质环境和活动。安全文化建设的真谛就在于知行统一，把三者和谐统一起来，把企业倡导的安全理念转化为职工的岗位行动，把企业安全管理标准转变成可持续性的行为习惯，使安全理念贯穿到运输安全生产全过程，变成持之有据、可操作性的长效机制，使职工真正成为安全文化建设的主体，成为自主管理的自觉践行者。

国际著名的哈里伯顿能源服务集团公司将其企业的安全文化非常形象地概括为“在零的左面”。但愿我们通过反思“4・28”，多做“在零的左面”的事，少做零的右侧的马后炮，从而未雨绸缪，把坏事变成好事，把不利因素变成积极因素，把发生的事故当成一面镜子，把别人的事当作自己的事，把事故教训转化成理念、制度和机制。

（本文原载2008年第6期《上铁论坛》）

和谐铁路构建与安全文化建设

发展是硬道理，安全也是硬道理，离开安全，发展毫无价值，和谐铁路就没有坚实基础；和谐是安全之魂，为安全文化提供条件，离开凝心聚力的和谐环境，安全文化建设就难以顺利推进。铁路安全文化建设与构建和谐铁路相互联系、相互促进、相辅相成、互为条件，构建和谐铁路离不开安全文化，安全文化建设是和谐铁路的核心文化。

党的十六届六中全会明确提出“安全发展”的指导原则，并把其作为科学发展的重要理念纳入我国经济社会发展战略。不言而喻，安全是发展之基，和谐是安全之魂。发展是硬道理，安全也是硬道理，离开安全，发展毫无价值，和谐铁路就没有坚实基础；和谐是安全之魂，为安全文化提供条件，离开凝心聚力的和谐环境，安全文化建设就难以顺利推进。铁路安全文化建设与构建和谐铁路相互联系、相互促进、相辅相成、互为条件，构建和谐铁路离不开安全文化，安全文化建设是和谐铁路的核心文化。

一、和谐铁路与安全文化建设的关系

1. 从铁路改革发展看，建设安全文化是构建和谐铁路的必然要求

安全是铁路的永恒主题，安全生产、安全生活、安全生存是构建和谐铁路的基础目标，也是当前铁路发展的迫切要求。安全可靠是其基本内涵之一。安全可靠，就是要实现安全发展，运输安全具有较高的保障程度，确保人民群众生命财产安全。如果安全不好，发生事故，特别是发生车毁人亡的客车事故，人民生命财产安全就难以保障，人民的根本利益就难以体现，铁路不仅自身不和谐，还会干扰全国稳定大局，给社会和谐造成负面影响。因此，以人为本是构建和谐铁路的首要前提，确保运输安全是和谐铁路的重中之重。在铁路改革发展中坚持“以人为本”，就必须重视铁路安全文化建设，把保护人民群众生命财产安全作为工作的基点，着力提高人的安全文化素质、启发人的安全觉悟、调动人的积极性。“以人为本”首先是以人的生命为本。如果没有人的生命高于一切的价值观，没有全员认同的安全文化基础，就谈不上铁路的稳定与和谐。从此意义上说，以安全文化建设为突破口，树立以遵章守纪为荣、以违章违纪为耻的道德观念，形成促进铁路和谐的共同思想道德基础，营造铁路和谐的安全发展环境，是改革发展稳定的应有之义，更是构建和谐铁路的必然要求。

2. 从铁路运输产品看，建设安全文化是构建和谐铁路的内在要求

和谐铁路不单纯是内部利益关系的整合，铁路硬件的改善，还包括安全稳定的铁路发展环境，特别是为国民经济和社会发展提供安全、便捷的运输产品服务。铁路运输的产品的特点是“位移”，如果安全不好，产品就不合格，服务质量就谈不上。铁路这种服务于各行各业、涉及千家万户的产品特点，决定了它既是物质文明建设的创造者，又是精神文明建设的传播者。从某种意义上说，安全文化不仅是铁路稳健发展的保证，也是行业文明的重要标志。产品的安全含量是铁路和谐的最基本特征，增加铁路“产品”的安全含量，关键要体现产品的安全文化含量，而安全第一的理念是铁路文化的核心价值观。因此，培育安全文化，强化安全责任，提升服务质量，把干部职工的思想意识、价值取向、安全行为、精神面貌凝结到共同的安全理念之中，既可以提高铁路的安全保障能力，为旅客货主提供更加安全、优质、快捷的运输产品服务，又可以提高干部职工的思想道德素质、科学文化素质，强化干部职工保安全的过硬技能，实现人的全面发展，是落实科学发展观、实现和谐铁路的内在要求。

3. 从铁路安全管理看，建设安全文化是构建和谐铁路的必然选择

和谐铁路包括的内容很多，实现和谐铁路的路径也是多样化的，而以安全为中心的和谐管理是和谐铁路的最高境界。如何实现有形的制度管理与无形的文化管理的有机统一是和谐管理的重要标志。一方面，安全管理重在人的管理，人是生产力中最活跃的因素，也是确保安全的关键要素。特别是安全文化注重突出人的观念、道德、情感、品行等深层次的人文因素，能把管理的有限性和文化的无限性统一起来，把管理的强制性和文化的能动性结合起来，使职工自觉遵守安全规章，并成为自然而然的行为习惯，保证铁路安全、高效、有序地运行。另一方面，制度总有漏洞，文化无处不在。安全文化可以弥补制度管理的不足，降低管理的成本，如影随形伴随铁路安全工作的始终。事实表明，技术措施只能保证基本的安全，管理和法制措施能实现较高层次的安全，而要实现根本的安全，最终的出路还是以人为本的安全文化。因此，安全文化是硬管理和软管理相融合的战略举措，是整合各种安全要素发挥作用的关键资源，是发挥组织凝聚和激励功能的重要载体，是安全管理由少数人的行为变成大家参与的根本途径，是用“软文化”促进铁路“硬安全”的必由之路。

二、安全文化建设促进和谐铁路的关键点

综上所述，确保运输安全是建设和谐铁路最基本的要求和最艰巨的任务，安全文化是构建和谐铁路的核心文化。安全文化建设就其本质来说，就是把安全理念变成安全实践的过程。当务之急，如何把安全理念由无形到有形，渗进制度、融入环境、变成行为，进而落地生根，是构建和谐铁路的内在选择，也是以安全文化促和谐铁路的关键所在。

1. 提炼安全理念

营造人企合一、发展成果共享的心理环境，筑牢团结奋斗的思想基础，树立和谐共进的价值取向，形成维系和谐发展的精神纽带，是推进安全文化建设的内在要求。当前，要从提炼安全理念着眼强化共同的价值取向，努力做到“三化三变”：理念要群众化，变灌输为互动。安全理念认同的过程，就是坚持从群众中来再到群众中去的过程。理念只有自下而上提炼，才能强化实践基础；理念只有自上而下倡导，做到上下互动，才能深入人心，形成群体力量。理念要案例化，变抽象为形象。理念是抽象的，无形的，要想被员工接受，就必须讲究表述的个性化，传播的形象化，让职工铭记案例背后的文化内涵，变为有形的、可操作规章制度。事故要理念化，变具体为抽象。最有效的学习是从痛苦的经历中学习。理念并不是凭空想象的，而是实践经验和事故教训的结晶。要通过举一反三，搞清事故的前因后果，从鲜活生动的事故案例中提炼出富有哲理的思想，浓缩成大家认同的安全理念，从而变成抓安全的行为指南。

2. 优化安全制度

文化是魂，制度是形，只有形神兼备，才能使安全保障到位。没有安全理念渗透的制度是没有灵魂的制度；执行不到位的制度，等于没有制度。安全制度有法律、法规、标准规章三个层面。要以法律为依据，以标准为准绳，把以人为本的安全理念贯穿制度制定、执行、完善、变革全过程。用理念指导安全制度的制定，就是要把安全理念作为安全制度的灵魂，作为制度制订的依据和平台，使安全制度与安全理念相适应，提高安全制度的合理性、科学性，使安全理念有效渗透到安全管理中；用理念检验安全制度的执行，就是要对符合安全理念的制度要坚决执行，对不符合安全理念的制度要坚决废止，使忠于制度成为每个职工头脑中最基本的价值观念，提高安全制度的人本性、可操作性；用理念促进安全制度的完善，就是使安全制度随环境变化与时俱进，以观念的转变促制度的完善，以理念的创新促制度的变革。

3. 建设安全物质文化

加强职场环境建设，丰富文化内涵，提升文化品位，充分发挥环境改造人的作用，使职工在潜移默化中强化安全理念，养成文明向上、遵章守纪的良好行为，是铁路安全文化建设的重要目标。当前，要着力发挥安全标语、艺术雕塑、文艺节目、安全典型等文化载体在安全文化建设中的教化功能。人性化的安全标语，既可美化环境，职工又易接受，一旦内化于心，将成为一种保安全的精神力量；有安全内涵的雕塑，既使防止事故者感到自豪，又装点美化了环境，使人、设备、环境和谐统一，又强化了安全理念认同的效果；以安全为主题，围绕重大纪念日和重大节日，举办文艺演出，把舞台搭进车间，把节目送到偏远小站工区，特别是把标准化工作过程“演绎”为活泼生动的安全小品，让职工在快乐中熟悉标准化作业的全过程，在温馨中感受肩负的安全责任；安全文化宣传阵地是塑造人格化的安全典型，传承安全理念的最好载体，塑造和谐铁路形象的最好使者。

4. 规范安全行为

理念是一切行为的先导，行为是理念的最好诠释。良好的习惯重在养成，不良的习惯重在教化。作为一种合乎理性、人性的科学思维，理念只有变成行为才是有效的理念，行为养成了习惯，才是理念真正认同的标志。一是行为规范化，向陋习告别。好习惯并不是自然而然形成的，而是长期不懈倡导规范，强化标准、告别陋习的结果。告别违章陋习，必须严字当头，强化作业标准的执行力，才能形成与安全理念要求的行为。二是行为流程化，把精细变成习惯。实际上，安全上出问题的所谓细节都不是一般的细节，而是与关键相联系的流程。安全管理既需要从细节做起，更需要强化精细化流程管理，习惯化执行流程作保证。三是激励正强化，变被动为主动。由于安全文化是以人为中心的文化管理，主要满足职工的高层次需求，因而具有有效的激励作用。要通过强化正面激励，变罚为奖，形成安全管理人人有责、安全理念人人共享的积极心态，从而由被动个体保安全为全员主动抓防控，由被动避免事故为主动争取安全获得奖励，才能真正激发每个职工保安全的动力。

（本文原载 2006 年 11 月 7 日《上海铁道》，获 2006 年安徽省职工思想政治工作研究会企业思想政治工作优秀研究成果奖）

透视安全管理的“冰山理论”

——对安全文化管理内涵的认知

木桶理论认为，决定木桶容量的并不只是短板一个因素，也与板和板之间的缝隙有着很大关系。安全工作不能仅仅被动地在补短上做文章，而应着力于主动补缝，这样才能形成牢不可破的力量。很多事故发生的原因不仅仅在于显性的短板，更在于管理背后不显眼的缝隙。

目前，尽管安全管理已作为控制风险的“第一管理”，越来越引起各级领导的高度重视，有关安全生产的法规制度越来越健全，经济奖罚力度越来越大，监督管理越来越严，但为什么一些大事故仍然频发、此起彼伏，员工的不安全行为还较为普遍？

从国际经验看，发展中国家国内生产总值从1 000美元增长到3 000美元的阶段，既是社会转型期，也是事故高发期。特别是高新技术应用的风险、工业生产与开发的风险、人们追求高质量的生活及生存面临的风险，对人类的安全与健康构成了新的潜在威胁。国际劳工组织的统计表明，全球每年因工死亡人数高达110万。从事故发生的概率看，人的因素占80%，90%以上的事故发生在生产一线；80%以上的事故是由于违章指挥、违章作业以及设备隐患未能及时发现和消除等人为因素造成的。透视这些事故发生的全过程，我们发现，造成安全重大事故难以杜绝的原因是“安全第一、预防为主”的基本方针的虚化、法律规章权威的弱化和对企业安全规律探索的淡化。换句话说，没有牢牢树立“安全第一”的思想是目前引发一切安全问题的总根源，这个总根源无疑就是安全文化管理所要解决的核心理念问题。

要从根本上抓安全，就必须深刻把握安全文化管理的内涵，首先要了解安全文化理论的来龙去脉。“安全文化”一词不是凭空产生的，而是实践提出的要求，更是血的代价换来的。这个血的代价，就是在“最危险的地方”产生的，就是基于1986年国际核安全咨询组织（INSAG）针对两起核电事故（美国的三哩岛核事故及苏联切尔诺贝利核事故）的教训而提出来的。1986年4月26日凌晨1时24分，位于苏联乌克兰地区的切尔诺贝利核电站第4号反应堆里的燃料棒突然发生爆炸，大量放射性尘埃直冲高空，酿成人类核能史上最大的一场悲剧。切尔诺贝利核电站事故发生以后，国际原子能机构分析了种种事故原因，最后发现，仅仅从安全的制度、管理、素质及一些技术上找原因已经不能解决问题了，综合来看，“安全文化”的欠缺是导致事故的基本原因。随后，国际核安全咨询部门发表了《安全文化专论》，这是人类第一次全面而系统地总结出安全文化的特征及其对人类自身的要求，并制定出一系列定性指标，对“安全文化”这一抽象概念进行了诠释，意在提倡从文化的层面研究安全规律，加强安全管理，营造浓厚的安全氛围，强化人们的安全价值观，达到预防、避免、控制和消除意外事故、灾害的目的，建立起安全、可靠、和谐、协调的环境和与之匹配运行的安全体系。1991年，国际核安全咨询机构对安全文化给出的定义是：安全文化是存在于单位和个人中的种种素质和态度的总和，它建立一种超出一切之上的观念，即核电厂的安全问题由于它的重要性而要保证得到应有的重视。国内安全科学界给出的定义是：安全文化是安全价值观和安全行为准则的总和。如果把安全文化体系比喻成一棵大树，那么，安全理念体系就是树干和根系，安全制度和行为规范体系就是枝杈，安全物态文化就是树叶。一棵大树的枝繁叶茂必然与它发达的根系正相关。从这种意义上说，安全文化管理是企业文化具有根本意义的组成部分，随着企业文化的发展而发展，绝不是标语口号，而是以安全价值观为核心的管理系统。

可能有的领导会说，目前，我们有先进的设备，有足够多的程序和严厉的奖惩，有必要搞“看不见、摸不着”的安全文化管理吗？企业安全管理经历了四个层次：第一层次是依靠人盯人，用监督来保障安全，可以做到使人不敢违章。第二层次是用制度约束来保障安全，使违章受到许许多多的限制，从而使人不便于违章。第三层次是用技术手段来保障安全，可以做到在一定情况下使人不能够违章，因为这些技术手段和设备在限制着人。第四层次是安全文化管理。安全文化管理比起我们用制度约束、用经济利益吸引产生的效力更大，更能够做到有没有制度、有没有领导管一个样。有句话说，制度管理使想犯错的人犯不了错，文化管理使有机会犯错的人也不想犯错。安全文化注重突出人的观念、道德、情感、品行等深层次的人文因素，就像企业的灵魂和方向盘，又像一根无形的精神纽带，让大家知道应该干什么、不应该干什么，什么样的行为是企业追求的、什么样的行为是不受欢迎的。有了这样的是非标准，就能够让大家把思想统一到安全生产的总目标上来，把行动统一到“生命至上、安全第一”的价值观上来，把职工和企业的追求紧紧联系在一起。从这种意义上说，安全文化的核心是人类的安全观，它决定着人们对于安全生产和安全生活的思维方式，用安全文化建构的企业安全保障系统看起来不是最直接的安全保障，但却是持久安全保障的决定要素，是实现安全生产的治本之策。

一、安全文化是补缝的黏合剂

新木桶理论认为，决定木桶容量的并不只是短板一个因素，也与板和板之间的缝隙有着很大关系。安全工作不能仅仅被动地在补短上做文章，而应着力于主动补缝，这样才能形成牢不可破的力量。很多事故发生的原因不仅仅在于显性的短板,更在于管理背后不显眼的缝隙。安全文化正是安全管理缝隙的黏合剂,是安全管理的灵魂,是决定安全制度和行为的核心因素。有什么样的安全文化,就会产生什么样的管理制度和安全业绩。完美的管理制度是不存在的,制度中总是存在各种缝隙,总是有人钻制度的缝隙,因此完全依靠制度管理来保障安全是不现实的。在制度不能充分有效发挥作用的情况下,能够用来弥补板与板之间缝隙的,只有安全文化。这是因为,从个体来看,安全文化体现为一种素养,即一种安全知识、安全责任和安全行为,而一线职工安全素养的高低决定了企业的安全管理水平。从以往事故中不难发现,大多数的事故是因为一线操作者自我保护意识不强、安全责任心不强,忽视对作业现场环境的检查,违章违纪盲目操作造成的。有人在作业过程中总是凭经验和"想当然"行事,甚至认为"一辈子都干过来了,也没出什么事",导致规章写在纸上、挂在墙上,却落实不到行动上。预防事故和意外伤害的发生不仅仅是技术问题,也是管理问题,更是深层次的认识问题、道德问题,归根结底还是安全文化问题。"两违"屡禁不止的背后,是职工文化素养还没有达到安全管理所要求的境界。要缩短规章制度要求与职工安全素养的差距,就必须发挥安全文化管理的独特功能。

二、安全文化是无形的软力量

"冰山理论"告诉我们,露在海面上的冰山其实只是冰山一角,真正的冰山主体是隐藏在海面下的那部分。就安全工作而言,真正暴露在"海面上"的问题并不可怕,那些深藏在"海面下"的隐患才是真正的深水炸弹。国家电监局一个副主席说,"抓安全生产犹如破解'冰山理论'。""安全生产的着力点不能只解决浮在水面上的问题。应该下大力抓水面下看不见的东西。如果你把水面下的问题抓好了,自然而然浮上水面的东西就少了。"水下面的东西就是人的安全价值观和安全行为规范。从现实情况看,人们由于过于浮躁和急功近利,抓浮在"水面上"的工作多,抓"水下面"的工作少,呈现为有形管理方面的一手硬、无形文化建设方面的一手软,这是安全生产事故起伏不断的深层因素。安全文化是无形的,不是短期内能立竿见影的,而是长期起作用的因素。可以说,你不注意无形的事故隐患,有形的事故迟早会让你注意到它。看一个管理者重视不重视安全,不仅要看其是否善于抓眼前有形的东西,更要看其是否善于抓"水面下"看不见的东西,这不仅可以用来衡量其从本质上抓安全的态度,也是衡量领导者作风的试金石。其实,环顾单位周围,对于安全管理问题,我们并不缺少有形的东西,缺少的恰恰是无形的东西。事故暴露出的大多是有形的东西——冰山的一角,而追根溯源的结果却是背后无形的东西——安全文化的缺失。我们只有遵循规律抓安全,带着感情抓安全,在"一手硬"的同时克服"一手软",不失时机持续抓无形的东西,才能变无形为有形。

三、安全文化是管理的新境界

目前企业安全管理手段还比较单一，刚性有余而柔性不足，面临从粗放管理到文化管理的转型。由于缺乏统一的文化理念，一些管理者往往把“严格管理”简单理解为“命令”与“服从”。以为有了规章制度，安全就有了保证，对于制度的人性化、合理性、可操作性考虑不多；以为有了高科技手段，安全生产就可以高枕无忧了；以为用简单的罚款就可以“搞定”一切，安全管理异化成可怕的惩罚主义。这样做的结果是：上有政策、下有对策，瞒报事故，谎报“军情”，小问题变成大问题，小隐患积累成大事故。特别是随着生产组织结构的调整，管理机构越来越趋于扁平化，管理人员越来越少，是靠传统的人盯人、靠制度的硬约束，还是靠技术手段保安全？这无疑是对安全管理转型的新挑战。其实，从安全管理实践看，就安全抓安全是不够的，单靠运动式、急功近利抓安全也是难以持续的，仅靠某一种手段和方式也是远远不够的，必须坚持预防为主、综合治理，全面系统地抓安全，通过以人为本、刚柔相济的文化管理，把安全管理各要素综合起来发挥作用，把职工的能动精神充分激发出来，变“要我安全”为“我要安全”“我能安全”，变他律为自律，才能突破传统的安全管理模式，使安全管理更趋规范化、人性化、常态化。这是“以物为本”到“以人为本”管理理念的超越，更是对传统安全管理模式的超越。同时，安全文化管理作为当今最前沿的管理理论，只有在实践中大胆探索，才能检验其内在价值，并进一步促进安全管理的优化完善，使企业建立起可靠、和谐的安全保障体系，这是提升安全管理的新境界。

需要指出的是，安全文化的存在是不以人的意志为转移的。凡有组织，都有安全文化。同时，安全文化管理是自上而下、自下而上互动融合的结果。如果没有领导者对安全文化管理的深刻理解、大力倡导和身体力行，安全文化管理就很难有实质性的推动；同样，没有基层的响应，没有中层干部的承上启下、纽带桥梁作用，特别是没有广大职工这一主体的广泛参与，安全文化管理也是空中楼阁、纸上谈兵，是很难形成真正意义上的安全实践的。

（本文原载 2009 年第 5 月上《领导科学》）

细节之道与安全管理

细节之道，安全管理之要。如果说安全管理的一般法则是科学，那么在安全管理中的细节就是艺术。把握细节之道，重在于超前思考，预见一切可能会发生的安全问题；把握细节之道，重在构建一种机制，控制一切不该发生的安全问题发生；把握细节之道，重在弘扬一种精神，把本职应该做好的安全工作执行到位。

近读汪中求先生的《细节决定成败》，不由得想起曾经读过的胡适先生撰写的一篇杂文《差不多先生传》，许多人对差不多先生惟妙惟肖的形象还有印象，都会嘲笑他粗枝大叶、稀里糊涂、不求甚解的一生。时隔多年，在我们生活和工作中，差不多先生是否绝迹了呢？仔细观察就会发现，他依然活在我们之中，与我们朝夕相伴，如影随形，诸如我们安全管理工作中，基本、好像、几乎、大约、估计、大致等模糊字眼依然存在；工作中粗放、毛糙的问题依然故我；只求过得去、不求精细优的现象极为普遍，以致我们周围到处是：愿做大事，不屑做小事的人；什么都会做、但什么都做不到位的人。

细节之道，安全管理之要。如果说安全管理的一般法则是科学，那么在安全管理中的细节就是艺术。目前，中央为什么要强调弘扬求真务实精神？为什么一些不应发生的低级事故仍重复发生？这与我们安全管理工作中不重视细节，预见不精确，管理无机制，执行不到位息息相关。

一、细节之道在于超前思考，预见一切可能会发生的安全问题

去年7月中旬，某市国际汽车街道赛因“窨井盖事故”推迟4个多小时进行，现场数千观众空等，欧洲十余家电视台被迫取消赛事直播，转而播发“窨井盖事故”新闻，造成极为不良的社会影响。这就是因为平时不重视细节，预见不到位、准备不充分给我们带来的惩罚。如果我们预想周密，计划到位，就是出了问题，也会因为一切都在掌控之中，而能够做到大事化小，小事化了，不致惊恐失措，让一个技术细节砸了一台戏。特别是在安全管理上，如果我们处处预想在先，周密计划在前，就会把问题消灭在萌芽状态，就会预防许多看来难以避免的事故。

近日，笔者在有关材料中读到“海恩法则”很受启发。“海恩法则”是一条从安全事故总结出来的规律，即每一起严重事故的背后，必然有29起轻微事故和300起未遂先兆，以及1 000起事故隐患。我们且先不谈这些数据的准确度，但“海恩法则”以事实告诉我们，严重事故是由轻微事故、事故未遂先兆和事故隐患所引发造成的，一句话，就是“事故背后有征兆，征兆背后有苗头”。在安全生产

中，把危机管理放在第一位，由被动付学费为超前预防抓细节，把对结果的控制转向对过程的控制是何等的重要！因为事故并不是凭空产生的，同“青蛙效应”一样，都有一个渐进的过程。在这个过程中，若每一位职工都能时刻提高警惕，超前思考，预见事故的可能性，把隐患消灭在结果发生之前，就能最大限度地避免事故的发生。反之，若安于现状，不做好安全预想，不重视细节和疏忽，任凭事故苗头一点一滴地积累，就等于给事故酿好了温床，就等于放弃了改正失误的机会。在安全管理上要防患于未然，要如履薄冰、如临深渊、如坐针毡。如履薄冰，就是要时刻看到险情，预料可能发生的问题，十分警醒、十分谨慎、十分细致地做好运输安全工作；如临深渊，就是要时刻保持强烈的危机感、紧迫感，以最大的努力来防止危险的发生；如坐针毡，就是要迅速解决运输安全中存在的问题，不解决就寝食难安。众所周知，铁路运输安全工作时刻处在不断动态变化之中，各种因素十分复杂，特别是目前铁路多次提速，运输安全基础仍然比较薄弱，稍有疏忽就可能发生严重事故，就会给国家和人民生命财产带来损失。如果我们把安全的底线仅仅停留在没有出事上，安全隐患就难以根除，长治久安就是一句空话。可见，提高安全管理工作的预见性，必须在前瞻思考上多下功夫，在周密制定计划、时刻预见可能发生的问题上多花精力，在发现未遂先兆和事故隐患的过程控制上多做预案，是取得安全生产主动权的关键一环。

二、细节之道在于构建一种机制，控制一切不该发生的安全问题发生

在管理实践中，我们倡导的东西为什么往往成为空洞的口号，难以落到实处，见诸行动，原因之一就是缺少具体制度机制作保障，制度没有成为职工的自觉行为。特别是企业安全价值观要变成员工的良好习惯，并不是轻而易举的，必须体现在安全管理过程中的每一个细节，使员工既有看不见的价值观导向，又有看得见的制度化的规范、习惯和准则。理念的生命力就在于管理支持和制度机制的配套。如华为公司倡导员工学雷锋，但不让学雷锋者吃亏，通过纳入“华为基本法”，使员工自觉遵守并成为习惯。实践证明，任何真正成熟的管理，都是在对细节精确把握的基础上制定的规则和标准来运行的，这是成功企业管理实践的共同特征。所谓机制并不是有制度和规则就行了，而是管理制度和规则标准的长期坚持、有效运作，变理念为行动，从而控制一切不该发生的问题发生。安全上出问题也就是平时对违章“干惯了、见惯了、习惯了”，没有不折不扣执行规章制度，严格执行作业标准造成的。违章就是不良习惯对管理制度、标准、程序的背叛和挑战。

在对待安全事故上，很多人习惯于开展一些运动式的大检查，以及在重大事故发生后进行大分析，却不能往前多走一步，关注事故前的细节，深入地对轻微事故的总结分析，对“事故征兆”和“事故苗头”进行排查，在建立轻微事故、事故未遂先兆和事故隐患的上报、分析、总结流程上下功夫。特别是在对待轻微事故

的发生上，采取的不是高度重视、严肃处理、认真研究、以备后患；采取的不是有针对性地制定办法，强化管理，形成机制，不让此类事故再次发生，而是认为小事一桩，不值得小题大做，解决了就算了，况且家丑不可外扬，以至小事化了，一级瞒一级，一再错失避免重大事故发生的时机。

“天灾不可逆，人祸本可防。”历史已经证明，许多事故不是天灾，而是人祸，80%以上事故是由作业人员违章违纪造成的。如果我们能在奖勤罚懒制度上做文章，建立有效的控制轻微事故预防机制，真正做到防微杜渐，抓小防大，定小防大，许多事故是可以预防的，一些低级错误是可以避免的，各类重大事故险情也是可以化险为夷的。

三、细节之道在于弘扬一种精神，把本职应该做好的安全工作执行到位

细节也就是对制度与执行过程的重点强调。如果说，制定战略是把复杂的问题简单化，那么执行战略则是把简单的问题细节化。细节之道就在于围绕企业安全战略，细化分解，坚持不懈，没有任何借口地认真执行，把本职应该做好的事做细、做实、做到位。

正如《细节决定命运》所说的，我们绝不缺少雄韬伟略的战略家，缺少的是精益求精的执行者；绝不缺少各类规章、管理制度，缺少的是对规章制度不折不扣的执行。在安全管理工作中，如何弘扬细节精神，养成注重细节的习惯，养成严谨认真、一丝不苟的工作态度，强化决策的执行力，是做好安全工作的关键。

弘扬细节精神，对各级管理者来说，就是要以求真务实、真抓实干的作风，身体力行地贯彻执行各项安全政策法规，引导广大干部职工把口号变成行动。

一些领导以为自己是做大事的，只要把宏观决策与战略方向确定了就行，细节是部下的事情，这种观点只说对了一半，企业领导做好宏观决策是对的，也是根本性的，但没有细节就无法落实，所谓的企业战略也只能是空中楼阁。

历史和现实都证明，求真务实、真抓实干对铁路运输安全工作非常重要。铁路运输是一个网络状的大联动机，其中的某一个岗位、某一个环节、某一个结合部发生问题，都可能造成难以想象的后果，细节往往决定着运输安全的成败。运输安全工作是实打实的，来不得半点虚假，容不得半点应付，必须以求真务实的作风狠抓基层、基础、基本功，坚决克服那种大而化之、不求实效的官僚主义，坚决克服那种以会议贯彻会议、以文件贯彻文件的形式主义，切实做到量化、细化、具体化，通过抓具体，具体抓，深入抓，确保基础管理工作做到位，实现安全持续稳定，长治久安，为铁路发展创造一个良好的环境。

弘扬细节精神，就是要在安全管理实践中强化“用心工作、完美执行”的理念，通过从大处着眼，小处着手，精细管理，标准管理，程序管理，结合部管理，兢兢业业地做好、做细每一项安全工作，使管理不存在死角，不留任何漏洞，把那些看似简单的、容易做的日常工作真正做到位。

海尔集团总裁张瑞敏说得好："把简单的事做好了就不简单，把容易的事做好了就不容易。"也正如李素丽所讲："认真做事只是把事情做对，用心做事才能把事情做好。"安全无小事，安全无侥幸，细节不细小。如果不严格，不用心，不精心，看起来简单、容易的事要想做完美也是不可能的，尤其是做到全员、全过程、常态保持，并不是件轻而易举的事，而铁路安全恰恰需要全员的责任、群体的力量和群体的协作，没有"在岗一分钟，负责六十秒""一点不差，差一点不行"的严细精神，是难以确保安全持续稳定的。

从精神层面来强调细节，就是要营造敬业精业的文化氛围，养成把工作当作事业来做的习惯，把工作作为成就自我价值的舞台。增强精细意识，提高工作质量，把本职工作执行到位，需要良好的职业道德素质，需要从小事做起，从细节做起，从养成习惯抓起，营造人人为安全、安全靠大家的文化氛围。可以说，文化是制度失效后起作用的因素，因为一切管理和制度都存在不足，一切管理都有结合部的空白，一切合作与协调也都有缺陷，只有在风正人和的企业文化环境下，大家都与企业共命运，才能形成关注细节的习惯，减少管理中遗漏与失误，使本职工作真正做到位。在某种意义上说，把工作执行到位不仅是一种习惯，更是一种境界，体现出对细节的高度关注，对细节实质的把握，对工作意义的理解，而细节更多的体现为敬业意识和专业态度。无论是诺基亚的"科技以人为本"，还是海尔的"真诚到永远"，都体现了一种追求卓越的理念、一种精益求精的习惯、一种把工作做到位的文化氛围，才成就了他们今日的辉煌，铸就了企业的基业长青。

不积跬步无以至千里，不聚细流无以成江河。平凡中蕴藏伟大，细节中体现精彩。成也细节，败也细节。关注细节、完美执行是我们追求的一种精神、习惯、作风和境界，对企业来说决定成败，对个人来说，同样决定成败。安全管理中的粗放是工作的大忌，性格和习惯中的粗糙也是人生的大忌，更是妨害成功的重要因素。要改变工作中不良习性，必须提前向"差不多先生"告别，以良好的职业精神认识工作的意义，以高度的自觉意识承担起安全的责任，以用心工作的态度养成注重细节的习惯。或许，一句提醒、一件小事、一个细节，正是成功的开始，家庭幸福的源泉，筑牢安全大厦的基石。

（本文原载 2011 年第 7 期《上铁论坛》）

铁路安全文化要注重“四化”建设

安全文化是企业文化的重要组成部分,体现了人的生命和健康不受威胁的安全价值观,核心是安全第一、预防为主,主体是干部职工,重点是安全责任机制的落实,形式是各类安全教育活动,目的是提高职工安全能力素质,目标是形成人人关心安全、人人担负安全责任、人人参与安全管理、人人有能力确保安全生产的良好局面。加强铁路安全文化建设,必须注重“四化”建设。

最近,铁道部党组提出的“三点共识”和把握好“三个重中之重”的要求,既是铁路部门对安全工作的科学总结,是从无数血的事故教训中得出的宝贵经验,也是对铁路安全文化建设提出的新要求。笔者以为,加强铁路安全文化建设,必须注重“四化”建设。

一、注重内化“人的生命高于一切”的精神文化

精神文化是源。分析各类事故发生的背后,尽管原因是多方面的,但究其根本原因,还在于“安全第一”的思想不牢、安全无小事的意识并没有深入人心,遵章守纪的自觉性、立即解决问题的执行力并没有形成群体的共识。而要改变这种状况,根本的还是要用文化的力量去解决,通过安全理念的内化来实现,使“关注安全、善待生命”成为职工的内在需求,成为职工家庭幸福的原动力。因为一起事故对一个企业来说,可能是几千分之一、几万分之一的不幸,但对于一个职工和家庭来说,就是百分之百的灾难。铁路安全生产的本质就是使人的生命和健康不受威胁。做到“安全第一”的思想不动摇,必须时刻把“人命关天”的事放在心上,把“人的生命”放在高于一切的位置,把职工群众的利益作为安全工作的根本出发点和落脚点。否则,安全不好,老百姓出行没有安全感,职工人身安全没有保障,人民群众的根本利益就难以得到体现,铁路和谐发展就会失去前提条件和基础。从这个意义上说,“人的生命高于一切”的价值观,要求我们各级干部必须坚持以人为本,带着感情抓安全,带着人文关怀抓安全,才能扭住安全不动摇,正确处理好安全与效益、安全与任务、安全与家庭、安全与法律的关系,从根本上解决急功近利、“要钱不要命”的问题,使广大职工在思想深处牢固树立“安全责任大于天”的观念,进而把“人的生命高于一切”的安全价值观根植到心灵深处。

二、注重固化“人人为安全负责”的制度文化

企业是船,理念是帆。“安全第一”的理念成为安全生产之帆,必须以行之有

效的经验和做法固化下来，变成制度贯穿到运输安全生产全过程，变成持之有据、有可操作性的责任机制。前提是要强化正向激励的制度导向，形成安全信息无障碍的通道，调动职工主动发现问题、主动沟通信息、主动把握关键、主动承担责任的制度化人文环境。一是要把握原则，形成安全责任体系。安全要靠严谨、科学的制度保障，更要靠科学的安全责任体系来维系。要坚持“逐级负责、分工负责、系统负责、岗位负责”的原则，建立健全责权分明、运作有序、互相支持、互相保证的安全责任体系，明确各级干部、各个部门、各个岗位的安全管理责任，从而把责任落实到生产过程的每一个岗位和环节。二是要科学定责，明确安全责任主体。实践表明，许多铁路事故重演，一个重要原因是责任主体不明，使应吸取的教训白白付了学费。许多问题在下面，但根子在上面、在干部。安全的背后是责任，责任的背后是作风。经济学中有一个著名的“80/20 法则”，就是“关键的少数决定次要的多数”。干部尽管是少数，但负关键责任，安全质量出了问题，干部只有负主责，才能给职工以示范，才能使为安全负责的理念成为推动安全管理的一只“看不见的手”。三是突出关键，形成多维联控机制。要强化问题管理，确立管理干部“发现不了问题可怕，解决不了问题可悲，不去解决问题可耻”的责任意识，进而形成发现关键问题及时解决问题的责任机制；同时，强化团队责任意识，做到岗位自控、班组自控和现场作业联控，使关键作业有联防、关键时间有人盯、关键地点有防范，确保安全隐患得到全方位、多角度、超前性控制，从而形成层层保安全的责任链，促进“人人为安全负责”制度文化的形成。

三、注重外化“人人能保安全”的行为文化

仅有保安全的责任还是不够的，还要有保安全的素质和能力。现场职工是安全生产的主体，是安全生产最根本、最关键、起决定作用的因素。群体安全行为的形成，离不开企业良好的物质、生活、学习和人际环境的保障，更离不开职工个人行为规范的养成。把企业的安全理念同职工个人的行为联系起来，激励人人敬业爱岗，唤起“人人保安全”的工作热情，提高“人人保安全”的能力，是确保群体保安全的关键所在。长期以来，在安全工作中，我们由于抓安全的底线过低，仅停留在日常安全不出事上，特别是对一些轻微的隐性事故往往大事化小、小事化了、最后不了了之，从而错过了整治隐患的良机。这是有的单位始终走不出“事故、反思、再发生事故、再反思”怪圈的重要原因。但从深层次来看，事故的发生不仅仅是一时的大意和细节的疏忽，更是能力的不足和道德行为的失范，而能力不足的背后还是源于道德因素。因此，一方面，要以社会主义核心价值体系为准则，以落实当代铁路核心价值观为着力点，深入开展职业道德、职业纪律、职业养成教育，使标准化作业成为职工的一种天职、一种职业道义和信条。提高职工安全道德行为，重在调动职工参与安全管理的内在自觉，主动从我做起、从细节做起，比如从“提炼一句安全道德行为规范用语”入手，轮流“当一天班组长”，

规范现场职工安全作业行为，自觉养成科学的安全素养和行为习惯。另一方面，要加强学习型组织建设，科学强化职工岗位技术业务培训，大力推进岗位职工的学历和技能达标，不断提高职工的应变水平和实际解决问题的能力，实现安全管理由“要我安全”“我要安全”到“我能安全”的转变。

四、注重优化“安全靠大家”的环境文化

好的安全宣传内容必须要有好的形式和仪式来表达，才能使内容与形式和谐统一。抽象的安全理念要通过人格化、人性化、有形化的渗透，才能形成感染力、影响力。首先，宣传内容上要体现导向力。要加强安全目标宣传。着眼于“安全靠大家”的思想，强化安全目标宣传，努力把企业安全目标与职工个人安全目标有机结合起来，特别是与个人利益结合起来，使职工明确：实现了安全目标，企业才能有发展，自己才能得实惠，家庭才能享安宁。要加强职工身边典型的宣传。要弘扬各类典型，特别是弘扬职工身边的安全典型，宣传现场职工形之有效的安全操作法，宣传敬业爱岗、无私奉献、成绩优异的“安全品牌”，使职工学有榜样、赶有目标。要注意把握宣传导向，体现人文关怀，切忌宣传那些带病坚守岗位，不顾个人身体、家庭安危，一心扑在工作上的所谓“舍小家、顾大家”的先进事迹。因为带病作业本身就是一种危险源，并无示范意义。要利用多种方式强化反面案例宣传，及时通报违章违纪现象，及时反映安全生产中的隐患，及时报道各种倾向性问题，使事故案例成为安全宣传教育的活教材。其次，宣传载体上要体现感染力。在这方面，杜邦公司人性化的做法值得借鉴。为了使安全措施和规则为员工所接受和记忆，他们专门编写了办公室安全手册，并配以录像，生动形象地展示给员工。此外，该公司还定期进行安全检查，凡经查出的不符合安全规定之处，都会被拍照并通知员工，以引起注意，从而使安全管理做到未雨绸缪，防患于未然。因此，要坚持以人为本，充分调动铁路各类文化人才和文化骨干的聪明才智，通过文艺小品、安全雕塑、安全漫画、安全警语、岗位格言、动漫宣传、安全生产辩论会等形式，传播安全理念，聚焦安全问题，深化安全观念，共同唱响“安全靠大家”的主旋律。

综上所述，安全文化是企业文化的重要组成部分，体现了人的生命和健康不受威胁的安全价值观，核心是安全第一、预防为主，主体是干部职工，重点是安全责任机制的落实，形式是各类安全教育活动，目的是提高职工安全能力素质，目标是形成人人关心安全、人人担负安全责任、人人参与安全管理、人人有能力确保安全生产的良好局面。

（本文原载 2009 年第 3 期《铁道企业管理》、2012 年第 1 期《上铁论坛》）

铁路安全文化建设要有三境界

安全文化虽然成为一种热潮，但仍然处于“看起来很美、说起来很甜、做起来很难”的尴尬境地。铁路安全文化要有所作为，必须历经“独上高楼”的立志、“衣带渐宽”的执着，才能实现从“人治”到“法治”、再到“文治”的境界，享有“蓦然回首”的成功。

近读《之江新语》颇受启发。在《理论学习要有三种境界》一文中，习近平同志引用了著名学者王国维在《人间词话》中所提出的“三境界”说，倡导领导干部学习理论也要有这三境界：“昨夜西风凋碧树，独上高楼，望尽天涯路”为第一境界；“衣带渐宽终不悔，为伊消得人憔悴”为第二境界；“众里寻他千百度，蓦然回首，那人正在灯火阑珊处”为第三境界。笔者以为，目前，安全文化虽然成为一种热潮，但仍然处于“看起来很美、说起来很甜、做起来很难”的尴尬境地。铁路安全文化要有所作为，必须历经“独上高楼”的立志、“衣带渐宽”的执着，才能实现从“人治”到“法治”、再到“文治”的境界，享有“蓦然回首”的成功。

第一境界是“人治”阶段，就是人盯人的管理。该阶段缺少“昨夜西风凋碧树，独上高楼，望尽天涯路”的远大志向，仅把安全文化建设当作软任务，看成是虚无缥缈、不切实际的东西，“说起来重要，做起来次要，忙起来不要”，停留在一般化的口头倡导或标语口号上，从上到下并没有形成真正意义上的共识。有的单位一遇到挫折，特别是出了安全事故就心灰意冷，怀疑安全文化的作用。该阶段安全管理主要靠的是人盯人的盯守和来自外在的监督，安全管理粗放，缺少安全理念的引导，只重结果、不重过程和细节的控制，干部职工缺乏保安全的内在积极性，仅靠侥幸撞大运保安全。

第二境界是“法治”阶段，就是制度化管理。该阶段安全文化建设经过“衣带渐宽终不悔，为伊消得人憔悴”，深刻认识到安全文化是一种无形的管理，有意识地把安全文化与安全管理结合起来。领导者重视把经验固化为制度，注重把安全理念的渗透到安全管理制度之中，特别是提倡安全风险管理，强化管理的制度化、标准化和精细化，注重制度规则和流程的完善与执行，安全理念逐步实现由“外化”到“固化”的转变。该阶段有明确安全文化建设的推进措施，但仍处于被动执行阶段。目前很多单位的安全文化建设处于这一阶段。

第三境界是“文治”阶段，就是价值观管理。该阶段为“众里寻他千百度，蓦然回首，那人正在灯火阑珊处”，经历自上而下、自下而上的反复曲折，进入到以安全价值观为核心的文化管理状态。坚持以人为中心，突出人在安全管理中的主动性和创造性，承载核心价值观的安全规章制度已经被员工接受并认同。人人共享安全理念，自觉遵守各项安全制度和流程，并外化为岗位安全行为习惯。职工不仅自扫门前雪，还管他人瓦上霜；不仅确保自身安全，还提醒别人不违章违纪，主动做到自控、互控、他控，形成了“我为人人、人人为我”共保安全的团队精神和良好氛围。这是安全文化建设的最高境界。

安全文化建设永远在路上。只有进行时，没有完成时；只有建设规律，但没有捷径。要提升安全管理的境界，也要像习近平同志倡导“理论学习要有三境界”那样，遵循安全文化建设规律，一步一个脚印，历经“独上高楼”的目标展望、“衣带渐宽”的执着痴迷，由“人治”“法治”逐步升华为“文治”的境界，才能收获“蓦然回首”的可持续安全文化支撑。

（本文原载 2014 年第 6 期《理论园地》）

墨菲定律带给铁路安全风险管理的文化启示

思维方式决定安全行为。在高铁安全管理中，之所以出现设备故障不能及时解决，一个重要因素是人的因素，特别是与人对新设备稳定性好、不会出故障的思维方式有关。一旦这种思维方式成为职工的共识，就会因侥幸心理和麻痹大意使事故发生的概率大大提升。因此，在安全风险管理建设中，注重加强墨菲定律的研究与实施，对于开展风险评估，建立健全风险预控管理体系，提高应对安全风险的能力，最大限度减少事故发生的概率，有着十分重要的指导作用。

党的十八大明确要求，强化公共安全体系和企业安全生产基础建设，遏制重特大安全事故。加强安全文化建设，对于切实加强安全基础管理，有效防范和坚决遏制重特大事故发生，具有重大指导和实践意义。实践证明，有效防范和坚决遏制重特大事故发生必须强化预防为主、以小防大的理念。由此，笔者想起了被称为二十世纪西方文化三大发现之一的墨菲定律。

墨菲定律是一则看似荒诞、实则精辟的论断，是一位叫爱德华·墨菲的工程师提出的。他曾经参加了美国空军的一项实验，其中一个项目是将 16 个火箭加速计悬空装在受试者上方，当时有两种方法可以将加速计固定在支架上，但是有人竟然将 16 个加速计全部装在错误的位置。墨菲定律告诉我们重视小概率事件，只要发生事故的可能性存在，不管这种可能性多么小，这个事故迟早会发生。大量血淋淋的事故案例表明，许多事故的背后原因看似千差万别，其共性因素之一都是一些小概率危险事苗积累放大的结果，都是对微小的违章行为干惯了、看惯了、麻木了的结果。如果不重视小概率危险事苗，对职工微小违章行为不能及时制止，违章行为就会迅速扩散，最终就会酿成重大安全事故。因此，在安全风险管理建设中，注重加强墨菲定律的研究与实施，对于开展风险评估，建立健全风险预控管理体系，提高应对安全风险的能力，最大限度减少事故发生的概率，有着十分重要的指导作用。

启示一，落实安全风险管理，务必把人的思维要素放在第一位。

墨菲定律提醒我们，在影响安全的人、机、管理、环境要素中，人的要素特别是人的思维方式是第一位的。无数事实表明，对危险的漠视和对安全的“无意识”，是事故的罪魁祸首。这种“无意识”取决于“无意识”的思维方式，而思维方式决定安全行为。在高铁安全管理中，之所以出现设备故障不能及时解决，一个重要因素是人的因素，特别是与人对新设备稳定性好、不会出故障的思维方式有关。一旦这种思维方式成为职工的共识，就会因侥幸心理和麻痹大意使事故发生的概率大大提升。其实，任何高新设备都有缺陷，任何人工系统都不是最完善的，任何人都有犯错误的可能。也就是说，铁路安全生产决不能建立在系统、设备不出故障，工作人员不犯错误的基础上，而应该建立在系统、设备只要运行就肯定有安全风险，以及工作人员肯定会犯错误的基础上。为此，要强化本质安全，注重用高科技、新技术解决人在安全生产中存在的风险问题，即使发生误操作也保证不发生事故、即使设备有缺陷也保证不发生事故。当然，无论是人对人的监督，还是制度的监管，还是技术的保障，都要有理念的导引和意识的深入。就是要告知其为什么不能这样做，为什么这样拟定制度，为什么有这样的技术保障，通过深入到人的思想意识里面去，努力改变不安全行为背后的思维方式，把安全文化所提倡的价值观念、精神宗旨灌输到全体员工的头脑中去，才能使之“领会在心里，融化在血液中”，从根本上使安全风险管理落到实处。

启示二，落实安全风险管理，务必形成“一切安全风险都是可以预防的”的责任文化。

墨菲定律启示我们，一切安全风险都是可以预防的，一切事故都是可以避免的。说明安全风险管理的关键是树立预防为主的责任理念，这是确保安全的核心要素。以生产火药起家的美国杜邦公司给我们有益的借鉴。杜邦公司以落实十大安全信念为核心，把成为“世界上最安全的地方”当成企业责任，并经过坚持不懈的实践，最终实现了“一切事故都可以避免”的理念。我们要借鉴杜邦公司“一切事故都可以避免”的安全理念，来调整我们的思维模式，要让每个员工从“事故是难免的”的思维模式转变为“所有事故都可以避免”的思维模式，树立“关爱生命、关注安全”的责任。一是强化安全生产责任制。要强化责、权、利相统一的原则，建立各负其责的安全责任制，做到权责明确、分层管理、逐级负责，使安全责任理念渗透到安全管理的全员、全过程、全天候，使每一个事故都是可控制、可预防的理念深入人心。二是强化对微小违章行为的制止防范。事故的发生往往具有很强的偶然性，要得到绝对的“安全”是不可能的，但是通过各种预控措施的实施，可以最大限度消除作业环境中的不安全因素和人的不安全行为。因此，要强化管理责任，深入了解产生大量安全陋习的心理、生理、环境和制度根源，加强对微小违章行为的科学防范，通过小题大做、抓小防大，使每一个事故都是可预防的理念由责任变成具体行为。三是强化员工参与，形成群体责任链。许多教训表明，一项工作的成败，不仅取决于某一个人的责任心有多强，更取决于所有参与这项工作的群体组成的责任链有多强。铁路是大联动机，迫切需要这种相互配合、精诚协作、尽职尽责的责任链。为此，要注重培育团队精神，让每个员工都积极参与到安全中来，让员工们不仅能管自己，同时还能相互提醒，相互关心，在相互帮助中产生集体荣誉感，进而营造人人为安全负责的团队意识，形成群体保安全的责任链。

启示三，落实安全风险管理，务必形成促进安全制度落实的安全风险细节文化。

墨菲定律还提醒我们，安全风险无处不在，任何偶然细节都会成为必然。容易犯错误是人类与生俱来的弱点，不论科技多发达，事故都会发生。美国挑战者号航天飞机空中爆炸的原因，仅仅是一个接头垫片存在质量问题。倘若我们有灾害天气和意外事故的问题处置预案和相关制度，7·23事故这一不应发生的事故就可以避免，即使发生也会最大限度减少损失和影响。因此，安全风险重在制度管理和细节落实，只有采取积极的管理方法、手段和措施，才能消除人们不希望有的和意外的事件。杜邦之所以成为世界上最安全的公司之一，这与其制定和落实详尽的安全条例和措施有关。公司召开会议有一个惯例：会议主持人说的第一句话是："开会前我先向诸位介绍安全出口。"不仅如此，在会议室里还有一张特殊的椅子，上面罩着一个红布套，套上写着"如有紧急情况请跟我来"。公司还规定，上下楼梯必须扶扶手，在办公室里不准奔跑等等。正是这些安全管理上的细节，消除了各类可能发生的意外事件。因此，要建立制度重在执行的安全文化，有针对性制定各种事故预案，全方位建立和细化防止和减少人为错误的防错纠错技术以及具体管理措施，才能通过制度与机制的引导与约束，强化本质安全，让安全风险无所不在的理念得到有效落实。

启示四，落实安全风险管理，务必形成让标准成为习惯的安全风险行为文化。

墨菲定律还提醒我们，减少小概率事件并不在于说得怎么样，关键在于日常工作行为做得如何。目前，铁路站段管理幅度大、点多线长、单兵作业多，仅依靠末端盯控方式减少职工不安全行为，显然力不能及，必须调动安全主体的文化自觉，使员工形成一种优秀的安全素养和行为习惯，才能弥补人盯人管理的不足，把"要我安全"变为"我要安全""我会安全"。当然，好习惯的养成需要按标准严格训练，方能成自然。一是规范管理行为。盛光祖多次强调三句话：问题在现场，原因在管理，根子在干部。而干部问题关键在于其能力和作风。因此，规范作业行为必须首先规范干部安全管理行为，通过提高管理人员的管理素质，杜绝管理性缺陷和指挥性违章。各级干部要带头学习安全风险管理知识，强化现场检查巡视，及时发现生产过程中的危险因素，在规范职工现场作业能力中提高管理水平。二是规范作业行为。要以提高安全风险识别能力为目标，以推行"6S"管理为抓手，全面推进"设备、环境、作业、管理"标准化建设，细化一班一次安全作业标准，主动做到"让标准成为习惯、让习惯符合标准"，形成上标准岗、干标准活的氛围，使标准化作业成为职工的一种职业素养和行为习惯。三是规范自控型班组建设。班组安全工作的好坏，取决于班组安全管理控制能力。因此，要把关注点聚焦在自控型班组建设上，通过规范班组管理行为，明确班组长的责权利，为班组创造"自我约束、自我控制、自我调节"的文化管控环境。特别是班组长要重视岗位作业标准、施工安全注意事项、隐患排查整改、突发事故应急措施落实等，确保安全风险管理体现在现场作业全过程。

（本文原载2012年3月1日《上海铁道》）

变压力为动力　变教训为财富

——开展“8·3”事故安全反思宣传活动的探索

组织开展以“反思、警醒和奋起”为主题的“8·3”事故巡回宣讲活动，变教训为财富，变压力为动力，是丰富安全文化建设内容的重要载体。

去年，我们以“8·3”事故教训为契机，围绕“全员大反思，全员查隐患，全员反违章，全面大整治”，紧紧抓住“事故”这一资源，开展安全反思宣传，突出安全巡回演讲，强化企业正面报道，变教训为财富，变压力为动力，收到了较好的效果，丰富了企业安全文化建设的内容和载体。

一、开展安全反思宣传，传递安全压力，变压力为动力

“8·3”事故后，我们以安全反思为切入点，发挥宣传载体优势，全方位营造安全宣传氛围。一是体现一个“快”字。编发安全反思宣传教育提纲3 000份，及时派员送至生产一线，把“8·3”事故经过、教训、分局整改措施，以及上海局、蚌埠分局党政主要领导讲话精神，原原本本传达给每一名职工，动员干部职工吸取教训，振奋精神，卧薪尝胆，背水一战，誓夺第一个安全百日，实现跨年度安全年。二是体现一个“广”字。有线电视台每周四增加一期《安全大反思》专题节目，《蚌铁新闻》加大安全大反思宣传力度，增设“安全责任重于泰山”专栏，播发32期80余篇稿件，编发安全反思专题简报26期3 380份。营造了人人讲安全、事事保安全的浓厚氛围。三是体现一个“深”字。层层深入开展“安全责任重于泰山”反思大讨论，认真剖析安全生产中存在的问题和隐患，帮助干部职工树立“安全第一”的思想和保安全的责任意识。分局党委中心组围绕“8·3”事故作了一次专题学习，对安全宣传教育活动进行认真总结，深刻反思。宣传部全体人员开展“我们的工作离基层需求有多远”的大讨论，深刻查问题、找不足，选准有效的宣传教育载体，提高安全宣传教育的有效性。同时，为强化“两纪”宣传，还编发了《蚌埠铁路分局严格职工劳动纪律作业纪律的若干规定》宣传资料。通过编发各类宣传资料，开展“安全责任重于泰山”大讨论，组织干部职工开展《中华人民共和国安全生产法》知识竞赛，发动干部职工查摆安全隐患，进一步强化了干部职工安全第一的观念和安全生产人人有责的意识。

二、突出安全巡回演讲，深化反思教育，变教训为财富

安全宣传只有不断创新，契合干部职工心理，在深入上下功夫，才能取得实

效。我们通过成立安全生产宣传小分队巡回演讲，开行“文化列车”，编排安全快板《一对师兄弟》、小品《责任》等文艺形式，使安全宣传形象化、艺术化，让职工在潜移默化中接受安全教育。为了缩短与宣传教育对象的距离，我们专题成立了相关人员组成的宣讲报告团，在全分局开展“8·3”事故巡回宣讲活动，同时携事故案例图片展板到各地区巡展。截止 9 月 27 日，报告团先后深入滁州、明光、凤阳、淮南、合肥、阜阳、蚌埠、巢湖、宿州、淮北等地区和单位，举办宣讲和典型事故案例图片展 15 场，分局机关和各单位的 4 000 多名干部职工接受了安全教育。每到一处，各地区、单位和车间班组的党政主要领导亲自带队参加，有的单位主动邀请报告团到自己单位作专场宣讲，有的单位和车间主动要求增加分配人员名额，有的干部职工放弃休息，聆听宣讲报告。宣讲场场爆满，反响十分强烈。巡回宣讲之所以取得很好的效果，主要体现在以下四个方面：一是时机适当，主题新颖。我们适时以“反思、警醒和奋起”为主题，组织了“8·3”事故巡回宣讲活动，因势利导，送教上门，变教训为财富，充分体现了部、局和分局安全电视电话精神，契合了分局各级领导关注的重点和广大干部职工的热切期盼，有效地配合了各单位深化反思教育。二是形式活泼，打破常规。这次宣讲最成功、最受欢迎之处是让听众近距离、面对面地感受事故责任人的“现身说法”，使干部职工在对事故严重后果的痛心、对事故深刻教训的铭记、对责任人及其家庭的同情中，受到真正的震动，从而激发出确保安全的内在动力。三是突出重点，广为覆盖。在听众组织上，采取了地区普及宣讲和重点单位集中宣讲相结合，单位选派代表与重点车间、班组全体参与相结合；在传播方式上，采取宣讲团现场宣讲与分局有线电视中心播放全程录像相结合，将教育的覆盖面遍及全分局管内所有地区、所有单位、所有工种。四是调查研究，集思广益。为确保宣讲效果，宣传部专门成立了创作小组，深入事故现场参观，与责任人及其家庭成员座谈，亲身体验，挖掘素材，精心撰稿，并多次召开创作会集思广益，反复研讨修改试讲，才最终定稿，深入一线宣讲，然后再征求听众意见，体现了从群众中来再到群众中去的思想。

三、宣传先进典型，强化正面报道，变消极因素为积极影响

我们以“8·3”事故反思为契机，搞好内部宣传教育的同时，内外并举，强化企业正面报道，塑造企业良好形象，消除不良社会影响。一方面，分局干部职工在长期工作实践中，既吞咽过事故教训的苦果，也分享过安全辉煌成绩带来的喜悦，尤其是创造积累的宝贵经验，涌现出的一批安全生产先进群体和先进个人，这是一笔宝贵的精神财富。为鼓舞士气，选树安全品牌，集中宣传安全生产先进典型，弘扬安全生产中的创新做法和好人好事，我们在运输一线开展了总结安全工作经验，写实先进群体事迹，采撷一线安全典型风采活动。经业务部门推荐把关，宣传部反复修改，编发了 7 个站、12 个车间和 8 个班组、16 名个人计 11 万字的《永恒的旋律——分局安全生产实践活动精粹》一书，发至一线班组学习，总结

经验，激励斗志，再创安全新成绩。另一方面，我们加大分局的正面宣传报道力度，主动与新闻单位加强沟通联络，以分局安全生产专项整治和学习宣传十六大为重点，以塑造蚌铁企业整体形象为目标，精心设计方案，精心组织宣传报道战役，最大限度挽回因事故造成的负面影响。通过上下配合、内外联动、借势发挥，一批有影响力的新闻作品，纷纷上了中央和省市新闻媒体。“8·3”事故后，我分局共在中央、省、市级新闻媒体刊播安全生产、优质服务等方面稿件 42 篇、346 篇和 378 篇，较好地塑造了企业良好社会形象。

（本文原载 2003 年 2 月 9 日《铁路政治工作网》）

第四编

服务品牌与服务文化建设

“我国社会主要矛盾已经转化为人民日益增长的美好生活需要和不平衡不充分的发展之间的矛盾。”这是党的十九大报告中的重大论断。面对社会主要矛盾转化这一历史性变化，要坚持人民立场，在提升发展质量和效益上下更大功夫，更好推动人的全面发展、社会全面进步。

“人民铁路为人民”是铁路的宗旨和初心，人民群众对铁路日益增长的需求是提高服务质量的持久动力。中国标准动车组的快速发展更是缩短了时空距离，增强了人民出行的安全性和舒适性，满足了人民出行需求和经济发展需要。但日趋成熟的消费者越来越“苛刻”的服务需求，迫切要求铁路加强服务文化建设，把服务文化融入企业发展战略，破解铁路服务不平衡不充分的矛盾，最大限度改善旅客货主服务体验。要以问题和目标为导向，坚持向好思维，着力把服务意识升华为理念，把服务做法升华为制度，把服务要求升华为行为习惯，进而培育具有竞争力和美誉度的一流服务品牌。

着力构建“四位一体”高铁服务文化新格局

大力加强服务文化建设，引导干部职工增强服务意识，更新服务理念，规范服务行为，着力构建与之相适应的理念、标准、品牌、评价“四位一体”服务文化新格局，实现从传统服务到现代服务的跨越，是当前和今后一个时期高铁可持续发展的重大战略任务。

随着中国高铁快速发展，人民群众对铁路客运服务质量的要求也随之提高。如何适应高铁发展新要求，完善相配套的软件系统，大力加强服务文化建设，引导干部职工增强服务意识，更新服务理念，规范服务行为，着力实现从传统服务到现代服务的转变，成为当前和今后一个时期高铁科学发展、和谐发展和可持续发展的重大战略任务。笔者以为，要坚持以旅客满意为核心，以服务体系建设为基础，着力构建与之相适应的理念、标准、品牌、评价“四位一体”服务文化新格局。

一、坚持以旅客需求为导向，着力更新高铁服务理念体系

高铁快速发展不仅是硬件的全面进步，而且要求服务理念的同步跟进和提升，才能不断提高客运服务品质。当然，高铁服务理念并不是简单的一句口号，而是一个以服务价值观为核心的理念体系，包括服务理念、使命、精神追求等，其更新过程既不能靠口号吹起来，也不能靠硬件自然顶上去，而是需要从源头抓起。旅客需求是服务理念产生的源头，也是铁路行业的价值、使命和追求。无论是服务硬件、服务内容和方式如何变，但持续满足旅客需求的服务价值观不能变。随着高铁站车硬件的改善，广大旅客观念的变化，对服务质量的需求会逐渐提高，需求的内容也日趋多样化，不仅要求安全、快捷、准时，还要求满足精神、文化和心理上的需求，这就要求铁路服务从传统基本服务向现代服务跨越，从单一基本服务向多元、个性、特色化服务转型，持续满足旅客日益增长的需求。因此，要站在旅客角度全面研究高铁时代服务新需求，积极加强高铁客运服务系统建设，探索高速动车组列车、新型客站的服务模式，用务实的精神来研究服务对象，用科学的态度探索服务规律，变用力服务为用心服务，通过为旅客提供便捷性、自助式、差异化服务，不断提升服务内涵和品位，才能使服务为核心的价值理念形成体系，闪烁出人性化的光辉。比如，南京客运段积极探索导入国际服务界流行的理念——瞬间感动(MOT，Moment of Truth)，以小节突出细致，以细微突出感动，来彰显动车服务的魅力，推动了服务水平的提升。需要重视的是，职工

认同是服务理念“落地”的关键。服务理念并不是抽象的，而是具体的、生动的。要通过开展高铁服务理念大讨论，把服务理念提炼与职工参与结合起来，把服务理念提炼与组织职工自己说、写、唱、演身边的服务故事相结合，与在工作岗位、休息场所悬挂岗位格言和警句相结合。特别是从高铁服务案例中查找服务质量与顾客需求之间的差距，探索以什么样的服务内容和方式弥补差距，进而使服务理念既体现顾客需求，又有广泛的职工认同基础。这样，人性化的服务理念体系才能由抽象变生动、变具体，让旅客逐渐体会到从过去传统的“身体位移”式服务到高铁“文化之旅”的愉悦感受。

二、坚持以动力机制为基础，着力提升高铁服务标准体系

高铁不仅是服务理念的转变，更是服务标准的提升。实践证明，只有高标准才有高质量。近年来，上海局全面提高动车组列车服务质量和服务标准，以优质的服务和全新的速度，使动车组列车的上座率从开行以来一直保持较高水平。当然，服务标准并不是单一的、一成不变的东西，也要与时俱进、形成统一的体系，才能与旅客需求和硬件功能相适应。从全路看，要建立统一的高铁服务标准化体系方案，明确高铁服务的标准和要求。当然，服务标准的提升要以内在动力机制为基础。如果不从制度机制上找出路，不激发职工搞好服务的内动力，服务标准是难以提高的，服务质量也是难以从根本上持续的。从此意义上说，以提升职工内动力为重点，坚持高标准定位，加强服务制度规范化建设，不仅是铁路行业文明面临的严峻挑战，更是高铁对服务标准体系提出的更高要求。一要坚持对内以职工为本，强化“服务人才也是人才”的理念。利用多种方式关心、理解、尊重职工，从制度机制上设计服务人员职业生涯，不断满足他们的物质、精神和文化需求，以凝聚力和归属感增强职工对高标准服务制度执行的内动力。二要完善以公开选拔、竞争上岗为主要内容的选人用人机制。按照效率优先、兼顾公平的原则，改革收入分配制度、探索多元化的分配形式，实现短期激励与长期激励、即期激励与预期激励的有机结合，将服务的业绩与服务对象的认可度紧密挂钩，给予真正让旅客信赖的职工以激励，从而增强职工搞好服务工作的内在积极性。三要把服务标准化作为一项长期系统工程来建设。树立“最高水平是全员水平，最佳状态是日常状态”的要求，着力加强服务流程管理，健全统一的服务行为规范标准，建立动车组故障应急处置办法，形成全路统一的服务投诉机制，实现由传统的“拨亮点、搞突击”向“全员化、常态化”现代服务的转变，使广大旅客享受到更好、更快、更舒心的高铁服务。

三、坚持以先进群体为样板，着力塑造高铁服务品牌体系

服务无极限，满意无终点。企业之间的较量，很大程度上表现为服务品牌的较量。高铁不仅是铁路硬件换代升级的标志，更是与之相适应服务品牌体系的

呼之欲出。随着高铁时代的来临，不仅旅客对铁路服务的品质要求会越来越高，而且各运输方式间市场竞争会更趋白热化。只有提高服务质量，形成服务特色，提升服务品位，打造与中国高铁影响力相适应的服务品牌体系，使铁路软、硬件比翼齐飞，才能提升中国高铁品牌的综合竞争力，从而在激烈的市场竞争中立于不败之地，为高铁“走出去”战略扬帆启航。实践表明，服务品牌体系是服务理念的人格化，要以先进群体为榜样，以高素质的名牌职工队伍为支撑。一要充分挖掘服务品牌的文化内涵，发挥服务品牌的示范引导作用。要注意从无形资源的角度去开发、去经营、去激活，从地域、人文、形象定位的角度去发挥整体联动功能，不断拓展服务品牌从个体到群体的影响力。近年来，上海局适应高铁发展要求，打造“一车一品牌”“一站一特色”，实施乘务员星级管理，使各类服务品牌不断涌现，成为塑造窗口形象、推动行业文明的新亮点。二要以提升服务能力为核心，进行新理念、新知识、新技术的培训。高品位的服务需要高素质的服务人员来支撑。要深入开展“创建学习型组织，争做知识型职工”活动，并与“大培训、大练兵、大比武”相结合，将日常基础培训、应急实战培训、特色服务培训相结合，把培养和造就一流的思想政治素质、技术业务素质、文化道德素质和心理素质的客运服务职工队伍作为服务品牌战略的核心内容，作为增强服务竞争力的重要举措来抓，在塑造名牌职工过程中，提升服务品牌素质，塑造名牌站车形象。三要开展主题高铁品牌服务传播活动。充分利用各种媒体和公共关系，策划特色鲜明的主题，广泛宣传高铁服务品牌，使其以鲜明的个性特征、形象的表现效果传达辐射到社会，放大不同于其他运输服务方式的特点，增强高铁服务的社会影响力和亲和力。特别是要重视发挥互联网的独特功能，建立铁路服务品牌网站，不仅向社会提供铁路资讯，而且使其成为传播高铁服务品牌美誉度的重要载体。

四、坚持以社会公认为依据，着力建立高铁服务质量评价体系

服务质量是高铁服务品牌的生命，而一流的服务质量要有科学系统的评价体系来支撑，才能不断提高服务满意度，使高铁服务文化可持续发展。一是要确立以旅客满意为尺度的服务质量评价标准。服务质量的高低不是领导满意和自己满意，而应以旅客满意度为依据，以旅客满意为尺度。因此，要落实旅客至上的服务理念，以旅客全程出行感受为导向，以社会公众为评估主体，以定量、定性分析为基础，构建全面、科学、有效、可操作性强的铁路服务质量评价标准。二是从旅客角度确立服务质量主体内容体系。一般来说，高铁客运服务内容可包括硬件状态、服务质量、文明用语、餐饮供应、站容车貌、基础管理等方面要素。从旅客角度来看，旅客对高铁客运服务质量的认识可归纳为三个方面：一是通过乘车服务得到了什么，即服务的结果，也就是服务的技术质量，主要体现在“快速”“安全”“正点”“经济”上；二是旅客如何在运输过程中消费服务，即服务的过程，也就是服务的功能质量，主要体现在“舒适”“便捷”“文明”“温馨”等方面；三是旅

客在运输服务过程中直观感受的铁路职工态度、仪表和行为举止，即服务的操作技能，也就是服务的行为质量。为此，高铁客运服务评价体系应以这些方面元素内容来构建。目前，来自旅客的主观认知越来越重要，也是拓展高铁增值服务的重要基础。三是从社会公众角度动态把握服务质量途径。可通过三种方式进行：一是主动走出门听取评价。全过程渗透“金奖银奖不如旅客货主夸奖”的评价理念，坚持定期或不定期地深入到旅客中，广泛征求意见，听取大家的客观评价。二是请进门听取评价。定期邀请人大代表、政协委员、新闻记者、消协领导等各界人士，到铁路站车所辖范围，进行明查暗访，提出具体意见。三是引入中介机构进行测评。就是花钱买意见，通过第三方现场调查，客观评估服务质量。实践证明，上海局近年来站车服务服务质量满意度年年有提升，这与坚持聘请规范的社会中介机构，作为服务质量的“裁判员”，进行“品头论足”分不开的。因此，服务质量评估要以旅客和社会公认为考量依据，实事求是地展开满意度测评，并定期公示整改，是实现高铁客运服务质量“以我为主”向“以社会评估为主”转变的重要环节，也是实现高铁从传统服务到现代服务跨越的重要途径。

（本文原载 2011 年第 11 期《铁路政工》、2011 年第 6 期《铁道企业管理》，获 2011 年铁道企协、宣传部、安全监察司、铁总工会生产部、铁道团委举办的“铁路企业管理论坛——高铁客运与服务质量论坛”论文评选一等奖）

发挥品牌示范作用　深化服务文化建设

在中国铁路总公司党组和中共江苏省委的关心培养下，上海铁路局南京站“158”雷锋服务站被中宣部命名为“时代楷模”，成为铁路系统的全国重大先进典型。深入学习宣传“158”雷锋服务站，既是抓好新时期铁路先进典型宣传的重要内容，也是深化服务文化建设、探索服务文化建设新路径的重要契机。

“158”雷锋服务站的先进事迹，是铁路职工培育和弘扬社会主义核心价值观的具体实践，体现了铁路精神文明建设成果，彰显了“安全优质、兴路强国”的新时期铁路精神。积极放大“158”服务品牌效应、持续深化服务文化建设，是当前我们面临的一个重要课题。

一、培育“158”雷锋服务站品牌，是上海局推进服务文化建设的成功探索

47 年来，南京站“158”雷锋服务站坚持岗位学雷锋、常态学雷锋，形成了自己的文化特色，成为上海局服务文化建设的标杆。

着眼于平凡岗位，培育以“以服务为宗旨，待旅客如亲人”为核心的理念文化。47 年来，“158”雷锋服务站职工关爱他人、助人为乐，坚持不懈地岗位学雷锋、全员学雷锋、常态学雷锋，秉承“一心一意为旅客，一言一行显文明，一举一动蕴关怀，一点一滴含温馨”的优良传统，认真践行让旅客“安全出行、方便出行、温馨出行”的承诺，展示了铁路职工敬业爱岗、服务人民的精神风貌，形成了“敬业爱岗甘当螺丝钉，无私奉献甘当践行者，温暖社会甘当一团火”的“158”精神，用实际行动诠释了“以服务为宗旨，待旅客如亲人”的服务理念。这是“158”雷锋服务站服务文化建设的灵魂和精髓所在。

着眼于旅客需求，培育以与时俱进、精益求精为特征的技能文化。47 年来，“158”雷锋服务站职工坚持群众利益无小事、为民服务无止境，练就了精湛的服务技能，赢得社会各界的广泛赞誉。他们牢固树立“以旅客需求为导向”的意识，发扬雷锋“钉子精神”，不断钻研服务技能，创新服务方式方法，推出了“五到位”“五帮助”“五免费”“五感受”等服务项目，形成了“哄、忍、疼、帮、抚”的“五字”亲情服务法，培育了与时俱进、精益求精的技能文化。

着眼于常态保持，培育以方便完备、标准规范为基础的设施文化。47 年来，“158”雷锋服务站坚持从满足困难旅客需求出发，从一根扁担起步，不断丰富和完善各类服务设施，为旅客出行提供最温馨的服务。在服务设施上，他们着眼于人文关怀，以“158”雷锋服务站为中枢，在重要岗点设立“导购台”“导乘台”“导运

台”，提供解答咨询、帮困解难、应急救助一条龙志愿服务；发挥“互联网＋”优势，搭建微博、微信等网络服务平台，推出旅客预约、私人定制、上门回访等特色服务。设备设施的每一次改进都有力推动了服务品质的升级。

着眼于社会担当，培育以诚信友善、无私奉献为己任的品牌文化。47年来，“158”雷锋服务站倡导文明、诚实、守信的时代新风，四代铁路职工用爱心接力传承，担当着“火车有终点、大爱无疆界”的社会责任。他们成立铁路系统首支郭明义爱心团队南京站“158”爱心分队，广泛开展扶贫济困、帮孤助残、捐资助学等社会公益活动；不断拓展服务范围，打造了以“158”雷锋服务站为核心的品牌集群，做到统一品牌、统一标识、统一项目、统一标准、统一对外发布，扩大了铁路品牌的社会影响力。

二、深化服务文化建设，迫切需要放大“158”雷锋服务站的示范效应

品牌引领创新，创新驱动发展。在铁路创新发展的大背景下，深化服务文化建设，发挥好“158”雷锋服务站品牌的示范引领效应显得越来越迫切。

深化服务文化建设，需要发挥服务品牌在价值理念方面的引领作用。深化服务文化建设，推动铁路服务创新发展，发挥核心理念的引领作用至关重要。服务文化的核心是服务理念，是服务实践的持久动力。当前，我们要深化服务文化建设，调动全员创新发展的积极性，迫切需要发挥“158”服务品牌在价值理念方面的引领作用，以创新理念引领创新实践，以思想观念的大解放、思维方式的大变革，推动服务文化建设的大提升。

深化服务文化建设，需要发挥服务品牌在制度机制方面的示范作用。实现铁路服务创新的常态化，推动服务能力与时俱进，没有制度机制的激励保障作用是难以实现的。特别是当前，旅客消费经验增加，对铁路服务品质的要求日益提升，这就迫切要求我们发挥服务品牌在制度机制方面的示范作用，学习借鉴“158”服务品牌制度化、常态化的经验，建立健全促进服务品质整体提升的制度机制，调动职工参与服务文化建设的积极性，放大铁路服务品牌效应。

深化服务文化建设，需要发挥服务品牌在行为养成方面的导向作用。实践证明，优秀服务文化的最终标志是良好行为习惯的养成。良好的行为习惯，要经过潜移默化的日积月累，要经过制度的约束和长时间的意识培养才能形成。因此，深化服务文化建设，迫切要求发挥“158”服务品牌的导向作用，把着力点放在行为规范的常态保持上，引导和激励职工养成“让标准成为习惯、让习惯成为标准”的自觉性。

三、以放大“158”品牌效应为推动，着力探索深化铁路服务文化建设的路径

深入学习宣传“158”雷锋服务站，既是抓好新时期铁路先进典型宣传的重要内容，也是深化服务文化建设、探索服务文化建设新路径的重要契机。

注重理念认同，着力在优化传播上深化。深化服务文化建设，必须注重服务理念的传播，在强化认知的基础上实现理念认同。丰富服务理念内涵，要充分认识雷锋精神的时代内涵，挖掘其时代价值，使其与服务文化的核心理念、新时期铁路精神融合起来，体现服务理念的先进性、引领性和实践性。强化服务理念认同，要围绕“学习‘158’，我们怎么办”，积极开展服务文化讨论、学习感言征集等活动，营造学习先进、认知理念的浓厚氛围；定期组织职工到“158”雷锋服务站跟班锻炼，在体验认知中强化理念认同。优化传播载体，要以“158”服务品牌传播为契机，优化传播内容、方式和渠道，通过编写服务文化手册、故事和案例集，引入新的传播手段和文化样式，充分发挥互联网、手机等的优势，扩大服务文化的影响力。

注重需求导向，着力在能力提高上深化。深化服务文化建设，必须以旅客需求为导向，全方位提升员工服务能力。把握服务需求，要坚持以客为本，利用多种方式把握旅客多元多样多变的需求，不断丰富服务内涵、创新服务举措、打造服务亮点，最大限度体现超值服务。练就服务本领，要围绕服务需求，鼓励职工以“158”雷锋服务站为榜样，立足岗位学习，营造学业务、比技能、作贡献的氛围，有针对性地开展服务技能比武竞赛活动。加强服务文化培训，要充分发挥局党校、职工培训基地的作用，对职工进行岗位行为规范和文明礼仪等方面的培训，调动职工提高服务技能的积极性。

注重制度规范，着力在激励约束上深化。深化服务文化建设，必须建立科学、规范、具体、可操作的激励约束机制。规范服务标准，要着眼于服务岗位要求的具体化、标准化、规范化，细化岗位职业道德规范，制定完善作业指导书，明确岗位职责和工作流程，以规范化促进服务作业标准化。规范激励机制，要探索服务优劣直接与经济利益和评先评优挂钩的机制，形成岗位学雷锋的激励机制。规范评价机制，要做好内部评价，明确服务文化绩效的衡量标准，通过文化考核评估的形式，推进服务文化的有效落地；要做好社会评价，开展第三方服务满意度评价调查，切实将社会评议监督转化为品牌创建的推动力。

注重硬件建设，着力在持续改进上深化。深化服务文化建设，必须注重服务硬件的完善，不断改善旅客服务体验。要持续关注旅客需求变化，加强调查研究，建立需求调查和服务回访制度，及时掌握旅客对服务设施的需求。要持续关注设施运行状态，从满足旅客需求出发，保障各类服务设施运行状态良好。要持续提升品质，建立不断完善服务设备设施的机制，以一流的设备设施促进服务品质不断提升。

（本文原载2015年8月26日《人民铁道》二版头条）

“158”雷锋服务站对深化服务文化建设的启示

47 年来，南京站“158”雷锋服务站坚持人民铁路为人民的宗旨，用“敬业爱岗甘当螺丝钉，无私奉献甘当践行者，温暖社会甘当一团火”的“158”精神指导工作实践，生动诠释了安全优质、兴路强国的新时期铁路精神，形成了独特的铁路服务文化，成为铁路系统学雷锋志愿服务活动的一面旗帜。

服务文化是企业精神和价值观在服务领域的体现，是以服务理念为核心、以客户满意为目标、以形成全员共同的价值认知和行为规范为内容的文化。47 年来，南京站“158”雷锋服务站坚持人民铁路为人民的宗旨，用“敬业爱岗甘当螺丝钉，无私奉献甘当践行者，温暖社会甘当一团火”的“158”精神指导工作实践，生动诠释了安全优质、兴路强国的新时期铁路精神，形成了独特的铁路服务文化，荣获中宣部命名的“时代楷模”称号，成为铁路系统学雷锋志愿服务活动的一面旗帜。榜样的力量是无穷的。当前和今后一个时期，是铁路改革发展的关键阶段，确保运输安全、推进客货运输改革、加快铁路建设等任务十分繁重，迫切需要发挥“158”雷锋服务站先进典型的示范引领作用，进一步激励和动员干部职工爱路爱岗、勤奋工作，凝聚起推进铁路改革发展的正能量。“158”雷锋服务站是服务文化的成功实践，如何放大其品牌示范引领作用，对深化铁路服务文化建设有这样几点有益的启示。

启示一：“158”雷锋服务站是实现雷锋精神与服务文化理念的融合点。服务文化的核心是服务理念，服务理念包括服务宗旨、精神和价值观。雷锋以无私奉献为人生追求，把雷锋精神引入服务文化建设，实现雷锋精神与服务文化的有机融合，首先需要解决理念的融合问题。“158”是“义务帮”的谐音，形象表达了对人的爱护、关心和帮助，体现了人民铁路为人民的服务宗旨。雷锋精神是对雷锋个体精神风貌的提升，是对雷锋生活的那个时代的时代精神的高度概括，作为友善助人、敬业奉献的一种道德要求，蕴含着人类应有的精神品质和价值取向。而雷锋所体现的助人为善的精神境界与铁路倡导的“以服务为宗旨，待旅客如亲人”的服务理念、让旅客“安全出行、方便出行、温馨出行”的承诺是一致的。47 年来，“158”雷锋服务站弘扬“敬业爱岗甘当螺丝钉，无私奉献甘当践行者，温暖社会甘当一团火”的“158”精神，数十年如一日岗位学雷锋、全员学雷锋、常态学雷锋，做“永不生锈的螺丝钉”，在平凡工作中体现不平凡，用实际行动体现了雷锋精神与服务文化核心理念的融合。实践证明，挖掘雷锋精神的时代价值，把雷锋精神与铁路服务理念有机融合起来，是优良传统道德与新时期铁路行业服务文化的最佳结合点，是提升铁路服务品质、承担社会责任的应有之义和客观要求。

启示二："158"雷锋服务站是提升铁路两个效益的增长点。服务文化是企业发展的灵魂，优秀的服务文化是企业发展的软实力。服务文化建设的目标是持续促进企业效益的增长，进而提升企业的核心竞争力。47年来，"158"雷锋服务站着眼旅客多元多样多变服务需求，坚持群众利益无小事、为民服务无止境，不论是"绿皮车"时期，还是"高铁时代"，始终如一地高扬雷锋精神大旗，以其知名度、美誉度获得了社会各界的广泛赞誉，也客观促进了铁路经济和社会效益的提升。实践证明，服务文化既是文化创新的重要内容，又是企业经营发展中最具活力的因素。世界500强胜出其他公司的根本原因，就是在于这些公司善于给他们的企业注入活力，凭借文化力保持了百年不衰。服务文化所倡导的提供优质服务、提高产品的知名度和美誉度，有助于改善经营管理、吸引顾客、提高企业竞争力，推动企业两个文明建设。从此意义上说，服务文化是企业利润背后的灵魂，支撑企业长远发展的动力。"158"雷锋服务站的成功实践，不仅是精神文明的成果，更是挖掘先进典型无形资源，使精神品牌转化为生产力的重要途径。因此，着力放大"158"雷锋服务站的品牌效应，注重从无形资源的角度充分挖掘其丰富内涵，使各类劳模或服务明星在市场经济的新时代，不断焕发新的生机和活力，是新常态下提升铁路两个效益的新的增长点。

启示三："158"雷锋服务站是提高铁路服务质量的着力点。建设服务文化的过程就是提升服务能力，提高服务质量的过程。47年来，"158"雷锋服务站，牢固树立"以旅客需求为导向"的意识，发扬"钉子精神"，不断创新服务困难旅客的方式方法，形成了"五到位""五帮助""五免费"的"五字"亲情工作法和"五感受"等服务项目，使更多的旅客因他们的优质服务"满意加惊喜"。实践证明，服务质量是铁路企业的重中之重，是服务文化建设的应有之义。企业之间的较量，很大程度上表现为好产品和服务质量的较量，而好产品背后往往拥有高品质、高信誉、高效益的文化内涵。尤其是在当前，随着旅客消费经验的增加，对铁路服务的品质要求会越来越高，必须从提高铁路服务质量入手，变"管理旅客"为"服务旅客"，创新服务内容，形成服务特色，提升服务品位，提高服务能力，不断满足旅客日益增长的文化和心理需求，才能在激烈的市场竞争中始终立于不败之地。从此意义上说，"158"雷锋服务站的成功实践，是深化服务文化建设，提高客运服务质量的着力点。

启示四："158"雷锋服务站是塑造铁路品牌形象的支撑点。服务品牌是服务文化建设的结果，更是企业形象战略的重要内容。优秀的服务品牌是服务文化的最终体现，也是提升企业队伍素质的内在要求。"158"雷锋服务站四代铁路人的成功实践，为加强队伍建设，塑造服务名牌集群，塑造名牌企业形象，提供了强有力的支撑基础。实践证明，在服务文化建设过程中，注重以"158"雷锋服务站为载体，以此放大全局服务品牌效应，是提高群体的整体素质的重要途径，也是塑造企业品牌形象的重要支撑基础。近年来，上海局以提高铁路服务竞争力为目标，向“158”雷锋服务站看齐，持续优化服务，形成上海局客运服务品牌，同时把“上铁雷锋服务站”向列车服务、货运系统拓展延伸，在长三角万里铁道线500多个车站开展学雷锋志愿服务活动，建设了38个全局联网的“上铁雷锋服务站”，形成了联网联动志愿服务机制，扩大服务品牌的覆盖面。因此，着眼企业品牌战略、塑造名牌企业形象，深化服务文化建设，必须把培养和造就一流的思想素质、技术素质和管理素质的职工队伍作为核心内容，在塑造名牌职工过程中提升服务品牌素质、增加服务品牌数量、拓展品牌的覆盖面。

（本文原载2015年第6期《铁道企业管理》）

打响“9字系列”服务品牌

服务质量是铁路企业的重中之重。世界名优企业的发展史表明，企业发展的突破，首先是产品的突破，而好产品背后往往拥有高品质、高信誉、高效益的文化内涵；企业之间的较量，很大程度上表现为产品和服务质量的较量。

在落实铁道部提高客运服务质量工作中，蚌埠分局从实际出发，重视发挥劳模和服务明星的示范效应，以创建“9字系列”服务品牌为抓手，开发品牌资源，营造品牌氛围，打响品牌战略，收到了较好的效果。

全国劳动模范、蚌埠站39号客运值班员路洪祥是闻名路内外的服务明星。多年来，“39号”已成为路洪祥的代名字，在社会上有着广泛影响。为了充分发挥劳模在客货营运、提高客运服务质量中的示范榜样作用和社会影响力，带动更多的职工争创一流服务，并考虑到路洪祥的优质服务使“39号”在旅客中有巨大影响，其尾数“9”字叫起来响亮，蚌埠铁路分局在实践中逐步形成了创立“9字系列”服务品牌的工作思路，即以蚌埠站39号客运值班员路洪祥为龙头，在分局主要客货窗口单位选树一批服务明星，对他们的服务工号尾数作统一规定，打出“9字号”，并赋予丰富的品牌内涵。这样，“9字系列”服务品牌不仅形成了覆盖分局范围的群体效应，而且使品牌形象深入人心，扩大了社会影响。目前，蚌埠分局的主要站车单位，通过精心策划，已先后推出蚌埠站39号客运值班员路洪祥、滁州站139号客运值班员孙红妹、合肥站119号客运值班员葛子元等以劳模名字命名的“9字系列”服务品牌。为了使这些服务品牌得到社会的认可，蚌埠站将39号“洪祥”品牌到工商部门注册，并以路洪祥名字、肖像等对品牌进行全方位包装，在候车大厅、售票大厅设立了以老弱病残及军人为服务对象的“洪祥工作室”，为特殊旅客服务的“洪祥窗口”，为旅客解答疑难的“洪祥服务台”，为旅客提供向导的“洪祥指南”，以及方便旅客购票的“洪祥热线电话”等等，努力做到品牌营运与为旅客服务紧密结合，为车站提高服务质量，塑造良好形象产生了很好的效果。

“9字系列”服务品牌推出后，分局主要站车单位利用各种契机，运用各种形式，进行大力宣传推广，做到内外并举。对内，他们通过组织开展“展先进风采、扬蚌铁精神”主题宣传教育活动，在职工中大力弘扬“洪祥精神”“孙红妹精神”和葛子元“一团火”精神，引导激励职工向先进学习，在心目中树立自己的品牌形象。分局先后通过编发《宣传》月刊、《群星颂》《营运之声》等专辑，用有线电视和临街公益宣传橱窗全力配合，造成声势。分局还专门召开了推广服务品牌、提高客运服务质量观摩交流会，党政主要领导参加，在交流推广蚌埠站、合肥站、滁州车务段创服务品牌经验后，又对深化“9 字系列”服务品牌作了进一步部署。

分局在创立、深化“9 字系列”服务品牌过程中，着眼于服务创新，长效管理。在优化服务程序方面，他们着力总结提炼服务品牌工作法。如蚌埠站在推广“洪祥服务法”同时，还以职代会名义公布“洪祥岗位工作标准”，规范品牌服务内容。合肥站以葛子元“服务就是我的岗位”座右铭为中心总结出葛子元工作法，并为他提供特殊旅客机动卧铺票使用权和必要的专用资金，建立“119”工作岗档案。滁州车务段根据孙红妹的规范服务程序，在明光站客运班组推行了“封闭站区、组织排队、引导进站、站车联系、先清后上、有序乘降”的“一条龙”作业法。在建立激励机制方面，不少车站已初步形成了有利于品牌管理的激励机制。蚌埠站实行了创建洪祥岗位标准实施办法，公布了客货运车间 17 个试点岗位名额及岗位标准，并设立了“洪祥岗位”津贴，为服务品牌的管理、拓展奠定了基础。

蚌埠分局创立、深化“9 字系列”服务品牌的实践，给我们这样几点有益的启示：

启示一，创立服务品牌，是挖掘先进典型无形资源，推动企业两个文明建设的新的增长点。

先进典型不仅是一种精神品牌，更是一种无形资产，必须从无形资源的角度去开发，去经营，去激活，充分挖掘其丰富内涵，提高其精神品牌的物质含量，才能使精神品牌转化为生产力，增加企业效益，从而使各类劳模或服务明星在市场经济的新时代，不断焕发新的生机和活力，成为推动企业两个文明建设的新的增长点。

启示二，创立服务品牌，是提高客运服务质量，促进企业发展的内在驱动力。

质量是企业的生命。服务质量是铁路企业的重中之重。世界名优企业的发展史表明，企业发展的突破，首先是产品的突破，而好产品背后往往拥有高品质、高信誉、高效益的文化内涵；企业之间的较量，很大程度上表现为产品和服务质量的较量。尤其是在当前，随着旅客消费经验的增加，对铁路服务的品质要求会越来越高，必须从提高铁路服务质量入手，变“管理旅客”为“服务旅客”，创新服务内容，形成服务特色，提升服务品位，不断满足旅客日益增长的文化和心理需求，从而在激烈的市场竞争中始终立于不败之地。

启示三，创立服务品牌，是努力塑造名牌职工，塑造名牌企业形象的有力支撑点。

树品牌不是目的，创名牌才是发展之路。有了名牌职工，品牌服务才能持续发展，名牌企业形象才能持久不衰。同时，一个站或一个车仅有一个品牌还是远远不够的，必须实施品牌延伸和发展战略，才能塑造企业整体形象。因此，要把培养和造就一流的思想素质、技术素质和管理素质的职工队伍，作为品牌战略的核心内容，作为增强企业竞争力的重要举措来抓，在塑造名牌职工过程中，提升服务品牌素质，增加服务品牌数量，进而塑造名牌企业形象。

（本文原载 2000 年第 12 期《思想政治工作研究》）

创“洪祥品牌”的实践与启示

劳模不仅是一种高尚精神的体现、社会效益的创造者，更是企业宝贵的无形资产和精神财富，有效进入市场的通行证，是企业在竞争中取胜的核心竞争力。

蚌埠站党委积极探索服务文化建设，注重典型引路，以身边的先进影响人，紧紧抓住新千年春运时机，“创洪祥品牌，展新站风采”，重塑了劳模新形象，党组织作用得到充分发挥。32 年来，路洪祥在平凡的服务岗位上，坚持“为客着想想在先，为客解难难也办”的服务理念，把自己当作伤残人的腿，聋哑人的嘴，盲人的眼睛，老幼病弱旅客的亲人，把车票当请柬，真情为旅客服务，赢得了社会的广泛赞誉，先后收到海内外旅客寄来的感谢信一万多封，锦旗、镜匾 1 000 余件，意见簿表扬 10 万多封。1991 年荣获铁道部火车头奖章、安徽省五一劳动奖章；1992 年荣获铁道部优秀共产党员、劳动模范称号；1995 年荣获全国劳动模范称号和铁总火车头奖章。他们创洪祥品牌的实践带给我们如下几点有益的启示：

启示一：洪祥品牌是劳模本人长期不懈努力的结晶。

路洪祥，蚌埠站母婴军人候车室 39 号客运值班员，全国劳动模范。1968 年从部队复员来到蚌埠站工作。他在长期服务旅客的实践中，苦心钻研，探索规律，，总结出一套“宁可自己千遍麻烦，不让旅客一时为难”的服务原则；“一接待、二询问、三观察、四服务、五送别”的服务程序；“四心、五勤、六做到”的服务要求；以及“七代、八当”为服务项目的“洪祥服务法”，1997 年该服务法在全局范围内推广。在荣誉和成绩面前，他没有居功自傲，而是不断对自己提出更新更高的要求。为了方便旅客购票，他自费安装了一部“3066635 洪祥服务热线”电话，进一步拓展洪祥服务法，不断赋予新的服务内涵。同时，他还积极搞好传帮带，带领身边人员深入开展“五敬礼”优质服务活动，进一步沟通与旅客之间的感情，以优质服务和文明新风向旅客展示铁路走向市场的新形象，为洪祥品牌的创建打下了坚实的基础。

启示二：洪祥品牌是各级组织全力倡导弘扬的结晶。

品牌是高信誉、高品质、高效益的集中体现。为发挥全国劳模在市场营销中的影响力，蚌埠站党政领导和有关部门适应市场需求，结合文明示范站车创建，以品牌创建为抓手，积极研究方案制定实施规划，狠抓工作落实，以“一等站上一等”的精神，全方位探索劳模的品牌效应。一是精心策划树品牌。他们借新客站落成启用和新千年春运这一天，组织以“贺千禧、迎春节，温馨伴您行服务日”为主题的大型营销活动，隆重举行“洪祥品牌”揭牌仪式并回顾十年历程，创新世界佳绩暨“百次路风例会”，并推出洪祥系列产品：设立了以老弱病残及军人为服务对象的

“洪祥工作室”，为特殊旅客服务的洪祥窗口，为旅客解答疑难的洪祥服务台，为旅客提供向导的洪祥指南，并展示劳模大幅相片，陈列锦旗镜匾，设置电脑查询，发放以品牌服务为主要内容的旅客列车时刻表，做到品牌营销与为民服务有机结合，使品牌形象深入人心。二是凝心聚力学品牌。为扩大品牌的影响力，激励职工争创品牌，该站各级组织广泛掀起“学洪祥、创品牌、春运展风采”活动热潮，大力培育洪祥品牌和当代雷锋精神，就“我在春运中应当怎样学洪祥”进行专题大讨论，开展各具特色的活动。春运结束后，为进一步弘扬洪祥精神，专门召开表彰大会，号召全体干部职工以身边人物为榜样，学劳模，创品牌，崇尚先进，争当先进。三是内外并举扬品牌。一方面，营造品牌氛围。蚌埠站在站台、站外广场、货场等处分别悬挂巨型横幅，每天组织四名休班党员身披绶带，解答旅客咨询，引导候车，提供优质服务，学习“洪祥服务法”，使旅客一进站就感受到“洪祥品牌”的氛围。同时，分局党委宣传部利用各种载体传播洪祥先进事迹和思想，并召开会议推广创树洪祥品牌的做法。分局工会以《旅客的大情人》为题，在文化宫宣传窗展示洪祥工作室摄影图片，集中宣传洪祥精神。另一方面，通过新闻媒体扩大品牌影响力。该站在自身加强报道同时，还邀请记者跟踪采访。《新华社每日电讯》《光明日报》《中国青年报》《人民铁道》《安徽日报》分别以“注册了品牌的活雷锋”为题，生动形象地报道了路洪祥的先进事迹。蚌埠百货大楼还专门请路洪祥为员工作事迹报告。

启示三：洪祥品牌是集中挖掘劳模资源两个效益的结晶。

品牌是一个企业的素质、信誉和形象的集中体现，其背后包含着先进的技术、优秀的员工素质、严格的质量保证体系、周到的售后服务，也包含着大量资金投入、精心的广告宣传和成功的营销策划。尤其是以劳模个人命名的服务品牌，不仅对外有信誉效应，而且对内有榜样示范效应。也就是说，劳模不仅是一种高尚精神的体现、社会效益的创造者，更是企业宝贵的无形资产和精神财富，有效进入市场的通行证，是企业在竞争中取胜的核心竞争力。面对激烈的运输市场竞争力，如何挖掘劳模资源的两个效应？一方面，必须大力弘扬先进劳模的无私奉献精神，通过其示范导向作用，不断开发延伸品牌系列，努力提升全体职工的精神境界，增强职工主人翁社会责任感，形成一支能打硬仗、作风优良、信誉卓著的名牌职工队伍，为社会展示亮丽的精神文明风景，真正体现“人民铁路为人民”的服务宗旨，视社会效益为第一经营法则；另一方面，必须大力开发劳模在客运营销工作中的促销功能，注意从无形资源的角度去经营劳模品牌，充分挖掘其内涵，使精神品牌转化为生产力，增加企业经济效益。为此，必须坚持以优质服务求生存，以旅客货主满意为目标，以塑造企业形象为切入点，大力展示劳模品牌的市场效应，通过劳模超值服务，逐步让无形资产变为有形收入，使劳模在市场经济的新时代，不断焕发出新的生机和活力，成为推动企业两个文明建设的新的增长点。

（本文原载 2000 年第 5 期《研究与应用》）

服务文化建设重在系统加强

服务是铁路行业的本质属性，服务文化是铁路企业文化的重要组成部分，服务文化本身也是一个系统工程。如何把服务文化融入企业发展战略，着力把服务思维升华为理念，把服务做法升华为制度，把服务要求升华为习惯，对丰富和深化铁路企业文化建设具有十分重要的现实意义。

铁路服务文化是铁路企业文化的子系统，是新时期铁路精神在服务质量上的体现，是以优质服务为核心、以客户满意为目标、以形成全员共同价值认知和行为规范为内容的文化。如何系统加强服务文化建设，是铁路在快速发展中面临的重要课题。

一、系统加强服务文化建设是重要而紧迫的战略任务

目前，越来越便利的服务和日趋成熟的消费者越来越“苛刻”的服务需求，正在改变着我们的生活、影响着我们的思维、左右着我们的经营发展，迫切要求我们从战略角度系统加强服务文化建设。首先，服务文化是企业文化系统工程之一。服务是铁路行业的本质属性，服务文化是铁路企业文化的重要组成部分，服务文化本身也是一个系统工程。如何把服务文化融入企业发展战略，着力把服务思维升华为理念，把服务做法升华为制度，把服务要求升华为习惯，对丰富和深化铁路企业文化建设具有十分重要的现实意义。其次，服务文化是增强企业竞争力的重要途径。我们走进了服务文化制胜的新时代，铁路竞争力不仅体现在技术、管理上，还体现在文化引领力、凝聚力、竞争力上。通过培育服务文化、树立服务意识、提升职工素质，塑造铁路产品的良好形象，进而提升客户满意度，增加企业的无形资产，增强铁路核心竞争力。再次，服务文化是补强铁路软实力短板的重要举措。铁路现代化不仅是硬件的现代化，更是服务软件的现代化；铁路长远发展不仅要有看得见的硬实力，还要有无形的软实力。重硬件、轻软件的做法，制约了铁路服务文化的发展。只有系统加强服务文化建设，补强软实力不足的短板，才能综合提升铁路服务质量，为铁路长远发展提供能力保障。

二、系统加强铁路服务文化建设的主要内容

从系统工程角度看，铁路服务文化有三个层次的内容。一是服务精神文化系统。就是要提炼顾客和职工认同的服务价值观、服务理念和服务口号等。系统内容要围绕顾客满意战略，树立大服务观，体现服务对象的全面性，既要重视

外部顾客(旅客货主),又要重视内部顾客(内部职工)。二是服务制度文化系统。就是要注重服务理念的制度、流程和标准建设。要着力加强服务流程管理,建立健全统一的服务行为规范标准,形成统一的服务投诉机制,实现由传统服务向现代服务的转变。三是服务行为文化系统。就是以"三个出行"常态化为目标,创新服务内容和方式,深化货运组织改革,培育优质服务品牌。通过有形化的品牌展示和活动,使无形的服务具体化,为服务文化的传播创造有利的条件。

三、系统加强铁路服务文化建设的路径

服务文化建设不能搞成"花架子",而是服务价值理念的系统转化工程,要有硬抓手、实举措、真功夫。

着眼于"知",系统加强服务理念的传播。服务文化体系只有强化内外传播,才能让服务理念人人知晓、深入人心。对内传播要突出广泛性,充分利用各种会议、文化网络、庆典、仪式以及文体活动传播;要充分利用内刊、网站、微信等传播服务文化,让这些反映服务文化的理念事迹和行为规范入眼、入耳、入脑、入心;要利用各种庆典、班前活动等,潜移默化地把服务文化融入其中,让广大职工切身感受服务文化的影响力。对外传播要注重艺术化地传播品牌形象和服务品牌工作法,特别是利用新媒体讲好铁路的好故事、铁路人的好传统,传递好铁路正能量,营造浓厚的服务文化氛围。

着眼于"信",系统加强服务理念的认同,服务文化只有体现真善美的境界,才能被信仰,进而实现真正意义上的文化认同。在提炼中强化认同,要从历史和现状出发,开展服务理念大讨论,使服务理念既体现顾客需求,又有广泛的职工认同基础。要强化内部顾客服务的理念,上道工序要把下道工序视为顾客,职能部门之间要把对方视为顾客;机关为基层服务,上级为下级服务,领导为群众服务,彼此让服务对象满意。在培训中强化认同,要系统地向职工灌输服务价值观、讲解服务制度标准,有针对性地培养他们对服务文化的认同。在发挥表率作用中强化认同,既要发挥领导干部的表率作用,言传身教,弘扬企业提倡的优秀服务文化,成为服务文化的信奉者和践行者,又要发挥服务典型的示范引领作用,不断扩大服务典型从个体到群体的影响力。

着眼于"行",系统加强服务理念的落地。就是要知行统一,理念变为行为,行为变为习惯,习惯变为素养,实现服务理念与行为的一致性。重在落实,要把服务理念融入企业发展战略之中,落实到企业制度、流程、标准中,成为职工的行为规范。重在落细,一个甜美的微笑,一句亲和的语言,一处细微的环节……看似微不足道,却能于有形之中为铁路带来潜在的、巨大的无形价值。重在落"常",树立"最高水平是全员水平,最佳状态是日常状态"的理念,把服务理念落实到日常工作中、体现在"三个出行"常态化上,成为企业成员自然而然的行为习惯。

着眼于“公”，系统构建服务理念测评体系。考量服务文化的关键是看社会公众对铁路服务的公信度、满意度、美誉度。要以旅客需求为导向，以社会公众为评估主体，以定量、定性分析为基础，构建科学、有效、可操作性强的服务理念评价体系，并定期公示整改，促进服务文化建设的良性循环。

（本文原载2015年4月22日《人民铁道》）

品牌:企业核心竞争力的重要标志

为什么消费者认品牌?因为品牌是企业综合素质的体现,是企业形象的标识,是企业走向市场的“通行证”,更是企业核心竞争力的“代名词”。说到底,品牌是企业核心竞争力的重要标志。

目前,“品牌”二字不知不觉地在吸引着人们的眼球,频现于各种各样的媒体,越来越成为社会各界关注的焦点,成为顾客选择产品的依据。据中国商业联合会、中华全国商业信息中心最近发布的统计监测信息显示,名牌产品的市场占有率大幅攀升,消费者越来越认“名牌”了。

什么是品牌?简言之,品牌就是“品质加牌子”,名牌就是知名度高的品牌。为什么消费者认品牌?因为品牌是企业综合素质的体现,深深地打着企业文化的烙印,凝结着企业文化建设的成果,渗透着企业核心价值观、行为规范和群体风范。说到底,品牌是企业核心竞争力的重要标志。

一、品牌是一种“文化名片”

认识企业往往从认识品牌开始。品牌作为企业的一张名片,是本企业商品区别于其他企业商品所作的特殊标志,而支持这一标志的背后是一种理念和承诺。一些著名品牌,如“科技以人为本”的诺基亚,“真诚到永远”的海尔,都打上了无形的文化烙印,特别是以一种独到的人文关怀、循循善诱的价值承诺,打动顾客的心,成为忠诚顾客的精神伴侣。美国的“三大片”(硅谷的芯片,麦当劳的薯片,好莱坞的大片)之所以在全球大行其道,不仅为美国带来了丰厚的经济利益,也广泛传播了美国以个人主义为基础的价值观。这种以品牌优势为代表的市场优势,实际上是一种文化优势,也就是说,品牌的背后是文化,文化的载体是品牌;文化是根,理念是魂,品牌是果。优秀企业文化是品牌文化的土壤和支撑,成功的品牌是品质与文化的有机融合。品牌文化,其实就是一种质量、一种体验、一种承诺,一种生活方式,它的魅力就在于不仅仅提供给顾客产品或服务,而且帮助顾客创造价值,去实现他们的梦想。其实,消费一种品牌,就是消费一种文化;品牌的征服,就是一种文化的征服。从这个意义上说,品牌是企业的一种“文化名片”,对品牌的认同就是对一种文化的认同,一种价值观的认同,一种基于品牌精神的信仰。提升品牌价值就是要着力提升品牌精神,关注和创造顾客的价值需求,持续延续顾客潜在的梦想。

二、品牌是一种"独特性资源"

美国著名企业战略家格兰特提出，企业核心竞争力主要由所拥有资源的独特性决定的，而品牌文化正是一种难以模仿的"独特性资源"。从表面上看，品牌竞争力是一种知识和技能的整合能力，而推动这一能力背后的本质是一种核心价值观。企业文化建设的过程，就其本质而言，是发现和解决自身在独特环境和条件下生存与发展问题的过程。世界上没有完全相同的两片树叶，同样，世界上也没有环境和自身条件完全相同的两个企业。所以，品牌文化的移植和模仿是不可想象的，因为品牌精神和核心价值观是相对不变的，是长期积淀的结果，是个性化的产物，群策群力凝聚的结晶。实践证明，这种基于文化优势的品牌强势是难以模仿的，是偷不去、买不来、拆不开、带不走、溜不掉的。据说，有人曾问张瑞敏，怕不怕海尔的管理经验被同行模仿而使海尔的竞争优势受到影响，张回答说，海尔取得成就的原因，主要不在于有形的东西，而在于无形的东西。他所说的无形的东西就是海尔的"企业文化"。还有一些企业想模仿一家跨国公司品牌管理的成功经验，高价从公司挖去品管人员，但由于自身的企业文化与其管理模式有冲突，管理中无法提供文化的配合与支持，使此跨国公司有效的品牌管理模式难以开花结果，更难以在"异地显灵"。从这个意义上说，品牌文化是一种难以模仿的资源和能力，是企业宝贵的精神财富。

三、品牌是一种"软实力"的象征

一个国家拥有硬实力和软实力之分。硬实力是看得见、摸得着的物质力量，而软实力所指的是无形的精神力量。品牌就是一个国家软实力的象征。不仅如此，有些品牌已成为民族文化的一部分。就品牌而言，也有软硬之分，硬的是企业的人才、资金、技术和产品质量，软的是品牌内在的精神和无形的文化力量。一个企业拥有自主知名品牌的多少，不仅体现了企业实力的强弱，而且体现了企业无形资产的价值，代表了企业的发展前景和持续发展的空间。根据全球著名管理咨询公司麦肯锡公司的分析报告，《财富》杂志排名前 250 位的大公司有近 50%的市场价值来自于无形资产，而品牌价值无疑是企业无形资产的重要组成部分。特别是随着中国加入 WTO 后，国内市场国际化，国际市场国内化，文化与企业、文化与经济相互结合，软实力与硬实力相互渗透和转化，文化的力量愈益突出，这种文化力量首先体现为品牌优势上。也就是说，国与国之间的竞争将演变为企业与企业、品牌与品牌、文化与文化之间的较量。这种较量，其实就是一种民族文化和核心竞争力的较量。2004 年，品牌顾问公司公布全球最佳品牌调查报告，全球十大品牌中，美国独占八个，实力最为雄厚。从目前情况看，尽管海尔成为世界最具影响力的 100 个品牌之一，但中国仍然没有摆脱"制造大国、品牌小国"的地位，这与一个大国实力是极不相称的。我国软实力差强人意，企业品牌长不大、做不强，一个重要原因是缺少品牌文化的长期支持，要甩掉“品牌小国”的帽子任重而道远，惟有卧薪尝胆，增强忧患意识，实施品牌战略，着力于软实力的打造，才有可能在世界品牌强国之中拥有一席之地。

综上所述，品牌是企业形象的标识，是企业走向市场的“通行证”，更是企业核心竞争力的“代名词”。按照十六大报告提出的要求，“要形成一批世界级跨国企业和著名品牌”的目标，我们必须以只争朝夕的精神，从战略高度认识品牌，从文化视角开发品牌，从系统工程角度建设品牌，从执行力入手细化品牌，通过着力加强品牌文化建设，弘扬品牌精神，将无形的文化价值转化为有形的品牌价值，把文化财富转化为企业竞争的资本，从而提升企业核心竞争力，增强中华民族的自尊心和自信心。

（本文原载 2006 年第 3 期《思想政治工作研究》）

标准　习惯　理念　品牌

世界500强企业实践表明，成功品牌的背后是理念，理念是支撑品牌的核心要素。也就是说，文化是根，理念是魂，品牌是果。要打造高质量、有影响力的铁路品牌，就必须加强服务文化建设，从落实精细理念入手，将企业理念、技术质量、行为规范等融进品牌，形成独具特色的品牌文化，从而树立起崭新的上海局精品形象。

“海不择细流，故能成其大；山不拒细壤，故能就其高。”“用心经营，精细管理”是打造精品局战略的基础工程，也是一个点滴积累、循序渐进的过程。笔者以为，贯彻“用心经营，精细管理”，须认真把握以下四个环节。

一、把细节凝结成可操作性的标准

有规矩才能成方圆。标准是衡量事物的准则，标准的高低决定精细管理的水平。无论是驰名世界的快餐业巨子肯德基，还是以直销模式创建IT业奇迹的戴尔计算机公司，他们都是以精细标准和流程管理取胜的典范。而我们管理工作中的粗放和误区源于“差不多”的标准和模糊的执行。特别是铁路事故并不是凭空产生的，同“青蛙效应”一样，都有一个渐进的过程。在此过程中，若每一位员工都能做到作业标准化，严格遵守规章制度，把各种细小隐患和险情消灭在萌芽状态，就能最大限度地避免事故的发生。因此，如何发现、分解和控制细节是问题的关键。为此，必须把精细管理的内在要求凝结成可操作性的执行标准，实现细节过程标准化，使员工有章可循、有规可依、有标可行。就安全工作而言，可建立工作流程标准模型，确立直接影响运输安全的施工管理、中间站调车作业等关键点、关键作业项目和流程，明确和细化每道作业工序的责任、标准、时间、质量和考核要求，做到控制时间、手段、途径最优化，从而消除“结合部”管理真空或重叠，使工作全过程和岗与岗合理衔接、相互啮合。这样，工作有标准，检查有依据，过程有控制，安全质量就能有效把握。当然，精细管理绝非事无巨细，而是要求管理重心下移，严把作业标准，重点对现场车间、班组的管理流程、生产组织方式进行系统优化，关键是引导和鼓励站段车间班组自主发现、控制和解决问题，确保基层管理者将主要精力放到现场抓安全上，管理标准真正体现在现场实际工作过程的落实上。

二、把标准演绎成人性化的习惯

精细管理是相对于粗放管理而言的。我们许多工作不到位所造成的损失，其实就是工作粗放造成的。一个重要原因是,许多作业规章不能与时俱进,标准还不够人性化,有的还相互打架,造成员工无所适从。特别是站车服务过程的复杂性,是管理规章难以全部涵盖的。规章制度之外方面的操作,如果没有人性化的规则和标准跟进,可能越强调标准服务恰恰距人性化服务越远。更为重要的是,许多标准还仅仅是管理者的行为,标准的执行还处于被动执行阶段,并没有变成员工的自觉行为,更没有变成广大员工"自然而然"的习惯。古罗马诗人奥维德曾经说过,没有什么比习惯的力量更强大。"习惯"是潜意识的活动,就像人体各种软件的编程,一旦启动就按既定的程序演绎。要强化这种力量,就必须在细化完善标准的基础上,注意研究人的行为规律,培育员工敬业乐业精业精神,营造"按程序办事,按标准作业"工作氛围和文化环境,使员工把精细工作当作成就自我的一种责任,一种追求,一种自觉。其实,建设与精品局相适应的企业文化过程,就是企业自觉行为习惯的养成过程。当然,这一过程并非"自然而然",同样需要付出努力。记得一位企业家曾说过这样的话,员工并不做你理想中的事,而是做你要考核的事。因此,要使员工做到"习惯成自然",还必须规范管理,细化措施,做到责权利的统一,体现严格考核,适度奖惩。做到有制度标准的,严格按照制度标准办;没有制度标准的,按照企业理念去引导。对做得差的有惩罚,做得好的有激励,从机制上"绝不让雷锋吃亏"。这样,制度与文化相融,刚性约束与柔性导向互补,从而达到精细标准的潜移默化、无形渗透,精细作业习惯的自觉养成、蔚然成风。

三、把习惯升华为人人共享的理念

精细行为习惯要让所有人认同并践行,不仅是企业管理的一种"纳米工程",更是全员认同和共享的一种境界。一方面,理念内化。通过开展向不良习惯告别活动,查找员工身边和自身简化作业与违规作业等不良习惯,形成案例,自我教育,深植于心,自觉内化,从而真正认识到精细作业是岗位应尽的职责,是实现自我价值的内在需要,是打造精品局的客观要求。同时,发挥典型引路作用,积极推广体现精细理念的典型人物的操作法和行为习惯养成法,使员工学有榜样,赶有目标,把重视细节的理念由个体行为向群体行为延伸。另一方面,理念渗透和外化。要走群众路线,提炼加工员工自己认同的个性化、简洁化、通俗化的岗位理念,并建立制度,形成机制,把岗位理念与企业理念相互渗透,把员工的发展融入企业发展之中,与企业形成命运共同体。这样,精细管理的理念才能逐步在员工中有"市场",企业的理念才能变成广大员工自己的理念,精细习惯才有可能逐步升华为一种企业的核心价值观。

四、把理念打造成有影响力的品牌

世界 500 强企业实践表明,成功品牌的背后是理念,理念是支撑品牌的核心要素。品牌作为企业的一张名片，是本企业商品（服务）区别于其他企业商品（服务）所作的特殊标志，而支持这一标志的背后，是一种理念和承诺。也就是说，文化是根，理念是魂，品牌是果。要打造高质量、有影响力的铁路品牌，就必须加强服务文化建设，从落实精细理念入手，将企业理念、技术质量、行为规范等融进品牌，形成独具特色的品牌文化，从而树立起崭新的上海铁路局精品形象。战略决定命运，细节决定成败。从站车窗口服务来说，可能有些服务细节对我们员工而言都是举手之劳，但旅客货主却能从中受益无穷，正是这些细节往往会让他们"满意加惊喜"。特别是随着运输市场的多元化，各种交通工具之间的竞争日趋白热化，旅客选择交通工具有时就在一念之间，可能一个服务细节就改变旅客的选择，而正是这一选择或许决定了企业将来的命运。有鉴于此，当务之急要通过制度、机制建设落实品牌理念，制定和细化品牌动态管理办法，建立顾客服务系统，完善顾客投诉解决机制，把人性化和无干扰服务相融合，把基本服务与特色服务相结合，通过细心关注、体验顾客的每一点价值需求，充分体现精品的地域特色和文化底蕴，用心提升服务品牌的附加值，点点滴滴弘扬品牌精神，诚信诚意提高服务品位，与时俱进提升服务品质，逐步实现站车装备现代化、服务方式多样化、环境设计人性化、管理机制精细化，从而使顾客透过细致入微的品牌服务体验精细理念的内在张力和"以顾客为本"的价值诉求。只有这样，才能持续创造品牌价值，长久延续顾客潜在的梦想，铸造有文化品位和地域特色的强势品牌。

（本文原载 2005 年第 6 期、第 7 期《上铁论坛》）

用和谐理念指导服务文化建设

和谐理念既是和谐铁路的核心，也是服务文化建设的重要指导思想。因此，如何培育和谐理念，体现和谐理念，用和谐理念引导服务价值取向，增加服务中的和谐因素，减少服务中的不和谐因素，是当前服务文化建设中亟待解决的重要课题。

铁路服务于各行各业、涉及千家万户的特点，决定了它既是服务文化建设的实践者，又是服务文化建设的传播者，在和谐社会建设中肩负着重大责任。坚持以旅客货主为中心，为人民群众提供优质服务，是建设服务文化的具体体现。和谐理念既是和谐铁路的核心，也是服务文化建设的重要指导思想。因此，如何培育和谐理念，体现和谐理念，用和谐理念引导服务价值取向，增加服务中的和谐因素，减少服务中的不和谐因素，是当前服务文化建设中亟待解决的重要课题。

一、在硬件改善与软件“同步”提升中体现和谐

优质服务是铁路服务素质和能力的综合体现，完善的服务设施、良好的服务环境、多样化的服务内容、人性化的服务方式，是最大限度让广大顾客满意的保证。因此，改善硬件是提供优质服务的重要内涵，也是服务文化的基础。近年来，铁路坚持以人为本的建设理念，新建和改造了一批重点客运站，并普遍采用无柱雨棚、高站台，增设电梯、残疾人通道等服务设施，最大限度改善了服务硬件设施。尽管如此，仍有旅客投诉等路风事件的发生。这说明，光有好的硬件，没有相配套的软件系统，没有用心服务的能力，就不可能实现服务最优化，就还会出现诸如“先如厕还是先查票”的尴尬现象(2005 年 1 月 10 日《人民日报》第 13 版，经济周刊)。从和谐视野看，只有促进软、硬件“同步”提升，才能使服务方式从过去的“以软补硬”向“软硬同步”提升，由设备设施的改善向服务理念和服务功能的转变。否则，软、硬件不协调，职工素质不高，服务质量就会大打折扣，这不仅会影响铁路的整体服务质量，还会弱化甚至抵消硬件的作用力。上海铁路局局长在去年 12 月份的月度工作会议上指出，“从 2006 年上海市质协用户评价中心对上海局客货服务满意度测评情况来看，全局客货服务质量总体保持稳定，但存在的问题也不容忽视。特别是旅客对客站的满意度大幅下降了 11.6 点(列车服务和货站服务满意率分别上升了 3.7 点和 3.1 点)。旅客反映的问题，有硬件设施方面的，但大量的是我们服务理念、服务质量和服务体系建设等软件方面的不足，这实际上反映出客运系统相关单位职工素质的不足。”事实证明，硬

件只有与服务软件共同进步，才能优化服务内涵，提高服务质量。特别是随着铁路发展战略全面实施，第六次大提速准备工作全面启动，新设备、新设施不断投入运用，铁路服务硬件将会进一步改善。只有树立“大服务”理念，全面改进客运售票、候车、餐饮、卫生、秩序和货运办理等基本服务，创新服务内容、服务方式，不断“升级”服务的软件系统，使职工素质由技能型向知识型、服务型转变，才能使硬件与软件呼应联动，物质层面和精神层面相映成辉。

二、在服务职工与服务顾客“同行”中体现和谐

顾客满意度并不是轻而易举得到的，而是职工与顾客共同创造的产物。让职工与企业共成长是服务文化的必然追求，也是和谐铁路应有之义。让顾客满意也要让职工满意，让职工尊重顾客，企业也要尊重职工，才能通过创造内部和谐的人际关系，使职工心甘情愿为顾客服务，为企业创造价值，为企业塑造形象。当前，服务质量不高与职工对企业满意度不高，职工内在动力不足密切相关。因此，职工满意度是顾客满意度的基础，顾客满意度是职工满意度的必然结果；追求“两个满意度”是和谐铁路的体现，也是和谐理念的必然选择。从此意义上说，铁路服务文化建设必须以人为本，把服务内部职工与对外服务顾客相结合，既要对内以职工为本，利为职工所谋，情为职工所系，权为职工所用，尊重职工，教育职工，凝聚职工，激发职工潜能，鼓励职工创造，为他们的全面发展提供机遇，共享铁路发展的实际成果，得到与其业绩相称的报酬，在实现企业目标过程中实现自己的价值；同时，又要全心全意以顾客为本，以顾客需求为出发点，建立和规范顾客服务系统，完善顾客投诉解决机制，把规范服务和人性化相融合，把基本服务与特色服务相结合，诚信诚意弘扬和谐精神，与时俱进提升服务品质，才能使“顾客想不到的，我们要做到”成为一种使命，“用心服务”成为一种自然而然的行为习惯，“安全、便捷、舒适”成为优质服务的一张文化名片。

三、在服务宗旨与规章制度“同向”中体现和谐

服务宗旨是服务价值观在服务目标、使命、价值观上的体现；制度文化是以价值观为核心，以规章制度为载体的行为规范。从本质上说，服务宗旨与规章制度是同一事物的两个方面，服务宗旨与规章制度如何“同向”，是和谐理念的必然要求，也是规章制度能否升华为制度文化的重要途径。如果服务宗旨是一套，规章制度又是一套，服务行为就会因两者的割裂而让顾客唾弃，也就谈不上服务文化。当下，之所以出现职工因照章办事引起顾客投诉的问题，实际上反映了铁路规章制度与服务宗旨的不“同向”，价值观不明晰，重管理轻服务，以我为本而不是以顾客为本。从根本上说，照章办事与服务宗旨并不矛盾，照章办事是手段，是为了从制度上更好地为顾客提供优质服务。如果因照章办事影响顾客满意度，说明规章制度本身有不合理、不公平的方面，没有体现“人民铁路为人民”的

宗旨。尽心满足顾客的需求，尽力为顾客排忧解难，让顾客感到受尊重、被照顾，既是服务规章的要义，也是服务宗旨的内涵。真正树立以顾客为本的价值观，就应当使规章制度适应服务宗旨的要求，而不是单方面让顾客来适应我们的规章制度。海尔正是坚持对内执行 OEC 管理法，对顾客“真诚到永远”，才体现创新价值观，成为知名品牌的。实践证明，严格规章制度更多的是对内要求职工的，而不是要求顾客的。只有严格执行规章制度，才能更好地规范职工的行为，“人民铁路为人民”的服务宗旨才有可靠的制度保证。因此，体现和谐理念，就必须从顾客需求角度换位思考，把服务顾客的价值观渗透在规章制度制定、执行、完善始终，变管理顾客为服务顾客，用力服务为用心服务，呆板服务为亲情服务，才能以完善的制度体现服务的宗旨，以优质的服务行为赢得广大顾客的信赖。

四、在有形标准与无形标准“同轨”中体现和谐

服务标准是检验服务行为的尺度，也是服务文化优劣的量化依据。一般来说，服务标准有两种：一是有形的服务标准、程序和规范，二是无形的顾客体验、感觉。我们往往习惯于重视有形的内在的评价，而常常忽视无形的外在评判。其实，服务不同于一般产品，是难以量化和度量的，是人与人之间真情的沟通与互动，决定顾客满意度的往往是无形的和谐氛围和内心体验。实践证明，在体验经济时代，最好的服务是满足顾客的内在需求，让顾客感动的超值服务。超值服务才能提升顾客的美誉度，为企业增加信誉，创造无形价值，形成服务品牌。因此，有形标准与无形标准“同轨”是和谐理念的内在要求，也是服务文化增值价值的集中体现，更是顾客满意度的必然追求。顾客满意度就是顾客心中的一杆秤，称出了铁路与顾客的和谐程度，称出了服务道德与顾客需求的差距。也就是说，服务行为不仅是经济行为，更是一种道德行为；高品位的服务关键在于，你是否以真诚的心对待你的服务对象；真正意义上的服务标准，并不在于看得见的宣传口号，而在于倡导的东西是否真正转化为职工的态度和行为。服务标准只是职业化工作的底线，是必须完成的规定项目，如何“使顾客更满意”才是最高标准。从根本上说，服务文化就是基于是非、善恶、美丑的无形道德评判。没有良好的道德情操，没有以顾客满意为荣、顾客不满为耻的思想，铁路服务质量就难以从根本上提升。只有培育职工乐业、敬业、勤业和精业的职业精神，提高职工做好工作的责任心，保持尊重顾客、谦恭待客的态度，形成自动自发的道德素质，形成“顾客说好才是真好”的质量标准，让服务标准与顾客需求无缝对接，才能使无形的服务理念在日常服务行为的细微处熠熠生辉，实现“待客零距离、服务零缺陷、客户零投诉”的目标。

（本文原载 2007 年第 4 期《现代管理与现代领导》、2007 年第 2 期《上铁论坛》）

把顾客满意的价值观落到实处

所谓服务文化，就是以服务顾客的价值观为核心，以优质服务为根本，以企业道德为准则，以管理机制为保证，以服务创新为动力，以服务品牌为亮点的系统文化。铁路要提高服务质量，提高服务的知名度、美誉度和忠诚度，关键是落实顾客满意的价值观，才能为社会和谐增添光彩。

铁路的顾客是旅客和货主。铁路服务工作要以顾客为中心，以顾客为本，让顾客满意。从此意义上说，所谓服务文化，就是以服务顾客的价值观为核心，以优质服务为根本，以企业道德为准则，以管理机制为保证，以服务创新为动力，以服务品牌为亮点的系统文化。当前，铁路要提高服务质量，提高服务的知名度、美誉度和忠诚度，关键是落实顾客满意的价值观，才能为社会和谐增添光彩。

一、落实顾客满意的价值观，就是要以优质服务为根本

铁路职工在服务实践中，经常会遇到由于顾客缺乏铁路“常规”，发生这样或那样的差错，出现照章办事与优质服务的关系问题。正如有职工反映的，有时态度不好，即使是照章办事，旅客也不领你的情，甚至会带来投诉。反之，由于你真诚的服务，尽管有时不大合乎“常规”，但仍然能赢得赞誉。这一问题的关键在于：我们工作目的到底是优质服务，还是站车自身管理的方便？如果考虑自身方便，就会想方设法管住旅客，以自己的规章约束旅客；如果以优质服务为根本，就会一切让顾客满意，尽最大可能为旅客提供方便，真心诚意地为旅客排忧解难。从此意义上说，照章办事与优质服务并不矛盾，照章办事是手段，是为了更好地提供优质服务。如果因照章办事影响顾客满意，说明规章本身有问题，没有体现“人民铁路为人民”的宗旨，更没有体现以顾客为本的服务理念。最大限度满足顾客的需求，尽力为顾客排忧解难，让顾客感到受尊重、被照顾，既是我们服务的内涵，也是服务文化的真谛。因此，绝不能让旅客货主来适应我们的规章制度，而是应由我们全方位地运用规章为旅客货主服务，当客户由于自身不慎出现各种差错时，我们有责任和义务去帮助他们。“铁的纪律”是铁路的优良传统，在行车组织和安全管理上必须强化，但是，“铁的纪律”是用来约束职工行为的，而不是用来约束旅客货主的。特别是在目前生产力布局大调整形势下，尽管有些规章制度已显滞后，但我们不能因此而抱怨，不去主动为顾客服务，而是一切从顾客需求和利益出发，牢记“顾客永远都不错，我们永远有不足”，把顾客满意的价值观渗透在规章制度完善始终，由管理顾客转变为服务顾客，变被动服务为主动

服务，才能以优质的服务行为赢得广大顾客的信赖，进而适应顾客日益增长的服务需求。

二、落实顾客满意的价值观，就是要以职业道德为准则

价值观是基于人的一定思维感观之上而作出的认知、理解、判断或抉择。德国大哲学家康德说过："这个世界唯有两件事情让我们深深感动：头顶灿烂的星空和我们内心崇高的道德法则。"服务理念根植于道德法则，没有良好的道德情操，优质服务就是无源之水，无本之木。也就是说，服务行为不仅是经济行为，而是一种道德行为；高品位的服务，并不在于你是否达到了某条服务标准，而是在于你是否以一颗真挚的爱心对待你的服务对象。特别是全路每天数千对列车在线路上流动，数万列车员远离管理者视线，要保证服务质量，必须靠列车员内在的道德操守作保证。随着铁路发展战略全面实施，新设备、新设施不断投入运用，铁路服务硬件将会得以全面改善，如果只有好的硬件，没有相配套的软件系统，没有诚信服务的道德意识，也不可能实现服务最优化。因此，铁路服务文化培育，绝不能够简单地定义为改善了服务硬件、统一了制服标志、搞了一些营销活动等，而是以职业道德为准则，树立服务质量人人有责的荣辱意识，不断增强铁路服务的软实力。因为良好的硬件设施和外在形象并不等同于良好的服务，良好的服务并不能因硬件的改善而自然而然地上去，职业道德素质也不会因装备的跨越而同步提升。真正的服务标准有两种，一是有形的内部规范，二是无形的顾客心中的体验。其实，决定服务水准的不在有形的东西而在无形的内在体验。服务是个无形的系统工程，其间每个员工的一颦一笑、举手投足都代表着铁路道德水准和形象。这就要求我们加强职业道德建设，培育自动自发的职业素质，不断"升级"服务的软件系统，提高每一位员工的职业道德水准，做到：安全正点，维护铁路企业信誉；端正路风，维护旅客、货主利益；尊客爱货，树立为人民服务的道德风尚，才能使服务文化的物质层面和精神层面有机结合，使服务行为升华为令人感动的道德行为。

三、落实顾客满意的价值观，就是要以管理机制为保证

近年来，随着铁路"三新"教育（树立新理念、提供新服务、塑造新形象）和树标塑形活动的开展，铁路服务质量有了较大改观。但从长远看，这种内部活动式驱动，短期可以保持但长期持续难，少数服务明星可以坚持但大多数人保持难。因为这种以领导的评价为依据，以内部的、自身的眼光来验检和评判的机制，越来越难以客观真实地反映旅客对服务工作的感受。制度决定机制，机制决定行为。如果没有建立起一套系统完善的评估制度体系，服务质量优劣奖惩机制不科学，加之管理监督机制不到位，只会造成服务质量好坏自己说了算，上级部门"说你好，你就好"的畸形现状，就会形成以上级领导满意为最高标准，以迎合上

级检查为最高要求的情形，就会造成少数客货窗口单位急功近利，人为突击“塑造”服务典型的现象。实际上，近年来铁路服务质量之所以有提高，并不是靠喊口号吹上去的，也不是靠几个服务明星的点缀上去的，而是靠制度机制的推动，靠团队精神的力量，特别是靠顾客维权意识、社会大众媒体监督合力作用的结果。如果不从管理制度机制上找出路，不引入新的与市场接轨的评价标准，不树立顾客是评价服务质量的主体的理念，不激发职工搞好服务的内在动力，服务质量是很难从根本上改观的。从此意义上说，如何从制度入手渗透顾客满意的价值观，不断提高职工的危机意识，不仅是铁路行业文明面临的严峻挑战，更是和谐社会对铁路服务文化建设提出的更高要求。为此，要加强服务管理制度建设，强化客货服务质量的激励和约束，强化“金奖银奖不如旅客夸奖”的评价理念，建立“最高水平是全员水平，最佳状态是日常状态”的质量标准，通过将服务的业绩评估与服务对象的认可度紧密挂钩，健全统一的服务质量动态评估发布机制，才能突破传统“自我定论”、内部选优的评价体系，实现服务质量向社会评估为主的转变，由单纯“拨亮点、搞突击”向实现“全员化、常态化”服务的转变。

四、落实顾客满意的价值观，就是要以服务创新为动力

求新求美是人类的天性，服务创新是不断获得顾客满意的基本手段。由于社会的发展，观念发生变化，人们对服务的需求层次逐渐提高，需求内容也日趋多样化，广大旅客已不再满足于走得了，还要走得好，走得愉快，走得舒适；不仅要求安全、快捷、准时，还要求满足精神上的需求。这是不以铁路为转移的客观规律。因此，落实顾客满意的价值观，就是要从顾客需求出发，以服务创新为动力，通过持续不断的创新，弥补原有服务质量与顾客需求之间的差距。就顾客需求而言，当前，铁路要提供三种层次的服务：一是提供标准服务。标准服务就是基本服务，就是要达到最基本的服务标准，满足最基本的乘车需求。如果随意性服务，降低服务标准，就会引起旅客的不满和投诉；二是提供人性化服务。随着旅客维权意识的增强，旅客往往不满足于基本服务，认为花多少钱就要享受到相应档次的服务是天经地义。因此，服务无极限，满意无终点。特别是在运输供需矛盾突出，春运一票难求的情况下，铁路服务也不能打折，只有尽最大可能体现人文关怀，尽最大可能因时、因人、因地提供人性化服务，才能得到旅客的理解，使他们从内心感受所得到的服务是仁至义尽的。三是要提供超值服务。就是服务超越旅客需求，增加有文化内涵和品位的服务，使他们满意加惊喜，比如，旅客上网、音乐茶座、餐车酒吧，提供列车电话、收听适时广播、收看电视节目，开展主题文化活动等。面对旅客日趋增长的物质、文化和心理需求，提供好以上三种服务，迫切需要我们提升服务的能力，通过从服务理念、服务内容上进行大胆创新，既坚持优良的传统和做法，又做到服务方式上的与时俱进，才能提升服务的满意度。

五、落实顾客满意的价值观，就是要以服务品牌为亮点

从市场经济形态和发展规律来看，竞争已经从计划经济条件下的产品竞争，逐步发展到市场经济初期的质量竞争，进一步发展到成熟市场经济条件下的品牌竞争。企业之间的较量，很大程度上表现为服务品牌的较量。尤其是在当前，随着顾客消费经验的增加，对铁路服务的品质要求会越来越高，只有从提高服务质量入手，形成服务特色，提升服务品位，打造服务品牌，才能不断满足顾客日益增长的文化和心理需求，在激烈的市场竞争中立于不败之地。而创立服务品牌，必须以顾客满意为核心，以培树名牌职工为支撑。有了名牌职工，服务质量才能提高，品牌才能持续发展，名牌形象才能持久不衰。从此意义上说，服务品牌是顾客满意价值观的重要载体，只有强化“人人是品牌，品牌在岗位”的创建目标，把培养和造就一流的思想素质、技术素质和管理素质的职工队伍，作为服务品牌战略的核心内容，作为增强服务竞争力的重要举措来抓，才能在塑造名牌职工过程中，提升服务品牌素质，增加服务品牌数量，进而塑造名牌站车形象。同时，还要注意发挥先进典型在服务品牌中的示范引导作用，从无形资源的角度去开发、经营、激活，从点、线、面结合的角度去形成立体服务网络，从个体到群体角度去发挥服务的整体联动功能，从地域、人文、形象定位的角度，大力培树“劳模工作室”“劳模服务台”“特色文化站车”，充分挖掘其丰富文化内涵，使精神品牌转化为生产力，才能使各类先进在市场经济的新时代，不断焕发新的生机和活力，成为塑造窗口形象、推动行业文明、促进社会和谐的新亮点。

（本文原载 2016 年第 5 期《铁路文化建设》，获 2006 年中国铁路思想政治工作研究会“社会主义荣辱观与铁路服务文化建设”征文二等奖）

用文化力打造铁路强势品牌

铁路品牌的塑造，不能就品牌而讲品牌，而是要以铁路企业价值观为核心，从企业发展战略和企业文化建设高度开发品牌、管理品牌、建设品牌，实现企业综合素质与品牌文化的交相辉映。强势品牌无疑是市场份额和核心竞争力的重要标志。

强势品牌就是知名度高、市场占有率高、顾客忠诚度的品牌，是著名产品、商标和企业的总称。创造名牌，特别是创造有国际竞争能力的自主强势品牌，已成为国家战略。在这场没有硝烟的角逐中，如何把文化要素作为铁路产品竞争力的核心要素，促进文化与运输经营的融合，依靠文化的创新促进自主品牌的形成，依靠文化的宣传促进品牌的销售，依靠职工的道德素质和忠诚度提升品牌的信誉，这是打造铁路强势品牌的战略选择。

一、打造铁路强势品牌，要求企业综合素质与品牌文化相融合

强势品牌背后往往有一个文化内涵深厚的强大企业。企业的成长与品牌的成长是相辅相成的。品牌的文化内涵包含三要素，一是使用功能的多样性和人性化；二是产品设计的高审美性；三是色彩的民族性与时代性。也就是说，打造铁路强势品牌，必须提升铁路企业综合素质，不断提升品牌的文化内涵，以维系品牌的持续成长。从某种意义上说，企业综合素质决定了品牌能走多远，而品牌文化是企业综合素质的折射，是企业文化精华的凝结，又是渗透到企业运行全过程、全方位的理念意志、行为规范和群体风格的体现。如果说，企业文化建设是对内增强凝聚力，品牌文化则是突出企业对外形象的辐射力，两者的连接点则是企业核心价值观。

因此，铁路品牌的塑造，不能就品牌而讲品牌，而是要以铁路企业价值观为核心，从企业发展战略和企业文化建设高度开发品牌、管理品牌、建设品牌，实现企业综合素质与品牌文化的交相辉映。一方面，要提高企业的综合素质，首先要提高经营管理者的文化素质，通过自觉加强以核心价值观为载体的文化建设，努力把文化建设与品质文化相融合。特别是在推进和谐铁路进程中，要充分借鉴古今中外人类共同的文明成果，不断提高企业经营管理中的文化含量，保持企业的文化个性，激发深植于企业内部的文化活力，为品牌发展和管理提供良好的软环境。另一方面，以企业文化建设为指导，以企业经营理念为主导，注意产品中文化内涵的积累和内在价值的提升，用企业理念彰显品牌理念，用品牌理念弘扬

企业文化建设的成果,展示企业的综合素质,特别是通过实施品牌营销、文化营销,优化配置文化资源,做好品牌利用、开发和管理,提高铁路文化资源的经济效益,促进企业综合素质与品牌文化的有机互动,为持续创造品牌价值,铸造有文化品位和地域特色的铁路强势品牌奠定基础。

二、打造铁路强势品牌,要求品牌理念与外在形象相统一

品牌是有境界的,有层次的,如果说,知名度和美誉度是第一、二层次,那么,价值度——品牌的价值定位是第三层次的境界。也就是说,品牌虽然是一种价值符号,但体现着企业的形象定位和识别要素,代表着产品的品质、特色、服务,提示着产品在消费者偏好中所处的位置,成为消费者心目中的重要标志。实践证明,品牌文化内涵是表里如一的,不仅是对员工的,也是对顾客的,有的通过产品来显示,有的通过服务来展示,有的通过广告词来表达,更主要的是通过员工的行为来体现。如果品牌价值理念与外在形象冲突,就很难塑造品牌的影响力,给消费者以吸引力。特别是名牌的成功,无一不体现在内在理念与外在形象要素的统一上,因为名牌的真正内涵是品质、效用和文化在市场竞争过程中的不断升华,品质产生的是吸引力,效用产生的是征服力,文化产生的是崇拜力,而这三者的有机结合就是名牌所展示的独特形象定位。如万宝路(Marlboro)香烟,最初是女性专用烟,最初由于打不开市场,厂家便聘请著名的李奥·贝纳广告公司设计新的包装(产品不变),用象征力量的红色作为外盒的主要色彩,并在广告中塑造了一个硬铮铮的,一身阳刚之气的美国西部牛仔的形象,体现了品牌内在理念与外在形象的和谐统一,结果吸引了无数崇拜、追求这种气质的男士,成为当今世界最畅销的香烟之一。有鉴于此,铁路品牌建设首先要对自己产品所属种类、用途、特性等进行了深入的了解,定位好品牌的个性和形象定位,通过全方位适度包装和传播,向广大顾客传达出共同的事物、共同的语言、共同的举止、共同的感受,才能以持续的品牌理念与完美的个性形象,产生持久的吸引力、征服力和崇拜力。比如,客运中的动车组“自助式”服务、Z字头列车的“一站直达”,货运中的“五定班列”,以及“劳模工作室”,都要从关注目标消费群体着眼,注重内在理念与外在形象统一的角度来打造品牌,以体现铁路服务产品与众不同的优势和个性所在。

三、打造铁路强势品牌,要求服务顾客与服务员工相结合

品牌的创造并不是企业的单一行为,而是企业员工与顾客共同创造的产物。一方面,现在已进入感性消费时代,消费一种品牌其实就是消费一种体验,认同一种文化。品牌不仅是形成顾客对商品的忠诚,满足人们的物质性、经济性和使用性的需要,而且还满足人们在心理、情趣和审美方面的需求,带给顾客超过商品本身的满足感,特别是以其独特的文化认同,持续给顾客带来梦想。另一方

面，员工忠诚是品牌成长的基础，员工是品牌价值的真正创造者。要培育和维系更多的忠诚顾客，为企业带来更大的经济效益，必须靠企业的商誉和品牌形象来维护，靠企业伦理、企业信用来支撑，更要靠员工恪守诚信、遵守诺言、不欺不诈的道德行为和自觉意识来体现。特别是将员工团队精神注入品牌之中，可使员工意识到自己的工作对企业发展的意义，更自觉地关注企业共同利益市场的开拓与维护，而品牌在市场上的声誉及地位变化又可使员工奋发进取，不断创新，使品牌与员工共成长、共命运，在竞争中实现良性循环，伴随着企业发展的始终。

因此，铁路企业在品牌打造过程中，要坚持以人为本，强化理念认同，优化服务流程，突出团队互动，形成服务产品链的"无缝对接"，在提升员工与顾客两个忠诚度上下功夫，把服务内部员工与对外服务顾客相结合，既要对内以员工为本，尊重员工，凝聚员工，激发员工潜能，促进员工素质提升，为他们的全面发展提供平台；对外又要全心全意以顾客为本，建立统一的顾客服务系统，完善顾客投诉解决机制，把规范服务和人性化相融合，把基本服务与特色服务相结合，点点滴滴弘扬品牌精神，诚信诚意提升服务品位，与时俱进提升服务品质，从而使顾客透过细致入微的品牌服务，体验"以顾客为本"的价值诉求。

（本文原载 2002 年第 3 期《企业精神文明建设》）

实施铁路服务品牌战略的若干思考

实施服务品牌战略，是把“人民铁路为人民”的服务宗旨落到实处的最集中体现，也是提高站车服务质量，全面塑造企业形象，促进企业文化建设与两个文明建设融合的最佳切入点。铁路品牌创建要坚持高标准，以点带面，立足实际，持之以恒，大处着眼、小处入手，由浅入深，循序渐进，由单一品牌向系列品牌延伸。

实施服务品牌战略，对于振兴新世纪中国铁路运输事业，提高服务质量，塑造企业形象，增强运输市场竞争力，促进铁路两个文明建设，具有十分重要的现实和长远意义。笔者结合近年来铁路创品牌实践做点粗浅的分析和思考。

一、观念先行，进一步强化对品牌战略的认识

品牌是企业综合实力的集中体现。各级组织和部门要深刻认识到：实施服务品牌战略，是把“人民铁路为人民”的服务宗旨落到实处的最集中体现，也是提高站车服务质量，全面塑造企业形象，促进企业文化建设与两个文明建设融合的最佳切入点。随着我国即将加入WTO，铁路网运改革的进一步推进，这一趋势将更加明显。铁路也只有顺应这一发展潮流，调整理念，创新经营，优化服务，打响品牌，不断适应不同层次旅客货主的需求，才能有立身之地。还要深刻地认识到：随着经济发展，旅客货主在逐步走向成熟，对铁路品质要求与日俱增，权益意识逐步增强。他们已从简单的生理需求向心理需求、情感需求方面转化。因此，铁路必须实施品牌战略，按照市场规律，从旅客货主满意入手，大力提高服务质量，实现由旅客至上到旅客货主至上、客随主便到主随客便，管理旅客向服务旅客转变，才能以令人称心的服务换来旅客货主对铁路品牌的认同，通过服务增值，形成新世纪铁路新的经济增长点。

二、开阔思路，进一步拓展品牌创建领域

近年来，示范站车创品牌已在全路形成热潮，从蚌埠分局“9字号”系列服务品牌已有一定影响力，但覆盖面还不够广，与市场要求还有很大距离，因此，还必须从实际出发，开阔工作思路，多角度、全方位拓展服务品牌创建的领域。一是以先进人物为支撑，发挥先进典型的无形资产效应。要继续把路内知名度高的的先进人物作为无形资源来开发，精心培树，深入挖掘，最大限度体现劳模资源的效益。二是以优质服务工作法为基础，提高服务工作质量。质量是品牌的生

命。品牌只有以高质量的作业法和服务程序为基础，才能与国际质量标准接轨，并保持竞争优势。为此，各类优质服务法要承优创新，针对新情况新问题充实提高，并结合新形势下不同层次旅客消费心理特点，在实际工作中灵活运用，不断总结完善，真正成为名实相符的品牌服务法。三是以企业精神和岗位服务理念为核心，铸造企业之魂。要铸造企业之魂，必须把“以人为本，旅客货主至上”的经营理念具体化。为此要始终不渝地锻造站车精神、车队精神和班组精神，用“全程标准化、全面优质化、全员情感化”的服务行动，塑造“车票是请柬，旅客是亲人”的品牌形象，落实“人民铁路为人民”的服务宗旨。四是以挖掘服务工号为手段，定位服务品牌的文化内涵。这是挖掘服务工号文化内涵的外化形式。要通过提炼定位企业精神、丰富工号内涵，把“以人为本，旅客货主至上”的经营理念具体化、形象化。为此，要深入加强服务文化建设，始终不渝地倡导和锤炼各具特色的站车精神、车队精神和班组精神，并使之渗透于岗位服务行动之中。五是与地方联手创品牌为依托，实现路地精神文明建设双赢。通过军民共建、路地共建等形式，共建奖励基金、共建文明线路、共创服务品牌。六是以主题活动创品牌为载体，全面推进品牌战略。各级组织要以全路开展的“树立新理念、提供新服务、塑造新形象”活动为载体，抓教育、创品牌、强营销、促增收，不断扩大运输产品和多元企业新产品的知名度，掀起新一轮创建品牌、宣传品牌、打响品牌的热潮，全面实现经营目标任务。七是以创更多适销对路的精神产品为目标，创党建思想政治工作品牌。要以评选“思想政治工作创新奖”活动为突破口，开展“党建工作创品牌”活动，发动党员在创品牌实践中争当业务能手、技术标兵、营销状元和服务明星；工会、共青团组织要以创青年文明号为载体，利用联系群众广的优势，开展富有特色的品牌创建活动，调动职工敬业爱岗的自觉性，把他们争先创优的积极性和创造性引导好、维护好、发挥好，推动服务品牌战略深入持久开展。

三、软硬并举，进一步丰富品牌内涵

品牌创建必须“软硬兼施”，相辅相成，在深化内涵上下功夫。从硬件上来说，近年来，尤其是几次大提速、“窗口售票革命”，铁路科技含量不断增加，站车站貌发生了明显变化。因此，品牌站车必须不断适应市场需求，在抓好硬件的同时，不断深化软件内涵，以“品”立身。一是要以德赢客。以具备高尚品德、敬业爱岗、体现企业精神的先进人物来支撑，因为产品的质量取决于人的质量。没有良好的道德素质作保证，再好的服务设施也创不出真正的效益。可见，创服务品牌，就是要提高职工的文化修养和职业道德素质，以保证“软件”质量与之配套。二要包装引客。包装要精美，要上档次，要与品牌内在素质相一致。要通过对理念系统、行为系统、视觉系统三大要素的策划整合包装，实现企业理念、行为与视听传达的统一，员工形象、产品形象与企业整体形象的统一。三要以质赢客。对商品而言，品质泛指质量。质量决定品牌，品牌反映质量。就铁路来说，其产品实质就是位移中的服务，品质就是服务质量。创品牌是手段，提高服务质量是最终目的。要创造条件，尽可能使客运列车服务像“陆上航班”“流动的宾馆”，使品牌名实相符。四是以情留客。铁路服务品牌上水平，必须在文化品位和情趣上下功夫，以高格调的文化环境和氛围，融入当地文化历史传统，体现铁路行业特点和所处地域文化特色。如候车室里多挂一些反映铁路发展历程，反映当地风土人情和景观的宣传画、风景画、雕塑作品，陈列一些两个文明建设成果及品牌事迹的荣誉奖牌(杯)等，列车上存放一些健康向上的图书、报刊，播放一些经典名曲，开展一些服务旅客的点歌、知识竞赛、趣味性文化活动，车站适度揭挂一些富有亲和力、体现铁路服务理念的营销用语等等。这样，不仅可消除旅客候车、乘车时的疲劳，还可陶冶旅客情操，提高铁路站车的品位和形象。蚌埠列车段在创 T63/64 精品列车过程中，弘扬徽文化特色，展现安徽窗口形象，营造出以黄山松形象为标志的“迎八方客，温馨伴您行”的服务氛围。

四、延伸推进，进一步构建品牌战略体系

铁路品牌创建要坚持高标准，以点带面，立足实际，持之以恒，大处着眼、小处入手，由浅入深，循序渐进，由单一品牌向系列品牌延伸。一是由硬件向软件延伸。硬件是品牌创建的前提和基础。在示范站车硬件、软件创一流的同时，其他普通列车也要争创一流，相应的服务也要并驾齐驱，迎头赶上，做到“硬件不足软件补”。二是点面结合，由个体向群体延伸。在个人服务品牌的基础上，选树品牌岗位、品牌班级、星级站段，形成个体到群体的品牌系列。三是由内部弘扬向社会集中展示延伸。要发挥自身宣传阵地、开展营销宣传文化活动基础上，积极借助大众媒体传播面广的优势，整合展示推广品牌。四是全力构建品牌体系。要强化铁路品牌文化建设，提高职工整体素质，逐步形成一个以共产党、共青团员为骨干队伍，以全国劳模、省部级劳模、各级先进典型、明星服务员为服务亮点，以青年文明号、共产党员售票窗口、服务总台、共产党员先锋岗、红旗责任区为基本框架的多层次、多系统、全方位名牌体系，用这些名牌支撑起铁路企业这个焕发时代光彩的“金字招牌”。

五、管理创新，进一步形成有利于品牌发展的机制

品牌追求无止境，推出和打响品牌并非万事大吉，而是如逆水行舟，不进则退。要使服务品牌保持长久的生命力、竞争力，必须着眼服务创新，立足于长效管理。一是成立品牌管理机构，加强领导。各级党政领导要把创品牌作为一项长期战略摆上重要日程，建立机构，制定规划，精心策划，分工明确，责任到人，全面落实。二是建立品牌标准，制定管理办法。要以旅客满意度为标准，建立健全考核评价制度和测评办法，制定品牌站车（班组、岗位）管理细则，推出品牌经营

管理手册。三是定位服务理念，提炼品牌精神。服务理念是服务品牌的内在宗旨，品牌精神是服务品牌的灵魂。宣传推广服务品牌的关键是学习品牌的精神，以品牌事迹感染人，以品牌精神鼓舞人。四是建立品牌激励机制，保护开发无形资产。要全面建立品牌推广机制，对无形资产进行有形管理，给“金字招牌”称分量，确认品牌的社会价值。可委托资产评估公司对已有品牌进行评估，根据知名度、美誉度、知名度和创造经济效益等相关指标，注册服务商标，重奖服务品牌，努力产生“拨亮一盏灯，照亮一大片”的品牌效应，推动品牌的成长和发展，为铁路“品牌森林”的形成打下坚实的基础。

（本文原载 2006 年第 4 期《现代管理与现代领导》）

全方位实施品牌战略

全方位实施品牌战略，构建以全国、省部级劳模、各类先进典型、明星服务员为亮点，以党员先锋号、青年文明号、红旗责任区为基本框架的品牌体系，是精神文明建设的重要内容，也是服务文化建设的重要目标。

面对激烈的市场竞争，我们积极推进“三新”教育(树立新理念、提供新服务、塑造新形象)，以各级单位开展的主题活动为载体，以提高企业市场竞争力为重点，抓教育、创品牌、强营销、促增收，全方位实施品牌战略，积极构建以全国、省部级劳模、各类先进典型、明星服务员为亮点，以党员先锋号、青年文明号、红旗责任区为基本框架的品牌体系，促进了企业两个文明建设的协调发展，全方位提高了企业竞争力。

一、以站车文明活动为载体，打造“9字号系列”服务品牌

近年来，为了充分发挥劳模在客货营销、提高营运服务质量中的模样示范作用，蚌埠分局以全国劳模、蚌埠站39号客运值班员路洪祥为龙头，在分局主要客货窗口单位选树一批服务明星，对他们的服务工号作统一规定，打出9字号，赋予丰富的品牌内涵，并通过召开观摩交流会向社会隆重推出。蚌埠站将39号“洪祥品牌”到工商部门注册，并以洪祥名字、肖像及工作岗位命名“洪祥工作室”。去年，该站开展了“学劳模，创品牌，万里营销展风采”活动，对洪祥品牌形象进行再塑造，统一标志服装，增设“文化书屋”，建立异地服务热线，制定“一日工作标准”，建立“洪祥岗位奖励基金”等，强化了品牌效应，促进了服务质量提高。

二、以“新世纪新春运新服务”活动为载体，打造阜阳站运输品牌

阜阳站变管理旅客为服务旅客，把握春运规律，优化客运组织，在各方面大力支持配合下，确保“三个有序”(售票、候车、乘降)，在客流暴涨的情况下，做到了“峰高不显峰，有流不滞流”，实现了“安全正点、平稳有序、优质服务、效益良好”的春运目标，形成了阜阳站这个运输大市场的品牌效应。该站借天时地利人和的优势，以优质服务真诚待客，赢得了太和运输市场，行包托运量由过去每月不足4 000件猛增到3.3万件，实现了铁路与货主的双赢。针对服务工作中容易出现的生、冷、硬、顶、推现象，该站又全面实施了“微笑服务工程”，强化形势任务教育，开展客货星级管理，佩戴“微笑服务”徽章，争当9字号服务明星等活动，

力争用3～5年时间，实现窗口职工会说、会笑、会做思想工作，使服务工作规范化、标准化、宾馆化，塑造一等大客站形象。

三、以“学习创新、岗位创效”活动为载体，打造“党员先锋号”品牌

阜阳机务段检修车间第二包修队本着“有名次争第一，无名次创一流”的宗旨，以记名修车为抓手，做到巡修制度化、跟踪服务随时化，变“坐诊”为“巡诊”，以修安全车、放心车、品牌车求效益，创造了班组自1995年成立以来无一起责任机破的安全纪录，被共青团中央、铁道部授予青年文明号称号。

四、以整顿“非双优车辆”为载体，打造“绿皮车”品牌

围绕整顿“非双优车辆”（即绿皮车）为契机，点面结合，软硬并举，把管理基础薄弱、两纪松弛、车底卫生差、设备失修、备品不齐和治安秩序混乱、职工素质不高作为整顿重点，一方面，抓人员培训，另一方面，确保“四个到位”（人员组织、车辆备件、资金投入、工艺和服务质量到位），并采取先重点、后一般，保长途、促短途的整修方案，扭转了少数绿皮车电扇不转、电灯不亮、广播不响、管道不通和和门窗失修等车况不良现状。同时，做好示范引路。1403/4次是分局开往广东经济发达地区的唯一一趟“绿皮车”。他们围绕整顿抓管理，对列车整容，实行备品“四定管理”（定标、定量、定位、定人）；实施旅客“满意工程”（日常服务、环境卫生、旅行安全），推行“六个一”（管好一扇门、验好一张票、送好一杯水、供好一盒饭、巡好一遍车、说好一句话）标准服务。针对该趟列车的旅客80%以上是打工族的特点，他们制作了“打工指南”展示板挂在车厢内宣传，并开辟“打工者之声”列车广播栏目，宣传劳务政策，解答旅客疑问。该车列车成为上海局的标杆列车，铁道部23对普通旅客列车中的“质量达标车”。

五、以“江淮铁道安全行”活动为载体，打造安全品牌

为抓好安全专题整治，培育安全品牌，树立与时俱进的安全观，针对安全薄弱环节，我们组成百人工作组，郑重提出“向干部作风要安全”的口号，开展了“江淮铁道安全行”活动，组织了“安全生产百题知识竞赛”，强化“从险情中猛醒，从教训中奋起”的安全意识教育，动员各级宣传干部发扬“采风”精神，深入现场，聚焦一线，利用有线电视、专题宣传简报等多种宣传形式，把笔头、镜头对准职工，大力宣传报道安全工作中的典型人物、先进事迹，进一步用好的精神引导职工，用好的做法带动职工，用好的安全品牌激励职工，通过营造良好的安全舆论环境，形成干部职工关注安全运输、学习安全知识、抓好安全生产的局面。

（本文原载2002年第2期《思想政治工作研究》）

浅议企业形象

企业形象是企业的无形资产，是企业进入市场的入场券，是企业生存和发展的重要因素。塑造新形象是铁路实施顾客满意战略的具体步骤，是代表最广大旅客货主根本利益的具体体现，是铁路在改革发展进程中如何以优质服务赢得运输市场的总动员令。

企业形象是企业的无形资产，是企业进入市场的入场券，是企业生存和发展的重要因素。如何进一步塑造“快捷安全、经济舒适”的铁路行业形象？我认为应突出以下三个方面：

一、以旅客货主需求为基准，把形象定位好

形象定位是一种差异化战略，是体现竞争优势的重要方面。要定位好铁路企业形象，首先要从旅客需求出发准确定位。这次在全路开展的“新理念、新服务、新形象”为主要内容的“三新”教育，把21世纪铁路行业新形象定位在“快捷安全、经济舒适”上，体现了“以客为本”的原则，突出了铁路在运输业中的特性和比较优势。但这一总体形象定位只有通过一站一车细化、具体化设计包装，通过实实在在的服务，实践“快捷安全、经济舒适”承诺，才能破除“铁老大门难进、脸难看、事难办”的不良印象，从而给旅客留下新形象。一方面，要优化视觉形象，把体现铁路价格优势的理念传达给社会。如“铁路提速不提价”“五定班列”的承诺；另一方面，美化站车设施，突出软硬件优势，为旅客提供舒适的旅行环境。北京至上海的T21/22次列车软硬并举，用旅客的眼光，以旅客心理变化、生活背景为基准，研究设计列车环境形象，列车整体装饰以突出“宁静、典型”风格的高灰色、深蓝色为主，在短暂的行程中让人享受优美的环境，感受优美的情调。此外，对乘务员进行整体形象包装也很有必要。这种包装既包括服饰、饰物，也包括仪容、仪表和形体等。蚌埠列车段在创T63/64精品列车过程中，弘扬徽文化特色，展现安徽窗口形象，营造出以黄山松形象为标志的“笑迎八方客，温馨伴您行”的列车文化氛围。阜阳站从实施“微笑服务工程”入手，力争用3～5年时间，塑造一等大客站形象。

二、以吸引旅客货主关注为重点，把形象展示好

首先，通过品牌效应，吸引旅客货主的注意力。要发挥好品牌效应，一方面要引入CI企业形象策划，对铁路品牌站车容貌、职工服装、站台标识、标准色进行整体设计优化，展示好企业外部形象。另一方面，必须坚持以人为本、顾客至上，持之以恒为旅客货主提供安全、便捷、满意的运输服务，以高质量的服务品牌，为旅客货主创造价值。今年以来，蚌埠分局各级组织以“三新”教育活动为载体，广泛开展“抓教育、创品牌、强营销、促增收”主题教育活动，巩固“9字号”系列服务品牌，有针对性地培养和选树一批重点品牌，大力宣传了春运阜阳站运输品牌、阜阳机务段检修车间第二包修队、合肥机务段DF-2397党员先锋号机车组等品牌，扩大了分局各类品牌的知名度和美誉度，在全分局掀起了新一轮创建品牌、宣传品牌、打响品牌的热潮，为全面推进品牌战略，实现经营目标任务，起到了较好的促进作用。

其次，通过加强企业文化建设，扩大铁路的影响力。一个企业没有文化，没有精神，没有责任，没有理性，没有承诺，就没有希望。正如一位企业家指出的：“一个几万人的工作集体，如果没有超越的价值追求，没有道德的自觉和文化的制约，管理制度纵然严密，这几万人也终究是乌合之众。”实践表明，企业文化是企业活动的源泉，是支撑企业最本质的东西。未来的竞争归根到底是企业文化的竞争。因此，加强企业文化建设，增加铁路文化含量，对提升铁路社会形象意义重大。企业文化重在建设，只要通过内外两个方面进行：对内主要是“造势”，在激发人气上下功夫。通过开展主题教育活动，转变职工思想观念，增强责任意识，创造群体智慧，和谐人际关系，调动职工积极性，形成企业内在动力，提高运输服务质量；对外主要是“塑形”，在提高企业名气上下功夫。通过多种途径和方式，塑造良好的企业形象和独特的企业风格，在社会上产生影响，以吸引客流货主，增强企业对外竞争力。在塑形过程中，要重视员工个人形象塑造，因为旅客从进门买票开始，一直到达目的地出站，要经历客运职工一系列工序，每一道工序都涉及服务员的个人形象。为此，要强化“本职工作就是岗位形象”的教育，通过礼貌待客，售好一张票、查好一个包、剪好一张票、送好一位客，这必然会在旅客面前树立铁路良好的整体形象。当然，塑造良好的企业形象不仅要靠每位职工的自觉性，还要靠科学、合理的制度规范和奖罚体制来体现。

再次，加强公共关系宣传，增强企业与社会公众的渗透力。从铁路来看，就是增强公共关系的“润滑”功能，积极与政府、企业和广大旅客货主“磨合”好关系，减少不必要的“摩擦”。尤其重要的是，新闻界作为特殊的公众，是社会舆论的权威组织，充分利用媒体开展公关活动，是铁路企业展示形象的重要途径。要“借媒传播”，通过召开记者通报会把铁路新闻传播出去，积极宣传适应市场需求开发的“新产品”，提高服务质量的新举措，优质服务中的新典型。要“借力发挥”，紧紧抓住春运、暑运、铁路提速调图、新站落成典礼等有利时机，主动邀请新闻单位到铁路专题采访报道。要充分利用网络优势，立体展示企业良好社会形象。如建立网站，向社会宣传服务理念，介绍服务品牌，推出客货信息公共服务，旅客咨询和时刻查询，接受旅客货主投诉等。从公共关系角度研究和开展对外报道,做到有利有节有效。要把对外宣传报道放在市场经济的大环境下来再认识,从社会公共关系的角度来把握其本质,要着眼效果、细化目的、了解公众、研究媒体,注意内外有别,把握分寸,留有余地,话不要说得“太满”,不能光追求数量和分量多少,应以社会效果作为最高衡量标准,防止正面宣传的负面效应。比如站车文明服务举措,几趟车、几个站能做到的事,不要报道或误解成所有车、所有站都能做到。从铁路的现状出发,许多情况下可能是保持低调、低姿态、降低公众期望值,效果可能会更好一些。

三、以旅客货主满意度为标准,把形象评价好

谁来评价铁路形象,毫无疑问的是,只能由我们的服务对象、旅客货主来评判。铁路服务形象的标准也只能有一个,那就是旅客货主的满意度。顾客满意度(CSI)是20世纪90年代由美国密执安大学商学院的教授根据消费行为理论开发的。所谓顾客满意度指标,是指质量部门通过问卷设计、抽样调查、数据处理、统计分析等方法,来测评顾客在购买前对产品或服务的期望,与购买使用后对质量的实际感受进行比较的结果,是以社会(顾客)的角度评价经济运用质量的一种新型的经济指标。去年,上海铁路局春运期间委托上海市用户评价中心对全局25个示范站车的服务质量、用户满意度进行社会测评,结果站车平均满意度为78.63,12趟列车的平均满意度为81.22。铁路局对测评结果极为重视,要求有关部门对测评反映的一些突出问题,如车站候车室卫生不理想、开水供应不正常、服务员讲话方言重、待客不热情、列车上餐饮价格偏高、广播声音不清晰、厕所有异味等采取措施,组织攻关,抓好整改,主要示范站车服务质量有明显高管,满意度明显提高,社会形象大为改善。建议示范站车都要建立顾客满意度指标,并定期发布,形成制度,同时要经常对顾客意见薄进行分析整理,尊重顾客意见,改进工作不足。这是一笔花钱也难买的宝贵财富,我们要高度重视。

综上所述,塑造新形象绝非权宜之计或做应景文章,从某种意义上说,是铁路实施顾客满意战略的具体步骤,是代表最广大旅客货主根本利益的具体体现,是铁路在改革发展进程中如何以优质服务赢得运输市场的总动员令。强化全员的服务创新意识,尽快提高铁路服务质量总体水平,扩大运输市场份额,塑造铁路“快捷安全,经济舒适”的新形象,任重而道远,这不仅是“三新”教育的重要目的所在,也是我们每一名铁路员工义不容辞的神圣职责。

(本文原载2003年第1期《上铁管理现代化》)

与春运脉搏跳动

春运宣传要唱响主旋律、打好主动仗，必须与春运脉搏跳动，牢牢依托春运这个大舞台，在春运这个主战场上纵横捭阖，一切围绕春运，一切纳入春运，一切服从春运，内外并举，上下联动，与春运同行，才能在春运这个大平台上定好位、着好力、显作为。

春运潮既是“市场潮”，也是“效益潮”；春运期，既是考验期又是收获期。在方方面面的高度关注下，在各级宣传干部的辛勤努力下，今年，蚌埠铁路分局春运宣传报道图文并茂，质优量多，喜获丰收。据不完全统计，春运期间，分局编发《春运简报》55期5 500份；共上报上海铁路局信息52条，采用22条，位居全局第一；《宣传之窗》网页登录稿件275篇，照片133幅；分局有线电视中心《蚌铁新闻》开播春运专题12期，播发春运新闻57条，其中中央电视台采用33条(次)，省市台采用88条；高峰期，中央电视台连续报道阜阳春运，2月6日至13日，持续8天每天早中晚一日4报；对外报道共上稿586篇，中央级151篇，省市级435篇，均突破历年最高纪录。一批有影响力的重点稿件，上了《人民日报》、中央电视台、中央人民广播电台、《中国青年报》《法制日报》《光明日报》、新华网等中央主要媒体和《人民铁道》报显著位置，有的被新华社发了通稿，有的还配发了评论或言论。成果丰硕的一个重要原因就是，我们牢牢依托了春运这个大舞台，在春运这个主战场上纵横捭阖，唱响主旋律，打好主动仗，一切围绕春运，一切纳入春运，一切服从春运，内外并举，上下联动，与春运同行，与春运脉搏跳动。

一、与春运脉搏跳动，就是要适应客流规律、超前运作，把春运宣传氛围造起来

蚌埠分局春运特点是节前到达客流多，节后是返程高峰。春运宣传报道也要遵循这一规律，把春运策划做在前，宣传造势造在前，动员工作走在前。我们紧紧围绕春运重点任务和奋斗目标，整合宣传力量，发挥宣传阵地优势，利用各种宣传载体，把宣传工作贯穿到春运工作的全过程，设计了“八个一”的宣传报道方案，内鼓士气，外塑形象，雷厉风行，有序运作。春运前夕，我们成立春运报道组，分别在蚌埠、合肥、阜阳、淮南地区召开了春运宣传报道工作动员会，以会代训部署春运宣传报道任务和要求，并强化车站环境宣传，下发春运宣传提纲，编发春运简报，开设网上和有线电视春运报道专栏。特别是把报道主题定位在携手民工旅客共奔小康，提升春运服务理念，增强铁路人文关怀和社会责任感上，为《携百万民工奔小康——阜阳站10年民工潮运输回眸》(2月15日《人民铁道》头版头条、2月24日《新安晚报》19版整版)等长篇报道隆重推出打下了基础。通过把宣传报道任务部署下去,把宣传力量凝聚起来,把宣传干部的积极性调动起来,把职工思想统一到战春运上来,营造了群策群力保春运的良好态势和浓厚的春运宣传氛围。

二、与春运脉搏跳动,就是要着力宣传报道一线干部职工为社会做出的巨大付出,把春运精神扬起来

近年来,在客流暴涨、密集到发、运能短缺的情况下,我们积极打造春运服务品牌,率先在全路培育提炼出具有分局特色的"春运精神",这就是"全局联动、精诚团结一盘棋的协作精神;抢抓机遇、负重增压创效益的拼搏精神;站车为家、连续作战不歇步的敬业精神;服务至上、一心一意为旅客的奉献精神"。这是我们取得春运全胜的动力之源,也是春运宣传报道的重点所在。春运期间,我们把春运精神作为宝贵精神财富,大力培育弘扬春运精神,凝聚人心共战春运,牢牢把握春运报道的主动权,镜头聚焦职工,笔头对准一线,集中宣传报道了一线干部职工把旅客利益、社会效益放在第一位的生动事例;一线职工战风雪保安全保畅通做出的巨大付出;春运高峰期间涌现的新典型。如为了旅客走得了、走得好,广大干部职工在千里铁道线上战风雪、斗严寒、清扫积雪、保畅通的动人情景(见《情注百万民工　喝令风雪让道》,2月12日《安徽日报》);身先士卒、不知疲惫的淮南站"铁杆站长"(见《激情燃烧的春运》《春运简报》);为了春运推迟婚期的阜阳站运转车间连接员;大年初一带病工作,拔掉吊水就上车的阜阳机务段9350机车司机长;外婆去世不离岗的滁州车务段担子站内勤助理;巾帼不让须眉的淮南站客运室女将们;有线电视新闻以"春运视点""春运一线传真"专栏全方位系列报道一线干部职工战春运的动人事迹,浓墨重彩聚焦了他们舍小家、顾大家的高尚情操,生动地再现了他们特别能战斗的奉献精神。

三、与春运脉搏跳动,就是要借力打响春运宣传报道战役,把春运品牌形象塑起来

节后是分局春运的高峰,我们充分利用社会广泛关注春运的机遇,借力打响春运宣传报道战役,以部、局组织的春运新闻采访团采访合阜地区为契机,借题发挥,借势发挥,借媒传播,突出舆论引导,重点报道了分局各级组织实践"三个代表"重要思想,为了让旅客走得了、走得好做出的努力和奉献,从而把社会和媒体的关注点引导到对铁路的理解和支持上来,进而通过"借船出海"宣传铁路,塑造分局良好的春运品牌形象。如果说今年"报道得好",首先应归功于借力"借得好"。由于春运对外报道策略、视角的转变,一批有分量、有影响的报道纷纷见诸报端,如《经济日报》以半个版的篇幅报道了阜阳站"无盲区服务",《人民日报》突出报道了《“农民车站”春运忙》(1 月 30 日)、《今年春运不说“NO”——节后春运高峰感受合肥站诚信服务》(2 月 15 日)等充满人文关怀的文章;大量个性化服务的文章图片音像在主流媒体显著位置、黄金时段刊播,如《安徽阜阳开出新民工专列》(2 月 7 日《人民日报》华东新闻头版)、《撑伞送君行》(2 月 12 日《法制日报》)、《温馨服务暖客心》(2 月 13 日《人民铁道》)、《难忘元宵之夜》(2 月 6 日《安徽日报》),中央电视台春运新闻频频报道阜阳站的消息,上海东方电视台《东视广角》专栏进行了 10 多分钟的专题报道,全方位体现了铁路的人性化服务,形象展示了职工精神风貌,立体塑造了分局春运品牌形象。如果说今年“报道得好”,还应归功于“做得好”。今年春运工作的亮点为我们有针对性地开发宣传资源,报道春运品牌,提供了“源头活水”。阜阳站开展了“情系百万民工、提供良好服务、携手民工兄弟、共奔小康目标”主题活动,推出了“无盲区服务”,做到了“科学调控、售票有序,分区集结、候车有序,统一指挥、进站有序,精心组织、乘降有序”,真正使服务个性化。合肥站提出“真诚无限、情满春运”的服务理念,开展了“五项新服务、温馨伴你行”主题活动,推出了“承诺兑现、首问负责的诚信服务;排忧解难、体贴入微的情感服务;应对自如、妥善处置的应急服务;导向清晰、反应敏捷的信息服务;环境美化、卫生整洁的绿色服务”。滁州车务段开展了“劳模一日百杯水、服务旅客献真情”活动,“139”号孙红妹在候车大厅设立了“春运服务质量投诉点”。蚌埠站推出“全窗售票、划区候车、引导进站、网络服务”,开展了“学洪祥、树品牌、打响洪祥第一岗”主题活动,建立了以全国劳模、“139”号客运值班员路洪祥为岗长的“春运第一岗”,不断拓展服务功能、延伸服务领域,使洪祥精神在各个方面得到分体现。这些服务品牌都成为春运宣传的重头戏,媒体报道的新视角,展示分局形象的精彩缩影。据此,我们内外联动配合新闻采访团,在客流高峰探源头,在关键时段找由头,在深入报道春运新服务上体现新亮点,在总结运输组织的新特点上出创意,在捕捉职工闪光点上深挖掘,从而把打造春运品牌的文章落到实处。

四、与春运脉搏跳动,就是要变被动为主动,变忙于救火为主动引导

围绕强化正面报道,控制负面报道,维护企业形象这一主旨,我们变忙于救火为主动引导,变回避矛盾为主动组织采访,变各自为战为统一行动,变注重数量为注重效果,特别是加强了与社会和媒体的公共关系,在超前部署、协调沟通、强化教育、控制负面上狠下功夫。节前,通过订报扶贫(《安徽日报》300 份),召开春运新闻通报会,完善新闻发言人制度,为中央及驻皖新闻单位寄新年贺卡,主动走访、征求新闻单位对春运的意见和建议,及时准确向媒介提供报道线索,为各家新闻单位记者提供采访服务,从而最大限度争取新闻单位的理解支持。主要站车单位把问题消灭在萌芽状态,加强职工职业道德和新闻意识教育,强化大局意识和责任意识,主动从内部查找薄弱环节,制定预案,提高服务质量,并采

取请进来和走出去的办法，邀请记者现场采访，提供报道线索稿件和音像资料，积极欢迎社会舆论监督，认真搞好旅客投诉，创造了有利于春运发展的内外部环境。与此同时，我们还派人驻点，与车站共同协调把关，沟通舆论动向，从而使铁路春运工作得到了社会各界和广大旅客的理解、支持和赞誉。从这个意义上说，宣传工作者不仅要当好“灭火器”，更要当好“助推器”，通过舆论造势，使社会加深对铁路的理解；通过参谋引领，使职工思想观念得以转变。实际上，春运本身就是一场生动直观的市场形势教育，是促进职工经营理念更新，确立市场意识、营销意识、服务意识的最好契机。为此，分局党委不失时机，服务春运工作大局，一切纳入春运，一切服务春运，深入开展“创新创优谋发展”主题教育活动，以春运具体实践检验“三新”教育的实际成果，通过开通 24 小时“职工求助热线电话”，激励广大职工自觉形成“树立形象从我做起”“我就代表了铁路”的形象理念，从而把春运当机遇、当财富、当考场，做到安全稳、路风好、服务优、形象好。这是今年春运没有出现负面报道的根本原因所在。

回眸春运宣传报道工作的一幕幕，我们深深地体会到，春运 40 天既是宣传干部辛勤奉献的 40 天，也是综合素质接受检验的 40 天，更是体现宣传干部作为的 40 天。春运宣传实践再一次证明了宣传工作是“不是一线的一线，不是硬件的硬件”（傅志寰部长语），宣传报道工作只有融入春运整体大循环，真正与春运脉搏跳动，才能在春运这个大平台上定好位、着好力、显作为。

（本文原载 2003 年 2 月 27 日《铁路政工网》）

第五编

经营管理与经营文化建设

党的十九大报告指出，坚定不移贯彻新发展理念，建设现代化经济体系。只有坚持全面发展，坚持全面深化改革，才能推动我国发展不断朝着更高质量、更有效率、更加公平、更可持续的方向前进，推动中国特色社会主义建设迈向新境界。

推动高质量发展，基本路径是推动经济发展质量变革、效率变革、动力变革，提高全要素生产率。对企业来说，质量变革的基础是提高产品质量，弘扬劳模精神和工匠精神。这对企业经营文化建设提出了新的更高的要求。当今时代，文化驱动成为企业实现可持续发展的不竭动力。正确把握铁路经营文化的科学内涵，加强铁路经营文化建设，是铁路贯彻新发展理念，实现铁路企业高质量发展的必然要求。建设经营文化的要义在于着眼铁路高质量经营发展战略，确立一套经营价值标准和行为准则，用先进的经营理念和方式处理好与客户、职工、股东、社会的关系，并在经营实践中落地生根、开花结果。铁路经营文化建设作为经营理念系统转化工程，要突出市场化经营理念的内化、固化、外化、物化环节，并渗透于法治化市场化经营和运作全过程，进而为铁路做大做强国有资产提供软实力保证。

从战略高度重视铁路经营文化建设

企业经营文化就是指经营者如何经营、如何竞争、最终办成什么样的企业的使命宣言。虽然企业经营文化不能直接产生经济效益，却能渗入到员工的骨子中、血液里，最大限度激发人的创造力、凝聚力和执行力，确保企业产品与品牌、决策与执行、组织与管理良性运作。加强经营文化建设既是铁路如何取得竞争优势的严峻挑战，也是文化强企战略的应有之义。

全面实施货运组织改革，是铁路总公司成立后推出的一项重大改革，也是铁路转变发展方式，适应经济社会发展的必然选择。要适应这场深刻的管理变革，首要的问题是思想观念的转变和经营理念的牢固树立，使经营文化内化于心、固化于制、外化于行，进而为实现铁路货运改革目标提供文化支撑。

铁路经营文化是铁路文化建设的重要内容，是铁路核心价值观在铁路产品经营上的体现，主要包括群体一致认同并践行的经营理念、制度流程和行为规范。经营文化的要义在于为铁路企业确立一套价值标准，以此来判别事物的好坏对错、成功失败、善恶美丑；判别什么事是正确的，什么事是错误的；判别哪些事是应该做的，哪些事是不应该做的；判别哪些事是重要的，哪些事是次要的。铁路经营文化的根本功能就在于，着眼企业生存发展，发挥文化在物流营销、企业塑形、市场竞争中的影响力，不断增强铁路转观念、闯市场、提效益、促发展的软实力。

之所以强调铁路企业经营中的文化建设，这是由以下几个方面的要求决定的。

一、从综合国力竞争上看，加强铁路经营文化建设是文化强国战略的必然要求

现在，综合国力竞争的一个显著特点就是文化的地位和作用更加凸显，许多国家特别是主要大国都把提高文化软实力作为增强国家核心竞争力的重要战略。党的十八大报告进一步提出，扎实推进社会主义文化强国战略，并强调文化是民族的血脉，是人民的精神家园，发挥文化引领风尚、教育人民、服务社会、推动发展的作用。这充分体现了我党对文化建设的高度自觉和自信。经济学家于光远曾精辟地断言："国家的富强在于经济，经济的繁荣在企业，企业的兴旺在于管理，管理的有效在于文化。"事实表明，文化强，则企业强；文化弱，则企业弱。中国不缺少大企业，但缺少持续百年的强大企业。目前，深化体制改革后成立的

铁路总公司无疑是国有企业体量最大的，其发展情况如何意义重大。铁路必须弘扬时代精神和民族精神，从文化强国的高度重视经营文化建设，增强强企报国的责任感和和使命感，才能在促进铁路可持续发展中增强国家综合竞争力。从此意义上说，加强铁路经营文化建设不仅是铁路自身强大的内在需要，更是实现文化强国战略的必然要求。

二、从经营与文化的关系看，加强铁路经营文化建设是文化强企战略的迫切要求

西方学者有句名言，经济现象和伦理文化是同一因果链的两个侧面。经济现象的背后是文化。在激烈的市场竞争中，企业经久不衰的背后，必然是其适应企业现状的文化力作支撑。谁拥有文化优势，谁才能拥有竞争优势和发展优势。世界知名企业成功实践表明，优秀的企业文化可以强有力地加强企业经营战略的实施，从而取得某种竞争优势。成功企业的代表——世界500强实践表明，他们胜出其他公司的根本原因，就是在于这些公司善于给他们的企业注入活力，凭借文化力保持了百年不衰。同时，经营战略的实施进一步强化企业文化。美国学者约翰科特和詹姆斯赫斯克特经过11年艰苦研究，总结了200多家企业绩效情况，最后集中到10家典型公司的企业文化和经营关系上，证实了企业文化是对企业经营收益有很大的促动作用。文化作为“软件”和“灵魂”渗透和贯穿于企业生产经营的各个要素之中，与物质资源是“精”“气”“神”和“筋”“骨”“皮”的关系。它作为经济资源，同样具有价值。这个价值可以附加在企业的产品和服务上，增加产品和服务的价值。正如有人形象地概括其功能为：“资本是船，品牌是帆，企业是人，文化是魂。”从此意义上说，企业之间的竞争是文化力的较量，企业竞争的需要决定了企业必须重视经营文化战略，必须以更加明确的文化模式、文化手段来塑造自己的个性特征，才能最终达到“企业精神靠文化来培育，企业信誉靠文化来播扬，企业品牌靠文化来支撑，企业形象靠文化来塑造”。正如GE原CEO杰克·韦尔奇所说：“如果你想让列车再快10公里，只需要加大马力；而若想使车速增加一倍，你就必须要更换钢轨了。资产重组可以提高一时的公司生产力，只有文化上的改变，才能维护高生产力的发展。”因此，加强经营文化建设既是铁路如何取得竞争优势的严峻挑战，也是文化强企战略的应有之义。

三、从铁路经营实践看，加强铁路经营文化建设是解除“短板”瓶颈制约的现实要求

1980—2012年铁路货运周转量占全社会的份额由47.5％下降到16.9％，社会物流的发展把铁路货运逼到了悬崖边。铁路货运市场下滑原因是多方面的，既有宏观经济的影响，更有体制机制的因素，但背后落后的思维方式是深层因素。铁路正处于转型发展的关键时期，实践中暴露出来的干部职工经营观念

不够新、开拓意识不够强、服务能力不够强等问题，成为制约铁路快速发展的最大短板。特别是粗放经营方式，重经营目标完成、轻经营过程中的人文因素，重产品经营、轻品牌经营的指导思想没有确立，越来越不能适应当今铁路科学发展和可持续发展的需要。就经营文化建设而言，许多单位没有将其与企业战略、人力资源相提并重，致使文化与经营管理两张皮现象极为普遍，既缺少理论自觉和顶层设计的研究，也缺少经营文化能力的培训与提升，在实践层面仅停留于一般化号召，有的仅把它看成是领导布置的一项临时任务，使铁路经营经营发展缺少文化持久动力的支撑。这就迫切要求从战略高度牢固树立与“四个转变”相适应的市场意识、责任意识和效益意识，着力从理论与实践的结合上，深刻认识经营文化的内涵与意义，准确把握经营文化建设的路径，创新工作机制和营销方式，提高经营管理能力，促进铁路核心竞争力的持续提升。

综上所述，没有经营文化，铁路经营发展就没有灵魂、没有方向、没有持久的动力和活力。企业经营文化就是使经营者如何经营、如何竞争、最终办成什么样的企业的使命宣言。虽然企业经营文化不能直接产生经济效益，却能渗入到员工的骨子中、血液里，最大限度激发人的创造力、凝聚力和执行力，确保企业产品与品牌、决策与执行、组织与管理良性运作。

（本文原载 2013 年第 5 期《理论学习与探索》、2013 年第 6 期《铁道企业管理》）

提升铁路竞争优势的思考

中国铁路提高整体竞争能力，必须从战略高度应对各种挑战，变自然垄断优势为核心竞争优势。实施顾客满意战略，是取得竞争优势的基础；实施品牌战略，是取得竞争优势的关键；实施人力资源管理战略，是取得竞争优势的源泉；实施企业文化战略，是取得竞争优势的灵魂；实施企业素质提升战略，是取得竞争优势的保证。

面对变化了的环境，铁路要生存发展，必须研究如何形成企业核心竞争力，尽快变自然垄断优势为核心竞争优势，通过实施顾客满意、品牌、人力资源管理、企业文化战略和创建学习型组织，才能应对各种变化，实现可持续发展，体现维护职工根本利益的本质要求。这是铁路企业生存发展的战略大计，也是各级组织和部门责无旁贷的任务。

一、实施顾客满意战略，变传统市场份额为顾客份额

加入WTO，中国铁路将融入国际市场，谁拥有顾客，谁将赢得市场。因此，决定一个企业成功与否的关键在于“顾客份额”。如何变市场份额为顾客份额，关键是确立“顾客至上”的服务理念，全方位实施顾客满意战略，全过程培养忠诚顾客，实现全员顾客满意。顾客分为内部和外部两种。内部顾客满意（内部员工）是外部顾客满意的前提和基础，要培养忠诚顾客必须提高内部顾客对企业的忠诚度。内部顾客是指工序之间，上道工序要把下道工序视为顾客，让下道工序满意，职能部门之间要把对方视为顾客，提供服务让对方满意，机关要为基层服务，让基层满意。因此，铁路作为联动机，为旅客服务不仅仅是客运部门的事，而是与之“前店后厂”关系的机务、车辆、工务、水电、机关等部门的共同责任，必须发扬团队精神，形成“一盘棋”思想，才能真正使“以顾客为中心”的理念在各级管理层深入人心，“让每一名顾客都满意”成为一种自觉，一种合力，一种追求。一方面，必须坚持“以员工为本”，营造关心人、尊重人、凝聚人、激励人的氛围，提高员工道德修养，使他们与企业形成命运共同体，一举一动自觉让顾客满意；另一方面，必须坚持“以客为本”，从旅客货主需求出发，按照市场要求和我国加入WTO的承诺，加快运输体制改革，全面清理现有的法律、法规和规章，建立健全以顾客为导向的规章体系和社会测评机制，使员工既能做到按规章办事又能实现优质服务。要通过创新产品和服务，采取灵活多样的服务方式，拓展服务的空间和渠道，弥合服务质量与顾客需求之间的差距。要把外部顾客当作一项资产

来管理，建立顾客档案和客户满意测评投诉系统，实现客户档案的信息共享，从而实现真正意义上的个性化服务，得到真正意义上的忠诚顾客。

二、实施品牌战略，变传统产品营销为品牌营销

加入WTO，国内市场国际化，国与国之间的竞争将演变为企业与企业、品牌与品牌之间的竞争。品牌是质量、信誉、技术、经营管理水平等方面的综合体现，标志着企业的生命力和竞争力。因此，铁路要提高市场竞争力，就必须全方位实施品牌战略，变传统的产品营销为品牌营销，真正为顾客创造价值，通过质量立牌、人才兴牌、服务保牌、宣传树牌，以高质量、高档次的名牌产品和服务品牌参与市场竞争。既要充分发挥各级组织共创品牌的优势，加强品牌动态培养、管理和激励机制建设，充分调动各方面的积极性，又要把握时代发展趋势，优化运输产品开发，强化铁路比较优势，最大限度体现铁路安全、经济、便捷、舒适的特点，灵活运用营销策略，精心打造各具特色的铁路品牌，从而以一流的素质、一流的形象、一流的设备、一流的服务，展现新铁路新品牌新风采，为品牌营销打下坚实的基础。

三、实施人力资源管理战略，变传统干部人事管理为人力资源管理

企业之间的竞争是人才的竞争。有了人才，企业才能长盛不衰。“以人为本”这句话不仅体现了现代企业管理理念，而且说明每一个人都是可待利用和开发的资源。铁路加入WTO后，外资一旦进入货运市场，必然会通过多种手段争夺我国铁路运输企业高素质的技术、管理人才和熟练技术工人。与外国公司相比，在吸引人才方面，我国铁路企业有较大差距。因此，要实施人力资源管理战略，由传统的干部人事管理向人力资源管理转变，大力开发人力资源，从人才的引进、选拔、培养、使用、培训、激励等方面把人的文章做足、做细、做活、做到实处，使各类人才如源头活水，层出不穷。为此，要强化“以人为本”的人才理念培养人，树立人才资源是第一资源的新观念，有效开发全体员工的潜在资源，全面提高员工思想道德和文化科学技术素质，把最优秀的人放到最适合的岗位上，最好的岗位寻找最适合的人才。其次，要强化多种手段并举留住人。一方面，要体现感情和环境留人，加强有说服力的思想政治工作，不断对人才充满人性关怀，营造开放、宽松、自由、鼓励创造力和尊重人的人才环境；另一方面，要体现机制和待遇留人，从制度上把企业利益和员工利益结合起来，使他们在追求自身利益的同时促进企业利益最大化。

四、实施企业文化战略，变传统体制管理为文化管理

最近，兰德公司、麦肯锡和国际管理咨询公司对全球增长最快的30家企业进行跟踪研究后，写了一份《关于企业增长的研究报告》。该报告称，世界500强胜出其他公司的根本原因，就在于这些公司善于给他们的企业文化注入活力。因此，作为企业的灵魂，企业文化也是企业取得核心竞争优势的灵魂，铁路要应对 WTO 严峻挑战，必须尽快从传统封闭的体制型管理中解放出来，实施企业文化战略，变传统体制管理为文化管理。什么是企业文化管理？说简单一点，就是企业管理由长官的行政命令的强制管理，变为职工的自觉行动管理。根本的一条是首先让所有的职工都认识到自己在企业中的价值地位。

一是铸“魂”。企业无论怎样变化，有一种理念唯独不能变化，这种理念就是企业精神，它决定着企业成员的思维方式和行为方式。为此，要大力培育富有企业个性的核心价值观——企业精神，并加强企业精神教育，纳入企业各类干部职工培训中。企业领导者要率先垂范，既要做企业文化的倡导者、管理者，又要做企业精神的模范实践者。同时，发挥典型示范的引导作用，树立职工身边的，职工公认的叫得响的、立得住的先进典型人物，使企业精神人格化，给职工以精神导向和榜样力量。

二是强“基”。优秀的企业文化离开了制度、管理的支撑，企业文化也就成了沙滩上的楼宇。一方面要强化制度管理基础，使带有一定的强制性的制度管理，在公平、公开、公正的制度原则下，使员工心悦诚服，为员工所理解和接受，使复杂的人际关系简单化、纯洁化，各项管理制度就会变成员工的自觉行为。有的单位之所以搞不好，一个重要原因是感性有余理性不足，不严格按制度办事，使简单问题复杂化。另一方面要强化目标管理基础，通过帮助员工设计职业生涯，使企业目标和职工个人目标结合起来，让员工充分感受到企业的未来和个人的明天，将自己的命运寄托在企业的发展壮大之上，将企业目标变成员工的奋斗目标，把企业意志变成员工的意志。可以说，不关心员工利益目标的企业，绝不可能长久。

三是塑“形”。要加强企业形象管理，全方位塑造企业形象，通过良好的企业社会形象，加深公众对企业的亲和力、影响力，进而提高企业市场竞争力。铁路企业文化建设可先从实施 CIS 入手，借鉴国外成熟经验和做法，通过 CIS 企业形象策划，实施理念识别、行为识别、视觉识别，优化企业内外环境，展示企业整体形象，尤其是大客站和不同速度的列车要引入整体的 CIS 形象设计，使站车容貌、职工服装、站台标识、标准色的环境宣传设计，与国际通用标识系统相接轨，方便顾客识别，凸现服务功能，给顾客以亲和力，使企业有吸引力。

五、实施企业素质提升战略，变传统企业为“学习型企业”

加入 WTO 后，企业之间的竞争实质上是企业素质的较量，而企业素质取决于人的素质高低。而人是有待开发的资源，人的素质提高依赖于不间断的学习，同样，企业素质提高的关键也在于企业能否不间断地学习。因此，打造学习型企业，鼓励员工不断学习、更新知识结构、最大限度地发挥自己的潜能，是铁路应对

WTO挑战的必然选择。要把创建“学习型企业”作为铁路提高市场竞争能力和创新能力的新思路，作为提升企业素质的必由之路，把传统企业改造成为名副其实的“学习型企业”。一方面必须重新认识我们的学习。当今是知识爆炸时代，新思想、新科技、新知识飞速发展，企业领导与企业员工如不能及时“充电”，就不可能有新的经营理念、新的经营战略和新的科技创新能力，只能在WTO带来的全球化竞争中落伍，甚至走向衰亡。企业没有学习力，就没有创新力，更没有竞争力。只有从企业生存发展战略的角度重新认识学习，才有可能加强学习的针对性、有效性，克服学习活动的盲目性，变“要我学”为“我要学”，才能把建立“学习型企业”的过程变成企业领导者、管理者和员工接受“再教育”过程。另一方面必须改善我们的学习。提高企业核心竞争力的实质是一个企业是否具备一定的学习能力，在市场中形成比较优势，比竞争对手学习得更快、更好，并使之迅速地转化为生产力。如何学得更快更好？各级组织要加强学习方法和规律的研究，优化学习方式，活化学习内容，提高学习的有效性。当前，干部职工要认真学习，尽快熟悉WTO有关知识，熟悉相关规则，尤其是铁路运输国际贸易服务规则，把握铁路运输对外开放相关政策，分析开放带来的影响，坚持依法经营，依法治路，规范发展。要改进党委中心组学习，提高领导干部系统思考的能力，真正使他们成为学习的模范，达到“工作学习化，学习工作化”目标；要改进各级管理部门的学习，形成终身学习、全员教育的氛围，把学习融入企业管理的各环节，努力在实践中学习，在教训中学习，在信息共享中学习，在别人的经验中学习。要改进班组学习，努力“创建学习型班组，培育知识化员工”，着力开发一线员工的潜力，调动一线员工的聪明才智，从机制上为一线员工学习创造条件，从而提高员工整体素质。

综上所述，中国铁路应对WTO挑战，必须变自然垄断优势为核心竞争优势，这是一项长期艰巨复杂的系统工程。以上几个方面是形成竞争优势的重要体现，它们相互影响、相互关联、相互支撑。其中，实施顾客满意战略，是取得竞争优势的基础；实施品牌战略，是取得竞争优势的关键；实施人力资源管理战略，是取得竞争优势的源泉；实施企业文化战略，是取得竞争优势的灵魂；实施企业素质提升战略，是取得竞争优势的保证。

（本文原载2002年第12期《上铁管理现代化通讯》、2003年第1期《理论学习与探索》）

文化整合是企业合并重组的关键
——中铁快运安徽分公司合并重组的启示

企业重组并不是简单的有形资产的相加，如果没有企业文化的配合，是难以形成“1+1>2”的功效的。但重组企业的文化整合，并不是双方原有文化的简单叠加，也不是全部推倒重来，而是对原有文化的扬弃，是在去劣存优基础上，对企业新文化的一次催生再造，就是企业形象、制度与价值观的和谐统一。

关于企业重组，GE原CEO杰克·韦尔奇有一段经典的话：“资产重组可以一时提高生产力，但若没有文化上的改变，就无法维持高生产力的发展。”实践表明，企业文化就是企业重要的无形资本，如果重组企业不重视或者不能及时地完成文化整合，将会导致企业内部出现矛盾与冲突，逐渐抵消甚至失去资产重组带来的优势。也就是说，企业的有形资本，只有在无形资本作用下才能增值。企业文化重组，其实就是企业无形资本的重组，是促进企业和谐，提升核心竞争力的最终体现。因此，企业重组并不是简单的有形资产的相加，如果没有无形资本的配合，是难以形成“1+1>2”的功效的。中铁快运安徽分公司的文化整合值得借鉴，他们的做法无疑给我们以深刻的启示。

启示一：必须强化理念整合，促进企业做人与做事的统一。

一般情况而言，业务整合是基础，人力资源整合是保证，但两者如果离开了文化整合，离开了心理认同，就难以形成拳头，产生凝聚力，确保整合目标的实现。也就是说，理念整合是企业重组的核心。原行包公司具有完整规范的制度体系和运力资源，中铁快运具有快速响应市场变化和灵活机动的优势，其特有的地理优势和在客户中的地位认同，如何把同为母子公司的原行包公司与中铁快运公司相整合，特别是划转18个非直管站营业部、接管14对行包专列、组织实施零担整合，并焕发出蓬勃生机和活力，没有脱胎换骨的再造，是不可能的事。因此，必须将原来两个企业的优势发扬光大，糅合成新公司的文化精神是关键。总经理童小妹率先从员工观念入手，全面倡导“三分做事，七分做人，岗位不同，人格平等”的核心理念，实施合并重组中的文化整合，解决企业内部理念不统一、管理不协调的问题，在员工中营造一个共有的“家”的愿景，使每个员工在这个“家”的文化中享受公平的礼遇。他们为体现这一理念，一是引导员工首先学会做人，学会宽容，学会接纳，学会帮助和友爱；二是引导员工学会做事。过去员工是为了做事而做事，是一种被动的做事，没有从做事中感受快乐。为此，他们鼓励员工用微笑、快乐的心情工作，把工作当作事业来做，当作实现自己价值的舞台，当作沟通感情的途径，用工作的愉悦促进工作；三是为员工建立平等的竞争平台。一方面，他们在营业部的岗位设置上全面实行全员优化组合，并进行公开招聘择优录用，使每个人都有“相融感”“公平感”；另一方面，不论身份，充分体现“人格平等”。在发放春节慰问品和年终奖励方面做到全员有份，一视同仁，使全体员工真正感受到新家的温暖，感受到自己是这个“家”的一员。整合工作很快得到了员工的积极响应和支持。正基于此，他们以做人与做事相统一为纽带，以人格平等为基础，把不同地域、不同经历、不同背景的员工，通过文化重组有效聚合在一起，为了共同的理想和信念，团结在“中铁快运”这一大旗下，共同为企业发挥光和热。重组以来，企业凝聚力提高，执行力提升，竞争力增强，预期的规模效益递增。特别是通过实施大客户战略，已经与海尔、荣事达、JAC、奇瑞等大客户建立了合作关系。

启示二：必须强化行为整合，促进企业形象与员工行为的统一。

高品位的服务是提升企业竞争力的保证。没有为客户服务的意识和行动，任何服务承诺都是空话。其实，外在的形象只有靠员工具体行为才能展示出来。一方面，他们按照既展示新形象又符合客户需求的原则，全面整顿了营业部标识标牌揭挂，并在显要位置悬挂新公司企业精神标语，以统一的着装，统一的形象用语，统一的客服电话，使客户耳目一新，也使员工精神面貌焕然一新，成为传播新公司企业文化的使者。另一方面，他们在员工中推行“热爱企业、忠诚事业”的工作理念，激励员工做擅长做的事，做能够做成的事，做别人没有做过的事，为客户提供个性化解决方案。让职工自觉忠诚于企业，把工作当作事业来做，并不是轻而易举的事，需要强化员工对工作意义的认识，需要营造良好的职场环境，提高员工的满意度。为此，他们把尊重员工、关心员工作为行为整合的重要内容，实行“暖人心、得人心、稳人心”工程，努力为员工解决工作和生活上的困难，改善工作环境，解决免费午餐、饮水、取暖、驱暑等实际问题，使各方员工感到有归属感，从而形成了热爱企业、忠诚事业、尊重客户、服务客户的共识和基本的职业操守。为倡导快乐工作的理念，他们还营造“人企合一”的大家庭氛围，为每个员工订制生日蛋糕，生日当天都进行集体庆祝活动。在其生日的时候，所在的班组小团队为其唱生日歌，送上温馨的祝福。一个老员工说，我活了五十多年就从没有过过生日，是中铁快运圆了我的梦。正是这种对员工的关怀和尊重，极大地调动和激活了员工的内在积极性和创造力，以规范的行为使顾客满意，以良好的形象为企业创造价值，使企业形象与员工行为逐步趋于统一。

启示三：必须强化制度整合，促进企业理念与人力资源管理的统一。

实施企业重组，组织系统发生变化，企业的规章制度、管理模式和管理体制等，也要进行相应的调整和重新确立。否则，理念就是空洞的口号，只有鼓动力，没有执行力。当然，经过整合的制度，如果制度与理念不统一，特别是人力资源管理制度不合拍，或换汤不换药，不仅核心理念难以体现，制度更难以让人认同，而不被认同的制度,是不可能得到强有力执行的。这是许多企业“整而不合”“集而不团”的重要原因。而企业制度整合的关键是价值认同,体现出企业理念在用人和分配制度上的统一。也就是说,用什么样的人把企业的蛋糕做大,做大的蛋糕用什么样的规则共享,这是企业通过重组增强核心竞争力的保证。基于此,他们建立起包括科学决策机制、奖罚分明的激励机制、能上能下的干部考核管理机制等在内的一整套现代企业运行机制,保证管理行为与整合后的企业精神理念的一致性。合肥站营业部按照“岗位不同、人格平等”的人本思想,在岗位设置上全面实施全员优化组合,并在换票员、库管员、接车员等多个岗位上,从装卸、委外装卸人员中进行公开招聘、择优录用,体现用人的平等性。为了树立收入靠努力、靠奉献、靠服务的意识,他们实行“同工同酬、同岗同酬、一岗一薪、易岗易薪、变身份管理为岗位管理”,根据工作量、完成收水平、劳动强度、技术含量等方面计提工资,向员工传递了一种以绩效和能力为导向的企业文化,引导员工将注意力从单纯的职位晋升转移到个人发展和能力的提高上来,使陈旧的分配思想与新的与市场接轨的分配机制对接,促进企业理念与人力资源管理制度相统一。

启示四:必须强化员工素质培训,促进员工发展与企业发展的统一。

一方面,企业科学的流程必须要有相应素质的人来执行和实施,企业的品牌需要高素质的员工来打造、创新和维护;另一方面,对员工的关怀莫过于对其素质和能力的提升,为其今后的成长奠定基础。因此,企业的素质源于员工的素质,企业的发展源于员工的发展,企业的利益源于员工的根本利益。整合以来,他们坚持以人为本的思想,始终关注员工的全面发展,代表员工的根本利益,使企业发展理念与员工发展理念相统一。如何为员工根本利益着想,促进员工全面发展,持续打造“金饭碗”?他们致力于学习型组织建设,以提升员工素质和能力为核心,开展以学知识、学技术、学技能为主要内容的职业生涯设计和培训,利用一切机会举办新知识讲座,提高员工对新知识的储备。坚持“走出去”的方针,积极组织员工到兄弟分公司进行观摩学习。为适应物流业迅速发展趋势,创新人才培养模式,抓紧实施现代物流服务业技能型紧缺人才培训工程,组建兼职师资队伍,在普遍进行基本功培训的基础上,按照缺什么补什么的原则,对员工进行强化性封闭性专门培训。同时,按照“走出去,请进来”的原则,不定期地邀请公司或院校专家对物流动态和发展方向举行报告会,并不断派员“走出去”到兄弟分公司或其他物流公司学习,在制订培训计划的基础上,建立培训学习效果问责考核制度。此外,他们不定期地举行岗位比武活动,使员工形成共享学习心得的良好习惯,不断提高员工素质,构建素质优良、结构合理、数量充足的人才梯队。为了方便员工学习,除在机关设立图书室外,在人员比较集中的营业部配备“袖珍书柜”,根据员工爱好,由工会牵头按照分片组建各类学习兴趣小组,并适当地安排一些攻关课题,从而形成人人讲学习,树立终身学习的氛围。目前,“培训是员工最大的福利”的观念已在员工中深入人心,进取向上、追求卓越的良好学习氛围在公司越来越浓厚。

安徽分公司重组整合工作之所以能顺利推进，一个非常重要的原因就是首先从文化整合，实现心理认同的结果。他们的经验值得目前国有铁路生产布局调整和重组中借鉴：不仅要积极推进机构设置、再造流程、资源整合这些“刚性”改革措施，还应该注重发挥文化在管理中的“柔性”作用，才能使软件与硬件兼融、有形与无形互补，达到企业重组“1＋1＞2”的良好效果，以维持企业高生产力的发展。当然，重组企业的文化整合，并不是双方原有文化的简单叠加，也不是全部推倒重来，而是对原有文化的扬弃，是在去劣存优基础上，对企业新文化的一次催生再造，不仅是企业形象、制度、行为与价值观的和谐统一，更是一项长期的工作。国内外经验表明，真正改变思维和行为方式，使之成为员工的生活习惯，可能需要长达 3 年的时间。对中铁快运安徽分公司而言，文化重组之路只是一次破冰之旅，如何巩固和发展整合成果，未来之路仍任重而道远。

构建与货运组织改革相适应的经营文化

构建与市场化相适应的铁路经营文化，就是要以市场化理念为导向，以制度机制为关键，以品牌培育为目标，探索和形成与“四个转变”相适应、与货运改革战略相配套的经营文化体系。

全面实施货运组织改革，是铁路总公司成立后推出的一项重大改革，也是铁路转变发展方式，适应经济社会发展的必然选择。要适应这场深刻的管理变革，首要的问题是思想观念的转变和经营理念的牢固树立。为此，盛光祖总经理在全路货运改革工作会议上提出了“四个转变”的要求，即：铁路货物运输要从以大宗货物为主向全方位物流承运转变；运输组织要由按计划组织运输的生产模式向与市场经济相适应的生产经营模式转变；干部职工要由坐等客户上门向主动服务、上门服务转变；工作方式方法要由传统习惯向提高效能的方向转变。这“四个转变”既是货运改革的目标，又是铁路经营文化建设的要求。

构建与市场化相适应的铁路经营文化，就是要以市场化理念为导向，以制度机制为关键，以品牌培育为目标，探索和形成与“四个转变”相适应、与货运改革战略相配套的经营文化体系，进而发挥文化在物流营销、企业塑形、市场竞争中的影响力，不断增强铁路转观念、闯市场、提效益、促发展的软实力。

一、把树立与“四个转变”要求相适应的经营理念作为铁路经营文化建设的起点

思路决定出路，理念决定行为。没有思想观念的转变，货运改革是难以实现的；没有理念的真正树立，经营文化也是没有灵魂和动力支撑的。从某种意义上说，“铁老大”如何变成“店小二”，是一场观念上的革命。没有危机意识、市场意识和创新意识，是难以真正放下架子，收复失地、拓展市场的。一要强化经营意识。要加强全员形势任务教育和市场经营意识教育，认清自身的优势和劣势、机遇和挑战，认清货运改革势在必行、没有退路，开弓没有回头箭，明确自身在货运组织改革中肩负的重大责任，进而增强走向市场的自觉性和坚定性。要以问题为中心，开展“铁路为什么走向市场、如何走向市场”“凭什么闯市场”“用什么争市场”“拿什么保市场”为主题的大讨论，切实把客户至上的服务观念和主动营销的理念内化于心。二要强化创新意识。货运改革是铁路牵一发而动全身的创新之举，迫切需要强化以创新占市场、以创新促发展的意识，迫切需要强化与之相适应的成本核算和信息化、网络化、专业化理念，才能构建新型全程物流体系，培

育市场观念新、货运业务精、工作作风实的营销人才。因此，必须发挥党校主阵地作用，广泛进行市场营销、电子商务、经营文化、法律法规等新知识、新理念培训，不断激活队伍的创新思维，以创新的营销模式和服务品牌拓展市场。三要强化竞合意识。现代商业运作是战争与和平的综合体。同行之间不仅是对手，也是朋友。铁路不可能包打天下、一口通吃，要增强开放协作的竞合意识，以开阔的视野和胸襟，借鉴国内外先进物流企业的经营管理和运作方式，加强与地铁、航空、邮政等交通行业先进学习交流，在联动服务、跨界经营和结成战略联盟中共同发展，进而促进自身经营文化与现代市场经营理念同频共振。唯此，才能树立与“四个转变”要求相适应的经营理念，并增强做好工作的责任感、使命感和成就感。

二、把建立与“四个转变”要求相适应的制度机制作为铁路经营文化建设的重点

市场化的理念需要市场化的制度机制相配套。经营文化的关键是与市场化经营理念相适应的制度机制和流程的建立和完善。很难想象一个管理水平不到位，用工方式和薪酬结构不合理，市场拓展不给力的企业会有良好的企业文化。这次货运组织改革，既涉及货运组织方式的变化，又涉及多元经营格局的调整，还涉及货运收费的规范，是对铁路运输经营管理深层次的变革，更是利益机制的深刻调整。如何调动各方面的积极性和创造性，形成“前店”与“后厂”的无缝链接，建立与“四个转变”相适应的制度机制，形成以市场为导向的利益机制至关重要。一是市场化的选人用人机制。根据市场化原则，建立全新的用工方式，健全以能力、业绩为导向的选人用人机制，让干部职工感觉到自身能力和价值被认可，有主人翁责任感，从而增强做好工作的内动力。二是市场化的分配机制。要强化激励约束，建立以业绩为核心的激励考核体系，体现多劳动多得、多创效多得、多服务多得，强化“岗位靠能力、收入靠贡献”的导向，真正解决“干多干少一个样、干好干坏一个样”的现象，让干部职工在共同劳动中共享货运改革带来的效益。三是市场化的利益协调机制。“前店”与“后厂”是构成铁路货运市场体系的主体，都是铁路大物流链条中密不可分的重要环节，只有两者主动配合，相互协调互动，才能最大限度减少扯皮，提高效率，服务好货主。因此，要树立“大物流”“大营销”的观念，变“两家人”为“一家人”，从建立市场化利益杠杆机制入手，加强“前店”与“后场”结合部的利益协调，解决好责任共担、利益共享的问题，确保物流链的无缝链接。四是规范化的运作规则和流程。铁路要体现市场化经营理念要求，必须建立依法合规的运作流程和规则。作为铁路企业，要严格遵守市场规则，做到公平竞争，不搞违规经营，杜绝违法经营。作为职工个体，要遵守职业行为规范，加强职业行为培养，用规范化的服务获取效益。同时，建立行为监督体系，落实监控措施，使企业和个体经营行为全方位受控。

三、把培育与“四个转变”要求相适应的特色品牌作为铁路经营文化建设的亮点

品牌是铁路形象和竞争力的象征，是经营理念物化的结晶。货运改革有无成效关键看客户的满意度，而知名度、美誉度高的品牌是形成客户忠诚的重要保证。如果说，科技和流程可以增强产品的质量，但服务中的文化内涵可以增强产品的附加值。当务之急，要围绕品牌培育，强化自身定位，研究市场规律，满足货主的需求，实现由传统服务向现代服务转型。一要设计品牌。强化货运品牌的顶层设计，制定货运品牌规划，明确铁路货运产品定位，强化核心产品优势。要根据货主不同的运输需求设计货运产品，主动为货主量身定做最优的运输方案，满足货主个性化需求。要注意从无形资源的角度，优化服务环境、改进服务态度、兑现服务承诺、提升服务质量，以服务的满意度提升货主对品牌的忠诚度。同时，构建货运品牌创新和管理机制，建立开放式货运品牌评价平台，真诚听取客户意见建议，持续提升货运产品质量。二要培育品牌。要坚持“简化受理、随到随办、规范收费、热情服务”，突出“前店”和“后厂”的不同特点，着力打造一批立得住、叫得响、传得开的服务品牌、营销品牌、安全品牌。“前店”要以实现最方便快捷办理为重点，组织开展争当营销状元、服务明星活动，培育一批示范窗口服务品牌。“后厂”要以搞好“实货制”运输为核心，重点围绕确保运输安全、优化运输组织、提高运输效率等，精心选树安全保障品牌。三要传播品牌。突出铁路货运安全、环保、运量大、运价低等优势，引入企业视觉识别系统，强化品牌形象推广，策划知识性、人文性、参与性营销宣传活动，利用各种载体传播品牌经营故事和案例，使铁路的经营理念潜移默化地传递给货主，进而使铁路人的追求和社会责任感润物无声地深入公众。

（本文原载 2013 年第 8 期《上铁论坛》，获 2013 年上海铁路局“企业管理优秀论文及调研报告”二等奖）

建设有活力的铁路企业文化

世界知名的兰德公司、麦肯锡和国际管理咨询公司对全球增长最快的30家企业进行跟踪研究后，写了一份《关于企业增长的研究报告》。该报告称，世界500强胜出其他公司的根本原因，就在于这些公司善于给他们的企业文化注入活力。

如何在确保安全的前提下，建设有活力的铁路企业文化，为铁路改革发展提供精神动力保证，这是摆在我们面前的重要课题。笔者以为，建设有活力的铁路企业文化，关键是从铁路特点和各单位实际出发，大力实施企业文化系统工程，增强企业的竞争力、凝聚力和创新力，促进企业良性循环，与企业物质文明、精神文明、政治文明协调发展，让更多的职工切实感到企业有奔头、有盼头、有靠头。

一、实施“满意工程”，建设服务文化，增强铁路企业的核心竞争力

铁路作为大众化交通工具，服务是铁路客货运输行业的特点，是社会公众对铁路的本质要求，是铁路企业的永恒追求，建设有铁路特色的服务文化势在必行，符合“三个代表”重要思想，符合铁路可持续发展要求，符合广大职工愿望。从这次蚌埠分局企业文化5 000份问卷调查看，选择服务文化的比例占调查职工总数的60%。据此，我们要集全员之智，聚全分局之力，把铁路服务文化作为分局的主文化来重点打造。围绕一个中心(以顾客为中心)，坚持“两个为本”(对内以员工为本，对外以顾客为本)，全方位实施顾客满意战略，全力做到“三个满意”：服务理念满意，顾客忠诚度满意，企业形象满意。内部顾客也要体现“三个满意”：上道工序要把下道工序视为顾客，让下道工序满意；职能部门之间要把对方视为顾客，提供服务让对方满意；机关为基层服务，上级为下级服务，领导为群众服务，彼此让服务对象满意。只有上下左右形成大服务观，建立内外互补的顾客评价机制，“满意工程”才能真正落到实处。为此要把顾客满意度指标与企业安全、经营指标同等对待，成为衡量企业综合实力的重要方面。同时加强以诚信为核心的职业道德建设，打造“诚信铁路”，认真落实《公民道德建设实施纲要》，把旅客货主至上、诚实守信的新理念，贯穿到经营管理、产品开发、运输服务的全过程，从机制上巩固、完善和提高分局“9字号”服务品牌体系，形成全程服务网络，不断提高顾客满意度，适应广大旅客货主日益增长的服务需求，不断增强企业核心竞争力。

二、实施“素质工程”，建设学习文化，增强铁路的持续创新力

在经济全球化、科技飞速发展的今天，企业持续发展能力和生命周期受到严峻挑战，崇尚知识成为新时代的基本素质和要求。据有关方面统计，人类科学知识在19世纪每50年增长1倍，20世纪中叶每10年增长1倍，目前已发展到每3年便翻一番，到2050年，目前知识量只占届时知识总量的1%，可见知识的迅猛“更新换代”令人“心灵震憾”。难怪有人戏言，可能哪一天，自己一觉醒来，发现已被时代淘汰了！因此，21世纪的竞争是学习力、创新力的竞争。铁路只有通过学习型组织创建，实施“提素工程”，培养整个企业的学习能力，在学习中不断实现企业变革，才能实现企业体制、制度、机制创新，适应新时代发展的挑战。企业要抓住这一新挑战、新机遇，对企业管理流程再造和变革，作为企业文化建设的切入点，全面推开创建学习型组织工作，引导广大职工树立终身学习、终身教育、团体学习的理念，推进学习型单位、学习型部门、学习型员工、学习型家庭建设，完善各类岗位培训，改善知识结构，做到学习学习再学习、思考思考再思考、实践实践再实践，实现学习工作化、工作学习化、学习生活化，把工作、学习、生活融为一体，通过发掘内在创造潜能，唤起心中的巨人，从而使员工真正活出生命的意义。创新是企业充满活力的灵魂，而人才是企业持续创新的根本，也是企业持续创新能力的不竭源泉。要坚持“以人为本”，强化人力资源管理，通过建立发现人才、吸引人才、留住人才的良好性环流机制，积极占领人才开发高地，使铁路经营管理和技术创新处于优势。应当看到，中国加入WTO后，随着跨国公司进入铁路行业，人才竞争实际上已经国际化，人力资源优势成为衡量企业整体竞争力的标志，铁路企业如何留住人才的问题将越来越突出，这将是21世纪铁路企业文化建设面临和必须解决的一个重要课题。从实践看，怎样吸引住、用得好、留得住人才，仅靠金钱是不够的，还必须发挥企业文化的作用。因此，铁路企业文化建设要努力变人力资源为人才资源，形成“不看学历看水平、不看背景看业绩、不看年龄看素质”的新型人才观，以先进企业文化凝聚人才，以全新的视野发现人才，以良好的机制使用人才，以共同的事业留住人才，最大限度营造良好的拴心育人环境，从而促进人力资源在优秀企业文化的支配下实现良性循环，企业持续创新能力如源头活水迸发涌流。这是评价分局企业文化是否有活力的关键所在。

三、实施“命运工程”，建设团队文化，增强铁路的群体凝聚力

魏杰说：“没有人们在企业运行过程中的相互协作，没有团队精神，企业就不可能高效益发展，从而也就不会有企业中每个人的自我价值的实现，因而协作与团队精神是企业文化的重要基本点。”因此，要以铁路主辅分离、辅业改制、精干主业契机，运用多种载体和手段强化“我与企业共命运”教育，多讲述“温水煮青

蛙”的故事，增强职工的市场意识和忧患意识；多宣传形势任务，既看到企业的发展前景，又看到企业面临的压力，形成“发展靠改革、生存靠竞争”的观念，增强职工的发展意识和责任意识；多渗透企业经营理念，增强全员认知意识，帮助干部职工树立正确的价值观念，坚定正确的理想信念，培养与时俱进的精神状态，让广大职工真正了解本单位企业文化的内涵，认清自身在企业文化中的价值地位，从而把个人命运与企业命运结合起来，个人目标与企业目标结合起来，个人利益与企业兴衰紧密联系在一起，形成以集体主义为核心的“命运共同观”。

从铁路来看，就是要克服计划经济时期遗留下来的“铁老大”思想，确立企业的一切效益靠市场的市场观，通过职工自己的努力，不断提高职工收入，丰富职工文化生活，凝聚职工队伍，形成团队精神，从而培育职工与企业同呼吸、共命运的团队文化。一方面，通过生活线、文化线、文明示范线建设，加强“一站一景”环境建设，改善偏远站区职工工作、学习、生活条件，实施“五小”(小健身器材、小活动场所、小宣传园地、小电视剧场、小阅览室)工程，开展全民健身运动，抓好业余文艺、兴趣团队活动，充分发挥文化宫、俱乐部以及物业管理部门在地区和社区文化活动中的作用。另一方面，充分发挥有线电视(台)站、网络和各类报刊的宣传阵地作用，增强理论教育的渗透力、文化宣传的感染力、形象宣传的鼓动力。尤其要扩大群众性文化活动的影响力和参与面，进一步贴近职工，贴近生活，贴近一线，笔头对准职工，镜头聚焦一线，版面留给先进人物，为职工提供更多高质量、高品位、高格调的精神食粮，创作更多经得起时代检验的文学、艺术、影视作品，打造旋律优美、格调高雅、催人奋进的时代精品，形成有铁路特色的文化品牌，进一步增强企业的向心力和凝聚力。

四、实施“安基工程”，建设安全文化，促进铁路安全有序可控、长治久安

安全是人民利益的根本体现，是铁路改革发展稳定的前提条件，如果没有安全作保证，其他一切都谈不上。因此，我们必须从实践“三个代表”的高度，从铁路可持续发展的角度，认识到“规范管理、强基达标”的长期性、艰巨性，重视安全文化建设，把安全生产专项整治不断推向深入。这是铁路改革发展始终不渝要完成的重点任务，更是践行人民铁路为人民的根本宗旨，以人为本、顾客至上的应有之义。因此，“安全无小事，法律非儿戏”，要以学习宣传贯彻《中华人民共和国安全生产法》为契机，以落实逐级负责制为基础，以客车安全为重点，坚持不懈开展“安全责任重于泰山”安全理念教育，深化“规范管理、强基达标”，在强化“三基”(基层、基础、基本功)上下功夫，坚持抓小防大、定小防大的思路不变，系统综合地抓好安全管理，结合 ISO9001 质量管理体系认证，全面创新企业安全管理制度和机制，形成安全有人管，人人管安全，考核有标准，激励有办法的管理模式。通过一系列寓教于乐的安全教育活动和独具特色的“安全文化”建设，弘扬先进，培育典型，营造氛围，让安全法规、安全意识和安全知识进现场、进社区、进

家庭,使江泽民同志关于“隐患险于明火、防范胜于救灾,责任重于泰山”的重要论述真正深入人心,让“责任心+责任制+基本功=安全”变成干部职工的实际行动,营造“人人讲安全,人人为安全,人人保安全”的氛围,确保安全生产的长治久安,为铁路改革发展创造良好的安全文化环境。

(本文原载 2003 年 9 月 11 日《铁路政工网》、2003 年第 9 期《宣传》)

关于高铁建设发展催生文化现象的启示

铁路建设特别是高铁建设的快速发展，不仅充分发挥了铁路建设投资对经济增长的直接拉动作用、为国家经济“稳增长”作出了突出贡献，并深刻地改变着人们的思维方式、生活样式和行为习惯，催生了许多新的文化现象，对于铁路更好地服务区域经济社会发展和铁路企业自身的长远可持续发展都具有重要意义。

近年来，高铁作为先进的交通运输方式的建设发展，对区域经济、社会发展带来了深刻的影响，特别是长三角近年来大规模的高速铁路建设，高速铁路连接成网，使得沿线城市联系更加紧密、交流更加频繁，人们的出行方式、生活环境也因此发生了巨大变化，并深刻地改变着人们的思维方式、生活样式和行为习惯，由此也带给我们一些文化上的启示。

一、高铁建设发展不仅是硬件的现代化，还带来人们思维方式的改变

中国高铁建设虽然起步不算早，但经过了十余年的规划和不断进步，其发展的速度已经俨然成为了中国现代化的象征，同时也带来人们思维方式的全新改变。

1. 催生了民族自信心

中国目前已成为世界上高速铁路系统技术最全、集成能力最强、运营里程最长、运行速度最高、在建规模最大的国家。随着中国高铁建设、运营、管理技术的日臻成熟与完善，特别是高铁通过国家领导人的大力推销，俨然成为中国在国际舞台上一张“国家名片”。更随着高铁走出去战略的成功实施，一批海外高铁项目的落地，极大地提升了中华民族的自豪感和自信心。

2. 催生出全新的生活和工作理念

高铁不仅是一种交通出行工具，也在改变着人们的工作、居住、旅游、养老等传统观念，使异地置业、异地消费、异地工作成为可能。通过城际高铁，在双城间过着钟摆式生活的人群也在日益扩大，他们在不同城市间过着或“5＋2”、或“白＋黑”的生活方式。京沪高铁开通运营后，上海到南京只需1个多小时。在上海上班、南京安家成为一部分人的选择。昆山市位于江苏省东南部，京沪高铁使它与上海这座大都市的时间距离只有18分钟。高铁带来的全新速度，让原本并不遥远的两座城市变成了一个“社区”，昆山成为上海的“后花园”，越来越多的上海人在昆山居住。

3. 提升了人们的幸福指数

高铁凭借安全、高效、舒适、低能耗、节能环保等诸多特点提高了人们的出行品质，提升了人们幸福指数。改革开放后，城市重工业、轻工业等相续发展，促使每年都有相当庞大的从农村走向城市务工或者创业或者为了梦想而奋斗的人们，也造成了每年国家法定节假日成为人们出行既兴奋又纠结的日子。随着高铁建设发展，以往一票难求的现象渐行渐远，特别是高铁舒适度和方便快捷的特点，大大缩短了人们出行路途中的时间，给人们提供了便利舒适的环境，减少了人们漫长旅途的焦躁不安，让人们有舒适的空间感和幸福感。

二、高铁建设发展不仅体现了安全快捷的优势，还给人们带来出行方式的变化

高铁具有安全可靠、方便快捷、运力强大、全天候运输的优势，适应了人们商务、探亲等出行需求，给人们带来出行方式的全新变化。

1. 出行更加方便快捷

随着高铁建设发展，特别是高铁采取公交化的开行模式，车次多、间隔短，旅客从购票、进站、乘车、出站各个环节越来越方便，实现随到随走。一趟长编组列车可以运送 1 000 多人，最小每隔 3 分钟就可以开出一趟列车，时间的缩短导致了地理位置的“缩短”，相邻城市间“同城效应”进一步凸显。

2. 高铁出行成为首选

随着长三角高铁网的形成，高铁出行已经成为大众出行的首选方式，尤其是吸引了很多商务人士和白领人士选择高铁出行。高铁列车越来越受到广大旅客的青睐，成为人们出行首选的交通工具之一。问卷调查表明，年龄段较低的 25 岁以下的游客对于高铁的认可程度较高，认为高铁购票方便、车次合理、服务档次高。2010 年以来长三角区沿线站点逐渐密集，以上海、南京、杭州、合肥等中心城市为核心的区域 1 至 2 个小时区域快速交通圈已经形成。京沪高铁开通运营 3 年来，旅客发送量逐年攀升，从开通运营初期的日均 10.9 万人，到近年来 22.7 万人，增长 209%，相当于每天将一个中等城市的人口整体迁徙一次。

3. 春运潮现象逐步消失

过去，春运节前火车站通宵购票、彻夜排队的返程大潮构成了一道独特的风景线，不仅考验着铁路的心理，也考验着城市的良心。近年来，随着高铁运输能力的极大增长，特别是互联网购票方式的创新，这些现象正在消失，出行的人流依然旺盛，但安全出行、方便出行、温馨出行正在成为新的常态。

三、高铁建设发展不仅带来“同城效应”，还带来高铁沿线文化要素的优化

高铁的出现，不仅带来“同城效应”，缩短了城市之间的交通时间，也在一定程度上促使资本、技术、人力等生产要素在高速铁路沿线站点实现优化配置和集

聚发展，高铁沿线的文化产业也由此成为热点。因为高铁建设改变的不仅是速度，而是一个地方的经济结构，从而推动农产品、旅游、新能源、物流等多种产业商贸的繁荣。从这个意义上讲，高铁成为拉动沿线经济带、经济圈、经济区快速发展、进而促进文化产业发展的新引擎。

1. 促进“高铁＋”模式的形成

高铁的网络化和“公交化”的优势极大地方便了节假日往返，“高铁游”这一便捷、时尚的旅游线路获得大批游客的青睐，成为拉动国内旅游业务增长的“火车头”。特别是以高铁为中心形成的“高铁＋飞机”“高铁＋旅游”“高铁＋租车”等成为高铁经济的新形式，“高铁＋”的模式正在形成。2015 年 6 月 28 日通车的合福高铁，沿线辐射山清水秀、风景优美的巢湖、黄山、武夷山、婺源、三清山等自然风景名胜，被誉为“中国最美高铁”。这一条高铁的通车，引发了高铁游这一新的旅游业态的持续升温。据有关数据显示，合福高铁开通一个多月，沿线的福建境内 40 多个景区游客量平均增长超过 20%，明显高于其他景区。安徽泾县的宣纸、绩溪的徽墨、歙县的砚台，随着合福高铁线的开通将这三个本来遥远的地方串联在一起，形成了一个小时的文化圈，旅客通过这条“中国最美高铁线”，便能领略到中国宣纸、徽墨和歙砚的制作工艺和文化。

2. 促进了沿线高铁文化产业的聚集和竞争

高铁具备高时效、高辐射的特性，客观上为文化产业的聚集提供了条件。文化产业在高铁沿线一体化发展，甚至说竞争化发展的现象，也将会变得越来越突出。据了解，国外许多文化产业集群的兴起得益于高速铁路的建设。如日本的 430 家动画制作公司有 359 家集中在日本新干线沿线区域，并成为世界知名的卡通产业集群地。在国内，许多城市也将新建文化产业园区、项目设在高铁沿线经济圈的中心地带。沧州市在高铁站附近规划了 28 平方公里的新城，定位为沧州市的行政文化中心，并在高铁沿线建立了一个文化产业带，规划了 8 个产业园区，总投资在 100 亿元以上。另一方面，高铁拉近了各具优势的城市，将从信息、资源、产业的融合度等方面加强“同城效应”，促进各区域经济的形成和差异化改造，使各区域连为一个整体。当然，如果中小城市不具备与区域中心城市同样的竞争力，没有形成具有差异化的产品项目，那么，高铁效应有可能给这些文化产业项目带来灭顶之灾。

3. 促进了“智力资本”的合理流动

高铁加快了人员的频繁交流，使经济和社会发展欠缺地区更好地感受到外界的新鲜理念、信息与思维方式。特别是速度缩短了空间距离，也催生出“星期天工程师”“假日专家”等新的职业，让不同城市的人共享优质社会资源。在高校集中的南京，过去大学毕业生找工作非常难，高铁开通后，无锡、苏州、常州、德州等城市都成为了这些毕业生就业的新选择。京沪高铁开通运营 3 年来，德州市引进硕士博士 2 000 余人，专家级领军人物 300 余人，充实了宝贵的“智力资本”。

综上所述，铁路建设特别是高铁建设的快速发展，不仅充分发挥了铁路建设投资对经济增长的直接拉动作用、为国家经济“稳增长”作出了突出贡献，而且催生了许多新的文化现象，对于铁路更好地服务区域经济社会发展和铁路企业自身的长远可持续发展都具有重要意义。

（本文原载2016年第5期《上海建设交通政工研究》）

关于深入推进高铁文化建设的探讨

高铁文化是铁路企业文化建设的重要内容，是以反映高速铁路建设和发展的“运行高速度、安全高可靠、服务高品质、经营高效益、创新无止境”为特征的行业文化。深入推进高铁文化，必须从丰富内涵入手，建设以安全文化、服务文化、经营文化、创新文化为主要元素的高铁文化，才能始终与时代精神共振，与先进企业理念同频，与创新发展战略同行。

高铁时代是铁路快速发展的重要标志。高铁发展需要诸多因素作支撑，其中高铁文化是不可缺少的组成部分。因为高铁建设发展不仅是硬件的提升，而是要求以高铁文化为核心的软实力的同步提升。特别是随着新一轮《中长期路网规划》的推出，社会公众对高铁发展寄予了更高的期待。这就要求从战略和全局高度深入推进高铁文化建设，践行“安全优质、兴路强国”的新时期铁路精神，彰显“人民铁路为人民”的宗旨意识和“以服务为宗旨，待旅客如亲人”的服务理念，以适应经济发展新常态的新要求，培育铁路核心竞争力，造就高素质职工队伍，为铁路创新发展提供强有力的软实力支撑。

高铁文化是铁路企业文化建设的重要内容，是以反映高速铁路建设和发展的“运行高速度、安全高可靠、服务高品质、经营高效益、创新无止境”为特征的行业文化。因此，深入推进高铁文化，必须从丰富内涵入手，建设以安全文化、服务文化、经营文化、创新文化为主要元素的高铁文化，才能始终与时代精神共振，与先进企业理念同频，与创新发展战略同行。

一、深入推进高铁文化，重在建设以“高可靠”为基础的安全文化

运行高速度是高铁的重要标志，但要以“高可靠”安全保障系统为基础。否则，高速度就难以持续。从此意义上说，以“高可靠”为基础的安全文化是高铁文化的重要特征，也是落实安全风险管理的灵魂和保证。因此，加强安全文化建设，重在将安全工作重点从“事后处理”转移到“事前预防”和“事中监督”上来，建立起以“高可靠”为基础的安全风险文化保障体系。一是树立“高可靠”安全理念。全面推行安全风险管理，是基于铁路传统管理更高层次的安全管理，也是高铁安全“高可靠”理念的必然要求。要以安全风险管理为主线，以树立高铁安全“高可靠”理念为核心，把克服安全意识疲劳作为安全文化建设的首要任务，着眼安全风险的识别和研判，发挥安全文化建设的凝聚、导向、激励和约束功能，潜移默化地把高铁“安全责任大如天”“问题在现场、原因在管理、根子在干部”的意识

内化于心、外化于行。二是全过程渗透“高可靠”安全理念。要强化安全关键控制，把高铁“高可靠”安全理念渗透到安全风险管理全过程，从风险文化的层面上研究高铁安全“高可靠”运行规律，从制度机制层面探索实践“高可靠”维修管理模式，消除各专业间结合部问题，达到识别、预防、避免、控制和消除意外事故和灾害。同时，建立符合铁路局市场主体地位的常态化风险管控机制，健全各级安全管理人员的履责考评机制，用法治化思维堵塞安全意识疲劳的空间，让高铁安全“高可靠”在安全管理全过程中得以渗透和固化。三是养成“高可靠”安全行为习惯。要注重高铁安全“高可靠”对人的能力要求，更加突出职工在高铁安全管理中的能动因素和价值观念、行为规范和职业行为养成，营造“规范化管理，标准化作业”的氛围，实现安全风险管理由“治病”向“强身”发展。要着眼高铁安全风险管理常态化，推行“6S”现场管理为基础的班组安全管理标准化建设，强化职工“遵章守纪、按标作业”的共识，坚持把标准变成习惯、把习惯变成标准，着力提升一线员工安全自控、互控、他控的能力。

二、深入推进高铁文化，重在建设以“高品质”为特征的服务文化

高品质的服务文化是高铁文化的重要特征。高铁的快速发展不仅是硬件的全面进步，而且要求服务文化特别是服务理念、服务机制、服务创新的同步提升，才能不断提升高铁服务品质。一是转变服务理念。旅客需求是高品质服务理念产生的源头，也是铁路行业的价值、使命和追求。随着高铁站车硬件的改善，广大旅客观念的变化，对服务质量的需求会逐渐提高，需求的内容也日趋多样化，不仅要求安全、快捷、准时，还要求满足精神、文化和心理上的需求，这就要求铁路服务理念与时俱进，变用力服务为用心服务，从传统基本服务向现代服务跨越，从单一基本服务向多元、个性、特色化服务转型。目前，作为高铁大局的上海局已形成了覆盖全局的服务文化理念体系，提炼形成了“用心服务、运载幸福”的客运服务理念和“心诚致远、通达天下”的货运服务理念。二是优化服务内涵。要围绕让旅客“安全出行、方便出行、温馨出行”的目标，抓好服务理念文化、技能文化、设施文化、品牌文化建设各项任务的落实。要研究高铁时代服务新需求，从高铁服务案例中查找服务质量与顾客需求之间的差距，积极探索高速动车组列车、新型客站的服务模式，不断改进服务设备设施，优化服务环境，着力提升服务品牌的知名度和美誉度，不断提升服务内涵和品位。三是提升服务品质。要以服务理念有形化、常态化为重点，建立客户满意度第三方评价机制，以“环环服务链、个个文化者”的服务文化追求彰显高铁品牌魅力，由“点”上分散式的岗位服务品牌向铁路运输服务“链”上的服务品牌群转化，让旅客逐渐体会到从过去传统的“身体位移”式服务到高铁“文化之旅”的愉悦感受。

三、深入推进高铁文化，重在建设以“高效益”为目标的经营文化

以“高效益”为目标的经营文化是高铁文化的本质追求。从经营与文化的关系看，企业经营的竞争是文化力的较量，谁拥有经营文化优势，谁才能拥有竞争优势和发展优势。实践表明，优秀的企业文化可以强有力地加强企业经营战略的实施，从而取得某种竞争优势。因此，企业竞争的需要决定了铁路必须建设以“高效益”为目标的经营文化战略，以更加明确的文化模式、文化手段来塑造企业形象、传播企业信誉。一要转变经营理念。“高、大、半”的管理模式和传统计划经济“收支两条线”的粗放经营方式，重安全生产、轻经营管理，越来越不能适应当今铁路快速发展的需要。当前，要重点围绕建设一流现代物流企业目标，以树立市场化经营理念为导向，着眼于经营观念不够新、开拓意识不够强、服务能力不够强等问题进行研讨，从思想深处解决影响经营发展的观念短板。通过树立服务意识、市场意识、成本意识、创新意识，由高高在上的“铁老大”变身为“店小二”，提供更多顾客满意的产品和服务，以适应做大、做强、做长市场的新挑战。二要拓展经营思路。要遵循经营规律，发挥高铁优势，培育客货经营品牌。从客运看，要提升高铁旅游文化中“食、住、行、游、购、娱”要素的作用，将人们的内在需求和旅游倾向转变为旅游行动，使浅层次的观光旅游发展成休闲度假深度旅游，让更完善的高铁出行体验增加游客的旅游频率，让游客更高的出行频率转变为我们铁路的效益。从货运看，要大力推进铁路物流中心通港口、通园区、通企业“三连通”建设，实现港站、公铁、路企的生产作业一体化。三要探索长效经营之道。要着眼建设“高效益”的经营文化，深刻认识经营文化的内涵与意义，探索与高铁企业经营发展战略相配套的文化体系，以市场化理念为导向，以制度机制为关键，以品牌培育为目标，准确把握经营文化建设的路径，创新服务理念和营销方式，提高经营管理能力，进而解除文化短板的制约。

四、深入推进高铁文化，重在建设以“无止境”为核心的创新文化

高铁创新发展是一个永无止境的系统工程，不仅是高铁技术的创新，还有建设、运营、管理等方面的创新。因此，迫切需要以解决影响持续创新的问题为导向，以持续创新发展的理念为主线，以提升持续创新的能力为目标，着力培育持续创新文化，使创新成为促进高铁事业永续发展的“核动力”。一是为持续创新提供理念引领。理念创新是高铁持续创新发展的灵魂和动力源，前提是破旧立新，消除影响创新的思维障碍，以创新的理念树立创新的思路，以创新的思路引领工作有新突破。要坚持理念开新，打破一切排挤人才、扼杀人才、窒息人才创造活力的传统观念，从战略高度把创新的理念渗透到高铁发展全过程，并转化为推进高铁建设、安全、发展的精神动力。二是为持续创新提供机制保证。一方面，要着眼建立支撑高铁创新发展的制度机制，形成与创新相适应的人才理念和

绩效评价制度，健全培训考核奖励使用激励机制，对在员工取得创新成果时及时进行精神和物质上的奖励。另一方面，要倡导勇于开拓、大胆创新、适度冒险的价值观念，在创新遇到挫折甚至失败时给予包容和鼓励，从舆论引导和制度设计上营造鼓励创新发展的人文环境保证。三是为持续创新营造环境支撑。大力褒扬优秀人才事迹，鼓励员工在高铁安全、服务、经营等方面大胆创新，充分尊重和发挥他们在推动创新发展中的主力军作用；加大对干部职工有关促进高铁创新发展的科学方法、科学思想、科学精神的宣传培训与普及力度，营造“创新无所不在”的浓厚氛围，使全员创新的理念转化为不懈创新的能力支撑。

（本文原载 2017 年第 2 期《上海建设交通政工研究》）

企业管理——战略与细节的和谐

细节是战略的一部分，不能离开战略而单独存在，失去了方向的细节是对战略的背叛。领导者只有把握准战略与细节的定位，才能提高工作效能，确保管理目标的实现。重视“战略”与重视“细节”并不矛盾，这正是领导干部管理理念的回归：做自己应该做的事，负岗位应该负的责任。如果说抓战略就是抓关键、做正确的事，把复杂的问题简单化，那么重视战略性细节就是抓执行力，把战略措施具体化，使具体问题条理化，按照流程把事做正确，把简单的问题做得不简单。

时下，精细管理似乎走入了另一种极端，领导者的行为渐趋事务化，倾向于事无巨细，事必躬亲，处处“指点江山”，否则就有管理不深入、不到位之嫌。这种管理现象，与科学管理背道而驰。因为领导者的管理行为有其内在规律，只有尊重规律、遵循规律、符合规律，才能促进单位的和谐发展，否则就会不自觉地走向科学管理的反面。审视这一现象的背后，有一个领导者如何认识和把握细节与战略的问题。如果说细节是一个整体中极为细小的组成部分，或一个系统中平时极易被人们忽略的细枝末节，在管理中体现为一种执行力，那么，战略就是涉及发展方向和转型的大问题，就是企业管理的主要矛盾，是起决定作用的因素。领导者只有把握准战略与细节的定位，才能提高工作效能，确保管理目标的实现。

一、正确的战略是细节执行的前提和基础

细节是战略的一部分，不能离开战略而单独存在，失去了方向的细节是对战略的背叛。在发展道路上，细节执行得再到位，也要依赖于明智的战略指导和正确的发展方向。须知，今天的企业已进入战略竞争的时代，企业之间的竞争在相当程度上表现为领导者战略思维、战略定位的竞争，以往在计划经济体制下那种只把眼睛向内、只管理好内部秩序的做法，显然已远远不够了，因为影响企业生存发展的不再仅仅是企业内部的人和事，企业所处环境变化的大趋势对企业的兴衰显得尤为重要。在激烈的市场竞争中，企业如同大海中的一艘航船，如果领导者把航向搞错了，将会导致灾难性的后果。

就企业管理而言，把握好企业的战略性问题关键要解决两个问题：一是解决企业发展方向的问题，二是如何用合适的人把战略执行到位的问题。前者是战略问题，主要解决企业所处的外部环境问题；后者是细节问题，主要解决企业内部的问题。针对管理层和操作层来说，在正确的企业战略目标确立以后，必须十

分注意细节,做到完美执行、精益求精,把应该做的事做到位,把应该承担的责任落到实处,这样才能保证企业战略目标的实现。否则,措施不细、执行不到位,战略决策就是纸上谈兵。但是,对领导者来说,仅仅注意细节是远远不够的,还必须首先把握好战略决策,而且领导层次越高,制定战略的责任越重,把方向、带队伍的要求越高。当今世界正处在深刻的变革之中,国际形势风云变幻,呈现出许多新趋势、新特点。我国正处于改革发展的关键时期,新情况、新问题层出不穷。因此,企业领导者既是船长又是舵手,只有眼观六路,耳听八方,审时度势,把关定向,适时把握市场风云变幻的脉搏,才能在市场竞争的惊涛骇浪中克服重重困难,保证企业的航船越过急流险滩,在风浪中平稳前行,顺利到达预定的彼岸。也就是说,如果企业的战略错了,细节执行得越到位,企业的损失就越严重,就越难调整航向以步入正确的航道。因为细节的价值是由战略决定的,战略的价值是由细节体现的,细节只有在战略中发挥作用才有价值。从这个意义上说,战略与细节谁更重要的关键取决于外部环境对企业战略的要求,以及不同岗位对角色的要求。如果没有正确的战略作为前提,任何把事做正确的细节执行都是没有意义的,都是与企业内在管理规律背道而驰的。

二、战略与细节的和谐是企业成功的关键

对企业来说,领导者的作用主要体现在三个方面:一是对企业发展战略的把握,二是对企业组织运营规则的制定,三是对战略的执行和对人员的激励。三者的和谐是企业管理到位的标志。

在战略方向迷失的条件下,企业的内部规则越好,细节执行力越强,企业就会越迅速地走向失败的深渊。这就是有些素质非常优秀的领导者和企业走向败局的根本原因。美国通用汽车公司的创建人威廉·杜兰特在管理上只知独断专行,从经营计划、规章制度的制定到车间安装电线的设计,事无巨细都由他控制,结果公司出现战略性失误,贻误了不少大好时机,使公司濒临困境。经过改组,斯隆就任新总裁,他大胆创新,不拘泥于细节,创立了适合于企业的新的管理体制——“集中决策,分散经营”,通过重大事项的决策和方针政策的制定,以及协调好各部门的关系,控制了全局,促进了公司的发展。从国内看,海尔集团的成功就是内外“两手抓”的完美演绎:一手抓战略——走“由难到易”战略,创“中国的世界名牌”,一手抓细节控制——实施 OEC 管理法,做到“日事日毕,日清日高”。

事实证明,企业是个和谐的生态系统,必须统筹结合,内外兼顾,要素整合,使战略与文化、流程、人力资源有机融合,在均衡中和谐发展,才能保持永续经营。如果强调战略过了头,不注意实施战略过程中的人力资源配置,一样会使战略落空;同样,把细节的执行强调过了头,似乎只要抓内部管理细节便可“决定成败”,不从战略上重视外界迅速变化的环境对企业经营的重大影响,不从人力资

源上重视员工素质对企业长远发展的制约,不从文化上整体思考弘扬团队精神以提升企业的凝聚力,不从预警管理入手及时灵活应对将要面临的挑战和危机,甚至只埋头拉车不抬头看路,鼠目寸光,只顾眼前,这样的企业也许会有暂时成功的机会,但决不会有战略的成功,更不会取得长期持续的成功。事实上,真正决定企业成败的细节其实都不是小细节,而是与战略联系着的至关重要的关键环节和部位,也正是这些关键环节和部位构成了企业的关键流程,忽视了这些关键流程,势必"牵一发而动全身",影响到整体乃至全局,甚至会导致"千里之堤,溃于蚁穴"的恶果。如果企业的成败是被"细节"决定的,那说明企业的基础管理存在致命的弱点。这一致命弱点就在于战略不缜密,环节不科学,关键流程不规范,职责界限不明晰,战略制定与细节执行不和谐。因此,实现战略与细节的和谐统一是企业成功的关键。

三、在战略中把握关键细节是领导者的首要工作

经济学中有一个著名的"80/20 法则",就是"关键的少数决定次要的多数",反映了经济活动中的不平衡性,这一法则同样适应用于企业管理。这一法则要求领导者管理企业不能面面俱到,而要用主要精力发现并解决影响企业的关键问题,也就是影响全局的根本问题,比如关键顾客、关键流程、关键项目和关键人才等,从而提升管理水平,实现企业效益的最大化。就一个企业来说,决策者、执行者和操作者是一个分工有序、群策群力解决问题的系统团队,只有各司其职、各尽其责、逐级负责、岗位负责,才能处理好战略与战术的关系,解决岗位职责内的各种细节问题,不因失职而影响全局,不因越位而破坏流程。如果说对管理层的要求是"举轻若重",那么对领导者而言则是"举重若轻",理应"有所为有所不为",通过"抓大放小",抓关键、抓根本、抓牛鼻子,抓主要矛盾的主要方面,以主要精力研究解决制约企业发展战略的关键细节问题。当然,"有所为"和"有所不为"是辩证统一的,既不可替代,更不可或缺。一方面,领导者要学会授权,不应事必躬亲,越俎代庖,越级指挥。一个高明的领导者应该是设计师,而不是工程师,不能事必躬亲,要学会授权。领导者只有知人善任、合理授权,才能腾出更多的时间进行调查研究,搞好组织规划和顶层设计,实现整个工作的有序合理。另一方面,领导者又必须亲力亲为,尽职尽责。在关键流程和环节上,在战略性细节上,企业领导者必须追根、究底、求真,一抓到底,抓出成效。

实际上,重视"战略"与重视"细节"并不矛盾,这正是领导干部管理理念的回归:做自己应该做的事,负岗位应该负的责任。如果说抓战略就是抓关键、做正确的事,把复杂的问题简单化,那么重视战略性细节就是抓执行力,把战略措施具体化,使具体问题条理化,按照流程把事做正确,把简单的问题做得不简单。因此,作为驾驭全局的领导者,要有深远的历史眼光和宽广的世界眼光,把重点和注意力放在对全局有决定意义的问题上,既要善于想大局、察大势、谋大事,在

系统中把握全局，在定向中把握自身定位，在定位中“举重若轻”地把握关键细节，使影响企业发展的瓶颈、决定企业流程的关键细节得到有效的突破和解决，又要善于在纷繁复杂的矛盾中理清工作思路，研究事物的结构，通过优化问题的结构提升企业的整体功能，切不可“两眼一睁，忙到熄灯”“十个指头摁跳蚤”“东一葫芦西一瓢”“捡了芝麻丢了西瓜”，拘泥于管理中的细枝末节，在重点工作与日常琐事上模糊不清，在轻重缓急上把握不当，以至于涉及企业方向的要事无暇顾及，忙而无功。

（本文原载 2007 年第 16 期《领导科学》）

精品局战略与细节文化

记得一位管理大师有个形象的比喻：没有战略的企业就像流浪汉一样无家可归。实践无不证明，许多企业战略的功败垂成，不是输在总体方向上，而是输于通过细节对文化的精雕细刻上。企业文化作为企业之魂，并不是虚无缥缈的东西，虽然看不见，摸不着，但它具体生动地表现在企业内部的每一个细节，显现在企业环境、产品形态、职工言谈举止、精神风貌上。

为适应铁路改革发展，率先实现东部铁路现代化目标，上海铁路局审时度势，敢为人先，提出精品局战略，承应了企业经营管理发展与时俱进的历史走向，顺应了铁路管理精细化的发展趋势，描绘了企业未来发展的美好蓝图，提出了广大干部职工的共同愿景。这是企业发展的必然选择。笔者以为，以“三精三优”为标志的精品局战略，既是一个整合资源、促进企业发展的系统工作思路和目标，更是一个以实践“用心经营，精细管理”理念为核心，精心培育细节文化的过程。

松下幸之助曾说：“到一个企业，只要几秒钟的接触，从接待人员、办公室、车间的工作神态、情绪和秩序，就可以捕捉到一种精神，一种气氛，一种感染人心的力量，这就是‘企业文化’。它体现在每一个环节，每一个角落，让我们看到是一种什么样的形象和文化在背后影响着我们的实际生产经营活动。”

实践表明，企业文化作为企业之魂，并不是虚无缥缈的东西，虽然看不见，摸不着，但它具体生动地表现在企业内部的每一个细节，显现在企业环境、产品形态、职工言谈举止、精神风貌上。企业文化建设看似无形却有形，无时不有、无处不在，有着“润物细无声”之功效。也就是说，服务于精品局战略的企业文化并不在于口号多么冠冕堂皇，而在于是否变粗放型管理为精细化管理，变量的扩张为质的提高，是否融入生产经营管理全过程，精心策划、精打细算、精心控制、精益求精，哪怕是一件很细小的事情。

战略已定，方向已明。全局上下如何把口号变成理念，由理念变为共识，由共识变成行动，以细节文化促精细管理，是精品局战略能否变为现实的一大严峻课题。特别是在具体管理实践中，如何弘扬追求卓越的细节精神，养成注重细节的习惯，养成严谨认真、一丝不苟的工作态度，强化决策的执行力，提升管理品位和经营品质，是精品局战略取得实效的关键所在。否则，精品局战略只能是一句“口惠而实不至”的口号而已。

我们在《韦尔奇自传》中看到，原通用电气公司 CEO 杰克·韦尔奇之所以被称为企业管理界的大师，誉为“世界经理人的经理人”，并非因为他在管理学基础理论上有多大的建树，而是他作为通用电气 CEO 在长达 20 年的管理实践中身体力行的、为人们所津津乐道的一些管理细节。这些细节包括手写“便条”并亲自封好后给基层经理人甚至普通员工；包括能叫出 1 000 多位通用电气管理人员的名字；还包括亲自接见所有申请担任通用电气 500 个高级职位的人，亲自为管理人员授课，等等。正是杰克·韦尔奇身体力行这些点滴细节，营造了通用电气独具一格的细节文化。

可见，真正的企业理念就是深深融入每一组织成员的思想深处，物化为每一个经营管理的细节，使职工既有看不见的价值观导向，又有看得见的制度化的规范、习惯和准则。因此，要使精品局战略落到实处，必须领导干部率先垂范，弘扬求真务实的精神，围绕“用心经营，精细管理”经营管理理念，制定相应的管理制度细节，纳入安全生产经营全过程，使员工自觉遵守并成为习惯，使之不致成为空洞的口号。当然，从表面上看，理念与口号又十分相似，但从本质上说，两者是性质不同的范畴，理念需要职工的共识，通过渗透于企业制度的规范要求，化为职工的岗位行为；而口号仅仅是一般化号召，只有倡导力，缺少约束力，难以成为持久的推动力。实践证明，许多成功企业也有鼓舞人心的口号，但都是以精细理念为准则，在对细节精确把握的基础上制定的规则和标准来运行的，这是成功企业管理实践的共同特征。如海尔的“真诚到永远”口号是以 OEC 管理法为准则的。目前，许多企业之所以进行 ISO9000 族贯标，原因就在于精益求精、循环向上的贯标过程就是与一切先进经验为伍，与先进管理接轨，认同先进文化理念，使企业由无序到有序、由自发到自觉、由优秀到卓越的过程。精品局战略实施同样需要体现这一过程。

培育细节文化必须内化于心，使企业理念化虚为实。要把培育适应精品局战略要求的企业理念和核心价值观作为贯穿发展始终的长期任务，通过多种途径培训、渗透、传播，进而实现认同共享，使抽象的企业理念内化为有形的团队力量。在某种意义上说，把工作细节执行到位不仅是一种习惯，更是一种境界，体现出对企业价值观的高度认同。无论是“激发第一精神”的“惠普之道”，还是同仁堂“品位虽贵，必不敢减物力；炮制虽繁，必不敢省人工”的诚信文化，都体现了一种以人为本、追求卓越的理念，一种精益求精的习惯，一种把工作细节做到位的文化氛围，才成就了他们今日的基业，铸就了他们今日的辉煌。

培育细节文化必须固化于制，使企业理念由软变硬。汪中求先生在《细节决定命运》中告诫人们，我们绝不缺少雄韬伟略的战略家，缺少的是精益求精的执行者；绝不缺少各类规章、管理制度，缺少的是对规章制度不折不扣的执行。《执行——如何完成任务的学问》回答了执行的内涵：执行是一套系统化的流程，执行的核心在于人员、战略和运营这三个核心流程。因此，精细理念要在精品局战略实践中得以体现，必须以具体的规范、制度、仪式等形式加以固化，通过建立一套符合企业实际又分工明确充满活力的文化战略、工作流程和考核奖惩办法，形成“事事有人管、人人都管事，管理有标准、考核有依据”的落实机制，才能增强精细意识，提高工作质量，减少管理中遗漏与失误，使企业理念通过具体制度、流程落实到位。

培育细节文化必须外化于行(形)，使企业理念形神兼备。企业文化只有融入精品局战略中，将企业“魂”凝聚在企业具体产品质量、信誉、品牌和市场竞争力之中，体现在各级管理者的日常管理行为之中，通过广大职工量化细化具体化的岗位行为实践，把理念变成自觉行动，才能形成“人企合一”的境界，使职工的命运与企业命运融为一体。因此，从文化层面来保证精品局战略实施，就是要把“用心经营，精细管理”的理念变成职工的具体行为和形象，使职工价值与企业价值相结合，使企业文化与企业管理有机融合，通过干部职工的完美执行把行业文明传递给社会，让顾客通过产品和服务行为的细微之处，真正感受到上海铁路局的勃勃生机和文化的魅力。

天下大事，必做于细；天下难事，必做于易。实践无不证明，许多企业战略的功败垂成，不是输在总体方向上，而是输于通过细节对文化的精雕细刻上。成功的企业文化正是长期不懈细节打造的结晶。因此，以打造精品局战略为核心的文化建设必须领导“上心”，大处着眼，小处入手，由浅入深，由表入里，点滴渗透，从职工关心的具体利益问题切入，特别是从职工看得见、摸得着的细节之处着力，与生产经营管理环节融合，才能使细节文化成为凝聚人心的一种氛围，改善职工行为的一种习惯，推动经营管理的一支“看不见的手”，促进精品局发展战略实现的一种动力之源。

(本文原载 2005 年第 1 期《上铁论坛》)

学习贯彻“强基达标、提质增效”工作主题的思考

在铁路总公司工作会议上，总公司党组书记、总经理陆东福明确提出“强基达标、提质增效”工作主题，这既是全年工作的主线和思路，也是确保全年工作目标如何实现的方法论。强基达标，既是科学管理的理念、方法和思路，更是铁路企业长期坚持形成的基本管理经验。铁路的各项工作都要着眼强基达标的思路来推进。提质增效是强基达标的目的和结果，无论是工作措施的落实，还是服务质量的改进，提质增效都应成为检验其成效的重要导向。“强基达标、提质增效”是一种实践要求，必须突出重点、细化责任、分层推进、精心落实，把这条主线变成促进基础管理强化、质量标准提升、企业持续发展的生命线、质量线、效益线。

要切实把“强基达标、提质增效”这一工作主题贯穿全年各项工作全过程，必须提高认识、高标定位，从思想深处把握主题确定的背景依据和实践要求，只有这样，才能提高自觉性和责任感，主动把主题转化成思路、目标和方法，进而成为规范各项工作的基本遵循，落实到具体工作实践之中。

一、把握工作主题确定的背景和依据

“强基达标、提质增效”工作主题的提出绝非偶然，凝聚了全路干部职工的集体智慧，既顺应了国家供给侧结构性改革背景下“稳中求进”的总基调，也适应了铁路安全稳定、改革发展的新要求。

1. 全面深化改革的新形势迫切需要“强基达标、提质增效”

党的十八大以来，以习近平同志为核心的党中央对深化国有企业改革、做强做优做大国有企业，作出一系列重大决策部署，为铁路改革发展指明了方向。面对经济发展进入新常态，特别是全面深化改革的新形势，如何增强铁路企业发展内生动力和市场活力，在全面深化改革中走在国有企业的前列，迫切需要铁路通过“强基达标、提质增效”，继续在夯实基层基础上下功夫，在提质增效上做文章，为企业做强做优做大提供坚实基础和物质条件，履行好兴路强国的重大社会责任和担当，成为党执政兴国的重要支柱和力量。

2. 确保安全持续稳定的新挑战迫切需要“强基达标、提质增效”

安全是铁路的永恒主题，保障人民生命财产安全，是铁路的政治生命线和发展“命门”。历次发生的各类事故表明，基础不牢，地动山摇。特别是在铁路网规

模快速扩充、高铁里程大幅增加、运营环境日趋复杂、职工队伍新老交替的情况下，无论是高铁安全管理基础还是普速铁路运输安全管理基础都需要同步夯实。因此，要从强化基层、基本、基础入手，健全科学严密、覆盖全面的安全保障体系，坚决守牢铁路的安全防线。

3. 提升改革发展水平的新任务迫切需要"强基达标、提质增效"

经营效益的提升离不开新的发展理念的支撑。党的十八届五中全会明确提出"创新、协调、绿色、开放、共享"五大发展理念，不仅是指导我国"十三五"期间乃至今后更长历史时期经济社会发展的基本原则，也必将会对中国铁路发展方式转变产生积极而深远的影响。坚持以新的发展理念促进发展方式的转变，更加注重提升发展质量和效益，适应推动铁路发展从规模速度型向质量效益型转变，从运输生产型企业向物流运输型企业转型，这是铁路能否持续发展的大逻辑，需要铁路在继承创新中全面提高基础经营和基础管理水平，切实肩负起经营管理国有资产、实现保值增值的重要责任。

二、把握工作主题的实践要求

"强基达标、提质增效"工作主题不是时髦的口号，而是一种实践要求，必须突出重点、细化责任、分层推进、精心落实，把这条主线变成促进基础管理强化、质量标准提升、企业持续发展的生命线、质量线、效益线。

1. 必须把工作主题落实在强化管理基础上

要推进管理规范化。各项工作都要突出抓基础、强基本、重基层，加强制度体系建设，完善管理标准、规范和流程，明晰管理权责，构建科学严密的制度评价体系，切实筑牢铁路事业发展的管理制度基础。要推进管理精细化。着眼管理效能提高，树立精细化管理理念，以推进智慧铁路为目标，着力创新完善管理机制和手段，促进信息技术与业务应用的深度融合，通过"让数据说话"实现决策的精准化水平，进而全面提升各项管理的规范化、标准化、信息化水平。要推进管理系统化。既要加强文化建设等软实力建设，也要充分发挥专业部门的检查帮促作用、综合部门的综合保障作用和安监部门的监督管理作用，增强部门的联动性和沟通力，全面提高管理水平和应急能力。

2. 必须把工作主题落实在提升质量标准上

要牢固树立质量效益导向。坚持以提高发展质量和效益为中心，解决好长期以来重投入轻产出、重生产轻市场，以及资产使用效率不高、成本控制不严等粗放经营的问题，从制度机制上切实把市场导向、效益导向和质量导向树立起来。要建立健全质量效益标准。把提质增效的目标导向体现在各项工作标准上，全面提升铁路建设质量、运输质量、服务质量、工作质量；通过建立科学合理的工作标准、构建科学完备的考核评价机制，切实把立标、明标、评标、达标每一环节的工作做好、做扎实。

3. 必须把工作主题体现在推动创新发展上

要树立勇于创新的理念。以加快转变发展方式为导向，突出理念创新的"核动力"作用，以理念的创新推进管理体制和机制的创新，以工作思路创新推进制度建设、管理措施、工作方法等方面创新，进而推动各项工作在创新中发展。要深化重点领域的改革创新。着力构建"三位一体"安全保障体系，着力创新铁路建设机制，着力深化运输供给侧结构性改革，着力推进应用技术创新，着力服务"一带一路"建设，着力加强和改进铁路党建和宣传思想工作，充分调动干部职工的积极性主动性创造性，不断开创铁路改革发展新局面。要坚持动态发展的眼光，找准每个发展阶段不同的"基"和"标"，以开创性思维和创新性举措来实现更高水平的"质"和"效"，在强基达标的良性循环中不断增强提质的能力、展示增效的成果。

（本文原载 2017 年第 2 期《铁路政工》）

第六编

企业自主创新与创新文化建设

习近平总书记在党的十九大报告中指出，创新是引领发展的第一动力，是建设现代化经济体系的战略支撑。目前，“中国制造”正在向“中国智造”迈进，“创新力”已成为驱动中国经济高质量发展的新引擎。

在21世纪全球化时代，国家之间竞争的首要内容和显著特征，就是创新文化的竞争，这也是一个国家软实力的核心要义所在。创新是企业文化建设的特点和生命力所在，是企业价值观的内核。没有创新的企业文化就没有创新的技术、创新的管理、创新的产品、创新的服务和市场，企业就会丧失其社会价值的依据。从表面来看，核心竞争力来自于技术，但技术来自于管理，而管理靠的是以创新价值观为核心的企业文化。铁路企业要成为自主创新的实践主体，不仅要构建一种科技发展的新战略、新体系，更为重要的是培育一种与时俱进、自强不息、求异求变、与自主创新战略相适应的创新氛围和环境。从文化视角探索铁路创新之道，必须培育创新文化，做到理念、制度和机制的全面创新，才能提升自主创新能力，突破世界科技制高点，争创具有自己知识产权的科技新高地，并在提高科技创新产业化应用化水平上展示新作为。

让"工匠精神"成为转型发展的新引擎

从某种意义上说,"工匠精神"既是民族精神的体现,也是企业精神的诠释。目前,上海铁路局已处在高铁大局、客运大局、经营大局、建设大局的新起点上,如何由大局到强局迈进,既需要以精品为核心的强局战略的顶层设计,更需要一大批乐业、敬业、精业的"最美上铁人"的不断涌现,才能确保转型战略目标由蓝图变为现实。

李克强总理在今年政府工作报告上强调"培育精益求精的工匠精神,增品种、提品质、创品牌"。"工匠精神",一个充满传统色彩的词汇,写入政府工作报告,引起人大代表的广泛热议,也引起国人的极大关注。这表明从制造大国到制造强国的转型不能急功近利,仅靠量的积累扩张,而是体现内在品质的提升,依靠追求卓越、精益求精的"工匠精神"来支撑。

何为"工匠精神"? 就是专注专业的精神,就是一丝不苟的精神,就是精雕细琢的精神,就是持久坚韧的精神。从某种意义上说,"工匠精神"既是民族精神的体现,也是企业精神的诠释。比如,我们一讲到德国、瑞士、日本的制造,马上让人肃然起敬,原因就在于这些国家的企业员工严谨细致的工作态度、技术上的精益求精和对产品质量、口碑及企业长远发展的敬畏意识。中央电视台专题节目《大国工匠》中的工人,虽然他们文化水平并不高,从事的行业也不是很起眼,正是"工匠精神"使他们彰显出非凡的人格而令人敬佩。近年来中国高铁异军突起,能够弯道超车、走向世界,也是与中国高铁人挑战自我的"工匠精神"分不开的。这些都是宝贵的精神财富,需要我们在新时期进一步弘扬光大。

毫不夸张地说,"工匠精神"既是国家转型发展战略的重要内容,也是成就个人事业与企业长远发展的决定性力量。就个人而言,有的人由于"工匠精神"缺失,事情做到了99%,就差1%了,正是这一细微的区别,制约了他们在事业上取得突破或成功;从企业而言,许多企业战略设计很成功,但就是因为"工匠精神"不够,执行力不到位,致使企业功亏一篑,难以可持续发展。令人感到尴尬的是,近年来中国制造能让高铁飞驰、蛟龙入海、玉兔登月,但却难以造出一支好用的圆珠笔、一个国人在海外疯抢的马桶盖。这不能不引发人们对"中国制造"的反思,引发人们对中国企业未来发展的忧虑。须知,一个战略缺失的企业、不注重长远利益的企业,注定是不会有明天的,也是不可能成就百年老店的。

最近,盛光祖总经理要求上海铁路局弘扬振奋、担当、创新的精神。"三种精神"不仅是对上海铁路局工作的肯定,也是对上海铁路局转型发展的新期待,特别是对领导干部精神状态提出的新要求。这“三种精神”的弘扬，既需要舆论的大力倡导，更需要下功夫使其具体化有形化，才不致落空。“三种精神”具体化到企业，就是企业精神，有形化到岗位就是“工匠精神”。需要指出的是，“工匠精神”并非一线职工所独有，而是全体企业人的使命与追求，是贯穿企业创新发展全过程的精神引领，支撑企业由大到强的软实力。

值得欣慰的是，在各级组织的共同努力下，近年来上海铁路局涌现了一批批“最美上铁人”。他们的事迹虽然并不惊天动地，但足以让人感动，关键是他们在平凡的岗位上一丝不苟地把工作做精做优的“工匠精神”。这无疑是支撑上海铁路局创新发展的灵魂和动力源。目前，上海铁路局已处在高铁大局、客运大局、经营大局、建设大局的新起点上，如何由大局到强局迈进，既需要以精品为核心的强局战略的顶层设计，更需要一大批乐业、敬业、精业的“最美上铁人”的不断涌现，才能确保转型战略目标由蓝图变为现实。没有“工匠精神”的强力支撑，没有把事情做到极致的内在追求，没有激励人把产品做好的制度安排，做强企业是难有根基保证的，所谓走在全路前列起示范导向作用只能沦为作秀的口号。

天下大事必作于细。上海铁路局从大到强的转型过程，既需要硬实力作基础，更需要以“工匠精神”为核心的软实力作动力保障。培育和践行“工匠精神”并非口号，而是一个命运共同体工程，关键是从“头”做起、从我做起、从点滴做起，把个人职业成长和企业发展战略联系起来。从“头”做起，要求各级管理者以上率下、做出样子，坚持用心经营、精细管理的理念，像乔布斯那样对产品和管理的任何细节都充满近乎狂热的苛刻，管控好关键细节和环节，把工作精准落实到位。从我做起，要求每个职工强化职业精神，树立和内化用心做事的理念，像海尔那样坚持“日事日毕、日新日高”，把管理规范化、作业标准化转化为行为习惯，在平凡的岗位上做出不平凡的业绩。从点滴做起，要求把精益求精的品质追求体现在具体工作和每件产品之中，不因事小而不为，不因事易而不为，努力把每一件简单的、平凡的事始终精益求精地做好，把每一件小事一丝不苟地完成好。

千里之行始于足下。只要我们以弘扬“三种精神”为契机，精心培育以“工匠精神”为核心的工匠文化，从制度机制上激励员工养成精业、耐心、专注、责任的职业态度，形成专心致志干事业、不唯学历凭能力的制度规则，养成踏踏实实做人、一丝不苟做事的工作作风和行为习惯，就一定能让上海铁路局做优做强的战略愿景因每个人的精彩演绎而渐行渐近，进而彰显出上铁人应有的使命与担当。

（本文原载 2016 年第 5 期《上铁论坛》）

铁路创新发展应着力加强自主创新文化建设

中国铁路企业发展动力来自于自主创新，持续创新能力的提升取决于对自主创新文化建设的高度认同。铁路企业创新发展，必须在自主创新文化建设上着力，才能构建核心竞争力，为中国高铁“走出去”提供强有力的文化支撑。

全路工作会议上提出，主动适应新常态带来的新变化，坚持问题导向，抓住铁路改革发展的重点问题，在工作思路、制度建设、管理措施、工作方法等方面加大创新力度，努力做到以解决问题实现发展，以优化机制推进改革，推动各项工作创新发展。实践证明，综合各项工作的创新，最核心的还是文化理念的创新。笔者以为，铁路企业创新发展，必须在自主创新文化建设上着力，才能构建核心竞争力，为中国高铁“走出去”提供强有力的文化支撑。

一、铁路企业自主创新文化建设是重大而紧迫的战略任务

纵观世界企业盛衰史，就是一部鲜明的自主创新文化发展史。事实证明，中国铁路企业发展动力来自于自主创新，持续创新能力的提升取决于对自主创新文化建设的高度认同。

1. 铁路快速发展进程和“走出去”战略迫切要求加强自主创新文化建设

正是弘扬自主创新精神，虽然中国高铁建设起步比日本新干线晚了三四十年，但从建成京津城际高铁，到横贯中国东西南北“四纵四横”高铁干线网络初步成型，我们靠中国制造、中国创造、中国标准的扎实支撑，特别是通过多年自身积累和引进消化吸收再创新，在较短的时间内形成了具有自主知识产权的高铁技术体系，带动了高铁装备制造产业链的技术升级，为中国高铁正了名，赢得了世界的承认与肯定。当下，“一带一路”倡议是中央主动应对全球形势深刻变化、统筹国内国际两个大局作出的重大战略决策，对推进我国新一轮对外开放和沿线国家共同发展意义重大，同时也为中国高铁“走出去”带来新的发展机遇，有助于“中国制造”向“中国创造”的历史性转变。“中国创造”是一种技术创新。而创新应该是一种动力系统。这种动力系统，不仅需要技术、制度、管理的创新，更需要创新观、现代科技观、人才观的创新。因此，要适应“中国制造”向“中国创造”的转变，中国高铁人必须把握机遇，持续弘扬自主创新的精神，大力提升自主创新能力，才能打造真正意义上的中国铁路品牌，在激烈的国际竞争中赢得主动，为“走出去”提供更多的自主创新成果。

2. 铁路软实力不足的挑战迫切要求加强自主创新文化建设

铁路担负着自主创新的重大责任,同时也面临着严峻的挑战。过去一段时间,铁路企业的创新更多地体现在技术层面也就是硬件上,如高铁技术等,而在运营管理制度、运营模式、经营机制等软件方面,创新的力度和成效明显滞后,成为困扰铁路可持续发展的短板所在。当前,铁路自主创新面临四大挑战。一是观念不适应的挑战。由于铁路长期计划经济的管理模式,使职工普遍存在"上级怎么说我们便怎么做"的思想观念,习惯于被动执行。特别是许多人把自主创新视为与己无关,有的把它看成是高不可攀的东西,是专业技术人员的专利,没有形成与自主创新相适应的文化理念体系。二是制度机制缺陷挑战。由于收入分配管理体制和人才评价导向的制度缺陷,许多专业技术人员还只求发论文、评职称、晋级上下功夫,更多的技能人才缺少科研攻关的制度机制和内动力。三是人才短缺问题突出的挑战。专业人才短缺、队伍结构性矛盾突出的问题还没有从根本上得到解决。主要体现在"四个缺少":既缺少政治素质好、懂铁路专业和现代管理的领导人才,又缺少一大批熟悉现代铁路技术业务、实践经验丰富、能够解决实际问题的专业技术人才;既缺少一批擅长在高铁生产现场快速判断处置各类故障并独立处理现场技术问题的技术应用人才,又缺少一批具有创新能力、掌握关键核心技术的领军人才。四是整体创新能力不足的挑战。虽然铁路各单位重视职工合理化建设活动,但职工"五小"活动低水平重复,单位和部门之间科技创新协调不够,造成许多领域重复投入、分散投入,难以在整体目标上形成一致的团队合力。因此,铁路软实力不足凸显了自主创新文化的重要性和紧迫性。

3. 铁路核心竞争力的构建迫切要求加强自主创新文化建设

原 GE 集团 CEO 杰克·韦尔奇有句名言:"如果你想让列车时速再快 10 公里,只需要加一马力;而若想使车速增加一倍,你就必须要更换铁轨了。资产重组可以一时提高公司的生产力,但若没有文化上的创新,就无法维持高生产力的发展。"这句话形象地反映了自主创新文化对于核心竞争力的重要性。从表面上看,核心竞争力来自于技术,但技术来自于管理,而管理靠的是以自主创新价值观为核心的企业文化。没有自主创新的文化支撑,谈不上核心竞争力。特别是对中国高铁来说,如何适应高新技术、装备在高铁应用的系统性、复杂性、特殊性的要求,建立完善、科学、持续、开放的高铁技术自主创新系统,使中国铁路事业的发展质量、科学管理能力与员工科学素养相适应,进而形成自主创新的文化,使中国高铁技术自主创新的步伐越走越稳健,是铁路持续必发展面临的重要课题。从此意义上说,铁路企业应从发展战略高度,加强自主创新文化建设的顶层设计,努力把自主创新作为一种精神理念和工作方式,一种行为习惯,贯穿于铁路工作全过程,这既是铁路创新发展的必然选择,也是构建铁路核心竞争力的应有之义。

二、铁路企业自主创新文化要突出“三个把握”

历史表明，核心价值观，承载着一个企业的精神追求，体现着一个企业是非曲直的价值标准。同样，铁路企业创新文化也要有体现企业愿景、使命追求的核心价值观。铁路企业加强自主创新文化建设，需要把握自主创新文化的内涵、主体和重点。

1. 把握内涵

就是要解决是什么的问题。自主创新文化是在企业生产经营活动中产生的、与整体价值准则相关的群体创新精神及其表现形式的总和，是有利于开展创新活动的氛围、规范、习惯、价值导向，是与创新相关的文化形态的总和。自主创新文化的结构，一般认为是三个层面。精神层面主要包括创新精神、价值观、道德观，这是创新文化的灵魂和核心内容；制度层面是与价值观念相一致的、能够体现这种价值的一系列规章制度和评价体系的总合；物质层面体现为与行为规范和价值观念相适应的工作、生活环境和形象标识等。三个层面是相互联系，融为一体。其中，核心是精神层，这是加强创新文化建设的根本；制度层是基础，这是创新文化建设的保证；物质层是体现，这是创新文化建设的载体。

2. 把握主体

就是解决谁来做的问题。如果说，国家创新主体在企业，那么企业创新主体是职工，理应成为增强企业自主创新能力、建设创新型企业的主力军。科技人才队伍也应包括一线技术工人，特别是具有长期经验、在第一线的高级技工，他们紧贴实践，创新活动也是和企业的流程、企业的组织形式紧密结合在一起的，也许一个小窍门、一个小建议就可以产生很多经济效益。无论是组织结构的创新，还是技术手段的创新，市场营销的创新，最终都要落实到广大员工的思想和行动上。尽管创新智慧来自于少数人，但要形成共识，变成群体实践，变成产品，创造价值，那就不单是个别研发人员的事，而是全员的共同责任和使命。格力电器自主创新体系最大的特点，就是把公司的普通员工培养成技术工人。在他们的企业里，人才有三个体系，一个是管理体系，一个是技术研发体系，还有一个就是技术工人的培养和发展体系。把握技术工人这一自主创新主体，激发职工主人翁责任感、使丰富的人力资源变为人力资本，有利于把广大员工的积极性、主动性和创造性，吸引和凝聚到创新发展科技中来，从而奠定自主创新的群众基础。

3. 把握重点

就是从根本解决重点做什么的问题。创新不单是技术创新，更包括体制机制创新、管理创新、模式创新。这些创新的背后是一种文化的创新，而文化的创新本质上是思维方式的创新。这既是企业核心竞争力的体现，也是自主创新文化的灵魂。企业与企业之间的竞争，具体体现为全员创新思维能力的较量。全员的创新意识和创新思维，是科技进步和形成核心竞争优势的强大基础。职工群众的创新思维是不可低估的，一旦激发出来就会成为一种战无不胜的力量。海尔集团正是坚持走全员创新之路，从 1998 年开始开始实行以市场链为纽带的流程再造，并将这种创新的管理模式定位为“人单合一”，实现了创世界品牌的目标。所谓“人单合一”的“人”，就是每一个自主创新的员工。“单”就是有竞争里的市场目标，“人单合一”，就是每个员工与竞争力的市场目标结合为一体，每个员工都成为创造市场的“大老板”。因此，铁路自主创新文化的重点是思维方式的创新，以此推动制度机制的创新，让创新理念变成创新的实践和行为，使人人都有创新的责任，人人都有创新的动力，人人都成为创新的主体。

三、铁路自主创新文化的实践要求

铁路企业要从发展战略上加强自主创新文化建设的研究与实施，将自主创新的价值观变成理念体系渗入制度机制，并成为企业成长的基因融入每个员工的血液，从而形成方方面面共同参与和支持科技自主创新的强大合力，最大限度促进企业核心竞争实力的提升。这是铁路企业可持续发展的必然选择，也是铁路企业的生存之本、竞争之本、发展之本。

1. 核心是建设有利于促进自主创新的精神文化

铁路企业要在新时期科学发展，必须把自主创新作为企业精神的重要内涵，树立创新性思维，勇于创新、敢为人先，创新经营观念、经营模式、营销方式等，主动适应新常态下改革发展形势要求，才能不断提升自主创新能力，真正拥有核心竞争力。一要坚持破旧立新。树立创新性的思维，前提是消除影响自主创新的思维障碍，改变长期以来形成的因循守旧、不思变革的思想，既要摒弃那种浮躁、虚夸、急功近利的思想，又要摒弃那种观念上墨守成规，压制、束缚创新，以求同代替求异的价值取向，更要摒弃那种“木秀于林风必摧之”“出头椽子先烂”“枪打出头鸟”之类的视创新为畏途的传统思维，才能营造有利于独立思考、自由探索、宽容失败的文化环境，使企业全员无所畏惧地去追求真理，自由地创新创造。当然，创新不是幻想，不能异想天开地蛮干，必须坚持科学的态度，以科学的实践为依托。二要宽容失败。技术创新通常伴随着失败风险，这是产业发展的规律。成功的创新型企业无不以“追求卓越”作为经营理念，形成了敢于冒险、大胆创新的价值观念。因此，要培育自主创新的精神文化体系，领导者必须要有容忍失败的雅量，珍惜高铁技术创新成果，确立有利于高铁发展的价值取向。三要营造氛围。要营造一种“创新并非科技人员专利”的浓厚氛围，改变自主创新与已无关的思想，加大对科学知识、科学方法、科学思想、科学精神的宣传与普及力度，充分尊重和发挥广大员工在推动创新发展中的主力军作用。

2. 重点是建设有利于自主创新的制度文化

铁路企业自主创新的制度文化建设，必须着眼完善科技创新制度体系，建立和完善多种、多层次奖励制度和收入分配制度，形成有利于多出成果、快出成果、出大成果的制度与机制导向。一要完善人才评价手段和人才评价方式，探索有利于技能型员工成长的多元化考核评价激励体系，实现从重学历、重资历向重实绩、重贡献、重创造转变，努力把丰富的人力资源真正变为人力资本。二要探索建立产权激励机制，收入分配向重点、关键岗位和优秀人才倾斜的收入分配制度，对作出突出贡献的人才可以技术、专利等生产要素参与收益分配，或实行期权和股权激励，让各类创新人才脱颖而出。三要采取多种方式引进人才。重点是面向国内外，积极引进高速、重载、安全、信息等新技术方面的急需人才。四是加快建立企业主导产业技术研发创新的体制机制。要有效整合产学研力量，不断提高关键核心技术研发攻关的协同和集成能力，对具有战略方向性关键共性技术，要集中资金和研究力量实施重点突破。同时，充分优化科技资源配置、提高科技资源利用效率，最大限度调动和激发科技工作者的创新活力。五是积极推进高铁技术标准国际化步伐，扩大我国在国际铁路技术标准领域的话语权，推动我国铁路技术标准纳入或上升为国际标准，为高铁“走出去”提供软实力的保护。从某种意义上说，促进自主创新的制度既是人力资源潜能最大限度激活的发动机，更是一个企业是否尊重人格、尊重知识、尊重员工创造精神的重要标志。

3. 关键是建设有利于自主创新的团队文化

自主创新文化必须是一种“育人”文化，能够培养创新型的人才，激发员工的创新积极性。实践表明，抓住了队伍能力建设，特别是抓住了青年人才队伍，就抓住了创新的关键。因此，针对铁路人才青黄不接、后继乏人的现状，实施队伍技能提升工程，形成勇于自主创新的团队文化是关键。一是加强创新型领导班子建设。建立创新型的文化，领导的态度和能力是关键。创新的企业需要在管理作风上表现出乐于接受新的观念，在人员政策上鼓励有新的创造发明，在制度上面向顾客并吸收他们的创新意见，在技能上将革新观念转化为行动，这些都必须依靠领导的重视并在企业政策层面的具体、实际的支持。因此，要通过建设学习型领导班子，使领导者自觉做致力于学习的倡导者、学习活动的发起人、职工学习的支持者，才能使学习、创新成为一种经常化、普遍化和制度化的行为，从而创造出有利于自主创新的团队学习文化。二是加强青年科技领军人才建设。落实“待遇就高、晋升从优”政策，鼓励大学生和高职生从事一线生产技术和技能岗位。加强人才培训基地建设，特别是善于发现和努力培养青年科技人才，把加强青年大学生早期培养作为一项基础性、战略性工程，创新人才培养模式，拓展人才培养渠道，努力造就一批德才兼备、技术一流的拔尖人才和科技领军人物。三是加强一线创新人才建设。弘扬“知识崇高、技能宝贵、创造伟大”的时代风尚，开展岗位练兵、技术比赛、技术培训、技术交流、名师带徒和推广以职工名字命名先进操作法、评选首席工人、技能之星、“金点子”等活动；深入持久开展好“五小”

(小发明、小创造、小革新、小设计、小建议)活动,让一线创新人才脱颖而出。同时,专业技术主管部门要从方案创意、成果研发到推广应用等各个环节加强指导,使一线员工的小点子变成大创意、小革新变成大创造、小发明变成大成果,进而整体提升职工自主创新活动的层次和质量。

铁路企业文化创新的思考

铁路文化只有不断创新，才能突破体制障碍，才有旺盛的生机和活力，而铁路实施改革发展战略，无疑为文化创新提供了机遇和平台。铁路企业文化创新重在个性、重在整合、重在开放。

近年来，越来越多的企业认识到文化力对增强企业核心竞争力的作用，加强企业文化建设成为新的热潮。但回首近几年铁路企业文化建设的状况，真正结合自身实际创新企业文化的凤毛麟角，制约了铁路文化建设的深入开展。笔者以为，铁路文化只有不断创新，才能突破体制障碍，才有旺盛的生机和活力，而铁路实施改革发展战略，无疑为文化创新提供了机遇和平台。

一、铁路企业文化创新重在个性

企业文化作为市场经济中的微观文化，没有个性，就没有优秀企业文化；没有特色，企业文化也就失去了吸引力、感召力。实践证明，优秀企业文化之所以优秀，就是因为他们具有一系列独特的文化特质，首先是表达的个性化。因为理念是抽象的，无形的，要想被员工接受，就必须讲究表述的个性化。如海尔理念中的"斜坡球体论""吃休克鱼""三只眼理论""6S 大脚印"等，这些各具特色的表达既便于员工理解、记忆，又便于交流、普及和传播。反观铁路企业文化，雷同化有余，个性化不足，政治口号式泛滥，成为制约企业文化发展的软肋。其次，企业文化的个性化还取决于制定战略的个性化领导。从某种意义上说，企业文化是企业家文化，有什么样的领导人就有什么样的企业文化，企业领导人的素质决定企业文化的优劣。而铁路企业领导人由于长期计划体制下求同思维的惯性，更多的强调求同，而缺少了求异，普遍呈现出上下一般粗的工作方式，影响了个性化文化的形成。再次，企业文化的个性化还取决于文化的执行力。只有强化企业文化的执行力，才能把理念变为行动，使价值观落地生根，在独特的环境中结出不一样的果实。因为战略容易趋同，理念也日益趋同，而不同的往往是执行力的不同，操作方式的不同，而这恰恰是企业理念个性化的实质所在。特别是"十一五"期间，随着铁路现代化水平提高，铁路技术含量不断增加，尤其是以集成创新为特征的高速客运专线新技术，将成为铁路发展的一道风景线。而铁路系统要在技术创新上取得大突破，实现大跨越，只有培育适应科学发展要求的自主创新文化，树立以我为主的个性思维，强化自我超越的精神和勇气，才能以掌握核心技术、增强自主创新能力为目标，把原始创新、集成创新和引进消化吸收再创新结合起来,充分发挥铁路企业在自主创新中的主体作用,优化整合铁路科技资源,加快构建中国铁路自主创新体系。因此,铁路企业文化创新必须适应科学发展对企业文化的个性化要求,才能积极推动思维方式、管理体制和机制的变革,构建内涵丰富、个性鲜明的铁路文化体系。

二、铁路企业文化创新重在整合

企业文化创新的过程,就是按照构建现代企业制度,适应企业管理不断变革的过程,更是对传统文化的整合的过程。因此,企业文化建设就是继承基础上的整合,没有继承,没有扬弃,也就没有创新。实践证明,离开了对传统优秀文化的传承,发展有创新性的企业文化就失去了根基。只有从优秀传统文化的洪炉中铸造出来的企业文化,才是最具特色和创新性的,才是最具吸引力和竞争力的,当然也才是最能跻身于世界先进文化发展的前沿的。铁路企业文化有着光荣的优良传统,是一笔宝贵的精神财富,要体现创新,就必须把握科学发展这一契机,准确把握铁路企业的历史、现实和未来,发扬锐意改革、艰苦创业、勇于攻坚、无私奉献、纪律严明、团结协作的优良传统,不断提高企业创新能力,打造学习型组织,使铁路企业在快速发展中更具学习力、创新力、竞争力,以创新优势取得市场份额,由垄断优势变为文化优势,实现国家、企业和职工利益的共赢。从这个意义上说,铁路企业文化建设必须对现有文化资源提炼整合、加工完善,发扬光大有生命力的东西,摒弃不合时宜的观念和作法,在传承中扬弃,在扬弃中发展。特别是随着运输能力和装备现代化的提升,尤其是在生产力布局大调整和主辅分离、辅业改制,要特别注意有形资产与无形资产的整合,通过有效的文化融入、理念引导,实现文化的整合再造,最大限度凝心聚力、铸魂育人,使铁路成为"形散神聚"的命运共同体,确保企业在重组中持续和谐发展。

三、铁路企业文化创新重在开放

管理学家克拉克强调:"评价一个企业成功与否并不在于年限长短,关键看它的理念能否跟上时代的潮流。"实践证明,文化的生命力不是来自于她的悠久历史,也不在她所存在的地域的辽阔,而在于平等交流,在于其包容性、开放性以及这种文化能否与时俱进。任何一种文化如果不与世界文化交流,不适应内外环境变化,那么她必然衰落。曾经辉煌一时的中国"老字号"企业之所以在新世纪艰难度日,面临巨大的生存挑战,根本原因在于观念落后,体制陈旧,适应不了时代发展要求。因此,随着时代的发展,时代的要求在发生变化,铁路企业文化也应与时俱进,赋予新内容,把握规律性,体现开放性。铁路企业文化作为亚文化现象,是社会文化的重要组成部分,无时不在受社会文化传统与社会制度形态的影响。也就是说,铁路企业文化要持续创新,必须有高定位、新视角、宽领域,审时度势,兼容并蓄,融合锻造,由封闭走向开放,由一元趋向多元,再由多元趋向一元。也就是说，铁路只有从社会多元文化中汲取营养，从外来文化中博采众长，才能在多维思想碰撞中思想统一，在经营机制优化中不断成熟，在管理体制变革中不断成长，在与先进企业文化交流中融合中升华。特别是中国已经加入WTO，铁路企业必须跳出自己看自我、跳出地域看自我、跳出行业看自我，积极推进企业文化的交流，既要看到自己的优势不妄自菲薄，又要看到自身的差距虚心学习，才能以博大的胸怀、积极的态度，汲取与市场经济相适应的企业经营理念，承担企业应尽的社会责任，形成有时代特点、行业特色、单位个性的高品质企业文化，促进企业由理念创新为服务、管理、融资体制创新，从而在全球文化挑战中保持自身优势，在服务社会大众之中传承铁路文明，在突破自然垄断体制中展示行业风采，从而始终与时代精神共振，与最先进企业理念同频，与科学发展战略同行。

（本文原载2003年第2期《铁路思想政治工作研究》）

关于推进铁路持续创新发展的思考

铁路持续创新发展是一个综合的系统，必须以解决影响持续创新的问题为导向，以持续创新发展的理念为主线，以提升持续创新能力为目标，在理念创新、管理创新、技术创新和人才创新等方面加大突破的力度，才能促进铁路可持续发展。

习近平总书记在十八届五中全会提出“五大发展理念”，并把创新发展摆在国家发展全局的核心位置，不断推进理论创新、制度创新、科技创新、文化创新等各方面创新，让创新贯穿党和国家一切工作，让创新在全社会蔚然成风。习近平总书记的讲话高瞻远瞩、内涵丰富，为铁路创新发展指明了方向。铁路总公司针对当前铁路面临的新挑战和新机遇，以创新发展为主线，提出从推进内部管理体制、运输组织改革、安全管理、铁路技术、经营机制和政治工作六个方面进行创新。此外，盛光祖在全路货运改革工作会议上就实施铁路货运组织改革提出了“四个转变”的观念创新要求。这些都是铁路落实国家创新发展战略的具体举措。笔者以为，铁路学习贯彻十八届五中全会精神，必须着眼于铁路持续创新发展的新要求，深刻认识和分析铁路持续创新发展的重要性和紧迫性，深刻把握推进铁路持续创新发展的突破口，才能实现企业做大、做强、做久的目标。

一、深刻认识推进铁路持续创新发展的重要性

生命不已，创新不止。持续创新发展，意味着为企业可持续发展、实现基业长青提供持续的管理创新、技术创新和市场创新等内容。对铁路来说，能否在培育新动力、构建新优势、拓展新空间上发挥持续创新的助推力作用，是决定铁路未来发展全局的战略抉择，也是铁路生存发展的关键所在。

1. 从持续培育铁路发展新动力看

近年来，随着《中长期铁路网规划》的实施，着眼建设世界一流的高原铁路、高速铁路和复杂艰险山区铁路，我国铁路现代化建设取得重大成就，尤其是在高速、提速、重载等众多技术领域达到世界先进水平，这是全面推进原始创新、集成创新和引进消化吸引再创新的结晶。如何进一步巩固创新成果，实现铁路可持续发展，迫切需要持续创新的动力来支撑。这一动力不仅是国家发展战略的支持，更重要的是创新的技术，以及创新的理念、制度、管理、经营模式和人力资源开发。因此，铁路必须把提高持续创新发展的能力摆在更加突出的战略位置，贯穿到铁路“十三五”发展规划之中，体现在安全、经营、改革、建设各项工作之中，

才能打造创新发展新引擎，提供支撑发展的新动力。

2. 从持续构建铁路发展新优势看

铁路运输是我国交通运输体系的骨干和中坚，在现代物流体系中发挥着十分重要的作用。铁路具有长距离、大运量、低成本、低消耗优势。从客运看，高铁运输以较频密的发车率、较高的正点率、较便捷的地面交通接驳、安全性等优势，对公路、航空运输造成了巨大的挑战，必将成为绿色交通的骨干，成为铁路发展的新优势。但从货运看，随着经济发展新常态，铁路运输物资逐渐由大宗物资为主的“黑货”向以碎片化为主的“白货”转移，如何不断挖掘零散批量及集装箱等货运新优势成为当务之急的课题。因此，铁路要巩固老市场、开发新市场，成为一流现代物流企业，必须坚持创新驱动发展战略，深化改革，突破“瓶颈”，以改革的办法破除影响现代物流的体制机制障碍，以创新的思路破解物流发展中的经营难题，才能构建与市场化相适应的铁路发展新优势。

3. 从持续拓展铁路发展新空间看

“一带一路”不仅是实现中华民族伟大复兴之战略构想，更是沿途国家共同繁荣之有益路径，具有深远的战略意义和全球性影响力，同时也给铁路可持续发展提供了新的机遇和空间。另一方面，随着互联网技术的推陈出新，云计算、物联网、全程电子商务的应用，“越界发展”将成为常态，这既给铁路经营和决策方式带来压力和挑战，同时也给铁路提供新的发展平台。因此，铁路只有坚持持续创新发展，把握“一带一路”和“互联网＋”新机遇，突破思维定势和路径依赖，变经验决策为数据化决策，不断推进管理、服务和技术创新，才能寻找新的经营增长点，拓展铁路发展新空间。

二、深入分析推进铁路持续创新发展的紧迫性

事实证明，铁路持续创新发展是个系统工程，迫切需要改变与持续创新发展不相适应的方方面面，才能驱动铁路在可持续发展的轨道上前行。

1. 与持续创新发展不相适应的思维定势亟待改变

由于长期按照计划经济的管理模式运作，使职工习惯于被动执行，普遍存在“上级怎么说我们就怎么做”的思维惯性。因循守旧、不思变革、万事不求人的思想，浮躁、虚夸、急功近利的思想，墨守成规、以求同代替求异的价值取向，以及“出头椽子先烂”“枪打出头鸟”之类的思想观念根深蒂固。重学历轻能力、重使用轻培养、重物轻人的思想、“官本位”意识普遍存在，严重挫伤了人才的积极性和创造性。由于创新思维的局限，许多人把创新视为与己无关，是专业技术人员的专利。因此，推进铁路创新发展迫切需要在改变落后的思维定势上来一场观念革命。

2. 与持续创新发展不相适应的高铁综合技术系统亟待改进

随着国家“一带一路”倡议的实施，高铁国际竞争渐趋白热化，表面上这是国

与国实力的竞争，深层次是企业核心竞争力的较量。特别是在高铁成套体系运营维护、成套设备日常管理、多元市场开发利用等多个领域，谁能抢占先机确立标准，创造形成运营领域的独特品牌，谁将占据更为有利的世界高铁市场主导地位。要清醒看到，过去一段时间高铁通过引进消化再创新成果丰硕，但主要体现在技术层面的硬件上，而在原始创新、运营管理、运营模式、技术创新平台等软件方面，创新的力度还需要进一步加强。从此意义上说，要应对国际竞争的各种新挑战，打造真正意义上的中国铁路品牌，不能在现有技术、标准上固步自封，而是要关注世界高铁发展最前沿，大力提升自主创新能力，才能持续增强核心竞争优势。

3. 与持续创新发展不相适应的管理机制亟待改革

铁路作为交通运输体系的骨干，面临着各种运输方式的竞争压力，破解经营管理中的突出问题，越来越成为新常态下铁路改革发展的内在要求。就像目前的铁路物流在管理体制、经营理念、业务流程、信息平台等方面均与市场化、网络化、扁平化的体制创新要求有很大距离，特别是“前店”与“后厂”并没有实现真正意义上的无缝链接；铁路产品的满意度还不高，客货产品和服务保障还要进一步优化，特别是货运“最后一公里”的短板亟待解决；营销机制不活，收入分配制度不健全，明显不适应现代物流发展和经营管理的新要求。因此，铁路要适应新常态，必须对铁路管理体制、经营理念、业务流程、管理机制进行重塑和再造，使整个运输组织更加便捷高效，物流的网络布局更加合理，各项手段保障功能更加完备，才能提高旅客货主对铁路的满意度，适应市场化对铁路现代物流发展的新要求。

4. 与持续创新发展不相适应的人才短板亟待解决

当前，铁路面临着人才队伍不平衡、不协调问题，特别是人才队伍发展创新能力不足和创新型人才总量匮乏并存，成为制约铁路科学发展的短板。其一，人才队伍结构性矛盾突出。人才队伍总量不足，分布结构不合理，既缺少具有创新精神、懂铁路专业和现代经营管理的领导人才，又缺少一大批掌握关键核心技术的专业人才，更缺少掌握绝活的一线技能人才。其二，人才潜能开发不到位。由于人才评价、激励机制不完善，管理科学化、制度化、民主化程度不高，人才的积极性和创新潜能没有得到充分激发。其三，人才管理机制不到位。由于对待人才求全责备、论资排辈，人才选拔、培养、引进、使用的封闭落后意识未能完全破除；缺乏一套科学规范、以能力和业绩为导向的考核评价体系，协调高效的人才工作运行机制还没有真正到位。如何有效激发人才创新，管好用好人才，成为人才队伍创新发展亟待解决的重要课题。

三、深刻把握推进铁路持续创新发展的突破口

铁路持续创新发展是一个综合的系统，必须以解决影响持续创新的问题为

导向，以持续创新发展的理念为主线，以提升持续创新能力为目标，在理念创新、管理创新、技术创新和人才创新等方面加大突破的力度，才能促进铁路可持续发展。

1. 推进铁路持续创新发展，核心是理念创新的突破

理念创新是企业创新发展的灵魂和动力源。树立创新性的思维，前提是破旧立新，消除影响创新的思维障碍，赋予新时期铁路精神以创新内涵。一要树立服务创效的理念。铁路传统管理模式和计划经济“收支两条线”的粗放经营方式，重安全生产、轻经营管理，重大宗轻白货，以方便自己为主而不是方便顾客等，越来越不能适应新常态下经营发展新要求。可以借鉴国外铁路运营经验，如日本“民铁”营业收入三分之一来源于房地产、旅游等多种经营事业。因此，铁路必须树立以优质服务创效的理念，由高高在上的“铁老大”变身为“店小二”，提供更多顾客满意的产品和服务；同时，强化以优质服务促进多元发展，推进多元化经营的高度融合，实现一体化、网络化、规范化，以适应当今市场化经营发展的新挑战。二要树立宽容失败的理念。无论是技术创新还是管理创新，通常都伴随着失败风险，这是企业创新发展的普遍规律。事实证明，成功的创新型企业无不以“追求卓越、勇于突破”作为经营理念，敢于冒险、大胆创新的价值观念已深入人心。阿里巴巴前高级副总裁说，马云成功的秘密就藏在那些失败里。因此，要树立宽容失败的理念，培育适度冒险的精神，不但要在员工取得创新成果时及时进行精神和物质上的奖励，更要在创新遇到挫折甚至失败时给予包容和鼓励，从制度设计和舆论引导上营造鼓励创新发展的人文环境。三要树立全员创新的理念。响应国家大力倡导的“万众创业、大众创新”的理念，破除“创新与我无关”的思想，加大对科学知识、科学方法、科学思想、科学精神的宣传培训与普及力度，营造“创新无所不在”的浓厚氛围；树立新的人才理念和绩效观，打破一切排挤人才、扼杀人才、窒息人才创造活力的传统观念，大力褒扬优秀人才事迹，鼓励员工在安全、服务、经营等方面大胆创新，充分尊重和发挥他们在推动创新发展中的主力军作用，使全员创新的理念深入人心。

2. 推进铁路持续创新发展，关键是管理创新的突破

推进管理创新，最紧迫的是要破除体制机制障碍，在分配制度和管理方式上有新突破，真正使创新成为一种经常化、普遍化和制度化的行为。一要推进管理体制创新。铁路通过改制，从体制上基本厘清了总公司与铁路局的职责，具有划时代的意义。下一步，总公司要继续减政放权，实施权力清单制度，把自己该管的切实管起来，不该管的坚决放下去，切实让铁路局承担起市场主体责任，促进管理制度机制创新，调动一切经营要素创效。同时，着眼移动互联网时代的管理体制变革，探索与市场化、网络化相适应的体制机制，形成有利于创新的体制导向。二要推进分配制度创新。深化分配制度改革，改进清算制度，建立业绩与效益挂钩、顾客满意度与奖惩联动的考核激励机制；推行“一流人才、一流岗位，一流业绩、一流报酬”，对作出突出贡献的人才可以以技术、专利等生产要素参与收益分配，或实行期权和股权激励，实现从重学历、重资历向重实绩、重贡献、重创造转变，变“要我创新”为“我要创新”，提升各类人才的积极性和创造性。三要推进管理方式创新。按照马斯洛的需求理论，创新型人才一般都有较强的自尊和自我实现的需要，留住他们仅仅凭收入待遇、领导个人魅力是远远不够的。要突出文化管理，尊重人、理解人、信任人、帮助人、培养人，充分考虑人才的独特需求和发展意愿，给他们更大的发展空间和更多的关爱，实现个人价值与企业价值的结合，从而发自内心对企业产生认同感和归属感。

3. 推进铁路持续创新发展，重点是技术创新的突破

要突出技术创新，着眼于创新资源的优化整合，着力推进各类平台建设，进一步巩固和强化高铁竞争优势。一要推进技术标准化建设。适应“一带一路”倡议，加强铁路技术标准化平台建设，积极推动我国铁路技术标准上升为国际标准，为高铁“走出去”战略提供知识产权保护。二要推进科研攻关资源整合。加强科研机构协同运作平台建设，有效整合产学研力量，促进院校、科研机构、制造企业与铁路运输企业的联合，提高基础理论研究和关键核心技术研发攻关的协同和集成能力。三要推进信息化平台建设。基于国家“互联网＋”行动计划的实施，信息技术及互联网发展使客货营销的电子化、远程化成为可能，铁路应积极学习大数据分析技术，综合开发基于网络系统的新型运输产品体系，着力将物联网接入铁路安全经营管理全过程。四要推进一线创新成果转化。着眼合理化建议成果的转化应用，注重劳模品牌的延伸和放大，从方案创意、成果研发到推广应用等方面大力鼓励和支持基层的“微创新”，为一线创新活动提供有效支持，努力使一线员工的小点子变成大创意、小革新变成大创造、小发明变成大成果。

4. 推进铁路持续创新发展，根本是人才队伍能力建设的突破

人才是创新的主体和创新第一资源。能否吸引、留住和培育人才，调动人才的创新潜能，既是人力资源潜能开发的重要目标，更是企业创新发展的根本动力所在。因此，要加强人才队伍整合顶层设计，重点加强党政人才、经营管理人才、专业技术人才和一线职工人才队伍能力建设，促进各类人才队伍协同发展。一是强化人才队伍创新发展的顶层设计。要抓紧研究制定人才队伍建设的工作规划，注重创新人才引进标准，构建科学的培训模式，建立以过程与业绩并重的评价体系导向，完善能上能下、进出顺畅的人才流动机制，实施队伍技能提升工程，推进各类人才队伍动态化管理。今后引进和招聘人才，不能仅仅把学历作为唯一标准，而是要把具备创新品质、创新能力、创新实践、创新成果的人作为创新型的专业人才来引进，这是企业充满生机和活力的重要资本。二是强化创新型党政领导班子能力建设。首要的问题是提高领导者自身的创新意识，培育具有创新精神、创新思维、创新能力的领导班子队伍；要围绕加强学习型、服务型、创新型领导班子建设，弘扬勇于变革、大胆开拓、敢于担当的创新精神，营造组织内浓厚的学习、创新、创造的氛围，着力用创新的理念武装头脑、指导实践，提高善于集中各方面智慧提出新思路、采取新举措、开创新局面的本领；不断完善领导干部政绩评价体系，把是否具有开拓创新能力作为考核领导干部能力素质的重要标准，把是否取得开拓创新成效作为评价领导班子工作业绩的基本要素，使领导者真正成为学习、创新的倡导者、支持者和关键技术攻关的引领者、推进者。三是强化创新型经营管理人才和专业技术人才能力建设。有针对性地抓好重点企业经营管理者的素质培养，发挥党校主阵地作用，采取学历培训与专业进修相结合等形式，突出客货营销、现代物流、大数据应用、电子商务等知识专题培训，努力提高以理论为基础的原始创新能力，造就一支懂经营、善管理、市场拓展能力强的企业经营管理人才队伍。要把加强青年大学生早期培养作为一项基础性、战略性工程来抓，创新专业人才培养模式，拓展专业人才培养渠道，提高培训的针对性和有效性，努力造就德才兼备、技术一流的专业领军人才。四是强化一线职工创新人才能力建设。铁路的创新发展迫切需要培养大批技术精湛、门类齐全的高技能人才。要弘扬工匠精神，完善高技能人才评选表彰制度，培育一批有现场绝活的技能大师技能人才。着眼提升一线职工创新潜能和创造活力，经常性开展岗位练兵、名师带徒和推广以职工名字命名的先进操作法、评选首席工人等活动，为他们快速成长、展示自我提供舞台。

（本文原载 2016 年第 3 期《铁路文化建设》）

从文化视角看企业自主创新

中国企业要实现自主创新，在竞争中成长，必须以培育自主创新的企业理念为核心，以积极开放的心态，博大的胸襟，世界的眼光，博采众长，应对变革，才能追求卓越，构建核心竞争力。

创新的观念古已有之，而现代创新理念是由奥地利经济学家熊彼特在1912年提出来的。从那以后的近百年来，世界经济社会飞速发展，企业创新、管理创新特别是科技创新一日千里，极大地改变了人类社会的生产与生活，创新越来越成为社会生产力解放和发展的重要基础与标志，越来越决定着一个国家、一个民族的发展进程。中共十六届五中全会明确提出，“十一五”期间我国必须提高自主创新能力，以推动结构调整，提高国家核心竞争力。对企业来说，要成为自主创新的主体，不仅要构建一种科技发展的新战略、新体系，更为重要的是培育一种与时俱进、自强不息、求异求变、与自主创新战略相适应的创新氛围和环境。笔者以为，从文化视角看自主创新，必须培育创新文化，做到理念、制度和机制的全面创新，才能提升自主创新能力，突破世界科技制高点，争创具有自己知识产权的科技新优势。

一、自主创新的核心不仅是领先的科学技术，也包括创新的文化理念

今年世界经济论坛（达沃斯）发表的全球竞争力报告显示，技术领域是我国竞争力排名靠后的项目，列第64位。没有科技的突破性发展，就无法在对有限资源、有限机会的竞争中获取先机，经济发展优势就难以确立。特别是在经济发展知识化、市场竞争全球化、信息管理网络化的情况下，不提高产业和产品的技术含量，不下决心提高自主创新能力，而是跟在发达国家后面亦步亦趋，不仅持续发展不可能，而且还会进一步拉大与发达国家之间的差距。大型跨国企业和企业集团在各个科研领域形成了强大的经济科研实力，他们依托知识产权制度，将自身的专利与标准紧密结合在一起，创立了一条“技术专利化，专利标准化，标准垄断化”的“一条龙”获利道路，对后发国家的技术进步和产业发展形成了严格的限制，使得发展中国家使用国外知识产权的成本越来越昂贵，低成本制造优势慢慢消失，产业成长的空间日趋狭小。从这个意义上说，我们已提前进入了高成本时代，没有自主创新，就没有竞争优势，就难以赶超世界先进企业，更难以在世界市场竞争中赢得主动。也可以说，自主创新是企业生存发展的基础和立身之本，更是应对高成本压力的战略选择。只要思想不滑坡，办法总比困难多。尽管

成功企业的成功方式和路径是多样化的，但有一种不变的规律是，这些领先企业的发展战略背后都有一种持之一贯的创新价值观作支撑。世界500强实践表明，他们胜出其他公司的根本原因，就是在于这些公司善于给他们的企业注入活力，凭借企业文化力保持了百年不衰。他们与普通公司的不同在于：一是团队协作精神；二是以客户为中心；三是平等对待员工；四是激励与创新。正是这种激励与创新文化，使企业始终充满生机和活力。这是所有成功企业的共同特征，也是企业基业长青的保证。曾几何时，我们许多强势企业之所以昙花一现、风光不再，一方面与过度依赖外来的技术有关，另一方面也与创新文化的缺失密不可分。特别是经济全球化的一大重要趋势是：创新技术已成为一种规则，一种以产品为载体的专利与技术标准的扩张。我们与世界的差距表面上是技术标准的差距，实际上是深层次的无形文化的差距。而自主创新文化的核心是创新的理念。从表面上看，核心竞争力来自于技术，但技术来自于管理，而管理靠的是以创新价值观为核心的企业文化。没有创新的企业文化，谈不上核心竞争力。没有"视今天为落后"的理念，没有一种战战兢兢的忧患意识，暂时的产品成功，机会主义的成功，无法成为可持续的战略成功。因此，如何创造一种凝聚人心的创新价值观，并始终不渝地信奉它，是一个企业获取核心竞争力的根本法则。虽说没有文化的企业也可以成长，但没有文化的企业却难以实现可持续成长。文化不解决企业赢利不赢利的问题，文化只解决企业成长持续不持续的问题。因此，中国企业要实现自主创新，在竞争中成长，必须以培育自主创新的企业理念为核心，以积极开放的心态，博大的胸襟，世界的眼光，博采众长，应对变革，才能追求卓越，构建核心竞争力。

二、自主创新的主体不仅是科研人员，也包括企业全体员工

有这样一个故事。许多年前一家酒店打算增加一部电梯，专家们经过复杂的论证，认为最好的办法是在每层楼上打一个大洞。但一位清洁工却对专家们说："我要是你们就会把电梯装在楼外。"工程师听后一下惊呆了，于是便有了近代建筑史上的伟大变革，把电梯装在楼外。可见，职工群众的聪明才智是创新的源泉，创新并不是专家的专利。我们当务之急要走出对创新的认识误区，不能一说创新就只想到是研发人员、科技人员的事，实际上企业全员都是创新的主体。也许创新的思想是少数人提出的，但要成为群体实践，离不开全体员工的认同与践行。只有实施全员、全过程、全方位自主创新战略，只有实施"人才备份"，强化科技团队建设，才能奠定创新的群众基础，优化人力资源建设，把创新精神渗透到企业发展全过程，把创新理念变成创新实践，把创新实践变成创新的行为习惯，才能创造有竞争力的产品。实践证明，越是新技术产业，集体贡献的知识和智慧越重要，不能靠一两个人的能力发号施令，其余的人盲从。新产业技术含量高，涉及的知识面广而且复杂，只有全体员工共同投入，才能够最大限度地增加

产品的含金量，才能应对复杂和瞬息万变的市场。在这方面，海尔集团的实践值得借鉴。他们围绕创世界名牌的目标，建设以创新为核心的企业文化，坚持走全员创新之路，把每个员工都作为创新的单元，遵循“真诚到永远”的服务理念，“日事日毕，日清日高”和“小球滚斜坡”的精神，“在市场否定你之前先自己否定自己”和“没有淡季的市场，只有淡季的思想”的创新思维，以诚赢客，以德兴企，以“品”立业，企业才取得了今日的辉煌。因此，在自创新上坚持以人为本，就是把人视为一种资源，以人为中心，以人的创造力为本，尊重员工的首创精神。通过建立学习型组织，培育知识化员工，注重开发人的潜能，注重人的智慧、技艺和能力的提高，努力把人力资源变为人力资本，为自主创新提供动力保证。

三、自主创新的持续不仅需要领导重视，也包括建立有利于创新的制度安排

自主创新需要领导高度重视，这是关键所在。因此，企业领导者作为自主创新理念的倡导者、创新战略的推动者和创新思维的实践者，要义不容辞推动自主创新，把创新作为自己的基本使命与责任，从哲学角度指导创新思维，从企业战略高度重视创新理念的培育，不断推进传统理念到创新理念的变革，促进产品、技术、资源、市场、制度的整合，实现从绝对权威到相对权威、从技术型领导到人文—技术型领导的转变。但是，没有制度创新作保障的科技创新将会失去动力而最终趋于枯竭，没有科技创新的制度创新必将因失去方向而最终难以持续。领导重视也只是一种人治的表现，难以长久保持创新的持续性，因此要实现企业持续自主创新，还必须要构建一种自主创新体制、制度和机制，也就是构建一种有利于创新的制度安排，要探索用什么样的制度才能充分发挥各方面的积极性和聪明才智，形成持续实现自主创新的动力机制。

制度是指一定范围内各种正式和非正式的规则的集合，它旨在制约追求主体利益或效用最大化的群体或个人的行为。企业制度创新是指改进现有制度安排或引入一种全新制度以提高制度效率及其合理性的一类活动。有效的制度安排通过人的激励，促进了资源的优化配置，决策水准的提高以及管理、组织的完善等。美国前总统克林顿实施的“信息高速公路”计划，就是制度的创新，对世界科技的发展和“信息时代”的到来产生了深远的影响。实践证明，鼓励创新的制度文化是成功企业的一大特点。硅谷之所以是领先世界的信息产业园地，最重要的原因是它具有创新的制度和鼓动创新的氛围，特别是以“勇于实践，勇于失败，勇于成功”为核心的创新制度文化。因为没有失败就没有创新，失败是创新之母。特别是一个创新项目的风险率为70％，鼓励创新和容忍失败是创新体系这块硬币的两面。如果倡导自主创新精神，没有宽容失败的雅量和氛围，创新只能永远是一句空洞的口号；如果没有激励创新的制度安排，就不可能有人去为企业创新而不懈拼搏。根据硅谷的成功经验，我们要发展科技，鼓励创新，就要建

立让创新人才脱颖而出的激励机制，建立和完善多种、多层次奖励制度和收入分配制度，十分重视、善于发现和努力培养科技人才，使他们的创造力能够得到有效保护，从而吸引和留住人才。因此，我们只有加快建立与自创新相适应的制度规则，打通和衔接好基础理论研究、技术应用和产品开发等环节，建立有利于技术研究和开发的完整制度体系，才能形成有自己知识产权的专利和技术标准，从而调动各方面的积极因素，优化科技结构，整合科技资源，加速科技成果向现实生产力的转化。

（本文原载 2006 年第 8 期《思想政治工作研究》）

职工是企业自主创新的实践主体

职工理应成为企业自主创新战略的实践主体，最大限度唤起全员的创新责任和主体意识，才能开发职工的聪明才智，提升企业的整体素质，改变企业的未来。

创新，是人类社会发展生生不息的动力；创新，是时代的要求，历史的召唤。特别是自主创新，关乎中华民族命运和企业兴衰。既然企业是国家自主创新战略的主体，那么，职工理应成为企业自主创新战略的实践主体，最大限度唤起全员的创新责任和主体意识，才能开发职工的聪明才智，提升企业的整体素质，改变企业的未来。

激发职工的创新思维是推进企业自主创新战略的重要力量。谈到自主创新，有这样两个真实的故事。18 世纪，织工哈格里沃斯有一次与妻吵架，踢翻纺车，产生灵感，改进纺车，效率提高到原来的 100 倍。这一纺纱机，被命名为“珍妮纺织机”，由此带来了英国的工业革命。时至 21 世纪，只有初一文化程度的杭州工务段普通养路工戴利民，凭着一股锲而不舍的精神，完成技术革新项目 20 项，提出了一套 30 号道岔的养护标准和作业方法，在上海铁路局推广应用，填补了国内大号码道岔养修标准的空白。一个是国外的纺纱工，一个是中国铁路的养路工，从职务上看起来都很寻常，似乎与发明创造无缘，但他们的创新思维却令专家刮目相看。说明自主创新并不是个别专家的专利，职工群众潜在的创新智慧是无止境的，是一座亟待开发的富矿。其实，自主创新并不神秘，而是来自于人们创新的思维和实践。因为创新思维并非科学家或科研人员才有，而是每个人都可以迸发的思维火花，它无时不有，无孔不入地渗透于日常生活和工作实践中，只要善于挖掘，就可以产生让人惊叹的创新成果。据报道说，宁波市下辖的慈溪市去年 50 家规模企业的 1 110 多项技术发明革新中，有近 80%是“首席工人”创造的成果。而“首席工人”的桂冠，有七成被农民工摘取。“首席工人”已成为该地企业创新发明的主力军。可见，只要有心，创新会无处不在，思维是创新的不竭源泉，丰富的生产实践是创新的肥沃土壤；职工群众并不是创新的门外汉，而是自主创新战略的实践主体；职工群众的智慧是不可低估的，一旦激发出来，就会成为促进企业可持续发展、推进自主创新战略的一种力量。因此，如何以人的创造力为本，把职工视为一种创新资源去开发，注重他们的智慧、技艺和能力的提高，点燃创新的火花，凝聚创新的合力，是调动职工积极性和创造性，把创新优势转变为产品优势和竞争优势，增强企业核心竞争力的重要保证。

职工创新实践是企业自主创新战略的必然要求。21世纪是知识经济的时代，企业与企业之间的竞争，集中体现为群体的智慧和思维能力的竞争，特别是体现在全员创新能力的较量。实践证明，在知识经济时代，越是高新技术产业，集体贡献的知识和智慧越重要，因为新产业技术含量高，涉及的知识面广而且复杂，只有依靠全体职工的共同投入，才能够最大限度地增加产品的含金量，应对复杂和瞬息万变的市场。特别是重大创新项目，是个环环相扣的系统链，既要有国家投入力量，更需要产、学、研协同作战；既需要专业科研技术团队，更需要掌握操作新技术的操作工人，绝非少数专业人员能够独立承担的，更不是一个科研部门就能够独立完成的。我国第一颗自行研制的原子弹上天和“神六”载人航天飞船的成功，就是群体思维创新的成功实践；三峡工程创造了多项世界之最，靠的就是所有建设者那种勇于创新、不断创新的精神；海尔集团正是坚持走全员创新之路，以创新文化为动力，把每个员工都作为创新的单元(SBU)，“在市场否定你之前先自己否定自己”，才取得了今日的辉煌，实现了创世界名牌的目标。众所周知，青藏铁路多年冻土、高寒缺氧和生态脆弱三大世界性难题之所以取得重大成果，正是几代青藏铁路建议者以“挑战极限、勇创一流”的精神，坚持自主创新战略的结晶。铁路是个大联动机，运输链环环相扣。要实现链条有序高效运转，只有依靠集体的力量，依靠系统的配合，依靠全体职工的齐心协力，才能够最大限度地增加产品的含金量。也就是说，尽管创新智慧来自于少数人，但要形成共识，变成群体实践，变成现实生产力，变成有价值的产品，那就不单靠个别研发人员的孤军奋战，而是靠全员的共同责任和使命。从此意义上说，无论是组织结构的创新，还是技术手段的创新，市场营销的创新，最终都要落实到广大职工的具体行动上。在企业发展道路上，如何把职工培育成自主创新的实践主体，如何开发和提升他们的创新能力，前景光明，道路曲折，责任重大，使命光荣。铁路只有与时俱进，以科研人员为核心，以广大职工为主体，实施全员、全过程、全方位自主创新战略，才能优化科技团队建设，渗透自主创新精神，奠定自主创新实践的群众基础。

形成有利于职工创新的制度安排是企业自主创新战略的应有之义。随着铁路现代化水平的提高，铁路技术含量不断增加，尤其客运专线是高新技术的集成，铁路发展必须以提高自主创新能力为基础。制度决定机制，机制决定行为。就铁路发展而言，全员的创新意识和创新实践，是铁路科技进步和形成核心竞争优势的强大基础，但只有实现全员自主创新制度化，才能为自主创新提供动力支持和机制保证。因此，全员创新制度化是真正倡导全员自主创新的标志，也是成功企业自主创新战略的题中应有之义。丰田公司的成功与他们倡导的员工合理化建议与奖励机制密不可分。海尔集团的成功，源于他们对员工小改小革的制度化肯定，比如对发明创造用员工名字命名，如“晓东扳手”“云燕镜子”等。双星集团上至厂长经理，下至机台操作工，工资都与创新挂钩，并将创新的软任务变成 184 条创新硬指标，规定“一个单位一个月不创新扣罚负责人100 元，两个月不创新扣罚 200 元，3 个月不创新待岗”，与此相对应的则是对贡献突出的创新员工予以重奖。为此，双星才成为制鞋业首个“中国驰名商标”，产品远销 100 多个国家和地区。他山之石，可以攻玉。借鉴成功企业的先进经验，铁路自主创新也要制度化管理，优化群众性职工合理化建议与奖励机制，调动职工在自主创新战略中的主动性和创造性，才能增强可持续创新实力，为铁路发展提供智力和人才保证。当前，加快高技能人才队伍建设，充分发挥高技能人才在国家经济社会发展中的重要作用，已引起全社会的高度关注。最近，中央有关部门出台了《关于进一步加强高技能人才工作的意见》。显然，铁路要真正贯彻落实这一精神，必须将“尊重劳动、尊重知识、尊重创新、尊重人才”的意识和观念纳入制度保证上，融入实际工作中，从而锻造出一种真正符合铁路行业实际情况的人才培养、评价和选拔机制，营造人尽其才的良好环境，使职工的创造才能得以充分发挥，劳动的价值、知识的价值、人才的价值、创新的价值得到充分涌流和完美的展示，进而通过制度化建设形成促进企业长期受益的自主创新机制。

上下同欲者胜，风雨同舟者兴。说到底，全员自主创新不仅是如何依靠全体职工办企业的问题，还是检验企业是否尊重人格、尊重知识、尊重职工首创精神的问题，更是企业如何激发职工主人翁责任感、培育自主创新实践主体的大课题。因此，只有从战略高度重视全员自主创新，建立学习型组织，培育知识化职工，努力提升职工创新素质，使丰富的人力资源变为人力资本，才能持续增强企业核心竞争优势，这既是自主创新战略的必然选择，也是铁路可持续发展实践的应有之义。

试论企业自主创新与全员创新战略

实施全员创新战略，就是从发展战略上将自主创新作为企业发展的核心动力，将创新的价值观成为企业成长的基因融入每个员工的血液，把各个领域、各个层面都调动起来，把各个群体都发动起来，依靠科研单位在自主创新中的主导作用，职能部门在科技管理中的组织协调作用，广大员工在技术发展中的主体作用，形成方方面面共同参与和支持科技创新的强大合力，进而形成大联合、大协作、大攻关的良好局面，促进企业核心竞争实力的不断提升。

党的十七大报告明确指出："提高自主创新能力，建设创新型国家。这是国家发展战略的核心，是提高综合国力的关键。"创新是一个民族进步的灵魂，是一个国家兴旺发达不竭的动力。经济全球化日益深化的今天，自主创新能力决定着一个国家、一个民族的进步与否，决定着一个企业的生存与发展。而能否充分尊重和发挥企业主体的员工在自主创新中的作用，是衡量一个企业是否具有竞争力和创造力的重要标志。

一、全球化迫切呼唤企业自主创新

纵观世界企业盛衰史，其实就是一部鲜明的创新史。一个企业如果缺乏自主创新能力，缺乏核心竞争力，就难以参与经济全球化并分享全球化的成果。自主创新能力、自主品牌、核心技术代表着市场控制权、利润控制权和收益控制权。缺乏自主创新能力、核心技术和自主品牌，就会失去市场控制权、利润控制权和收益控制权。改革开放以来，虽然我国经济实力提升很快，但由于缺乏自主创新能力、核心技术和自主品牌，在经济全球化进程中处于越来越不利的地位，正面临十分严峻的挑战。事实表明，在经济发展知识化、市场竞争全球化、信息管理网络化的情况下，产业安全本质上是对企业核心技术的知识产权问题，而要拥有对企业核心技术的知识产权，必须靠自主创新，而中国目前缺乏的恰恰是自主创新意识，在技术上过多地依赖于外资或跨国并购。例如汽车产业，国内绝大部分汽车企业都引入了外资，但由于不注重消化吸收和再创新，至今未能形成自主创新体系，这是很深刻的教训。我们许多企业之所以昙花一现、风光不再，许多企业的成功仅是一种产品的成功，一种机会主义的成功，一种行政垄断的成功。究其根源，一些企业还没有把自主创新提升到战略的高度，还没有意识到自主创新对于增强企业核心竞争力的重要性。受此影响，绝大多数企业内部没有建立推动自主创新的机构，没有制定长期的自主创新规划，缺少从事自主创新的人才培养计划，没有形成技能人才的评价、激励和流动机制，更没有建立支持自主创新的长效机制等等，因此导致员工的创新参与度不高。

改革开放近30年来，我国GDP实现了年均9%以上的增长速度，一跃成为世界第二大经济体，这是了不起的成绩。但是我们还要看到，这种增长速度是在高投入、高消耗、高污染的条件下实现的。同时，我们还要清醒地看到，我国企业的低成本制造优势在慢慢消失，产业成长的空间日趋狭小。事实证明，核心技术是买不进来的。目前，大型跨国企业和企业集团在各个科研领域形成了强大的经济科研实力，创立了一条“技术专利化，专利标准化，标准垄断化”的“一条龙”获利道路，对后发国家的技术进步和产业发展形成了强大的限制，使得发展中国家使用国外知识产权的成本越来越昂贵。也就是说，我们已提前进入高成本竞争时代，靠拼资源过日子，靠依赖别人技术过日子，靠牺牲市场换技术，只能看别人的眼色，为别人“打工”，只能守在产业链价值的末端，永远没有核心竞争力可言。同时，缺乏核心技术，失去市场主导地位，长期受制于外资，必将影响我国的经济安全。因此，要摆脱这种被动局面，必须转变发展方式，实施企业自主创新战略，掌握技术主动权，提高在全球价值链中的地位，才能实现企业可持续发展。

二、员工是企业自主创新的主力军

如果说，国家创新主体在企业，那么企业创新主体是职工。职工群众的创新思维是不可低估的，一旦激发出来就会成为一种战无不胜的力量。科技部部长万钢曾指出，政府和企业要鼓励基层工人参与经济技术创新。因为技术工人，特别是具有长期经验、在第一线的高级技工，他们紧贴实践，创新活动也是和企业的流程、企业的组织形式紧密结合在一起的，也许一个小窍门、一个小建议就可以产生很多经济效益。其实，自主创新并不神秘，而是来自于人们创新的思维。因为创新思维是每个人都可以迸发的思维火花，无时不有，无处不在，无孔不入地存在于日常生活中，只要通过改变就能带来效益的提高。海尔集团正是坚持走全员创新之路，从1998年开始开始实行以市场链为纽带的流程再造，并将这种创新的管理模式定位:“人单合一”，实现了创世界品牌的目标。所谓“人单合一”的“人”，就是每一个自主创新的员工。“单”就是有竞争里的市场目标，“人单合一”，就是每个员工与竞争力的市场目标结合为一体，每个员工都成为创造市场的“大老板”。全员的创新意识和创新思维，是科技进步和形成核心竞争优势的强大基础。无论是组织结构的创新，还是技术手段的创新，市场营销的创新，最终都要落实到广大员工的思想和行动上。尽管创新智慧来自于少数人，但要形成共识，变成群体实践，变成产品，创造价值，那就不单是个别研发人员的事，而是全员的共同责任和使命。群众性的科技创新活动，是开展全员创新实践的有效载体，有利于把广大员工的积极性、主动性和创造性，吸引和凝聚到创新发展科技中来，从而奠定创新的群众基础。

21世纪是知识经济的时代，国与国竞争表现为企业之间的竞争，而企业与企业之间的竞争，具体体现为全员创新思维能力的较量。职工是企业的主体，理应成为增强企业自主创新能力、建设创新型企业的主力军。要营造一种“创新并非科技人员专利”的浓厚氛围，使人人都有创新的责任，人人都有创新的压力，人人都成为创新的主体。

三、着力把全员自主创新战略落到实处

实施全员创新战略，就是从发展战略上将自主创新作为企业发展的核心动力，将创新的价值观成为企业成长的基因融入每个员工的血液，把各个领域、各个层面都调动起来，把各个群体都发动起来，依靠科研单位在自主创新中的主导作用，职能部门在科技管理中的组织协调作用，广大员工在技术发展中的主体作用，形成方方面面共同参与和支持科技创新的强大合力，进而形成大联合、大协作、大攻关的良好局面，促进企业核心竞争实力的不断提升。这是企业可持续发展的必然选择，也是企业的生存之本、竞争之本、发展之本。

当然，企业自主创新战略需要国家层面的支持。中共十六届五中全会明确提出，“十一五”期间我国必须提高以企业为主体的自主创新能力，以推动结构调整，提高国家核心竞争力。为此，国家要制定政策、营造环境、提供服务，把考核自主创新作为国有企业领导人经营业绩的重要内容。

1. 前提要树立创新的主体意识，为自主创新营造良好的文化环境

企业只有具有强烈的自主创新意识，自主创新能力才能不断提升，才能真正拥有核心竞争力。3M公司创新的背后有一个复杂的系统，系统中多种因素在共同发挥作用，促使各种各样的新产品不断问世。这些因素包括创新文化氛围、创新战略运筹、创新人才管理、创新组织管理、先进的管理工具等，而核心是有一个创新的思维模式，一个构筑创新的支持系统。因此，企业要树立创造性的思维，前提是消除影响自主创新的思维障碍，既要摒弃那种浮躁、虚夸、急功近利的思想，又要摒弃那种观念上墨守成规，压制、束缚创新，以求同代替求异的价值取向，更要摒弃“木秀于林风必摧之”“出头椽子先烂”“枪打出头鸟”之类的视创新为畏途的传统思维，才能营造有利于独立思考、自由探索、宽容失败的文化环境，使企业全员无所畏惧地去追求真理，自由地创新创造。当然，创新不是幻想，不能异想天开地蛮干，必须坚持科学的态度，以科学的实践为依托。要改变员工自主创新与已无关的思想，认识到创新时时可为，处处可为，使自己成为适应全球化发展的有理想、高素质、掌握先进技术的新型员工。

2. 核心是培育适宜自主创新的制度机制，形成有助于激发人才创造活力的政策导向

要完善科技创新体系，加大创新成果的奖励力度，形成有利于多出成果、快出成果、出大成果的制度与机制导向；探索有利于技能型员工成长的多元化考核

评价激励体系，实现从重学历、重资历向重实绩、重贡献、重创造转变。比如，双星集团上至厂长经理，下至机台操作工，工资都与创新挂钩，并将创新的软任务变成具体创新硬指标，规定“一个单位一个月不创新扣罚负责人100元，两个月不创新扣罚200元，3个月不创新待岗”。同时，对贡献突出的创新员工予以重奖。正因为如此，双星才成为制鞋业首个“中国驰名商标”，产品远销100多个国家和地区。从此意义上说，全员创新制度既是人力资源潜能最大限度激活的发动机，更是一个企业是否尊重人格、尊重知识、尊重员工首创精神的标志。

3. 根本是打造自主创新团队，培育知识化员工

实践表明，抓住了人才，就抓住了创新的根本。一个有优势的企业，背后一定是有一个有理想、有抱负、有执着追求的优秀团队。同时，这种相互信任、合作学习、信息共享的要素，以及在此基础上的知识融合和知识进步，对于企业自主创新能力的提高是大有裨益的。因此，要通过建立学习型组织，把人视为一种创新资源，培育知识化员工，用现代信息技术手段，搭建全员学习、交流的平台，造就一批德才兼备、技术一流的拔尖人才和科技领军人物，才能把丰富的人力资源真正变为人力资本。

4. 关键是实施职工技能素质提升工程，调动基层员工的积极性和创造性

企业要大力弘扬“知识崇高、技能宝贵、创造伟大”的时代风尚，全方位开展岗位练兵、技术比赛、技术培训、技术交流、名师带徒和推广以工人名字命名先进操作法、评选首席工人、技能之星、“金点子”等活动，最大限度地注重培养一线的创新人才，调动广大职工学习新技术、新知识的积极性。要深入持久地开展“五小”(小发明、小创造、小革新、小设计、小建议)活动，不断提升活动的层次。企业技术主管部门要主动介入活动过程，从方案创意、成果研发到推广应用等各个环节，进一步加强指导，使员工的自觉行动变成一种有组织的行为，使小点子变成大创意、小革新变成大创造、小发明变成大成果，进而点燃每个员工的创新火花，凝聚创新的合力。

(本文原载2012年第3期下半月刊《现代领导》)

从载人航天精神看铁路自主创新文化建设

载人航天是当今世界高新技术发展水平的集中展示，是衡量一个国家综合国力的重要标志。正是中国航天人加强自主创新为核心的文化建设，由自主创新理念创新带动战略创新、管理创新和技术创新，从而持续提升了中国航天企业的核心竞争力。铁路企业要在新时期科学发展，必须学习和弘扬中国航天人的自主创新精神，努力把自主创新作为企业精神的重要内涵，才能树立创造性思维，不断提升自主创新能力，真正拥有核心竞争力。

载人航天是当今世界高新技术发展水平的集中展示，是衡量一个国家综合国力的重要标志。短短几年，从无人到载人、从一人到多人、从舱内活动到太空行走、从自动交会对接到手动交会对接，中国载人航天实现了一个又一个突破。特别是天宫一号与神舟九号载人交会对接任务圆满成功，标志着我国载人航天工程第二步战略目标取得了具有决定性意义的重大进展，体现了当代中国航天科技工作者可贵的自主创新精神。如何学习和借鉴他们的自主创新精神，对于铁路企业来说，有着十分重要的指导意义和实践意义。

一、载人航天精神的核心是自主创新文化

载人航天工程是高风险的尖端科技实践活动，试验内容新，技术要求高，要取得持续成功，必须具有创新的理念和鼓动创新的文化环境。中国载人航天的自主创新的管理实践，不仅支撑了中国航天人的梦想，而且构建了以自主创新为核心的文化体系。一是自主创新的理念。总结中国航天发展的历史实践，最为突出并贯穿始终的一条红线就是自主创新的精神文化。没有自主创新的文化理念，就没有载人航天工业，就没有中国航天的今天。因为当初外国对我国航天事业实行严密技术封锁，使中国人无法获取参考技术，逼得国人不得不自主创新。为此，中国航天把企业使命定义为“创人类航天文明、铸民族科技丰碑”，倡导的企业核心价值观是“以国为重、以人为本、以质取信、以新图强”，坚持“追求卓越、创新无限”的理念，始终致力于把自主创新的理念融入员工的脑海中。二是自主创新的管理标准。他们始终坚持“组织指挥零失误、技术操作零差错，产品质量零隐患、设备设施零故障”的高标准，始终坚持飞行产品“不带问题出厂，不带隐患上天”的严要求。正是管理的高标准，他们始终坚持把风险控制和质量建设作为工程的生命，不断强化“讲质量就是讲政治，保质量就是保成功”的观念，不断强化“发现问题是能力、揭露问题是党性、正视问题是素质、解决问题是成绩”的

观念，才促进了载人航天的万无一失。三是有助于制度创新的政策导向。建立有助于自主创新的人才考评体系，促进了航天技术与组织管理的一体化集成创新。我国载人航天工程在自主创新实践中，不仅在一些重要科技领域达到了世界先进水平，更重要的是锻炼和培养出了一大批勇于创新的科技人才，为我国航天事业实现新的突破积蓄了强大的发展后劲。

载人航天自主创新文化实践表明，自力更生是航天发展的基础，自主创新是航天发展的灵魂，勇攀高峰、以新图强是中国航天取得一个又一个成功的不竭动力。在市场竞争全球化的情况下，没有自主创新精神，就没有竞争优势，就难以赶超世界先进企业，更难以在世界航天市场竞争中赢得主动。正是中国航天人加强自主创新为核心的文化建设，由自主创新理念创新带动战略创新、管理创新和技术创新，从而持续提升了中国航天企业的核心竞争力。

二、铁路自主创新文化的优势和挑战

历史表明，中国铁路具有自主创新的文化优势和基因。正是中国铁路职工弘扬自主创新精神，成功建成了具有世界一流水平的青藏铁路，在攻克多年冻土、高寒缺氧、生态脆弱三大世界性工程难题上取得一系列重大突破，我国高原铁路建设技术达到世界先进水平。特别是通过多年自身积累和引进消化吸收再创新，在较短的时间内形成了具有自主知识产权的高铁技术体系，带动了高铁装备制造产业链的技术升级，在有力地拉动了内需，促进了经济社会又好又快发展的同时，改善了人民群众的出行条件，方便了人们的工作、生产、生活。

目前，铁路硬件有了大发展，装备设施现代化有了大幅度提高，但与之相适应的软实力不强仍然是困扰铁路科学发展、和谐发展和可持续发展的短板所在。中国铁路与载人航天相比还有较大差距，但这种差距不是单纯的硬件差距，而是以自主创新为核心的软实力的差距。特别是“7·23”特别重大铁路交通事故的发生，暴露了中国铁路面临的许多问题，迫切要求铸造文化之“魂”，尽快提振全行业员工文化自强的精神状态，不断适应高新技术、装备在高铁应用的系统性、复杂性、特殊性的要求，建立完善、科学、持续、开放的高铁技术自主创新系统，使中国铁路事业的发展质量、科学管理能力与员工科学素养相适应，进而使中国高铁技术自主创新的步伐越走越稳健。当前，铁路自主创新面临四大挑战。一是观念不适应的挑战。许多人把创新视为与己无关，有的把它看成是高不可攀的东西，是专业技术人员的专利，没有形成与自主创新相适应的文化理念体系。二是制度机制缺陷挑战。由于管理体制和评价导向的原因，许多专业技术人员还只求发论文、评职称、晋级，缺少科研攻关的制度机制和内动。三是人才短缺问题突出的挑战。主要体现在“四个缺少”：既缺少政治素质好、懂铁路专业和现代管理的领导人才，又缺少一大批熟悉现代铁路技术业务、实践经验丰富、能够解决实际问题专业技术人才；既缺少一批擅长在高铁生产现场快速判断处置各类故障并独立处理现场问题的技术应用人才，又缺少一批具有创新能力、掌握关键核心技术的领军人才。四是整体创新能力不足的挑战。职工“五小”活动低水平重复，单位和部门之间科技创新协调不够，造成许多领域重复投入、分散投入，难以在整体目标上形成一致的团队合力。当前，是实施“十二五”规划的关键时期，是加快转变经济发展方式的攻坚时期，也是经济社会又好又快发展的重要战略机遇期。对铁路来说，要转变发展方式，全面提升现代化水平，更好地为经济社会发展服务、为广大人民群众服务，走一条资源节约型、环境友好型的发展道路，必须以学习载人航天人精神为契机，加强自主创新文化建设，才能大力提升自主创新能力，促进铁路可持续发展。因此，铁路担负着自主创新的重大责任，同时也面临着严峻的挑战。

三、加强铁路自创新文化建设的思考

创新文化是有利于开展创新活动的一种氛围，是科技活动中产生的与整体价值准则相关的群体创新精神及其表现形式的总和。具体地说，是指创新理念、创新行为准则及规章制度体系等。学习载人航天精神，就是要从发展战略上加强铁路自主创新文化建设，通过继承铁路优良传统，将自主创新的价值观变成理念体系渗入制度机制，并成为企业成长的基因融入每个员工的血液，从而形成方方面面共同参与和支持科技创新的强大合力，最大限度促进企业核心竞争实力的提升。这是铁路企业可持续发展的必然选择，也是铁路企业的生存之本、竞争之本、发展之本。

树立自主创新意识，营造促进自主创新的精神文化环境。铁路企业要在新时期科学发展，必须学习和弘扬中国航天人的自主创新精神，努力把自主创新作为企业精神的重要内涵，才能树立创造性思维，不断提升自主创新能力，真正拥有核心竞争力。要树立创造性的思维，前提是消除影响自主创新的思维障碍，既要摒弃浮躁、虚夸、急功近利的思想，又要摒弃观念上墨守成规，压制、束缚创新，以求同代替求异的价值取向，更要摒弃“木秀于林风必摧之”“出头椽子先烂”“枪打出头鸟”之类的视创新为畏途的传统思维，才能营造有利于独立思考、自由探索、宽容失败的文化环境，使企业全员无所畏惧地去追求真理，自由地创新创造。当然，创新不是幻想，不能异想天开地蛮干，必须坚持科学的态度，以科学的实践为依托。要培育自主创新的精神文化体系，加大对科学知识、科学方法、科学思想、科学精神的宣传与普及力度，营造一种“创新并非科技人员专利”的浓厚氛围，改变员工自主创新与己无关的思想，充分尊重和发挥广大员工在推动创新发展中的主力军作用。

建立人才考评体系，培育适宜自主创新的制度文化导向。根据载人航天的成功经验，铁路企业必须完善科技创新制度体系，建立和完善多种、多层次奖励制度和收入分配制度，形成有利于多出成果、快出成果、出大成果的制度与机制导向。一要完善人才评价手段和人才评价方式，探索有利于技能型员工成长的多元化考核评价激励体系，实现从重学历、重资历向重实绩、重贡献、重创造转变，努力把丰富的人力资源真正变为人力资本。二要建立让创新人才脱颖而出的激励机制，收入分配向重点、关键岗位和优秀人才倾斜的收入分配制度，探索建立产权激励机制，对作出突出贡献的人才可以技术、专利等生产要素参与收益分配，或实行期权和股权激励。三要采取多种方式，面向国内外积极引进高速、重载、安全、信息等新技术方面的急需人才。四是加快建立企业主导产业技术研发创新的体制机制。要有效整合产学研力量，不断提高关键核心技术研发攻关的协同和集成能力，对具有战略方向性关键共性技术，要集中资金和研究力量实施重点突破。同时，充分优化科技资源配置、提高科技资源利用效率，最大限度调动和激发科技工作者的创新活力。从某种意义上说，促进自主创新的制度既是人力资源潜能最大限度激活的发动机，更是一个企业是否尊重人格、尊重知识、尊重员工创造精神的重要标志。

加强队伍能力建设，培育勇于自主创新的团队文化。实践表明，抓住了队伍能力建设，特别是抓住了青年人才队伍，就抓住了创新的关键。因此，针对铁路人才青黄不接、后继乏人的现状，实施队伍技能提升工程，形成勇于自主创新的团队文化是关键。一是加强学习型领导班子建设。提高自主创新能力，加强队伍能力建设，首先要提高领导班子的学习能力，通过建设学习型领导班子，使领导者自觉做致力于学习的倡导者、学习活动的发起人、职工学习的支持者，才能使学习成为一种经常化、普遍化和制度化的行为，从而以领导者群体的人格力量创造出有利于自主创新的团队学习文化。二是在实践中培养青年创新人才。加强人才培训基地建设，特别是善于发现和努力培养青年科技人才，把加强青年大学生早期培养作为一项基础性、战略性工程，创新人才培养模式，拓展人才培养渠道，努力造就一批德才兼备、技术一流的拔尖人才和科技领军人物。三是在活动中培养和发现一线创新人才。一方面，弘扬“知识崇高、技能宝贵、创造伟大”的时代风尚，开展岗位练兵、技术比赛、技术培训、技术交流、名师带徒和推广以职工名字命名先进操作法、评选首席工人、技能之星、“金点子”等活动；另一方面，深入持久开展好“五小”(小发明、小创造、小革新、小设计、小建议)活动，让一线创新人才脱颖而出。同时，专业技术主管部门要从方案创意、成果研发到推广应用等各个环节加强指导，使一线员工的小点子变成大创意、小革新变成大创造、小发明变成大成果，进而整体提升职工自主创新活动的层次和质量。

(本文原载 2012 年第 5 期《理论学习与探索》，获 2012 年中国铁路总公司党校系统“学习载人航天精神，推动铁路科学发展”理论研讨会征文二等奖)

自主创新与全员创新

全员创新实际上还是一个企业是否真正相信和依靠职工办企业的大问题，检验我们管理者是否尊重人格，尊重知识，尊重员工的首创精神的大课题。从这个意义上说，倡导全员自主创新战略，必须建立学习型组织，培育知识化员工，把人视为一种创新资源，才能点燃每个人的创新火花，凝聚创新的合力，使丰富的人力资源变为人力资本，这是企业自主创新战略的必然选择，也是增强企业核心竞争力的应有之义。

党的十七大报告明确指出："提高自主创新能力，建设创新型国家。这是国家发展战略的核心，是提高综合国力的关键。"创新是一个民族进步的灵魂，是一个国家兴旺发达不竭的动力。自主创新能力不仅决定一个国家、一个民族的进步与否，也决定一个企业的生存与发展。而能否充分尊重和发挥企业员工在自主创新中的作用，是衡量一个企业是否具有竞争力和创新力的重要标志。

一、自主创新源于无处不在的创新思维

其实，自主创新并不神秘，而是来自于人们创新的思维。因为创新思维是每个人都可以迸发的思维火花，无时不有，无处不在，无孔不入地存在于日常生活中，有时稍一动脑筋，就可以产生思维创新的成果。江西省省信丰县虎山乡瓜农刘新女，在西瓜长到八成熟时将写有"吉祥如意"词句的纸剪成空心字贴在瓜上，通过阳光照射，西瓜便长出文字来，结果引来了瓜商的抢购。谈到自主创新，还有这样一个故事。许多年前一家酒店打算增加一部电梯，专家们经过复杂的论证，认为最好的办法是在每层楼上打一个大洞。但一位清洁工却对专家们说："我要是你们就会把电梯装在楼外。"工程师听后一下惊呆了，于是便有了近代建筑史上的伟大变革，把电梯装在楼外。清洁工，一个普通勤杂人员，看似一个外行，但他的创新思维却令专家刮目相看，说明自主创新并不是个别专家的专利，职工群众创新智慧和才能是无止境的。

二、职工群众的创新思维是宝贵的精神财富

职工群众的创新思维是不可低估的，一旦激发出来就会成为一种战无不胜的力量。海尔集团正是坚持走全员创新之路，把每个员工都作为创新的单元(SBU)，"在市场否定你之前先自己否定自己"，才取得了今日的辉煌，实现了创世界名牌的目标，把人们看似的不可能的事变为可能。实践证明，越是高新技术产业，集体贡献的知识和智慧越重要，因为新产业技术含量高，涉及的知识面广

而且复杂，只有依靠全体员工的共同投入，才能够最大限度地增加产品的含金量，应对复杂和瞬息万变的市场。我国“神六”载人航天飞船的成功发射是群体创新的实践，特别是重大创新项目，是个环环相扣的系统工程，既要有国家投入力量，更需要产学研协同作战，绝非少数专业技术人员能够独立承担的，也不是一个科研部门就能够独立完成的。就铁路企业而言，铁路是大联动机，运输链环环相扣。要实现链条有序高效运转，必然依靠集体的力量，依靠系统的配合，依靠全体员工的齐心协力，才能够最大限度地增加产品的含金量。阜阳春运之所以产生品牌效应，重要原因还在于对春运规律的把握，市场细分和色彩管理的有效，群体自主创新的成功实践。也就是说，无论是组织结构的创新，还是技术手段的创新，市场营销的创新，最终都要落实到广大员工的思想和行动上。尽管创新智慧来自于少数人，但要形成共识，变成群体实践，变成产品，创造价值，那就不单是个别研发人员的事，而是全员的共同责任和使命。只有以科研人员为主体，实施全员、全过程、全方位自主创新战略，才能优化科技团队建设，渗透创新精神，奠定创新的群众基础。

三、制度化是全员创新的重要标志

21 世纪是知识经济的时代，国与国、企业与企业之间的竞争，主要是人才和科技的较量，具体体现为人的智慧、人的思维能力的竞争，特别是全员创新能力的较量。就企业发展而言，全员的创新意识和创新思维，是科技进步和形成核心竞争优势的强大基础，只有实现自主创新全员化和制度化，才能为调动广大员工参与创新的积极性、主动性和创造性提供动力保证。因此，全员创新制度化管理是真正倡导全员自主创新的标志。丰田公司的成功与他们倡导的员工合理化建议与奖励机制密不可分。双星集团上至厂长经理，下至机台操作工，工资都与创新挂钩，并将创新的软任务变成 184 条创新硬指标，规定“一个单位一个月不创新扣罚负责人 100 元，两个月不创新扣罚 200 元，3 个月不创新待岗”。与此相对应的则是对贡献突出的创新员工予以重奖。正因为如此，双星才成为制鞋业首个“中国驰名商标”，产品远销 100 多个国家和地区。

上下同欲者胜，风雨同舟者兴。说到底，全员创新实际上还是一个企业是否真正相信和依靠职工办企业的大问题，检验我们管理者是否尊重人格，尊重知识，尊重员工的首创精神的大课题。从这个意义上说，倡导全员自主创新战略，必须建立学习型组织，培育知识化员工，把人视为一种创新资源，才能点燃每个人的创新火花，凝聚创新的合力，使丰富的人力资源变为人力资本，这是企业自主创新战略的必然选择，也是增强企业核心竞争力的应有之义。

（本文原载 2012 年第 2 期《工会天地》）

自主创新与制度创新

没有制度创新作保障的科技创新，将会失去动力而最终趋于枯竭；没有科技创新的制度创新，必将因失去方向而最终难以持续。从某种意义上说，领导重视也只是一种人治的体现，只能管一时，不能管长远，创新的持续性必须以创新的体制、制度来依托。要做到可持续自主创新，还必须要构建一种自主创新的体制，建立创新的制度和机制，构建一种有利于创新的制度安排，形成持续实现自主创新的动力机制。

倡导自主创新首先来自于领导者的高度重视，这是创新变为现实的关键所在。因此，企业领导者作为自主创新理念的倡导者、创新战略的推动者和创新思维的实践者，要义不容辞推动自主创新，把创新作为自己的基本使命与责任，从哲学角度指导创新思维，从企业战略高度重视创新理念的培育，不断推进传统理念到创新理念的变革，促进产品、技术、资源、市场、制度的整合，实现从绝对权威到相对权威、从技术型领导到人文—技术型领导的转变。

但是，没有制度创新作保障的科技创新，将会失去动力而最终趋于枯竭；没有科技创新的制度创新，必将因失去方向而最终难以持续。从某种意义上说，领导重视也只是一种人治的体现，只能管一时，不能管长远，创新的持续性必须以创新的体制、制度来依托。要做到可持续自主创新，还必须要构建一种自主创新的体制，建立创新的制度和机制，构建一种有利于创新的制度安排，充分发挥各方面的积极性，形成持续实现自主创新的动力机制。双星集团上至厂长经理，下至机台操作工，工资都与创新挂钩，并将创新的软任务变成 184 条创新硬指标，规定“一个单位一个月不创新扣罚负责人 100 元，两个月不创新扣罚 200 元，3 个月不创新待岗”。与此相对应的则是对贡献突出的创新员工预以重奖。正因为如此，双星才成为制鞋业首个“中国驰名商标”，产品远销 100 多个国家和地区。

制度创新是指改进现有制度安排或引入一种全新制度以提高制度效率及其合理性的一类活动。有效的制度安排通过对人的激励，能促进了资源的优化配置，提高决策水准，促进管理、组织的完善。美国前总统克林顿实施的“信息高速公路”计划，就是一种制度的创新，对世界科技的发展和“信息时代”的到来产生了深远的影响。实践证明，鼓励创新的制度文化是成功企业的一大特点。硅谷之所以是领先世界的信息产业园地，最重要的原因是它具有创新的制度和鼓动创新的氛围，特别是“勇于实践，勇于失败，勇于成功”为核心的创新制度文化。

没有失败就没有创新,失败是创新之母,特别是一个创新项目的风险率为70%,鼓励创新和容忍失败是创新体系这块硬币的两面。如果倡导自主创新精神,没有宽容失败的雅量和氛围,创新只能永远是一句空洞的口号;如果没有激励创新的制度安排,就不可能有人自觉为企业创新而不懈拼搏。

他山之石,可以攻玉。根据硅谷的成功经验,我们要发展科技,鼓励自主创新,就必须在领导高度重视的基础上,建立让创新人才脱颖而出的激励机制,建立和完善多种、多层次奖励制度和收入分配制度,十分重视、善于发现和努力培养科技人才,使他们的创造力能够得到有效保护,工作和生活待遇得以有力保障,从而吸引和留住人才。从此意义上说,我们只有重视制度创新,加快建立与自创新相适应的制度规则,才能打通和衔接好基础理论研究、技术应用和产品开发等环节,形成有利于技术研究和开发的制度体系,形成有自己知识产权的专利和技术标准,从而优化科技结构,整合科技资源,加速科技成果向现实生产力的转化。

(本文原载 2006 年 2 月 14 日《人民铁道》)

企业自主创新文化建设要突出“四个把握”

铁路企业应从发展战略高度，加强自主创新文化建设的顶层设计，努力把自主创新作为一种精神理念和工作方式，一种行为习惯，贯穿于铁路工作全过程。这既是铁路创新发展的必然选择，也是构建铁路核心竞争力的应有之义。

2015年5月25日，习近平总书记赴浙江调研，在与七省市党委负责同志座谈时指出：“综合国力的竞争说到底是创新的竞争。要深入实施创新驱动发展战略，推动科技创新、产业创新、企业创新、市场创新、产品创新、业态创新、管理创新等，加快形成以创新为主要引领和支撑的经济体系和发展模式。”这些重要论述，为铁路企业创新发展指明了方向。

特别是对中国高铁来说，如何适应高新技术、装备在高铁应用的系统性、复杂性、特殊性的要求，建立完善、科学、持续、开放的高铁技术自主创新系统，使中国铁路事业的发展质量、科学管理能力与员工科学素养相适应，进而形成自主创新的文化，使中国高铁技术自主创新的步伐越走越稳健，是铁路持续必发展面临的重要课题。笔者以为，铁路企业加强自主创新文化建设，需要突出把握自主创新文化的内涵、主体、重点和关键。

一、把握内涵，就是要解决自主创新文化是什么的问题

自主创新文化是企业认同并践行的以自主创新价值观为核心的创新精神、制度规范、行为习惯和创新氛围等。自主创新文化的结构，一般认为是三个层面。精神层面主要包括创新精神、价值观、道德观，这是创新文化的灵魂和核心内容。历史表明，核心价值观，承载着一个企业的精神追求，体现着一个企业是非曲直的价值标准。同样，企业自主创新文化也要有体现企业愿景、使命追求的核心价值观。一些成功企业往往把“追求卓越”作为企业的核心价值追求。制度层面是与价值观念相一致的、能够体现这种价值的一系列规章制度和评价体系的总合。成功企业往往有激励创新的制度安排。物质层面体现为与行为规范和价值观念相适应的工作、生活环境和形象标识等。三个层面相互联系，融为一体。其中，精神层是核心，这是加强创新文化建设的根本；制度层是基础，这是创新文化建设的保证；物质层是体现，这是创新文化建设的载体。经验表明，没有创新的精神和思维方式的根本改变，外在改变也是难以持久的。

把握主体，就是解决自主创新文化依靠谁的问题。如果说，国家创新主体是企业，那么企业创新主体是职工，他们理应成为增强企业自主创新能力、建设创

新型企业的主力军。科技人才队伍不仅包括各类专业经营管理人才,也应包括一线技术工人,特别是具有长期经验、在第一线的高级技工,他们紧贴实践,创新活动也是和企业的流程、企业的组织形式紧密结合在一起的,也许一个小窍门、一个小建议就可以产生很多经济效益。铁路是个多专业、多工种的大联动机,无论是组织结构的创新,还是技术手段的创新,市场营销的创新,最终都要落实到广大员工的思想和行动上。尽管创新智慧来自于少数人,但要形成共识,变成群体实践,变成产品,创造价值,那就不单是个别研发人员的事,而是全员的共同责任和使命。成功企业自主创新体系最大的特点,就是把公司的普通员工培养成技术工人。在他们的企业里,人才有三个体系,一个是管理体系,一个是技术研发体系,还有一个就是技术工人的培养和发展体系。把握技术工人这一自主创新主体,激发职工主人翁责任感、使丰富的人力资源变为人力资本,有利于把广大员工的积极性、主动性和创造性,吸引和凝聚到创新发展科技中来,从而奠定自主创新的群众基础。

二、把握重点,就是解决自主创新文化做什么的问题

其实,创新是一个系统动力工程,不单是技术创新,更包括体制机制创新、管理创新、模式创新。这些创新体现为一种创新能力,本质上是思维方式的创新。这既是企业核心竞争力的体现,也是自主创新文化的灵魂。企业与企业之间的竞争,具体体现为全员创新思维能力的较量。全员的创新意识和创新思维,是科技进步和形成核心竞争优势的强大基础。李克强多次倡导“万众创新”,为中国经济升级版发力,其实质就是要激发全社会人民群众潜在的创新思维和创造活力。事实证明,职工群众的创新思维是不可低估的,一旦激发出来就会成为一种战无不胜的力量。海尔集团正是坚持走全员创新之路,从 1998 年开始开始实行以市场链为纽带的流程再造,并将这种创新的管理模式定位为“人单合一”,实现了创世界品牌的目标。所谓“人单合一”的“人”,就是每一个自主创新的员工。“单”就是有竞争里的市场目标,“人单合一”,就是每个员工与竞争力的市场目标结合为一体,每个员工都成为创造市场的“大老板”。因此,自主创新文化的重点是提高全员创新能力,而创新能力的前提是思维方式的创新,并以此推动制度机制的创新,让创新理念变成创新的实践和行为,使人人都有创新的责任,人人都有创新的动力,人人都成为创新的主体。

三、把握关键,就是解决自主创新文化建设谁来做的问题

自主创新文化必须是一种“育人”文化,能够培养创新型的人才,激发员工的创新积极性。实践表明,抓住了队伍能力建设,特别是抓住了人才队伍,就抓住了创新文化的关键。因此,针对铁路人才青黄不接、后继乏人的现状,实施队伍技能提升工程,形成勇于自主创新的团队文化是关键。一是从“头”做起。建立

创新型的文化，领导的态度和能力是关键。创新的企业需要在管理作风上表现出乐于接受新的观念，在人员政策上鼓励有新的创造发明，在制度上面向顾客并吸收他们的创新意见，在技能上将革新观念转化为行动，这些都必须依靠领导的重视并在企业政策层面的具体、实际的支持。因此，要通过建设学习型、创新型领导班子，实施领导创新思维能力考核，使领导者自觉做致力于学习创新的倡导者、学习活动的发起人、职工学习的支持者，才能使学习、创新成为一种经常化、普遍化和制度化的行为，从而创造出有利于自主创新的团队学习文化。二是从"青"做起。要把加强青年大学生早期培养作为一项基础性、战略性工程，鼓励大学生和高职生从事一线生产技术和技能岗位。加强人才培训基地建设，特别是善于发现和努力培养青年科技人才，创新人才培养模式，拓展人才培养渠道，努力造就一批德才兼备、技术一流的拔尖人才和科技领军人物。三是从"小"做起。弘扬"知识崇高、技能宝贵、创造伟大"的时代风尚，深入持久开展好"五小"(小发明、小创造、小革新、小设计、小建议)活动，同时，要从方案创意、成果研发到推广应用等各个环节加强指导，使一线员工的小点子变成大创意、小革新变成大创造、小发明变成大成果，让一线"小人物"也能够凭创新成果脱颖而出，进而整体提升职工自主创新活动的层次和质量。

创新文化孕育创新事业，创新事业激励创新文化。中华文化历来有鼓励创新的丰富内涵，强调推陈出新，强调"天行健，君子以自强不息"。杰克·韦尔奇有句名言，"如果你想让列车时速再快 10 公里，只需要加一马力；而若想使车速增加一倍，你就必须要更换铁轨了。资产重组可以一时提高公司的生产力，但若没有文化上的创新，就无法维持高生产力的发展。"形象地反映了自主创新文化对于核心竞争力的重要性。从表面上看，核心竞争力来自于技术，但技术来自于管理，而管理靠的是以自主创新价值观为核心的企业文化。没有自主创新的文化支撑，谈不上核心竞争力。因此，铁路企业应从发展战略高度，加强自主创新文化建设的顶层设计，努力把自主创新作为一种精神理念和工作方式，一种行为习惯，贯穿于铁路工作全过程。这既是铁路创新发展的必然选择，也是构建铁路核心竞争力的应有之义。

第七编

职工队伍与员工文化建设

党的十九大报告提出，人才是实现民族振兴、赢得国际竞争主动的战略资源。要坚持党管人才原则，聚天下英才而用之，加快建设人才强国。努力形成人人渴望成才、人人努力成才、人人皆可成才、人人尽展其才的良好局面，让各类人才的创造活力竞相迸发、聪明才智充分涌流。

企业发展离不开人才队伍建设，同时企业文化落地生根也需要一线员工的共同参与。企业文化是以员工为主体的群体文化，员工是企业文化的真正创造者和实践者。企业文化建设要取得实效，必须提高员工的责任意识，变被动参与为主动参与共建，让他们能够在工作中"看得见""感受到"，通过"自己做"体现核心价值观，才能使企业文化深入人心，变成员工自己的文化。实践证明，员工是企业文化这棵大树的根基，企业文化重在从班组文化建设切入，基础才会牢固，根深才能叶茂，才能显示出内在活力和生命力。

坚持用社会主义核心价值观武装铁路干部职工队伍

在深入落实科学发展观、构建和谐铁路的进程中，如何坚持用社会主义核心价值观武装干部职工队伍，既是增强社会主义核心价值体系吸引力和凝聚力的内在要求，更是促进铁路事业可持续发展的重要思想保证。坚持用“主心骨”支撑铁路干部职工的理想信念；坚持用“发动机”激发铁路干部职工的争先创新精神；坚持用“风向标”引领铁路干部职工的思想观念；坚持用“道德标尺”规范铁路干部职工的行为。

胡锦涛总书记在党的十七大报告中强调，建设社会主义核心价值体系，增强社会主义意识形态的吸引力和凝聚力。所谓社会主义核心价值体系的基本内容，就是“马克思主义指导思想，中国特色社会主义共同理想，以爱国主义为核心的民族精神和以改革创新为核心的时代精神，社会主义荣辱观”。在深入落实科学发展观、构建和谐铁路的进程中，如何坚持用社会主义核心价值观武装干部职工队伍，既是增强社会主义核心价值体系吸引力和凝聚力的内在要求，更是促进铁路事业可持续发展的重要思想保证。当然，用社会主义核心价值体系武装不是简单的政治灌输，而是通过融会贯通，转化为铁路自己的核心价值观，进而促进干部职工与铁路的共同成长。

一、坚持用“主心骨”支撑铁路干部职工的理想信念

核心价值观作为铁路的“主心骨”，是和谐文化的核心，为铁路发展提供了科学的立场、观点和方法，决定着铁路发展目标和实现途径的定位，体现了铁路干部职工的共同利益和根本要求，构筑了铁路可持续发展的理论基础和精神支柱。一般来说，核心价值观体现为一种使命、一种愿景、一种精神、一种道德和行为规范，而不同的核心价值观决定了不同的企业命运。许多百年老店的核心价值观正是由于始终不变，长期坚守，才成就了今日百年基业的辉煌。同仁堂三百多年不倒，与其恪守“修合无人见，存心有天知”的信条密不可分。成功企业的实践表明，只有用共同的核心价值观武装干部和教育员工，用共同的愿景和使命凝聚力量，用共同的道德操守引领风尚，才能以一元主导多样，巩固铁路共同发展的思想基础。特别是当前，尽管铁路各单位也提出了许多理念口号，但还没有提炼出全行业干部职工认同的核心价值观，更谈不上如何使之成为支撑全路干部职工理想信念追求的“主心骨”，这是铁路当前亟待解决的重大理论和实践课题。当

务之急，要以学习实践科学发展观活动为契机，精心提炼和培育有铁路行业特色、干部职工认同的核心价值观，并采取多种方式进行宣传教育，深刻理解其内涵与意义。同时，要通过广泛宣传铁路建设的宏伟蓝图，宣传铁路改革发展的美好前景，让他们看到自己的利益所在，从而用发展的成果和目标激励干部职工，引导他们爱党爱国爱铁路，珍惜岗位、服务社会。从此意义上说，用“主心骨”把全路干部职工武装起来，凝聚在一个大旗下行动，组成“形散而神聚”的命运共同体，增强铁路干部职工的归属感和使命感，是促进铁路可持续发展的迫切要求。

二、坚持用“发动机”激发铁路干部职工的争先创新精神

核心价值观作为一种价值导向机制，为铁路干部职工的思想和行动指明目标方向，激发创造活力，如同铁路动车组一样，使铁路这台大联动机因有环环相扣的“发动机”而奋勇当先。实践证明，核心价值观的激励作用，就在于以企业精神的表达方式，赋予铁路感召力和吸引力，激发干部职工的内在潜能，为共同的目标而自强不息。回顾历史，无论面对多少困难挫折、艰难险阻，中国铁路始终高擎争先创新精神的火炬，生生不息，奋发进取。如“挑战极限、争创一流”的青藏线精神，“负重争先”的大秦精神，坚持“规章制度不打折”的呼生庄精神，无不体现出铁路人自强不息、不甘落后的追求，对中国铁路的发展起到了较好的推动作用。最近，在全路运输安全工作座谈会上，部党组领导提出的“高标准、讲科学、不懈怠”的基本要求，不仅是铁路安全工作的指导方针，而且体现了铁路争先创优的精神。因此，创新争先是铁路发展的永恒动力，也是铁路核心价值观的应有之义。随着铁路运输生产力的快速发展、技术装备的更新升级，企业管理体制、经营机制、生产方式和劳动组织将进入新的发展阶段。中国铁路只有弘扬争先创新的精神，以理念创新引领制度和体制、机制创新，才能营造全员创新的文化环境，激发创造动力和潜能，促进人与铁路的全面发展与进步。特别是在今天这个国际环境复杂多变、企业竞争日趋激烈、科技和管理日新月异的时代，要跳出铁路看铁路，跳出自我看自我，特别是用世界眼光看自我，才能提升铁路发展的境界。也就是说，中国铁路必须解放思想、适新应变，高扬自主创新的精神旗帜，勇于突破束缚发展的旧的思维观念，破除只防出错、不求出新，只图保险、怕担风险的旧式思维；克服那种惟书惟上、崇洋崇旧、照搬照套的行为习惯，敢于独立思考、勇于冲破陈规，鼓励冒尖，宽容失败，变差距为潜力，变压力为动力，才能构建有利于全员创新的制度机制，激发铁路干部职工的生命活力和创造动力，持久提升铁路干部职工的自尊心、自信心和自豪感。

三、坚持用“风向标”引领铁路干部职工的思想观念

核心价值观是社会意识形态的反映，具有预测铁路发展趋势、整合铁路力量、调控非主流价值等功能，如同“风向标”一样，决定和影响着铁路舆论的走向。

现在，我们正处在一个思想大活跃、观念大碰撞、文化大交融的时代，处于价值观念“多元并存、新老交织、相互激荡”的新阶段。先进文化、有益文化、落后文化和腐朽文化同时并存，正确思想和错误思想、主流意识形态和非主流意识形态相互交织，各种社会思潮相互激荡。这一切也都不同程度地反映在铁路里面，反映在干部职工的思想观念中，迫切需要建立有铁路特色的核心价值观，以主导铁路干部职工的思想观念和价值取向。因此，构建具有感召力、吸引力的铁路核心价值观，引领和整合日益多样化的干部职工思想观念，发挥核心价值观的“风向标”作用是铁路发展的迫切要求。实践证明，只有最大限度体现主流价值和员工多元诉求的企业核心价值观，才能体现强大整合力和引领力；只有坚持稳定性与创新性的统一，主导性与包容性统一，处理好国家利益、企业利益和员工利益的关系，积极地吸收、借鉴一切先进企业文明普适的价值成果，才能把握先进文化的前进方向，形成健康向上、和谐融洽的铁路意识形态，使主流的价值取向成为铁路全员认同的思想观念。因此，在引领干部职工思想观念上，既要善于包容，更要善于批评；既要鼓励先进，又要照顾多数；既要讲铁路发展的大道理，又要讲职工利益的小道理，才能把铁路核心价值观的先进性要求同广泛性要求结合起来，把国家利益与铁路利益结合起来，把铁路的长远利益与干部职工的近期利益结合起来，树立起促进铁路和谐发展的精神“旗帜”和主张。

四、坚持用“精气神”提升铁路干部职工的软实力

核心价值观是铁路的“精气神”，更是铁路软实力的核心，支撑铁路进步的灵魂。所谓“软实力”一词，最早由美国哈佛大学教授约瑟夫·奈提出的，就是“通过吸引和说服他人采用你的目标而获得你想要的东西的能力”。世界500强企业的成功实践表明，决定一个企业成败的并不是你能看见的部分，而是隐藏在这些表面现象之后的核心价值观。如果说资本、技术、设备和产品等物质文明建设，是铁路的“筋骨肉”，那么，干部职工的理想信念、价值取向、思想观念、行为规范等精神文化素养，就是铁路的软实力——“精气神”。离开了“精气神”，“筋骨肉”再强，也会丧失内在的生机与活力，形成不了真正意义上的竞争力。有人说，中国铁路装备的现代化是压缩的现代化，用短短的几十年时间走过了别人上百年的时间，但硬件可以压缩，软件无法压缩。先进的技术和管理制度，都可以从国外引进，而干部职工的职业素养和精神没有办法引进。实际上，中国铁路的硬实力在逐步与发达国家企业缩短距离，恰是干部职工的职业精神、技能素养、文化环境等软实力的差距，成为制约中国铁路可持续发展的最大短板。目前，与职工习惯性违章密切相关的事故隐患依然不能杜绝，这已经成为制约铁路干部职工队伍素质的“瓶颈”和影响安全的最大隐患。因此，建设与硬实力相适应的软实力，不断提升铁路的“精气神”，着力优化铁路文化环境，增强干部职工对铁路的归属感，不断提高干部职工的职业素养，已经成为一种构建铁路核心竞争力的

战略要求。必须持之以恒探索社会主义核心价值观体系在铁路的实现方式，坚定不渝地贯彻落实科学发展观，大力构建和谐铁路，形成核心价值观的吸引力、人文关怀的感染力、强势品牌的征服力，才能用“精气神”提升铁路干部职工的软实力，给铁路可持续发展注入内在生机和活力。

五、坚持用“道德标尺”规范铁路干部职工的行为

道德是核心价值体系的重要内容，是文明的心理底线，也是维系铁路和谐的精神纽带，规范铁路干部职工行为的“标尺”。实践表明，人们关于任何价值的信念、信仰和理想一旦形成，它就会成为人们心目中用以“度量”事物之价值轻重，权衡得失弃取的“天平”。如果说一个人的良知来源于自身正确的价值观、世界观的话，那么，维系铁路长期发展和存在的行为道德规范，则是干部职工内心共同道德价值取向的积淀。历史告诉我们，中国铁路之所以继续保持了强大的生命力，很重要的一个原因就是铁路作为国民经济的大动脉，历来拥有为国为民奉献的光荣传统和社会责任感，能够自省和检点自身的道德缺失和弱点，从而维持、光大、更新和升华自己的道德追求。而在当下中国，处在社会和经济双重转型期的企业，特别是以“三鹿奶粉”为代表的诚信事件的屡屡发生，表明企业道德天平在失衡、在偏移，这绝不仅仅是行业危机，而且是深刻的道德危机、精神危机、价值危机。温家宝总理为此说过这样一句耐人寻味的话：企业家身上应该流淌着道德的血液，而不能只流淌着利润的血液。一个社会，伦理道德可以没有上限，但决不能没有底线。特别是企业领导者如果没有了诚信这一道德底线，分不清是非荣辱，辨不明善恶美丑，也就失去了未来发展的基础。胡锦涛同志提出的以“八荣八耻”为主要内容的社会主义荣辱观，为企业道德判断提供了基本“天平”和准则。当务之急，铁路必须继续弘扬“人民铁路为人民”的宗旨，以正确的荣辱观为标尺，坚持诚信、守法、团结、进取的基本道德规范，对内诚信于职工、对外诚信于顾客，把顾客利益和社会效益放在第一位，不断化解“利”与“义”的冲突，逐步实现从利润驱动、绩效驱动向价值驱动的转变，从而成为负责任的“社会公民”。同时，加强干部职工的职业道德行为养成教育，坚持顾客满意的价值理念，形成正确的职业观，坚持知行统一、表面如一，把倡导的要求和制度机制结合起来，才能为广大顾客提供安全、正点、便捷、舒适的服务，形成维系铁路与社会和谐发展的精神纽带，为铁路永续经营树立正确的行为坐标。

（本文原载 2007 年第 6 期《上海建设交通政工研究》，获中国铁道企业协会、铁道部劳动和卫生司、政治部宣传部、全国铁路总工会、铁道团委、人才服务中心联合举办的“铁路企业管理论坛——2009 职工队伍建设与四新”论文评选一等奖）

充分发挥职工在铁路运输企业市场主体地位中的主人翁作用

主人翁意识就是以企业主人的立场对企业发展高度负责的思维模式和行为方式，就是企业职工作为企业主体和能动力量在企业安全、经营和管理等方面表现出来的积极性、主动性和创造性。发挥职工在铁路运输企业市场主体地位中的主人翁作用事关重大，直接关系到铁路企业核心竞争力的增强和可持续发展。要牢固树立群众观点和宗旨意识，把确立铁路运输市场主体地位的过程，变成职工明确自身定位、强化“依靠”机制、提升民主管理能力的过程。

党的十八届三中全会对全面深化改革做出了战略部署，也为铁路全面深化改革指明了方向，注入了新的强大动力。铁路作为国民经济的重要行业，全面深化改革不仅是对企业内部关系的重新定位，也是发挥职工主人翁作用的内在要求。从某种意义上说，主人翁意识就是以企业主人的立场对企业发展高度负责的思维模式和行为方式，就是企业职工作为企业主体和能动力量在企业安全、经营和管理等方面表现出来的积极性、主动性和创造性，具体表现为个人目标与企业目标的一致性；个人利益与企业利益的协调性；职工对企业强烈的责任心、使命感和归属感，以及职工与企业同荣辱、共始终的价值追求。实践证明，越是深化企业改革，越要始终贯彻全心全意依靠职工办企业的方针不动摇，尊重职工群众主体地位不移位，依法保障职工政治权益、经济权益、文化权益、劳动权益，努力形成企业和职工利益共享机制。因此，发挥职工在铁路运输企业市场主体地位中的主人翁作用事关重大，直接关系到铁路企业核心竞争力的增强和可持续发展。

一、铁路运输企业市场主体地位确立对职工主人翁作用发挥提出了新要求

当前，铁路处于改革创新、转型发展的关键期，特别是确立运输企业市场主体地位，对职工主人翁作用发挥提出了新的要求。

1. 确立铁路运输企业市场主体地位，迫切要求增强职工主人翁责任感和归属感

铁路市场主体地位的确立，意味着铁路经营理念和管理方式的转型，这就迫切要求职工牢固树立与市场观念相适应的危机意识和责任意识，为企业发展贡献自己的聪明才智；迫切要求企业关注民生、关爱职工，解决职工最关心、最现实、最直接的利益问题，使职工真切感受企业的温暖，增强对企业的归属感，进而

形成与企业荣辱与共的命运共同体。

2. 确立铁路运输企业市场主体地位,迫切要求职工参与民主管理的制度机制更加规范

在企业化、市场化、信息化大背景下,职工思想更加活跃,要求公平、公正、公开的民主法制意识更加强烈。这就迫切要求铁路企业研究公司制企业民主管理的运作方式,规范职工民主管理的内涵和有序参与的有效途径,真正将职工的知情权、参与权、表达权和监督权依法合法地落到实处。

3. 确立铁路运输企业市场主体地位,迫切要求提高职工发挥主人翁作用的能力

铁路市场主体地位的确立,不仅意味着铁路成为安全运营效率高的创新型企业,还体现为创新型人力资源的层出不穷。因为市场的竞争不仅是企业产品的竞争,更是企业职工创新精神、创效能力的较量。这就迫切要求铁路企业加强学习型组织建设,全方位提供职工能力拓展的平台,激活职工主人翁精神,为增强核心竞争力提供能力保证。

二、影响铁路职工主人翁作用发挥的因素分析

职工无疑是铁路企业最活跃的生产力要素,是铁路企业发展的根本和基石。职工地位决定职工作用发挥程度。但在实际工作中,职工主人翁地位的确立与保证仍然存在一些问题,尚需要在实践中进一步研究解决。

1. 认识上有盲区,挫伤了职工主人翁作用的发挥

调研发现,铁路一些单位领导者民主管理意识不强,把职工视为简单的雇佣劳动者,淡化了职工在企业发展中的现实与潜在的能动作用,出现扭曲的"主仆"关系。有的领导者没有意识到企业职工与企业发展的唇齿相依的依存关系,不能正确处理企业发展与职工当家做主的双向需求,忽视了职工在企业发展中的主体能动作用,在一定程度上影响了职工参与企业安全、经营、管理的积极性和创造性,挫伤了职工主人翁作用的充分发挥。

2. 制度上不到位,制约了职工主人翁作用的发挥

随着铁路市场化发展与各项制度改革的深入,保证企业职工切身利益,确立职工主人翁地位所出现的一些新问题、新矛盾也随之而来。从宏观上看,国家维护职工相关的法律法规相对滞后,影响了职工主人翁地位的真正确立。如根据工会法,企业工会作为法定的社团组织,具有合法的法人资格,拥有对企业各项工作的知情权、参与权、监督权等,但却没有相应的执行权、决定权。从微观上看,一些单位保证职工合法利益的举措不力,相应的民主管理方式的制度机制滞后,制约了职工主人翁地位的确立和作用的发挥。

3. 职工自身素能有缺陷,影响了职工主人翁作用的发挥

职工主人翁地位意识淡化的原因与员工自身综合素质能力有极大关系。比

如，观念、思维、意识等自我提高不够，一些职工保守封闭，视野狭窄，安于现状，工作敷衍；部分职工素质参差不齐，相应学识不够，加之技能培训提供机会不多，影响了自身素能提高；一些职工对企业的希望值过高，特别看重自身经济收入，主动为企业着想不多，关心企业安全生产经营的较少，忽略或漠视职工主人翁作用的发挥。

三、在确立市场主体地位中发挥职工的主人翁作用的路径

从我国铁路发展历程看，凡是真正依靠职工办企业，职工的凝聚力就强，就越能抵御发展中遇到的各种困难和风险，而忽视民主管理的企业，职工积极性就受影响，发展就缺乏后劲。西方发达国家企业发展的经验也证明，即使在资本主义制度下，职工参与也是企业管理不可缺少的重要环节。特别是铁路当前创新转型、科学发展，既是对铁路发展方式的考验，也是既有利益格局的调整。因此，要牢固树立群众观点和宗旨意识，把确立铁路运输市场主体地位的过程，变成职工明确自身定位、强化“依靠”机制、提升民主管理能力的过程。

1. 明确定位，增强对职工主人翁地位的认知意识

地位与作用是相辅相成的，有为才能有位，没有作用就谈不上地位。因此，对职工来说，要主动增强主人翁责任意识。主人翁地位是责、权、利的统一，不能简单地把企业当成衣食无忧的家，而不应尽自己的责任。在激烈市场竞争中，企业这条船要破浪前行，没有船员的尽心尽责，就不可能成功达到彼岸。因此，企业与职工是一个风险共担的命运共同体，职工只有主动强化当家做主的法定责任与义务，正确对待改革中的利益调整，珍惜主人权利，履行主人义务，自觉承担企业生存、发展的责任，才能共享企业发展的成果。对铁路企业来说，一方面，要坚持全心全意依靠职工办企业的方针。为人民服务是我党的根本宗旨，是铁路全部工作的出发点和落脚点。依靠职工办企业，充分发挥职工聪明才智，不仅是维护职工权益的重要内容，同时也是构建和谐劳动关系，促进企业稳步发展的根本所在。另一方面，要用先进的文化强化职工主人翁地位的认同。在企业经营理念中，一定要树立职工与顾客同等重要的思想，充分地、全方位地培养和激发企业职工的主人翁意识，不断优化企业内部人力环境，以形成上下左右，戮力同心，凝聚职工与企业发展的命运共同体。从此意义上说，铁路企业文化建设的根本是坚持以人为本、以文化人，着力加强以主人翁意识为核心的职工文化建设，使职工牢固树立“企业是我家，发展靠大家”的意识，营造有利于职工全面发展的人文环境，进而增强企业的凝聚力、执行力和号召力。

2. 健全“依靠”机制建设，形成有利于职工主人翁作用发挥的制度安排

全心全意依靠职工办企业，必须要建立并强化行之有效的“依靠”机制。机制健全，“依靠”就能持久，就不会出现“困难时依靠、顺利时不依靠，口头上依靠、行动上不依靠”的问题。建立“依靠”机制，就是用制度把职工在企业改革、生产、

管理以及利益等方方面面的权利规范下来，同时对行使和落实这些权利等问题作出相应的具体规定。实践证明，企业“依靠”制度贯彻执行得好，就能使职工真正认识到自身在企业中的主人翁地位，感觉到自身在生产经营、改革发展中所担负的责任，想企业之所想，为企业之所为，与企业共风险，同企业共荣辱。

一是从法律法规上“依靠”。依靠国家相关法律法规规定，建立和完善企业员工当家做主的运行机制，已经是当前刻不容缓的重要工作。要紧紧依靠相关的劳动法规、经济法规，制定职工利益维护机制，明确其主人公地位的合法性、必要性和持久性，逐步形成一套与社会主义市场经济相适应的企业法规体系，以机制的有效运行来真正保障职工的各种合法权益。

二是从制度机制上“依靠”。要建立健全以民主管理为主要内容的企业现代管理制度，从源头上切实保障职工主人翁地位。要建立和完善职工董事、职工监事制度，实行企务公开，建立健全利益协调机制、诉求表达机制、矛盾调处机制、权益保障机制、职工工资正常增长机制，确保企业改革发展成果惠及全体职工。同时，要结合现代企业制度的要求，组织职工参与民主管理，特别是对职工代表大会的职权进行科学设置。在职工董事、职工监事制度建设方面，要逐步明确职工董事的人数、权限、任职资格、责任等，推动这一制度在铁路企业中的健康发展。

三是从具体利益维护上“依靠”。职工只有时时感到自己处在当家做主的地位时，积极性、聪明才智和创造精神才能充分得到发挥。因此，要在工作时间、劳动报酬、休息休假、劳动安全、保险福利等具体利益方面，切实表达和维护好职工的权益。同时，要坚持以诚感人、以情动人，大力实施“送温暖工程”，建立健全经常性帮扶困难职工的机制，使职工时时、处处感受到企业的关爱，更好地调动和激发职工的主人翁意识和工作热情。

3. 强化能力建设，提高职工发挥主人翁作用的本领

职工素质能力的提高对加强企业民主管理、发挥主人翁作用具有重要的促进作用。特别是随着社会的进步和企业市场化的发展，铁路各种新技术、新设备的广泛应用，对职工的自身素质要求也越来越高。对此，要不断提升职工文化、技能素质和管理素质，增强职工参与企业民主管理的水平和成效。要以实现职工学习权、发展权为目的，以增强职工学习能力、创新能力、竞争能力为目标，以提高职工业务、技能素质为手段，积极拓宽职工学习渠道，为职工成长、成材搭建平台。要立足企业长远发展，帮助职工做好职业生涯规划，实现职工与企业共同发展。要广泛开展“创建学习型组织、争做知识型职工”活动，创新群众性学习活动载体，扎实开展岗位练兵、技术比武，拜师学艺活动，充分利用各类培训资源，形成全员学习、团体学习和工作学习化、学习工作化的氛围。要广泛开展以完善企业管理、增强企业核心竞争力为主要内容的合理化建议活动，丰富自主管理内涵，不断提高职工发挥主人翁作用的本领。

4. 加强组织领导，形成促进职工主人翁作用发挥的合力

要加强“凝聚力工程”建设，充分发挥党组织、工会、共青团等组织的作用，力求在职工主人翁作用最大化上形成合力。铁路企业党组织要发挥核心优势，发挥党员职工的先进模范作用，营造“点亮一盏灯、照亮一大片”的连锁效应，努力把政治优势转化为核心竞争优势。各级工会组织要充分发挥职能作用，代表职工积极参与到企业安全、管理、经营工作中，坚持尊重职工意愿讲感情、办事公开透明讲程序、管理依法讲道理，做好化解矛盾、理顺情绪、释疑解惑的工作，有效预防和调处基层劳动争议工作。共青团组织要以青年突击队和青年志愿者为主要抓手，围绕生产中的急、难、险、重任务，充分发挥生力军和突击队作用。如此，才能从组织上确保职工主人翁作用发挥形成强大合力。

（本文原载 2015 年第 1 期《工会天地》，获 2013—2014 年度铁道企协、宣传部、安全监察司、铁总工会生产部、铁道团委举办的“铁路企业管理论坛——铁路运输企业市场主体地位与转换经营机制”论文评选一等奖）

浅谈班组文化

班组文化是以班组为主体，在统一的企业文化理念指导下形成的基层文化，是企业文化在基层落地的具体体现，也是班组管理的核心所在。加强自控型班组建设，必须从班组文化建设抓起，坚持以人为本，凝聚班组团队精神，强化基础管理，规范工作行为，提升班组长综合素质，以实现自控型班组建设的目标。

班组是企业的细胞、生产的前沿，是为了共同完成某项工作任务，而由一定数量的人员在有统一指挥、明确分工和密切配合的基础上所组成的一个工作集体。班组管理是单位管理水平的缩影。班组文化是以班组为主体，在统一的企业文化理念指导下形成的基层文化，是企业文化在基层落地的具体体现，也是班组管理的核心所在。笔者以为，加强自控型班组建设，必须从班组文化建设抓起，坚持以人为本，凝聚班组团队精神，强化基础管理，规范工作行为，提升班组长综合素质，以实现自控型班组建设的目标。

一、提炼以“和谐”为核心理念的班组团队精神

一个班组就是一个团队，一个团队要有核心精神和凝聚大家的灵魂人物。班组长就是班组的灵魂人物和当家人，是班组团队的引领者，班组文化的倡导者，是各种规章制度的执行者、管理措施的落实者，其重要使命是凝心聚力，以文化人，以魂铸人，引领大家共同完成企业目标。班组精神是班组之魂，集中体现为一种团队理念，而团队理念必须做到班组群体认同，才能魂魄附体、发挥作用。因此，要以企业发展大局和职工的利益为本，努力把岗位要求与做人要求结合起来，把个人目标与集体目标结合起来，使岗位作业要求形象化、可操作化，进而形成进取向上、团结互助、追求卓越的班组团队理念。同时，要以营造和谐环境为目标，突出岗位特点和作业要求，发动班组职工征集岗位精神和人生格言，如此才有认同和实践基础。当然，这种团队理念必须具体化，渗透到行之有效的班组日常活动之中，做到思想上互帮、作业上互控、技术上互教、生活上互助，特别是贯穿到具体工作岗位之中，营造“在一起共事是缘分、互相支持是情分、干出成绩是福分”的和谐“小家”氛围，才能使之成为一种凝聚和引领大家的内在之魂，成为指导班组全体成员的行为指南。

二、营造以“四化”为标志的班组环境文化

当然，班组团队精神并不是抽象的，必须通过建设优秀的环境文化显示出

来，让人能够看得见、感受得到、检验得了。有专家提出评价优秀班组环境文化“四化”标准是：一是文化载体学习化。以创建学习型班组为载体，通过开展学技练功、技术攻关、读书评书等活动，使班组职工工作学习化，学习工作化，引导职工感受学习的快乐，在班组着力营造学习、进取的文化环境；二是宣传阵地齐全化。班组有职工学习园地、宣传橱窗、阅报栏等齐全的宣传阵地，并坚持做到形式设计新颖，有关内容常换常新；三是文化活动群体化。文化活动要小型多样，因地制宜，重在参与，使职工喜闻乐见、健康向上；四是班组管理民主化。经常开展合理化建议活动，不断提高班组民管会的质量，使班组任务公平、班务公开、奖惩公正，职工心平气顺。要做到这“四化”标准，上级组织要制定规划，下大决心给予必要的物质投入，让班组文化建设能够真正看得见、感受得到、检验得了、有实效。

三、养成以“自觉”为标志的职工安全行为

安全是班组文化的核心。需要强化“安全管理在班组”的意识，将安全文化理念引入管理实践，把安全管理从制度管理上升到文化管理层面，从理念层面上升到自觉习惯。一要自觉养成向事故和问题学习的习惯。许多单位通过身边发生的事故进行案例式学习，取得较好的学习效果。有的根据作业要求，针对岗位应知应会内容学习，打造学习型班组。比如，某段结合自身实际，推动“三个一”滚动学习法（每日一题，每周一课，每月一考）促进了班组日常学习习惯的养成。二要自觉“养成”常态安全自我管理习惯。日常班组管理，重在体现“最高标准是全员标准，最佳状态是常态”的境界。要借鉴日本的“五常管理法”（或称“5S”管理法，即常整理，常整顿，常清扫，常清洁，常素养），使职工“养成”良好的常态工作习惯。实际上，海尔的OEC管理法中的区域管理法正是借鉴了日本的做法，坚持“日事日毕、日清日高”精神和“小球滚斜坡”精神，才成就了今日海尔的品牌地位。三要自觉养成标准“执行”制度的习惯。建立和完善执行力文化，坚持“执行高于一切”，把标准化作业体现在班组管理过程中的每一个细节，体现在系统化的每一个流程。为确保安全标准化作业，唐山机务段坚持“运行瞭望一神不分，呼唤应答一字不减，作业程序一项不漏”的“四个一”精神。兰州局沙坡头站正是坚持“让标准变成习惯”，做到“工作讲程序、作业讲标准、行动讲纪律、落实讲考核”，才把职工学先进的热情和干劲化为看得见、摸得着的具体行动。

四、强化以“精细”为特征的班组长综合素质提升

班组长官不大，责不小。既是企业的一线指挥官，又是联系上下级的纽带和桥梁。这就要求班组长既要善干又要会管，这是班组长特征和素质要求。否则班组长就没有威信，更难以使班组成为团结进取的战斗集体。班组长综合素质和能力集中体现在两个方面。一方面，业务能力要精。就是业务技能精湛，熟知

本工种作业程序、工艺标准和规章制度，具备熟练应对各类突发问题的能力。这是班组长的素质和能力的基础。另一方面，管理措施要细。作为班组长考虑问题要全面，要抓环节中的主要矛盾，制定各项工作预案，作业怎么干，谁来干，干到什么程度，要心中有数。班组长管理工作只有用心细密，管理精细，考核严细，把关仔细、工作抓细，才能做到细中求真、细中求深、细中求实，才能卡控和应对各种意外事故的发生，夯实安全管理之基。特别是杰出的班组长，要具备扎实的专业知识基础，丰富的现场管理经验，正确的作业管理方法，卓越的组织协调能力，良好的交流沟通技巧，独立分析和解决问题的能力。只有这样，才能以精湛的能力，缜密的管理措施，确保设备精良，确保安全生产，带出一支特别能战斗的精干队伍。当前，要按照高标准、讲科学、不懈怠的要求，大力加强班组长队伍素质建设，特别是加强业务素质和管理素质的实务培训，促进以精细为特征的班组长综合素质和能力的快速提升。

五、完善以“自控”为目标的班组管理机制

班组管理并不全是班组的事，有关领导和部门必须积极探索自控型班组管理工作的新途径，以适应新体制、新布局的要求。一是重在服务，为自控型班组建设提供体制保证。路局、站段必须设专人负责以安全管理为主体的班组建设，认真研究班组建设规划，调查分析班组安全管理现状，解决班组管理中的倾向性问题。车间要扎实有效地抓好班组建设，组织落实班组建设规划，指导帮助班组健全管理制度，有计划地做好后进班组的帮促转化工作，及时发现和解决班组安全管理中的问题。要建立和实施班组长培训、考核、选拔、管理一整套行之有效的措施办法，真正通过民主选举，把安全责任心强、业务素质高的同志放到班组长岗位。同时，明确界定班组长在管理中的责权利，保证班组长管得了、管得住、管到位、管得好。二是突出人本管理，为自控型班组建设提供能力保证。现代企业管理已经进入人本管理、知识管理的新经济时代，也就是以软约束为主的文化管理时代，铁路长期以来实行的以控制约束为主的管理需进一步发展完善。既要注重刚性管理，从严要求，严“两纪”上标准，严规章上水平，确保安全生产有序可控；又要尊重职工人格，增大管理的亲和力、凝聚力，激发人的热情和潜能，为职工施展才华、实现价值搭建舞台，使企业发展前景与职工抱负目标同向，培养自信、自立、自律的职工队伍。三是强化基础，为自控型班组建设提供管理保证。班组管理是站段管理的最终落脚点，也是站段基础管理水平的具体体现。基础管理正是中国企业最大的管理需求。当前，要完善各类“达标”标准，发挥班组“五大员”骨干作用，做到“总账不漏项、事事有人管、人人都管事、管事凭效果、管人凭考核”，促进班组基本管理素质提高，促进班组基本作业达标、基本制度落实、基础管理到位。

综上所述，加强自控型班组建设的核心是班组文化建设，就是要通过培育班

组精神，完善制度建设，强化基础管理，锻炼一支队伍，建立一种机制，培养一种安全文化，不断提升班组长的综合素质，促进以自控为目标的和谐班组建设的实现。

（本文原载2010年第2期《铁道企业管理》）

敬业素质是民族精神在企业的缩影

弘扬民族精神不能一般化强调，而是要具体融入企业改革发展全过程，通过提高职工敬业素质，激发对真善美的追求，以适应人和企业的全面发展，应对竞争全球化的挑战。

民族精神是一个民族在漫长的繁衍生息过程中逐渐形成的渗透在思想文化、思维模式、伦理道德、风俗习惯、心理结构、语言文字中的共同价值观。如何使这一价值观在企业弘扬起来？笔者以为，民族精神在企业集中体现为敬业素质。弘扬民族精神不能一般化强调，而是要具体融入企业改革发展全过程，通过提高职工敬业素质，激发对真善美的追求，以适应人和企业的全面发展，应对竞争全球化的挑战。

目前，许多企业把《致加西亚的信》和《敬业》作为培训员工的教材，是个值得注意的现象。前者讲述的是一个送信人罗文中尉战胜艰难险阻、完成美国总统嘱托、把一封很重要的信送给加西亚的故事。“送信”变成了一种忠于职守，一种承诺，一种敬业、服从和荣誉的象征。实践证明，世界上最需要的人才，并不都是能做出惊天动地伟业的人，而是那些能够把信带给加西亚的人。一个国家的振兴也好，一个企业的发展也好，同样需要这种具有服从、诚实的态度，完美执行能力的人。正是有了许许多多的这种人才推动着整个社会的进步。企业中的各类先进典型人物正是这种人的集合。因为任何一项事业的背后，必然存在着一种无形的精神力量的支撑，而这种力量正是《敬业》所倡导的“像信仰上帝一样信仰职业，像热爱生命一样热爱工作”的信用、勤奋和敬业精神。目前，我国企业效益不佳，产品质量不高，世界知名品牌不多，在“走出去”战略中困难重重，这与我们的职工敬业素质不高有直接关系。从某种意义上说，敬业素质是民族素质的重要内涵，是民族精神在企业的缩影，决定民族和企业竞争力的强弱，不断提高职工的敬业素质，大力提升职工的忠诚度，增强企业的凝聚力，突破企业生命周期，这是贯穿企业生存发展的主线，也是应对经济全球化亟待解决的重大问题。我们的企业必须培育团队精神和合作意识，形成一种风正人和、人人敬业的和谐局面，通过倡导文化管理，弘扬人文精神，体现人文关怀，体现“刚柔相济”“严爱相融”的人本理念，从而把民族精神真正落实到企业，落实到职工的具体行为上。

思想道德素质是敬业素质的核心。说到底，思想道德又是一个理想信念问题。只有科学坚定的理想信念，才有不断前进的动力，才有不断前进的正确方向。因此，提高职工思想道德素质，需要坚持不懈地用马列主义、毛泽东思想、邓小平理论和“三个代表”重要思想教育人、武装人、引导人，通过树立正确的世界观、人生观和价值观，让社会主义建设的伟大成就的事实教育广大职工，让改革开放以来职工身边的巨大变化凝聚职工，使他们在心灵深处逐步坚定“四信”（对马克思主义的信仰、对共产主义的信念、对中国特色社会主义的信心、对党和政府的信任）。当然，做到这些并非易事，也非一日之功。当前和今后一个时期，尤其要采取切实有效的措施，“润物无声”地落实《公民道德建设实施纲要》，潜移默化地融入“爱国守法、明礼诚信、团结友善、勤俭自强、敬业奉献”的基本道德规范，生动鲜明地倡导“在社会做个好公民、在单位做个好职工、在家庭做个好成员”，推动职工思想道德建设向纵深发展。在推进过程中，要重视职工基础行为习惯的养成，注意用抗击非典和抗洪抢险斗争中弘扬和培育的伟大民族精神来推动；注意用形形色色不道德、不讲社会责任的具体案例，来警醒反思，唤起职工的内在良知；注意用职工身边的人格化的企业先进人物来激励，激发职工对职业的自豪感和责任感。按照中国传统文化的观点，人最理想的成就是所谓的“三不朽”，其中最大的不朽是“立德”，其次才是“立功”“立言”，道德上的成就是人生最有价值的成就。这些传统思想精华对提高职工道德素质无疑仍有积极意义。提高敬业素质教育，必须与时俱进，承优创新，寓教于活动，寓教于制度，寓教于细节，通过汲取中华传统思想的精华，才能使思想道德建设由抽象说教变为具体活动，由空洞口号变为职工的实际行动，把爱党、爱国、爱社会主义的“大三爱”融入“爱企业、爱岗位、爱产品”的“小三爱”之中。

文化素质是敬业素质的基础。这是因为，职工的文化素质高，对生活的理解就深，对工作的意义感悟就深，特别是对形成良好的职业道德和敬业素质指导作用也就越大。一般说来，影响人的行为的主观条件主要是文化素质，并通过心理素质而对性格发生深刻和持久的影响，对行为具有指向和强化的作用。当今，经济文化一体化已成为时代潮流，文化因素在经济发展中的作用日趋增大，成为产品竞争力的核心要素，增强企业核心竞争力的重要法宝；而文化素质也已成为一个民族国民素质高低的重要内容，成为企业一种如影随形的资质，迫切需要我们每个职工站在经济全球化的战略高度，切实增强危机感、紧迫感和使命感，弘扬民族优良文化传统，用科学理论武装头脑，汲取新知识，掌握新本领，拓宽新视野，提升新境界，与世界同行，与先进为伍，使精神世界更加充实，文化生活更加丰富多彩，才能适应企业和社会经济发展的要求，否则我们就难以立于世界优秀民族之林。现代经济的竞争实际上成了一种文化力的较量，而文化力的较量说到底又是人的文化素质的竞争。这种文化素质集中体现人的能力上。我国是人口大国，但还不是人才强国，是人口资源大国，还不是人力资源强国。提高民族素质，特别是提高职工素质任重而道远，迫切需要千千万万个许振超、李斌式工人，以“天行健，君子以自强不息”的奋进超越精神，改变命运，成就未来，以增强民族自尊心、自信心、自豪感。因此，弘扬民族精神必须着眼长远，立足当前，以企业文化建设为载体，以增强核心竞争力为目标，以职工综合素质的提升为重点，培育学习型员工，建设学习型企业，通过凝心聚力打造高素质的职工队伍，体现企业的内在生机和活力，促进中华民族精神在企业的弘扬和升华。

一年前，曾在报刊上看到的一则消息至今让人难以忘却：大连市公共汽车联营公司 702 路 422 号双层巴士司机黄志全，行车途中突然心脏病发作。在生命的最后 1 分钟里，他做了三件事：把车缓缓停在路边，用最后的力气提起手动车闸；把车门打开，请乘客安全地下车；将发动机熄火，确保车辆与乘客的安全。做完了这三件事，他趴在方向盘上永远停止了呼吸。这是一个平凡到了最底层，却伟大到了极限的普通职工，他用生命和鲜血告诉我们什么是敬业精神，一个人对职业赋予的责任应怎样承担。这种对工作的高度责任心，对职业的敬重、忠诚与尽心尽职，不正是民族精神在企业的精彩缩影吗？

（本文原载 2004 年第 10 期《思想政治工作研究》）

班组文化建设重在养成自觉习惯

班组文化是班组的旗帜和灵魂。加强班组文化建设，就是要培育班组团队精神，突出制度建设，强化基础管理，提升素质能力，展现班组形象，养成自觉的群体行为习惯，让文化在班组落地生根，推动自控型班组建设目标的实现。

班组文化是引领班组行动的旗帜，是凝聚人心的磁心，是统一班组思想共识的灵魂和武器。加强班组文化建设，要坚持以班组员工为本，突出团队精神培育，以问题和目标为导向，致力于员工自觉行为习惯的养成，让员工在参与集体活动中，发自内心地对班组产生认同感和归属感，进而产生成就感、获得感。要从养成自觉学习、常态做事、严格执标和精细管控入手，努力将企业文化要求渗透到班组管理实践，把班组制度管理上升到文化管理层面，进而将文化理念转化成群体自觉行为，促进自控型班组建设目标的实现。

自觉养成滚动学习的习惯。习惯成自然。要突出学习型班组建设，着力形成终身学习、集体学习、系统学习的习惯。要突出问题导向，运用滚动学习法推动班组学习习惯的养成。要推行以“三个一”为主要内容的滚动学习法，即：每日一题，从建立的题库中每天将一题以任务的形式填写在派工单上布置下去，班组在点名时共同学习；每周一课，每周根据生产需要有计划、有针对性地授课，并于每月初在“三个一”滚动学习法计划上公示出内容，以便大家带着问题深入学习；每月一考，每月底就当月所学内容组织一次理论或实作考试，检验学习效果，并把考试成绩纳入到当月的经济业绩考核中，做到学得好不好结果不一样。

自觉养成规范做事的习惯。班组日常基础管理要坚持自我管理的理念，突出每个员工规范做事习惯的养成，彰显“最高标准是全员标准，最佳状态是常态”的要求。6S管理法是现场最有实效的基础管理实践，即常整理、常整顿、常清扫、常清洁、常素养、常安全。要借鉴这一现场管理方式和手段，帮助员工在整理中学会判断，在整顿中学会节约，在清扫中学会标准化，在规范中学会定置化、制度化，在素养中形成良好习惯，在操作中学会安全，进而形成常态化做事规矩和氛围。

自觉养成严格执标的习惯。要围绕落实规范管理、强基达标的工作思路，建立和完善班组执行力文化，弘扬福生庄养路工区“严守规章不走样”的精神，把严格作业标准化体现在每一个作业流程和细节的执行上。要突出党员示范带头作用，着眼让“作业指导书”变成行为导向，变成每位员工自觉遵守的习惯。要坚持“工作讲程序、作业讲标准、行动讲纪律、落实讲考核、好坏有奖罚”，进而把员工

“对标找差、创优争先”的职业责任转化为能看得见、摸得着的标准化操作习惯。

自觉养成精细管控的习惯。既要善管又要能干，既要业务精又要管控细，既要带好队伍又要统筹协调好各方面关系，这是班组长素质能力的应有之义，也是班组长自身建设和行为习惯养成的迫切要求。一方面，班组长业务要精湛。要加强本职专业能力的提升，熟知本工种作业程序、工艺标准和规章制度，具备带动团队应对各类突发问题的“看家本领”。另一方面，管理要精细。这就要求班组长坚持问题管理、用心管理、细节管理，做到细中求真、细中求深、细中求实。特别是考虑问题要周密，分配工作要公平合理，奖罚要分明，调动每一个成员的积极性和创造性。要通过开好班前会，精准制定各项安全预案，确保每项作业难易程度、变化风险，怎么干、谁来干、干到什么程度都要心中有数、应对有法。只有预想周密、合理分工、过程管控到位，才能应对各种意外事故的发生，确保现场安全、有序、可控，夯实班组管理之基。

总之，加强班组文化建设，就是要培育班组团队精神，突出标准化建设，强化现场管理，提升职业素养，养成良好的行为习惯，营造爱本职、勤学习、能协作、重养成、氛围好的班组文化环境，推动自控型班组建设目标的实现。

心理和谐:构建和谐铁路的关键元素

季羡林95岁生日时,温家宝总理去看望他。两人就“和谐”话题进行了饶有兴趣的交流。季先生说,我们讲和谐,不仅要人与人和谐,人与自然和谐,还要人内心和谐。温总理点头称是。其实,构建和谐铁路,同样需要每个职工内在心理的和谐,才能形成和谐的人际关系,促进和谐铁路目标的实现。

建设和谐铁路,就是按照构建社会主义和谐社会的要求,加快建设一个“运能充足、装备先进、安全可靠、管理科学、节能环保、服务优质、内部和谐”的铁路。这28个字,既是和谐铁路的具体内涵,又是铁路追求的目标。其实,铁路内部,人与人关系的和谐是基础,人的内心和谐是关键。企业是由具体的人组成的,没有个体内心的和谐,就不会有企业整个集体的和谐,更没有内外部和谐的关系。也就是说,所有和谐元素最后都要归结为职工心理的和谐,“身心合一”“人企合一”才是构建和谐铁路的灵魂和根本。

所谓和谐的心理,就是指个体对自己,包括精神追求、需要层次、思维方式、个性特点和行为方式等,保持一种和谐、和顺、平衡、积极的状态,能够正确对待自己、他人和社会,正确地对待困难、挫折、荣誉和利害得失。事实证明,和谐的心态,事关人生事业的成败,事关铁路的健康发展。只有在健康的精神、愉悦的心理环境下,才能将员工个人的成长融入企业的发展之中,实现两者的共同进步,协调发展,体现“人企合一”,这是构建和谐企业的最高境界。近年来,正是各级组织重视营造和谐的心理环境,才激发了广大干部职工为和谐铁路不懈进取的精神动力,才涌现了数十年如一日默默无闻、无怨无悔、尽职尽责的干部职工,才有了他们用质朴情愫演绎的一幕幕保安全、增效益、促和谐的动人故事。阜阳站这面旗帜为何越来越鲜艳,干部职工为何坚持以真爱之心温暖过往旅客,义无反顾舍小家、顾大家,就是因为他们有“春运就意味着奉献”的精神追求。

目前,一些不和谐“音符”直接或间接影响安全、生产、稳定,关键还在于心理不和谐。比如,违章乱纪现象屡禁不止,这与安全责任意识差,凡事走捷径,做事不考虑后果,处理不好规章制度与自身安全行为的关系密切相关;之所以出现个别职工对铁路牢骚满腹,不见阳光,只看阴影,总是心不平气不顺,除了分配不公、机会不均、宣传不到位等因素存在,还在于思维方式偏颇,盲目攀比,没有处理好自身贡献与企业发展的关系;之所以在工作中与上下级、同事关系紧张,就是因为没有宽容的心态,摆不好自身的位置,不善于处理个体与他人、与集体的关系;之所以在工作与休息、事业与生活、单位与家庭之间顾此失彼,就是因为价值取向不正确，患得患失，心态浮躁、急功近利的思想作祟；等等。这种不和谐心理如不能及时理顺，就会日积月累，甚至于造成极端的行为，影响铁路内部整体的和谐。因此，如何实现心理和谐是建设和谐铁路当务之急的重要任务。

实现职工个体心理和谐，基础是自身调适能力的提高。心理和谐是一种人生追求，需要在“定向”上着力。实现自我内心和谐的过程，是一个人不断提高思想觉悟、加强道德修养、与企业共同成长的过程。只有下大力气，自觉改造世界观、人生观、价值观，确立正确的人生方向，坚定自己的人生追求，以“淡泊明志，宁静致远”人生定力，把工作当作事业、把事业当作终生追求，才能正确对待光怪陆离、纷繁复杂的各种现象，使个体价值观与企业价值观融为一体，把个人追求与企业目标相结合。

心理和谐是一种精神境界，需要在“定位”上着眼。老子说：“知人者智，自知者明。”人生最大的困难是难以认清自我，人生最大的挑战是不敢挑战自我。只有正确认识自己，摆正自己的位置，才能以积极的心态战胜自我，提升自己的精神境界，不为私欲遮望眼，耐得住寂寞，挡得住诱惑，管得住小节，才能处理好与他人、与集体、与自身的关系，不断提高自我应对困难、挑战危机的勇气和境界。

心理和谐是一种工作态度，需要在“定责”上着想。企业靠我生存，我靠企业发展。和谐铁路并不是空洞的口号，只有人人有责、人人共建，才能实现人人共享。不要总想我能够从企业得到什么，而是首先要问我为企业做出了什么。有了这样的工作态度，才能以企业发展为己任，以做好本职为天职，摆正眼前利益与长远利益的关系，处理好自身努力与企业发展的关系，把个人的奋斗融入企业发展之中，在诚实劳动中共享企业发展的成果。这应成为每个员工最基本的工作态度和职业精神。

实现职工个体心理和谐，企业的人文关怀是保证。企业与员工的关系依靠两种纽带维系：一种是劳动契约，一种是心理契约。有时，我们往往重视有形的劳动契约，而忽视无形的心理契约，这是职工心理不和谐的深层因素。毕竟，劳动契约作为利益纽带，是有限的、单薄的、脆弱的，只有尊重员工，尊重人格，增强员工的归属感，把信任与默契深植于员工心灵深处，用共同的目标愿景统一全员的思想和行动，才能弥补制度功能性的不足，与企业形成“命运共同体”，进而形成凝心聚力、共谋发展的共识。实践表明，企业只有加强和谐文化建设，发展和谐劳动关系，营造和谐的工作、学习和生活环境，重视春风化雨式的思想疏导，重视心理素质培训，重视生产布局调整中的心理融合，最大限度善待员工，才能在干群沟通中营造和谐、在通气中践行民主、在协调中减少摩擦，不断激发职工的积极性和创造性，才有生生不息的“动力源”，才有牢不可破、相互依恋的“心理契约”。

构建和谐铁路的过程，就是塑造和谐心态，培育和谐思维的过程。建设和谐铁路只有从“心”开始，通过个体和企业的共同努力，树立和谐理念，弘扬和谐精神，才能营造我为人人、人人为我，各尽所能、各得其所的和谐心理环境，营造平等友爱、公平正义、融洽相处、团结奋进的和谐发展氛围，形成与铁路发展相适应的“人企合一”的和谐精神境界。

（本文原载 2007 年 4 月 17 日《人民铁道》、2007 年第 8 期《上铁论坛》）

员工在企业文化建设中的角色定位

企业只有以员工为本，理念才能得到员工认同，变成一种群体实践；同时，只有让员工共享发展成果，才能成为忠诚员工，与企业形成命运共同体，实现与企业的共赢，企业文化也才能可持续发展。根基不稳，地动山摇；树根不动，树梢白摇。从某种意义上说，员工是企业文化这棵大树的根基，企业文化建设只有员工的广泛参与，基础才会牢固，才会有活力和生命力，才能显示企业文化的真正作用。笔者以为，员工在企业文化建设中的角色定位主要体现在以下三个方面。

一、理念认同者

企业理念只有得到员工认同，内化于思想，才能细化到工作环节，成为一种力量，成为真正的文化。企业文化建设过程就是理念认同过程。但这一过程就像员工与企业谈恋爱那样并非一帆风顺。双方如何相互包容，在人生观、爱情观碰撞中达成共识，这既是一种磨合，又是一种考验。如果能够达成更多的一致，恋爱就能进行到底，否则，只能分道扬镳。当然，员工的价值观是受到各种环境的影响而逐渐形成的，并非一朝一夕就能轻易改变了的，其惯性更是根深蒂固。特别是在整个社会转型时期，文化导向日趋多元化，人们处于一种价值观混乱，信仰缺失，浮躁与急功近利的大环境中，员工的价值观与行为方式多样化，一些员工个人利益最大化必然与企业利益最大化相左。从这个意义上说，如何改变员工的信仰和观念，变多元文化为一元文化，是企业文化建设能否冲破思想障碍、实现理念认同的关键。只有管理者率行垂范，锲而不舍，发扬水滴石穿精神，通过案例教育，或自上而下、自下而上双向沟通，才能使员工理解和认同企业理念和价值观。企业倡导以人为本的理念并不是口号，而是有条件的，只能是以信奉和认同企业核心理念的人为本，以企业责任和使命为己任的人为本，这是员工赢得尊重的前提。从此意义上说，企业文化理念内化过程，实际上是员工利益与企业利益的相互博弈的复杂渐进过程，因此，千万不能搞立竿见影，而是遵循企业理念内化规律，通过春风化雨、润物无声、潜移默化的过程，才能使文化牢固地扎根在员工心中，成为员工下意识的行为习惯。

二、主体实践者

没有企业员工，也就没有企业文化；没有员工参与，企业文化就是纸上谈兵，就是“老板文化”，更难以落到实处。虽然从某种意义上说，企业文化是一种企业家文化，但只有把企业家的思想理念变成群体实践，才能建设真正意义的企业文化。企业文化也只有通过广大员工的参与、奉行和实践，才能检验哪些是合适的，哪些是不合适的，哪些是需要改进的，有可能改进的，从而找到符合企业实际情况，又能为全体成员所共同接受和认可的东西，使企业文化符合员工实际并适应形势发展。从此意义上说，企业文化是以员工为主体的群体文化，员工是企业文化建设的真正创造者和主体实践者。企业文化建设要取得实效，必须了解员工状况和实际感受，使员工由被动参与为主动参与共建，才能使文化深入人心，变成员工自己的文化。但我们大多数企业的企业文化建设基本上不考虑企业现有的文化、甚至不考虑员工的感受，先是确立一套理念，然后强行地对员工进行灌输、洗脑，即使确实发现了文化中存在的问题，但只是局限在文化本身而没有进一步深入下去，等企业遇到困难时，存在的问题就会通过企业文化一下子暴露出来。因此，企业文化吸引员工参与必须做到四要：一是要广泛征求职工意见，明白“已经发生了什么和我们将要做什么”，二是要与职工日常工作结合起来，让他们能够在工作中“看得见”“感受得到”价值观，通过“自己做”体现价值观；三是要加强沟通渠道建设，让他们在畅所欲言中感受到自己的责任和不足；四是要打造执行力强的团队，把员工价值、目标与企业价值、目标有机融合起来，把个人发展融入企业发展之中。

三、成果共享者

有专家指出，在倡导“科学发展观”、建设“和谐社会”的时代背景下，好企业应当是好雇主，好雇主则应当是让员工“快乐工作”的雇主，包括员工的“成就感、成长感、归属感”这样三个方面。这三个方面就是员工与企业文化良性互动的体现，也是企业文化建设成果的结晶。也就是说，好的企业文化就是员工的福利，就是员工受益的制度安排。成功的企业文化就是促进企业发展的文化，使员工长期受益的文化，与企业共同成长的文化。许多企业搞文化建设之所以不了了之，一个重要原因是，企业文化的成果享受者是少数人，而不是广大员工。目前，之所以一些以企业改制之名，行私有化之实，结果造成“领导下台、职工下岗”，从文化上分析就是改制目标不正确，没有体现大多数人受益的理念。因此，只有在企业文化建设中，以共享企业价值观为核心，建立让员工受益的各项制度规定，为员工职业生涯投资，才能使广大员工在参与中感受文化带来的变化，体验到文化的内在魅力，对企业充满信心和自豪感，珍惜和维护企业的声誉。员工享受文化建设的成果，关键是要体现有付出才有收获，物质利益和精神激励相结合，特别是让员工在良好的文化气氛中工作感到满足，能实现自我价值，这种精神激励，可以提高工作效率，降低管理的成本。这样，企业文化才能成为员工对企业的“心理契约”，成为促进企业基业长青的动力之源。

员工在企业文化建设中的角色定位，实质上体现了员工责、权、利的统一。企业只有以员工为本，理念才能得到员工认同，变成一种群体实践；同时，只有让员工共享发展成果，才能成为忠诚员工，与企业形成命运共同体，实现与企业的共赢，企业文化也才能可持续发展。

从海底捞现象看以员工为核心的价值观建设

海底捞尊重员工的价值观建设，重新定义了员工与企业的关系、老板与雇员的关系，使三方成为和谐共生的统一体。海底捞等重视以人为本的员工价值观建设的公司，成功秘诀在于体现了当代企业的价值取向和特征。海底捞现象启示我们，不能把企业价值观等同于员工价值观，两者既有联系又有区别，只有建设以员工为核心的企业价值观，企业才能生生不自息，永葆生机和活力。

海底捞，起家于四川简阳的一家全国连锁火锅店。其快速崛起令人瞩目，其过硬的服务品质令顾客津津乐道。笔者以为，海底捞现象的背后是一种软实力，而支撑这一软实力的是基于以员工为核心的价值观。

一、注重尊重员工的价值观建设是海底捞成功的重要因素

凡去过海底捞的顾客普遍感到：人都很多，生意很好，服务有特色，服务员总是保持微笑。从表面上看，海底捞成在服务，但从根本上看还是对员工高度尊重的核心理念。他们深知，要经营好企业首先必须经营好员工，而要经营好员工必须体现对他们的高度尊重，才能使他们用“双手改变命运”，真正把自己的命运与企业命运融在一起，进而使企业赢得顾客的尊重，实现员工、顾客与投资者的多赢。

尊重员工首先体现在信任员工上。海底捞把授权给予最基层的服务员：不论什么原因，只要员工认为有必要，都可以给客人免一个菜或加一个菜，甚至免一餐。这种放心大胆的授权使员工不仅仅是机械地执行上级命令的普通打工者，而是成为一个为自己工作的经营管理者。因为海底捞相信员工只要遵循勤奋、敬业、诚信的信条，用自己的双手是可以改变自己未来的，同时企业未来也随之改变。

尊重员工体现在考核机制上。海底捞把员工的幸福作为赚钱的前提，把声誉放在第一位。他们对每个店长的考核，不仅考核他们的赚钱能力，但更重要的是，考核他们有没有能力把员工凝聚到一起，有没有能力去保证员工满意度和顾客的满意度，进而保证公司有长久的利润。

尊重员工体现在员工发展上。要把尊重员工的价值理念落到实处，必须把员工的职业发展规划渗透到企业的管理制度和办法上。他们实施从基层一级一级往上走的职业发展路径，每位员工必须从底层做起，不仅为员工带来了尊严和自我实现的机会，而且让员工感到“公平公正”的严格升迁制度环境。

尊重员工体现在人文关怀上。海底捞坚持人文关怀，给予了员工最大的激励和鼓舞。除去员工本人，他们优先解决配偶及亲戚的工作机会。对于优秀员工，他们每月把一定金额的奖金直接邮寄给员工的家长，让他们一起分享孩子进步的喜悦。他们不仅为员工提供公寓，还配套 24 小时热水与空调。公寓内电话、电视和网络一应俱全，有专人打扫卫生，换洗床单。员工生病了会送上药品和病号饭，下夜班的员工还能享受到夜宵服务。正是公司的亲情关怀，把员工当家人的价值观，提高了员工的忠诚度，使他们把企业当作自己的家，从而将满意度传递给顾客，并以超越顾客期望的追求，最终推动公司整体效益的增长。因此，让员工过得舒适是海底捞的安身立命之道。

海底捞尊重员工的文化逻辑是，只有把员工当成家里人，员工才会把公司当成家，也才能用心服务，实现客户满意。其实，顾客不仅包括外部顾客，也包括员工这一内部顾客。如果说，在制定公司战略和制度的问题上，领导最重要；那么，在落实战略和制度时，最接近顾客的员工最重要。员工在工作第一线，他们最了解顾客的所思所求，只有用尊重和希望来盘活员工的心，才能调动他们的积极性，真正让顾客满意。从此意义上说，海底捞尊重员工的价值观建设重新定义了员工与企业的关系、老板与雇员的关系，使三方成为和谐共生的统一体。

二、从海底捞现象看企业价值观与员工价值观的差异性

海底捞现象启示我们，不能把企业价值观等同于员工价值观，两者既有联系又有区别，只有建设以员工为核心的企业价值观，企业才能生生不息，永葆生机和活力。

企业价值观应由“企业价值观”和“员工价值观”两部分组成。所谓企业核心价值观，是指企业及其员工的价值取向，即对事物的判断标准。因为有了这一判断标准，所以企业和员工才知道什么是最重要的，什么是最可贵的；什么是该做的，什么是不该做的。当企业作为社会经济生活中的“文化人”，向社会同时也向职工宣布其价值取向、基本信条和价值目标时，就构成其“企业价值观”。当企业精神指向员工的时候，表达的是员工的价值取向，即构成“职工价值观”。

应当说，以“企业价值观”为企业文化的核心，在推动企业不断创新，使企业沿着既定的目标奋进等方面，确实起了很大作用。然而，企业文化以“企业价值观”为核心，在一定程度上承袭了“科学管理”所特有的刚性管理特征，并没有抛弃以泰勒制为核心的“科学管理”模式，有一定的局限性。从某种意义上说，与以“企业价值观”为核心的企业文化相比，以“员工价值观”为核心的企业文化是重大进步。

一是从价值观制定主体来看，“企业价值观”以企业为主体，没有完全脱离“少数人制定，多数人执行”的轨道，“我怎么说，你怎么干”，职工的主观能动性相对差一些；有些企业的企业文化建设不能稳定、持久地发展，与此不无关系。而

“职工价值观”以员工为主体，不是由少数人说了算，而是以大多数员工的价值观为主导，真正把人放在企业的中心地位，坚持以人为本的原则，以对人的价值关怀为目标，从而调动了员工主观能力性，使企业的价值更有员工基础。比如，沃尔玛的核心价值观是：尊重每位员工，服务每位顾客，每天追求卓越。之所以要把员工放在第一位，正如创始人山姆·沃尔顿的一段名言：“对员工要像对待花园中的花草树木，需要用精神上的鼓励、职务晋升和优厚的待遇来浇灌他们，适时移植以保证最佳的搭配，必要时还细心除去园内的杂草以利于他们的成长。”道出了沃尔玛企业文化的精髓，道出了员工价值观的重要性。为此，他们把员工作为企业的合伙人来对待，实行了“利润共享”政策，借助利润分享计划，将公司和员工结成了一个利益的共同体，使员工对公司的认同感大大增强，从而更加努力地工作。

二是从价值观内容目标来看，“企业价值观”侧重于企业干什么，重视企业目标。而“职工价值观”侧重于职工怎么干，重视实现目标的过程，更关注员工目标的实现。“企业价值观”重视以企业为中心，以企业的发展和生存为出发点。而“职工价值观”以职工的价值实现为出发点，从而推动企业价值实现。正是因为两种价值观的目标差异，所以，“企业价值观”重视员工行为上的一致，强调控制与规范，而“职工价值观”更重视职工品格上的一流，注重职工人格的完善，职业道德的培养。正是基于对员工人格的完善和全面发展，许多成功企业重视员工的培训和人力资源开发。比如，松下提出“经营即教育”、丰田提出“既要造车，又要造人”的价值观念。海尔集团国际化战略每年取得成功，其关键环节在于抓了人力资源开发，员工培训搞得好。这在肯德基集团反映得也极为突出。如餐厅服务员新进公司时，每人平均有200小时的“新员工培训计划”；餐厅管理人员则不但要学习领导入门的分区管理手册，同时还要接受公司的高级知识技能培训，并会被送往其他国家接受新观念以开拓思路。

三是从价值观特点来看，“企业价值观”一般反映的是企业应普遍遵循的准则，受企业政策、社会环境和国家宏观控制的制约较大，因而具有相对稳定性，容易制定和把握。而“职工价值观”反映职工价值，呈现主体的多元性，在执行过程中有一定的难度。其实，职工价值的多元特性表面上为企业文化的开展带来一定的困难，而实际上却为企业文化的发展拓宽了极大空间。以职工价值观为核心的企业文化建设，不仅使企业文化的内涵得以拓展，企业本身的价值也在员工价值推动下得以提升。比如惠普公司的“尊重个人价值”的精神，为企业和员工的发展提供指南和动力。在一项调查中，20位惠普高级主管中的18位都认为公司的成功靠的是对个人价值的尊重。特别是实行弹性工作制给职工以充分自由，使每个人得以按其本人认为最有利于完成工作的时间、方式，达到本公司的总体目标，不仅调动了员工的积极性和创造性，还提高了管理效率。

三、重视员工核心价值观建设是成功企业文化的发展趋势

文化的核心是价值观，成功企业的价值观更侧重于满足员工的价值诉求。号称日本“经营之圣”的稻盛和夫创办了两家成为世界 500 强的企业，其经营之道是：“为全体员工谋幸福，为社会发展贡献力量。”正是注重以员工为核心的价值观建设，其员工以“工作狂”著称全世界，视加班为理所应当的事。其实，真正意义上的企业价值观不是少数人的价值观而是员工的价值观，只有员工价值观才是最有力量的。有人说企业文化就是企业家的文化，企业价值观就是企业家的价值观，但企业价值观如果不能转变为员工价值观，只能是企业家的一厢情愿，企业将是一盘散沙，随时可能分崩离析。因此，在构建新的符合时代特征和企业发展战略的价值观时，如何使企业价值与职工价值找到一个平衡点，决定企业能否可持续发展。

实践表明，只有坚持以员工为本，建立在对个体意识的现实性的充分尊重的基础上，摒弃不切实际的寄希望于个体的对集体无条件奉献和服从，才能真正让员工与企业结成共同的利益共同体，正确确立企业与员工各自的位置，使企业与员工从对立走向和谐。早在上世纪西方管理学家和心理学家马斯洛的需要层次理论，就指出企业应重视员工的需求。如果员工对企业产生较高的认同感、归宿感，就会形成企业文化的统一性。从此意义上说，只有当员工自豪地说到“公司是我们的公司”时，企业文化才是真正意义的成功。

海底捞等重视以人为本的员工价值观建设的公司，成功秘诀在于体现了当代企业的价值取向和特征。回顾西方企业的发展史，企业价值观经历了多种形态的演变，其中最大利润价值观、经营管理价值观和社会互利价值观是比较典型的企业价值观，分别代表了三个不同历史时期西方企业的基本信念和价值取向。而当代以人为本的价值观是 20 世纪 70 年代兴起的一种西方社会的企业价值观，它的一个最突出的特征就是以人为中心，以关心人、爱护人的人本主义思想为导向。过去，企业文化也把人才培养作为重要的内容，但只限于把人才培养作为手段。西方的一些企业非常强调在职工技术训练和技能训练上投资，以此作为企业提高效率、获得更多利润的途径。这种做法，实际上是把人作为工具来看待，所谓的培养人才，不过是为了改进工具的性能，提高使用效率罢了。当代企业的发展趋势已经开始把人的发展视为目的，而不是单纯的手段，这是企业价值观的根本性变化。企业能否给员工提供一个适合人发展的良好环境，能否给人的发展创造一切可能的条件，这是衡量一个当代企业或优或劣、或现金或落后的根本标志。

随着现代科学技术的发展，现代和 21 世纪文明的真正财富，将越来越表现为人通过主体本质力量的发挥而实现对客观世界的支配。这就要求企业重视以员工为核心的价值观建设，把员工发展与企业发展结合起来，以员工的全面发展促进企业的可持续发展。这无疑是所有成功企业文化建设的必然趋势。

培育健康的行业心态很重要

培育自尊自信、理性平和、积极向上铁路行业心态，是当前加强和改进思想政治工作的重要内容，也是铁路科学发展、和谐发展亟待研究解决的一个重大现实课题。

党的十八大强调："加强人文关怀和心理疏导，培育自尊自信、理性平和、积极向上的社会心态。"社会心态，是指一个国家、一个社会具有普遍性、代表性的心理特征和心理倾向。那么，铁路行业心态就是铁路行业中具有普遍性、代表性的心理特征和心理倾向。当前，在深化铁路体制改革的大背景下，培育铁路自尊自信、理性平和、积极向上的行业心态显得更为重要。

一、当下铁路行业心态问题及特点

职工队伍心态是铁路行业心态的具体体现。从总体来看，铁路行业职工心态是积极进取、理性向上的，但在社会转型、企业转轨的形势下，铁路行业心态呈现以下几个方面问题和特点。

1. 铁路工作的高负荷带来的心理高负重

铁路作为国民经济大动脉，大众化交通工具，半军事化行业，特别是进入高铁时代，高速度，高要求，快节奏，稍有疏漏就可能酿成大祸，因而，铁路员工长期处于安全工作重压之下，心理负担得不到调整或释放，产生心理疾病较为普遍。随着大规模铁路建设，铁路运输紧张状况会逐步缓解，但是目前和今后一段时期，铁路运量与运能的结构性、时段性突出矛盾并不能完全解除，大多数铁路职工超负荷的工作状态还会延续。这种超负荷长年累月地堆积，极易带来心理的高负重，进而引发各种非理性心态。

2. 铁路优良传统与社会急功近利的价值观碰撞带来的心理迷茫

长期以来，铁路坚持国家利益至上和"人民铁路为人民"的服务宗旨，形成严密的组织纪律性和高度的奉献精神，确保了大动脉的安全畅通，为国民经济和社会发展作出了贡献。但是，这种以社会责任为己任的优良传统与当今社会的流行的拜金主义、有偿服务、唯利是图相碰撞，使许多铁路职工产生心理迷茫。加之社会对铁路行业价值观的误解，更加剧了铁路职工的空虚迷惘和心浮气躁。

3. 社会不理解带来的心理阴影

长期以来，铁路高度集中、政企不分的体制，成为社会舆论的焦点。一边是一票难求的骂声，一边是铁路的亏损，再加上被指责为计划经济的最后一块堡垒。铁路职工承受着巨大的工作压力和繁重的超劳，社会和大众往往并不理解，无论是安全还是服务，如有不到之处，便批评四起，最后把症结归为体制上。这种不被社会理解的无奈与尴尬，造成铁路行业无所适从，成为很多铁路干部职工的心理阴影。

二、影响铁路行业心态问题的原因分析

随着铁路体制的转型，如何处理好公益性与市场性的关系，仍是摆在铁路人面前的重大心理挑战。这些情绪如果处理不当，则很容易形成群体激化，甚至出现非理性举动，给铁路安全运输带来不利影响。

1. 急剧转型中的社会大环境因素

随着经济体制深刻变革，社会结构深刻变动，利益格局深刻调整，思想观念深刻变化，一些人滋长了拜金主义、享乐主义和极端个人主义，而我们的思想政治工作特别是人文关怀、心理疏导不够，这是心态失衡的社会思想根源。目前，社会成员对城乡之间的待遇，不同地区、行业之间的待遇以及社会保障和财富分配等社会现实最缺乏公平感，不满情绪则主要指向贪污腐败不作为的官员、“为富不仁”的商人及一些不公平的社会现象。这些问题不解决，就会影响铁路行业积极心态的养成，并将成为影响和谐稳定的主要因素。

2. 企业不合理的制度机制因素

企业内部利益格局的调整加上体制的不健全，以及内部分配制度的不透明，不可避免地产生各种各样的矛盾和问题，最终成为矛盾的焦点。特别是近年来铁路生产力布局调整，多单位合一司空见惯，但收入分配并未完全整合，加之职工民主管理不到位，也会造成职工对企业的归属感降低。

3. 干部公信力因素

一些干部素质能力不高、工作方式方法不当，甚至以权谋私、违法乱纪；有的基层党组织软弱涣散，不关心职工疾苦，不尊重职工的人格和个性发展，能解决的问题不及时解决，从而引起群众的不满，成为影响职工心态失衡的重要因素之一。

三、培育积极向上行业心态的路径

培育自尊自信、理性平和、积极向上铁路行业心态，是当前加强和改进思想政治工作的重要内容，也是铁路科学发展、和谐发展亟待研究解决的一个重大现实课题。

1. 强化文化引领，为培育积极向上的行业心态提供价值支撑

要形成良好的行业心态，促进铁路企业的和谐稳定和有序运行，迫切需要社会主义核心价值观来矫正、调适和引领。十八大分别从国家、社会、个人三个层

面高度概括了核心价值观，特别是个人层面倡导爱国、敬业、诚信、友善，为培育自尊自信、理性平和、积极向上的行业心理提供了正确的价值取向。一要加强以社会主义核心价值观为主线的企业文化建设，用正确的世界观、人生观、价值观引领思想，凝聚人心，用企业员工普遍认同的文化理念和准则规范行为，提升职工做好铁路工作的责任感和使命感。二要加强形势任务教育。要正确审视和有效地解决影响干部群众思想活动的重大问题，能对这些问题作出科学的、有说服力的、符合实际的解释和说明，帮助广大干部和群众分清是非、排除干扰、把握正确的前进方向。三要坚持以人为本，始终把员工根本利益作为企业工作的根本出发点和落脚点。要建立公开、公平、公正的企业内部环境，用和谐思维协调企业内部各种矛盾和利益关系。制定各项制度应严中有情、情中有严，充分体现和保障员工的利益，特别要注重保障弱势员工的利益，形成诚信友善的人际环境，构建和谐铁路的“润滑剂”。

2. 加强情绪管理，为培育积极向上的行业心态提供心理支撑

加强职工情绪管理，增强正面情绪，处理负面情绪，树立明确的人生目标，快乐生活，开心工作。一是要正确引导员工注意自我情绪的调节。使员工们对自己的心理状况有一个比较科学、客观的认识，掌握解决自己心理问题的方法和技巧，学会自我心理调适，增强心理承受能力。应该让员工懂得：你改变不了环境，但可以改变自己；你不能左右天气，但可以改变心情；你不能选择容貌，但可以展现笑容；你不能样样顺利，但可以事事尽心；你不能预知明天，但你可以把握今天。二是要善于消除和排遣员工不良情绪。领导与员工的谈心活动，除了可以使不良情绪的员工满足心理上的倾诉、宣泄、交流和安抚的需求外，对他们在工作、学习、生活中产生的各种忧虑、困惑等要进行恰当的疏导和帮助，从而达到身心的平衡。三要开展以“快乐工作、和谐生活”为主题的心理咨询辅导活动，提高员工的心理素质，减除生活和工作的压力，引导他们正确对待自己、他人和社会，正确对待困难、挫折和荣誉。同时，建立正常、合理、顺畅的民意畅通渠道，及时理顺情绪，把问题消灭在萌芽状态，以更好的心态投入到铁路发展建设事业当中去。

3. 优化人力资源管理，为培育积极向上的行业心态提供公正的制度支撑

没有公正的发展环境，就没有积极向上的心理和谐环境。因此，要开展职业生涯设计，规划员工的成长道路和发展未来，在促进职工成才成长中促进和谐铁路的构建。在为职工开展职业生涯规划时，要根据新职工、中年职工和老年职工三类人员来进行针对性的设计，使各类员工价值得以分流，潜能得以发挥。同时，建立公平合理的绩效考核机制，对各岗位工作行为和工作效果进行有效评估，使员工的目标和企业的目标相一致，从而达到调动员工的工作积极性、改进员工的工作有效性，最终通过实现人岗匹配的优化，促使企业人力资源管理水平的提高，为培育理性平和行业心态提供公正的制度支撑。

4. 加强干部公信力建设，为培育积极向上的行业心态提供人格支撑

公信力就是人格感召力和吸引力。领导干部的人格魅力就是在做人、办事过程中在群众中形成的威望和信赖度。如果领导干部要求别人做到而自己做不到，就得不到群众的信任，就无法保证政令畅通，成为群众信赖的干部。一是在读书学习中提高公信力。古语云："治天下者先治己，治己者先治心。"治心养性，一个最直接、最有效的方法就是读书学习。领导干部要坚持在读书学习中坚定理想信念、提高政治素养、锤炼道德操守、提升思想境界，坚持在读书学习中把握人生道理、领悟人生真谛、体会人生价值、实践人生追求。二是在转变作风中提升公信力。领导干部要改变官本位和各种特权思想，树立干群平等的工作作风，真正放下架子，以平等身份与员工相处，虚心听取不同员工的意见和建议，共同研究改进工作方式方法，增强与基层员工之间的互融、协作关系。要更多地从心理层面理解和关心员工，淡化容易产生心理不平衡的思想意识，使员工心甘情愿地为企业的发展尽职尽责。三是在道德自律中提升公信力。领导干部要自重、自省、自警、自励，不断提高自己、完善自己，经受住各种考验，提高非权力影响力，以自己的模范行动为培育自尊自信、理性平和、积极向上的行业心态提供人格支撑。

（本文原载 2015 年第 5 期《上海建设交通政工研究》）

企业文化:深化民主管理的灵魂、基础和动力

与时俱进深化民主管理,必须要有“以职工为本”的企业文化建设的强力支撑,才能适应新形势新发展新要求,焕发其内在生机和活力。如果说,民主管理的目标就在于企业与职工之间建立起一种“相互尊重、平等合作、共谋发展、共享成果”的和谐关系,使企业可持续发展,那么,“以职工为本”的企业文化建设无疑是实现这一目标的灵魂、基础和动力。

当今,民主管理作为企业管理发展的大趋势,越来越成为企业的广泛共识。所谓民主管理,主要是让职工通过参与、决策和管理,达到调动广大员工的积极性,充分发挥他们的智慧,增强企业凝聚力、向心力,在管理者和生产者之间实现相互信任、互相支持和互相理解,保持企业和谐稳定,共同为实现企业的总体目标而奋斗。笔者以为,与时俱进深化民主管理,必须要有“以职工为本”的企业文化建设的强力支撑,才能适应新形势新发展新要求,焕发其内在生机和活力。

一、深化民主管理需要企业文化建设“铸魂”

所谓企业文化,从狭义上说,是指以企业价值观为核心的企业意识形态,其本质是经营管理文化,强调以人为本的价值理念是其核心,具有导向、激励、凝聚、约束、辐射功能。如果说,企业文化是“魂”,职代会制度则是“术”。魂在术中。没有“以职工为本”的灵魂在职代会制度中发挥导向作用,职代会制度不仅不会完善,甚至会名存实亡,失去前进方向。而民主管理的核心,就是全心全意依靠广大职工办企业,尊重职工的劳动,尊重职工的创造,尊重职工的成果,尊重职工的人格,其核心理念就是“以职工为本”。从此意义上说,民主管理与企业文化是一致的,企业文化作为企业管理的灵魂,同样也是民主管理的灵魂。企业灵魂要靠企业成员共同维护,靠融入民主管理来铸造。因为能让职工心动的是口号,能让他们相信的是行为,而让他们信奉一生的是灵魂。也就是说,倘若没有“以职工为本”的企业之魂,职代会制度的职能只能是橡皮图章,异化成职工代表“拿份礼品随大流,夹着文件举个手”的走过场。其结果,职代会决议很难代表全体职工的真正心愿,即使会议代表了职工心愿,也很难得到真正贯彻执行。从此意义上说,没有“以职工为本”的企业文化,职代会在实践中即使短期红火一时,但也难保长期有生命力。因此,树立“以职工为本”的理念,必须把职代会作为传承企业文化的重要载体,成为促进企业发展的制度安排。职代会传承“企业之魂”体现在:一是企业精神、经营理念等,提交职代会讨论确立后,在民主管理中

加以实践和完善，从而形成广大职工共同遵循的企业信仰和价值观；二是通过职代会制度既体现企业文化建设中的以人为本的思想，也确立和保证职工主人翁合法地位。因此，深化民主管理，就是通过文化建设落实“以职工为本”的理念，把职工参与管理程度、职工满意度作为企业发展的重要指标，融入企业发展战略，纳入职代会制度之中，使职工的发展权得到切实维护，企业发展的成果得以共享，职工理念与企业理念得以统一。其实，职工理念与企业理念并不是一回事，两者是相互作用和相互促进的关系。企业只有以职工理念为本，尊重职工，善待职工，企业理念才能内化为群体共识；职工只有以企业理念为本，自身利益才能与企业利益相结合，在企业发展中共享成果。从根本上说，企业重大决策只有广泛征求职工意见，并提交职代会审议，才能有效实施，确保职工利益和目标的实现；企业领导人只有经职代会民主评议，受到大多数职工拥护和认同，才能确保企业正确的发展方向；只有依法把“以职工为本”的理念贯穿职代会制度完善始终，对违反职代会决议的领导人，上级管理部门旗帜鲜明采取相应的组织措施，按制度进行责任追究，职代会制度才能真正成为职工长期受益的制度安排、促进企业发展的动力之魂。

二、深化民主管理需要企业文化建设“奠基”

根基不稳，地动山摇。职工是企业文化这棵大树的根基，企业文化建设的主体是广大员工，只有员工的主动参与，基础才会牢固，根深才能叶茂。同样，民主管理只有企业文化的基础作支撑，调动广大职工的充分参与，才能丰富内涵，完善机制，显示其内在活力，促进企业和谐发展、科学发展。实践证明，一部企业发展史就是企业职工参与企业管理的历史。没有职工参与的管理是落后的、不明智的管理；职工被动执行的企业，可能有暂时的发展，但难以可持续发展。其实，职工参与管理，不仅是企业管理理念的进步，也是正确执行企业战略的重要保证，更是企业文化成熟的重要标志。如果没有“以职工为本”的理念为基础，一切以领导者个人说了算，就不可能保证决策的正确性，所谓企业战略只能是领导者的一厢情愿；即使决策正确，由于没有职工的广泛认同，也只能是纸上谈兵，难以保证决策的正确执行。可见，企业民主管理不仅是企业管理的丰富和完善，而且是对传统人治管理体制的挑战；民主管理并不是时髦的口号，而是要以企业理念为核心，以职工认同和参与为保证，才能以民主和谐的文化环境，奠定民主管理的群众基础，把企业战略落到实处。因此，没有“以职工为本”的企业文化，职工参与民主管理只能是形式上的点缀，就不可能有公平、公正、公开的企业环境，职工合法权益就难以得到有效的制度保障，所谓民主管理只能是糊弄人的作秀，厂务公开就不可能有真正意义上的公开。也可能人人皆知的公开了，人人想知道的利益分配问题反而未公开，或许在公开时打了折扣。时下出现的情形是：把厂务公开搞成了应付上级检查的、宣传政绩的厂务公开；平时不公开，只有上级组织检查时,才临时突击公开;当企业需要向职工集资解困时,才让职工知道真相;当企业濒临倒闭时,职工才恍然大悟。这种迟到的公开,又有什么意义呢?这种把职工当道具的民主管理,岂不是糊弄人的作秀,又能是什么呢?实践证明,厂务公开不仅内容要公开、要全面,而且要更真实,才能使职工看得见,感受得到,充分反映职工的意愿。从此意义上说,深化企业民主管理,就是要体现人格尊重、人文关怀,真正把职工当主人,真心关爱职工,不让职工吃亏,全面帮助职工发展,不断激发职工潜力,使职工有归属感和自尊感,不断增强对企业发展前景的信心,担负与企业休戚与共的责任。实践证明,只有通过企业文化建设,夯实管理中的认同基础,使企业"以职工为本"、职工"以企业为家",提高职工参与民主管理的素质,参与合理化建议和技术进步活动的积极性,才能使民主管理根深叶茂。

三、深化民主管理需要企业文化建设"添力"

企业文化层次的高低,不仅影响民主管理程度,还直接影响企业核心竞争力。GE 成功的关键是,重视以人为本的企业文化建设,通过实施"群策群力"、无边界组织等理念,促进企业管理的民主化、科学化、透明化,实现了企业的基业长青。成功企业实践证明,企业文化一旦形成共识,就会成为推动企业追求卓越的精神力量,从而降低管理的成本,弥补制度管理的不足。倘若没有良好的文化环境,没有"以职工为本"的理念支撑,民主管理不仅没有了方向和灵魂,企业更没有凝聚力和向心力。就会在"加强管理"的幌子下,以下岗相威胁,以罚款、克扣工资迫使员工就范,从而弱化员工参与管理的积极性,软化、消耗企业的核心竞争力。当年,红军之所以有战斗力,就是因为从维护士兵利益入手,建立士兵委员会,给士兵说话的权利,自己管理伙食,连队经济账目公开,在适当范围内让士兵决定自己的事,维护自身利益。特别是通过下对上监督,从而达到克服军中官僚主义和旧军队遗留下的管理习气,从而增强了军队的士气和战斗力。深化民主管理,就是要把"以职工为本"的理念体现在职工群众的知情权、参与权、监督权得到有效保障上,工会组织独立发挥作用的职能得以体现上,企业凝聚力和竞争力的有效增强上。要落实职工的知情权,就必须营造透明管理的文化氛围,把政策讲明、道理说清、情况讲透,对人对事做到公平、公正、公开,把重大事项交给职工深入讨论,涉及职工利益的事广而告之,涉及企业改革发展的大事家喻户晓。要落实职工监督权,就必须让职工也有话说,特别是使职工代表提出的问题,事事有回音、件件有着落,真正感受到自己是企业的主人。要发挥工会的独立作用,就必须依法、依规办事,将集体合同作为民主管理的重要内容,把增强集体合同的实效性作为工会维权的重要职能,把深化集体合同的具体实现形式作为工会工作的重点,把形成新型和谐的劳动关系作为努力主攻的方向,通过开展好平等协商,发挥好企业行政与有关部门协调劳动关系的机制作用,从而使工会组织真正成为职工利益的代表者、维护者、推动者。从此意义上说，深化民主管理，并不单纯是工会的行为，必须以增强企业凝聚力、向心力、竞争力为目标，完善民主管理的体制机制为重点，把“以职工为本”的理念变成一种制度、一种机制、一种氛围，纳入企业发展战略中，融入管理流程和制度建设中，引入到ISO9000质量体系论证工作中，延伸到企业安全生产、经营财务管理、党风和精神文明建设中，落实到经营管理各环节，变成实实在在的管理行为，才能成为调动职工积极性、主动性和创造性的不竭动力。

综上所述，企业文化与企业民主管理是相互联系和共同促进的。企业文化为民主管理提供导向、动力和环境保证，民主管理为企业文化建设提供载体和突破口。如果说，民主管理的目标就在于在企业与职工之间建立起一种“相互尊重、平等合作、共谋发展、共享成果”的和谐关系，使企业可持续发展，那么，“以职工为本”的企业文化建设无疑是实现这一目标的灵魂、基础和动力。因此，深化企业民主管理，只有高度重视企业文化建设，处理好企业文化与民主管理的关系，才能把“以职工为本”的理念真正落到实处。

（本文原载2009年第12期下《现代领导》，获2007年路局工会职工民主管理25周年征文活动一等奖）

第八编

以德兴企与诚信文化建设

党的十九大报告提出“推进诚信建设和志愿服务制度化，强化社会责任意识、规则意识、奉献意识”，这不仅仅是对全社会提出的新要求、新期待，也是铁路企业应该承担的重大社会责任。

市场经济不仅是法制经济、风险经济，还应当是一种道德经济，这种道德的源头归结起来，就是一种以诚信为基础的价值取向。一个企业，推向社会、卖给顾客的，不仅仅是商品的本身，更重要的是隐藏在商品中的文化，特别是推销过程中的品德，售后服务中的信誉，这些无不体现着企业的诚信理念、精神和价值观。铁路要可持续发展，必须从促进社会和谐的战略高度，从培育企业核心竞争力着眼，率先把诚信当作“一把手”工程，带头树立、维护和传播诚信精神和价值观，营造诚信光荣、失信可耻的舆论氛围，使诚信成为企业精神的第一要义，成为企业全员向社会尽责的共同价值追求。

怎样体现“以德兴企”

企业伦理道德是优秀企业文化的基础，而出色的企业形象和优秀的企业文化是企业竞争制胜的法宝。企业必须引入“人文关怀”的道德理念，一切从满足顾客需要出发，融入“全心全意为顾客服务”的诚实敬业精神，才能促进企业经营活动的顺利开展。事实证明，能够体现企业文化鲜明个性和职工心理变化的伦理道德规范，更易被职工接受和付诸实施。

加强企业道德建设，促进“以德兴企”，是实践江总书记“三个代表”思想的重要体现，是企业改革发展的必然要求，也是一项长期的战略任务。笔者以为，“以德兴企”必须在以下几方面得到体现。

一、在企业发展战略上体现“以德兴企”

从市场竞争的发展方向看，企业的目标越来越趋向全球化、伦理化，经营卓越的企业，特别注重树立为社会服务的信念，并把它作为制定企业发展战略的原则，而缺乏社会责任感的企业必然会在激烈的竞争中被淘汰出局。因此，企业要想长久立于不败之地，就必须强化“以德兴企”的战略思想，把消费者和社会的利益放在重要位置，真正使企业行为得到社会的理解和支持，体现企业诚信为民、奉献社会的服务精神，使企业行为与社会要求相结合，社会效益和经济效益相统一。在某种意义上说，市场经济是民心经济，得民心者得市场，诚实守信是企业的必然选择。实践表明，企业道德责任是企业发展战略的核心内容之一，企业改革发展战略不仅要有经济目标，还要有伦理目标，企业伦理目标就是利他与利己的统一，反对一切损人利己的行为，实现企业利益与社会利益的协调。

二、在企业经营理念上体现“以德兴企”

当今优秀企业的伦理道德规范无不体现在企业经营理念上，体现在强烈的社会责任感和历史使命感上，如海尔的“真诚到永远”；科龙的“诚信、合作、学习、创新”；长虹的“以振兴民族工业为己任”等等。可以预言。不管社会经济运行机制如何变化和纷繁复杂，一定的人文和道德环境都不可缺少。尤其是随着我国加入 WTO，国民经济的较快发展和人民生活水平的日益提高，企业必须引入“人文关怀”的道德理念，一切从满足顾客需要出发，融入“全心全意为顾客服务”的诚实敬业精神，才能促进企业经营活动的顺利开展。实际上，WTO 基本规则本身体现的公平、公正、公开的原则，就是对企业道德人格的要求。尤其是企业伦理道德是企业经营活动的润滑剂，是缓和调整各方面关系的粘合剂，只有让顾客至上、诚实守信的理念深入人心，使企业一切为顾客服务的精神发扬光大，把“我靠企业生存，企业靠我发展”的思想，真正落实到具体经营实践上，才能促进企业的健康发展。近年来，蚌埠分局阜阳车站之所以成为春运运输品牌，成为让民工信得过的“农民车站”，一个重要原因是他们坚持“让父老乡亲走好”的服务理念，一切为民工着想，给民工以保证、给民工以方便、给民工以实惠，确保广大民工旅客走得了、走得好、走得安全。春运期间，他们送票下乡进厂，广场摆摊设点售“便民票”；搭建“模拟车厢”，用色彩语言标识引导，方便农民安全有序进站乘车；农民旅客在阜阳站购票，包括送票下乡，不加收任何费用，被铁道部领导称之为“一方净土”，深受农民旅客欢迎，从而“以义谋利”。

三、在企业各项制度建设上体现“以德兴企”

制度建设对企业伦理道德的形成和发展具有长远性、根本性、关键性的作用。为此，要把企业伦理建设纳入企业日常管理之中，突出企业信誉，打造信用经济，以此赢得企业的地位和竞争优势。要形成企业道德培训制度，提高企业职业道德水准，形成良好职业习惯。要建立企业伦理与绩效挂钩制度，把伦理道德纳入企业绩效评价之中，不仅要引入领导绩效考评，也要纳入一般员工绩效考评，从而真正发挥道德评价的激励作用，形成一种特殊的是非分明、抑恶扬善的氛围，使维护企业良好伦理道德信誉和形象的行为及时得到奖励，违反企业伦理道德的行为受到处罚。在企业伦理制度建立过程中，要遵循效率原则、公平原则和人本原则。没有“效率优先”的原则，就没有企业的快速发展；不解决好公平问题，企业成员的合理利益就难以保证，企业所有成员在机会面前难以体现平等；不坚持以人为本，不充分尊重员工的独立、自立、人格、尊严，企业就难以出好人品，也就难以出好产品。

四、在建设企业文化上体现“以德兴企”

企业伦理是社会伦理和企业经营理念相结合的产物，和企业文化有密切的关系，优秀的企业伦理必须和优秀的企业文化相配合，才能在组织中形成注重企业伦理道德的文化氛围。因此，企业伦理道德是优秀企业文化的基础，而出色的企业形象和优秀的企业文化是企业竞争制胜的法宝。事实证明，能够体现企业文化鲜明个性和职工心理变化的伦理道德规范，更易被职工接受和付诸实施。当前，首要问题是领导者要率先垂范，成为倡导和实践道德规范的榜样，在企业文化价值观中融入伦理道德的内容，用简练的语言进行总结，用鲜明生动的故事进行渲染，用反复宣传的方式加以强化。二要注重从传统文化中汲取营养，丰富企业伦理内涵。企业持续发展是在传统文化基础上的不断发展。企业要适应社会发展的大趋势，必须尊重传统文化，从传统文化中汲取营养，如现代社会所必需的诚实守信的传统美德，讲究以伦理来感化教育人的传统观念等，无疑是我们进行企业伦理道德建设所需要继承的。三要注意从企业光荣传统和典型人物中汲取道德精神力量，发扬光大企业无形资产。尤其是服务品牌是以企业道德高尚、敬业爱岗、技能精湛的人来支撑的，是企业精神的化身、企业社会形象的代表，只有全力打造独具特色的服务品牌，让其他员工见贤思齐，赶有目标，才能把职业道德教育融入品牌文化活动之中，从而丰富企业文化内涵，增强企业无形资产的积累，使企业两个文明建设走向良性循环发展轨道。最后，还要与时俱进，从西方文明成果中借鉴经验，兼容并蓄，熔铸锻造，推陈出新，实现中华传统伦理文化与现代管理文化的有机融合，促进企业可持续发展。

（本文原载 2002 年第 9 期《思想政治工作研究》）

加强铁路企业道德建设之我见

铁路作为国家重要基础设施，直接面向公众，是社会的重要窗口，与社会有着广泛的联系，承载着两个文明建设的重任，铁路伦理道德的好坏，不仅关系到企业形象，而且直接关系到国家的形象，关系到广大人民群众的根本利益。铁路企业必须把服务于国民经济和社会发展作为首要任务，牢固树立“人民铁路为人民”的服务宗旨，不断提高干部职工的职业道德素质，树立高尚的职业道德情操，以满足旅客货主需求为出发点，真正成为实践社会主义精神文明的火车头。

企业伦理道德是企业在处理内外关系时应遵循的行为规范和准则，这些行为规范是通过社会舆论、内心信念和传统习惯等非强制性手段作用于企业及个人的。企业对外经营和公共关系中的伦理规范，是其最重要的内容。目前，企业伦理已引起众多企业的高度重视，许多企业制定成文的伦理准则来规范企业和职工的行为；世界不少国家的管理学院纷纷开设“企业伦理学”课程。重视企业伦理和企业社会责任教育已成了世界各地 MBA（工商管理硕士）教学的一大趋势。以笔者之见，企业加强伦理道德建设刻不容缓，不仅是社会舆论和服务对象的迫切要求，也是企业长远发展的必然追求，增强企业市场竞争力的必由之路。

一、加强企业道德建设的重要性

加强铁路企业伦理道德建设，是实践江总书记“三个代表”思想的集中体现，是企业改革改革发展的必然要求，更是企业文化建设的应有之义。

1. 加强道德建设是铁路践行“三个代表”重要思想的具体体现

以铁路企业为例，铁路作为国家重要基础设施，直接面向公众，是社会的重要窗口，与社会有着广泛的联系，承载着两个文明建设的重任，铁路伦理道德的好坏，不仅关系到企业形象，而且直接关系到国家的形象，关系到广大人民群众的根本利益。因此，加强铁路伦理道德是“三个代表”重要思想的集中体现，同时，“三个代表”的重要思想又为铁路伦理道德建设提供行动指南，为铁路该做什么、不该做什么，规定了方向，指明了道路。因此，铁路企业必须把服务于国民经济和社会发展作为首要任务，为经济社会发展提供高质量的运输服务，把社会效益放在第一位，牢固树立“人民铁路为人民”的服务宗旨，不断提高干部职工的职业道德素质，树立高尚的职业道德情操，以满足旅客货主需求为出发点，坚持一切为了旅客货主，一切方便旅客货主，一切服务旅客货主，一切围绕旅客货主，尊客爱货，优质服务，规范行为，提高质量，增强优势，真正成为实践社会主义精神文明的火车头。同理，其他企业也应以“三个代表”重要思想为指导，正确处理好与职工、与顾客、与社会之间的关系，才能健康持续发展。

2. 铁路企业生存和发展离不开良好的伦理道德提供基础

随着国民经济的较快发展和人民生活水平的日益提高，企业只有从满足顾客需要出发，用严格的职业道德规范自己的行为，用高超的业务本领，全心全意为人民服务的精神实践自己的诺言，才能保证生产经营顺利进行。长期的经营实践也逐步使人们形成这样两点共识：一是企业不能只考虑经济效益，还要讲究社会效益，不仅要守法，还要讲究社会公德和伦理道德。在某种意义上说，市场经济是民心经济，得民心者得市场，“见利思义”“以义谋利”诚实守信、是铁路企业的必然选择。二是企业道德责任是企业社会责任的核心内容之一。实践表明，企业的生存和发展离不开社会，企业应与社会利益和谐一致，才能共生共荣。当今优秀企业的伦理道德规范无不体现出强烈的社会责任感和历史使命感，如海尔的“真诚到永远”；小天鹅的“全心全意”；长虹的“以振兴民族工业为己任”等等。可见，作为社会一员的铁路企业有义务承担社会责任，如果不承担社会责任，没有全心全意为顾客服务，就没有理由在社会上存在下去。

3. 铁路企业经营活动离不开伦理道德的润滑作用

众所周知，人类要共同生活、和睦相处，每个人的行为就应该符合一定的道德准则。同理，企业要与顾客互惠互利，要与其他竞争者公平竞争，要与政府携手合作，要与社会协调发展，要使企业内部成员和衷共济，形成命运共同体，就必须遵守一定的道德准则。这种道德准则不是抽象的空洞口号，而是要具体内化在职工的岗位行为规范之中，落实在具体实践之中，成为职工职业行为准则，进而成为被社会公众所接受的企业伦理。从这个意义上说，伦理道德是企业经营活动的润滑剂或粘合剂，它能缓和各方面关系，确保企业经营不偏离轨道，在道德准绳下健康有序发展。这也符合企业双赢发展的大趋势。这一整合凝聚各方面关系，创造公平有序竞争环境，促进企业可持续发展的作用，是任何组织手段和制度难以做到的。因此，铁路企业不仅是一个经济单位，而且也是一个社会单位，企业的每一项行为，不能仅从自己的商业利益出发，而要考虑到自己的社会责任，考虑到每一项行为所产生的社会效果。

4. 健康的企业文化和社会形象离不开企业伦理道德的保证和促进作用

企业文化和形象与伦理是相辅相成的统一整体。一方面，企业讲究伦理道德，其在道德方面的形象好，行风就好，社会美誉度就高，企业文化品位就高，整个企业的社会形象也就会因此而高大起来。按照马太效应，就是好上加好，其竞争力就强。另一方面，良好的企业伦理还有利于培养企业文化。企业文化的核心内容是企业价值观，而道德价值观则是企业价值观不可缺少的重要内容，规定了企业应承担的社会义务和责任。实践表明，良好的企业伦理道德是优秀企业文化的基础，而出色的企业形象和优秀的企业文化是企业竞争制胜的法宝。

第三，良好的道德伦理有助于为企业经济运行提供一定的人文环境。因为不管社会经济运行机制如何纷繁复杂，必须以一定的人文环境为基础。如果没有一种互相关心、互相帮助的社会氛围，如果没有一种为他人着想、为人民服务的观念导向，企业的正常经营是绝对不可能的，就会偏离社会主义市场经济的发展方向。即使会取得一时的发展，长远下去也会败下阵来。从某种意义上说，市场经济也是信誉经济，从产品看人品，从服务看道德；有人品才有产品，有良好的道德操守才有高品位的服务，这是顾客在市场竞争中已形成的全新消费观念，也是企业应牢牢把握的行为准则，必须时时刻刻用实践来维护。第四，加强企业伦理，有利于发展有特色的品牌文化。实践表明，能够体现企业文化鲜明个性和职工心理变化的伦理道德规范，更易被职工接受和付诸实施。因为服务品牌是以企业道德高尚、敬业爱岗的人来支撑的，是企业精神的化身，企业社会形象的代表，只有全力打造独具特色的服务品牌，才能丰富企业文化内涵，增强企业无形资产的积累，使铁路企业两个文明建设走向良性循环发展轨道。

二、把道德建设作为铁路战略任务落到实处

铁路要把形成有特色的优秀企业伦理道德作为一项长期的战略任务落到实处，必须突出把握以下三点。

1. 制定以伦理道德为核心的铁路企业改革与发展战略

从市场竞争的发展方向看，企业的目标越来越趋向伦理化，经营卓越的企业，特别注重树立为社会服务的信念，并把它作为制定企业发展战略的原则，而缺乏社会责任感、不讲道德的企业不可避免会在激烈的竞争中淘汰出局。大量企业成功与失败案例证实了这一点。因此，铁路企业要想长久立于不败之地，成为长寿型企业，就必须强化“以德兴企”的战略思想，审时度势，放眼未来，出台的每一项关系顾客切身利益的举措，都要坚持社会效益第一的原则，把消费者的利益放在重中之重的位置，深入调查研究，充分把握民情，把握有利时机，真正使企业行为得到社会的理解和支持，体现企业诚信为民、奉献社会的服务精神，使企业行为与社会要求相结合，社会效益和经济效益相统一。

2. 建立支持企业伦理道德的各项制度

制度建设对企业伦理道德的形成和发展具有长远性、根本性、关键性的作用。为此，要建立企业伦理文本制度，并纳入企业日常管理之中，老老实实按照市场法则办事，突出企业信誉、信用，以此赢得企业的地位和优势，巩固企业发展的基础，使企业一切为顾客服务的精神真正发扬光大，顾客至上的服务理念深入人心；要形成企业道德培训制度，增强企业职业道德水准，使职工明辨是非，形成良好职业习惯，正确选择有价值的道德行为；要建立企业伦理与绩效挂钩制度，把伦理道德纳入企业绩效评价之中。不仅要引入领导绩效考评，也要纳入一般员工绩效考评，从而真正发挥道德评价的激励作用，造成一种特殊的善恶分明、

抑恶扬善的氛围，使维护企业良好伦理道德和信誉形象的行为及时得到奖励，违反企业伦理道德的行为受到重罚。

3. 发展有企业伦理道德内涵的企业文化

企业伦理是社会伦理和企业经营理念相结合的产物，和企业文化有密切的关系，优秀的企业伦理必须和优秀的企业文化相配合，才能在组织中树立注重企业伦理道德的文化氛围。为此，首要的问题是领导者要率先垂范，在自己强调的企业文化价值观中融入伦理的内容，用简练的语言进行总结，用鲜明生动的故事进行渲染，用反复宣传的方式加以强化。这是因为良好伦理道德的形成是自上而下的结果。二要注重从传统文化中汲取营养，丰富企业伦理内涵。企业持续发展是在传统文化基础上的不断发展。企业要契合社会发展的大趋势，必须尊重传统文化，从传统文化中汲取营养。如现代社会所必需的中国传统文化中“天人合一”的伦理思想，诚实守信的传统美德；中国传统管理思想中的德治路线，讲究以伦理来感化教育人，这无疑是我们进行企业伦理道德建设，强化“以德兴企”战略的重要思想遗产。三要注意从企业光荣历史传统中汲取精神力量，发扬光大企业无形资产。最后，还要从西方文明成果中吸取经验，兼容并蓄，熔铸锻造，推陈出新，实现中华传统伦理文化与现代管理文化的有机融合。

（本文原载 2001 年第 9 期《铁路思想政治工作研究》）

从"三鹿奶粉"事件看企业诚信文化的本质内涵

企业发展必须要有一个最基本的价值理念,那就是尊重原则,信守规则,坚持正义,遵守道德;企业惟有共同的理想和道德标准,才能可持续发展,具有真正的竞争力。

去年,"三鹿奶粉"事件造成群发性的婴幼儿泌尿系统结石病例,触发了奶制品的行业危机,同时,也引起了全世界的广泛关注。国家质检总局在敏感时刻,毅然决然公布包括伊利、蒙牛、雅士利等行业支柱在内的22家涉事企业名单,这一壮士断腕的意志不言而喻,显示了坚决整顿市场秩序、重建中国奶制品行业信用的决心。"三鹿奶粉"事件告诫我们,建构与时代相适应的企业诚信文化刻不容缓而又任重道远。

"三鹿奶粉"这一行业丑闻,不仅仅是一个产品质量问题,而且是一个企业的诚信文化问题。企业文化的核心是价值观,有什么样的价值观就有什么样的企业文化。从表象上看,三鹿公司倡导的价值观是"诚信、和谐、创新、责任",其中,特别强调"诚是立身之本、信是兴业之本。诚信是三鹿的基本准则,也是三鹿人的基本信念和处世态度"。但从现实情况看,"三鹿事件"恰恰背离了这些价值观,暴露出的却是一种潜规则,虽然有诚信的承诺文本,但没有诚信的行为。其实,如何面对自己提出的价值观,实践行为本身就是一个诚信问题,更是每一个企业必须应对的文化问题。从此意义上讲,诚信体现了企业文化的"本质"内涵,反映了企业核心价值体系的根本,惟有把诚信渗透在、凝结于企业系统的精神理念和制度体系之中,才能转化为企业的行为方式和员工的自觉行动。当务之急,首要的问题是准确把握好诚信文化的内涵,才能有行动上的自觉。

一、诚信文化的核心:为社会尽责的精神和价值观

从实践看,一个企业推向社会、卖给顾客的,不仅仅是商品的本身,更重要的是隐藏在商品中的文化,特别是推销过程中的品德,售后服务中的信誉,这些无不体现着企业为社会尽责的精神和价值观。这也是企业存在的理由。而三鹿公司恰恰违背了全心全意为社会尽责的核心价值观。杭州胡庆余堂的企业精神就是"戒欺";同仁堂这块金字招牌,三百多年之所以不倒,就是因为它有"品位虽贵必不敢减物力;炮制虽繁必不敢省人工"的古训和"修合无人同见,存心有天知"的信条;海尔之所以能进入世界百个著名品牌行列,关键是持之以恒地坚守"真诚到永远"的价值观。一般来说,企业诚信精神主要体现在三个层面:法律层面、

道德层面和社会责任层面。就是说，企业不仅要提供优质的产品和服务保障，对客户保持尊重，还要对员工保证珍惜和爱护，对行业保持平等、正当的竞争行为。特别是在信息不对称情况下，企业也要对顾客负责，果敢地承担起社会责任，处理好企业利益与社会利益、经济利益与自然环境保护的关系，才能成为负责任的社会公民，以此获得更广泛的社会公众的尊敬、褒扬、传颂和认同。这个层面的信用是建立在价值观基础上的信仰，是企业对真、善、美境界的追求。企业行为规范如不体现为社会尽责的精神和价值观，就难以立足并长远发展，与时代相适应的诚信文化也就无从谈起。法律约束、道德约束毕竟是低层次的要求，企业要想成为百年老店，除了优质的产品和服务，别无他途，必须有在超越法律和道德约束基础上的精神追求，才能建设一种保证企业生生不息、体现社会责任的心理契约。目前，以“三鹿奶粉”事件为代表的诚信问题不仅成为企业的焦点，也已成为影响社会和谐的毒瘤。企业是社会的细胞，是社会诚信的“晴雨表”。企业讲诚信，就会促进社会诚信的提升；反之，就会败坏社会风气。因此，企业必须从促进社会和谐的战略高度，从培育企业核心竞争力着眼，率先把诚信当作“一把手”工程，带头树立、维护和传播诚信精神和价值观，营造诚信光荣、失信可耻的舆论氛围，使诚信成为企业精神的第一要义，成为企业全员向社会尽责的共同价值追求。

二、诚信文化的底线：心灵的内在约束

温家宝总理在谈及三鹿奶粉说过这样一句耐人寻味的话：企业家身上应该流淌着道德的血液，而不能只流淌着利润的血液。诚信应是每个企业家和管理者的最基本的工作态度和职业操守。“君子爱财，取之有道”，诚信既是经济资源，又是道德资源，更是内在的心灵约束。假冒伪劣的背后必然是良心的败坏、道德防线的崩溃。“商道即人道。”经商首先是做人、讲德，有德才能征服人心，征服人心就不愁没有利润。三元董事长说得好：“食品行业是良心产业，必须视质量为生命。”这既是尽人皆知的常识，也是颠扑不破的真理。离开了人类诚实本性，不讲道德信誉，市场主体的大厦就如同建立在失去坚实基础的沙滩上，任何风吹潮涨，都会使之顷刻之间崩塌。正如爱因斯坦说，“一切人类的价值的基础是道德”。就是说，企业发展必须要有一个最基本的价值理念，那就是尊重原则，信守规则，坚持正义，遵守道德；企业惟有共同的理想和道德标准，才能可持续发展，具有真正的竞争力。GE 原 CEO 杰克·韦尔奇说：“我们没有警察，没有监狱。我们必须依靠我们员工的诚信，这是我们的第一防线。”一个社会，伦理道德决不能没有底线。企业如果没有了诚信这一道德底线，也就失去了未来发展的基础。无论是世界 500 强第七位的“巨无霸”安然公司因假账事件申请破产，还是南京冠生园因“陈馅事件”被央视曝光后破产再造，还是这次“三鹿奶粉”事件，根本原因还是“心灵发霉必然导致事业倒霉”，失去了起码的诚信底线，无论过去

光环多耀眼，结果终被市场所抛弃。诺贝尔经济学奖得主诺思说过：自由市场的经济制度本身有局限性，它的本身并不能保证效率，一个真正能产生效率的自由市场制度，需要有效的法律制度保证外，还需要有诚实、公正、公平等方面有良好道德的人去操作这个市场。如果说，法律是硬约束，那么，以诚信为基础的伦理道德就是一种软约束，一旦这一软约束失效或被破坏，硬约束也难以硬起来，社会就会处于无序状态，任何企业和个人都将深受其害。因此，市场经济是心灵契约的道德经济，只有依托内心诚信的人来进行一切生产经营活动，把“进德修业”作为企业发展的根本，才能降低企业成员相互交往的交易费用，并由此而获得道德的从众效应，进而形成一种良好的企业道德文化，才能从根本上提升效率，获得持续发展的精神动力。

三、诚信文化的保证：公正、透明的竞争规则

“三鹿奶粉”事件反映了国内企业交易成本高，这与市场不完善、诚信制度规则体系缺失息息相关。诚信是企业之间以及商品交换中的一种信任关系，构成了市场主体之间的自愿交易方式。如果没有这一交易方式，无论对厂商还是对客户来说，都意味着巨大且无谓的成本支出。小平同志说过，制度是决定的因素。制度好可以让坏人无法随意干坏事，制度不好，好人也无法干好事。在经济社会中，特别是社会转型期，单纯地从伦理道德的层面上要求企业讲求诚信，效果是极其有限的。只有当诚信能够带来利润，不诚信会带来损失时，经济主体才会讲诚信；只有让失信者无处藏身，才能让守信者名扬天下。这里就有个诚信制度规则体系问题。显然，三鹿公司添加三聚氰胺的行为之所以成为行业潜规则，这与说一套做一套，该坚持的不敢明确坚持，该反对的不敢明确反对的潜规则有关。2001 年中国加入 WTO 后，WTO 总干事穆尔给了我们一个非常重要的提醒：中国入世后，从长远看，最缺的不是技术、资金和人才，而是信用和建立完善信用体系的机制，适应全球化的公正、透明的竞争规则。可见，必须要有全球眼光，立足于国际竞争，按制度显规则办事，构建与国际通则接轨的信用法律法规信用制度体系，才能促进企业诚信长效机制的形成。在政府诚信基础上，企业要着力构建顾客、社会舆论和中介调查机构“三位一体”的诚信评估机制，确立以顾客满意不满意，群众拥护不拥护作为诚信的唯一标准，形成公正、公开、公平、科学的评估体系，特别是通过加强社会监督，建立行业信用信息发布和共享机制，实现不同信用度企业的优胜劣汰；同时，还要把诚信显规则渗透到企业的各项管理制度和流程中，特别是纳入到干部职工绩效考核中，使诚信状况与工作绩效挂钩，从而为最终形成“守信者褒、失信者惩”的诚信文化提供判断标准和显性制度机制保证。

四、诚信文化的目标：企业品牌人格化的追求

市场占有量就是品牌诚信度、美誉度、忠诚度最有说服力的证明。产品质量

是否优良、服务是否到位，是企业诚信度的最生动体现，也是打造过得硬的品牌的保证。诚信的积累过程就是品牌的形成过程，而品牌的形成过程就是积累信誉度、拓展市场的过程。可以说，名牌的一半是质量，而另一半就是诚信。没有诚信的支撑，名牌的另一半就靠不住，市场占有率就不可能持久。而以质量为内涵的诚信理念给品牌形象带来的价值是巨大的，将维系客户的美誉度和忠诚度，为企业的可持续发展奠定人格基础。因此，品牌不仅是产品信用和质量的标志，更是诚信理念的人格化。因为市场的竞争本质就是人的诚信素质在品牌上的竞争。企业的决定要素是人。先进的技术和管理制度，都可以从国外引进，而员工的人格素质没有办法引进。员工队伍人格素质的高低，直接决定着企业的信用程度，也关系到企业的外部市场开拓。从社会心理角度看，“三鹿奶粉”暴露无遗的失信行为就是行事的变异和人格分裂的体现。因此，诚信文化构建必须以人为本，以德育人，打造高品位的人格，培育高素质的忠诚员工队伍，才能从根本上打造出信得过、立得住、传得开的品牌。作为企业领导者首先要成为企业人格化的楷模，要求员工做到的自己首先做到，要求员工不做的自己首先做到不染指，才不致沦为三鹿公司领导人那样口惠而实不至。同时，要强化员工敬业精神的提升，从无形资产的角度开发品牌，重视发挥以劳模为代表的典型示范作用，升华品牌内涵，弘扬品牌精神，巩固和拓展诚信品牌的市场影响力。还要坚持以事实为依据的原则，强化品牌传播和管理，不搞违背道德的急功近利，不宣传虚假信息，不吹嘘产品的功能，不夸大产品的功效，做不到的事情绝不轻易向顾客承诺。这样，才能以高尚的人格打造高信用度的品牌，以高信用度的品牌拓展产品市场空间。

综上所述，“三鹿奶粉”事件反而证明了诚信内涵本质上是一种精神、一种道德、一种规则、一种品牌。如果说，企业文化的本质是企业倡导的共同价值观，就是“人们提倡什么、反对什么、弘扬什么、抑制什么”，其外在表现就是知行合一的“行为方式”“做事习惯”和“做事风格”；其内在要求就是以为社会尽责的价值观为企业铸魂、以内心道德约束为企业筑基、以制度规则为企业立规、以品牌的人格化为企业塑形，从而营造平等友爱、公平正义、融洽相处、互利共赢的和谐发展环境。

（本文原载 2009 年第 5 期《理论学习与探索》）

从“范跑跑”现象看职业道德建设的迫切性

职业文明是职业责任、职业规范、职业精神的体现。对公职人员来说，职业道德是不可侵犯的底线。任何一个社会，只要它是进步和发展的，就必然要守护住这一底线，夯实基本的道德伦理规范，加强职业道德建设。

去年，四川大地震激发民族精神的同时，也出现了一些不和谐音符，那就是出现了“范跑跑”现象：都江堰市光亚学校语文教师范美忠，面对突如其来的强烈地震，丢下教室里的数十名学生第一个跑到了操场中央；他公然宣称“在这种生死抉择的瞬间，只有为了我的女儿我才可能考虑牺牲自我，其他的人哪怕是我的母亲，在这种情况下我也不会管的”，此言引发了国内外舆论的道德伦理大讨论。最近，“范跑跑”现象又掀波澜，就其人是否该重返讲台的问题，再度引发社会的热议。为什么人们对“范跑跑”现象如此热衷？为什么会出现“范跑跑”现象？“范跑跑”现象带给我们什么启示？笔者就此谈点个人的几点思考。

一、“范跑跑”现象揭示了职业文明是社会普世价值

职业文明是职业责任、职业规范、职业精神的体现。“范跑跑”自我辩解，说救不救人是自愿获得时下一些人的同情和偏袒，认为珍惜自己生命是一种值得宽容的普世价值。毫无疑问，人的生命重于一切，选择求生是个人本能的自然选择。但普世的价值观念，并非就适合特定场合下的所有人，特别是有公职的人员。把他人的生命，特别是弱者的生命看得高于自己的价值观，无疑是世人认同的价值观，也是高尚职业道德的升华。其实，职业责任就是一种道德义务和文明素养。1904 年，德国哲学家马克斯·韦伯在考察职业一词时就指出：德语中的职业一词含有“职业、天职”的意思，英语中的职业一词 CALLING，含有“召唤、神召”的意思。在现代西方人的理解中，职业是一件被神所召唤、上帝所安排完成的任务，完成这个任务，既是每个个体天赋的职责和义务，也是感谢神的恩召的举动。正是这种职业精神成就了资本主义文明。这也是在 2001 年美国“911 事件”中，为什么别人在逃生，而消防队员却以最快速度冲进危险地带，因为他们信奉的职业信条是“第一个冲进去，最后一个冲出来”。“职责”意识就是职业信条的内在要求，就是一种社会分工带来的一种道德契约。有了这种职责意识，各行各业都会恪尽职守，做好分内事。这应该是一个社会各行各业必须秉持的底线文明。所以，对一切公职人员来说，职业道德是不可逾越的底线文明，任何一个社会，只要它是力求进步和发展的，就必然要守护这一底线，夯实基本的道德伦理规范，加强职业文明建设。

二、“范跑跑”现象揭示了当下基本职业价值观的缺失

职业文明的核心是职业价值观。目前，之所以产生“范跑跑”现象，一个重要原因是我们的社会在快速发展过程中，特别是社会转型期，出现了最基本的底线文明普遍失守，主流价值缺失、混乱、扭曲甚至颠倒的现象。应当看到，我们国家改革开放三十年，取得了举世公认的成就，但也出现了一些前进中的问题，有些还相当突出，职业价值观的缺失就是其中之一。一个时期以来，一些人寡廉鲜耻、颠倒是非，已经丧失了基本的道德判断力，丧失了做人的道德底线。如果缺少这种职业文明意识，人与动物又有什么区别呢？苏联学者费迪说：“道德规范之于人，犹如远行者的面包、沙漠上的水，没有它们便没有生命。倘若失去良好的道德气氛，人类社会就可能变成一群野兽。”

从实践来看，缺乏对职业的敬畏意识是当代中国道德危机现象的根源。特别是“范跑跑”现象就像一面镜子，折射了一部分所谓社会精英对主流价值的公然挑衅，也是当下基本职业价值缺失的集中反映。实践表明，人们关于任何价值的信念、信仰和理想一旦形成，它就会成为人们心目中用以评量事物之价值轻重，权衡得失弃取的“天平”。对一个公职人员来说，只有分清是非荣辱，明辨善恶美丑，才能形成基本的做人标准和正确的职业价值判断。德国哲学家康德说：“我们经常怀着无限的赞美和敬畏心来看待的东西有二：一个是高悬在上的星斗灿烂的星空；另一个是内心里的道德律。”星空是自然法则，道德是内心的是非法则，而源于内心的职业道德法则往往具有强大的威慑力。职业道德是一个人生存的精神支柱，也是社会文明的基础支撑。当然，“范跑跑”的言行没有违法，我们可以宽容他讲话的自由，但他冲击了我们的职业道德底线。如果我们的社会没有正确的价值取向，放任对“范跑跑”现象宽容，那还有什么不能宽容呢？其实，从更深意义上说，如果对“范跑跑”苟且偷生的过错宽容，就是对一切为了抗灾而献出汗水、财产、爱心乃至生命的人们的大不敬！就是对大灾面前一方有难，八方支援，为国为民不惜牺牲自我的民族精神的无情践踏和嘲弄！

三、“范跑跑”现象呼唤以道德为底线的职业文明重建

实践表明，越是危险的时候，越能检验一个人的职业文明风范，越能显示出一个人的高尚情操，越是能显示一个社会的文明风尚。在这次大地震中，一位解放军上校失去了 29 位亲人，忍痛救人 11 个日夜，昏倒在地。但与此相对照的是，我们也出现了置他人安危于不顾的“范跑跑”现象。当然，出现这样的现象是绝非偶然的，职业文明缺失也非一时形成的，仅仅批判一个缺德的“范跑跑”是远远不够的。环顾周围，诸如此类现象还有很多。当务之急摆在我们面前的问题是，反思产生这一奇特现象的社会历史根源，并以此为契机重建以道德为底线的

职业文明刻不容缓，特别是通过挖掘这次灾难中的无数个“感动”，让更多的人去“行动”，这才是问题的根本所在。如果说，中华民族几千年来经历艰难困苦、内忧外患，沧海桑田而民族犹存，且继续保持了强大的文化生命力，很重要的一个原因就是我们这个民族有优良的伦理道德传统，能够抵御外来的野蛮伦理和道德愚昧的干扰，并能够自省和检点自身内在的道德缺失和弱点，从而维持、光大、更新和升华自己的道德价值。在新的历史起点上，我们更要传承、珍惜和积累这一道德文明财富，并体现在职业文明上，才能为中华民族伟大复兴夯实基础。十七大报告强调要“以增强诚信意识为重点，加强社会公德、职业道德、家庭美德、个人品德建设，发挥道德模范榜样作用，引导人们自觉履行法定义务、社会责任、家庭责任”，这为我们重建以道德为底线的职业文明指明了方向。我们相信，只要全党全社会大力倡导职业文明建设，各行各业大力践行职业精神，从我做起，特别是从党员领导干部和公职人员做起，职业道德的力量就会润物无声地渗透到社会的方方面面，为和谐社会大厦的构建夯实基石。

（本文原载 2009 年第 8 期《政工研究动态》，2010 年第 7 期《中国职工教育》）

道德·诚信·责任

——从三鹿奶粉事件和美国金融危机说起

诚信源于人类心灵深处的道德法则，是人类社会赖以维系、和谐发展的基因密码。诚信是有利于所有企业运行的基础规则，是一切市场经济行为的前提，是保证市场效率的根本保障。

一、诚信源于人类心灵深处的道德法则，是人类社会赖以维系、和谐发展的基因密码

在目睹了全球金融危机中暴露出的金钱欲的丑陋和种种罪恶之后，在看到三鹿奶粉事件成为中国社会产品质量问题的中心的时候，我们深深感到亚当·斯密三百年前说过的话是那么得中肯而又一针见血。他说："自爱、自律、劳动习惯、诚实、公平、正义感、勇气、谦逊、公共精神以及公共道德规范等，所有这些都是人们在前往市场之前就必须拥有的。"显然，造成时下为了追求财富而扭曲的人格有其深刻的思想背景，那就是很多人误读了他老人家的意思，其行为与他的人类道德情操思想是背道而驰的。其实，《道德情操论》是《国富论》的基础，为此他曾六次修订，可见其用心良苦。他在书中用同情的原理来解释人类正义感和其他一切道德情感的根源，说明道德评价的性质以及各种美德的特征。这种道德情操植根于人的心灵深处，是人类社会存在的基石。他还从人类的情感和同情心出发，讨论了善恶、美丑、正义、责任等一系列概念，进而揭示出人类社会赖以维系、和谐发展的秘密。显然，没有道德情感而产生的利他行为，人类社会是很难和谐运行的，完全竞争的市场经济机制也是很难顺畅运转的。

爱因斯坦说："一切人类的价值的基础是道德。"和谐社会的建立，也就是要在每个人的内心深处建立起一道道德的壁垒。同样，企业发展必须要有一个最基本的价值理念，那就是尊重原则，信守规则，坚持正义，遵守道德。企业惟有持有共同的理想和道德标准，才能可持续发展。假冒伪劣的背后必然是良心的败坏、道德防线的崩溃。"商道即人道。"经商首先是做人、讲德，有德才能征服人心，征服人心就不愁没有利润。离开了人类诚实本性，不讲道德信誉，市场主体的大厦就如同建立在失去坚实基础的沙滩上，任何风吹潮涨，都会使之顷刻之间崩塌。关于"利他"与"利已"的关系，美国 1976 年诺贝尔经济学奖得主弗里德曼说过，不读《国富论》不知道应该怎样才叫"利已"，读了《道德情操论》才知道"利他"才是问心无愧的"利已"。他的话深刻地揭示了亚当·斯密的用心所在。如

果没有“利他”作前提,“利己”是难以实现的。其实,“利他”与“利己”是统一的,“利他”是所有企业之所以存在的价值基础,更是所在企业发展的社会责任。尽管亚当·斯密三百年前就曾警示过人们对道德责任保持敬畏之心,但急功近利、利已压倒了一切,最后在貌似利他的前提下,是损人害已、背信弃义,无论是金融危机的爆发,还是“三鹿奶粉”等事件的发生就是明证。重温一下当年亚当·斯密在他的著作中的道德情操的深刻内涵,反思当下人们诚信危机所导致的金融危机、生态危机、社会危机,不能不让人对维系人类世界和谐发展的道德基因密码保持应有的敬畏。正因为此,《世界是平的》一书作者托马斯·弗里德曼撰文提出:“美国应对金融危机需要道德救援。”

二、诚信是降低交易费用,保证市场效率的重要保障

企业之所以需要诚信基于自由市场交易的效率保证。诺贝尔经济学奖得主诺思说过:自由市场的经济制度本身有局限性,它的本身并不能保证效率,一个真正能产生效率的自由市场制度,需要有效的法律制度保证外,还需要有诚实、公正、公平等方面有良好道德的人去操作这个市场。如果说,一个社会充满法治和公平正义精神,一个老老实实做事、有气节的操守的人能够“有付出必有回报”,那么,经济社会发展就会进入良性循环轨道。如果说,以诚信为基础的道德约束失效或被破坏,社会就会发生信任危机,处于无序状态,就会大大提高交易成本,任何企业和个人都将深受其害。诺贝尔经济学奖得主阿罗因此指出,“信用是经济交换的润滑剂”;社会学家赫希则进一步认为,“信用是经济交易所需要的公共品德”。西方国家的经验表明,市场经济的顺利运行,除了要有严格的法规和熟练的宏观调控外,还必须要有道德的约束。市场经济的力量与道德约束的力量成正比。从此意义上说,诚信是有利于所有企业运行的基础规则,是一切市场经济行为的前提,是保证市场效率的根本保障。按照这一逻辑,只要每个企业在诚信上自律践行,诸如三角债、欠薪问题就会大为减小,电子商务等创新经济就会大行其道,市场经济效率就会大为提高。也就是说,企业只有依托诚信来进行一切生产经营活动,把“进德修业”作为企业发展的根本,进而形成一种良好的组织道德,不仅能降低企业成员相互交往的交易费用,而且能获得道德的从众效应,获得持续发展的精神动力和有效支撑。

其实,市场经济不仅是法制经济、风险经济,还应当是一种道德经济,这种道德的源头归结起来,就是一种价值取向。因为一个企业,推向社会、卖给顾客的,不仅仅是商品的本身,更重要的是隐藏在商品中的文化,特别是推销过程中的品德,售后服务中的信誉,这些无不体现着企业的诚信理念、精神和价值观。国内外许多知名企业,尽管其所在国家奉行的价值观念不同、社会制度不同,但作为全人类普遍接受和认同的伦理准则,都被企业融汇至自己的经营理念之中。成功企业品牌的背后是一种诚信精神的坚持。杭州胡庆余堂的企业精神就是“戒

欺”;同仁堂这块金字招牌,三百多年之所以不倒,就是因为它有“品位虽贵必不敢减物力;炮制虽繁必不敢省人工”的古训和“修合无人同见,存心有天知”的信条。GE 原 CEO 杰克·韦尔奇说:“我们没有警察,没有监狱。我们必须依靠我们员工的诚信,这是我们的第一防线。”显然,一个社会,伦理道德不能没有底线。企业如果没有了诚信这一道德底线,也就失去了未来发展的基础。无论是美国次贷危机、还是“三鹿奶粉”事件,根本原因还是“心灵发霉必然导致事业倒霉”。失去了起码的诚信底线,无论过去光环多耀眼,其结果终将被市场所抛弃。实践证明,一个优秀的企业不仅对市场发展前景、企业拓展方向有正确的把握,而且要能尊重市场经济运行规律,重信用、讲信誉,不会为眼前利益损害长远利益、顾客利益和职工利益。一般来说,企业诚信法则主要体现在三个层面:法律层面、道德层面和社会责任层面。法律约束、道德约束毕竟是低层次的要求,企业要想成为百年老店,除了优质的产品和服务,别无他途,必须有在超越法律和道德约束基础上的精神追求,才能建设一种保证企业生生不息、体现社会责任的心理契约,才能以此获得更广泛的社会公众的尊敬、褒扬、传颂和认同。这个层面的信用是建立在价值观基础上的信仰,是企业在利他基础上对真、善、美境界的终极追求。

三、扫除不利于诚信的浅规则,是企业应尽的社会责任和终极追求

以“三鹿奶粉”为代表的不诚信事件反映了国内企业交易成本高,这与市场不完善、诚信制度缺失息息相关。诚信曾是我们国人引以为荣的传统美德,但在当下中国社会市场经济环境中却成了极为稀缺的资源。据有关部门统计,我国每年因诚信缺失而造成的直接损失约达 5 855 亿元,相当于我国财政收入的 37%,我国国民生产总值每年因此减少了 2 个百分点。当然,造成诚信缺失的原因是多方面的,一方面是由于我国市场经济体制不完善,企业只重视物质利益的功能,纯粹用经济手段运作经济,忽视企业的信用建设,不重视诚信等非经济因素的意义,特别是与“说是一回事、做又是一回事”的潜规则奉行密不可分,制约着人们对诚信的信仰与追求。需要指出的是,企业制度是一套规则系统,既有公之于众的显规则,也有私下心照不宣但实际起作用的潜规则,这是许多企业“集而不团”“大而不强”,乃至于由盛转衰的重要原因,也是许多企业文化“看上去很美,说起来很甜,做起来很难”的现实困境。三鹿公司倡导的价值观是“诚信、和谐、创新、责任”。显然,三鹿公司添加三聚氰胺的行为之所以成为行业潜规则,这与我国传统文化中说一套做一套,该坚持的不敢明确坚持,该反对的不敢明确反对的潜规则有关。

如果说,企业文化的本质是企业倡导的内在的共同价值观,就是“人们提倡什么、反对什么、弘扬什么、抑制什么”,那么,其外在表现就是知行合一的“行为方式”“做事习惯”和“做事风格”。因此,企业文化的核心规则就是诚信,而不是

说一套、做一套的潜规则。那么,为什么不守信的潜规则大行其道呢?关键在于不守信的成本太低,而坚持诚信的成本太高。因此,在经济社会中,特别是社会转型期,道德水准普遍良莠不齐的情况下,单纯地从伦理道德的层面上要求企业讲求诚信,效果是极其有限的。只有当诚信能够带来利润,不诚信会带来损失时,经济主体才会讲诚信;只有让失信者无处藏身,犹如老鼠过街,才能让守信者名扬天下。

2001 年中国加入 WTO 后,WTO 总干事穆尔给了我们一个非常重要的提醒:中国入世后,从长远看,最缺的不是技术、资金和人才,而是信用和建立完善信用体系的机制,适应全球化的公正、透明的竞争规则。国际竞争是造不了假的。要在“走出去”战略中赢得主动,别无他途,中国的信用制度体系必须与国际通则接轨,用显规则战胜潜规则,重视给信用提供法律和制度支持,才能形成健全的市场经济体制,形成知行统一的企业文化,从而激发人们对诚信的追求和信仰。历史告诉未来,无论是国家崛起,还是企业可持续发展,不仅是经济的繁荣,而且是以道德为底线的诚信文化的繁荣。几年前曾在电视片《大国崛起》中看到过这样一个故事。1596 年到 1598 年,荷兰一个船长带着 17 名水手,被冰封的海面困在了北极圈内。八个月的漫长冬季,八个人死去了。但荷兰商人却做了一件令人难以想象的事情:别人委托给他们运输的货物,他们丝毫未动。这些货物中就有可以挽救他们生命的衣物和药品。冬去春来,幸存的商人终于把货物完好无损地带回荷兰,送到委托人手中。他们用生命作代价,守住信用,创造了传于后世的经商法则,荷兰也由此赢得了海运贸易的世界市场。如果说,诚信的道德规则让五百年前的一个小国荷兰崛起于世界,那么,中华民族的复兴和企业的和谐发展同样更离不开诚信的坚守。市场只有靠信用才能恢复大众的信心。时下如何提振信心,化危为机,当务之急是提升诚信责任,扫除不利于诚信的潜规则,建立有利于坚持诚信的制度文化环境。

(本文原载 2009 年第 10 期《政工研究动态》、2009 年第 3 期《中国企业文化》)

构建以诚信为导向的企业领导力

和谐企业建设需要以诚信为导向的领导力支撑。以诚信为导向的领导力是企业发展战略的“风向标”、是企业群体行为规范的“助推器”、是企业品牌内蕴的“文化力”。以诚信为导向的领导力是一个统一的价值系统。在这个系统中，现代人格、敬业责任、道德操守三位一体，共同构成了领导力的核心、基础和底线。加强以诚信为导向的领导力的路径是：以诚信文化力促和谐领导力的传播，以诚信制度力促和谐领导力的固化，以诚信执行力促和谐领导力的示范。

领导力是一种内在修养、素质和能力的外在反映和流露。领导力的核心是一种领导文化，而文化的核心是一种价值取向，特别是基于诚信的价值取向至关重要，最终决定企业行为是否和谐统一、企业形象是否高大、企业发展能否又好又快。

一、和谐企业建设需要诚信导向的领导力

实践证明，企业持续和谐发展重在领导导向作用的发挥，而以诚信为导向的领导力的强弱是其关键所在。

1. 以诚信为导向的领导力是企业发展战略的“风向标”

领导力是领导活动中最重要的功能性范畴，是领导活动持续的一种生命力。而在领导力系统中，以诚信为导向的领导力是一个带有根本性、战略性的范畴。一个优秀的企业领导者不仅对市场发展前景、企业拓展方向有正确的把握，而且要能尊重市场经济运行规律，重信用、讲信誉，不会为眼前利益损害长远利益、顾客利益和职工利益。特别是当社会利益与企业利益、企业利益与员工利益发生冲突的时候，正是考量企业领导者诚信的关键时刻，更是对企业战略的真实把握。去年三鹿问题奶粉事件的发生，暴露出当前经济社会管理和干部队伍建设方面存在的一些深层次问题，归根到底还是以诚信为导向的领导力的缺失，背弃了中国共产党倡导的以人为本这个核心，只重视企业做大做强，忽视产品质量安全；只重视物质利益和短期利益，忘记了人民群众的生命健康安全，更忽视了企业的长远利益。从表面上看，许多不诚信事件是职工不重视产品质量，愚弄、坑害消费者，企业被媒体曝光后身败名裂被市场所淘汰，其根本原因还在于企业领导人没有基于诚信的战略观，没有基于诚信的发展观，不按规则办事，见利忘义，纵容失信行为的恶果。从此意义上说，一个诚信缺失、进退无据、无所依凭的企业不可能构成和谐；一个荣辱颠倒、是非混淆、美丑错位、没有诚信导向领导力的

企业无法制定和践行正确的企业发展战略。

2. 诚信导向的领导力是企业群体行为规范的“助推器”

领导干部是企业的“精神领袖”，其信誉和道德品质直接左右着企业价值取向，潜移默化地影响和规范着员工的岗位行为，在一定程度上决定和谐企业的构建。诚信既体现了企业的价值取向，又体现了领导干部对真善美的行为追求。“信者令也”。职工的执行力，正是基于对企业领导者行为的信任度决定的，其要义远远大于权力的威慑力。因此，领导干部所处的位置和岗位角色，决定了必须在其位、谋其政、履其责、践其言，才能以其诚信力助推企业和谐发展与进步。也就是说，领导干部作为企业发展的“领头羊”，只有忠于岗位、忠于职守，以诚待人、言而有信，才能取信于职工、企业和社会。如果领导干部不讲诚信，不以身作则，其行为就像传染病一样影响职工，使企业失去信用基础，最后导致企业的衰败，影响社会的和谐与稳定。

目前，企业信用的缺失，除了与我国市场经济体制不完善，企业内外的利益结构不平衡、利益关系不顺、缺乏公平性、公正性等因素的影响，还与企业领导者在经营管理行为中“一手硬、一手软”有关。特别是领导者只重视物质利益的功能，纯粹用经济手段运作经济，忽视企业的信用建设，不重视诚信等非经济因素的意义，高尚的诚信精神得不到弘扬，不诚信的行为得不到有效控制，必然造成失信行为的泛滥。可见，建设现代化和谐企业，有赖于一支德才兼备、荣辱分明的干部员工队伍，更有赖于领导干部诚信行为规范的养成与提升，才能使企业群体行为规范建立在诚信基础之上。

3. 诚信导向的领导力是企业品牌内蕴含的“文化力”

“诚信”作为企业的商誉和信誉，是一笔巨大的无形资产，是企业的生命之根、力量之源、和谐发展之本。企业对市场和顾客的诚信主要表现于产品质量、价格和售后服务、资金往来、签订协议、履行合同等。诚信品牌的背后是以“诚”待人、以“信”待客，特别是领导者如何以“信”待客。倘若企业领导没有诚信意识，就不可能有过得硬的产品和信得过的服务，更不可能培育出以诚信为内涵的知名品牌。从本质上说，市场经济不仅是法制经济，还应当是一种道德经济，这种道德的源头归结起来，就是领导者以诚信为价值取向的社会责任。因为一个企业，推向社会、卖给顾客的，不仅仅是商品的本身，更重要的是隐藏在商品中的文化，特别是推销过程中的品德，售后服务中的信誉。企业品牌的本质就是企业价值观的外化，而企业价值观在某种意义上说，就是领导者倡导的文化。因此，品牌就是领导者价值理念的物化，就是顾客至上、社会责任至上的诚信精神和职业信条的弘扬。杭州胡庆余堂的企业精神就是“戒欺”；同仁堂这块金字招牌，三百多年之所以不倒，就是因为它的“品位虽贵必不敢减物力；炮制虽繁必不敢省人工”的古训和“修合无人同见，存心有天知”的信条。事实证明，德才兼备的领导干部正是把顾客利益看得高于一切的文化力，才使品牌立得住、信得过、美誉高，持续推进企业和谐与发展。

二、企业诚信导向领导力的基本内涵

以诚信为导向的领导力是一个统一的价值系统。在这个系统中，现代人格、敬业责任、道德操守三位一体，共同构成了领导力的核心、基础和底线。

1. 诚信导向领导力的核心是现代人格

现代人格就是一种健康独立的人格素质，就是能相互尊重，正确地对待自己、他人、社会和周围的一切。现代社会，特别是在学习型社会中，人与人之间关系更趋于平等，打破等级观念已成为时代潮流，这也是企业和谐发展的大趋势。无论是惠普公司老总提倡“四个任何”（任何一个员工在任何时间可以找任何一位领导谈任何问题），还是诺基亚“科技以人为本”的价值观中，都突出体现了人格的相互尊重，即尊重客户，尊重员工。当下，孔子的“己所不欲，勿施于人”之所以成为中外经营管理者的“黄金法则”，也就是集中体现了对人格的高度尊重：一是普通员工之间要相互尊重，你怎样待人，别人就怎样待你；二是上下级之间要相互尊重，尤其是上级对下级不能盛气凌人，把自己不愿做的难事推给下级，否则，只能激化上下级关系。三是企业要尊重客户。企业要想从用户那里得到利益，必须先给用户一定的利益，才能彼此实现“双赢”。作为领导者，只有具备健康独立的人格，才能定位好自己的角色，协调好企业利益与利益相关者的关系，特别是处理好领导与被领导的关系，从而促进企业的和谐发展。老子说，领导有四种境界——“恨之侮之”“敬而远之”“亲而誉之”和“不知有之”。“不知有之”其实就是领导力人格化的最高境界，让部属感觉不到你在领导，但你已经领导了部属。目前，我们正从传统人格向现代人格社会转变，企业正由科学管理向文化管理转轨，治理结构由人治向法治转型，领导者只有尊重员工、尊重顾客、尊重创造，才能树立现代人格，形成民主法治、公平正义、诚信友爱、充满活力的和谐企业环境。

2. 诚信导向领导力的基础是敬业责任

敬业是一种基于诚信的工作、对事业的全身心投入。1904 年，德国哲学家马克斯·韦伯在考察职业一词时就指出：德语中的职业一词含有“职业、天职”的意思，英语中的职业一词 CALLING，含有“召唤、神召”的意思。在现代西方人的理解中，职业是一件被神所召唤、上帝所安排完成的任务，完成这个任务，既是每个个体天赋的职责和义务，也是感谢神的恩召的举动。正是这种职业精神成就了资本主义文明。“职责”意识就是职业信条的内在要求，就是一种社会分工带来的一种精神契约。实际上，成功企业之所以成功，原因就在于“人人都是负责人”的敬业精神，员工对自己的岗位负责，领导者对企业的全面发展负责。因为任何一项事业的背后，必然存在着一种无形的精神力量的支撑，而这种力量正是《敬业》所倡导的“像信仰上帝一样信仰职业，像热爱生命一样热爱工作”的敬业责任。目前,就像在不合格产品后面隐藏着不合格的生产者一样,在敬业精神失落的生产者背后,同样也隐藏着敬业精神失落的领导者。目前,我国企业效益不佳,产品质量不高,世界知名品牌不多,在“走出去”战略中困难重重,这与我们领导者的没有对职业的敬畏和责任意识有关。因为敬业是双向的,要求员工敬业的同时,领导者必须首先敬业,而我们有的领导者缺失的恰恰是这一精神素质。世界500强成功实践证明,诚信是所有基业长青企业的共同特征,也是企业领导者的基本责任。从某种意义上说,敬业责任不仅是企业领导者素质的重要内涵,同时也是一个民族素质的缩影,决定一个企业的核心竞争力。

3. 诚信导向领导力的底线是道德操守

爱因斯坦说:“一切人类的价值的基础是道德。”道德操守是领导者的首要素质,体现为诚信的不懈坚持。企业发展必须要有一个最基本的价值理念,那就是尊重原则,信守规则,坚持正义,遵守道德。假冒伪劣的背后必然是良心的败坏、道德防线的崩溃。离开了人类诚实本性,不讲道德信誉,市场主体的大厦就如同建立在失去坚实基础的沙滩上,任何风吹潮涨,都会使其顷刻之间崩塌。GE原CEO杰克·韦尔奇说:“我们没有警察,没有监狱。我们必须依靠我们员工的诚信,这是我们的第一防线。”显然,一个社会,伦理道德可以没有上限,但决不能没有底线。企业如果没有了诚信这一道德底线,也就失去了未来发展的基础。许多企业之所以昙花一现,从根子上看还是领导者的道德操守缺陷,由于不诚信导致员工的不信任,由于员工不诚信导致顾客的无情抛弃,应验了“良心发霉必然导致事业倒霉”。如果领导者不能言而有信,不带头严格执行各项规章制度,就难以服众,形成向心力,引领团队实现既定的目标;如果领导者不忠诚于社会,没有社会责任感,不把消费者当成衣食父母,就难以处理好企业利益与社会利益的关系,企业可能有短期的成长,但难以实现可持续成长。

三、以诚信为导向的领导力实现路径

以诚信为导向的领导力重在建设、重在落实,才能蔚然成风,促进和谐企业的形成。

1. 以诚信文化力促和谐领导力的传播

领导力是一种价值观的影响力。思想是一切行为的先导。没有领导干部的高度重视,自上而下倡导、传播和信奉,诚信价值观就形成不了共识,领导班子就难以团结有力,企业的品牌也就不可能叫得响、信得过、立得住,核心竞争力也就无法形成。从某种意义上说,一个企业的文化,就是企业领导人所展示和传播的文化;一个企业的行为习惯和做事方式,就是在领导干部的影响下形成的;一个企业健康的诚信氛围,就是在领导干部的引导下营造的。领导干部作为和谐文化的第一设计者、倡导者、推动者,企业诚信首先体现在领导干部带头传播诚信价值观上。因此,构建和谐领导力必须从内化诚信理念开始,内化诚信理念必须从领导干部率先传播开始。领导干部要把诚信建设作为“一把手工程”，树立正确的荣辱观和政绩观，坚持“以诚治企，以信兴企”，强化职业道德教育，弘扬诚信精神，普及诚信知识，传播诚信文化，打造诚信品牌，重视职工诚信意识的养成，使职工认识到企业是船、诚信是帆，企业是人、诚信是魂的道理，从而倡导诚信做人、以诚谋事、诚信兴企的良好风气，营造时时、处处、人人讲诚信的良好氛围，为企业营造和谐的发展环境。

2. 以诚信制度力促和谐领导力的固化

以“三鹿奶粉”为代表的不诚信事件反映了国内企业交易成本高，这与市场不完善、诚信制度机制缺失息息相关，也从一个侧面暴露出国家名牌免检制度的根本性缺陷。在经济社会中，特别是社会转型期，道德水准良莠不齐情况下，单纯地从伦理道德的层面上要求企业讲求诚信，效果是极其有限的。只有当诚信能够带来利润，不诚信会带来损失时，经济主体才会讲诚信；只有让失信者无处藏身，才能让守信者名扬天下。显然，三鹿公司添加三聚氰胺的行为之所以成为行业潜规则，这与诚信制度机制缺失密不可分。特别是这一违背市场竞争的潜规则，也是国际竞争规则格格不入的。2001 年中国加入 WTO 后，WTO 总干事穆尔给了我们一个非常重要的提醒：中国入世后，从长远看，最缺的不是技术、资金和人才，而是信用和建立完善信用体系的机制，适应全球化的公正、透明的竞争规则。此言一语中的。如果说，我们的信用制度体系不能与国际通则接轨，就难以形成健全的市场经济体制，更在“走出去”战略中赢得主动。

构建和谐领导力关键是领导者重视构建诚信的规则，善于把内外诚信结合起来，用制度机制固化诚信理念，真正维护企业与社会的公平正义。对内诚信，就是诚信于职工，坚持“职工利益无小事”，依靠广大职工办企业，切实维护好职工合法权益，让职工在诚实劳动中共享企业发展的成果。在落实规章贯彻决定时要基于“诚信”标准一致公正服人，真正做到奖罚分明，不能因人而异、任人唯亲，搞厚薄亲疏。对外诚信，就是尽心尽力诚信于顾客，坚持“诚招天下客、誉从信中来”，妥善处理好各方面利益关系，把社会效益放在第一位，严格契约关系，增强“按合同办事”的意识，以优质的产品和服务报效国家、取信于民。因此，要建立有利于践行诚信理念的制度安排，把诚信渗透到企业的各项管理制度和流程中，特别是要通过建立诚信档案，纳入到领导政绩考核中，形成“守信者褒、失信者惩”的制度保障，从而使领导者不敢失言、不能失信，才能以诚信制度力促和谐领导力的固化。

3. 以诚信执行力促和谐领导力的示范

领导干部诚信状况事关企业发展，而且事关党和政府的威信，有很强的示范效应，影响全社会的风气。正所谓“上有所好，下必甚焉”“其身正，不令而行；其身不正，虽令不从”。群众看干部，不是看你怎么讲，而是看你怎么做。目前，企业在诚信上存在的最大问题是领导者“有知无行”，“止于知疏于行”，这是许多企业“集而不团”“大而不强”的重要原因，也是许多企业的文化“看上去很美，说起来很甜，做起来很难”的现实困境。“三鹿事件”恰恰是公司领导人背离了它精心倡导的“诚信、和谐、创新、责任”价值观，暴露出的却是另一种知行不一的潜规则。喊破嗓子，不如做出样子。领导干部只有强化执行力，当好诚信价值观的示范者，把说的和做的统一起来，管好别人先管好自己，号召职工做到的自己首先做到；要求职工抵制的自己坚决不染指，严格守法经营，遵守各项规章制度，以科学程序确保科学决策；在推动科学发展上当表率，把心事用在干事业上，把精力用在求发展上，才能权为民所用、利为民所谋、情为民所系，以良好的作风激励人，以人格的力量凝聚人，以科学发展的业绩引领人，以践行诚信价值观的公信力示范人。反之，德不能高于群，行不能高于众，绩不能服于人，就无法当好楷模、当好标杆，凝聚人心、鼓舞斗志，促进企业和谐与进步。

（本文原载 2010 年 1 月第 4 卷《中国浦东干部学院学报》，作者以此文于 2009 年 10 月出席中国浦东干部学院第三届“领导论坛”）

提升领导干部公信力“五字诀”

威信是一种软实力，它来自公信力，而公信力的获得，靠上级封不出来，靠权力压不出来，靠自己吹不出来，靠要小聪明骗不出来，靠的是领导干部自身政治上靠得住、工作上有本事、作风上过得硬、群众信得过。

领导干部公信力建设至关重要，没有公信力就没有吸引力、凝聚力和执行力。老子《道德经》有言：“信不足焉，有不信焉。”权力可以被授予，威信却授予不了。威信是一种软实力，它来自公信力，而公信力的获得，靠上级封不出来，靠权力压不出来，靠自己吹不出来，靠要小聪明骗不出来，靠的是领导干部自身政治上靠得住、工作上有本事、作风上过得硬、群众信得过。笔者以为，提升领导干部公信力，重在知、信、言、干、律上当好表率。

一、在“知”字上当好表率

获取知识、提升能力的能力，是领导干部不同于一般人的最核心、最本质的能力。现代企业之间的竞争，实质上是领导者决策水平的较量。做正确的事远比正确地做事、把事做正确更重要。而做正确的事，把握发展方向，提高决策水平，离不开学习力。领导干部要提高学习力，既要“温故知新”，又要“学新知新”，才能有资格成为企业领航者。一要增强求知动力。领导干部要懂得，在知识经济时代，只有知识资本、智力资本远远高于被领导者，才能不断扩大与被领导者的知识差距和能力距离，拥有真正的领导力和影响力，获得大家的认可与信服。因此，只有自觉意识到所肩负的历史责任和时代要求，勇于克服“本领恐慌”，焕发求知动力和激情，才能以昂扬的精神状态投入到学习中去，不断增强学习力。二要拓展求知领域。历史使人明智，哲理使人深刻，伦理使人高尚。要拓展知识领域，改善知识结构，重在改进思维方式。思维方式离不开理论武装。恩格斯告诫我们：一个民族要想登上科学的高峰，就一刻也不能没有理论思维。对领导干部来讲，作风是否扎实，工作是否有魄力和能力，这只是一种表面现象，实质是理论功底背后的思维方式问题。只有抓好理论学习，才能使理论更加成熟，思维更加活跃，分析问题、解决问题的能力更加全面。三要改进求知方法。要学会学习，不断改进学习方式，善于把学与思、学与用结合起来，不断提高学习的针对性和学习的效能。要把学习的目的、学习的内容和系统的思考紧密结合起来，把握知识的系统性和全面性；要把所学知识与所从事的工作结合起来，着眼于改革发展稳定中实际问题的解决，进而把学习的成果转化为谋划工作的思路、促进工作的措施、领导工作的本领。

二、在“信”上当好表率

十八大报告强调:“对马克思主义的信仰,对社会主义和共产主义的信念,是共产党人的政治灵魂,是共产党人经受住任何考验的精神支柱。”习近平形象地说,理想信念就是共产党人精神上的“钙”,没有理想信念,理想信念不坚定,精神上就会“缺钙”,就会得“软骨病”。公方彬教授说,要活得有意义必须有信仰。有信仰的人是有人格的人,有独立精神的人,这样的人才足以让人追随、令人信服。当然,领导干部信仰的树立并不是被动的接受过程,而是主动教育、党性锻炼、强化道德实践的结果。一是以信仰教育树信。要抵御各种错误思潮和腐朽思想的冲击,必须强化主体信仰教育,着力用科学发展观武装党员干部头脑、指导实践,强化共产主义信仰、中国特色社会主义信念,强化全心全意为人民服务的宗旨,才能提振“精气神”,强化精神力量,铸牢精神支撑,增强对中华民族伟大复兴光明前景的信心。二是以党性锻炼树信。要围绕保持党的锻炼先进性和纯洁性,深入开展以为民、务实、清廉为主要内容的党的群众路线教育实践活动,努力把党性修养制度化、规范化、科学化,使领导干部不忘党的性质和宗旨,弘扬党的优良传统和作风,从根本上解决“参加工作是为什么、现在当干部应该做什么、将来身后应该留点什么”的问题,真正树立“以人为本、执政为民”的追求。三是以道德实践树信。主动参与社会主义核心价值体系教育实践活动,模范践行社会主义荣辱观,带头践行社会公德、职业道德、家庭美德、个人品德,处处以身作则,事事率先垂范,以己身正带动他人从,进而以德树信、以德立威,成为社会主义道德的示范者、诚信风尚的引领和公平正义的维护者。

三、在“言”字上当好表率

德之所在,言行所表。有什么样的讲话方式就有什么样的思想作风和工作作风。领导干部讲话要有诚意、体现个性,不仅在于说什么,还要注意怎么说,站在什么立场说,为谁说,以及说与做的统一,才能提升吸引力、说服力和非权力影响力。一是解决为谁说话的问题。领导干部的权力来自于党和人民,讲话只有体现党和人民立场,才能讲到关键点,讲到群众心里去。否则,诸如“你是替党和政府说话,还是替群众说话”的“雷语”,便会成为社会讽刺调侃的热点,不只拉开官民之间的距离,更为严重的是背离了党的宗旨。因此,如何为党和人民讲话,不仅是立场问题,也是宗旨和党性原则问题。二要解决说什么的问题。要以正言赢公信,做到直言、敢言、慎言。领导干部要讲好三种话,少说或不说无用的但正确的官话、套话和废话。要认真学习党的方针政策,讲好符合中央精神的“普通话”;要把上级精神与本单位实际结合起来,讲好有个性的“地方话”。最重要的是,领导干部更要敢于讲好真心话,这是真理在身、正义在手和有公心、有正气的重要体现。当然，领导干部作为公众人物，不仅要善于说，还要善于不说，不能不分场合，不分对象，不顾身份，想当然地议论和评价。三要解决说与做的问题。就是要说话算数，说到做到，不放空炮。尤其要做到言必信、行必果，对群众要一诺千金，言而有信，说到做到；对下属要有令即行，有禁则止。这不仅是做人的基本要求，也是为官的底线要求，也是许多领导干部腐败背后人格分裂、底线失守的深层因素。因此，领导干部要懂得“为政之道在诚信”的真谛，坚持做老实人、说老实话、办老实事，切忌说的一套、做的一套，对人一套、对己一套，才能成为人格统一、让人信赖的大写的人。

四、在“干”字上当好表率

习近平强调，空谈误国，实干兴邦。领导干部要认识到，心系群众、埋头苦干，群众就会拥护你、追随你；不务实事、骄奢淫逸，群众就会反对你、疏远你。领导干部的“干”主要体现在想干事、会干成、不出事。既要一心干事、更要一身干净，既要敢于负责、更要勇于负重，才能以务实的作风和工作成效取信于民。一是“想干事”。要树立正确的政绩观，善于走群众路线，始终坚持问政于民、问需于民、问计于民，通过查实情、找规律、想对策，切实做群众普遍想做的事，从而把十八大提出的为民办实事的新思路、新举措、新方法贯穿在具体工作之中。要着眼于打基础、重长远、惠民生的实事，切忌搞劳民伤财、顾前不顾后的“政绩工程”。二是“会干事”。要拿出真正的“看家本领”服务于广大群众，必须探索工作规律，勇于破解现实难题，切实提高工作效率和水准，创造性落实工作，才能把实事做实、好事办好。要凝心聚力办成事，必须做到身先士卒，以自身的人格魅力，把“一班人”团结在自己的周围，始终保持一种锲而不舍的精神和踏石留印的功夫，扎扎实实地干好每一项工作、认认真真干成每一件实事。三是“不出事”。要坚持依法合规办事，执行民主集中制，始终把集体决策放在首位，认真落实“三重一大”议事决策规则，推行党务公开、政务公开，自觉接受群众监督，确保权力在阳光下运行，才能干净做事、做事干净，在为群众谋利益中不出事。

五、在“律”字上当好表率

就是要遵守党的纪律和各项制度，不断约束自我，控制自己的私欲，以人格魅力取信于民。一是遵守政治纪律。遵守政治纪律的核心就是同党中央保持高度一致，这是重大政治原则问题。要牢固树立大局观念、全局意识和党章意识，正确处理保证中央政令畅通和创造性开展工作的关系，在任何情况下都要做到政治信仰不变、政治立场不移、政治方向不偏，决不能在贯彻执行中央决策部署上打折扣、做选择、搞变通。二要慎重用权。法国思想家孟德斯鸠在《论法的精神》中指出：“一切有权力的人都容易滥用权力，这是万古不易的一条经验，要防止滥用权力，就必须以权力约束权力。”对待权力，应做到如临深渊、如履薄冰，做到心有所畏、行有所止。前苏联部长会议主席雷日科夫曾感叹，“权力应当成为一种负担。当它是负担时，就稳如泰山。当权力变成一种乐趣，那么一切也就完了。”实践反复证明，多一些制度铁笼里的拘束，就会少一些监狱铁窗下的痛悔。因此，要提高“用权就要接受监督”的自觉意识，绝不可把权力当作谋私的工具、把政绩当作贪婪的借口、把功劳当作腐败的资本，切忌大事小情“一把抓”，决策拍板“一言堂”，选人用人“一句话”。三是严于律己。打铁还须自身硬，自身净才能自身硬。领导干部严于律己贵在自觉，重在提升，珍惜自己的人格，珍惜自己的政治声誉，做到自重、自省、自警、自励，自觉“修剪”欲望，自觉控制住私欲，提高自我教育、自我提高、自我改造、自我完善、自我革命的能力。要有“宠辱不惊，看庭前花开花落；去留无意，望天外云卷云舒”的豁达胸怀，始终保持淡泊明志、宁静致远的境界，培养良好健康的生活情趣和生活作风，才能经得住考验、抗得住诱惑、管得住手脚，永葆“浩然正气、蓬勃朝气、昂扬锐气”。

（本文原载 2014 年第 1 期《党政论坛》）

加强领导干部诚信价值观建设

领导干部是企业的“精神领袖”，是企业内的“公众人物”，是群体行为规范的“风向标”，其信誉和道德品质直接左右着企业价值取向，潜移默化地影响着员工的行为，在一定程度上决定一个企业和谐文化的构建。诚信价值观既体现了企业的价值取向，又体现了领导干部对真善美的道德追求。

“诚信”作为企业的商誉和信誉，是一笔巨大的无形资产，是企业生命之根、力量之源、和谐发展之本。倘若企业没有诚信，就不可能有人与人之间的和谐，就没有部门与部门之间的和谐，更没有企业与顾客及其他利益相关者的和谐，也就不可能形成完善的市场经济秩序，更没有社会的和谐与稳定。从此意义上说，一个诚信缺失、进退无据、无所依凭的企业不可能构成和谐；一个荣辱颠倒、是非混淆、美丑错位的企业无法实现社会和谐。诚信既是企业建立“和谐文化”的道德底线，又是“和谐社会”大厦的基石。领导干部作为引领企业发展的火车头，其诚信价值观如何，既是企业和谐的前提基础，更是构建和谐文化，促进社会和谐的关键。

领导干部是企业的“精神领袖”，是企业内的“公众人物”，是群体行为规范的“风向标”，其信誉和道德品质直接左右着企业价值取向，潜移默化地影响着员工的行为，在一定程度上决定一个企业和谐文化的构建。诚信价值观既体现了企业的价值取向，又体现了领导干部对真善美的道德追求。一个优秀的企业领导者不仅对市场发展前景、企业拓展方向有正确的把握，而且要能尊重市场经济运行规律，重信用、讲信誉，不会为眼前利益损害长远利益、顾客利益和职工利益。而现实生活中，一些领导干部的腐败行为，其实就是企业利益与顾客利益、个人利益与企业利益、短期利益与长远利益的错位，就是对岗位失职，对企业变节，对员工失信的集中暴露。“信者令也”。职工的执行力，正是基于对企业领导者的信任度决定的，其要义远远大于权力的威慑力。因此，领导干部所处的位置和岗位角色，决定了其必须在其位、谋其政、履其责，才能树立威信，不辱使命，引领企业的发展方向，促进社会的进步与和谐。也就是说，领导干部作为企业发展的“领头羊”，只有忠于岗位、忠于职守，以诚待人、言而有信，才能体现诚信价值观，取信于职工、企业和社会。如果领导干部不讲诚信，不以身作则，其行为就像传染病一样影响职工，使企业失去信用基础，最后导致企业的衰败，影响社会的和谐与稳定。

目前，企业信用的缺失，一方面是由于我国市场经济体制不完善，企业内外的利益结构不平衡、利益关系不顺、缺乏公平性、公正性等因素的影响，另一方面，也与企业领导者在经营管理中“一手硬、一手软”有关。领导者只重视物质利益的功能，纯粹用经济手段运作经济，忽视企业的信用建设，不重视诚信等非经济因素的意义，高尚的诚信精神得不到弘扬，不诚信的行为得不到有效控制，必然造成失信行为的泛滥。从表面上看，许多不诚信事件是职工不重视产品质量，愚弄、坑害消费者导致的。企业被媒体曝光后身败名裂被市场所淘汰，其根本原因还是企业领导人没有的诚信价值观，不按规则办事，见利忘义，纵容失信行为的恶果。可见，建设现代化和谐企业，有赖于一支德才兼备、荣辱分明的干部队伍，更有赖于领导干部道德人格力量的完善和提升。事实证明，德才兼备的领导干部正是以其高尚的道德人格，把工作当成事业，做大做强企业，为国家形象和民族复兴添彩的。这源于他们把党和人民赋予的权力看作是一种责任，源于他们把顾客利益看得高于一切的诚信价值观。因此，诚信价值观既是领导干部最基本的行为规范，更是领导干部构建和谐文化的道德底线。

构建和谐文化，领导干部必须成为诚信价值观的传播者。思想是一切行为的先导。没有领导干部的高度重视，自上而下倡导和信奉，诚信价值观就形成不了共识，职工道德素质就难以有效提升，领导班子就难以团结有力，企业的品牌也就不可能叫得响、信得过、立得住，核心竞争力也就无法形成。从某种意义上说，一个企业的文化，就是企业领导人所展示和传播的文化；一个企业的行为习惯和做事方式，就是在领导干部的影响下形成的；一个企业健康的诚信氛围，就是在领导干部的引导下营造的。领导干部作为和谐文化的第一设计者、倡导者、推动者，企业诚信首先体现在领导干部带头传播诚信价值观上。因此，构建和谐文化必须从内化诚信理念开始，内化诚信理念必须从领导干部率先传播开始。领导干部要把诚信建设作为“一把手工程”，树立正确的荣辱观和政绩观，坚持“以诚治企，以信兴企”，强化职业道德教育，弘扬诚信精神，普及诚信知识，传播诚信文化，打造诚信品牌，重视职工诚信意识的养成，使职工认识到企业是船、诚信是帆，企业是人、诚信是魂的道理，从而营造时时、处处、人人讲诚信的良好氛围，为企业营造和谐的发展环境。

构建和谐文化，领导干部必须成为诚信价值观的示范者。目前，企业在诚信上存在的最大问题是“有知无行”，不少领导干部热衷于提一些惊人的标语口号，或者引入一些新潮的经营理念，但缺乏相应的行为措施，只有心动没有行动，“止于知疏于行”，这是许多企业“集而不团”“大而不强”的重要原因，也是许多企业的文化“看上去很美，说起来很甜，做起来很难”的现实困境。喊破嗓子，不如做出样子。职工对领导干部不仅是察其言，更是观其行的。领导干部要以行立信，当好诚信价值观的示范者，必须坚持言必行、行必果，做知行合一的表率，说老实话、办老实事、做老实人，以真理的力量感召人，以人格的力量凝聚人，以践行诚信价值观的实际行动引导人。“诚信无小事，处处常坚持。”领导干部只有从我做起，从身边的事情做起，从点滴做起，“勿以善小而不为，勿以恶小而为之”，管好别人先管好自己和身边人，号召职工做到的自己首先做到；要求职工抵制的，自己坚决不染指，严格守法经营，遵守各项规章制度，按规则办事，才能以诚立威、以公树威、以绩固威，成为有道德操守的人，深受职工尊重和爱戴的人；反之，德不能高于群，行不能高于众，绩不能服于人，就无法凝聚人心，鼓舞斗志，促进企业和谐，铸造企业辉煌。

构建和谐文化，领导干部必须成为诚信价值观的捍卫者。社会责任是企业对社会诚信的体现。可以预见，当众多的领导者都形成这样的认识并切实承担起企业的社会责任，就会凝聚为一股巨大的力量，不仅可以促进企业的成长壮大，也必将推动社会的和谐与进步。领导干部做诚信价值观的捍卫者，关键是把内外诚信相结合，用制度机制固化诚信理念，真正维护企业和社会公平正义，为构建和谐社会添砖加瓦。对内诚信，就是诚信于职工，坚持“职工利益无小事”，“权为民所用、情为民所系、利为民所谋”，依靠广大职工办企业，切实维护好职工合法权益，解决好职工群众最关心、最直接、最现实的利益问题，促进职工在诚实劳动中共享企业发展的成果；对外诚信，就是尽心尽力诚信于顾客，坚持“诚招天下客、誉从信中来”，妥善处理好各方面利益关系，把社会效益放在第一位，严格契约关系，增强“按合同办事”的意识，以德为先、以义取利，以优质的产品和服务报效国家、取信于民。因此，要建立有利于践行诚信理念的制度安排，把诚信渗透到企业的各项管理制度和流程中，特别是要通过建立诚信档案，纳入到领导政绩考核中，使领导者用诚信理念来经营企业，用诚信制度来管理企业，用诚信机制来规范企业，形成“守信者褒、失信者惩”的制度保障，确保内部诚信体系的建立和完美，从而促进以诚信价值观为基石的和谐文化的形成。

（本文原载 2006 年第 12 期《思想政治工作研究》）

做思与行和谐统一的楷模

——学习柴宝国同志事迹所想到的

老子在《道德经》中说，知人者智，自知者明，胜人者力，自胜者强。凡成功者都是战胜自己、超越自己的强者。柴宝国同志无疑就是这样的强者。他用行为证明了自己的人生信念和人生诺言，他无疑是知行统一的典范，是铁路领导干部的一面旗帜。

柴宝国同志事迹之所以感人，给人以心灵的洗礼和震撼，给人以行动上的激励和鞭策，我以为，柴宝国同志能很好地做到知行统一、言行一致，把思与行和谐统一，把说的和做的完美结合，是重要原因所在。在他身上，体现出这样几个熠熠生辉的闪光点：

一、入党誓词与践行承诺的统一

语言的巨人，行动的矮子，这是对言行不一的人的讽刺。曾几何时，许多人面对党旗宣读入党誓词时热血沸腾，但随着时序的推移，或许那刻骨铭心的一幕幕就慢慢淡出了。但柴宝国同志不是这样，他几十年如一日，把曾经说过的誓词当成庄严的承诺，作为点燃自己的第一生命，并融入学习、生活和工作之中。正如他常说的，共产党员要珍惜自己的光荣称号，每一项工作都要用入党誓词检测一下。他是这么说的，更是这么做的，平时无论什么工作都像拼命三郎似的，以超常的效率、忘我的精神全身心投入其中。也正是因为他"时时刻刻"把入党誓词当作一面镜子，牢记誓词，捍卫誓词，把党的工作看作事业，把事业看得高于一切，才使他以苦干实干拼命干的精神，出色地完成了党交给的每一项工作，真正做到了不仅在组织上入党，更重要的是在思想上和行为上入党。也正是因为他时时刻刻把入党誓词当作一把尺子，度量信念，践行诺言，他才会用超乎常人想象的意志力量，从死神手中抢夺自己最后奉献的有效时间，以尽情燃烧全部的生命能量，生动诠释了新时期铁路共产党员的先进性内涵，成为活在人们心中大写的共产党员，成为时代的精神旗帜。

二、宗旨意识与正确行使权力的统一

立党为公、执政为民是领导干部实践"三个代表"重要思想的基本要求。柴宝国同志之所以能做到"权为民所用"，正确行使自己手中的权力，一个重要原因是他没有把"全心全意为人民服务"的宗旨停留在口头上，而是体现在具体权力行使上。正如他在《党员学习笔记》中记载着的这样一段话："我坚持用一名党员

标准要求自己，时刻想到权力是党和组织给的。只有用毕生精力向组织回报，完成工作是最好的回答。”因为他深知，自己永远是人民的普通一员，手中的权力是人民的重托。正是因为人民群众的喜怒哀乐、艰难困苦，培育了他对人民群众的深厚感情。在他眼里，群众的事再小也是大事，也只有一切为职工群众服务，真情帮助他们解除心头之困和燃眉之急，才能对得起组织和群众的培养，才有实现自己的人生价值可言。也正因为此，他十五年来保持党的先进性，求真务实、无怨无悔地为老百姓服务，以实际行动把党的宗旨落到工作的每一个细节，以实际行动诠释“如何正确行使权力”这一真正内涵，始终保持了一个党员领导干部的浩然正气、昂扬锐气、蓬勃朝气，从而把宗旨意识与自己的做人、做事原则较好地统一起来，使“手握重权不谋私利，身担要职不染污泥”成为他人生的真实写照。

三、自我约束与廉洁勤政的统一

老子在《道德经》中说，知人者智，自知者明，胜人者力，自胜者强。凡成功者都是战胜自己、超越自己的强者。柴宝国同志无疑就是这样的强者。当然，他约束自我的信念和毅力的形成不是偶然的，更不是心血来潮的作秀，而是点点滴滴、刻苦修炼，坚持自我解剖、自我磨砺的结晶。一个人身处建房、管房、分房的敏感位置，竟然八年没有一人对他投诉，这绝非偶然，这与他勇于用批评与自我批评这把解剖刀，剖析自身思想和工作中存在的问题，特别是通过坚持制度、践行规定，铸就自己的信念之剑，是丝毫分不开的。在日常工作中，他注意自我约束，牢牢把好“第一关”，在慎初上管住自己，努力防微杜渐，自觉抵制各种诱惑；牢牢把好人情关，不为亲友谋取任何私利；牢牢把好“总开关”，在道德观、人生观、价值观上下功夫，在廉政建设上当表率，要求别人做到的，自己首先做到，要求别人不做的，自己首先不做，并把自我剖析和践行廉政建设规定制度化。住宅建设工程材料的招投标，是一个敏感问题，在他的主持下，出台了一系列相关文件，从制度上卡死了腐败渠道。每年年初，他和处里的每个人，都要签订党风廉政责任状，还首创了出差签证制度，规定下基层要遵守党风廉政建设的要求，具体到每一餐必交多少钱，在什么样的招待所住宿，等等。对照柴宝国同志的所作所为，只有真正把住自我控制“总开关”的钥匙，并通过带头严格践行各项廉政建设制度规定，才能筑牢防腐堤坝，成为党和人民信得过的优秀共产党员。

如果说，“思”是一种思想、理想和信念，那么，“行”就是一种行为、行动和执行。思是行的基础，行是思的结果，只有把两者有机结合起来，才能达到知行统一。尽管“知易行难”是普遍的一种现象，而恰是在这常人难以做到的方面，才体现出一个人的境界和风范。柴宝国同志用行为证明了自己的人生信念，实践了自己的人生诺言，他无疑是知行统一的典范，是铁路领导干部的一面旗帜，这也是他的事迹之所以让人信服的力量所在，更是其人格魅力得以长存的精神所系。

（本文原载 2005 年第 5 期《上铁论坛》）

官场“两面人”现象透析

“两面人”现象的产生，从表面上看是个别官员的道德、操守出了问题；但如从本质上看，则是一些领导干部的核心价值观出了问题。

《荀子》云：“口能言之，身能行之，国宝也；口不能言，身能行之，国器也；口能言之，身不能行，国用也；口言善，身行恶，国妖也。”言行合一不仅是一种个人品德，也是一种社会责任；更是一个领导干部的必备素养。“两面人”现象的产生从表面上看，是个别官员的道德、操守出了问题；但如从本质上看，则是一些领导干部的核心价值观出了问题。

理想、信念是领导干部核心价值观的重要组成部分，是一个人的精神支柱和奋斗目标，也是一个人的行为动力源泉。现阶段，一些领导干部核心价值观出了问题，其原因主要包括以下几个方面：

首先，理想、信念认知的误区是产生这一现象的思想根源。人的动力离不开信仰和利益。长期以来，很多人对信仰追求的理解存在误区，以为理想信念仅是精神追求，与利益是可以分离的。马克思恩格斯指出：“人们为之奋斗的一切，都同他们的利益有关。”“‘思想’一旦离开‘利益’，就一定会使自己出丑。”这是历史唯物主义的一个基本观点。邓小平同志也明确地讲：“不重视物质利益，对少数先进分子可以，对广大群众不行，一段时间可以，长期不行。”“革命是在物质利益的基础上产生的，如果只讲牺牲精神，不讲物质利益，那就是唯心论。”事实证明，如果离开人的利益来空谈共产主义理想和信仰，往往会造成理想信念的虚化，在此情境下，人们容易丧失奋斗的动力，产生思想与行为的背离。

其次，官本位潜规则是产生这一现象的体制因素。我国有 2 000 多年的封建专制传统，“官本位”思想至今挥之不去，官员层层任命制，“欺上压下”成为官场的潜规则。长期以来，官大于法的现象极为普遍，下属执行的不是政策法规，而是长官意志，事实上造就了领导干部常态性虚伪和两面型人格。江西省原副省长胡长清曾感叹一些制度是“牛栏关猫，进出自如”，意思是制度对他这样级别的领导来说，根本没有约束作用。

再次，现实矛盾和冲突是产生这一现象的文化环境因素。我国正处于并将长期处于社会主义初级阶段，经济社会发展状况与发达资本主义国家相比存在着较大差距，特别是在经济全球化、社会信息化的时代背景下，各种思想文化相互激荡，人们很容易受到腐朽思想的影响。加之，我国已进入改革发展的关键时期，在许多方面存在体制机制不完善、不配套问题，现实生活中的种种矛盾和冲突，导致一些领导干部产生失落感，怀疑社会主义、崇拜资本主义，造成理想信念的扭曲。

知易行难，行重于言。知行统一是领导干部践行核心价值观的重要标志，也是从根本上避免“两面人”现象的必由之路。我们只有加强领导干部核心价值观建设，使之内化于心、固化于制、外化于行，才能使理论与实际相统一、言论与行动相统一、做事与做人和谐统一。

一是强化理论武装，夯实领导干部核心价值观的思想基础。核心价值观的源头是“信”。一般来说，信仰有相信、可信、确信和坚信四个层次。只有坚信，才能成为信仰主体的思想和行为的力量源泉。当前，我们要强化理论武装，切实解决好信仰的动力支撑问题；要加强理想信念教育，承认现实差距，用现实生活中来检验、充实理想信念，不断增强理想信念教育的亲和力和吸引力；要把社会主义核心价值观具体化，使之有机会渗透到政治、经济、文化和社会建设的方方面面，转化为领导干部的人生座右铭，使他们坚定对中国特色社会主义旗帜、道路、理论体系认同与坚守，把自己的人生理想抱负与党和人民的事业紧密相连。

二是净化从政动机，夯实领导干部核心价值观的道德基础。道德是领导干部核心价值观的重要来源，也是从政行事的价值基础。诚信既是一个人道德修养内在的、必备的品质和情操，也是个人内在品质和外在行为的统一。我们要坚持德才兼备、以德为先的选人用人原则，不仅要听其言还要观其行，真正把政治上靠得住、工作上有本事、人民群众信得过的干部选拔上来，从源头上确保干部干净；要加强领导干部党性修养和实践锻炼，领导干部要带头践行社会主义荣辱观，在其位、谋其政、尽其责，切实做到“不让老实人吃亏、不让投机钻营者得利”。通过民主从政、诚信从政、干净从政，堂堂正正做人，兢兢业业从政，实实在在干事，用忠诚和责任提升做好工作的职业使命感。

三是强化干部监督，夯实领导干部核心价值观的制度基础。领导干部不能做到知行统一，除自我管理和约束不到位外，一个重要原因是监督的失效。要改变监督失之于软，失之于宽，失之于迟的状况，我们必须树立法律面前人人平等、制度面前没有特权、制度约束没有例外的意识，优化领导干部监督机制。例如我们可根据英国哲学家休谟提出的“无赖原则”，设计出一种让“无赖”去为公众利益自觉服务的制度，改变对“官员无私”的假定，从而变上级监督下级为下级监督上级，变领导监督群众为群众监督领导，变少数人监督多数人为多数人监督少数人。如此，才能通过问责制、质询制、罢免制，从机制上使领导干部树立立党为公、执政为民的宗旨。

四是强化示范导向，夯实领导干部核心价值观的文化基础。风行于上，俗成于下。律己足以服人，身先足以率人。从某种意义上说，领导者的一言一行是导向，一个单位的文化就是领导人自上而下营造的文化。领导干部作为公众人物，承诺固然重要，关键在于如何把承诺变成看得见、摸得着的现实。在这一方面，中高级领导干部理应要当好表率，力戒夸夸其谈、哗众取宠，避免“口惠而实不至”；不仅说得好还要做得好，要求别人做到的自己首先做到，要求别人不做的自己坚决不染指。实干是真功夫，落实是真本事。领导干部要率先垂范，坚持一级做给一级看，而不能只是一级说给一级听。同时，还要从机制上大力弘扬和传播领导干部在践行核心价值观方面的先进事迹，激励更多的党员干部从点滴做起，从身边做起，把心思用在办实事、求实效上，以知行统一的模范行为引领社会风尚，以领导干部的人格风范促进核心价值观的传播。

（本文原载 2010 年第 6 期《现代领导》）

诚信：构建企业文化体系的基石

诚信体现了企业文化的这一“本质”内涵，反映了企业核心价值体系的根本，所以，只有建立以诚信为基础的企业文化，才能形成一种良好的组织道德，降低企业成员相互交往的交易费用，并由此而获得道德的从众效应；同时，只有把诚信渗透在、凝结于企业系统的精神理念中，才能转化为企业的行为方式和员工的自觉行动。

目前，诚信已成为大众的热门话题，社会各界关注的焦点，制约我国经济和社会发展的瓶颈，影响社会和谐的毒瘤，也成为企业竞争实力强弱的重要标志。十六届六中全会《决议》明确提出：“加强政务诚信、商务诚信、社会诚信建设，增强全社会诚实守信意识。”从我国企业现实情况来看，整顿市场秩序，重建信用体系，建设诚信文化刻不容缓。

一、深化诚信是企业文化基石的认知

企业文化的本质是企业倡导的内在的共同价值观和行为规范，就是“人们提倡什么、反对什么、弘扬什么、抑制什么”，其外在表现就是知行合一的“行为方式”“做事习惯”和“做事风格”。从此意义上说，诚信是基业长青企业的核心价值观，是不同企业文化的共同价值理念，企业行为规范如不体现这一价值观，就难以立足并长远发展，与时代相适应的企业文化体系也就无从谈起。

1. 诚信不仅是企业发展的底线，更是企业的道德防线

爱因斯坦说过：“一切人类的价值的基础是道德”。就是说，企业发展必须要有一个最基本的价值理念，那就是尊重原则，信守规则，遵守道德；企业惟有持有共同的理想和道德标准，才能可持续发展，具有真正的竞争力。GE 正是始终不渝坚持以诚信为核心的企业文化，才使公司成为世界 500 强企业中的典范之一。GE 原 CEO 杰克·韦尔奇说：“我们没有警察，没有监狱。我们必须依靠我们员工的诚信，这是我们的第一防线。”企业没有了诚信这一底线，也就没有了道德防线，没有了道德防线，也就失去了核心竞争力。2001 年，无论是世界 500 强第七位的“巨无霸”安然公司因假账事件申请破产，还是南京冠生园因“陈馅事件”被央视曝光后破产再造，根本原因还是“心灵发霉必然导致事业倒霉”，失去了起码的诚信，无论过去光环多耀眼，结果终被市场所抛弃。“君子爱财，取之有道”，诚信既是经济资源，又是道德资源。假冒伪劣的背后必然是良心的败坏、道德防线的崩溃。“商道既人道”。经商首先是做人、讲德，有德才能征服人心，征服人心

就不愁没有利润。离开了人类诚实本性，不讲道德信誉，市场主体的大厦就如同建立在失去坚实基础的沙滩上，任何风吹潮涨，都会使之顷刻之间崩塌。因此，诚信是所有企业的共同资本，不仅是企业发展的底线，更是构筑百年企业的道德防线，企业得以持续繁荣的重要标志。

2. 诚信不仅是降低市场交易成本的软规则，更是企业精神的鲜明体现

诺贝尔经济学奖得主诺思说过：自由市场的经济制度本身有局限性，它的本身并不能保证效率，一个真正能产生效率的自由市场制度，需要有效的法律制度保证外，还需要有诚实、公正、公平等方面有良好道德的人去操作这个市场。也就是说，诚信是企业之间以及商品交换中的一种信任关系，构成了市场主体之间的自愿交易方式。与法律相比，诚信机制是一种成本更低的维持交易秩序的机制，如果没有这一市场机制构成的市场秩序，无论对厂商还是对客户来说，都意味着巨大且无谓的成本支出。国内企业交易成本之所以高，这与市场不完善、诚信度低息息相关。据有关部门统计，我国每年因诚信缺失而造成的直接损失约达 5 855 亿元，相当于我国财政收入的 37%，我国国民生产总值每年因此减少了 2 个百分点。如果说，法律是硬制度、硬规则，那么，诚信就是一种软制度、软规则，一旦这一“制度”“规则”被破坏，社会就会处于无序状态，任何企业和个人都将深受其害。因此，企业只有依托诚信来进行一切生产经营活动，才能从根本上提升效率，获得持续发展的动力。与此同时，一个企业，推向社会、卖给顾客的不仅仅是商品的本身，更重要的是隐藏在商品内的文化，特别是推销过程中的品德，售后服务中的信誉，无不体现着企业的诚信理念和精神。杭州胡庆余堂的企业精神就是“戒欺”；同仁堂这块金字招牌，三百多年之所以不倒，就是因为它有“品位虽贵必不敢减物力，炮制虽繁必不敢省人工”的古训和“修合无人同见，存心有天知”的信条；海尔之所以能进入世界百个著名品牌行列，关键是持之以恒地坚守“真诚到永远”的核心价值观。因此，诚信不仅是降低市场交易成本的软规则，而且是企业精神的第一要义。

3. 诚信不仅是产品和服务品质的保证，更是企业社会责任的最高境界

从广义上说，诚信是指主体履行承诺的能力和可信任的程度，是社会建立良好秩序和道德风尚的主观前提。就企业而言，产品质量是否优良、服务是否到位，是企业诚信度的最生动体现，也是打造过得硬的企业品牌的重要保证。可以说，名牌的一半是质量，而另一半就是诚信。市场占有量就是品牌诚信度、美誉度、忠诚度最有说服力的证明。因此，诚信给品牌形象带来的价值是巨大的，将维系客户的美誉度和忠诚度，为企业的可持续发展奠定基础。

具体来说，企业诚信约束机制体现在三个层面：法律层面、道德层面和社会责任层面。首先，法律层面的诚信约束是最基本、最低层次的要求。必须明确，现代市场经济中的信用要求，与中国古代传统的诚信要求还是有区别的。在现代社会的市场经济中，诚信不仅是作为一种道德要求，而且同时使行为规范具有了法律基础，对普遍主义的诚信必须建立在法律和契约的基础上，必须依靠政府制定的法律合同、奖惩机制来规范和约束。其次，在道德层面，企业不仅要提供优质的产品和服务保障，对客户保持尊重，还要对员工保证珍惜和爱护，对行业保持平等、正当的竞争行为。特别是在信息不对称情况下，企业也要遵守内在的道德律令对顾客负责。第三个层面，企业还应高标准要求自己，能够果敢地承担起社会责任，处理好企业利益与社会利益、经济利益与自然环境保护的关系，以此获得更广泛的社会公众的尊敬、褒扬传颂，这是企业诚信的最高境界。这个层面的信用是建立在价值观基础上的终极信仰，是一种追求真、善、美的最高境界。从此意义上说，企业要想长盛不衰，成为百年老店，除了优质的产品和服务，别无他途，必须在法律约束、道德约束基础上，建设一种能保证企业生生不息、体现社会责任的文化约束。

综上所述，诚信体现了企业文化的这一“本质”内涵，反映了企业核心价值体系的根本，所以，只有建立以诚信为基础的企业文化，才能形成一种良好的组织道德，降低企业成员相互交往的交易费用，并由此而获得道德的从众效应；同时，只有把诚信渗透在、凝结于企业系统的精神理念中，才能转化为企业的行为方式和员工的自觉行动。一旦当企业自觉把诚信作为一种道德、一种精神、一种境界，渗透于经营管理制度中，贯穿于企业的生产和发展始终，无形中就形成了注重诚信的文化内涵。

二、构建企业诚信文化的路径

当务之急，企业诚信建设必须把诚信作为企业文化体系建设的核心，从构建和谐社会的战略高度，从落实社会主义荣辱观的角度，从影响核心竞争力的长远问题着眼，从解决顾客反映强烈的问题入手，以重点问题的突破带动诚信文化的整体推进。

1. 树诚信理念求共识

从社会心理角度看，失信行为是行事的变异和人格分裂的体现。这与我国传统文化中说一套做一套，该坚持的不敢明确坚持，该反对的不敢明确反对的无原则说教影响有关。一个社会，伦理道德可以没有上限，但决不能没有底线，诚信应是每个员工的最基本的道德守则，成为所有企业的共同价值追求。当然，诚信理念的树立并不是轻而易举的事，而是价值行为改造工程、知行统一原则的坚持过程。和谐社会是文明的社会。文明社会没有特殊公民，领导干部作为引领企业发展的“火车头”，理应率先把诚信当作“一把手”工程，带头树立、维护和传播诚信价值观，才能通过宣传教育和开展各种活动，影响和促进员工树立诚信就是责任、就是形象、就是效益的理念，并落实到岗位实践中。一方面，要把诚信文化纳入岗位培训之中，强化职业道德、职业纪律、职业理想和相关法律法规的教育，普及诚信知识，弘扬诚信传统，增强合同观念，不断提高员工的敬业素质、思想道德和遵纪守法水平，使诚信理念真正成为所有员工的职业信条。另一方面，各级组织要以诚信文化为主题，结合身边案例开展“我距诚信服务有多远”“失去诚信会怎样”大讨论，积极组织“诚信在岗位、满意在窗口”主题实践活动，通过生动活泼文化融入、深入浅出的理念引导，探索诚信宣传教育的新途径，增强诚信理念的渗透力、影响力和感召力，营造诚信光荣、失信可耻的舆论氛围，为企业持续发展增添后劲。

2. 育诚信品牌拓市场

品牌的灵魂是文化，基石是品质，核心是信誉。诚信的积累过程就是品牌的形成过程，而品牌的形成过程就是积累诚信度、拓展市场的过程。品牌不仅是信用和质量的标志，更是诚信理念的人格化。企业的决定要素是人。先进的技术和管理制度，都可以从国外引进，只有员工的道德水平没办法引进。员工队伍道德水平的高低，直接决定着企业的信用程度，也关系到企业的外部市场开拓。市场的竞争本质就是人的道德素质在品牌上的竞争。因此，诚信建设只有以人为本，以德育人，打造高品位的人品，培育高素质的忠诚员工队伍，才能打造出信得过、立得住、传得开的知名品牌。一要强化员工敬业精神的提升，从诚信的角度选树“诚信使者”，从无形资产的角度开发品牌，重视发挥以劳模为代表的典型示范作用，升华品牌内涵，弘扬品牌精神，巩固和拓展诚信品牌的市场影响力。二要强化品牌管理。精心构建品牌战略，健全品牌动态管理办法，构建有利于品牌成长的激励约束机制，以信誉占领市场，以服务巩固市场，以品牌扩大市场，以顾客满意度检验市场，促进品牌发展的良性循环。三要强化品牌传播。坚持以事实为依据的原则，不搞违背道德的急功近利，不宣传虚假信息，不吹嘘产品的功能，不夸大产品的功效，做不到的事情绝不轻易向顾客承诺。这样才能以高尚的人格打造高尚的品牌，以高信用度的品牌形象拓展产品市场空间。

3. 建诚信机制促长效

邓小平同志说过，制度是决定的因素。制度好可以让坏人无法随意干坏事，制度不好，好人也无法干好事。在经济社会中，特别是社会转型道德水准普遍良莠不齐情况下，单纯地从伦理道德的层面上要求企业讲求诚信，效果是有限的。2001 年中国加入 WTO 后，WTO 总干事穆尔给了我们一个非常重要的提醒：中国入世后，从长远看，最缺的不是技术、资金和人才，而是信用和建立完善信用体系的机制，适应全球化的公正、透明的竞争规则。就是说，当下，只有当诚信能够带来利润，不诚信会带来损失时，经济主体才会讲诚信；只有让失信者无处藏身，才能让守信者名扬天下。因此，诚信文化建设绝不能片面追求“活动”效应，而是要有全球眼光，立足于国际竞争，按制度办事，按规则管事，通过构建制度平台，形成与国际通则接轨的信用法律法规信用制度体系，促进企业诚信长效机制的形成。一是构建责任机制。制定适合岗位特点、简明具体、易于操作、便于考核的道德行为规范，确保诚信责任的逐级落实，并细化到领导层、管理层、操作层。

二是构建监督评估机制。着力构建顾客、社会舆论和中介调查机构“三位一体”的诚信评估机制，形成公正、公开、公平、科学的评估体系，确立以顾客满意不满意，群众拥护不拥护作为诚信的唯一标准，特别是通过加强社会监督，建立行业信用信息发布和共享机制，实现不同信用度企业的优胜劣汰；三是构建激励约束机制。把诚信渗透到企业的各项管理制度和流程中，特别是纳入到干部职工绩效考核中，使诚信状况与工作绩效挂钩，最终为形成“守信者褒、失信者惩”的信用机制提供制度和动力保证。

综上所述，诚信本质上是所有成功企业文化体系的基石，体现为一种道德，一种规则，一种境界，一种和谐。具体一点说，就是用最好的产品和服务满足市场的需求；就是在企业的发展过程中使国家、社会和职工都能受益，共享发展的成果；就是在企业内部形成平等友爱、公平正义、融洽相处、团结奋进的发展氛围，在企业外部形成相互尊重、相互信任、相互支持、互利共赢、和谐一致的文化环境。

（本文原载 2004 年第 10 期《上铁论坛》）

带头践行社会主义核心价值体系

核心价值体系的主要表现形式是信念、信仰、理想和道德。从某种意义上说，核心价值体系的形成是自上而下倡导、自下而上升华的结果。领导干部的权力本身既是一种价值，更是创造价值的工具。如果说，行政权力是领导干部创造价值的硬实力，那么，以社会主义核心价值体系为内涵的人文素养，就是领导干部创造价值的软实力和影响力。

十七大报告明确提出，要巩固马克思主义指导地位，坚持不懈地用马克思主义中国化最新成果武装全党、教育人民，用中国特色社会主义共同理想凝聚力量，用以爱国主义为核心的民族精神和以改革创新为核心的时代精神鼓舞斗志，用社会主义荣辱观引领风尚，巩固全国各族人民团结奋斗的思想基础。笔者认为，社会主义核心价值体系重在建设，关键在行，在这方面，领导干部的"火车头"作用至关重要。

一、带头做社会主义核心价值体系的认同者

核心价值体系的主要表现形式是信念、信仰、理想和道德。从某种意义上说，核心价值体系的形成是自上而下倡导、自下而上升华的结果。核心价值体系的认同首先是领导干部的信仰理想的坚定。当然，这一过程并不是轻而易举、自然而然形成的，而是强化学习、理论武装、坚定信念的结果。理论上的成熟是政治上成熟的基础。真信始于真学，真用源于真信。真心认同社会主义核心价值体系，就必须把"真学"贯穿始终，强化创新理论学习和思想改造，坚持用马列主义、毛泽东思想、邓小平理论、"三个代表"重要思想和科学发展观武装头脑，坚持用马克思主义的立场、观点、方法来认识世界，认识人类社会发展的客观规律，才能提升自觉意识，升华思想境界，把真学转化为坚定的理想信念，转化为科学的政治信仰。实践证明，没有了领导干部的高度认同，核心价值体系就难以生根开花结果，成为自觉的行为。作为党员领导干部，没有共产主义信仰，没有中国特色社会主义共同理想，其后果是非常可怕的。政治信仰的动摇，理想信念的弱化、缺失，必然导致经济上的贪婪、道德上的堕落和生活上的腐化。如果说，社会主义价值体系的下线是社会道德，那么，其中线就是理想信念，上线就是科学的政治信仰。有无科学的政治信仰，是领导干部是否认同社会主义核心价值体系的重要标志。因此，只有把领导干部的科学政治信仰建设作为首要战略任务，贯穿于经常性理论武装之中，贯穿于世界观、人生观、价值观改造之中，渗透于日常

生活行为之中，才能做到沐雨栉风、初衷不改，不因环境变化而心灵浮躁，不因诱惑太多而步子大乱，更不因党内出现腐败现象而丧失信心，从而为社会其他成员树立正确的价值导向提供“坐标”。

二、带头做社会主义核心价值体系的传播者

社会主义核心价值体系是党的思想升华、理论概括、精神提炼、体系建构的结晶，源于生活、高于生活，来自群众、引导群众。科学正确的价值理念，只有通过有效传播，被人民群众普遍接受、理解和掌握，才能转化为社会群体的共识，为人们所自觉遵守和奉行。领导干部既是社会主义核心价值体系的设计者、提炼者，也应是忠实的传播者、引领者。一是导向上旗帜鲜明，寻求共识。要运用马克思主义的基本立场、观点、方法，特别是用中国特色社会主义的实践教育人民，讲清楚社会主义核心价值体系之所以先进的理由，讲清楚那些落后的社会思潮之所以有害的原因，从而澄清思想是非，揭露错误本质，在多样化思潮中确立主导地位，在多样化观念中寻求最大共识。二是内容上敬畏文明，吸收借鉴。领导干部要借鉴一切社会文明普适的价值成果，特别是从践行社会共同价值观的典型人物身上提炼有益元素，以丰富和发展社会主义核心价值体系自身。社会主义核心价值体系是一个开放的系统，只有坚持稳定性与创新性统一、主导性与包容性统一，科学进行核心价值体系的提炼与整合，才能把握人类先进价值取向。因此，既要善于包容，更要善于批评，既要鼓励先进，又要照顾多数，才能把先进性要求同广泛性要求结合起来，树立起符合国情、普遍认同的“旗帜”和主张。三是方法上讲究艺术，提升能力。社会主义核心价值体系是一种创新理论，既需要真情传播，更需要艺术传播，才能在融会贯通基础上，从理论形态向心理形态转化，由抽象概念变成社会共识。要克服简单灌输的倾向，使理论生活化、生活理论化，特别是通过直面现实、直面生活，用群众的语言讲群众最关心的事情，解群众最想解决的疙瘩，使理论与实践“无缝对接”。这既是领导干部的社会责任，更是新形势下对领导干部传播能力的实际检验。

三、带头做社会主义核心价值体系的示范者

领导干部的示范作用集中体现在道德、文化、作风三个层面：一是道德层面。领导干部既要忠诚敬业，更要公道正派。宗旨是最高价值，领导干部牢固树立为人民服务的宗旨意识，忠于党、忠于国家、忠于岗位，这是最起码的道德要求。领导岗位首先是一种为民服务的职业，必须基于“以民为本”价值观的领导才有影响力，只有用群众满意不满意、高兴不高兴、赞成不赞成、答应不答应来检验工作的质量高低、效果好坏，才有说服力。所谓正派，就是坚持“清清白白为官，踏踏实实做事，堂堂正正做人”，不阳奉阴违做两面派，不台上讲一套、台下做一套，嘴上反腐败，行动搞腐败。其实，“两面人”现象的本质是“人格分裂症”，这既是领

导干部道德底线崩溃的标志，也是社会诚信问题的污染源。二是文化层面。领导文化的核心是价值观，解决“我是谁，为了谁，依靠谁，利于谁”的价值定位问题。领导干部只有视人民为本，时刻把群众的利益放在心上，自觉处理好公与私的关系，才能把个人利益服从党和人民利益，在成就党和人民的事业中成就自己，在实现党和人民群众的利益中实现自己的正当利益。三是作风层面。作风建设不是抽象的而是具体的，体现在领导干部思想、学习、领导、工作、生活的方方面面。当务之急，必须从最基础的生活作风抓起，讲操守，重品行，自觉净化社交圈，培养健康的生活情趣，保持高尚的精神追求，才能求真务实，理论联系实际，做到工作学习化、学习工作化、工作创造化；才能树立正确的政绩观，管好别人先管好自己，做到原则不动、底线不松；才能思想感情上贴近群众，工作中体察民情、了解民生、顺应民意，以实际行动取信于民，为践行社会主义核心价值体系提供行为示范。

领导干部的权力本身既是一种价值，更是创造价值的工具。如果说，行政权力是领导干部创造价值的硬实力，那么，以社会主义核心价值体系为内涵的人文素养，就是领导干部创造价值的软实力和影响力。实践证明，领导干部只有软、硬实力融合，理论与实际结合，有形与无形互补，才能以健全的人格服务党和人民，以求真务实的精神奉献社会，以和谐的心态成就自我人生，才有资格和能力践行社会主义核心价值体系。

（本文原载 2008 年第 2 期《领导科学》）

第九编

领导力与学习型组织建设

党的十九大报告指出:“领导十三亿多人的社会主义大国,我们党既要政治过硬,也要本领高强。”正如习近平总书记强调的,位高并不意味着能力就自然提高,权重并不意味着本领自然增强。要坚持领导干部带头,推动全党深入领会习近平新时代中国特色社会主义思想的时代背景、科学体系、精神实质、实践要求,着力把党的十九大精神转化为理想信念、工作思路和促进发展的精神动力。

现代企业与企业之间的竞争实质上是企业领导者战略思维的较量,特别是学习力的竞争。世界500强经验表明,企业是动态发展的过程,要在激烈的市场竞争中立足,保持生机和活力,最好的办法是学习,尤其是全员学习,比对手学得更好更快,才能保持核心竞争优势。因此,建设学习型组织文化是竞争力的源泉,是企业生存和发展的助推器,也是改善心智模式的内在要求。建设学习型组织,要充分发挥领导干部的引领示范作用,既要做学习型组织建设的积极倡导者、精心组织者、大力推动者,又要做不断学习、善于学习的示范者和排头兵,这是新形势下胜任领导工作的必然要求,也是促进企业可持续发展的应有之义。

火车跑得快，全靠车头带

从某种意义上说，一个企业的文化，就是企业领导人所展示和传播的文化；一个企业的行为习惯和做事方式，就是在领导干部的影响下形成的。

习近平总书记在上海考察时曾强调，培育和践行社会主义核心价值观，贵在坚持知行合一、坚持行胜于言，在落细、落小、落实上下功夫。特别要抓好领导干部、公众人物、青少年、先进模范等重点人群。过去有一句老话，叫做"火车跑得快，全靠头来带"。因此铁路行业践行社会主义核心价值观，体现铁路精神，"头"是关键。

一、践行新时期铁路精神，"头"是关键

律己足以服人，身先足以率人。践行新时期铁路精神，只有体现从"头"做起，领导干部身体力行、率先垂范，树立正确的价值导向，才能发挥带头、带动作用，使新时期铁路精神真正成为人们心灵的罗盘，成为引领铁路企业发展进步的强大正能量。

1. 领导干部是铁路群体行为规范的"风向标"

这是由领导干部的角色和地位决定的。顾名思义，领导干部是领路者和导向者，其精神状态和行为方式如何，既是个人行为的体现，更是企业行为的代表。从 80/20 法则看，领导者在企业虽是少数，但却是决定次要的多数。领导干部行为背后的权力观、地位观、利益观和政绩观，无不体现着铁路倡导的精神和价值观的取向。职工正是从身边领导干部的一言一行来认识企业价值取向的。因此，领导干部是群体行为规范的"风向标"，他的一言一行都具有示范导向作用，一点一滴都折射出企业的精神坐标和价值导向。

2. 领导干部是企业公信力的"火车头"

企业公信力首先体现为领导干部的公信力。职工对领导干部不仅是察其言，更是观其行。职工的执行力如何，基于其对领导者的信任度如何。领导者廉洁奉公、作风正派、严于律己、身体力行，那么他在职工群众中的威信就高。领导干部在企业的角色，决定了他必须说到做到，在其位、谋其政、履其责，从而成为引领企业公信力的标杆。如果领导干部"台上一套、台下一套"，说与做反差太大，不以身作则，其行为就像传染病一样影响到职工，企业内部就会潜规则盛行，损害新时期铁路精神的践行，使企业失去信用基础。从此意义上说，领导干部如何践行铁路精神，不仅是个人问题，而且还会影响到整个行业的公信力。因此不

可等闲视之。

3. 领导干部是企业精神楷模的"人格化"

领导力就是人格力，有人格力才有真正意义上的感召力和执行力。职工是否真心服从领导，自愿跟随领导，取决于领导者是否有人格感召力。从某种意义上说，一个企业的文化，就是企业领导人所展示和传播的文化；一个企业的行为习惯和做事方式，就是在领导干部的影响下形成的。楷模人物是企业精神的化身，企业倡导彰显铁路精神的楷模人物，领导干部自身首先应成为职工效仿的榜样。从此意义上说，领导干部不仅要选树典型，更要把自己塑造成人格楷模。其人格力量一旦被员工所接受，就会上行下效、潜移默化地影响员工行为，进而促进健康企业文化的形成。

二、领导干部要成为践行新时期铁路精神的模范

领导干部践行新时期铁路精神，重在角色到位、知行合一，在带头认同、倡导和践行上下功夫、做表率。

1. 着眼于内化，做到带头认同

新时期铁路精神的认同，首先是领导干部基于认知、内化基础上的认同。就是要围绕新时期铁路精神，把握为什么、是什么、怎么做。当然，这一过程并不是自然而然形成的，而是强化学习、理论武装、坚定信念的结果。真信始于真学，真用源于真信。真心认同，就必须强化新时期铁路精神是行业凝魂聚气、强基固本的基础工程这样一个认识，提升自觉意识，升华思想境界，集聚推进铁路科学发展的正能量，把真学转化为坚定不移的信念追求。因此，领导干部必须站得高、看得远，特别是从实现中华民族伟大复兴中国梦的高度来认识铁路企业精神的要义，从铁路可持续发展的维度来认识铁路企业精神的现实意义，从建设铁路精神家园的角度认识增强软实力的凝心聚力作用，从铁路文化建设的着力点上去认识铁路企业精神传承的意义，才能从战略上把握铁路企业精神的内涵和实质，增强带头践行新时期铁路精神的责任感和使命感。

2. 着眼于推动，做到带头倡导

领导干部要带头倡导和传播新时期铁路精神，积极营造有利于践行新时期铁路精神的浓厚氛围。要敢于弘扬正气，反对歪风邪气，要大力宣传践行新时期铁路精神的新事物、新典型和新风尚，理直气壮地批评背离新时期铁路精神的错误言行，形成崇尚新时期铁路精神为荣、违背新时期铁路精神为耻的人文环境。要克服简单灌输、居高临下的倾向，充分利用新兴媒体，运用纪实影像宣传片和讲故事的方式，传播职工身边"最美人物"，使精神由抽象变为形象，由理念到现实，进而使职工对新时期铁路精神产生共鸣，在"接地气"中生根、开花、结果。同时，还要从制度机制上倡导，建立有利于新时期铁路精神践行的制度安排，努力把新时期铁路精神的弘扬常态化和规范化，使精神力量像空气一样无时不有、无

所不在，渗透于铁路安全经营管理的全过程。这既是领导干部的履职责任，更是新形势下对领导干部能力的实际检验。

3. 着眼示范，做到带头践行

喊破嗓子，不如做出样子。领导干部要用自己的实际行动去践行新时期铁路精神，成为职工群众树立效仿和追随的榜样。因此，领导干部不仅要增强思想自觉，更要增加行动自觉，努力做到以"知"促"行"、以"行"促"知"、言行一致、知行统一。管好别人先管好自己和身边人，号召职工做到的自己首先做好；要求职工抵制的，自己坚决不染指，严格守法经营，遵守各项规章制度，按规则办事，成为有道德操守的人，深受职工尊重和爱戴的人。反之，德不能高于群，行不能高于众，绩不能服于人，就无法凝聚人心，鼓舞斗志，促进企业和谐，铸造企业辉煌。因此要强化"向我看齐"意识，以群众路线教育实践活动为契机，以"三严三实"为镜，以更高的标准、更严的要求、更实的作风，讲党性、重品行、作表率，从我做起，从身边的事情做起，从小事做起，"勿以善小而不为，勿以恶小而为之"，坚持不懈、久久为功，成为职工信得过的人格化楷模。当然，领导干部带头践行新时期铁路精神既要强化自律，更要注重他律。有关部门要加强管理和监督，把铁路精神量化、细化、具体化，转化为领导干部的行为规范和职业准则，并成为领导作风建设考查和升迁的重要依据。

古人云："上好德则下无隐。"就是说，居上位的人崇尚美德，下面的人就不会做不好的事。践行新时期铁路精神也一样。只有领导干部带头学习践行新时期铁路精神，成为坚定的信仰者、促进者和自觉实践者，时时处处做出好的榜样，才能以健全的人格服务于党和人民，以求真务实的精神奉献企业，以和谐的心态成就自我价值，才有资格和能力当好践行新时期铁路精神的火车头。

（本文原载 2014 年第 4 期《上海建设交通政工研究》）

关于新时代领导能力与"强基达标、提质增效"工作主题的思考

"打铁必须自身硬。"从提高执政能力入手，突出强化领导干部政治过硬、本领高強，这是新时代对领导干部承担新使命的必然要求，也是落实"强基达标、提质增效"工作主题的应有之义。

习近平总书记在党的十九大报告中明确指出："领导十三亿多人的社会主义大国，我们党既要政治过硬，也要本领高强。"这其实是对新时代领导干部领导能力建设提出了新要求。铁路总公司党组提出的"强基达标、提质增效"(以下简称"工作主题")工作主题，作为一种理念和思路，既是做好铁路工作的科学思维方式和方法论，也是检验领导干部政治是否过硬、本领是否高强的重要标尺。

一、聚焦"政治过硬、本领高强"的要求，深化"工作主题"之于领导能力重要性和紧迫性的认识

十九大报告基于"打铁必须自身硬"，从提高执政能力入手，突出强化领导干部政治过硬、本领高强，这是新时代对领导干部承担新使命的必然要求，也是落实"工作主题"的应有之义。这是由新时代提出的客观要求、关键少数的特殊地位、高铁时代责任担当、存在的突出问题决定的。

一是进入新时代的客观要求。新时代要求新作为，新作为呼唤新能力。十八大以来，以习近平同志为核心的党中央，带领全党解决了许多长期想解决而没有解决的难题，办成了许多过去想办而没有办成的大事，推动党和国家事业发生历史性变革，中国特色社会主义进入新时代。在此进程中，中国铁路也已进入到由大到强的历史新起点，如何把握新的历史方位，树立人民铁路为人民的宗旨，解决好不平衡不充分的矛盾成为铁路人落实"工作主题"的重大责任。因此，如何用习近平新时代中国特色社会主义思想武装头脑、指导实践、推动工作，必须按照政治过硬、本领高强的要求，切实加强领导班子能力建设，切实提高政治能力和专业素养，切实做到专业知识、专业能力、专业作风、专业精神的统一，才能培养一支对党忠诚、勇于创新、治企有方、兴企有为、清正廉洁的优秀领导干部队伍，在落实"工作主题"、推进交通强国中当好先行。

二是"关键少数"的特殊地位。"工作主题"尽管是对铁路全行业全员工作的要求，但首先是对领导干部提出的要求，这是由其作为"关键少数"的特殊地位决定的。领导干部虽然人数不多，但却是铁路事业发展的骨干力量，承担着定方

向、谋大局、聚合力、促发展的重大责任。特别是铁路公司制改制，将推动国铁从传统运输生产型企业向现代运输经营型企业转型发展，对领导干部能力建设提出了新的更高的要求。作为决定“次要多数”的关键人物，只有加强自身建设，具备良好的政治能力、精湛的专业精神和专业素养，拥有过硬的管理能力和带好队伍的本领，才能给下属以示范，引领全员落实“工作主题”，进而拓展铁路事业新局面。

三是高铁时代安全发展的社会责任。“工作主题”着眼问题导向和底线思维，从强化基层、基础和基本功抓起，寻求铁路各项工作稳定可靠的标本兼治之策，既是基本工作理念和方法论的体现，也是高铁时代对领导能力的内在要求。特别是随着复兴号动车组的正式运营，对安全基础管理的要求越来越高，对领导干部安全管理的能力越来越高。如何彰显交通强国、铁路先行的社会责任，特别是确保高铁和旅客安全万无一失，迫切要求领导干部境界、使命、作风和能力随之提升，才能牢固树立安全发展的理念，以严谨细致的态度和万无一失的工作要求，落实人防、物防、技防“三位一体”安全保障体系工程，巩固高铁持续发展的安全基础。

四是履职能力不足的现实挑战。打铁必须自身硬，打铁的人必须成为铁打的人。领导干部履职能力是铁路事业发展的基础和关键，也是“工作主题”的应有之义。与新时代新体制要求相比，铁路系统领导干部能力不容乐观，满足现状、因循守旧、动力不足等与“工作主题”要求还有较大差距。由于长期按照计划经济的管理模式运作，使各级领导干部习惯于被动执行，普遍存在“上级怎么说我们就怎么做”的思维惯性。因循守旧、不思变革、万事不求人的思想，浮躁、虚夸、急功近利的思想，墨守成规、以求同代替求异的价值取向，以及“出头椽子先烂”“枪打出头鸟”之类的思想观念根深蒂固，“官本位”意识普遍存在。调研表明，在铁路企业改制、建立现代企业制度的大背景下，领导干部政治能力、经营管理能力、创新能力不高的问题仍较突出，成为制约铁路事业发展的短板因素，需要有针对性地加以补强和改进，才能与其担负的职责相适应。

二、聚焦“政治过硬、本领高强”的要求，在落实“工作主题”中切实提升领导干部能力

“工作主题”能否在实践中贯彻落实，关键在于领导干部能力全面“提质”。当务之急，要以问题为导向，围绕十九大精神和落实“工作主题”对领导能力建设的新要求，找差距、补短板、强弱项、促发展，着力在政治能力、管理能力、创新能力、团结协作能力和自律修为能力上“强基达标”。

1. 强政治建设之基，把提高政治能力作为首要任务

这是领导干部能力建设的首要任务。把政治建设摆在首位，不仅要强调政治态度，而且要提升政治能力。政治能力主要包括以政治方向、政治立场、政治

观点、政治纪律、政治鉴别力和敏锐性。政治能力是核心能力，是决定其他能力的基础和关键因素。如果说，政治标准是衡量领导者是否合格的第一标准，那么，政治能力是领导者的首要条件。提高领导能力，第一位的是提高政治能力。党组织选拔任用干部，首先看干部政治上清醒不清醒、坚定不坚定，说到底就是看政治能力强不强。领导者没有对党的事业和领导核心的忠诚度，没有正确的政治方向、立场和观点，就会失去奋斗的目标和前进的动力。许多干部犯错误就是从不讲政治规矩、不守政治纪律开始的。事实证明，政治立场动摇，丧失共产主义理想和信念，就是拒腐防变精神支柱的崩溃，必然导致思想行为上的蜕变和生活上的堕落。铁路领导干部是执行党的路线方针政策的组织者和推进者，讲政治是第一位的要求，提高政治能力是履行领导职能的首要能力和永恒课题。要着眼“政治过硬、本领高强”对提高政治能力的新要求，弘扬忠诚老实、公道正派、实事求是、清正廉洁等价值观，紧紧围绕理想信念这个“总开关”问题，学深悟透习近平新时代中国特色社会主义思想，深刻把握其科学体系、精神实质、丰富内涵、实践要求，在政治历炼中提高思想理论水平的政治鉴别力，在筑牢信仰之基、补足精神之钙、把稳思想之舵中永葆共产党人的政治本色。要严肃党内政治生活，增强党性体检的政治自觉和行动自觉，不断坚定“四个意识”“四个自信”，牢固树立政治理想，正确把握政治方向，坚定站稳政治立场，严格遵守政治纪律，自觉把讲政治贯穿于日常工作和党性锻炼全过程，使自己的政治能力与担任的领导职责相匹配。

2. 强创新发展之基，把提高经营创效能力作为内在动力

这是新时代领导干部发展能力的应有之义。创新创效，是一个企业持续发展的不竭动力，也是领导干部落实“工作主题”不可缺少的重要能力。如何提高铁路经营创效水平，解决本领恐慌问题，适应传统运输生产型企业向现代运输经营型企业转型发展，是领导干部能否治企有方、兴企有为的现实要求。一是提高学习能力。要切实增强知识不足、本领不足、能力不足的紧迫感和危机感，树立终身学习的理念，紧跟铁路建立现代企业制度步伐，适应建设、管理、运营最发达铁路网和最现代化高铁网要求，深入钻研铁路经营管理业务，加强对现代企业管理、法律法规等各方面知识的学习，在完善知识结构中成为守法规、懂经营、善管理的领导干部。二是创新经营创效思路。创新思路是领导能力的集中体现。以问题为导向，培养创新意识、创新精神和创新思维，探索与新时代新体制要求相适应的经营发展新思路。要把“交通强国、铁路先行”作为铁路经营创效的总体思路和社会责任，按照新时代中国特色社会主义发展的战略安排，充分发挥铁路作为综合交通体系和综合物流体系的骨干作用，进一步做强做优做大国铁企业，义不容辞地承担起建设交通强国的先行责任。三是探索经营创效机制。实践经验告诉我们，对经常出现的问题要从规律上找原因，对反复发生的问题要从制度上找原因，对于长期没有很好解决的问题要从体制机制上找原因。要紧盯社会主要矛盾的新变化，突出铁路发展的阶段性特征，着眼于国铁资产做大做强做优，处理好公益性和营利性之间的关系，从探索建立现代企业制度入手，体现创新发展理念、转变发展模式、破解发展难题，努力构建服务经济社会发展、以效益为导向的经营管理新机制。四是落实经营创效发展战略。目前，铁路面临各种运输方式的挑战，特别是移动互联网时代的管理变革，迫切要求提高适新应变能力，自觉与先进企业结成战略联盟，实现高铁网与互联网的深度融合。要落实创新驱动发展战略，深化铁路运输供给侧结构性改革，探索推进大数据、人工智能等技术在铁路各领域的应用，在整体提升铁路运输网络化、信息化、快捷化能力中提高经营创效水平。

3. 强基础管理之基，把提高企业落实能力作为基本要求

企业基础管理能力是领导干部必须具备的基本功，也是落实"工作主题"的必修课。铁路大联动机的特点，决定了狠抓工作落实是领导干部最重要的基础管理能力。推动铁路科学发展，既要有科学的决策，更要有坚强有力的执行落实能力做支撑。一要升华落实工作理念。要强化大局意识，树立全路一盘棋的思想，创造性贯彻落实好上级领导和部门的指令和要求。把铁路运输安全放在各项工作的首位同时，要开阔视野，自觉服从服务于经济社会发展大局，跳出铁路看铁路，推动各种交通方式实现优势互补、融合发展，有效降低全社会物流成本，为经济社会发展提供强有力保障和支撑。二要提高落实工作效能。着眼工作高效落实，分清轻重缓急，善于从文山会海中解脱出来，从繁杂的应酬中解脱出来，把主要精力放在议大事、抓难事、办实事上，强化明确的目标、周密的部署、过硬的措施、严格的督促检查，把决策和部署变为可操作的切实行动。三要建立落实工作的机制。按照现代企业制度的要求，积极推进规范化公司制改造，建立健全权责统一、运转协调、有效制衡的公司法人治理结构，不断提高依法合规工作效能，探索与新体制要求相适应的工作落实机制和规律。

4. 强凝心聚力之基，把提高团结协作能力作为重要任务。这是对领导班子整体能力的必然要求

上下同欲者胜。团结就是力量。团结协作是领导班子带好队伍、成就事业的基础。一是要以事业促团结。一把手要有宽阔的胸襟和容人的气量，以共同的事业负起带头搞好团结的责任，努力形成靠共同事业支撑团结，靠公道正派维系团结、靠严格制度巩固团结，靠同志情谊提升团结的氛围。二是要以协调促团结。班子成员要按分工履行职责，主动加强协调沟通，减少不必要的矛盾和隔阂，自觉地把工作放在大局中考虑，做到分工不分家，在相互补台中保证各项工作的落实。三是要以制度规则促团结。要贯彻习近平总书记对国有企业改革提出的"两个一以贯之"的要求，进一步落实"三重一大"议事规则，健全完善组织生活会制度、民主生活会制度、班子成员之间谈心交流制度等，使班子成员间推心置腹、坦诚相见，在开展批评和自我批评中增进理解、促进团结。要树立正确用人导向，以党性原则和制度规则破除各种潜规则和“小圈子”，营造风清气正的政治生态。

5. 强非权力影响力之基，把提高自律修为能力作为人格追求。这是“工作主题”对领导干部底线能力和人格魅力的迫切要求

领导干部的影响力一般分为两种，一种叫权力影响力，是由领导干部的职位和地位天然衍生出来的，另一种是非权力影响力，是靠领导干部的个人修为和人格魅力所取得的。如何提高领导干部的非权力影响力，是一门学问，更是一种艺术。一是在加强培训中提高影响力。要提高学习能力，倡导做学者型、儒雅型、复合型的干部，把提高领导干部影响力作为一项必修课程来抓，采取高端讲堂、跨界体验等方式，将领导艺术纳入党校干部培训班的课程，善于把优秀传统文化与现代领导管理艺术相结合。二是在自我修炼中提高影响力。要加强官德修养，带头践行社会主义核心价值观，自觉遵守廉洁自律各项规定，自觉用党纪政纪约束自己，管好配偶、子女和身边工作人员，在日常工作和生活中严格做到自重、自省、自警、自励，一身正气，两袖清风。三是在知行合一中提高影响力。要以“不忘初心、牢记使命”主题教育为契机，自觉提高人格境界，坚持以知促行、以行促知，要求别人做到的自己首先做到，要求别人不做的自己带头不染指，自觉转变领导作风和工作作风，自觉发扬艰苦奋斗的优良传统，以强烈的事业心、责任感和一往无前的不懈追求赢得尊重，以知行合一、说到做到的人格魅力以上率下，为铁路改革发展贡献智慧和力量。

党校要把提高领导干部政治能力放在首要位置

政治能力就是把握方向、把握大势、把握全局的能力，就是保持政治定力、驾驭政治局面、防范政治风险的能力。党校必须主动担当，提高对领导干部政治能力放在首位重要性和紧迫性的认识，自觉把政治能力建设贯穿培训工作全过程。

习近平总书记在党的十九大报告中强调，把党的政治建设摆在首位，要求全党同志特别是高级干部要加强党性锻炼，不断提高政治觉悟和政治能力，把对党忠诚、为党分忧、为党尽职、为民造福作为根本政治担当，永葆共产党人政治本色。关于“政治能力”，习近平总书记在中央党校省部级主要领导干部学习贯彻党的十八届六中全会精神专题研讨班上强调，政治能力就是把握方向、把握大势、把握全局的能力，就是保持政治定力、驾驭政治局面、防范政治风险的能力。他不仅提出了什么是政治能力，而且提出了如何提高政治能力的途径和目标。因此，党校学习贯彻十九大精神，必须用习近平新时代中国特色社会主义思想武装头脑，把提高领导干部政治能力作为政治建设建设的重要课题摆在首要位置。

一、强化主动担当意识，不断提高对领导干部政治能力放在首位重要性和紧迫性的认识

实践证明，领导干部的第一能力是政治能力，但政治能力不是与生俱来的，也不可能随着职务的升迁而自然提高，必须强化思想自觉和行为自觉，接受严格的长期教育和党性锤炼。而党校的定位、职责使命和政治能力建设上的突出问题，决定了党校必须主动担当作为，强化对提高领导干部政治能力重要性和紧迫性的认识。一是党性所系。习总书记在全国党校工作会议上强调，党校是党的学校，承担着为领导干部补钙壮骨、立根固本的重要任务，必须坚持党校姓党这个党校工作根本原则，更加重视干部教育培训工作，切实做好新形势下党校工作。他首次系统阐释“党校姓党”，并强调要培养造就一支具有铁一般信仰、铁一般信念、铁一般纪律、铁一般担当的干部队伍。而党校姓党的定位、“四铁”干部的要求，其核心要义就是突出“讲政治”，解决好政治理想、政治方向、政治立场、政治纪律的问题。实践证明，提高政治能力是每个党员干部的必修课，是坚定理想信念、加强党性修养、提升精神境界的重要途径，也是党校的存在价值和根本原则要求。二是职责所在。打铁还须自身硬。党校教职工特别是党校教师肩负培训党员领导干部的职责使命，同样需要提高政治能力，坚持党性原则，严守党

的政治纪律和政治规矩，做到在党爱党、在党忧党、在党为党，才能当好“布道者”和“熔炉工”。如果党校自身政治能力不高，政治责任意识不强，政治纪律不严，就难以承担起“党校姓党”的政治使命。因此，党校要牢记使命追求，把提高自身政治能力作为当前和今后一个时期自身建设的重要职责，并作为党校姓党根本原则在实践中的具体体现，充分发挥党校在干部培训、思想引领、理论建设、决策咨询等方面的积极作用。三是问题所迫。习近平总书记在党的十九大报告中指出，思想不纯、组织不纯、作风不纯等问题“尚未得到根本解决”，以及存在的宗派主义、圈子文化、码头文化现象，这些问题和现象的背后根源是政治能力不高。从近年来查处的一些严重违纪违法案件来看，一些党员干部尽管出问题是在经济上、生活作风上，但从根本上讲还是政治能力不高所致，而政治上的变质，这必然导致精神上贪婪、道德上堕落、生活上腐化。因此，现实问题的严重性，迫切要求党校从建设高素质干部队伍的战略高度，不断提高政治能力建设重要性和紧迫性认识，并作为加强自身建设和提高培训工作质量的落脚点和出发点，以实际行动彰显阵地优势和大熔炉功能。

二、坚持“三个纳入”，自觉把政治能力建设贯穿党校工作全过程

政治能力是具体的而不是抽象的，一个根本的要求就是与党中央保持高度一致，自觉遵守党的政治纪律和政治规矩，做政治上的明白人。党校要坚持理论联系实际，做到学思践悟、以知促行、知行合一，把政治能力纳入到自身建设、教学科研和党性教育全过程。

1. 纳入党校自身建设全过程

首先要加强党校领导班子政治能力建设。一方面，要带头加强自身理论武装。党校领导班子成员要着眼提高政治能力，带头加强理论武装，学好用好习近平新时代中国特色社会主义思想，深刻把握政治能力建设之于全面从严治党的重大政治意义、理论意义、实践意义，牢固树立政治理想，正确把握政治方向，坚定站稳政治立场，严格遵守政治纪律，自觉把讲政治贯穿于党性锻炼全过程，使自己的政治能力与担任的领导职责相匹配。另一方面，严格党内政治生活。要突出全面从严治党的新要求，着眼制约政治能力不强的短板问题，特别是针对什么样算政治能力强，什么样算政治能力弱，开好民主生活会和专题组织生活会，开展批评和自我批评，不断锻造和增强自我净化、自我完善、自我革新、自我提高能力。其次要提高党校教师政治能力。党校教师要加强政治能力学习和研究，牢固树立四个意识，不断提高政治站位、政治觉悟，处理好学术研究和理论宣传、言论自由和政治纪律两个关系，切实做到学术研究无禁区、课堂讲授有纪律、公开言论守规则、思想解放不逾矩。再次要加强政治能力课程建设。要着眼忠诚干净担当，突出主业主课，加强以政治能力为专题的系列课程体系研究，形成有铁路党校特点的课程体系。要结合全党即将开展的“不忘初心、牢记使命”主题

教育，把政治能力建设作为党校主业主课的重要专题，在进课堂、进讲义、进头脑上下功夫。要注重从学术的角度讲政治，提高政治能力建设课程的针对性和实效性，不断增强学员政治意识、大局意识、核心意识、看齐意识的主动性和责任感。

2. 纳入党校科研工作全过程

党校科研要发挥智库功能，坚持以正在做的事情为中心，聚焦和跟进政治能力与企业重大决策、党的建设、企业竞争力的关系，在助力企业可持续发展上做文章，并将成果转化为教学成果和促进铁路事业发展的实践成果。首先要聚焦和跟进企业热点问题。“强基达标、提质增效”工作主题是铁路总公司重大决策部署，也是当前和今后一个时期铁路工作的重要遵循。铁道党校作为企业党校，要在融入中心中服务大局，必须研究如何把“强基达标、提质增效”工作主题落实到铁路工作全领域、全过程，特别是基层党建工作如何强基达标、提质增效，解决基层党组织弱化、虚化、边缘化的问题，在提高党员干部政治能力、发挥核心作用、堡垒作用和模范作用中，实现党建自身好、企业发展好、服务大局好的目标。其次要聚焦和跟进企业难点问题。如何做强做大做优资产中推进铁路事业发展，这既是铁路能否可持续发展的关键，也是党校科研工作的着力点。尤其是当前，铁路改制处于攻坚阶段，提高政治能力也是铁路党建的攻坚任务。如何坚持党管干部的原则，处理好党管干部和董事会依法选择经营管理者的关系，形成科学合理、有效制衡的政治资源配置，建立起一个能够让人少犯错误、人生保证让人正确做事的企业政治文化生态，最终达到“管住权力、解放人力、激发动力”的目标，既是铁路改革发现的应有之义，也是政治能力建设的当务之急。第三，要聚焦和跟进培训工作着力点的问题。党性是党员干部政治能力强弱的集中体现。学员在党校学习结束，并不意味着党性修养的结束。有的党员领导干部虽经党校教育，但是最后还是没有抵住诱惑而蜕化变质，这并不是党校党性教育的无用，而是个体实践转化不够。实践证明，只有触动思想灵魂的党性教育，才能使学员在改造主观世界基础上，主动增强政治定力、纪律定力、道德定力、抵腐定力，将党校期间党性教育成果内化于心、外化于行。在这方面，党校以十八届六中全会专题培训为契机，把学员培训质量跟踪作为课题来研究，积极开展每期班学员跟踪调查，反馈对培训工作的意见建议，持续改进主业主课质量。因此，党校科研要研究构建学员离开党校后的持续跟踪调查反馈机制，不断延伸党校党性教育的课堂，使学员持续在解决理论困惑和破解实践难题中提高政治能力，进而使党性教育不仅能够震撼一瞬间、激动一阵子，而且能够铭记一辈子、影响一辈子。

3. 纳入学员党性教育全过程

要着眼培养“四铁”干部队伍的重任，发挥党性锻炼大熔炉功能，抓住学员在校培训的重要契机，不断提升党性教育的针对性和实效性，着力在初始化、主题化、具体化上下功夫。所谓初始化，就是要从学员进党校第一天开始，就围绕来党校为什么学、学什么、如何学，组织开好党性锻炼动员大会，明确学员学习任务、校规校纪和党性锻炼实施方案要求，唤醒学员党性锻炼的主体意识，自觉做到从工作状态到学习状态的转变、从领导身份到学员身份的转变、从个体生活到集体生活的转变。所谓主题化，就是聚焦党性单元或专题课程，突出加强理想信念、道德品行和廉洁自律教育，辅之以现场体验式参观革命传统教育基地、学习新时期先进典型，并把现场体验和感知转化为坚定的理想信念。所谓具体化，就是要把“三会一课”等党的组织生活各项制度要求贯穿于学员学习生活全过程。以查找自我问题为导向，通过开展党性体检，撰写党性分析报告，对照党章和合格党员标准深刻进行自我剖析，挖掘产生思想问题的根源，进而提出具体“健体疗病”方案，以此作为党校培训考核的重要内容。

（本文原载 2017 年第 10 期《上铁论坛》）

浅谈“互联网＋”与领导干部“本领恐慌”

在网络高度发达、信息高速传播的今天，熟悉网络、了解网络知识，应对复杂网络问题，提高做好“互联网＋”能力应是每一名铁路领导干部必备的基本功。

习近平总书记强调指出：“善于运用网络了解民意、开展工作，是新形势下领导干部做好工作的基本功。”铁路正处于全面深化改革的攻坚期和矛盾凸显期，职工思想活动的独立性、选择性、多变性、差异性日益突出，社会各方面对铁路工作的要求越来越高。如何以创新发展为主线，运用“互联网＋”主动做好工作，最大限度为铁路创新发展凝心聚力、营造良好的氛围，是新形势下领导干部素质能力面临的新挑战。

一、透视“互联网＋”背景下领导干部本领恐慌

在“人人持有麦克风、个个都是发言人”的自媒体时代，铁路职工特别是“90后”新入路职工越来越习惯于通过网络表达诉求。另一方面，网络舆情鱼龙混杂，急需领导干部积极加以引导。可以说，网络已经成为利益诉求汇聚的平台，成为舆论交锋的重要载体。当下，领导干部面临知网、学网、用网、管网的本领恐慌，成为制约领导工作效能的短板。

1. 知网不够，不愿“发声”

由于受传统观念、知识层面、实际操作等方面的限制，很多领导干部对网络一知半解、作用认识不深，还没有对网络等新兴媒体引起足够的重视，网上“发声”的意愿还不高，不善于运用网络获得信息和职工意愿。有的自我封闭，视网络为“洪水猛兽”，认为使用网络“很麻烦”；有的认为网络既然是虚拟的，对网上舆情可以视而不见、麻木不仁；有的对新媒体的传播规律和传播效果了解不够、研究不深，把网络“发声”当作一种负担。凡此种种，都是与移动互联网时代网络技术迅猛发展、网络民意日渐成熟的趋势背道而驰的。

2. 学网不深，不敢“发声”

调研表明，许多领导干部思想有顾虑，缺乏应有的“发声”意识，以至不敢“发声”。一是怕说错话。由于受传统文化和庸俗风气的影响，许多领导干部担心祸从口出、言多必失、少说为佳，能不说就不说。个别领导干部怕说错话，甚至患上了“网络恐惧症”，对网络敬而远之。二是怕出丑。“发声”需要一定的理论功底、政策水平和文学修养，许多领导干部这方面功底不深，有的只“潜水”不敢“发声”，甘心做业余“观察员”。三是怕担责。许多领导干部担心说错话被曝光影响

前途，多一事不如少一事，以至上了网，却进不了“朋友圈”，对网上话题不敢说、不会说。究其原因在于，许多领导干部学网不深，在理论素养、阅历经验、政策水平、担当精神等方面不适应网络时代的挑战。如何应对互联网技术的进步，熟练地应用“两微一端”做好工作，运用大数据更精准地进行决策，迫切要求领导干部网络能力提速，以适应网络时代对履职能力提出的新要求。

3. 用网不精，不会“发声”

在网络高度发达、信息高速传播的今天，掌握应对复杂问题的技巧，特别是熟练驾驭“发声”、应对复杂网络问题的技巧应是每一名领导干部面临的新课题。许多领导干部不会“发声”，究其原因在于，受传统思维方式和工作模式的影响，还没有形成上网用网的自觉习惯，特别是互联网相关的技术，大多停留在浏览和收发电子邮件，处理一些文件签批类的事务。即使勉强“发声”，也是讲正确的废话、大而无当的空话、连自己都不信的大话。有的采用”鸵鸟政策“，装作看不见，听不见，希望大事拖小，小事拖了，结果往往造成矛盾累计甚至激化。

4. 管网不力，不善“发声”

如何应对和处置“网络事件”，既是对领导干部网络管理能力的标尺，也是工作作风的检验。有的领导干部遇到“网络事件”，往往认为是职工“找事、生事、添乱”，习惯于“统一口径”和“封、捂、堵、压、瞒”的方式打压舆论，控制网络事件。有的引导方式过于简单化，没有充分认识到网络传播的特点，不会运用网络媒体进行及时、科学、有效的引导，常常处于被动地位，影响企业的形象和公信力。

二、探索“互联网＋”背景下领导干部能力建设的路径

在网络高度发达、信息高速传播的今天，熟悉网络、了解网络知识，应对复杂网络问题，提高做好“互联网＋”能力应是每一名铁路领导干部必备的基本功。

1. 着眼知网，培育“发声”意识

一要明确“发声”要求。美国著名未来学家托夫勒断言：“谁掌握了信息，控制了网络，谁就拥有了世界。”互联网凭借虚拟、开放、互动、即时、海量、多媒体、自媒体等特点和优势，把人类带入了一个多维的网络信息时代。因此，领导干部一定要充分认识互联网的发展趋势和巨大力量，特别是对铁路职工价值观念带来的严峻挑战，不切实抓好互联网的建设、运用和管理，不善于在网上“发声”，是不胜任领导工作的，否则就会被网络时代抛弃。既要正确看待互联网的超常发展，更要理智对待网络恶炒、网络审判、人肉搜索等异常现象，努力实现由恐惧网络到包容网络再到投身网络的转变，提高做好网上工作的主动权。二要明确“发声”责任。要树立正确的网络观，确立“发声”是职责和义务，“失声”是失职和失责的观念，把在线聊天、网上蹲点作为深入基层、联系群众、转变作风的新途径，善于从职工呼声中摸清民情、汲取养分，在与职工互动中统一思想、凝聚力量。三要明确“发声”角色。要强化网络认知，克服自己是“特殊网民”“高人一等”的

意识，有效利用网络“发声”的机遇，发挥其作为快捷顺畅的思想交流直通车的优势。

2. 着力学网，提高“发声”能力

在现代社会，如何与网络媒体打交道，如何与网民正常互动交流，应该是领导干部不可或缺的一门必修课。一要养成习惯，增强紧迫性。现在，没有上网习惯，不善于网上“发声”不能算是现代化领导。如果领导干部看不懂听不懂网络语言，就没法与群众交流，就不能接地气，只会迎来“口水”“砖头”和“吐槽”。作为铁路领导干部，面对网络时代的新形势、新要求，必须学习网络知识，养成上网的习惯，争做善于网络“发声”的行家里手。二要强化充电，突出针对性。领导干部学习网络知识，重在提升互联网思维，并作为指导和处理工作的方法论，运用于决策之中。因此，党校要把领导干部网络能力纳入干部培训体系，安排“领导干部与互联网＋”“领导干部网络安全意识”“大数据时代铁路的机遇与挑战”等专题课程。三是针对特点，把握规律性。针对新媒体具有传播速度快、传播范围广、方式灵活、图文并茂、受众多、交互性强等特点，定期研讨网络“发声”的难点疑点问题，不断把握网络工作规律性，让网络服务、服从于铁路工作，使其成为沟通民意、回应舆论和解决问题的新平台。

3. 着力用网，改进“发声”技巧

领导干部要掌握应对复杂网络问题的技巧，善于使用网络通行的语言方式和特点改进工作。一要在解决问题中改进“发声”技巧。要把网络视为改进工作方法的载体和平台，对职工在网上反映的问题，能在网上解决的，就在网上解决；不能在网上解决的，及时在网下给予解决。对网上那些别有用心的错误言论，要敢于亮剑，进行有理有力有节地批驳，同时从网民的拍砖、灌水中深刻反思自己工作中的不足，并作为改进和完善工作的着力点。二要在了解民意中改进“发声”技巧。对网上职工建设性意见及时吸纳，对模糊认识及时廓清，对怨气怨言及时化解，对错误看法及时引导和纠正，不断提升服务职工、驾驭工作的能力和水平。既要重视职工反映比较普遍、比较集中的问题，也要能够倾听“沉没的声音”，对于少数职工在网上反映的直接问题，决不能漠然视之，淡然处之，既不能严词说教，更不能官话套话应付，能够立即解决的应立即解决并且及时公布，不能立即解决的也要主动说明情况，争取他们的支持和理解。三要在营造氛围中改进“发声”技巧。要鼓励领导干部克服不敢说的恐惧心理和不愿说的消极心理，营造敢说、愿说、会说、说好的氛围。领导干部在网上说了错话，属一般错误的要允许总结教训、逐步改进；属严重错误的要帮助立即纠正、挽回影响。无论小错大错，都要做到不抓辫子、不扣帽子、不打棍子、不装袋子，使领导干部从“宽容说错话”的环境里逐步达到“从不说错话”的境界。

4. 着重管网，有效应对网上“声音”

一要坚持管网原则。要坚持党对意识形态的领导，牢牢把握新媒体舆论的根本方向，按照“及时准确、公开透明、有序开放、有效管理、正确引导”的原则，变“封堵”为“疏导”，变“应对”为“面对”，变“被动”为“主动”，通过调查事件真相、网络发布权威消息，确保在重大问题上不缺位，在关键时刻不失语。二要提高网评水平。事实证明，没有不好的问题，只有不好的回答。目前，网评水平不高、缺少说服力是制约网上舆论工作的短板。因此，领导干部要当好时政评论员，精准回应各种热点问题，通过娴熟的公关理论和技巧来解释事件、说服受众。同时，善于创新工作机制，整合各种评论力量，明确工作责任，加强激励考核，不断壮大网络主流舆论，提高网络评论的说服力。三要提高应对和处置“网络事件”的能力。网络时代，突发事件是遮盖不住的，往往欲盖弥彰，越盖越被动、隐患越大。因此，领导干部做好突发事件舆论引导，要坚持“快讲事实，慎讲原因”，第一时间发出权威信息，抢占舆论制高点，在第一时间让事实说话，最大限度地压缩谣言传播的空间，争得主动和先机。要注意循序渐进，既不回避问题，也不妄下断语。要以问题为导向，通过舆情危机事件处置，反思自身工作的不足，最终消除舆情危机的根源，最大限度传播网上“好声音”。

（本文原载 2017 年第 4 期《工会天地》）

《党委会的工作方法》：当好班长的“金钥匙”

毛泽东同志总结的党委会十二条工作方法，不仅简洁明了、通俗易懂，而且通篇贯穿了实事求是的思想路线，体现了马克思主义的认识论和方法论。特别是《党委会的工作方法》把“党委书记要善于当班长”放在第一条，为新时期企业党委书记加强自身建设、提高领导水平、破解工作难题提供了“金钥匙”。

最近，习近平总书记推荐67年前毛泽东同志《党委会的工作方法》(以下简称《方法》)一文，要求各级领导班子成员特别是主要负责同志重温这篇著作。中组部《通知》要求把这篇文章纳入“两学一做”学习教育的重要内容。细读毛泽东同志总结的党委会十二条工作方法，不仅简洁明了、通俗易懂，而且通篇贯穿了实事求是的思想路线，体现了马克思主义的认识论和方法论。特别是《方法》把“党委书记要善于当班长”放在第一条，为新时期企业党委书记加强自身建设、提高领导水平、破解工作难题提供了“金钥匙”。

一、当好班长，前提是善于提高把控全局、掌舵领航的能力

毛泽东有一个形象的比喻，如同军队的一个班，书记好比是“班长”。书记作为“班长”，是“关键少数”中的“关键”，其一言一行代表党委的形象，一举一动都会影响着一个单位党员干部的自身建设和推进各项事业的稳定发展。因此，党委书记如何提高当好合格班长的能力是立身之基、成事之道。

1. 增强政治定力

班长要带头增强政治意识、大局意识、核心意识和看齐意识，善于从政治和全局的高度想问题和办事情，始终在思想上行动上与以习近平同志为总书记的党中央保持高度一致，自觉维护中央的权威，确保党的路线、方针、政策在企业得到准确、全面地贯彻执行。具体来说，就是要与上级党组织保持高度一致，把上级部署要求精准地贯彻到位、落到实处。

2. 服务发展

党委书记是一个单位的“领班人”，处于统揽全局、服务发展的关键位置，责任十分重大。十八届五中全会着眼全面实现小康社会目标，提出创新、协调、绿色、开放、共享发展的理念，既是落实“四个全面”战略布局的灵魂，也是推进企业科学发展的重要遵循。作为班长，要以创新发展为主线，突出党建和思想文化建设，凝心聚力转观念、闯市场、增效益，着力把政治优势转化为发展优势，以适应新常态下企业可持续发展的新要求。

3. 统筹兼顾

一个单位工作千头万绪，不能胡子眉毛一把抓，因此，班长要提高领导思维艺术，既要善于掌握事物发展的要脉和事物发展的大势，还要善于解决本单位具体工作中的紧急情况和棘手问题。这是班长树立威信、体现领航掌舵能力的必然要求。目前，“两学一做”主题活动已全面推进，作为党委书记要以此为契机，善于弹好“钢琴”，统筹协调好主题学习教育与各方面工作的关系，确保党建活动和生产经营两不误、双促进。这是检验班长统揽全局能力的具体体现。

二、当好班长，重点是善于提高成就大事、凝聚智慧的能力

1. 要虚心学习、做到胸中有数

俗话说：谦虚使人进步，骄傲使人落后。要做到“胸中有数”，正如《方法》所强调的，要“不耻下问”，善于“倾听下面干部的意见。先做学生，然后再做先生；先向下面干部请教，然后再下命令”。“不懂得和不了解的东西要问下级，不要轻易表示赞成或反对。”因此，党委书记要善于学习，不要以为自己职务高，水平天然就比别人认识水平高，而是在虚心学习中做到心中有数，切不可强不知以为知。

2. 要发扬民主，依靠党委“一班人”的智慧和力量

实践表明，“把问题摆在桌面上来”研究，发挥集体智慧和领导班子的整体功能，才能避免“拍脑袋”决策，“拍胸脯”保证，出了事“拍屁股”走人的现象。就是说，只有在会前出“安民告示”，发动大家都来出主意、想办法，坚持集体研究讨论决定重大问题，把集体的智慧和力量充分挖掘出来，才能做到集思广益，避免做出仓促的表决或者生硬的结论。当然，班长也只有一票，不能凌驾于集体决策之上。既要防止个人专断的“班长一言堂”，也要防止互相内斗的“班子一盘散沙”。

3. 要坚持“从群众中来，到群众中去”的领导方法和工作方法

要坚持以人为本，以问题为导向，深入基层，调查研究，汲取一线职工智慧和力量，如此，才能使决策既体现顶层设计又接实际地气，确保正确的决策建立在群众路线基础之上。同时还要坚持一切依靠群众，凡重大政策和重大举措，在实施前都要向群众反复宣传，求得群众的理解，获得群众的支持，化为群众的行动。

三、当好班长，关键是善于提高以上率下、带好队伍的能力

1. 带好队伍，首先要坚持以上率下

“火车跑得快，全靠车头带。”班长要当好“火车头”，必须一级做给一级看，一级带着一级干，保持知行合一精神状态和作风，注重自我管理和提升精神境界，要求别人做到的自己首先做到，要求别人不做的自己带头不染指，守好“底线”，不碰“红线”，不越“边线”，才能以人格的力量带动一班人遵纪守法。记得彭德怀元帅说过三句话，第一句是“自己带头执行，让别人无话可说”；第二句是“要加强

对执行制度的检查，让投机者无机可投”；第三句是“要敢于瞪大眼睛批评，让厚脸皮下不了台”。这三句话很精辟，既是以上率下的内在要求，更是带好队伍的智慧结晶。

2. 带好队伍，搞好班子团结是关键

团结就是力量。习近平总书记指出，团结是班子建设的重要问题，讲团结是讲政治、顾大局的表现。一个单位的领导班子，不同出身、性格、经历的人聚在一起，加上水平不一、分工不同，相互之间有矛盾是客观存在的。如何“团结那些和自己意见不同的同志一道工作”是检验班长气度和胸襟的重要方面。如果自以为是、高高在上，就会让人敬而远之，影响班子团结和工作开展。实践表明，懂团结是大智慧，会团结是大本事，真团结是大境界。形成真团结的领导班子，关键是通过班长的努力，让班子成员真正做到“政治上互相信任，不猜疑；思想上互相交流，不隔阂；工作上互相支持，不拆台；有了失误互相谅解，不指责；生活上互相关心，不冷漠”。

3. 带好队伍，还要有敢于担当精神

班长承担着管党治党的第一位责任，要敢于负责、敢于批评、敢于监管，既要管好自己，又要管好班子成员。班长要勇于开展党内批评，敢于做“黑包公”主持公道，不能搞无原则的一团和气，不能做“泥瓦匠”，和稀泥、做老好人，尤其是在原则问题上，该批评的必须坚决批评，该扯袖子时要及时扯扯袖子。要及时发现每个班子成员的思想苗头和倾向性问题，并及时提醒和助其整改。这是关心班子成员的体现，也是作为班长应有的担当。特别是在执行好《准则》和《条例》方面，班长不仅要发挥示范带头作用，更要加强检查监督，使班子成员养成遵守政治纪律和政治规矩的习惯，进而带出忠诚、干净、担当的党员干部队伍。

（本文原载2016年第4期《铁路政工》、2017年2月24日《上海铁道》）

“互联网+”时代领导干部素质能力建设

“互联网+”时代，将对各级领导干部工作效率、科学决策、创新能力等多个方面提出严峻的挑战与考验，迫切要求领导干部适应“互联网+”带来的全方位变革，推动先进信息技术与铁路工作的深度融合，最大限度为铁路转型发展提供能力支撑。

当今时代，以信息技术为核心的新一轮科技革命正在孕育兴起，互联网日益成为创新驱动发展的先导力量，正以前所未有的速度，有力推动着经济社会发展。习近平总书记在中央政治局第36次集体学习上强调：各级干部要学网、懂网、用网，积极谋划、推动、引导互联网发展。李克强总理在政府工作报告中提出“互联网+”行动计划。“互联网+”是以互联网为主的一整套信息技术(包括移动互联网、云计算、大数据技术等)在经济、社会各个部门的扩散，本质在于传统行业的在线化和数据化。“互联网+”通过互联网把资源聚集起来、利用起来，这是促进产业升级、推进市场化改革的关键举措，既是技术创新也是体制创新，为企业发展提供了更大、更广阔的平台。传统企业根据自身行业特点，借助“互联网+”平台，构建经营管理新优势，正在成为关乎企业能否在竞争中赢得主动和优势的关键所在。因此，“互联网+”时代，将对各级领导干部工作效率、科学决策、创新能力等多个方面提出严峻的挑战与考验，迫切要求领导干部适应“互联网+”带来的全方位变革，推动先进信息技术与铁路工作的深度融合，最大限度为铁路转型发展提供能力支撑。

一、“互联网+”时代对领导干部素质能力的挑战与考验问题分析

“互联网+”时代，产业发展规律发生了翻天覆地的变化，不仅促进经营业态的升级，催生产品研发、经营模式的改变，也必然带来企业管理的深刻变革。这就迫切要求铁路在供给侧结构性改革中，从战略上加快传统企业向现代企业转型升级的步伐，通过推动先进管理理念和信息技术应用融合，重塑企业的经营管理机制，形成互联网时代的管理模式，实现由大到强的转型。当下“互联网+”虽已“风生水起”，然而有些铁路领导干部对其仍似乎“置若罔闻”，与时代要求是不相适应的。

1. “互联网+”时代的颠覆性变革，给领导干部思维方式带来挑战与考验

回顾历史，企业竞争经历了从产品竞争到产业链竞争，再到平台竞争的新阶段。而平台型企业的涌现，正使商业、金融业、传媒业、服务业等发生深刻甚至颠

覆性变化。目前，很多领导干部还没有从思想深入树立"互联网＋"思维，认清以大数据、物联网、人工智能为代表的互联网时代的颠覆性变革，更难以从战略上主动成为"互联网＋"的引领者、推进者和践行者。实践证明，没有理念的大创新，就没有事业的大发展；没有思维方式的大转变，就没有企业的大转型。与此相对照，领导干部因循守旧、不思变革的思想，浮躁、虚夸、急功近利的思想，重安全生产轻经营管理，以及墨守成规、以求同代替求异之类的保守观念根深蒂固；由于对互联网技术的运用知之甚少，仅仅掌握浏览网页、收发邮件等基础知识，主动运用大数据技术创新安全、经营和管理方式极为鲜见，等等。这就迫切需要领导干部进行观念革命，树立起与"互联网＋"相适应的新理念，争当思维方式变革的火车头。

2. "互联网＋"时代商业模式的变革，给领导干部经营方式带来挑战与考验

一方面，跨界经营将常态化。在"互联网＋"时代，随着产业组织方式、经营业态的变化，必然引发商业模式、经营方式的更新与变化。比如，微信对于运营商，支付宝对于银行，都是典型的跨界模式案例。另一方面，"互联网＋"时代带来用户需求的瞬息万变，导致网络新经济变化的周期缩短，速度加快，迫切要求经营方式与之相适应。目前，铁路物流在管理体制、经营理念、业务流程、信息平台等方面均与网络化经营方式的要求有很大距离。特别是"前店"与"后厂"并没有实现真正意义上的无缝链接，95306 电子商务平台功能还有待优化，货运输产品竞争力受制于服务意识、运价、理赔、跟踪查询、最后一公里等短板，铁路标准化、大规模、一体化、零和竞争等传统经营方式越来越不适应"互联网＋"要求。这些无疑对铁路经营方式提出了严峻挑战。

3. "互联网＋"时代的扁平化组织变革，给领导干部管理方式带来挑战与考验

一是传统金字塔组织体制面临挑战。"互联网＋"的快速发展和广泛应用，打破了信息传递的时空界限，用户和企业之间有了交流和互动的机制，打破了传统企业金字塔式组织结构，组织架构扁平化成为必然趋势。2013 年 1 月，阿里巴巴对组织架构调整，成立 25 个事业部，把大公司拆成小公司运营，实现由"大"变"小"；小米组织结构更加扁平化，只有管理层、部门管理者和员工三个层次；海尔集团实行"中层革命"，大幅减少不能与市场直接接触的中层管理人员，将传统制造业变身为平台公司。目前，铁路自上而下的金字塔式组织架构依旧，文山会海不断，无效活动层出不穷，总公司与路局权责不够清晰，与组织架构扁平化要求不相适应。二是管理去中心化的挑战。特别是随着组织层级的减少，"互联网＋"迫切要求企业管理者去中心化、权威化，直接面对一线职工与客户。领导与员工之间的距离缩短，需要领导者以上率下、提高亲和力和影响力。与此相对照，铁路企业管理以人治为主，重人海战术轻个体智慧，有的领导干部高高在上，喜欢控制，要求下属绝对服从等，这是与去中心化管理要求是不相适应的。三是数据信息安全的挑战。先进技术在方便工作的同时，也使企业涉密数据信息的泄密风险激增。但许多领导干部对此危害认识不足、管控不力，缺乏有效应对的“杀手锏”。

4. “互联网＋”时代的“创客”涌现，给领导干部的决策方式带来挑战与考验

“创客”一词来源于英文单词 Maker，是指出于兴趣与爱好，努力把各种创意转变为现实的人。李克强总理在政府工作报告中提到“创客”和“互联网＋”及其一系列理念和行动计划。也就是说，信息革命正在经历从 IT 技术到数字技术的转型升级，正在激发和凝聚“创客”的智慧力量，创客时代和创客实业已经成为重要的社会发展方向。海尔 2015 年提出“人人创客，引爆引领”的发展主题，让每个人不再是执行者，而是创业者(员工)，并享有用人权、分配权和决策权。从此意义上说，“互联网＋”不仅是思维和技术，更是对决策方式的革命性变革。因此，领导干部要激发和凝聚“创客”的智慧和活力，将资源、决策权力向一线倾斜，才能灵活应对外界变化，提升决策与执行效率。就铁路而言，有的领导干部受传统经验思维和工作模式的影响，凭经验“拍脑袋”，闭门造车，主观臆断，不尊重职工首创精神，忽视顾客的智慧和创造，依然是“办公室里下指示，走马观花搞调研，会议室里听汇报，主席台上唱高调”。因此，在“互联网＋”时代，如何凝聚职工和“创客”的智慧和力量，提高运用互联网进行调研、分析和决断水平，无疑对领导干部决策方式提出了新的挑战。

5. “互联网＋”时代的媒体变革，给领导干部思想引领方式带来的挑战与考验

目前，新媒体已成为效率最高、范围最广、人数最多、速度最快的传播手段，越来越多的网民由传统媒体格局中的单向被动接受者，变成新媒体中的双向主动参与者。铁路职工特别是“90 后”新入路职工越来越习惯于通过网络新媒体表达诉求。网络新媒体已经成为职工利益诉求汇聚的平台，成为各种舆论交锋的载体。很多领导干部对传统思想媒体驾轻就熟，但在“互联网＋”时代，传统的传播方式逐渐边缘化，日益凸现互联网媒体的影响力。这对适应互联网要求的解释、说服技巧提出了更高的要求。然而很多领导干部不熟悉网络语言，只会使用“官话”、公文式语言，有的遇到“网络事件”，习惯于用“统一口径”和“封、捂、堵、压、瞒”的方式打压。有的采用“鸵鸟政策”，装作看不见，听不见，希望大事拖小，小事拖了，往往造成矛盾累计甚至激化。有的处置方式过于简单化，往往就事论事讲表面理，简单生硬讲不清理，不着边际讲不准理，似是而非讲歪理，从而带来很多负效应。特别是网络舆情鱼龙混杂情况下，迫切需要领导干部由被动当“潜水员”“观察员”转变为“思想引领者”，善用新媒体发出富有理性、建设性和权威性的声音。

二、提升"互联网＋"时代领导干部素质能力的突破口和切入点

在"互联网＋"时代，如何深化对铁路转型发展重要性和紧迫性的认识，树立以"互联网＋"思维为核心的思维理念，着力创新思维观念、转变经营方式、决策方式、管理方式和思想引领方式，越来越成为领导干部素质能力提升的突破口和切入点。

1. 要把思维观念创新作为领导干部素质能力提升的先导

习近平总书记指出：创新是引领发展的第一动力，抓创新就是抓发展，谋创新就是谋未来。思想是行动的先导，创新首先是观念的创新，没有意识的飞跃就没有行动的指南。"互联网＋"是人们立足于互联网去思考和解决问题的思维方式，不仅代表着先进的生产力，而且体现了创新卓越的思想观念，为企业转型发展提供广阔平台。领导干部要审时度势、敢为人先、观念开新，通过思维、观念的创新来推动体制的创新、制度的创新、管理的创新和经营方式的创新。要转变思维观念，必须树立基于"互联网＋"时代的开放、平等、创新的价值观，克服传统等级制思维和"高人一等"的官本位思想，牢固树立顾客即一切的思维，准确把握人才与组织的新型互动关系，善于运用员工、客户的智慧创新企业管理，在激发企业全员的创新活力和创造动力中共谋发展。

2. 要把转变经营方式作为领导干部素质能力提升的目标

领导干部要注意把握互联网时代商业模式变革的机遇与挑战，重视发挥电子商务平台功能，构建有铁路特色的"互联网＋"经营方式。首先，客运重在搭建便民出行的服务平台。以官方微博、微信等新媒体为平台，拓展12306网站、手机客户端等服务功能，不断推出"互联网＋服务、旅游、文化、购票"等系列产品，使加开车次、余票查询、列车正晚点等信息通过"互联网＋"做到资源共享。要适应"变化周期短、速度快"的网络经济特点，满足"客户需求个性化"的要求，对旅客出行的大数据进行认真分析，针对不同群体出行，增开不同产品的列车产品。其次，货运重在以"互联网＋"思维整合资源、提升效能。要优化95306功能，实现运输、仓储、货代、加工、信息等业务融合发展，整合线上线下、前店后场双重优势，使客户在家中就可在线下单、在线支付运费、查询时效和价格、货物状态在线追踪等，构建以"客户为中心"的经营新方式。再次，利用好社会网络资源，重在相互融合、优势互补。着眼降低全社会物流成本，依托95306平台，及时把握和利用大数据，通过实现与其他交通工具的融合，充分发挥各自的物流优势，实现优势互补，避免各种交通运输方式间的无序竞争、恶性竞争。

3. 要把转变决策方式作为领导干部素质能力提升的关键

大数据时代，数据已成为资源、劳动工具，谁掌握数据，谁就拥有资产。在大数据时代，利用海量的数据得到非常详尽的见解，这是传统方法所不能做到的。因此，领导干部掌握互联网，重在用互联网视角去审视、分析、研判实际工作中的

问题，进而运用大数据和云计算做出科学、精准的决策。一要强化培训，掌握决策方法论。面对“互联网＋”新形势、新要求，领导干部要学习网络知识，提升互联网决策能力，并作为指导和处理工作的方法论。要切实把互网络决策方法纳入党校干部培训体系，突出大数据应用、客货营销、现代物流、电子商务等知识专题培训。二要权力下移，提高决策民主化水平。要让权力下移，尊重群众的首创精神和“创客”的智慧，坚持“从群众中来，到群众中去”的工作方法，充分利用好网络交流平台，了解民意、汇集民智，更多倾听一线职工的意见建议，推动工作决策民主化。正如华为任正非说的，要“让听得见炮声的人做决策”，因为最接近答案的在一线。三要引入数据分析，提高决策的精准化水平。要告别“拍脑袋”经验式决策方式，特别是利用数据关联分析、数学建模、虚拟仿真乃至人工智能等技术，在基于广泛、大量数据的基础上进行模块化分析模拟，为铁路转型发展提供更为精准、科学的决策依据。

4. 要把改进管理方式作为领导干部素质能力提升的基础

“互联网＋”时代，企业进步的标志不是领导干部个人的能耐，而是群体共治的水平。一个企业的崛起往往靠的是能力，甚至是领导者个人的能力；而一个企业要长久发展，靠的是以制度机制为核心的规则治理。“人治”就是以企业领导个人意志管理和主导企业。但“法治”就是有严格细致的规章制度，并严格执行。如果说人治是个人说了算，靠一个人管理企业，那么，法治则靠一套制度体系管理企业。特别是“互联网＋”时代，公正、透明、平等将是企业的主流价值，迫切需要企业管理从“人治”到“法治”的变革。一要强化管理制度建设。不断根据企业实际情况适时修改各项规章制度，形成规范有效的制度体系，把传统管理中“人对人”的管理逐步变为在电脑上流动的“轨道化”管理，以适应企业规范化、便捷化要求。二要加强互联网文化规则建设。逐步明确企业的价值导向，提炼出切实可行的文化规则并大力推行，让企业文化的价值导向深入人心并落实到行为，以降低法治化管理成本和不足，进而降低“人治”的风险，最终营造出全员自觉“守法”、思想和行为方向统一的管理氛围。三要加强互联网数据管控。大数据时代的信息技术开放便捷的同时，也对涉密工作和个人隐私产生了巨大的威胁。因此，领导干部应提高依法管控水平，掌握反窃取、反泄漏的技术常识，不断提高大数据时代下的信息安全。

5. 要把改进思想引领方式作为领导干部素质能力提升的前提

在“人人持有麦克风、个个都是发言人”的自媒体时代，如何彻底改变看待媒体的传统思维，提高思想引领能力，变“封堵”为“疏导”，变“应对”为“面对”，变“被动”为“主动”，是摆在领导干部面前的重要课题。一要坚持主动引导原则。坚持党对意识形态的领导，按照“及时准确、公开透明、有序开放、有效管理、正确引导”的原则，确保在重大问题上不缺位，在关键时刻不失语。要围绕重大活动、重大事件、重大主题进行超前策划，主动设置网络议题，充分发挥“两微一端”功能，进而占领网络舆论制高点。二要主动提高网评水平。事实证明，没有不好的问题，只有不好的回答。领导干部要当好“时政评论员”，针对新媒体的特点，以平等的身份、平视的姿态、平和的心态、平实的语言，精准回应各种热点问题，通过娴熟的公关理论和技巧来解释事件、说服受众。同时，善于创新工作机制，整合各种评论力量，明确工作责任，加强激励考核，不断壮大网络主流舆论，提高网络评论的说服力。三要主动提高处置艺术。要坚持“快讲事实，慎讲原因”，既不回避问题，也不妄下断语。第一时间发出权威信息，在第一时间让事实说话，最大限度地压缩谣言传播的空间。同时，要以问题为导向，通过舆情危机事件处置，主动反思自身工作的不足，最终消除舆情危机的根源。

（本文原载 2017 年第 2 期《思想政治工作研究》，在中国铁路总公司“互联网＋”思想政治工作研讨会暨 2016 年职工思想政治工作年会上发表）

领导者在企业文化建设中的角色转换

领导者作为企业精神的化身，是企业利益的代表者、群体最终的责任者、下属发展的培养者，更是新观念的开拓者、新规则执行的督导者。从某种意义上说，企业领导者是企业文化建设的龙头，一个企业的企业文化就是企业领导人所展示的文化。企业领导人作为企业的“精神领袖”，其自身特质和人格魅力决定了企业文化的个性，这一规律由企业领导人在企业文化建设中的角色决定的。

一、当好“编剧”——设计和启动企业文化建设规划

凡事预则立，不预则废。企业文化建设是一个系统工程，如同一台有始无终的连续剧。其中，领导人扮演总编剧的角色。正如海尔集团总裁张瑞敏所说，我在海尔集团的第一个角色是设计师，在企业发展中使组织结构适应于企业的发展。而组织结构要适应企业发展，必须要有适应企业发展要求的企业文化战略相支撑。如何制定这样一个规划？编好这台戏的剧本？这是企业领导者的第一使命。为此，企业领导者首先要对企业是什么、为什么存在、如何长远存在、追求什么、放弃什么等这些涉及企业使命和生存价值的问题进行思考，才能从更高层面和境界形成企业文化的理念体系和总体框架。同时，领导者要学习中医的“望、闻、问、切”，通过全面系统“诊断”，把握企业文化的现状和发展趋势，从而制定适合企业发展要求、符合企业成长规律、遵循文化育人目标的企业文化战略，使方案和构想更有前瞻性、针对性、合理性，使启动这幕戏的细节、方式更具系统性、参与性、可操作性，这既是领导者的重要课题，更是企业文化建设的前提。

二、当好“导演”——传播和诠释企业文化故事

企业文化“脚本”确定以后，企业领导者要当好“导演”，具体协调、组织、实施好方案，建立领导班子，制定相关制度和办法，把具体角色落实到单位、部门和岗位。特别是要把这出戏的关键镜头通过企业发生的精彩事件有计划、有策略地传播出来，让员工行有方向、赶有目标、做有示范，使企业形成统一的认识，统一的形象，统一的做人做事规范。张瑞敏说，我在海尔集团的第二个角色是牧师，不断地组织布道，使员工接受企业文化。魏杰教授指出，企业领导人的一项重要工作就是要做企业文化的“传教士”。

“导演”的职能之一就是“传教”。国外公司的培训会很多，主要内容就是企业文化，而且公司的最高领导要亲自讲课，目的是向员工灌输企业文化，使员工

认同企业文化，从而形成企业的共识力，增强企业的市场竞争力。企业文化理念比较抽象，要把这些理念变成生动活泼的寓言、故事和案例进行传播。文化的传播是门艺术，不能靠生硬的说教，填鸭式硬灌，而应寓教于事、寓教于理、寓教于乐。一个生动的故事就是对企业文化的最好诠释，使员工对企业文化产生亲切感和认同感。所以有人说“小企业做事，大企业做人，优秀的企业做文化，卓越的企业讲故事”。如何讲故事就成为领导人的日常文化沟通的重要工作，也是其导演水平、“传教”能力的体现，更是“脚本”如何转变为角色行为的关键所在。

三、当好“演员”——实践和变革企业文化理念

“演员”就是践行者。践行贵在执行，而执行是目标和结果之间的关键环节。拉里·博西迪在《执行》一书导言中指出，许多人认为执行是一种过于细节性的工作，企业领导者一般是不屑为之的。事实恰恰相反，执行应当是一名领导者最重要的工作。

没有执行力就没有真正意义上的企业文化，而企业执行力文化的构建和培育是需要领导者亲历亲为的系统工程，只有在领导者的亲自倡导和积极参与下，执行力文化才能成为企业的基因，贯穿于企业生存和发展的方方面面。就企业运行最为关键的三个要素来说，战略、人员与运营的每一个环节，都需要领导者以“执行”的精神来指导和落实。同时，企业文化实施过程中会遇到许多困难和问题，同样需要领导人毫不动摇、身体力行、率先示范，从小事做起，从身边做起，才能带动广大员工扮演好各自的角色，实践好企业倡导的文化理念。

在思科公司广泛流传着这样一个故事，一位思科总部的员工看到他们的总裁钱珀斯大老远地从街对面小跑着过来，这位员工后来才知道，钱珀斯看到公司门口的停车位已满，就把车停到街对面，但又有几位重要的客人在等着他，他只好小跑着回公司。在思科，最好的停车位是留给员工的，管理人员哪怕是全球总裁也不享有特权——这就是公司的文化理念。只有第一管理者当好“演员”，带头践行企业理念，真正执行到位，才能形成示范效应，成为企业的非制度安排。当然，要适应内外部环境发展和竞争的需要，企业理念也不能一成不变，企业战略变了，管理理念也要与时俱进，这是企业变革的基础。而理念的变革需要从“头”做起，只有实现领导者观念的变革，才能实现战略的有效转型、制度机制的不断完善。从这个意义上说，领导者作为企业精神的化身，是企业利益的代表者、群体最终的责任者、下属发展的培养者，更是新观念的开拓者、新规则执行的督导者。在企业文化建设这幕戏中，领导者只有脚踏实地以主要“演员”的身份置身于演出活动始终，才能体验得失，审时度势，应对挑战，把握变革，给企业以方向，给员工以表率，给合作者以信心，给企业文化以活力。使企业文化对内是一种向心力，对外是企业的一面旗帜。

（本文原载 2007 年第 5 期《中外企业文化》）

学习力:领导干部推进科学发展的核心能力

领导干部作为引领企业发展的“火车头”,学习的任务比以往任何时候都显得更为紧迫,只有率先成为学习型的领导,才能以学习力落实科学发展观,促进企业可持续发展。

在全球化竞争时代,光靠雄厚的资源和强大的规模,并不能保证企业在市场中获得生存和发展的机会,而充足的学习能力才是实现永续发展的核心竞争之本。特别是领导干部作为引领企业发展的“火车头”,学习的任务比以往任何时候都显得更为紧迫,只有率先成为学习型的领导,才能以学习力落实科学发展观,促进企业可持续发展。

一、学习力是“定向之源”

学习力是领导干部提高决策水平的根本,也是促进企业可持续发展的“定向之源”。从历史和现实看,成功的领导者,无不源自于有效的学习力。现代企业之间的竞争,表面上体现为竞争优势的竞争,而竞争优势的核心是领导者的学习力。从这意义上说,现代企业之间的竞争是领导者之间学习力的深层较量。领导者不学习,就会贻误事业,错过发展良机;领导者不学习,就会闭目塞听,决策失准,迷失方向。因此,领导者善于学习,就会有胆有识,就能多谋善断,从而引领企业沿着正确的轨道前行。成功企业实践证明,在全球化竞争中,领导者既是“船长”更是“舵手”,学习力不仅决定正确的战略方向,更是使企业走向成功的必然选择。海尔集团张瑞敏把一个濒临破产的集体所有制小企业建成了跨国公司,得益于其自身学习力的提升。他的许多创新理念和世界品牌战略的提出,无一不是在学习汲取中华传统文化与借鉴西方管理科学的基础上产生的。因此,领导干部的定向力是领导能力的集中体现,是领导水平的重要标志,源于对理论知识的积累和升华,源于对实践的经验总结和提炼,更源于对外部环境变化的深刻感悟。特别是在快速发展和变革的时代,领导干部适应外部环境的难度越来越大,推动企业发展的决策重任越来越重,当好舵手、把关定向的要求也越来越高。唯有提升学习力,把学习当作第一需要、第一责任、第一追求,树立科学精神,培育科学素养、科学方法,有效改善知识结构,才能凝聚各方力量和智慧,统筹和整合好环境、优势和能力的关系,为企业可持续发展把关定向,为企业科学发展提供正确的行为指南。

二、学习力是“谋事之道”

有了“定向之源”，还需要科学的“谋事之道”来体现。思想统领思路，思路决定出路，科学的思想源于学习和实践。有了科学思想作向导，人们的思路才能符合客观规律，保持正确的做事方式，更好地体现时代性、把握规律性、富于创造性。科学思想是领导干部素质的灵魂，也是创新思路的源泉，更是学习力的结晶。从实践看，领导干部要确立思路创新的突破口，必须拓展思维领域，跳出自我局限，提炼工作理念，创新工作方式，化解各种困局，变压力为动力，变危机为机遇，变潜力为实力，才能克服制约发展的各种观念障碍，找到促进企业科学发展的路径。从此意义上说，学习力就是创新力，创新力更是竞争力，是促进企业科学发展的“谋事之道”。其实，面对日新月异的发展形势，企业改革发展的每一步，都没有平坦的道路，没有现成的模式，领导干部只有深刻理解和全面把握科学发展观的科学内涵、精神实质、根本要求，在探索规律中提升学习力，在管理中渗透系统思考，才能把握企业发展大势，以求真务实的智慧和敢为人先的勇气，突破既有的思维定势，展现“峰回路转”的风景线。尤其是当前，企业许多工作正在向纵深推进，改革越是深入，遇到的困难就越多。越是在这样的关头，领导干部越是需要学习力的支撑，用创新的思路和方法，找准突出问题的症结所在，积极化解难题，有效突破瓶颈。这就要求领导干部既要“向上攀登”，把握方向性的政策理论学习，在理论学识和思想境界上不断提升自己；又要“向下深入”，深入基层、“心入”群众，在尊重和汲取群众的智慧上丰富自己；更要“身入”市场，在把握市场脉搏上取得先机，用市场发展规律武装自己，才能有底气和能力把学习能力变成聪明智慧，变成企业科学发展的创新思路，促进企业创新发展的“谋事之道”。

三、学习力是“成事之基”

对于领导干部而言，学风养成作风，作风成就事业，事业彰显学习力。如何成就事业之基，把“谋事之道”落到实处，把学习成果转化为行动能力，变成职工群众看得见的实践成果，这既需要学以致用的学风，更需要严谨高效的作风。这就要求领导班子既要读有字书，更要读无字书——实践，才能做到理论联系实际，承担企业发展使命，落实企业发展愿景。其实，读书是学习，理论指导下的工作实践是更重要的学习。因此，领导作风上体现学习力，就要把工作与学习融为一体，把理论与实践融会贯通，在自觉学习基础上提升悟性，在运用理论解决问题中升华经验，才能把认识成果变成实践成果。否则，从理论到理论，必然是“纸上得来终觉浅”“山重水复疑无路”。实际上，无论是党的路线、方针、政策，还是上级的部署，都只是从全局和长远出发提出的一般性原则要求，它不可能把每一地区、部门和单位都涵盖无遗，客观上要求领导干部做好“结合”的大文章，从实际情况出发进行再决策，才能实现“柳暗花明又一春”。因此，贯彻上级方针政策的过程，就是再学习、再消化、再调研、再决策的过程，也是检验领导作风的过程，更是领导干部能否成事的根基所在。实践表明，凡是着眼于理论与实践结合的领导干部，都会以其探索的精神、坦诚的品格、求实的作风，促进企业科学发展。相反，热衷于作秀式学习的，满足于做表面文章的，重复上级精神的，照抄照搬别人经验的，只能是纸上谈兵，不仅损害党的作风和形象，而且影响企业的科学发展。因此，领导干部要以成就党和人民的事业为导向，真正以党性促党风、以党风促学风、以学风促作风。如此，才能搭起理论与实际“结合”的平台，把学习和实践贯穿领导作风的始终，用实践成果检验学习的成效，用学习的成效促进学习力的形成，从而夯实企业科学发展的认识和实践基础。

（本文原载 2009 年第 1 期《建设交通政工研究》、2009 年第 3 期《上铁论坛》）

学习型组织创建须突破三大瓶颈

学习型组织作为当代最新管理思想，是对国有企业思维方式的一次提升和变革。观念决定思路，思路决定出路。只有在观念上有大的转变，行动上才能有大的跨越，发展上才有新的境界。

十七届四中全会明确提出，建设马克思主义学习型政党。国有企业作为国民经济的重要支柱，我们党执政的经济基础，既担负着国家经济发展的重任，又面临着市场竞争的挑战。如何创建学习型组织，形成全员学习、终身学习、全过程学习的氛围，促进人的全面发展和企业的持续进步，意义极其重大。因此，创建学习型组织，既是丰富企业文化的重要内容，也是企业生存和发展的必然要求。当然，实现这一战略任务并非易事，当务之急须突破三大瓶颈制约。

一、心智模式改变的瓶颈

彼得·圣吉对心智模式是这样分析的："心智模式是深植于我们心灵之中，关于我们自己、别人、组织以及世界每个层面的形象、假设和故事。就好像一块玻璃微妙地扭曲了我们的视野一样，心智模式也决定了我们对世界的看法。"俗话说："江山易改，本性难移。"作为一种思维定势、思维方式和价值观，改变心智模式并非易事。有人说，国有企业创建学习型组织是一次脱胎换骨的改造，尤其是心灵变革的痛苦适应。这绝非危言耸听，对于观念上陈旧保守，习惯于等靠要，以垄断为生存法则的国有企业来说，如果思路不变、观念不变，形成不了"不学习就不能生存"的内动力，仍然"穿新鞋、走老路"，构建学习型组织只能是一句口号。从某种意义上说，国有企业的落后是价值观念的落后，思维方式的落后，心智模式的僵化，不能适应市场竞争发展的大趋势。因此，学习型组织作为当代最新管理思想，是对国有企业思维方式的一次提升和变革。观念决定思路，思路决定出路。只有在观念上有大的转变，行动上才能有大的跨越，发展上才有新的境界。

同任何生命体一样，国有企业也有生命周期，要取得持续生存发展，成为"百年老店"，必须增强内在生机和活力。达尔文说："能够生存下来的不是最强壮的物种，而是那些最能适应变化的物种。"世界500强经验表明，企业是动态发展的过程，要在激烈的市场竞争中立足，保持生机和活力，唯一的办法是学习，尤其是全员学习，比对手学得更好更快，才能保持核心竞争优势。实际上，企业之间的竞争表现为人与人素质的竞争，根本上是企业之间学习力的较量，特别是不同心智模式的博弈。学习是竞争力的源泉，是企业生存和发展的助推器，也是改善心智模式的内在要求。员工只有持续学习，超越自我，全面发展，才能活出生命的价值和意义来；企业也只有营造全员学习的氛围，探索学习与业务相结合的工具、方法与策略，才能适者生存，使学习力最终体现为企业保持长盛不衰的核心竞争力。从这个意义上说，必须把学习型组织创建的过程作为促进企业思维方式转变的过程，克服传统思维、定势思维、顺向思维、线性思维障碍的过程，养成全面的、动态的、本质的思考和分析问题习惯的过程。如此，才能通过思维方式的独立性、灵活性、广阔性、前瞻性，促进国有企业心智模式的根本转变。

二、创新能力持续提升的瓶颈

传统的观点把学习仅仅看作是对知识的积累和吸收，而学习型组织的学习则与此截然不同，其本质上是对知识系统整合基础上，促进思考与实践能力的升华，体现的是一种创新智慧的光芒。正如有人问《第五项修炼》的作者彼得·圣吉，究竟什么是学习型组织？他说，如果用两个字回答那就是“创造”，如果用四个字回答就是“持续创造”。因为人类的一切进步都是创造力的表现，企业同样如此。建设学习型组织的目的，就是要培养创造型员工，提高企业创新能力，提高企业持续竞争优势，适应市场经济的挑战。实践证明，创新即自我超越，需要创造性的“破坏”。企业竞争优势在某种意义上就是企业的持续创新和创造优势。

建设学习型组织，必须充分认识学习型组织的学习绝非是一般意义上的培训和知识吸收，而是通过集体学习，主动围绕共同愿景，在互动、共享、反思、深度会谈等修炼基础上，把各种信息、知识有机整合、提炼加工，激发出每个人的创造潜能，唤醒每个员工心中的巨人，实现人与组织的共同成长。就像海尔的“斜坡球体论”那样，要使企业这个球不致在市场竞争和员工惰性作用下下滑，必须有一个上升力，这个力就是企业员工的持续创新能力。要提高持续提升企业自主创新能力，一方面，要加强员工创造性能力培训，营造求变、多思、知疑的文化氛围，帮助员工提高系统思考能力，全方位培养员工创造性思维，使员工增强人们创造新世界、新生活的巨大热情和内在动力，在创造性思维中突破能力上限；另一方面，尊重知识，尊重人才，从机制上激励创新、容忍失败，形成有利于调动员工积极性的分配机制和激励机制，使企业在创造性张力的作用下，成为“创造性团体”，不断自我超越，不断自我否定，不断向新的高度攀登，永无止境地在斜坡球上健康发展。特别是要调动创新人员的积极性和创造性，建立内部有偿使用和共享的规则，把保护知识产权当作企业的基本政策和一种文化思想意识。如此，才有可能持续增强员工的创新动力，持续提升企业创新能力，从根本上提高全员创新素质。

三、领导者角色转变的瓶颈

按照彼得·圣吉的观点，学习型组织是建立在组织系统开放化、扁平化、弹性化基础之上的，体现以人为本、互动管理、互为顾客，领导者的角色必须是设计者、教练和仆人。所谓设计者，就是设计好学习型组织，发挥出组织的整体功效，使组织中每一个成员都能履行自己的职责，突破传统靠领导个人解决问题的倾向；所谓教练，就是帮助员工了解企业的过去、现在和将来，把握企业发展的内在规律，形成共同愿景，激励员工为共同使命而奋斗；所谓仆人，就是真心为员工创造学习型组织各项修炼提供条件和场所，为员工发挥潜能、实现个人愿景服务。因此，国有企业作为传统组织向学习型组织转变，首要的问题是解决领导者自身角色的转换问题，才能突破传统组织中管理体制的障碍，使五项修炼与组织融为一体。据调查，美国排名最前的25家企业中80%应用学习型组织的理论。在这些公司，传统的等级制被打破，大家是平等的，相互服务和支持，领导不是凌驾于员工之上的官僚。比如，美国通用电气公司员工可直呼最高执行官杰克·韦尔奇为“杰克”，这种现象在国有企业是不多见的。而现行国有企业由于体制因素，还难以摆脱传统的等级森严的控制式管理，干部中的官本位、唯书唯上、墨守成规沿袭已久，尤其是一切唯上级的马首是瞻根深蒂固，已形成了一种强大的惰性力量，与学习型组织所要求的“以人为本”和“不断创新”的管理理念和领导者的角色转换是格格不入的。从这个意义上讲，领导者在构建学习型组织过程中，必须强化服务意识，摒弃长官意志、行政命令，为全员学习提供服务，为创建学习型组织创造条件，给员工搭建一个知识共享、畅所欲言的平台，从机制上帮助员工设计职业生涯，建立开放、互动的学习环境，使企业战略和员工个人目标结合起来，把企业战略变成员工自己的奋斗目标，让员工充分分享企业成长带来的好处，使学习型组织成为凝心聚力的“命运共同体工程”。同时，以构筑现代企业制度为目标，在传统控制式管理的基础上，逐步向文化管理过渡，发挥法人结构的制衡机制，在公平、公开、公正的制度原则下，努力用价值观来支撑企业的一切管理行为，逐步突破金字塔式管理模式，变自上而下的控制式管理为自下而上的能动式管理，使员工学会自主管理、自我约束和自我控制，使“创建学习型组织，争当学习型员工”成为企业的长效行为。

学习无止境，创建更无穷期。学习型组织的建设是一个思维变革的过程、一个文化变革的过程、一个不断深入实践的过程。因此，要摒弃对学习型组织的任何幻想，既不能把学习型组织搞成急功近利式的所谓“运动式”大轰隆学习，也不能盲目照搬，机械模仿，僵化、神化国外学习型组织的作法；既不能认为学习就是学习，工作就是工作，把工作与学习截然对立起来，也不能把学习型组织创建简单化，把有组织的学习与学习型组织画等号。只有结合企业实际，优化创建方式，真正把握学习型组织的真谛，才能使国有企业学习型组织创建始终充满生机和活力，成为促进企业持续发展的永恒动力。

（本文原载2010年第1期《铁路政工》）

人文素质是领导干部素质的时代特征

对于领导干部来说，人文素质就是一种根植于人的内在精神素养，一种为他人着想的人文关怀，一种促进个人与集体共命运的责任与使命。

一般来讲，素质是人的能力的内在条件，有什么样的素质就有什么样的能力。关于素质，爱因斯坦曾说过这样一句耐人寻味的话："如果人们已经忘记了他们在学校里所学的一切，那么所留下的就是素质。"而这种忘不掉的素质主要包括以人文为核心的诚信、人格、道德、文化、创新等素质，体现了新时期领导干部素质的时代特征。笔者以为，在新的历史条件下，如何应对复杂的国际国内环境，促进企业科学发展、和谐发展，领导干部是否具备人文素质，以及具有什么样的人文素质是关键。

一、以敬业诚信为基础的道德素质

职业素质集中体现在敬业精神和道德诚信上，是领导干部最基本的人文素质，也是最基本的底线素质。敬业精神是职业素质的灵魂，是一种基于责任心的工作、对事业的全身心投入。成功企业之所以成功，原因就在于"人人都是负责人"的敬业精神，员工对自己的岗位负责，领导干部对企业的科学发展负责。实践证明，任何一项事业的背后，必然存在着一种无形的精神力量的支撑，而这种力量正是《敬业》一书所倡导的"像信仰上帝一样信仰职业，像热爱生命一样热爱工作"的敬业精神。目前，我国企业效益不佳，产品质量不高，世界知名品牌不多，在"走出去"战略中困难重重，这与领导干部的敬业素质不高有直接关系。从某种意义上说，领导干部的敬业素质不仅关系到产品质量优劣，决定企业核心竞争力，而且是一个民族素质的缩影。敬业素质还表现在基于诚信的道德素质，体现为对诚信的不懈坚持。世界500强成功实践证明，诚信是所有基业长青企业的共同特征，也是领导干部的必备素质。许多企业之所以昙花一现，表面上看是产品质量缺陷，从根子上看还是领导干部的道德缺陷，由于不诚信导致员工的不信任，由于员工不诚信导致顾客的无情抛弃，应验了"良心发霉必然导致事业倒霉"。这次全球金融海啸，不就是美国一些金融部门和华尔街的银行家不讲信誉造成的？三鹿公司在生产运行过程当中为什么要搞三聚氰氨，不就是因为领导干部的价值取向偏离了正常的运行轨道，违背了诚信的道德底线？领导干部是诚信建设的"火车头"，提升"诚信至上"的职业道德素质，是企业生存与发展的内在要求，也是形成企业凝聚力的重要保证，更是实现"百年老店"的根本要求。领导干部只有养成以敬业诚信为基础的道德素质，坚持诚信第一的经营理念，处理好短期利益与长远利益的关系，企业利益与社会利益的关系，顾客利益与职工利益的关系，才能内诚于职工、外信于顾客、诚信于社会，知行统一、表里如一，促进企业基业长青。

二、以相互尊重为核心的人格素质

现代人格是人的素质现代化，核心是一种相互尊重、健康独立的人格理念，就是能正确地对待自己、他人、社会和周围的一切。具体来讲，就是有自知之明，既自我尊重，正确地估量自我，又能正确地对待他人，并尊重他人的选择。现代社会，特别是步入学习型社会，人与人之间关系更趋于平等，打破等级观念已成为时代潮流和企业管理发展的大趋势，迫切需要领导干部具备这种现代人格素质相适应。无论是惠普公司老总提倡“四个任何”(任何一个员工在任何时间可以找任何一位领导谈任何问题)，还是诺基亚“科技以人为本”的价值观中，都突出体现了对人格的高度尊重，即尊重客户，尊重员工。如今，孔子的“己所不欲，勿施于人”之所以成为中外经营管理者的“黄金法则”，也集中体现了对人格的高度尊重。领导干部要培育人格素质，要注重把握和处理三个方面关系:一是领导班子成员之间要相互尊重。你怎样待人，别人就怎样待你。实践证明，班子内耗的根源之一是相互不尊重。二是上下级之间要相互尊重。尤其是上级对下级不能盛气凌人，把自己不愿做的难事推给下级，否则，只能激化上下级关系。三是要尊重客户。客户满意是企业利润的源泉。企业要想从用户那里得到利益，必须先给用户一定的利益，才能彼此实现“双赢”。作为领导干部，只有具备健康独立的人格素质，正确看待自我，定位好角色，保持宁静和开放的心态，协调好不同方面人际关系，做到对上尊重、对下信任、对外尽责，才能调动各方面积极性，充分开发团队的集体智慧，同心协力做好工作。特别是目前，我们正由科学管理向文化管理转轨，治理结构由人治向法治转型，领导干部只有培养自主、开放、互动、和谐的现代人格，才能顺应这一时代发展潮流，适应企业管理发展的大趋势。

三、以志趣高雅为境界的文化素质

在现实生活中，有的人品位高雅脱俗，有的人格调低下粗鄙，其重要原因就在于文化底蕴的不同、文化素质的差异、做人境界的高低。腹有诗书气自华。真正优秀的领导干部所凭恃的不是级别，更不是职权，而是文化素养所折射出的内在精神魅力。当今，经济文化一体化已成为时代潮流，文化因素在经济发展中的作用日趋增大，成为增强企业核心竞争力的重要法宝，迫切要求领导干部培养志存高远的文化素质，利用人类一切文明成果武装头脑，汲取新知识，掌握新本领，拓宽新视野，提升新境界；迫切需要领导干部以“天行健，君子以自强不息”的精神，把工作当作事业来做，在“立德、立功、立言”上有更高追求，让企业的“好日子”更远更长。领导干部要提升志趣高雅的文化素质，需要培养三种基本的能力素养：一是培养读书学习的习惯。知识经济时代的一句名言是：企业未来唯一持久的优势，是有能力比你的竞争对手学得更快更好。要树立终身学习的理念，把学习当作一种责任、一种常态、一种追求，不断克服“能力恐慌”。通过养成读书学习的习惯，提升精神，纯洁思想，改变气质，丰富知识，把握方向。二是培养传播企业理念的能力。就是要掌握语言和文字两种表达工具，特别是善于用讲哲理故事的方法，把企业理念通俗化，营造高品位的企业文化沟通环境。三是培养理性做人做事的态度。坚持正确的做人处世原则，高标准、讲科学、不懈怠，像孙中山说的那样：“立志做大事，不要立志做大官”，成为一个有理想、有责任、有志趣的人。如此，才能在改变企业命运中，展示人生风采，实现人生价值。

四、以与时俱进为取向的创新素质

与时俱进的创新素质，集中体现在领导干部自由的精神世界、丰富的精神生活和个性化的思维理念上。个性化思维理念就是一种创新思维。一个著名管理学家说过，评价一个企业成功与否不在于年限长短，关键看它的经营理念能否跟上时代的潮流。世界500强通用电气公司之所以能重新焕发生机活力，克服“大企业病”，变得更有竞争力，一个重要原因就在于，原首席执行官韦尔奇的思维理念创新，通过实施“数一数二”战略，把这个百年巨人塑造成为思想和智慧超越传统的新型企业。海尔集团张瑞敏把一个濒临破产的集体所有制的小企业建成了一个跨国公司，得益于其与时代共进的创新理念。实践证明，成熟的领导就是善于思考、有思想、思路新的领导。企业创新由制度创新、技术创新和管理创新三个相互支撑的方面组成，企业的发展是这三方面互相促进的结果。而领导干部理念创新是这三个方面创新的根本和先导。企业要发挥核心竞争优势，形成持续发展的核心竞争力，关键在于领导干部与时俱进的创新素质。从这个意义上说，领导干部的创新素质事关重大，只有与时俱进提升，不断增强观察能力、预见能力和系统思考能力，才能整合各类管理资源，形成新理念、新思路、新方法，应对各种危机挑战，在竞争中赢得主动。

五、以刚柔相济为原则的管理素质

领导干部的管理素质，就其本质而言就是派合适的人把企业战略执行到位，完成企业预定的目标。有效的管理应体现在和谐管理上，做到“理”和“管”两个方面的平衡。企业管理不仅要讲科学、重规律，做到复杂的问题简单化，简单的问题流程化，更为重要的是管理要“有情”，即从制度管理向情感管理推进，从有形管理向无形管理渗透，从科学管理到人文管理的演进。众所周知，管理的对象是人，而人的一切活动则是由思想支配的。如果说，制度的目标是规范，那么，文化的目标是自觉。而以情感为核心的人文管理就是感染员工、达到自觉的重要途径。号称“全球第一CEO”的GE原CEO杰克·韦尔奇的管理秘籍是，以纸条传递带有私密情感的管理方式，无论是鼓励还是批评，都成为公司每个人的期待，体现了严中有情，严中有爱。实践证明，领导干部在管理工作中，只有注重情感管理，关心他们的感受，注重感情投入，将心比心，换位思考，才能给下属以温暖，给下属以信心，给下属以动力。特别是当前，企业正处于改革发展的转型时期，处于国际金融危机的挑战之中，员工存在一些不良情绪，领导干部如不注重疏导而只是简单地运用刚硬的惩罚手段，可能会适得其反，不仅收不到应有的效果，而且会产生负面抵触情绪。这就要求领导干部提升“刚柔相济”的管理素质，实施“严爱相融”的人本管理，做到法、理、情统一，在严格制度、从严管理的基础上，切实关注员工的思想情绪，使员工切实感受到严格后面的关爱，无情背后的真情，才能以共同的目标俘获人心，以共同的理念凝聚合力，以共同的行为创造品牌，以人企合一的境界营造和谐发展环境。

（本文原载2009年第11期《铁路政工》、2007年第3期《上海建设交通政工研究》、2007年第1期《铁道企业管理》，获2009年领导科学杂志社举办的“黄金叶”杯“提高领导干部应对复杂局面能力”征文活动优秀论文奖）

《谁动了我的奶酪?》带给管理者的启示

学习力是企业发展之源,创新力是企业成长之基,竞争力是企业致胜之本。现代企业的竞争实质上就是这三种能力的较量,谁能迅速提高自己的学习力、创新力和竞争力,谁就赢得了发展的主动和领先优势,谁就会在市场竞争中超越对手并长期保持发展优势。市场不变的法则是永远在变,应对市场变化的唯一出路在于持续学习、创新、竞争。

《谁动了我的奶酪?》这本书不到100页,却被誉为全球第一畅销书,销量超过2千万册,在出版业不景气,读者日渐稀少的今天,这简直是个奇迹。这固然有商家的炒作,但其内在的独特思想魅力,是本书畅行于市的重要原因。无怪乎在各种会议上,谈到思想观念问题时,各级领导无不推荐"奶酪的故事"。据说,国外许多大公司正在以本书的理念,指导员工的工作和生活。那么,既然这本书已引起很多人的共鸣,给我们管理者到底带来哪些新思维,给企业带来哪些新启示?

本书讲了一个非常浅显的寓言故事:生活在迷宫中的两个小老鼠和两个小矮人有幸而发现一奶酪仓库,但有一天奶酪不见了。两个小老鼠很快又找到了新的奶酪,两个小矮人则犹豫不决。其中一个小矮人重新走入新的迷宫,另一个始终走不出对过去的追思。读完这则小故事要不了多长时间,但留给我们的思考却是意味深长的:一方面,揭示了人们在变革的时代如何解放思想,应对变革,应对风险,化解危机,走出迷茫,走向成功。另一方面,揭示了多面的人性。两个小老鼠和两个小矮人都有很强的个性,也就有着充满个性的处事方式,集中展示了我们多面的人性:即简单的一面和复杂的一面。从某种意义上说,在变化了的形势面前,简单比复杂更能适应变化,有时人类那些过于复杂的智慧和情感又反过来变成前进道路上的障碍,如人们常犯的经验主义和教条主义错误,企业管理中感情有余而理性不足等等。掩卷沉思,对号入座,我们是虚构故事中的哪一个角色呢?当然,面对变化时,两个小老鼠比两个小矮人要好,因为他们有敏锐的直觉,果敢的行动力,总是把人们认为复杂的问题简单化,能够放下包袱、轻装上阵,及时寻找机遇。当然,小矮人唧唧也有值得称道的地方,他喜爱反思,当他看到变化会使事情变得更好时,能及时调整自己去适应,同时也善于学习和思考,以此来不断改变自己。小矮人哼哼尽管非常保守和传统,在故事中是反面角色,但也有其严谨的一面。因此,寓言对我们企业有普适的警示意义,关键问题是我们的企业怎样整合管理层智慧和员工各自的优点,尽快适应瞬时变化的形势和环境。

一要客观地看待变化。

有人说过这样一句话，这个世界最大的不变的是永远在“变”，这印证了唯物辩证法原理，运动是绝对的、永恒的，静止是相对的、暂时的。世界上没有哪件东西是自然属于你的，无论是一份工作、健康、人际关系，还是爱情、金钱，它们都会随时间的推移，会发生这样或那样的变化，保持和发现这些“奶酪”，需要我们不懈地努力。拥有“奶酪”就是拥有幸福，但我们不能躺在“奶酪”上止步不前，对目前拥有的东西要知道倍加珍惜，还要看到变化是残酷的，是不以人的意志为转移的客观规律，要以一颗平常心看待变化，找到事物变化的内在规律，虽然我们不能改变规律，但可以预见和顺应规律，做到趋利避害，使企业在和谐中成长。

二要积极地预见变化。

任何危机或变化的出现，事先都会有蛛丝马迹，都会有一个过程，或出现一个先兆，关键的问题是你能否察觉到，提前采取预防措施，经常追踪将要到来的变化。为此，要仔细闻一闻我们目前所拥有的“奶酪”，以便知道它们所处的状况，什么时候有异常表现，什么时候开始变质，从而做到及时扬弃，转变思维，寻找新的机遇，去改变我们目前的命运，改善我们暂时所处的不利环境和局面。绝不能抱原有的教条、框框不放，担心变化带来的恐惧而停滞不前。从铁路来看，自然垄断地位短期难以改变，这一由于垄断性而形成的市场是我们目前拥有的“奶酪”，但随着其他交通运输业的竞争，我国加入 WTO，“与狼共舞”的局面即将来临，在新的竞争对手面前，在新的经营理念和经营方式面前，我们拥有的优势可能将逐步变为弱势，我们目前拥有的“奶酪”迟早也要变质，原有的市场可能要有所减少。这就要求我们管理者必须保持忧患意识，善于发现可能产生的不利变化，经常调查研究，超前思考问题，提高警惕性、敏感性和预见性，使事物朝好的方面发展，在激烈的市场竞争中立于不败之地。

三要尽快地适应变化。

变化是迟早会发生的。当问题出现时，就要果断应对，以积极的心态，立即去适应改变。行动就是力量。不要去抱怨，任何怨言都无济于事。如果不适应变化，就要被淘汰。早变化早主动，迟变化就被动。这些年，为什么有些企业应变自如，获得生机，而有些企业步履维艰、关门倒闭？其原因与青蛙试验颇为相似。变化的环境如同逐步加热的水温，有些企业的敏感性强，及时觉察，积极应对，因而应变自如，化险为夷，摆脱危机，可有些企业感觉麻木，得过且过，到了积重难返之时，只有死路一条了。可见，生于忧患，死于安乐，在社会进入信息时代的重要时期，市场反应的速度决定企业的命运，只有能够迅速应对市场，才能成为市场竞争中的的佼佼者。美国思科公司总裁约翰·钱伯斯在谈到新经济的规律时指出：“现代竞争已不是大鱼吃小鱼，而是快的吃慢的。”因此，在这“快者为王”的时代，速度已成为企业的基本生存法则。从这个意义上说，铁路要适应变化，应对入世的挑战，必须加快改革步伐，对不适应市场的观念、机制、体制进行全面调整，增强内在活力，促进企业可持续健康发展。

四要在学习创新竞争中不断享受变化。

享受变化是一种境界，并不是每个人或每个企业都能享受的，需要承担风险，需要持续不懈地在残酷的竞争中学会与命运抗争。《第五项修炼》的作者彼得·圣吉有一句名言："未来唯一持久的优势，是谁有能力比你的竞争对手学习得更快。"随着我国加入 WTO，铁路要适应变化，保持长期竞争优势和持续生存发展，就必须在决定企业发展三个关键因素上下功夫：这就是学习力、创新力和竞争力。学习力是企业发展之源，创新力是企业成长之基，竞争力是企业致胜之本。现代企业的竞争实质上就是这三种能力的较量，谁能迅速提高自己的学习力、创新力和竞争力，谁就赢得了发展的主动和领先优势，谁就会在市场竞争中超越对手并长期保持发展优势。市场不变的法则是永远在变，应对市场变化的唯一出路在于持续学习、创新、竞争。创新是海尔经验的核心和精髓。海尔发展的每一步都伴随着创新突破，伴随着对自我的不断否定与超越，从而以变制变，总是比竞争对手快一步，正如其总裁张瑞敏经常说得"永远战战兢兢，永远如履薄冰"，如果自己不否定自己，就会被竞争对手否定。因此，要享受变化，就要构建学习型企业，强化企业文化变革，实现管理创新，提高核心竞争能力。同时要让员工明白，随着竞争时代的到来，凭本领竞争上岗是大势所趋，不但要熟练一项技能，精通一种本领，还要尽可能多掌握几门技能和本领，多一门技能，就多一种选择，多一条出路，只有这样，才能在人生道路上，把握变化的规律，不断调整自己，提高应对变革的本领，时刻保持一个有准备的头脑，不断增强自身综合素质，提高适应竞争的能力，使自己随"奶酪"的变化而变化，做到从恐惧变化到不断享受变化，避免突如其来的变化的打击而不知所措，从而分享变化带来的幸福。

企业生命周期理论告诉我们：企业有生有灭是一个客观规律；不同的企业具有不同的生命周期；特定的时空条件下，特定的企业处在生命周期特定的阶段；企业生命周期的不同阶段，应当采取不同的管理方法；通过企业文化的变革，人们可以让企业的盛年期驻留。可以说，变化是永恒的，变化又是无限的，而"奶酪"是有限的；要享受新的"奶酪"，每个管理者都必须要加强学习，解放思想，更新观念，提高企业生存和发展的本领，提高企业适应外部环境变化的能力，才能在拥有现有"奶酪"的同时，寻找新的"奶酪"，有时还要学会放弃，有时还要及早放弃。因为只有放弃才能大舍大得，获得更大的"奶酪"，战略就是企业做什么和不做什么，那么，放弃就是把握战略的一种智慧，一种选择，一种境界。

（本文原载 2002 年 3 月 28 日《上海铁道》）

领导干部要注重四种能力的培养

领导干部的岗位职责决定了他的能力不同于普通群众，只有常充电、常思考、常结合、常自省，才能超越自我、完善修为、强心健体、升华境界，成为合格的引领企业发展“火车头”。

能力是人的综合素质的集中表现，是改造世界的重要力量。领导干部的岗位职责决定了他的能力不同于普通群众，只有常充电、常思考、常结合、常自省，才能超越自我、完善修为、强心健体、升华境界，提升驾驭企业发展航向的能力，成为合格的企业发展“火车头”。

一、常“充电”，着力提升学习的能力

这是构建学习型企业的战略要求。一个领导干部应具有的能力是多方面的，而学习能力是其中最具战略意义的能力。战略意义体现在：一方面，宽广的视野、敏锐的嗅觉、正确的决策，无不来自于长期不懈的“充电”过程、持之以恒的学习能力。企业未来唯一持久的优势，是有能力比你的竞争对手学得更快更好。现代成功企业的实践无不表明，企业与企业之间的竞争实质上是企业领导者战略思维的较量。不学习，就会落伍掉队；不学习，就会闭目塞听；不学习，就会贻误事业，错过发展良机。另一方面，领导干部的学习能力决定学习型组织的构建。构建学习型企业不仅是提高员工素质和能力的需要，而且是提高领导干部能力的需要，强化企业核心竞争力的必由之路，提升企业竞争优势的战略选择。世界500强GE之所以能重新焕发生机活力，克服“大企业病”，变得更有竞争力，一个重要原因就在于，原CEO杰克·韦尔奇把这个百年巨人塑造成为一个学习型组织，成为思想和智慧超越传统的新型企业。在全球化快速发展的时代，领导干部在企业发展战略中的责任越来越大，只有树立危机意识，认识到已有的理论与实践经验已是昨日黄花，拥有的高学历只不过是曾经拥有，才能激发学习动力，促进企业健康成长。对于中国铁路来说，如何抛弃陈规陋习，焕发生机活力，在学习中超越，在超越中发展，必须率先成为学习型组织，才能实现铁路发展的宏伟目标。领导干部只有从铁路长远发展战略高度，经常“充电”，把学习当作生活和工作的第一要务、第一责任、第一追求，学政治、学理论、学经济、学管理、学法律，按照“工作学习化、学习工作化”要求，吸收人类一切文明成果，持续改善知识结构，才能解决“本领恐慌”问题，为员工学习提供示范榜样，适应变化了的环境的挑战，历练驾驭复杂局面的本领，引领企业跟上时代发展的快车道，在全

球化竞争中促进铁路基业长青。

二、常思考，着力提升思路创新的能力

这是引领企业发展方向的本质要求。理念决定思路，思路决定出路，思路源于创新。创新素质是领导干部最重要的能力素质，而探索符合企业实际的发展思路，是企业发展对领导干部的本质要求。学而不思则罔，思而不学则殆。国有企业改革发展的每一步，都没有平坦的道路，没有现成的模式，惟有多思、谋思、慎思，求是、求实、求新，才能开创“蓝海”，发现无人竞争的新市场，克服制约企业发展的各种观念障碍，形成符合企业自身发展规律的理念、思路、对策。如果说，国有企业落后，除体制因素外，从根本上说就是观念的落后，思维方式的懒惰，发展思路的狭窄。特别是对铁路而言，如何与时俱进，着眼于加快企业发展，应对复杂多样的局面，客观上要求领导干部提高系统思考的能力，“成为善于思考的模范”，探索新思路的楷模，才能应对新情况，构建新体制，开创新局面。所谓“系统思考”，是指拉开时间长度，扩大观察领域，把事物的内在结构、运行规律和发展趋势思考清楚。古代哲人主张“三思而后行”就是这个道理。一个领导干部有了思考的习惯，才能创新理念，打破旧的平衡，找到新的发展路径，实现新的跨越。优秀领导干部的优势就是善于思考和决策的优势；成熟的领导就是善于思考、有思想、思路新的领导。实践证明，只要铁路各级领导干部精于系统思考，工于多谋善断，勤于群策群力，就一定能凝聚发展共识，激发职工潜力，任何困难都能迎刃而解，任何不利局面都能转危为安。尤其在当前，我国加入 WTO 过渡期已经结束，市场竞争环境对铁路计划经济体制提出了严峻挑战，如何趋利避害，变挑战为机遇，变危机为动力？只有着眼于系统思考，以观念创新为核心，变“坐而论道”为“闻鸡起舞”，变管理顾客为服务顾客，变思路创新为体制机制创新，才能变自然垄断优势为核心竞争优势，变引进技术为自主创新，抓住机遇谋发展，调整思路寻突破。这既是企业发展的客观要求，更是维护职工根本利益的集中体现。

三、常结合，着力提升理论联系实际的能力

这是贯彻科学发展观的客观要求。回望波澜壮阔的历史，人们常常惊叹于“领路人”的远见卓识。但这些拨云见日般的新思想、新理论既不是从天上掉下来的，也不是他们头脑里固有的，而是源于艰辛的理论探索与艰苦实践结合的产物。如果说，十六届三中全会第一次明确提出“科学发展观”这一创新思想，那么，十六届六中全会则向全党提出了如何结合实际落实科学发展观、构建和谐社会的实践命题。理论总是灰色的，而生活之树常青。实践出真知，实践出智慧。只有把理论与实践相结合，学以致用、用以促学，在实践中提高解决实际问题的能力，才能学有所悟、悟有所至，否则，从理论到理论，从书本到书本，必然是“纸

上得来终觉浅”。其实，党的理论、路线、方针政策只是一般性原则要求，客观上要求领导干部必须与企业具体实际相结合，通过联系本单位具体实践才能抓落实，而不是靠照抄照搬、纸上谈兵就能立竿见影的。真结合才能真抓，真抓才能实干，实干才能实现。没有“结合”的能力，再美好的蓝图也是昙花一现。实践表明，凡是注重理论与实践结合，坚持讲真话、办实事、求实效，扎扎实实工作的领导干部，都会以其坦诚的品格、实事求是的作风，赢得人们的尊敬。相反，夸夸其谈，热衷于做表面文章的，不仅损害党的事业，败坏党的理论，而且还损害自己的形象。因此，“科学发展观”只有在“结合”中才能体现理性的光辉，丰富其科学内涵，检验其科学魅力和价值，体现领导干部的联系实际的能力。当务之急，领导干部学习宣传科学发展观的关键是落实科学发展观，只有把深化认识的过程与贯彻落实科学发展观的过程相结合，把实践科学发展观的过程作为深化认识的过程，以求真务实、奋发有为的精神状态，把实践科学发展观贯穿可持续发展工作的始终，才能做到立言与立行的统一、理论与实践结合，自觉更新发展观念、转换增长方式、转变工作作风，使企业沿着又好又快轨道发展。

四、常自省，着力提升严于律己的能力

这是完善人格境界的内在要求。众所周知，权力是把双刃剑，既可为人民谋利益，也可为自己谋私利；既能成就一个人，也能毁掉一个人。如何通过强化自律，为职工群众谋利益、为党的事业用好权？这是每一名领导干部人格境界高下的分水岭。老子说，“胜人者有力，自胜者强。”自律能力是领导干部必备的基本素养，只有认识自我、战胜自我、超越自我，才能严于律己、完善人格、筑牢道德防线。完善人格境界首先要提高思想境界，通过经常“三省吾身”，正确认识自己，正确摆正位置。应当明确：我们的权力是党和人民给的，我们只是中国特色社会主义大厦建设者队伍中微小而普通的一分子，我们的生命只是历史长河中的一瞬，没有任何值得炫耀或自命不凡的地方，没有任何名利得失不值得淡化的理由。认识不到这一点，就找不到自身定位，就会迷失前进方向。胡锦涛总书记在中央纪委第七次全会上倡导，各级领导干部要“生活正派、情趣健康，讲操守，重品行，注重培养健康的生活情趣，保持高尚的精神追求”。这一重要论述，实际对领导干部的生活作风建设提出了明确要求。对于领导干部来说，严于律己是全方位的：在八小时内要严于律己，八小时外更要严格要求；提升有望时要严于律己，提升无望时更要严格要求；资历浅、任职时间短要严于律己，资历深、任职时间长更要严格要求。严于律己的关键是管住自己。实践证明，个别领干部之所以由功臣沦落为罪犯的教训，就是没有管住自己。管住自己必须做到“五官”端正、形象端庄，就是要脑清、眼明、口洁、手净、脚稳，管住自己的脑，不该想的不想；管住自己的嘴，不该吃的不吃；管住自己的手，不该拿的不拿；管住自己的脚，不该去的地方不去。当然，管住自己并不影响领导干部有所作为，全心全意为职

工群众办实事。领导干部的人格境界正是在为民办实事中体现出来的。郑培民之所以以人格力量感动国人，就是因为他把“做事先做人，万事民为先”作为自己人生的座右铭。因此，只有把工作当作事业，平凡做人、出色做事，低调做人、高调做事，才能以“宠辱不惊，看庭前花开花落；去留无意，望天上云卷云舒”的豁大胸怀去抵制诱惑，以一颗平常心对待事业、看待自我，以一颗快乐心迎接工作、拥抱生活，永葆共产党人“蓬勃朝气、昂扬锐气、浩然正气”，在党和人民群众提供的权力平台上谋事，在可持续发展伟大实践中成事。

（本文原载 2009 年第 2 期《铁道企业管理》）

提高企业领导干部的文化驾驭能力

领导干部要提高执政本领，以权力为基础的“硬实力”是条件，而以文化为核心的“软实力”才是根本。领导干部要提高企业文化驾驭能力，重在提高谋划能力、传播能力、示范能力和变革能力上下功夫。

为加强和改进党对文化工作的领导，十七届六中全会《决定》突出强调了一个重要思想，就是各级领导干部要努力成为领导文化建设的行家里手。这既是着眼建设社会主义文化强国目标对各级领导干部提出的战略任务，也是新形势下对各级干部提出的新要求，既具有很强的前瞻性，又具有很强的现实针对性。领导干部要提高执政本领，以权力为基础的“硬实力”是条件，而以文化为核心的“软实力”才是根本。特别是对企业领导干部来说，要促进企业可持续发展，使之基业长青，成为“百年老店”，建设企业文化的能力是必须具备的领导能力。

一、提高企业文化谋划能力

谋划企业文化是领导者的第一要务，决定企业向何处去、如何走的问题。从某种意义上说，企业文化是“企业家文化”，企业文化的谋划关键是企业领导者的文化自觉。一是提高文化自觉规划意识。企业文化自觉意识首先体现在企业领导班子的积极性，特别是“一把手”自觉谋划企业文化上。当然，规划具有独特性的企业文化并不是轻而易举的。独特性源于对客体认识的深刻性，而思想自觉的程度决定行为的高度。因此，“一把手”要亲自上手，相关部门积极配合，积极吸引职工广泛参与，主动规划企业文化，才能使企业文化由自发状态走到自觉状态，并成为“灵魂工程”和“凝聚力工程”。二是把握文化规划规律。领导干部要不断学习企业文化理论和先进经验，在把握企业文化共同特征的基础上，对本单位企业文化进行由浅入深，由表及里的深入思考，从而逐步把握企业文化的深刻内涵，把握企业文化建设的内在规律性，找准企业文化与生产经营、员工利益、市场需求的最佳结合点，才能科学凝练企业核心价值体系，使之简洁、通俗、个性化，进而使企业文化在共性基础上保持自身的独特性和原创性。同时，企业文化建设既要有宏观的方向性的战略把握，更要有细化的推进方案措施来跟进。就是说，领导干部既要从大处着眼，又要从细节着力，通过明确项目、标准、措施、时间和责任人，一步一个脚印抓落实，才能让企业文化由蓝图变成现实。三是保持文化规划的相对稳定性。企业文化作为艰巨复杂的系统工程，企业文化体系一旦形成，特别是核心价值理念一旦确立，必须保持相对稳定，任命人都没有违反的特权，更不能由于领导人的更换而瞎折腾，使原企业文化失去延续性，造成半途而废。因此，企业文化的谋划能力要体现继承性，体现在每一任领导任职中。

二、提高企业文化传播能力

企业文化建设过程就是让员工从社会人变成企业人的过程。而如何把理念传播贯穿于企业文化建设的始终，让员工成为企业理念武装的企业人，是企业文化建设能否取得实效的关键。在这方面，领导干部不仅要亲自设计企业文化，而且还要主动传播企业文化。海尔集团总裁张瑞敏说，在海尔集团，我的角色，第一应是设计师，在企业发展中使组织结构适应于企业的发展；第二应是牧师，不断地布道，使员工接受企业文化，把员工自身价值的体现和企业目标的实现结合起来。魏杰教授指出，企业领导人的一项重要工作就是要做企业文化的“传教士”，因为思想如果不统一，企业是干不成事的。国外公司的培训会很多，培训的主要内容就是企业文化，而且公司的最高领导要亲自讲课。美国微软公司的比尔·盖茨无论多忙，每月都要为员工讲几次课。摩托罗拉等跨国公司在中国办的商学院开学时，公司老总也都要过来讲课。他们这样做的目的就是向员工灌输企业价值观，使员工认同企业文化，在工作中思想统一地按照企业的要求去做，从而形成企业的合力，增强企业的市场竞争力。提高领导者传播能力的重要途径是提高领导者善于演说的技巧，特别是善于用讲哲理故事的方法，把企业理念通俗化，使管理沟通顺畅化，从而形成高品位的企业文化。特别是领导干部掌握的东西越多，见识就越深刻，精神境界就越高，表达能力就越强，就会越有人格魅力，就越能有效传播企业文化。因此，领导干部要加强文化知识和修养的学习，不断提高自身文化品位，努力提高传播企业文化的艺术，才能让企业的“圣经”深入人心，使“企业家”的文化变成全员认同的文化。

三、提高企业文化示范能力

就是要求领导干部带头知行统一，带头实践自己倡导的价值理念，训练出忠于企业文化的中层管理者和广大员工，进而使企业文化变为全员的自觉行为。许多企业之所以昙花一现，从根子上看还是领导者的示范能力缺陷，由于不诚信导致员工的不信任，由于员工不诚信导致顾客的无情抛弃，应验了“良心发霉必然导致事业倒霉”。如果领导者不能言而有信，不带头严格执行各项规章制度，就难以服众，形成向心力，引领团队实现既定的目标；如果领导者不忠诚于社会，没有社会责任感，不把消费者当成衣食父母，就难以处理好企业利益与社会利益的关系，企业可能有短期成长，但难以实现可持续成长。特别是一些看起来不太重要的小事，如果高层领导者不努力做好，就会以其放大效应影响到全体员工的执行。因此，在这个“精神变物质”的过程中，重要的一环就是“推动者必先自动”“教人者必先教己”。也就是说领导干部首先要把企业文化的内涵体现在自己的实际行动中，不仅要说给员工听，更要带着员工干、做给员工看，企业文化才能有推动力和示范力，文化理念才能变成员工的行动。从某种意义讲，“一把手”的示范力是企业文化建设的第一推动力，是企业文化效果的第一见证人。试想，一个拉帮结伙、私心严重的“一把手”能让“团结协作，甘于奉献”的理念深入人心吗？知易行难，行胜于言。领导干部首先要积极行动起来，率先垂范，从自身做起，要求员工做到的自己首先做到，要求员工不做的自己坚决不做，自觉接受群众监督，才能用良好的形象和人格力量，带动广大员工推动企业文化的深入发展。

四、提高企业文化变革能力

当今全球经济一体化，使得市场竞争更加残酷，企业只有不断变革创新，适应外部环境的变化，才能生存并获取竞争优势。变革的过程是痛苦的但又是必要的，因为没有变革就没有发展。对于领导者而言，文化变革就是使企业“置之死地而后生”的一种过程，更是领导文化能力的集中体现。一要提高企业文化变革的预见能力。一般情况是，当企业解决问题的方法通过反复强化，逐渐演变成一种思维方式和习惯时，这些思维方式和习惯就成为一种解决问题的标志，逐步积淀成相对稳定的文化。这些思维定式曾经被证明是成功的，但危险的是这时环境可能已经发生了变化。如果此时领导者不能及时变革企业文化，对新出现的问题再使用过去的思维方法，企业就有可能走向事物的反面。一些企业风光一时，最后昙花一现，其根源就在于此。从此意义上说，企业文化是企业发展到一定阶段的产物，形成于领导者的自觉倡导和示范，形成于企业发展过程之中，产生于企业变革过程之中，受制于外部环境的变化。领导者只有强化危机意识，提高文化变革的预见能力，才能使企业在变革中新生。二要提高企业文化理念变革能力。变革的本身就是一种破旧立新，一种对过去优秀企业文化的传承和对过去某种观念的颠覆。企业是人的组织，只有企业的价值观和行为方式改变了，企业才能实现真正的变革创新。因此，领导者的理念创新是企业文化创新的根本和先导。没有理念的创新，就没有思路的更新、体制的变革和制度机制的创新。要适应环境变化，领导者必须强化理念创新，善于在变革中扬弃，特别是要尊重历史与传统的基础上，对原有模式提出质疑，探讨新的经营模式与方向，在一定条件下甚至完全扬弃旧文化，才能重新创造新的企业文化。面对世界性金融危机的冲击，正是韩国三星李健熙“除了老婆孩子，一切都要变”的变革勇气的决心，才使企业走上了成功之路。变革总是痛苦的，特别是企业成员一时难以接受新的价值观念，领导者要认清哪些是支持变革的文化因素，哪些是阻碍因素，通过集思广益，找到可能实现的理想途径——具体措施和行动步骤。三要提高企业文化变革的支持能力。企业文化变革的理念要变成行为，必须要有一个严格的制度作为支撑，用制度来约束和激励，才能用制度来规范公司各级管理人员以及一线员工的行为，为企业文化的发展保驾护航。同时，还要加入企业的绩效考核与其切身利益挂钩，进而激励员工不仅认同新的价值观，而且愿意投身于它的实践，并提升应对危机所具备的快速反应和执行能力，以便企业文化变革建设的顺利进行。因此，企业文化要适应变革的社会环境和外部变化，领导者必须提高创新文化的能力，才能形成与企业战略相适应的新理念、新思路，促进企业文化在转型中可持续发展。

（本文原载 2012 年第 8 期《现代领导》）

选好书　爱读书　读好书　好读书

有位名人说过："一个人的精神发展史就是他的阅读史"，看一个人的思想境界，最简单的办法，就是看他读过什么书。古人讲，腹有诗书气自华，就是因为读书可以改造一个人的灵魂，进而影响一个人的外貌。一个人文明程度和思想品格高下，总是同他的文化素质联系在一起的。要真正建成学习型组织，把读书活动深入持久搞下去，使人人好读书，关键是树立"读书是生活常态"的理念，形成常态读书的习惯。

在创先争优活动中，我校围绕"争当学习型员工，争创学习型党校"目标，在全员中共读"两本书"（《赢在执行》《有效沟通》），这是我校巩固"两高一创"主题实践活动成果的重要载体，也是率先创建学习型党组织的具体实践。下面我以"两本书"为例，就如何选好书、爱读书、读好书、好读书谈点不成熟的体会。

一、选好书重在把握好书的特点

读好书必须要选好书。书海茫茫，如何选好书是极其重要的。尽管开卷有益，但也要在书海中善于选择，才能达到事半功倍之效。这次学校精心选择的余世维的两本书《赢在执行》《有效沟通》，既有理论性和实践性，更是做好工作、启人进步的辅助教材，称为好书名符其实。何以见得？我读后感觉有这样几个特点：一是思想性强。思想是书籍的内在灵魂。温家宝曾经说过，好书是那些能够给人以感染和力量的书，让人了解大学问家的思想和风范的书，特别是那些震撼人的灵魂的书，激发人的斗志的书。这给我们选好书、读好书指明了方向。《赢在执行》《有效沟通》的思想性就在于，传播新的理念，提升人的素养，提高组织效能，促进个人与组织的进步。许多单位将这两本书作为领导和员工的必读教材就是明证。二是可读性强。可读性也是好书的重要指标。特别是在这个追求看图和上网的时代，潜心读书仍然是与时俱进的追求，但对书籍的可读性提出了更高的要求。而余氏这两本书的重要特点就是可读性，"寓观念于谈笑间，蕴哲理于诙谐中"是其特色。我从书的字理行间感受到他生动、幽默的风格，深入浅出的讲解，一点没有居高临下、空话连篇的感觉。对阅读者来说，没有什么阅读障碍，倒是一种精神享受。这对教师而言，如何备好课、讲好课也是个可资借鉴的范本。三是针对性强。这两本书不是从理论中来到理论中去，或陷入概念成堆的教科书不可自拔，而是针对企业管理中普遍存在的执行力不强、沟通能力不高的问题而撰写的，因而有极强的针对性。特别是对铁路中层干部而言，有很好的启迪作用。在我校"争当五个表率"活动的基础上，再阅读这两本书，对如何提高执行力、沟通能力是一个有益的专题辅导。四是可操作性强。这两本书的特点是，不仅案例丰富，且提供多种实用的解决问题之工具及技巧，有很强的可操作性。我认为，这四个特点是选取好书的重要原则，同样适用于其他书籍的选择。只有思想性强，才能体现书籍的内在价值；只有可读性强，才能增强阅读的兴趣；只有针对性强，才能发现问题的本质；只有可操作性强，才能找到解决问题的路径。因此，对我们领导干部来说，多读一点经典理论著作，多读一点管理类的书籍，多读一些在工作方法、思维方式、管理艺术方面有启迪意义的好书，这对于提升人生境界，做好各项工作是极其有益的。

二、爱读书源自内在的读书动力

共读“两本书”首先要解决为什么读的问题，才能解决好爱读书的内动力，提高读书的自觉性和主动性。

首先，创建学习型党组织的要求。建设学习型党组织，努力掌握和运用一切科学的新思想、新知识、新经验，是十七届四中全会的重要精神所在。只有通过扎实有效的读书活动，才能更加有效地贯彻落实好四中全会精神。这也是我校组织读书活动的初衷。现实生活中，有的党员干部，以工作忙为借口轻视学习，甚至不读书，这是有违这一初衷的。“没有时间”不应该成为借口，更不能成为不读书的理由。当今世界，科学技术日新月异，知识信息爆炸增长，市场经济快速发展，改革开放正向纵深推进，经济和社会的发展处于转型时期，建设学习型党组织比以往任何时候都更为强烈，培养良好的读书学习习惯比以往任何时候都更为迫切。如果认识不到这一点，以工作忙为借口不读书，或者不得已而读几本书充充门面，就难以适应学习型党组织创建的要求。因此，作为领导干部理应争当读书学习的表率，通过读书来增长知识、增加智慧、增强本领，努力把个人成长目标与组织发展目标相结合。

其次，应对岗位工作的挑战。铁路大规模提速，党校教职员工也要不断“提素”，才能提升履职能力，应对工作岗位挑战。个人的“提素”靠什么？靠学习，学习的主要方式是读书，读书能开发个人的智力，使人变得有胆有识，进而提高辩证思维方式和创新能力，促进工作水平有新提升。就党校教员来说，要想做一个优秀的教育工作者，首先必须全面提高自己的理论水平和综合素养，不断改善知识结构，才能让自己讲授的内容深入浅出，做到深入不深奥、浅出不浅薄、生动不生硬；就中层以上干部来说，好的工作思路、好的办法、好的观点，源于深厚的理论功底。可以说，学习能力决定工作水平高低，读书是履行好职责的重要途径。对领导干部来说，面对高铁时代的挑战，只有认真读书学习，不间断进行“充电”，才能坚持高标准、讲科学、不懈怠，真正担当起时代赋予的重任，高质量做好本职工作。

再次，提升思想境界的追求。阅读决定了一个人的思想境界。有位名人说过：“一个人的精神发展史就是他的阅读史”，看一个人的思想境界，最简单的办法，就是看他读过什么书。古人讲，腹有诗书气自华，就是因为读书可以改造一个人的灵魂，进而影响一个人的外貌。一个人文明程度和思想品格高下，总是同他的文化素质联系在一起的。歌德曾经说过，“读一本好书，就是和许多高尚的人谈话。”其实，读书就是一种独特的对话和思想交流，多读好书就是多交良师益友。近朱者赤、近墨者黑。如今几乎所有的贪官在最后的忏悔中都会提到“放松了学习”。这也是实话实说，平时没有养成良好的读书的习惯，不认真读书学习，不深入研究思考，几乎是所有腐败官员的共性。胡长清在其忏悔录中说，他的堕落正是从自己不读书学习开始的。这从反面证明，只有长期与优秀的人打交道，自己才会变得优秀；经常与高尚的人打交道，自己才会变得高尚。读的好书越多，接触的优秀人物越多，思想境界就会越高。我们只有多读好书，经常与优秀人物对话，聆听他们的教诲，借鉴他们的经验，学习他们的品格，才能在阅读中完成心灵的成长，进一步提升自己的思想境界。

综上所述，不读书，不仅难以成为学习型员工，而且难以适应岗位工作的高要求，更谈不上思想境界的提升。我们只有把读书看作是最健康、最高尚的消费，把书籍作为自己的良师益友，成为一种安身立命的生存方式，才能真正让爱读书变为一种自觉追求。

三、读好书贵在坚持“三个结合”

如何读好书？我认为要坚持“三个结合”：一要坚持通读与精读相结合。读书有精读和泛读两种，精读尤其重要。只有精读方能读出味道来。朱熹告诉学生，读书要“着意玩味”“字字咀嚼教有味”，其实就是教育学生要精读。一般来说，读书分为三个层次，一是了解表层，二是读懂内涵，三是读懂作者。当然，读不懂并不是书本身没有价值，而是你没有达到欣赏的层次。比如，爱因斯坦的相对论发表时，据说全世界只有 6 个人看得懂。尼采和海德格尔的书一般人也看不懂，并不影响其内在价值。大部分人往往停留在第一层次，仅仅满足于知道，却止步于更精深的知识。因此，在泛读的基础上上致力于精读，才能不仅知其然，而且知其所以然，进而读懂内涵、读懂作者，真正领略读书的“滋味”。二要坚持读书与思考相结合。孔子说：“学而不思则罔，思而不学则殆。”边阅读边思考是一种学习能力，也是理论联系实际的最佳结合点。要开动脑筋，养成边读书边思考的习惯，在读书思考中发现和分析问题，并力求找到解决问题的方法。这是许多善读者的重要经验。自己的脑袋不要变成别人的“跑马场”。看书不能做书呆子，不能看啥信啥，要有一点怀疑的精神和批判的态度。正如孟子讲的尽信书不如无书。要倡导创造性的读书，适当留下读书的痕迹，通过边读边做读书摘要，写出有真知灼见的体会文章，这是提高读书效果的重要手段。三是要坚持读书与实践相结合。古人讲，“纸上得来终觉浅，绝知此事要躬行。”毛泽东同志说，读书是学习，使用也是学习，而且是更重要的学习。延安时期，陈云同志就特别强调把认真学习与做好工作有机结合。他的“学好哲学，终身受益”“不唯上，不唯书，只唯实”“交换、比较、反复”，就是把工作和学习联系起来的结果。因此，提倡理论联系实际，提倡知行合一，提倡以读书指导实践，以实践促进读书，在读书的过程中不断增强实践能力，在实践的过程中进一步提高读书的水平，是促进读书良性循环的重要途径。

四、好读书成于常态读书习惯的养成

读书活动有期限，但终身学习无止境。要真正建成学习型组织，把读书活动深入持久搞下去，使人人好读书，关键是树立“读书是生活常态”的理念，形成常态读书的习惯。早在 1970 年，联合国教科文组织十六届大会就提出了一个口号，叫“阅读社会”。要建立阅读社会，首先是要培养阅读习惯，使读书成为我们生命的一部分，成为一种生活的常态。中央提出创建学习型社会、学习型政党、学习型领导班子，正是呼应这一趋势的体现。对此，我们要向毛泽东学读书，他不仅是全党重视学习、善于学习的典范，更是实践“读书是生活常态”的典范。他在延安时说过要“活到老，学到老”，并说：如果我能活 10 年，就学习 3 649 天。事实的确如此，在他病危去世前的 7 个小时，只要稍一清醒，仍然看书、看文件，计 11 种，2 小时 50 分钟，这是何等可贵的学习精神啊！对他老人家来说，读书已不是简单靠兴趣支配的选择，甚至也不只是为了工作的需要，而是他的一种精神存在和思想升华的必要方式，是一种基本的生活常态。从调查情况来看，我们国家的国民有阅读习惯的仅仅占 5%，这与学习型社会要求是格格不入的。今年 4 月 23 日是世界读书节，据有关方面统计的 1 900 多份调查问卷，每天读书时间平均不足 15 分钟。最近，我看到两个数据让人警醒，美国去图书馆的人的次数是看足球、看篮球、看棒球、看曲棍球的所有加起来的人数的总和；酷爱读书的犹太人占世界总人口的 0.3%，但获诺贝尔奖的科学家却占获奖人数的 23%。可见，一个爱读书的民族一定是一个强大的民族，一个拥有读书习惯的人一定是精神和智慧不凡的人。因此，读书要成为我们的一种生活常态，不要等组织搞读书活动才去读书，也不要等考试再去读书，更不要“本领恐慌”后才去读书。当然，读书要成为一种常态，不仅要养成读书的习惯，还应把读书作为一种愉悦身心的事，否则，读书成为一件苦差事，也是难以持续的。《论语》的第一句话是：“学而时习之，不亦乐乎！”古人尚且如此，何况今人？特别是对我们领导干部来说，理当在快乐读书中养成常态读书的习性，方能形成终身学习的习惯。对组织而言，还应培育学习文化，加强制度建设，努力使学习常态化，读书与工作有机结合，使好读书成为群体的内在责任与追求，进而形成乐读、勤读、善读、比读的浓厚氛围。

（本文原载 2011 年第 1 期《工会天地》）

党员领导干部要带头与雷锋精神同行

党员领导干部只有带头学习雷锋精神，树立正确的人生观和价值观，学在先、做在前，干得好，才能重树领导干部形象，以公信力、人格力促进学雷锋大众化、常态化。

党的十七届六中全会明确提出："深入开展学雷锋活动，采取措施推动学习活动常态化。"对党员干部来说，理应率先与雷锋精神同行，才能发挥示范引领作用，推动学习活动常态化。

雷锋精神是社会主义核心价值体系的结晶，其要义就在于人为什么活着，怎样活着更有意义的问题。全心全意为人民服务是雷锋精神的核心，也是中国共产党的根本宗旨。雷锋精神是一种向上的精神力量，不管时代怎么变，党员干部全心全意为人民服务的宗旨不能变。同时，党员干部是社会的先进分子，一言一行、一举一动都会给周围群众产生深刻影响。特别是领导干部是基层群众的主心骨、单位建设发展的"领头羊"，理应具备高于常人的文化道德素养，能够以自己的高尚行为来提升党员和群众的觉悟，让更多的人从中感受正气、看到希望、汲取力量。因此，党员干部有责任有义务走在学雷锋活动的前列。但近年来，一些领导干部生活腐化、追求享受、腐败堕落，皆因为放松了对自己的道德要求。特别是在人们思想观念多元、多样、多变的今天，党员领导干部只有带头学习雷锋精神，树立正确的人生观和价值观，学在先、做在前，干得好、行得正，才能重树领导干部形象，以公信力、人格力促进学雷锋大众化、常态化。从此意义上说，广大党员和各级领导干部在弘扬、传播和践行雷锋精神上负有义不容辞的责任。

一、带头做雷锋精神的认同者

真信才能真行。党员领导干部要通过真学雷锋精神，自觉学习党的理论和路线方针政策，牢固树立共产主义远大理想和中国特色社会主义坚定信念，树立立党为公、执政为民理念，践行全心全意为人民服务宗旨，带头弘扬艰苦奋斗优良传统，才能始终保持共产党员的先进性和纯洁性。特别是面对社会道德滑坡和诚信缺失等情况，党员干部只有带头学习、认同雷锋精神，以党的事业为本，强化奉献意识，升华道德观念，并成为自己人生价值取向，才能吸引更多的人认同雷锋精神，自觉与雷锋精神同行。

二、带头做雷锋精神的传播者

50年来学雷锋的实践已经证明，雷锋精神已逐步成为一种文化。当然，雷锋文化只有首先被党员领导干部认同，并通过大众化传播，被人民群众普遍接受、理解，才能转化为社会群体的共识，成为一种价值导向。作为党员领导干部要发挥组织优势和宣传优势，加大思想道德正面宣传力度，理直气壮地唱响道德建设主旋律，带头宣传上级关于学雷锋的指示精神，带头歌颂雷锋的先进事迹，带头宣扬身边涌现出的学雷锋典型，带头推广学雷锋的有效管用经验，才能营造学习宣传雷锋精神的浓厚氛围，把雷锋文化发扬光大，把助人为乐的美好价值观传播到社会的方方面面。

三、带头做雷锋精神的示范者

雷锋精神的真谛不是说教，而是践行。党员领导干部理应带头践行雷锋精神，以表里如一的态度，躬身践行的身影，才能让老百姓看得见、摸得着、感受到，切实改变学雷锋仅仅是青少年、普通百姓“专利”的不正常现象。老一辈革命家谢觉哉说：“雷锋同志是平凡的，任何人都可以学到；雷锋同志是伟大的，任何人都要努力才能学到。”从此意义上说，党员领导干部要成为雷锋精神的示范者，必须坚持知行统一，自觉从自己做起、从身边做起、从小事做起，积跬步至千里，积小善成大义，才能用人民群众赋予的权力更好地为人民群众服务，成为践行社会主义核心价值体系的表率。

（本文原载2013年第3期《铁路政工》）

领导干部保持党的纯洁性重在修炼“三立”

领导干部要带头保持党的纯洁性，必须在修炼立德、立功、立言上下功夫，着力提升心灵净化、提升自我、完善自我的能力，以思想、道德的纯洁保持行为的纯洁。

保持党的纯洁性，关键在党的各级领导干部。党的领导干部既是保持党的纯洁性的组织领导者，又是保持党的纯洁性的执行者和实践者。笔者以为，领导干部要带头保持党的纯洁性，必须在修炼立德、立功、立言上下功夫，着力提升心灵净化、提升自我、完善自我的能力，以思想、道德的纯洁保持行为的纯洁。

一、在“立德”上修炼，核心是保持思想纯洁，着力提升自我心灵净化能力

常言道，“单位好不好，关键看领导；领导行不行，关键看品行。”“官德”是为官之魂、从政之本、用权之道。领导干部只有按照胡锦涛总书记提出的“常修为政之德、常思贪欲之害、常怀律己之心”，才能净化为官之魂，做到心中有“主”，行方有“规”，以道德的纯洁促进目标的纯净和行为的纯粹。一要崇德。许多领导干部出问题，并不是出在能力上，而是出在官德不够、信念不坚上。信仰是道德的源头。没有崇高的信仰，就没有道德底线。政治信仰的动摇，必然导致经济上的贪婪、道德上的堕落和生活上的腐化。因此，要对官德有崇敬之心，必须把权力看作是责任而不是享乐，才能始终坚定理想信念，以强大的内心和坚定的信念抵御各种诱惑，进而把政治信仰转化为从政灵魂和精神支柱。二要修德。修德重在修身，修身贵在修心。修心方能净化灵魂，健全道德操守。要内正其心、外修其行，通过管住心，进而管住“嘴”、管住“手”、管住“腿”。修心贵在读书学习，因为读书学习决定人的品位和境界。一个人，书读得越多，越能修正人生航标，越能知理明智，提高品行修养。尤其是在当代，领导干部要担当领导科学发展的重任，必须提升学习力，方能学以增智、学以修身、学以立德。三要守德。就是要驾驭自身欲望，以平和之心待“名”，以知足之心待“利”，以淡泊之心待“位”，以敬畏之心待“权”，方能以纯净的灵魂坚守精神家园，守住内心的“道德净地”，不断增强“病毒侵害”的免疫力。因为欲望是把双刃剑，既能使人进步，也能使人堕落。特别是面对转型期多元、多样、多变的复杂社会环境，领导干部要随时随地保持清醒的头脑，自觉修炼抵挡“糖衣炮弹”攻击的防身之术，养成在监督下工作的习惯，要求别人做到的自己首先做到，要求别人不做的自己首先不染指，才能稳得住神、管得住身、抗得住诱惑、守得住防线。

二、在“立行”上修炼，关键是保持作风纯洁，着力提升自我履职能力

“立行”主要体现在作风务实、勤政为民上，这也是领导干部履职能力的集中体现。履职既要有好作风，更要靠真本领。“金杯银杯不如群众的好口碑”。职工群众评价一个领导干部纯洁如何，不在于说得怎样，关键是肯不肯干事、能不能干事、成不成事。实践表明，领导干部“立行”集中体现在想干事、会干事、干成事、能共事、不出事上。一是要把心思用在“想干事”上。想干事是一种责任、一种境界。全心全意为人民服务是我们党的根本宗旨，共产党人的价值在于为人民谋利益。领导干部首先要认识到手中的权力属于公共权力，是为人民群众办事的，为人民群众谋利益的。因此，要把心思用在想干事上，必须切实解决好“人生为什么，入党为什么，掌权干什么”的问题，才能立志为党和人民多做工作、多作贡献，在践行党的宗旨中体现自身价值。二是要把能力体现在“会干事”上。会干事是一种能力。要善于练“做功”而不是热衷于做“唱功”。要善于走群众路线，通过查实情、找规律、想对策，切实做群众普遍想做的事。要坚持低调做人、高调做事、勇于担当，努力把实事做实、好事办好。既要勇于破解现实难题，更要善于做有利于群众的打基础、重长远、增后劲的实事，切忌急功近利，搞顾前不顾后的“政绩工程”。事实证明，是否愿意干打基础、重长远、增后劲的事，是衡量一个干部是否树立了科学发展观的重要标尺。三是要把胆识体现在“能共事”上。能否与人和谐共事体现了领导干部的心胸和胆识。要牢固树立合作共事的意识，把合作共事当作一种难得缘分，倍加珍惜、倍加维护，做到大事讲原则、小事讲风格，遇事多协调、多沟通，不断提高团队共事的能力。四是要把目标落实在“干成事”上。干成事是领导干部追求的终极目标，是检验工作的一把标尺。工作干得好不好，干到什么程度，要用干成事来检验。为此，领导干部要一心一意干事业，凝心聚力办成事，做到身先士卒，以自身的人格魅力，把“一班人”和广大干部职工团结在自己的周围，以不达目的决不罢休的劲头，扎扎实实地干好每一项工作、认认真真办成每一件实事。五是要把党性体现在“不出事”上。领导干部要坚持党性原则，坚持民主集中制，强化“三重一大”议事决策规则，不因“私情”放弃公平正义，不因“私情”影响科学决策。要推行党务公开、政务公开，让公共权力公开透明，自觉接受群众监督。如此，才能在为群众谋利益中不出事，在干成事中体现驾驭全局的能力。

三、在“立言”上修炼，基础是保持政治纯洁，着力提升自我完善能力

领导干部善于“立言”，是党的政治纪律的要求，也是保持政治纯洁的重要体现，更是提升自我完善能力的重要途径。古人云：“德之所在，言行所表”，领导干部作为公职人员，一言一行代表的不仅仅是个人形象和能力问题，稍有不慎便会“祸从口出”，还会直接或间接地影响党的形象。其实，“立言”（包括书面表达）不

仅在于说什么，还要注意怎么说，站在什么立场说，为谁说，该不该说。一要善言。就是会说，能把话讲到点子上，讲到关键点，讲到群众心里去。否则，诸如“你是替党和政府说话，还是替群众说话”的“雷语”，便会成为社会讽刺调侃的热点，不只拉开官民之间的距离，更为严重的是背离了党的宗旨。因此，领导干部要始终站在党和人民的立场上讲话，善于用自己的思想、语言、风格讲话，才能使自己的话达到群众爱听、受听、共鸣的效果。二要履言。就是要言而有信，说话算数，说到做到，不放空炮，切忌讲套话、大话、官话，等等。这不仅是做人的基本要求，也是为官公信力的底线要求。如果说的一套、做的一套，对人一套、对己一套，那就是一种人格分裂，怎么可能让人信服呢？这就要求领导干部懂得“为政之道在诚信”的真谛，坚持做老实人、说老实话、办老实事，才能把真理的力量和人格的力量统一起来。三要慎言。就是能说什么，不能说什么，一定要清楚、明白，不能不分场合，不分对象，不顾身份，想当然地进行议论和评价。特别是在网络时代，人心浮躁，谣言“甚嚣网上”，人云亦云，极易危害社会、殃及社会、影响团结和稳定。值得警醒的是，有极少数党员、干部政治意识淡漠，纪律观念不强，不负责任地乱议论、乱打听、乱传播小道消息，甚至捕风捉影，编造、传播政治谣言，丑化党和国家领导人形象，在干部、群众中造成极其恶劣影响。因此，领导干部要引以为鉴，一定要讲政治、负责任、重形象，一定要谨言慎行、把握分寸，不断提高政治敏锐性和政治鉴别力，确保在重大原则问题上明辨是非、划清界限，不为传言谣言、杂音噪音所惑，不因“口祸”而影响形象、危害社会。

如果说，“立德”是保持思想纯洁的核心，那么，“立行”与“立言”就是由内而外产生的自然结果。说到底，领导干部上好“三立”必修课，就是要通过加强党性和人格修养锤炼，树立正确的做人做事准则，以自身的良好德行提升党的形象，进而引领全社会的进步。

（本文原载2012年第8期《铁路政工》）

领导干部要注重增强软实力

领导干部外在的"硬实力"是条件，那么内在的"软实力"才是根本；如果说行政权力是组织赋予的"硬实力"，那么，品德、知识、情感、修养等内在的非权力影响力，就是领导干部的软实力。其实，"软实力"并不软，是硬实力发挥作用的基础和灵魂。提高领导干部软实力，重在增强学习力、文化力和自律力，才能提升吸引力、凝聚力和认同力。

胡锦涛同志在党的十八大报告中，把"文化软实力显著增强"作为建成全面小康社会的具体目标之一，这是就党和国家层面来说的。那么，对于领导干部个体来说，作为国家和企业竞争优势所在，也有一个软实力的显著增强问题。如果说领导干部外在的"硬实力"是条件，那么内在的"软实力"才是根本；如果说行政权力是组织赋予的"硬实力"，那么，品德、知识、情感、修养等内在的非权力影响力，就是领导干部的软实力。其实，"软实力"并不软，是硬实力发挥作用的基础和灵魂。实践表明，领导干部要有效驾驭各种复杂局面，成为政治上靠得住、工作上有本事、作风上过得硬、职工信得过的企业发展"领头羊"，没有强大的软实力作支撑，是难以定好战略、带好队伍、担当大任、促进发展的。笔者以为，提高领导干部软实力，重在增强学习力、文化力和自律力，才能提升吸引力、凝聚力和认同力。

一、要把增强学习力作根本

领导干部不同于一般管理者的能力，主要体现在"领航引导"，定战略、出思路，做正确的事。这一切，无不需要有效的学习力作根本。一是以学习力催生创新力。能否探索符合企业发展实际的创新思路，是企业发展对领导干部能力的本质要求。思路决定出路，出路源自思维创新。特别是面对日新月异的变革形势，迫切要求领导干部在学习中形成正确的思维方式，强化思考问题的系统性和独立性，既不迷信别人，也不盲从已有的经验，更不依赖已有的成果，在独辟蹊径中找到新的发展路径。因此，领导干部既要"向上攀登"，强化"顶层设计"的研究，又要"向下深入"，进行底层设计的探索，才能群策群力、上下同欲，形成符合科学发展要求的创新思路。二是以学习力提升决策力。领导干部的学习能力直接体现在决策上，因为不同的决策结果决定企业不同的命运。现代企业之间的竞争，实质上是领导者决策水平的较量。做正确的事远比正确地做事、把事做正确更重要。而做正确的事，离不开有效的学习力，特别是形成以学习型组织为目标的全员学习、团队学习的集体习惯。从此意义上说，领导干部只有带头把学习当作第一要务、第一责任和第一习惯，成为全员学习的倡导者和示范者，才能推进学习型组织创建，把握发展方向，提高决策水平，引领企业在正确的道路上前行。三是以学习力推动实践力。学习力的最终成果体现在学以致用，推动企业科学发展上。首先要学好理论。重点学习马克思主义理论，特别是中国特色社会主义理论体系。学习理论不能图好看、练练嘴、表表态，而是要着眼于马克思主义的立场、观点和方法，真正在把握科学理论的精髓上下真功夫，不仅要“知其然”更要“知其所以然”。其次要指导实践。党的路线方针政策的背后是科学理论的支撑，是理论的具体运用，客观上要求领导干部必须理论与实践相结合，在实践中彰显科学理论的实际价值。为此，要牢固树立马克思主义的实践观点和群众观点，强化调查研究，着力把实践科学发展观贯穿企业发展的始终，把工作着力点放在研究解决改革发展稳定的重大问题上，放到研究解决职工群众生产生活中的紧迫问题上，不断提升理论指导实践的能力。

二、要把增强文化力作核心

企业文化是企业之魂，既是促进企业发展的软实力，也是形成企业核心竞争力的核心。而企业文化建设能力无疑是领导干部的核心能力，集中体现为凝聚力、导向力和人格力。领导干部的地位和角色，决定了必须具备构建和驾驭企业文化的能力，才能按照企业的发展规律和先进文化的发展要求，以铸造核心价值观为核心，培育企业精神，规范企业行为，塑造企业形象，凝聚团队合力，提升企业核心竞争力。一要提高文化设计能力。正如海尔集团总裁张瑞敏所说，在海尔集团，我的角色，第一应是设计师，在企业发展中使组织结构适应于企业的发展。因此，企业领导者不是简单的船长而是一名造船者，必须首先当好“设计师”，就“企业是什么？为什么存在？如何长远存在？追求什么，放弃什么？”这些涉及企业使命、愿景和生存价值的问题进行终极意义的思考，才能制定出适合企业发展战略要求、符合企业成长规律的企业文化发展蓝图，引领企业这条“大船”破浪前行。二要提高文化传播能力。传播企业文化是领导者的重要使命。领导者只有当好“牧师”，身体力行传播企业文化，不厌其烦地灌输企业价值观，才能使企业的使命、愿景、价值观内化于心，变为全员共识。许多成功企业的企业家重视为员工上课，其核心内容就是企业文化。其实，无论是西方的《圣经》还是东方的毛泽东同志的“老三篇”，之所以经久不衰，原因就在于其生动的故事打动人心。因此，传播企业文化的重要方式是讲故事、析案例、学理念，让企业理念通过故事和案例的方式深入人心。三要提高文化示范能力。建设企业文化不仅是对全员的激励和约束，更是首先对领导者人格力量的挑战。领导者的威信和人格力量源于“言必行、行必果”。有什么样的领导者就有什么样的企业行为方式。特别是领导干部作为企业的“精神领袖”，是企业利益的代表者、群体最终的责任者、下属发展的培养者,更是新观念的开拓者、新规则执行的督导者和示范者。当然,领导者也是企业行为规范最危险的破坏者、践踏者。正是从此意义上说,企业文化是领导者的文化。领导者只有带头践行自己倡导的文化,才能提升公信力,以人格力量带动广大员工扮演好各自的角色,实践好企业倡导的价值理念,进而使员工追求与企业追求融为一体,使企业文化真正成为全员的风尚和习惯。

三、要把增强自律力作基础

自律能力是领导干部必备的基本素养,也是完善道德境界的底线要求,更是提升软实力的保证和基础。众所周知,权力是把双刃剑,既可为自己谋私利,也可为群众谋利益;既能成就一个人,也能毁掉一个人。对待权力,应做到如临深渊、如履薄冰,做到心有所畏、行有所止。如何强化自律意识,为职工群众谋利益、为党的事业用好权?这是每一名领导干部必经的自我管理的能力坎,也是道德境界高下的分水岭。一是认识自我。老子说:“胜人者力,自胜者强。”只有认识自我、超越自我,才能完善道德境界、筑牢道德防线。应当明确:我们每一名干部走上领导岗位,从一定意义上讲是一种机遇,并不完全代表个人的能力、素质和水平;我们的权力是党和人民给的,没有任何值得炫耀或自命不凡的地方,没有任何名利得失不值得淡化的理由。认识不到这一点,就会自我膨胀,迷失在灯红酒绿、声色犬马之中。完善道德境界关键要提高思想境界,带头加强以诚信为核心的道德建设,牢固树立社会主义核心价值观,通过经常“三省吾身”,树立正确的人生观、权力观和事业观。要秉承平凡做人、出色做事,低调做人、高调做事的原则,以一颗平常心对待事业、看待自我,以一颗快乐心迎接工作、拥抱生活。二是定位自我。实践证明,个别领导干部之所以走上不归路、由功臣沦落为罪犯的教训,就是没有把握人生定位,校准人生坐标,放弃了理应承担的责任和使命。因为权力意味着责任、意味着使命、意味着服务。领导干部的位子和担子是相当的,在什么位子就有什么担子;位子有多高,担子就有多重。要始终把服从组织领导、集体决策放在首位,摆正位置,端正心态,履行好组织赋予的权力和职责,任何时候都不能有凌驾于组织之上的思想和言行。要以履行职责为目标,以完成使命为追求,在组织提供的权力平台上为党和人民建功立业。三是管住自我。管住自己的关键是严于律己,珍惜自己的名节,珍惜自己的岗位,珍惜自己的家庭,保持党员干部的先进性和纯洁性。要管住自己,必须保持健康的心态,做到自重、自省、自警、自励,自觉“修剪”欲望,自觉控制住私欲,不断加强党性锻炼,养成在监督下工作的习惯,提高自我教育、自我提高、自我改造、自我完善的能力,才能不为名利所累,不为金钱所困,不为美色所惑,经得住考验,抗得住诱惑,管得住手脚,形成共产党人的精神家园,永葆领导干部的“浩然正气、蓬勃朝气、昂扬锐气”。

(本文原载 2013 年 1 月 7 日《铁路政工网》)

第十编

企业文化构建与理念落地生根

习近平总书记在中共中央政治局民主生活会上强调："中央政治局同志要带头贯彻落实党的十九大决策部署，有了好的决策、好的蓝图，关键在落实。"这既是对各级领导干部作风建设的新要求，也为加强铁路企业文化建设提供了基本遵循。

企业文化既需要总结提炼和顶层设计、制定具体"时间表"和"路线图"，更需要一张蓝图绘到底、凝心聚力抓落实的坚定信念和战略定力。实践证明，企业文化的本质，不在于知而在于行。文化的核心是价值观，企业文化重在理念认同和共同践行。强化理念的执行力，首先是各级领导干部率先垂范，真正体现文化自觉，善于从战略高度增强执行意识，善于从经营管理行为中发现文化特征，善于从职工岗位行为中分析文化原因，善于从制约企业发展的因素中找准文化障碍，才能使企业文化理念的执行从上而下形成自觉、自下而上形成互动。因此，在继承优秀传统文化的基础上，以先进的理念、制度、行为、形象推动企业文化的不断演变、升华并真正落地，使之成为企业不可或缺的软实力。实践证明，构建并践行企业倡导的核心价值理念，企业才能因文化的支撑而生生不息并落地生根，进而立于不败之地。

政党文化视阈下“党的生命线”落地生根的路径

所谓政党文化，主要是指政党所具有的为党内外所普遍认同的意识形态、行为准则、制度规范、行为作风在内的观念体系。中国共产党作为一个具有90年历史的大党，其自身建设的过程，实际上就是一个政党文化积淀、构建的过程。群众路线彰显了我党的核心价值观、工作作风和行为规范。

2013年6月8日，习近平总书记在党的群众路线教育实践活动工作会议上指出：“群众路线是我们党的生命线和根本工作路线。”“生命线”是一种形象化的比喻，体现了我党对群众路线重要性认识的升华，也意味着我党对政党文化的高度自觉。文化既具有独立性，又渗透于社会、政治、经济各个领域。民族的维系，离不开文化的支撑；政党的发展，也离不开文化的浸润。从此意义上说，要让“党的生命线”落地生根，必须加强执政党文化建设，对于增强党的号召力、凝聚力和战斗力，在人民群众心目中树立明确的执政党形象，给人民群众一个清晰的判断标准、监督标准和评价标准，进而使我党永葆生机和活力具有重大实践意义。

一、“党的生命线”是中国共产党政党文化的灵魂

如果说文化是民族的血脉，那么文化就是政党的灵魂。所谓政党文化，主要是指政党所具有的为党内外所普遍认同的意识形态、行为准则、制度规范、行为作风在内的观念体系。中国共产党作为一个具有90年历史的大党，其自身建设的过程，实际上就是一个政党文化积淀、构建的过程。群众路线彰显了我党的核心价值观、工作作风和行为规范。

“党的生命线”体现了我党执政的核心价值取向。我党把马克思主义关于人民群众是历史创造者的原理创造性地应用于党的工作，形成了党的群众路线。党的群众路线提出了明确的价值目标，即“一切为了群众”，集中体现了我党的核心价值观，鲜明表达了马克思主义政党的政治立场，揭示了人民群众的地位和作用。当前，全党开展群众路线教育实践活动，坚持立党为公、执政为民，始终站在最广大人民的立场上，以人民利益为最高准绳，把党是人民利益的代表者和人民是党的全部工作的最终评价者统一起来，把实现党的奋斗目标和人民追求美好生活愿望统一起来，这既是检验马克思主义政党的试金石，也是执政党核心价值观的集中体现。

“党的生命线”是我党攻坚克难的“镇党法宝”。一个政党能不能取得执政地位和保持执政地位，取决于它是否得到广大群众的支持。我党之所以能攻坚克

难、无往而不胜，一方面是因为不断地从人民群众中吸取智慧和力量，另一方面是把为民务实清廉的价值追求植根于全党同志的思想和行动之中。从建党初期发动群众，发出的“为天下劳苦大众谋幸福”的铮铮誓言，到抗战时期放手发动群众，以群众性游击战的方式赢得人民战争的伟大胜利；从人民群众用小米哺育延安革命根据地，到人民群众用小车推出三大战役的伟大胜利；从人民群众用“手印”开启改革开放的伟大历史进程，到用“脚印”走出中华民族伟大复兴的坚实步伐，无不展现出“党的生命线”的磅礴力量。中国革命、建设和改革的历史实践充分证明，“党的生命线”是党攻坚克难的“镇党法宝”，也是我党长盛不衰、接续梦想之基。

“党的生命线”是我党治国理政的方法论。群众路线所传达的不仅是一种思想、一种精神，也是一种工作方法论。从宏观上看，群众是党顺利开展各项工作的永恒依靠；从微观上说，只有多接触群众、多向群众学习、多倾听群众意见和诉求，才能做到民主决策、科学决策，为工作开展奠定坚实基础。因此，“从群众中来，到群众中去”是“方法论”的具体化，体现了我党治国理政的根本方针。只有把群众路线作为的根本方法论加以运用，从实现人民当家做主的根本政治要求出发，积极探索新形势下民主监督的体制机制，坚持党务公开、政务公开和民主监督，在制定政策和决策时充分尊重和反映群众的实践和愿望，才能确保各项政策和决策的正确性，进而凝聚党心民心，确保中华民族伟大复兴中国梦的实现。

实践证明，鲜明的政党文化，能够起到树立形象、形塑个体、凝聚力量、强化共识、激励斗志、滋养心灵等重要作用。好的政党文化一经形成，便会为政党注入灵魂，成为政党行为的基本准则和行为方式，对政党产生持久、稳定的影响力，不因领导人的变更而变更。反之，以“四风”现象为代表的不良文化不能革除，就会使政党失去凝聚力和战斗力。因此，越是在经济发展关键期、社会转型深水区，越是要重视政党文化建设，才能营造党内良好的文化生态和政治生态，形成正确的价值取向和行为准则，进而以党风带政风带民风，让“党的生命线”不偏离正确的轨道。

二、政党文化危机是“党的生命线”偏离的重要原因

“党的生命线”之所以重要，就是因为群众路线决定人心向背，决定一个政党、一个政权的兴衰成败。目前，我党开展以为民务实清廉为主要内容的群众路线教育实践活动，着力点是解决“四风”问题，从深层看还在于解决党执政后容易犯脱离群众的政党文化危机问题。执政党之所以容易偏离“党的生命线”，原因是多方面的：一是从思想认识上看。从革命党到执政党不仅是制度转型，更是价值观念的转型过程。时下依然有极少数党员干部思想上不重视群众、感情上不贴近群众、行为上不关心群众。原因在于，政党文化理念并没有内化为做人做事的基本准则，人民利益至上的执政理念也未真正树立，很多党员没有经过严格的

党内生活和艰苦环境的锻炼，缺少马克思主义群众史观的认识，内心信奉的是“当官不发财，请我都不来”，许多贪官“不信马列信鬼神”的背后是理想信念发生了动摇。二是从制度机制上看。李瑞环说过，经常出现的问题要从规律上找原因，反复发生的问题要从制度上想办法。“四风”现象的大量存在，从大的方面来讲，社会主义市场经济体制还不完善，相关制度不健全、监督不到位；从微观上讲，全心全意为人民服务的宗旨并没有变成科学的制度机制，相关制度建设不配套、不科学，特别是制度没有文化的支撑缺少持久的执行力，致使一些干部对群众路线知而不言、言而不行，以致潜规则大行其道。三是从传统文化习俗上看。我国长期官本位文化和特权思想的历史遗留，有的党员干部颠倒了主仆关系，错把自己当成了“主人”，把群众当成“仆人”；有的把自己当“老爷”，把群众当“下人”。原因在于，一些党员干部认为权力来自于上级任命，没有从内心深处认识到手中的权力是来自人民、应服务于民，因而眼睛向上、跑官要官，只对上负责，不对下负责。此外，面对转型期多元、多样、多变的复杂社会环境，国外资本主义的腐朽思想观念也乘机而入，致使一些党员干部滋长拜金主义、享乐主义和极端个人主义思想，由此产生见利忘义、权钱交易等腐败现象。

三、让“党的生命线”在政党文化建设中落地生根

落地才能生根，入心方能践行。如何把“党的生命线”贯彻党的建设和改革发展全过程，而不致成为“空心线”，核心是加强政党文化建设，让“为民务实清廉”的价值观内化于心、固化于制、外化于行。

1. 加强以为民为核心内容的群众观教育，确保“党的生命线”内化于心

突出“为民”为核心的群众观教育，是新的历史方位对党员领导干部提出的重要使命，也是政党文化的灵魂所在，更是确保“党的生命线”内化于心的前提。一是以宗旨教育“补钙”。宗旨是党的最高信仰和价值观。让群众信先得自己信。正是知行合一的信仰和品行，共产党人才“唤起工农千百万”，让人民群众凝聚在信念的旗帜下，不惜抛头颅、洒热血。反之，一些干部理想信念不坚定，精神上“缺钙”，得了“软骨病”，甚至在灯红酒绿、物欲横流中迷失方向、迷失自我。因此，要通过理想信念教育为领导干部“补钙”，树立“群众是真正英雄”的唯物主义观点，处理好权力的来源，正确看待权、为民掌好权、依法用好权，真正把党的宗旨、群众路线装在心里，进而变成自己的人生追求。二是以党性教育纠偏。要把党性教育作为领导干部的必修课，重点是解决党与人民群众的关系问题。当下，党性和人民性的关系，本来是一个有着明确答案的问题，但在一些人那里却变得模糊起来。比如，有人问“你是替党讲话，还是替老百姓讲话”；有人振振有词地说人民群众人数超过党员，所以人民性大于党性。因此，要通过党性教育，廓清和纠正这种似是而非的说法，既要强化党的意识和大局意识，同党中央保持高度一致，更要强化群众意识，真正把体现党的主张和反映人民心声统一起来。三是

以传统文化立德。“党的生命线”是马克思主义“群众史观”与中国传统文化“民本思想”优秀内核相结合的产物。要坚持以文化人、立德树人，通过加强优秀传统文化教育，借鉴中华传统文化中的民本思想，将“仁义礼智信”等传统文化的核心要素，与执政为民的当代官德要求相结合，熔铸领导干部所必备的人文底蕴和道德修养，自觉抵制封建官本位遗毒和外来不良文化因素的影响。

2. 突出以务实为本质特征的作风建设，确保“党的生命线”固化于制

“务实”是群众路线的本质特征，更是在新的历史条件下政党文化的重要任务。党的十八届三中全会《决定》提出改进作风的常态化。“党的生命线”既需要自律，解决思想基础问题，更需要他律，解决制度规范问题，确保好做法、好经验上升为制度，转化为机制，蕴含在常态化工作之中。实践证明，领导干部遵循制度程序、按照规则办事，用制度规范自己的行为，不断重复、反复强化，制度规则就会转化为自己的行为习惯，也就养成了相应的作风。一是注重制度的科学性。长效机制的建立，关键在制度的建立和完善上。制度规定要体现党的根本宗旨，应该做什么、不应该做什么，必须做什么、不准做什么，都要规定得具体明确。因此，要搞好科学论证，广泛征求各方意见，体现制度的整体性、连续性和一致性，使制度之间互相匹配，互相衔接，进而形成机制。二是注重制度的执行力。制度理论告诉我们，制度本身不会自动实施，要有一套实施机制来推动。要树立规则意识、培育规则文化，注重以执行为核心的制度建设，通过强化规则的文化认同，让制度和人形成良性互动，使领导干部自觉形成“人人遵守制度，执行制度和维护制度的政治习惯”，推动制度能够不打折地执行。三是注重监督的有效性。领导干部要强化自我监督，通过接受党内监督、民主监督、法律监督和舆论监督，以此来确保制度面前没有例外。同时，要建立领导干部作风档案，把作风的评判权力和效果交给人民群众去评判，通过定期对作风情况进行督查和民主测评，切实做到领导干部的权力行使到哪里、活动延伸到哪里，监督就跟踪到哪里，进而“把权力关进制度的笼子里”。最近，中央发布《中国共产党党内法规制定条例》《中国共产党党内法规和规范性文件备案规定》，就是实现“把权力关进制度的笼子里”的关键一步。

3. 践行以清廉为从政底线的基本要求，确保“党的生命线”外化于行

“清廉”是群众路线的基本要求，更是政党文化的外在体现和展示。历览前贤国与家，成由勤俭败由奢。回望历史，当华侨领袖陈嘉庚分别接受毛泽东和蒋介石天壤之别的宴请后，他得出了“国民党蒋政府必败，延安共产党必胜”的判断。1949 年美国驻华大使司徒雷登对国民党的军官说：“共产党战胜你们的不是飞机大炮，而是廉洁，是靠廉洁换得的民心。”正是依靠清廉的行为文化，我党赢得了民心，赢得了胜利。今天，理应以清廉来巩固党的执政根基。打铁还须自身硬。中央政治局从自身做起，带头落实八项规定，带头讲正气、讲原则、做表率，营造符合人民要求的清廉文化，对于切实贯彻“党的生命线”至关重要。一要讲正气，带头劲吹清廉之风。风成于上、俗形于下。要加强“学习型、服务型、务实型、高效型、廉洁型”领导班子建设，带头把廉洁作为官德之本、成事之基，培养作风建设方面的先进典型，形成正确的用人导向，从而营造风清气正的文化环境。二要讲原则，带头落实清廉之责。领导干部要自觉坚守做人的底线、从政的底线、为官的底线，做到敬畏自然、敬畏历史、敬畏群众、敬畏法纪，带头落实党风廉政建设责任制，带头坚持“三重一大”决策程序，遇事讲原则，办事讲标准、讲程序，自觉抵制裙带风和各种形式主义、官僚主义和庸俗之风。三要做表率，带头践行清廉之举。领导干部要廉洁从业、公道正派，做到知行统一、表里如一、以身作则、率先垂范，以人格的力量提升非权力影响力，要求下属做到的自己首先做到，要求下属不做的自己带头不染指，以清廉之举取信于广大党员群众。

（本文原载 2014 年第 5 期《理论学习与探索》，获 2014 年中国铁路总公司党校系统“学习习总书记处系列重要讲话精神”主题征文优秀论文一等奖）

浅谈理念的落实

一位著名的企业家曾这样说过：任何高深的哲理如果不能还原为生活中的事实，并对其加以指导，就不是真正有用的理论。企业倡导的理念只有引起员工的真实共鸣，转化为员工的实际行动，理念也才能生根开花结果，使精品局战略由愿景变成现实。

在铁路发展战略的指导下，上海铁路局提出了“用心经营，精细管理”的经营管理理念，这是实施“打造精品局、创一流企业”战略规划，率先实现东部铁路现代化的必然选择。笔者以为，如何把“用心经营，精细管理”的理念转化为事实、形象和行动，促进理念真正落实，是精品局战略取得实效的关键环节。

一、把理念转化为事实

一位著名的企业家曾这样说过：任何高深的哲理如果不能还原为生活中的事实，并对其加以指导，就不是真正有用的理论。“用心经营，精细管理”，是全局经营管理工作的总思路，更是一种企业管理哲学的反映。如何把这一哲理变成全体员工的共识，深植到员工的心灵深处，是打造精品局战略的根本要求。实践证明，理念故事化是渗透企业文化的一条基本法则，也是把企业哲理转化为事实的重要途径。理念就是企业核心价值观的具体化，故事就是体现企业理念的典型事件和案例。比如，海尔非常注重用发生在本企业的典型案例来诠释理念，如为了诠释“高标准、精细化、零缺陷”，就讲“砸冰箱的故事”；为了诠释“市场的难题就是创新的课题”，就讲“大地瓜”和“小小神童”等。他山之石，可以攻玉。借鉴海尔开展丰富多彩的“理念故事”和案例征集宣传活动，把“用心经营，精细管理”的理念转化为发生在职工身边的事实，转化为经营管理中活生生的案例，让职工在事实中理解理念的内涵，在反思中寻找自身与理念的差距，在案例中接受全新的观念洗礼，在全面认知的基础上实现理念认同，才能把个人理念与企业理念融为一体。只有这样，才能使职工自觉投身到精品局建设之中去，把企业当作寄托理想的家园、施展才华的舞台、实现自身价值的阶梯、塑造自我的熔炉。

二、把理念转化为形象

抽象的理念如果不能有形化，就难以契合员工和顾客心理、引起共鸣，并深入人心。成功企业往往通过大众传媒的传播，把定位准确、富于个性的企业理念融入经营管理之中，融入品牌战略之中，特别是融入企业形象宣传之中，既画龙点睛又润物无声，从而使企业理念转化为差异化的品牌形象。一方面，企业文化的差异化主要体现在企业理念的个性化表达上。如上海三菱电梯有限公司的广告语“上上下下的享受——上海三菱电梯”，不仅包含了丰富的文化内涵，而且反映了上海三菱人“超越自我、从零开始”的企业核心理念，展示了该企业追求卓越的个性形象。另一方面，理念的个性化表达还需要形象化视觉传播。如华为通信把企业比作刚性的狼，打造狼式文化，展示狼的三大特性：敏锐的嗅觉，百折不挠、奋不顾身的进攻精神和群体奋斗意识，塑造了不断进取的“土狼”形象；而长沙卷烟厂则把企业定位为柔性的鹤，通过“鹤舞百沙，我心飞翔”形象广告体现了企业深邃、包容的胸怀和永无止境的创新意识。实践证明，这种将抽象的理念有形化的象征手段，极富个性，易于传播、易于识别。“用心经营，精细管理”的经营管理理念，同样需要形象生动的个性化表达和形象定位。如何提炼个性化的理念口号，培育实践理念的代言人，塑造反映理念内涵的品牌形象，使之标新立异，体现铁路行业特色和单位特点，是落实精品局战略面临的现实课题。也就是说，创造性地贯彻“用心经营，精细管理”的理念，不在乎表面上的异口同声，而是体现在“和而不同”，以我为主，个性表达，形象展示，把普遍要求与个性特质相结合，把理念的精髓与本单位实际相结合，特别是把抽象的理念转化为品牌形象，通过开展“精品线路”“精品站车”“精品班组”等活动，树立一批路内外有影响力的单元精品，把以“三精三优”为标志的理念内涵进一步形象化、典型化，使理念以一种独特的人文关怀和循循善诱的价值承诺，真正让广大职工和顾客能够认同、共享，从而体现精品局战略的独特魅力。

三、把理念转化为行动

企业文化来自于企业家在经营管理实践中的深层思考，其目的是通过一定的方式把这种思考的结晶——价值观、理念、作风等，贯彻于企业经营管理的全过程，体现于员工的行动中。也就是说，企业文化是思与行的统一。“用心经营，精细管理”的理念不仅仅是领导意图和上级机关的创意，而且是内在地把理念固化为制度和机制，转变为每一名普通员工的行动，以彰显理念的力量。这是企业文化的实质所在，也是精品局理念的内在要求。理念落实的标志是行为，行为转化的途径是执行。强化理念的执行力，首先是各级领导率先垂范，真正体现文化自觉，善于从战略高度增强执行意识，善于从经营管理行为中发现文化特征，善于从职工岗位行为中分析文化原因，善于从制约企业发展的因素中找准文化障碍，才能使企业理念的执行从上而下形成自觉、自下而上形成互动。强化理念执行力贵在制度上融入。要成立专门的机构，加强对文化建设的组织领导，制定与精品局战略相适应的企业文化战略，细化融入经营、改革、安全的具体制度、办法、流程，并建立综合评价体系。强化理念的执行力重在行为上落实。要在精神文化、制度行为文化、物质文化三个层面强力推进，做到经营管理工作体现理念要求，理念内涵贯穿经营管理实践，文化与管理融为一体，刚性约束与柔性导向互补，使职工执行理念成为自觉，养成习惯，蔚然成风。从这个意义上说，企业倡导的理念只有引起员工的真实共鸣，转化为员工的实际行动，理念也才能生根开花结果，使精品局战略由愿景变成现实。

（本文原载 2005 年第 3 期《上铁论坛》）

企业文化运作重在三个统一

企业文化作为新型管理模式，是一种应用型文化，其实质是人本管理，调动人的积极和创造性，促进人的全面发展，实现企业利润最大化，其定位应体现在经营管理战略上，体现在经营思想和管理方式上，最终体现在具体运作上。但时至今日，企业文化运作不开的现象仍然普遍存在，成为制约企业文化深层发展的关键所在。

企业文化运作不开的原因是多方面的，既有深层次的认识问题、体制因素，也有概念虚化、缺少操作规范的问题。就后者因素而言，集中体现在以下几个方面：一是口号多于行动。如，大致雷同的精神口号标语和司空见惯的领导工作报告中的词语点缀，使企业文化简单化、表面化；二是由于企业文化概念模糊，内涵之广难以穷尽，众说纷纭玄而又玄，莫衷一是难有定说，让人一头雾水，无所适从，搞不清企业文化究竟为何物，自然难以融入企业实际工作中。更多的是把企业文化当作“筐”，什么都往里面“装”，把思想政治工作混同于企业文化，把表层职工文娱活动等同于企业文化，把企业标语口号当作企业文化。三是理论与实践脱节，就文化论文化，就活动谈活动，满足于书面策划，纸上谈兵，不能有意识地与企业经营相结合，致使企业文化上面热下面冷，曲高和寡，孤掌难鸣。四是不从实际出发，生搬硬套国外企业文化理论制度办法，与中国国情和文化相脱节，缺少中国传统民族文化底蕴和本企业特点，本末倒置，重物轻人，以至不伦不类，土洋不分，虽表面繁荣一时，终因舶来品“水土不服”，难在中国企业的土壤上生根、开花、结果。五是由于体制不顺，定位不准，部署难统一，行动难协调。党政工团似乎都抓又都没有抓到位，使企业文化停在口头，悬在空中，落而不实。

笔者以为，企业文化运作的关键是把握求真务实、虚功实作的实践性原则，以本单位实际为出发点，由表及里，由浅入深，层次递进，循环渐进，选准突破口，找准结合点。其中，尤其要着重把握以下“三个统一”。

一、抽象性与操作性统一

企业精神是企业的灵魂，是企业员工共同遵守的价值观和行动理念，虽然看不见，摸不着，但它是员工长期实践的结晶，具体生动地表现在企业外在形象、内部工作环境、产品形态、职工岗位举止上。企业文化只有与可操作性制度文化、物质文化、行为文化相结合，才能显示出内在生机和活力，并内化为职工的具体行动，外化为企业形象。为此，一要强化进取发展的营销理念。企业是一个经济实体，企业文化建设一刻也不能离开企业经营这个中心，否则是本末倒置。从这个意义上说，企业文化是一种实实在在的投资行为，不能就文化论文化，就活动谈活动，与企业生产经营形成“两张皮”。企业文化导入或操作应有目的性，应注重投入产出效益，努力在产品品质上狠下功夫，在经营环境上加大力度，在员工管理上形成特色，使进取发展的经营理念深入人心；与此同时，思想政治工作要有所作为，必须有机融入企业经营管理之中，把企业文化作为重要载体，作为两个文明建设的结合点，内鼓士气，外树形象，凝心聚力，铸魂育人，使抽象的企业精神内化为员工进取向上的实际行动，使无形的力量转化为有形的经济和社会效益。二要建立一套符合企业实际又分工明确充满活力的运作机制。包括制度、责任、激励、保障机制等。为确保这些机制的高效运行，第一管理者必须带头抓，并确立主抓和相关协调配合部门责任制。一般来说，物质文化、制度文化应以行政为主来抓，深层精神文化可以党委为主来抓，外显行为文化可以工会、团委为主来抓，从而使企业文化分工具体、责任明确、便于操作。同时由于企业文化牵涉面广，系统性强，主抓部门与协调部门必须发扬团队精神，默契配合，相互支持，形成合力。三是成立企业文化专业机构，对内策划企业文化目标战略实施，培育企业精神，创办企业文化刊物，沟通交流吸纳中外企业文化经验；对外，统一管理企业形象标识，传播推广企业文化理念，协调社会公共关系，参与社会公益活动。

二、战略性与战术性统一

企业文化本身就是企业发展战略的一部分。尽管其功能是战略性的，但实施过程必须是具体的、实在的。目前的问题是，许多单位仅仅把企业文化凝聚成一句响亮的口号，但没有具体战术步骤衔接，缺少实在的行动配合，使企业文化战略纵不贯通、横不联合，落实不到人头，从而流于形式。因此，要把战略与战术紧密结合起来，通过量化细化分解战略方案，才能使战略目标变成现实预期目标，变企业目标为员工具体行动。这样，企业文化才能成为企业管理的重要组成部分，成为实实在在增强企业核心竞争力的重要法宝。在实现战略性与战术性的结合上，要注意把握内外两个中心；对内，以企业员工为中心，全方位关心员工成长，充分尊重和满足员工的价值需求，努力提高企业员工素质，增强企业凝聚力和战斗力；对外，以顾客为中心，以顾客满意度为最高工作标准，努力适应顾客日益增长的各种消费需求；同时，还要尊重社会需求，不断为社会创造价值，使企业与社会同步发展，从而提升企业社会责任，增强其美誉度和竞争力。

三、潜移默化与有形物化的统一

企业文化的形成，离不开必要的培训灌输、活动礼仪渗透、文化环境设施建设，离不开企业领导的言传身教，更离不开企业的优良传统的灌输和典型人物的示范引导，是潜移默化与有形物化的结果。具体一点说，一要加强企业文化知识培训和企业优秀传统的灌输，不断提高职工的文化素质和自觉意识。教育培训要形成制度，要分层次有重点，在内容上各有侧重，在形式上要不拘一格。新员工进厂第一课就应有企业文化课。党委书记讲企业精神，老职工讲企业优良传统，行政管理人员讲制度文化，为新员工逐步理解和自觉参与企业文化行为打下基础。二是创造性开展符合企业实际又有自身特色，职工乐以参与的文化礼仪及形象化活动，有意识有目的地渗透企业经营理念和企业哲学。如班前默诵企业精神和唱企业歌仪式；在职工中积极开展企业标志、企业精神、企业歌曲、营销用语征集活动；开展以职工名命名的小发明、小创造、小革新等合理化建议活动；使职工在参与中接受教育，在岗位上弘扬企业精神，在各种活动载体中渗透经营理念。三是发挥领导干部和模范人物的典型示范作用，努力使企业精神人格化。如建立党员示范岗、劳模品牌工作室等，通过发挥“名人效应”，进而培养“名牌”职工，激活无形资产。四是适时导入 CI 策略，有机整合塑造企业形象，同时广大员工要在日常工作实践中树立朴实的良好的岗位形象，多渠道、多方法、多载体维护企业形象。因此，企业文化的培育是长期的，潜移默化的，点滴渗透的，必须与有形物化相结合，才能见物见人见思想，见精神见制度见形象，从而让人一接触到该企业的人和物，就能使人体验到该企业的文化品牌和特色，感受到该企业不同寻常的“企业之魂”的存在。

（本文原载 2000 年第 10 期《实与虚》）

浅谈企业文化建设的路径选择

企业文化建设目标要明确，路径要简便易行、方法科学，做到上下联动、内外传播、点面结合、虚实兼顾，才能适应企业发展水平，适应企业文化建设内在规律，使务虚的工作务实，务实的工作落实。

有人说，企业文化“看上去很美，说起来很甜，做起来很难”，说明有形的东西好做，无形的东西难做，而难就难在如何操作上。企业文化建设作为实践过程，是自下而上还是自上而下？是由低到高、由浅入深？还是由高到低、深入浅出？有一个合理的路径选择问题。笔者以为，企业文化建设目标要明确，路径要简便易行、方法科学，做到上下联动、内外传播、点面结合、虚实兼顾，才能适应企业发展水平，适应企业文化建设内在规律，使务虚的工作务实，务实的工作落实。

一、从上到下倡导

企业领导人是企业文化建设的总设计师。从某种意义上说，企业文化是企业家文化，领导价值观就是企业价值观，有什么样的领导人就有什么样的企业文化，企业领导人的素质决定企业文化的优劣，其自身的思维特质和人格魅力决定了企业文化的个性。倘若没有任正非的独特价值观，就没有华为的狼式文化；没有张瑞敏自强不息、追求卓越的精神，就没有海尔的创新文化。因此，自觉的、有价值的企业文化并不是自发产生的，而是企业领导人矢志不渝、大力倡导、培养的结果。这是由企业领导人自身的地位决定的，任何人无法取代。国外公司的培训会很多，主要内容就是企业文化，而且公司的最高领导要亲自讲课，目的就是向员工灌输企业文化，帮助员工强化企业核心价值观，牢固树立和认同三种企业理念：第一，企业是企业与员工共同生存和发展的平台；第二，企业是制度共守、利益共享、风险共担的大家庭；第三，企业是一所大学校——学习型组织，员工在为企业做出奉献的同时，自身素质也会得到提高。因此，企业领导人要当好企业文化的“传教士”，在领导企业的过程中，有意识地引导一种适应企业需要的企业文化，才能在企业里形成共同的目标、共同的形象、共同的思想和行为准则，把企业理念与员工理念互动融合，把企业理念变为全员共享的理念，从而形成企业的共识力，增强企业的市场竞争力。

二、从点到面推广

企业文化建设有其内在规律，并不是短期内实现的，而是一个由浅入深、由低到高、由点到面的长期循环推进过程。因此，在推进过程中，特别是初期启动阶段，不能操之过急，更不能急功近利、立竿见影、以点“代”面，而是要从实际出发，从员工关心的问题入手，通过试点引路，总结经验，点面结合，渐进推开。另一方面，企业文化建设是一个系统工程，其结构主要包括精神文化、制度行为文化、物质文化三个层面。精神文化、制度文化、物质行为文化三者既是相对独立的点，又是相互作用和支撑的面。没有制度文化，就没有严整的秩序、有效的工作；没有精神文化，就没有统一的意志和共同的信念；没有物质文化，就没有生存的保障、发展的后劲。只有点上功夫，没有面的配合，或只有理念倡导没有制度支持，企业文化难以形成支撑力，更难以持久。从这个意义上说，企业文化建设必须“三驾马车”点面结合，协调发展，相互促进，相互渗透，才能保证企业生生不息，永远向前。因此，企业文化作为一项系统工程去建设，就必须坚持以企业战略为目标，以精神文化建设为核心，以制度文化建设为保证，以物质行为文化建设为成果，由点到面，向深层次推进。就铁路服务文化而言，“旅客货主至上”的服务理念是精神文化，客货服务的规章制度及规范标准是制度行为文化，客货服务质量和服务环境是物质文化。在这三个层面中，服务理念是核心层，服务制度是中间层，服务质量行为、服务环境是表层，三者只有相互联系，相互作用，才能成为一个发挥作用的有机整体。特别是当前，铁路生产布局大规模整合，不是简单的生产单位合并，只有加强系统的文化整合，从变革理念、转变思维方式入手，实现新体制下精神、制度和环境的进一步优化，才能促进干部职工行为方式的有效跟进。

三、从内到外传播

企业文化是企业内在发展的需要，并不是做给外人看的，只有让员工“文化”起来，企业才能真正“文化”起来。也就是说，只有首先强化内部传播，使自己的员工能够“看得见”“感受到”，企业文化才能深入人心，对外传播才有现实基础。对内传播，就是理念形象化。通过格言、故事、事件、漫画、案例、人物等，使理念鲜活生动。海尔正是通过砸 76 台不合格的冰箱，才使员工牢记“不合格的产品就是废品”的质量理念；蒙牛集团正是通过讲非洲大草原“狮子与羚羊”的寓言故事，才使员工明确了“物竞天择、适者生存”的竞争理念。从某种意义上说，企业文化是一种全员文化，企业文化建设只有通过内部有效传播，让全体员工认同并广泛参与，让所有员工明白“已经发生了什么和我们将要做什么”，基础才会牢固，才能显示企业文化的内在活力。也正是有了这样一个内部员工基础，对外传播企业文化才能相得益彰。对外传播企业文化，途径是理念形象化，就是通过大众传媒，把定位准确、富于个性的企业理念融入品牌战略之中，融入产品文化营销之中，特别是融入企业形象广告之中，既画龙点睛，又润物无声，使其在第一时间将自己和其他品牌区别开来，从而塑造差异化的品牌形象，在人们记忆深入

“定格”。因此,企业文化从内到外传播绝不能本末倒至,而是一个水到渠成的过程,否则,名实难副,内实与外美难以统一,以作秀和点缀为特征的企业文化,是难以实质推进企业经营发展的。

四、从虚到实落地

有人说,企业文化是“虚”的,生产经营才是“实”的,实际上,虚是天,实是地,虚实结合才能顶天立地。文化就其形式是虚的,但其内容是实在的;文化就其感觉是虚的,但其精髓是实在的,就像水和空气一样,无处不在,无时不有,谁也离开不了,实施起来十分艰难,但取得的效果却牢不可破。从虚到实落地的关键是把理念制度化,使之融入企业战略中,融入企业经营管理各环节,否则,就容易落空,成为时髦的口号。实践证明,管理与文化是同一事物的两个方面,有什么样的管理制度,背后就有什么样的管理理念,理念的生命力就在于管理制度的支持和配套。比如,海尔企业文化建设中的“三部曲”就是理念管理的典型模式,值得我们借鉴。他们首先提出理念与价值观;而后推出典型人物和事件;再是在理念与价值观引导下,制定保证人物与事件不断涌现的制度与机制,体现了理念、行为和制度和谐统一,实现了企业文化由虚到实的过程。就铁路企业文化建设而言,要建立和完善执行力文化,把企业理念体现在管理过程中的每一个细节,体现在系统化流程的每一个环节,体现在生产力布局调整中的每一次文化整合,体现在每一位职工的岗位行为,进而实现理念由虚到实的升华。从这个意义上说,自觉的企业文化建设既是用先进文化淘汰不良文化的过程,更是企业理念从管理理念转变成管理行为的过程。

(本文原载 2006 年第 3 期《熔炉》)

建设企业文化需重点把握四个着力点

据国外“企业文化与经营业绩”研究成果表明，企业文化是一种力量；在未来，企业文化对企业兴衰将发挥越来越重要的作用，甚至是关键性的作用。这种作用常常表现在对内、对外经济合作的成败上面。

企业文化内容十分丰富，涉及方方面面，要做的工作很多，需要下实实在在的硬功夫，又需要选准着力点，那么着力点在哪里呢？笔者以为，企业文化重在建设，需要重点把握住以下四个方面。

一、强企业之“本”

要强化“以人为本”的经营理念，致力于有效开发全体员工的潜在人力资源，全面提高员工的思想道德和文化科学技术素质，以此提高企业的市场竞争力。一是要强化“职工是企业主人”的价值观念，把关心人、理解人、尊重人、依靠人、凝聚人、培养人贯彻于企业经营活动的全过程。这不仅是企业自身生存和发展的需要，也是提高全民族素质的社会要求。同时还要着力培养职工“以厂为家”的主人翁精神，鼓励职工参与民主管理，提合理化建议。尤其在今天，企业竞争日益加剧，重新强调和弘扬爱厂如家的主人翁精神很有必要，对企业的振兴和发展，形成职工与企业的“命运共同体”起着极为重要的促进作用。为此，要借鉴国外一些大公司的做法，重视感情投资，不断满足员工的心理情感和自尊需求，努力把企业营造成融洽、和谐的“大家庭环境”，使企业成为物质和精神复合体，以提高职工的凝聚力和向心力。二是要强化职工“知识就是岗位”的观念，努力提高职工的知识能力和过硬的技术本领，不断培养创造型、知识型技术工人，为适应未来更加激烈的竞争和知识经济的到来做好能力储备；三是注意把企业文化与思想政治工作有机结合起来，在提高职工技术素质的同时，努力提高其政治理论素质，扩大企业文化的政治内涵，以确保国有企业的社会主义方向。事实证明，作为构成企业主体的员工，是企业文化建设的基础；职工整体素质高，企业文化层次相对就高，对增强企业竞争力作用就大。

二、融企业之“道”

企业文化要与企业经营发展战略相融合。众所周知，每一个企业都有自己的企业经营战略，但未必都有与之相适应的企业文化战略。企业经营战略具有长远性、全局性、方向性、稳定性，企业战略正确与否决定企业的兴衰成败。而世界知名企业的成功实践也表明，优秀的企业文化可以强有力地加强企业经营战略的实施，从而取得某种竞争优势。这是因为，企业文化以其所营造的价值取向、经营理念和行为方式，潜移默化地引导企业全体员工去贯彻、执行企业既定的战略，确保战略目标的实现；企业发展战略需要文化战略来推动，依托企业文化建设来实现。从某种意义上说，企业文化对企业经营战略有一定的促进和制约作用，即不同的经营战略必须有与之相适应的企业文化战略。因此，企业间竞争的需要决定了企业必须重视文化战略，具有文化意识，必须以更加明确的文化模式、文化手段来塑造自己的个性特征。从此意义上说，制定企业经营发展战略的同时，也要制定相适应的企业文化战略，并与之相呼应、相融合，最终达到"企业品牌靠文化来宣传，企业信誉靠文化来播扬，企业精神靠文化来培育，企业形象靠文化来塑造"。

三、铸企业之"魂"

人是要有一点精神的，企业同样也要有精神力量的支撑。为此，要大力培育富有企业个性和特色的核心价值观——企业精神，并真正成为企业的灵魂，化为员工的自觉行动。铸企业之"魂"并非易事，作为一项复杂的系统工程，需要上上下下求索，方方面面形成合力，进行长期艰苦不懈地努力。首先，企业领导者要率先垂范，既要做企业文化的倡导者又要做企业精神的模范实践者；从一定意义上说，企业家精神是企业精神的化身，是企业文化的源泉，其示范榜样作用对企业精神的形成起重要作用。其次，要典型示范引导。典型是企业活力的表征，是企业精神的集中体现。要树立职工身边的，各种岗位层次的，个体的或群体的，职工公认的叫得响的、立得住的先进典型人物，来展示和弘扬企业精神，给职工以精神导向和榜样力量，从而"拨亮一盏灯，照亮一大片"；第三，要有特色。特色是企业精神的魅力之所在。没有差异就没有企业文化，更没有企业精神。正如找不到两片完全相同的树叶那样，企业里应找不到两个完全相同的企业精神。时下企业精神趋同化现象是不正常的，是主观代替客观的产物，也是企业不成熟、体制不完善的一种表现。一方面要善于挖掘提炼，使之体现"三个特色"：一是在宏观上要有中华民族特色，体现中华民族自强不息的传统精神；二是中观上要有时代特色，体现出改革开放的时代风范和创新精神。三是在微观上要有本企业个性特色，体现出本企业文化传统和职工的首创、参与精神。另一方面，要通过策划制定符合本企业实际的典礼或仪式，弘扬企业精神，展示企业风貌。这种仪式一旦形成，就要形成制度，长期坚持，成为向众人展示的一道亮丽的文化风景。如"背诵社训"制度就是日本企业经营文化的一大特征。

四、展企业之"形"

企业形象是企业的无形资产，是企业赖以生存和发展的沃土。为此，要全方位展示企业形象，通过良好的企业社会形象，加深公众对企业的亲和力、影响力，进而提高企业市场竞争力。一要通过 CIS 企业形象策划，展示企业外部形象。随着企业竞争的日益激烈，产品质量、服务水平日趋接近，未来竞争的焦点将是文化的竞争，形象的竞争。而 CIS 作为企业文化的外在表现，对改进企业个性化形象至关重要。铁路行业尽管个性形象较突出，但视觉形象整体设计方面仍不够理想，站车容貌、职工服装、站台标识、标准色的设计仍较杂乱，如能通过一个整体的 CIS 形象设计，将给人们以清新、完整、积极向上的形象印记，会使企业员工对企业产生特殊的情感，从而使企业产生一种凝聚力，潜移默化地达到团结统一奋进的目的。二要通过作业标准化，展示员工岗位形象。从铁路看，旅客从进门买票开始，一直到到达目的地直至出站，经历客运职工一系列工序。每一道工序都涉及服务员个人形象。因此，要强化"本职工作就是岗位形象"，树岗位形象必须从个人形象抓起，端正岗位形象必须从作业标准化着手。如在客运职工中开展"四个一"活动：售好一张票、剪好一张票、查好一个包、送好一位客，这必然会在旅客面前树立起良好的岗位形象。三要通过礼貌待客，展示优质文明服务形象。语言是心灵的窗口。文明服务形象必须从小节抓起，从文明用语规范抓起，态度热情，礼貌待客，避免对旅客"冷""硬""顶""训"。这样，旅客将会从每一名客运职工友好和善的语言中感受到铁路良好的服务形象。四要通过建立制度规范，树立内在整体形象。企业的整体形象的内容是全方位的，不仅仅体现在态度热情、礼貌待客上。但滴水可见太阳，往往一个人的行为影响企业整体形象。因此，树立整体形象必须靠每位职工的自觉性，同时还要靠必要的制度规范和奖罚机制来实现，从而使维护企业形象成为每个员工的自觉行动。可以说，企业形象也正如人的形象，浅薄令人感到索然无味，内涵丰富才会使人经久难忘。从这个意义上说，企业形象的追求是无止境的，必须在经营实践中不断丰富完善，必须从每个人自觉做起。

综上所述，无论是展企业之"形"，还是融企业之"道"，它们都是企业文化建设的表层和制度层，是加强企业文化不可缺少的重要环节和途径，其根本点还是企业文化建设的核心层——铸企业之"魂"，通过企业精神的力量，强企业之"本"，全面提高企业的核心竞争力，从而取得良好的经济和社会效益。

（本文原载 2000 年第 3 期《企业精神文明建设》、2002 年第 2 期《研究与应用》）

浅析企业文化建设之三境界

企业文化建设三境界顺乎了人的本性,顺应了企业发展规律,超越了物质利益和个体的情感追求,体现了企业与人、与管理、与社会责任的和谐统一。企业境界有高低,企业发展无穷期,企业文化建设更无止境。

文化之于企业,正如水对于鱼一样,人之于空气一样,无色无味难以知觉,却又无处不在,如影随形,成为企业一种“心理契约”和“做人做事”的方式,其自觉的建设过程恰如王国维笔下的成功“三境界”:“昨夜西风凋碧树,独上高楼,望尽天涯路。”“衣带渐宽终不悔,为伊消得人憔悴。”“众里寻他千百度,蓦然回首,那人却在灯火阑珊处。”企业文化建设作为长期的自觉的奋斗历程,只有历经“独上高楼”的目标展望、“衣带渐宽”的执着痴迷,才能享有“蓦然回首”的成功与惊喜。

先说第一境界:立志。企业文化建设并非锦上添花,是成功企业的事,而是企业完善自我、应对竞争、可持续发展的内在要求;先进的企业文化既不是华而不实的口号,招摇给外人看的幌子,更不是自然而然形成的,而是一个实实在在的意志转化工程,首先要求企业家勇于把打造高品位企业文化作为长远发展战略,作为自己的职业追求。无论是IBM的服务理念,还是海尔“创新”价值观,都体现了第一管理者超越自我、争创一流的远大志向。正是小托马斯·沃森坚信“尊重个人、给予顾客最好的服务和追求优异的表现”的信念,才成就了今天的IBM电脑帝国;张瑞敏正是从“职工不准随地大小便”开始,立志创中国造的世界品牌,“真诚到永远”,才成就了今日的海尔。企业家不能常立志,但要立长志,就是要从世界企业管理发展趋势看企业文化的重要性,从增强企业核心竞争力内在要求看企业文化的必要性,从完善企业管理的角度看企业文化的紧迫性,从吸引和留住人才角度看人力资源与企业文化的互动性。这种高瞻远瞩,审时度势,既不是心血来潮,也不是追求时髦,而是来自于对企业文化的真实信仰,来自于对企业文化内涵的真实把握,来自于一种“天行健,君子以自强不息”的进取精神。没有做强、做大、做久企业的使命感,没有为社会、为顾客创造价值的责任感,没有为广大员工长远利益的深思熟虑,就不会义无反顾、发自内心地去建设企业文化,更不可能将其作为企业发展的支撑战略。从这个意义上说,眼界决定境界,境界决定定位,定位决定思路。只有立定志向不移位,一心一意搞“建设”,凝心聚力谋“繁荣”,企业文化才能由自发为自觉,变理想为目标,化蓝图为现实。

其次说第二境界:执着。不经一番寒彻骨,哪得梅花扑鼻香。如同成就世界上任何宏图伟业一样,企业文化建设之路绝非一马平川、一帆风顺,而是道路曲折、前景光明。有专家称,中国企业依次要过创业坎、营销坎、管理坎、品牌坎、战略坎、文化坎这六道"坎",而文化坎更是一道难以逾越的"风景":"看上去很美,说起来很甜,做起来很难。"因此,在"文化兴企"的道路上,只有"不畏浮云遮望眼,咬定青山不放松",才能在经受考验中提升自我,在困境中百折不回,在挫折中汲取智慧,最终使企业文化由自发层面升华为自觉层面,从领导层面传递到员工层面,把管理理念转变为管理行为。尽管有企业就有企业文化,但自觉的企业文化建设,是变不良文化为健康文化的过程,更是全体员工从被动适应到自我觉醒、与企业共同成长的过程。在这一过程中,如何把领导者的智慧变成全员的共识,并不是一件简单的事,而是伴随着复杂的心灵阵痛,创造性的否定,是对企业人惰性的挑战,更是与时俱进、应对市场竞争的必然选择。海尔员工正是从第一管理者的执着砸冰箱,才从自我否定中觉悟"有问题的产品是废品"的质量理念的;蒙牛集团正是通过经常讲非洲大草原"狮子与羚羊"的寓言故事,才使员工领悟"物竞天择、适者生存"竞争理念的。从这个意义上说,领导者既要有"铁肩担道义"的追求,"妙手著文章"的方法,更要有"燕子衔泥、锲而不舍"的精神,才能在管理者与广大员工之间搭建沟通平台,实现思维碰撞、理念互动,以文化人、以魂铸人,形成共同目标,产生团队凝聚。实践证明,企业文化贵在坚持,难在坚持,成在坚持。世界上成功企业无一不是通过矢志不渝地坚持,经历由痛苦到觉醒,由耕耘到收获的过程。正如一位管理专家所言:"人类因梦想而伟大,企业因文化而繁荣。"尽管"企业文化做起来很难",但只要心中有梦,不惧失败,梦就不会太远;只要路径正确,永不放弃,路就在脚下。梦想激发行为,执着成就伟业。

再说第三境界:共享。就是在执着基础上,继续坚持不懈,把核心理念变成习惯,变成全员共享的行为,使企业文化真正成为员工的福利和制度安排。不要相信天上自然会掉馅饼,成功境界是持续耕耘、水到渠成的自然结晶。当然,成功不仅是领导者的更是全员的;不仅是物质的更是精神的;不仅是一种机制、一种习惯,更是一种力量。中国企业不缺少智慧,也不缺少激情,缺少的是把二者融在一起的力量。这就是文化的力量。虽然这种力量是无形的,柔性的,像水,然而,正如老子所说的:"天下柔弱莫过于水,而攻坚,莫之能先。"也就是说,"柔弱胜刚强",文化虽是一种柔软的东西,实施起来非常艰难,但其效果却牢不可破。正是这种牢不可破的力量,成就了当今世界500强企业;正是这种力量,打造了成功以价值观为核心的制度安排。那就是,承载核心价值观的制度真正被员工接受并认同,成为企业文化的载体,成为一种自然而然的行为习惯。这种由文化积淀为制度,由制度变文化的互动,集中表现为催人向上、开拓创新的文化氛围,永争一流、追求卓越的团队精神,不用扬鞭自奋蹄的敬业精神和职业忠诚。这种成功,就是员工价值观与企业核心价值观的共享,员工利益与企业利益的共赢,个人理想与企业理想的共融,企业理想与社会责任的共鸣。从这个意义上说,员工之所以能在企业文化建设过程中,共享企业发展的丰硕成果,不仅是因为共享了企业的艰难成长历程，更为重要的是持之以恒信奉并共享了企业的核心价值观，使之成为自己的行为习惯和准则，而正是这种行为习惯造就了知名度响、美誉度好、占有率高的强势品牌，凸显了企业“价值趋同、人企合一”的境界。

长风破浪会有时，直挂云帆济沧海。企业文化建设三境界顺乎了人的本性，顺应了企业发展规律，超越了物质利益和个体的情感追求，体现了企业与人、与管理、与社会责任的和谐统一。企业境界有高低，企业发展无穷期，企业文化建设更无止境。但只要你敢“独上高楼”，只要你肯“衣带渐宽”，只要你能以“执着到永远”的精神应对挑战，锐意进取，企业就没有克服不了的困难，基业长青的愿景就一定会成为可能。

（本文原载 2006 年第 4 期《现代管理与现代领导》）

企业文化:以人为本的治理规则

企业文化就是企业的经营管理哲学,就是全体员工所接受和认同信守的、为争取事业成功的一套非正式规则。建设企业文化的过程,就是形成适应企业发展要求的"做人做事方式",使企业的每一个成员都有一个共同奉行的办事规程和行动准则的过程。从这个意义上说,如何使企业运行规则由人治向法治、文治发展,并实现全员认同,是企业治理规则追求的最高境界。世界500强企业成功的重要原因在于,都有一套以人为本的以价值观为核心的,适应企业发展要求的运行规则和治理方式。

有一次,法国皇太子问道于法国重农学派的代表人物魁奈:"如果你来管理这个国家,你会做什么?"魁奈回答说了两个字:"规则。"国家治理需要规则,企业同样如此。

现在流行这样的顺口溜:"一流的企业卖标准,二流的企业卖技术,三流的企业卖产品,四流的企业卖力气。"可见,全球化时代,企业的竞争表现为技术标准和专利的较量。有舆论称中国企业是"国际民工",外商拿走了92%的利润,中国最多拿8%。之所以如此,就是因为许多中国企业没有核心技术,没有自主品牌,"有制造无创造",只能处于产业链附加值的低端,为外企"贴牌生产",服从于别人的战略,执行别人的游戏规则,处于卖力气阶段。正因为如此,标准控制和技术专利制定成为企业竞争力的标志,不仅如此,还将逐渐演变成新的国家主权之争,成为国家核心战略的重要内容。为此,十六届五中全会上,中央明确提出制定以企业为主体的自主创新战略,这是提升国家实力和核心竞争力的远见卓识,也是适应规则挑战的必然要求。

何谓规则?按《现代汉语词典》的解释,规则是规定出来供大家共同遵守的制度的章程。章程其实就是一种标准的认同,一种治理方式的执行,就是一个企业以人为本的企业文化。

曾有这样一个经典的寓言故事:有七个人曾经住在一起,每天分一大桶粥。要命的是,粥每天都是不够的。一开始,他们抓阄决定谁来分粥,每天轮一个。于是乎每周下来,他们只有一天是饱的,就是自己分粥的那一天。后来他们开始推选出一位道德高尚的人出来分粥。强权就会产生腐败。大家开始挖空心思去讨好他,贿赂他,搞得整个小团体乌烟瘴气。然后大家开始组成三人的分粥委员会及四人的评选委员会,互相攻击扯皮下来,粥吃到嘴里都是凉的。最后想出来一个方法:轮流分粥,但分粥的人要等其他人都挑完后拿剩下的最后一碗。为了不让自己吃到最少的，每人都尽量分得平均，就算不平，也只有认了。大家快快乐乐，和和气气，日子越过越好。同样是七个人，不同的分配规则，产生不同的效率和风气，说明制度、机制规则在企业运行中的重要性。对于一个企业来说，只有建立一套“轮流分粥、分者后取”的约束机制，并在此基础上建立适当的激励机制，才能提高效率，产生事半功倍的效果，也才能提高企业综合素质，使企业发展良性循环。而这一规则的背后是一种以人为本的核心价值观，一种公平、公正、公开的文化理念。

世界500强企业成功的重要原因在于，都有一套以人为本的，以价值观为核心的，适应企业发展要求的运行规则和治理方式。现在一个企业兼并另一个企业，所依赖的优势不仅仅是资金、技术和设备，更重要的是文化管理的作用。如海尔理念激活“休克鱼”就是文化扩张与融合的典型案例。而文化管理就是建立在先进价值观基础上的以人为本的治理规则。今天，我们之所以强调文化管理，实在是因为处在计划经济向市场经济的转轨之中，人类先进文化在我们的一些企业中依然相当稀缺，很多企业缺少科学的规则意识，自觉不自觉地习惯了从不规范的环境中去捞取好处。据媒体报道：不少企业家的内心，甚至说不清楚什么叫规范，什么叫诚信。甚至有企业家放言，这个企业离开自己就玩不转。在以人治为传统的企业可以对此津津乐道，但是对于现代企业这种说法显然是落后的。如果说，这个企业离开你还能转，这才是你的真本事，因为你建立了以人为本的企业运行规则，制定了先进的发展战略，形成了促进企业发展的重大决策机制，培育了一支有高度执行力的管理团队。这就是人治企业与法治企业的区别。法治企业就是按一套规定的制度运行的企业，在制度面前人人平等。在这种企业中，包括最高领导人在内的所有人的职责都由制度安排所决定。而人治企业的成败完全取决于个人，由于没有一套纠错机制，往往人在企业在，人亡企业亡，民营企业“穷不过三代、富不过四代”，几乎成为一个普遍规律。

从企业看，有两种规则在起作用，一是显规则，二是隐规则。显规则即明令发布的正式制度，就是防止员工做错事。而隐规则就是一种企业文化，也就是非正式制度，则是让有机会做错事的员工不愿去做错事。从本质上说，企业文化就是企业的经营管理哲学，就是全体员工所接受和认同信守的、为争取事业成功的一套非正式规则。建设企业文化的过程，就是形成适应企业发展要求的做人做事方式，使企业的每一个成员都有一个共同奉行的办事规程和行动准则的过程。从这个意义上说，如何使企业运行规则由人治向法治、文治发展，并实现全员认同，是企业治理规则追求的最高境界。在某种程度上，建立现代企业制度，实施法人治理结构，就是建立一种先进的、与企业实际相适应的游戏规则，提高企业运行效率，这既意味着依赖个人权力管理企业的终结，又意味着依靠先进的管理理念和机制治理企业的开始。

从表面上看，我们与世界的差距是技术标准和贸易规则的有形差距，而实际上是深层次的无形文化规则的差距。在一次论坛上，一位专家举了这样一个例子：京津塘高速公路是我国第一条按照国际公路条款所规定的标准修建的高速公路。这条路在建设过程中，曾出现过这样的尴尬：国际公路条款规定，在修建高速公路过程中，必须隔一段距离就留出一段弯路道或者建一个坡，以使驾驶员始终保持精神集中，体现了以人为本的思想。但是，当时国人对于好公路的判断标准中很重要的一条却是：路一定要直，因此，很多修路工人不愿主动完成外国专家的要求。这一例子的启示性意义在于：在经济全球化时代，特别是面对WTO挑战，每个企业仅仅适应企业内部运行规则是远远不够的，还必须具有全球眼光，接受全球化的博弈规则。而要真正接受这一套规则，就必须让自己的企业适应规则背后蕴藏的以人为本的文化内涵。如果企业打不开企业文化这个隐藏在企业日常运作背后的基因密码，就无法以前瞻眼光来把握企业的发展趋势，更难以深层次地与国际通则接轨。实际上，加入WTO既是挑战更是机遇，不仅使我们与世界通行的贸易规则接轨，更为重要的是有了更多学习国外先进企业技术和企业治理规则的机会。目前，我们之所以搞竞标，就是以与时俱进的心态，打破旧的、不合时宜的潜规则，向世界先进的游戏规则靠拢。否则，你的产品就进入不了市场，国际市场就不带你玩，你就无法整合全球资源，不仅世界规则中的一切好处得不到，而且一切违背世界贸易的规则惩罚你都逃不了。其实，世界贸易经济就是建立在信用基础上的，WTO的基本原则包括公平交易的原则、透明度原则和非歧视性原则。这些原则确定了科学的经济运行规则，而且在更深层次上蕴含着道德人格的要求。因此，我国企业要在“走出去”战略中与狼共舞，必须首先成为狼，熟悉狼的规则，才能在国际市场上立足。正如张瑞敏所说，“成为狼的标准是什么？我认为有两条：第一，必须熟悉和了解国际市场游戏规则，按国际惯例来争第一；第二，必须勇于、敢于和善于参与这个竞争。如果不了解国际市场竞争规则或者是不敢参与竞争，就没有成为狼的可能。”

由此可见，我们的企业不仅要有战略眼光，还要有世界眼光，不仅要与有形的世界先进技术标准接轨，更重要的是要有无形的先进文化管理标准。这就要求我们认真学习规则，善于运用好规则，与政府承诺相适应，向世界最先进理念规则靠拢，尽快适应国际经济文化一体化，同时强化以人为本，以企业价值观为核心，对现有相关管理制度进行修订和完善，才能构建与企业发展战略相适应的管理体制和机制，形成适应经济全球化的运行规则。这不仅是政府层面的承诺，更是企业面临的现实挑战和机遇。

（本文原载2008年第3期《中外企业文化》）

精心构筑和谐企业文化战略

实现“四个一”的总体工作目标，即形成一个框架——制定分局企业文化建设三年规划；营造一个氛围——逐步提高全员认知水平；建立一个体系——构建企业文化战略体系，创建学习型组织；培育一种精神——征集提炼出具有鲜明时代特征、行业特点和分局特色的新时期蚌铁精神和企业理念。

近年来，蚌埠铁路分局把企业文化建设作为“一把手工程”，精心构筑风正人和的企业文化战略。企业文化建设课题成果先后在上海建设交通系统和上海铁路局企业文化研讨会上发表，具体做法在铁道部《思想政治工作研究》和上海铁路局《重点课题报告选编》刊载，并荣获2003年上海铁路局宣传思想工作创新成果奖。在2004年“国际化进程中的中外企业文化龙岩峰会”上，分局荣获全国企业文化建设“实践创新奖”。

一、在强化认知中确立目标

蚌埠铁路分局党政领导通过系统地学习认知，推进铁路发展，如果没有以人为本的理念和共同的思想基础作支撑，就难以形成攻坚克难和“形散而神聚”的团队；如果没有与发展相配套的企业文化体系，就难以凝心聚力，铸魂育人，实现企业可持续发展；如果没有领导干部对企业文化建设的高度重视，就难以整合各方面力量，协调各方面关系。因此，建设企业文化是分局乘势快进、奋力争先、和谐发展的内在需求。在取得共识的基础上，分局领导班子通过充分讨论和酝酿，拟定了实现“四个一”的总体工作目标，即形成一个框架——制定分局企业文化建设三年规划；营造一个氛围——逐步提高全员认知水平；建立一个体系——构建企业文化战略体系，创建学习型组织；培育一种精神——征集提炼出具有鲜明时代特征、行业特点和分局特色的新时期蚌铁精神和企业理念。

二、在强力攻关中明确定位

分局以制定文化战略课题为重点攻关目标，以加强企业文化知识的普及为切入点，通过各种途径，使企业文化深入人心。一是开展企业文化知识大普及。利用报刊台媒体开辟“企业文化”专栏，推荐专家论述，介绍先进经验；把企业文化知识纳入两级党委中心组学习计划和领导干部培训内容中，组织编写《企业文化知识百问》一书。二是开展企业文化大调研。组织骨干人员前往海尔集团和大连铁道有限责任公司等单位调研考察，形成考察报告。以问卷形式开展了大范围摸底调查，为准确把握现状，构筑战略体系提供依据。三是开展企业文化大研讨。进一步明确了分局企业文化建设的定位。四是开心企业理念大征集。形成了“为人朴实、工作务实”的企业“双实精神”。在群策群力的基础上，分局出台了企业文化建设战略思考和三年规划，为构建蚌铁企业价值观体系和子文化体系夯实了基础。

三、在强力执行中推进战略

在推进过程中，分局按照“文化融入、理念引导”的思路，及时出台了年度企业文化实施意见，以强有力的执行落实企业文化战略，建设和谐社会的企业小环境。

建设以诚信为核心的服务文化。分局针对行业特点，突出以职业道德建设为核心，运用各种载体，通过试点引路，弘扬诚信理念，培育诚信文化，强化诚信实践，开展“共铸诚信”辩论赛、“诚信文化大家谈”征文，学习《企业文化百问》、开展“诚信在岗位，满意在窗口”诚信签名和劳动竞赛活动，突出抓好以“9”字号服务品牌为龙头，各类先进人物为基本框架的品牌体系，并建立动态管理机制，逐步使诚实、守信、践诺成为干部职工的自觉行为和价值取向。分局创建“9”字号服务品牌的经验在国家级会议、刊物上交流发表，并获上海铁路局第二届精神文明建设奖。

建设以学习型组织为载体的创新文化。分局出台了实施意见，全面推开创建学习型组织活动。通过分类指导、分层启动、典型示范，开展共读《唤醒心中的巨人》一本书活动，召开创建学习型组织推进会，举办创建学习型组织骨干培训班，实施“万人提素工程”，构筑全员学习平台，引导广大职工树立全员学习、终身学习的理念，逐步体现职工成才路径多样化与企业发展方向的统一。

建设以“三基”为基础的安全文化。分局以强化“三基”（基层、基础、基本功）为载体，以宣传贯彻《中华人民共和国安全生产法》为契机，以各种形式开展“安全责于泰山”的安全理念教育，大力探索党支部“安全屏障”工程建设，营造“人人讲安全，人人保安全”的氛围。

（本文原载 2005 年第 2 期《上海建设政工研究》，获 2005 年上海铁路局宣传思想工作创新奖）

也谈企业制度文化建设

制度文化体现了企业管理的刚性原则，是支撑企业发展的相对稳定的制度安排，它既有相对独立性，又是连接物质文化与精神文化的中间环节。缺少制度文化，企业难以形成良好的运作机制，内外层文化建设也很难长久和落到实处。

自上世纪八十年代起，众多国企纷纷搞企业文化建设，虽也轰轰烈烈一时，但能长久坚持下来的不多，搞得好的也为数不多。往往是主要领导变了，企业核心价值观、管理制度也跟着变，企业文化缺少延续性，使员工无所适从。反观企业文化建设搞得好的企业，大都是一些体现现代企业法人治理结构的集团公司、合资或私营企业等。个中原因何在？笔者以为，一个重要原因是能不能做到以制度文化作为企业文化建设的支撑基础。

一、何为企业制度文化

企业文化内涵有三个层面，表层的物质行为文化，中层的制度文化，深层的精神文化。所谓制度文化，是围绕企业核心价值观，要求全体职工共同遵守的，按一定程序办事的行为方式及与之相适应的组织机构、规章制度的综合。制度文化体现了企业管理的刚性原则，是支撑企业发展的相对稳定的制度安排，它既有相对独立性，又是连接物质文化与精神文化的中间环节。缺少制度文化，企业难以形成良好的运作机制，内外层文化建设也很难长久和落到实处。加强企业制度文化建设与否，关系到企业文化能否有生命力。能否持续长久，也是一个企业是否成熟的重要标志。

二、企业文化是制度和机制长期坚持和积累的结果

在某种意义上说，企业文化就是要创造一种氛围，形成一种默契，达成一种预期。对于一个小公司或小企业，比较容易形成默契，但对于大公司尤其是跨国大公司来说，要沟通与形成默契，只有靠一套科学合理的制度来维系。长虹集团推行企业文化建设，建立和完善了60多种管理规章制度，从上到下严格执行，一丝不苟，久而久之，员工养成了习惯，形成了良好的行为规范和文化理念。思科公司为实现“客户满意是我们第一大责任”的理念，每年都聘请一个顾问公司进行调查、打分，其结果直接关系到员工的薪水，长此以往，这个理念就慢慢形成了制度文化。“海尔”企业文化的成功也与成熟的制度、机制密不可分，“海尔”的机制有二：一是竞争机制，从根本上保证海尔文化的进取性，让每个员工都有发展

空间，变“伯乐相马”为“赛场赛马”；二是合作机制，从基础上确保海尔文化的一致性，集团内部实行计划经济，而在集团外部则实行高度的市场经济。由此可见，企业文化是制度和机制长期坚持和积累的结果。

三、企业制度文化的作用

企业规章制度，是企业经营活动保持稳定运转的信号系统，它把企业周而复始的行为，以明确、具体的程序和标准固化，使企业精神、理念通过制度形式表现出来。企业制度文化规定了企业行为中，哪些应该做、好好做，哪些不该做、不能做，顺“规”者奖，逆“规”者罚，通过鼓励与约束、赞赏与惩处，最终达到企业控制的目标。如果说企业精神是软约束，那么企业制度常常发挥着一种硬约束的作用。由此可见，制度文化的作用，主要是通过行为偏差修正来实现的。那些成功地实现企业哲学、经营理念，遵从制度规范的员工及其行为都会受到表扬，而那些违背企业核心价值观的员工则会受到相应的惩戒。所以说，制度文化建设平台是企业文化建设的支撑基础。

四、企业制度文化的标准

企业文化作为亚文化现象，无时不在受社会文化传统与社会制度形态的影响。新时期企业文化应以先进文化为引领，以适应现代企业制度为核心，以增强企业核心竞争力为目标，以团结敬业为纽带，全方位营造先进的企业文化氛围。因此，搞好企业制度文化建设的标准有四：一是要坚持科学性、实践性和群众性。没有科学性，不体现企业生产经营规律，不体现变化了的市场环境，就容易走形式，步入误区；没有实践性，不从实际出发，没有可操作性，就不能长期坚持，难以形成机制，真正贯彻下去；没有群众性，不尊重群众的首创精神，不符合员工心理需求，就难以得到群众的认同。二是要以人为本，体现人文关怀，既要给人以约束力，更要给人以动力，为职工自我升华、自主管理打好基础。三是要有利于加快现代企业制度建设、有利于推进企业体制、机制创新，使企业政策、机制建立在公开、公平、公正的原则基础之上，把传统的人治管理变为科学合理的制度管理。四是要有利于建立学习型组织，不仅要让管理层知识化，而且要让所有员工知识化，将个人创新、协作创新纳入企业的日常管理和绩效评估中，使学习和创新持久化、制度化，为形成高品质的、有竞争力的强势企业文化奠定基础。

五、企业制度文化要与时俱进

企业规章制度不是一成不变的。在全球经济一体化带来的巨大变化中，企业面对众多不确定的机遇和风险，尤其需要调动每个员工的积极性、创造性，弘扬创新精神，挑战既有规章制度，这是企业文化能否适应市场变化越来越快的关键所在。要让员工勇于创新，必须建立催人奋进的制度，没有鼓励创新制度的企业文化会导致企业的麻木和老化。所以，企业规章制度要与时俱进，顺应时代，顺应市场需求，不断充实、修改、补充和完善，鼓励职工以企业发展为目标不断创新。

六、企业制度文化要激发职工的内动力

企业真正有价值、有魅力、能流传下来的东西，很大一部分是文化，尤其是被员工认同的制度文化。企业制度未被员工认同，只能是管理者一厢情愿的文化，至多只是管理规范，只是对员工外在的约束。企业制度只有真正被员工接受并自觉遵守，它才变成了一种有力量的文化，才能使企业成为制度共守、利益共享、风险共担的大家庭。要做到这一点并非易事，企业制度文化必须在激发职工的内动力上下功夫，培育和创造一种符合企业实际、催人向上、开拓创新、永争一流的团队精神。海尔集团从1998年以来，对中层以上管理干部实行红、黄牌制度，每个月都评出绩效最好的挂红牌(表扬)，最差的挂黄牌(批评)，并同年终分配挂钩；在班组，每天都评选最好和最差的员工，在日考核栏上公布，最好的员工在其照片下面画笑脸(红色)，最差画哭脸(黄色)。这一做法的成功之处在于：一是经常化、公开化、制度化的表扬与批评，使员工每天都有新的目标、新的进步，不断追求更新更高的扬弃、提升和超越；二是制度面前人人平等，通过外在制度的约束，帮助职工养成一种习惯、一种自觉、一种内在需要，不用扬鞭自奋蹄，以良好的主人翁精神为企业发展竭忠尽智。

七、领导干部要成为企业制度的模范倡导者和实践者

这既是企业核心价值观发展规律所要求的，也是企业制度文化的关键所在。“海尔”文化之所以能成为企业发展的利器并广为人称道，张瑞敏本人在企业文化建设中的个人行为和修养功不可没。如果他光说不做，OEC管理法能在各部门各环节有效运作吗？能成就今日的“海尔”吗？IBM公司的创始人老托马斯·沃森把“营销导向”作为企业理念，把关心用户、关心社会作为公司价值观的支柱，从公司各级领导到各制造厂的工人们，都要接受企业规章制度的严格培训，从而把“IBM就是服务”的理念灌输到每一个员工的思想之中。目前，一些企业之所以基础管理薄弱，制度规范形同虚设，一个重要原因就是领导者人格境界不到位，不能认真地、不折不扣地去执行制度，要求别人做到的自己却做不到，有时还在有意无意破坏这些规章制度。因此，要使企业制度建设得以持续健康推进，领导干部必须既当好“导演”“编剧”，更要当好“演员”，通过各级管理者的身体力行，带头示范，形成制度面前人人平等的良好氛围，形成人人自觉遵守企业制度的良好习惯，使企业制度的激励约束作用落到实处，真正成为维系企业文化核心价值观的重要因素。

(本文原载2003年第3期《上铁论坛》)

企业文化要在认知、建设、创新上下功夫

企业文化是一种高精尖的"纳米技术",只有当每个员工都认识到自己的企业文化是什么,什么样的人最受尊敬,该做什么,做到什么程度;不该做什么,为什么不该做,这样,企业文化才有"市场",才能真正深入人心,成为企业发展的一种力量,一种氛围,一种习惯。

进入新世纪以来,在运输市场竞争压力下,尤其是面临入世挑战,提高中国铁路企业核心竞争力,塑造企业良好形象,迫切需要企业文化力的强有力支撑。为此,许多单位不等不靠,大胆探索,积极实践,借鉴国内外适合市场经济发展的管理方式、管理思想、管理模式,广泛吸收路内外文明成果,营造铁路企业文化建设的氛围,为形成有铁路特色的企业文化打下了良好的基础。但总体来说,发展还不平衡,认知还有差距,倡导力度还不够,实践还不深入,创新还有较大空间,浓烈的意识形态色彩,形式主义的企业文化极为盛行,远不能适应铁路打造高品质强势企业文化的客观要求,依笔者浅见,亟需在以下三个方面下功夫:

一、贵在认知

企业文化是一种精神文化,更是一种群体文化,绝非某些单位停留在墙上的标语口号,或吹拉弹唱文体活动,而是全方位塑造企业集体作风的过程,全面塑造企业性格特点的过程,全员提升自我的渐进积累过程,需要认认真真周密规划,踏踏实实一步一个脚印,从长计议,从细微抓起,从每个员工做起,让每个员工真正认知文化的力量。正如有人说的,企业文化是一种高精尖的"纳米技术",只有当每个员工都认识到自己的企业文化是什么,什么样的人最受尊敬,该做什么,做到什么程度;不该做什么,为什么不该做,这样,企业文化才有"市场",才能真正深入人心,成为企业发展的一种力量,一种氛围,一种习惯。中国惠普总裁陈翼良说:"如果某个文化能被很多人接受,这个文化能根深蒂固地延长很久,那么这个文化是比较有生命力的。有些文化在短期之内可以使企业获得成功,但它不能得到很多人的认同,也没有办法持之以恒地做下去,这个文化就会慢慢消失。惠普是有 60 年历史的公司,其文化传播延续了 60 年,说明这个文化已经很有力量。"从这个意义上说,企业文化不仅是一种企业行为的方式,更是一种全员、全方位、全过程的认知系统。这是一种境界。要做到这一步,一方面,领导干部要率先垂范,信守企业价值观,成为企业文化的模范倡导者和实践者。正如《追求卓越》一书的作者所言,"构筑价值体系的领导要注意塑造一个美好的前景

以便激发成千上万名员工的工作激情，这是领路人万分重要的事情。"另一方面，激发热情的惟一途径就是通过大量的日常事件来实现，领导者要成为一名优秀的实施者。同时，加强企业文化培训，让员工知道企业文化为何物，为何实施企业文化塑造，让员工反思自己与企业文化目标的差距，从而形成主人翁精神，主动向先进文化靠拢，自觉为企业效力。关键要使职工了解自己企业的发展战略，知道企业从哪里来、到何处去，企业与国家、社会、顾客、投资者的关系，特别是自身与企业的关系，从而自觉按照企业道德规范、作业守则、服务承诺、权利义务去做，在实践中体现企业理念和价值观，并在共同的价值观引导下，形成团队精神，凝聚成一种力量。这样，即使在最困难的情况下，企业也能同舟共济，共度难关，确保企业战略目标实现。这是企业文化有无生命力、有无力量的最好检验。最后，还要利用各种宣传工具和时机，如会议、活动、报刊、电视、网络等各种载体，大力宣传企业价值观，宣传实践企业文化价值观的人和事，尤其是各级管理者要多讲反映企业价值观的故事，使员工潜移默化、耳濡目染，时时处于充满企业价值观的文化氛围之中。尽管这种反映企业价值观的企业灵魂是一种无形的存在，看不见、摸不着，但当它真正为大多数人所认同，深植于全体员工的思想深处，并反映在员工岗位实践活动之中，融入企业规章制度之中，就会成为一种催人奋进的强大力量，促进企业发展的动力之源，时时给人以向往、憧憬、激励和约束。

二、重在建设

当前，在企业文化建设上的最大误区是做得少，说得多；务虚多，务实少。精神文明重在建设，企业文化同样如此。只有真正规划了，行动了，投入了，企业文化理论与实践结合了，才能从感性认识上升至理性认识，也才能感悟成功与失败、经验与教训，从而解决企业发展中的各种问题。因为企业文化不是搞给外人看的，而是企业的内在需求，解决企业自身问题的需求。因此，建设企业文化的过程，就是企业发现自身问题、解决自身问题的过程，企业逐步走向成熟的过程。从这个意义上说，企业文化并非全是锦上添花，而是痛苦的实践过程，在这个过程中强化企业变革或再造，实现企业与人的同步提升。在这里，人是企业文化的主体，是生产力中最活跃、最能动、最积极的因素，也是企业文化建设的核心所在。只有人的素质提高了，企业竞争力增强了，企业文化建设与人本管理才能落到实处，才能成为促进企业发展的重要力量。

因此，铁路企业文化建设首要的问题是，必须把提高企业整体素质，尤其是提高人的素质，作为企业文化建设的重头戏抓紧抓好。一是抓好干部队伍建设，形成一支讲正气、懂理论、会管理、有文化的干部队伍；二是抓好党员队伍建设，形成一支有理想、当先锋的党员队伍；三是抓好职工队伍建设，培养一支敬业爱岗、乐于奉献、特别能战斗的职工队伍。其次，加强企业文化环境建设，陶冶职工情操，给职工提供有利于身心健康发展的工作、生产、生活环境，以及有利于职工精神全面发展的各种文化环境，有利于营造良好人际关系的沟通环境等，进而增强他们的归属感、凝聚力。再次，还要加强企业制度文化建设，也就是企业的"法规"建设，这是企业最基础的工作，也是最难长期坚持，并形成机制、形成习惯的工作，因此，必须注意科学性、实践性和群众性。没有科学性，不体现生产经营规律，就容易走形式；没有实践性，不从实际出发，就难以实施下去；没有群众性，不尊重群众的首创精神，就难以得到群众认同。可见，企业制度要宽严并济，体现人文关怀，才能为职工所接受，为职工自我升华、自主管理，也就是文化管理打下基础。还要加强铁路品牌文化建设，弘扬新时期"火车头"精神，把建设企业文化与实施品牌战略、建立现代企业制度有机结合，努力形成具有铁路特色、与市场经济相适应的经营理念和服务品牌，以诚信度高、美誉度好、知名度大的铁路品牌取得竞争优势。最后，还要加强企业文化的机制建设。因为企业文化最初是一个理念，只有通过建立种种制度，形成种种机制，才能正式变为每一个员工的行为。思科公司为实现"客户满意是我们第一大的责任"的理念，每年都聘请一个顾问公司进行调查、打分，结果直接关系到员工的薪水，长期下来理念就慢慢形成了文化。因此，企业文化必须内化于心，固化于制，外化于行，才能使企业精神得到真正弘扬和实践。此外，企业文化建设不要急功近利，要把眼光放远一点，精心抓好规划和实施，循序渐进，重点突破，让职工通过身边看得见的变化，感受企业文化建设的必要，体验企业价值观的力量。因此，企业文化只有在建设上真下功夫，才能使企业文化化虚为实，并融入企业发展战略和各项制度之中，变成全体员工的具体实践，成为增强企业核心竞争力的关键因素。

三、成在创新

西方著名经济学家熊彼得说过，经济发展的关键在于创新。目前，我国在经济发展中缺少国际化知名品牌，缺少与我国接轨的管理、科技、经济、环保标准，一个重要原因就是缺少创新。因此，铁路企业文化建设只有解放思想，实事求是，与时俱进，有所创造，有所超越，才有旺盛的生机和活力，才能推动企业全面进步，在全球化市场竞争中立于不败之地。一方面，必须在共性中体现个性。当前，要把握企业的历史、现实和未来，大胆探索，"标新立异"，推动思维观念的创新，形成适应社会主义市场经济的铁路企业核心价值观，形成有铁路特色的企业精神，确保铁路企业文化的社会主义方向。关键是结合实际，因地制宜，发挥优势，找准定位，确立自身企业文化有别于其他单位的特点，才能赋予铁路企业文化以独特个性。另一方面，必须在企业管理各环节体现创新。这既是企业文化建设的本质属性所决定的，也是价值观生长发展的规律所要求的。因此，必须以体制改革为导向，以塑造良好企业形象，增强核心竞争力为目标，以思想政治工作和诚信道德建设为基础，不断满足旅客货主日益增长的基本服务需求，把铁路优秀传统文化与外来文化有机结合，推陈出新，熔铸锻造，与时俱进，以世界眼光和前瞻眼光推动产品、服务、管理体制创新。

尽管目前铁路还没有形成现代企业法人治理结构，还不是完全意义上的企业，但“推进垄断行业改革，积极引入竞争机制”已写进十六大报告，成为铁路改革发展的重要指针，为铁路企业文化建设指明了方向。我们要以时不我待的紧迫感和奋发进取的精神状态，突破一切禁锢发展的思想教条和体制障碍，充分利用我国加入世贸组织和全面建设小康社会的契机，扩大开放，引入先进技术、管理与人才，促进企业经营机制与经营方式的转变，形成“事事有人管、人人都管事，管理有标准、考核有依据”的管理机制，促进铁路可持续发展。

铁路可持续发展关键是人的发展，必须形成“人才是企业第一资源”的思想，把企业文化建设与实施人力资源管理战略相结合，通过全方位开发全体员工的潜能，促进人和企业的全面发展和进步。特别是要把如何留住人才，如何吸引人才、使用人才的文章做足做细做强，真正体现人文关怀，体现对人才的高度尊重。《韦尔奇自传》中就专辟有一章《人的企业》，值得我们每一名管理者深思。实践证明，企业管理体制创新的过程，就是企业持续发展成长的过程，更是企业文化丰富个性化内涵的过程。要保持企业持续创新优势，就要不断提高企业创新能力，打造学习型组织，使铁路企业比竞争对手学得更快更好，变得更具学习力、创新力、竞争力，从而以创新优势取得市场份额，从垄断优势体现为竞争优势。

最后，需要强调的一点是，鼓励创新还必须有容忍失败的雅量，日本之所以在现代高技术竞争中败在美国人后面，其中一个重要原因是日本企业文化中缺少冒险精神，容忍不了失败。美国强生公司的信条之一就是：“你必须愿意接受失败。”因此，要汲取精华，大胆尝试，适时培育容忍失败、永不妥协的卓越精神。因为失败并非都是坏事，失败是创新之母。没有失败就不会有突破，更不会有任何意义的创新。总之，创新是企业文化的灵魂，服务创新是提升产业，实现新的产品战略，提高市场竞争力的重要手段，体制创新是企业长期发展的保证，人力资源管理创新是企业持续成长的动力，而观念创新则是以上创新的根本所在。

（本文原载 2003 年第 2 期《现代管理与现代领导》）

新时期铁路企业文化建设断想

实践证明，离开了对传统优秀文化的传承与整合，发展有创新性的企业文化就失去了根基。只有从优秀传统文化的洪炉中铸造出来的企业文化，才是最具特色和创新性的，才是最具吸引力和竞争力的。

近年来，越来越多的铁路企业认识到文化力对增强企业核心竞争力的作用，加强企业文化建设成为新的热潮。但回首近几年铁路企业文化建设的状况，真正结合自身实际创新企业文化的可谓凤毛麟角。笔者以为，铁路企业要落实十六届四中全会精神，必须提高创新企业文化的能力。

一、企业文化建设要突出个性

企业文化作为市场经济中的微观文化，没有个性，就没有优秀企业文化；没有特色，企业文化也就失去了吸引力、感召力。实践证明，优秀企业文化之所以优秀，就是因为他们具有一系列独特的文化特质。首先是表达的个性化。因为理念是抽象的，无形的，要想被员工接受，就必须讲究表述的个性化。如海尔理念中的“斜坡球体论”“吃休克鱼”“三只眼理论”“打飞靶”“6S 大脚印”等，这些各具特色的表达既便于员工理解、记忆，又便于交流、普及和传播。反观铁路企业文化，雷同化有余，个性化不足，政治口号式泛滥，成为制约企业文化发展的软肋。其次，企业文化的个性化还取决于制定战略的个性化领导。从某种意义上说，企业文化是企业家文化，有什么样的领导人就有什么样的企业文化，企业领导人的素质决定企业文化的优劣。而铁路企业由于长期计划体制下求同思维的惯性，更多地强调求同，而缺少了求异，普遍呈现出上下一般粗的工作方式，影响了个性化文化的形成。再次，企业文化的个性化还取决于文化的执行力。因为战略容易趋同，理念也日益趋同，而不同的往往是执行力的不同，操作方式的不同，而这恰恰是企业理念个性化的实质所在。只有强化企业文化的执行力，把理念变为行动，使价值观落地生根，才能使企业文化在独特的环境中结出不一样的果实。因此，铁路企业文化个性化的关键是实事求是，因地制宜，发挥优势，准确定位，积极推动思维方式、管理体制和机制的创新，努力满足广大旅客货主日益增长的个性化需求，通过发挥企业主要领导人和广大职工的文化自觉作用，构建内涵丰富、个性鲜明的铁路文化体系。

二、企业文化建设要突出整合

企业文化创新的过程，就是按照现代企业制度，适应企业管理不断变革的过程，更是对传统文化的整合、扬弃的过程。因此，企业文化建设就是继承基础上的整合，没有继承，没有扬弃，也没有创新。实践证明，离开了对传统优秀文化的传承与整合，发展有创新性的企业文化就失去了根基。只有从优秀传统文化的洪炉中铸造出来的企业文化，才是最具特色和创新性的，才是最具吸引力和竞争力的，当然也才是最能跻身于世界先进文化发展的前沿的。

铁路企业文化有着光荣的优良传统，是一笔宝贵的精神财富，要体现创新，就必须把握发展契机，准确把握铁路企业的历史、现实和未来，发扬锐意改革、艰苦创业、勇于攻坚、无私奉献、纪律严明、团结协作的优良传统，不断提高企业创新能力，打造学习型组织，使铁路企业在快速发展中更具学习力、创新力、竞争力，以创新优势取得市场份额，由垄断优势变为文化优势。从这个意义上说，铁路企业文化建设必须对现有文化资源提炼整合、加工完善，发扬光大有生命力的东西，摒弃不合时宜的观念和作法，在传承中扬弃，在扬弃中发展。特别是随着运输能力和机车车辆装备现代化的提升，尤其是生产力布局大调整和主辅分离、辅业改制，要特别注意通过有效的文化整合、理念引导，实现文化的整合再造，有形资产与无形资产的融合，最大限度凝心聚力、铸魂育人，使铁路成为“形散神聚”的命运共同体，确保企业在和谐中持续发展。

三、企业文化建设要突出融合

随着时代的发展，时代的要求在发生变化，铁路企业文化也应随时代的要求与时俱进，赋予新内容，把握规律性。曾经辉煌一时的中国“老字号”企业之所以在新世纪艰难度日，面临巨大的生存挑战，根本原因在于观念落后，体制陈旧，适应不了时代发展要求。铁路企业文化作为亚文化现象，是社会文化的重要组成部分，无时不在受社会文化传统与社会制度形态的影响。也就是说，铁路企业文化要持续创新，必须有高定位、新视角、宽领域，审时度势，兼容并蓄，融合锻造，注意从社会多元文化中汲取营养，从外来文化中博采众长，在管理体制变革中不断成长。特别是中国已经加入 WTO，铁路企业必须面向现代化、面向世界、面向未来，跳出自己看自我、跳出地域看自我、跳出行业看自我，积极推进企业文化的交流，既要看到自己的优势不妄自菲薄，又要看到自身的差距虚心学习，才能以博大的胸怀、积极的态度，汲取与市场经济相适应的企业经营理念，承担企业应尽的社会责任，形成有时代特色、行业特点、追求卓越的高品质企业文化。特别是当前，随着经济全球化的逐步深入，文化全球化不可避免，我们应在多元文化环境中，有选择地接受西方管理文化中那些有益的成分，尤其是铁路管理方面的先进经验，从而在全球文化挑战中保持自身优势，在服务社会大众之中传承铁路精神文明，在突破垄断体制中展示企业优势和行业风采，在与先进企业文化交流中融合升华，从而始终与时代精神共振，与最先进企业理念同频，与可持续发展战略同行。

四、企业文化建设要突出系统

铁路企业文化建设是一个有机统一的整体。铁路高度集中、大联动机、半军事化的特点，要求铁路企业文化必须体现团结协作、铁的纪律、优质服务，调动各方面积极因素，处理好部、局与站段在企业文化建设中的关系，明确分工和责任主体，既要体现面上的统一规划，又要抓好点上的具体落实，形成以上带下、以下促上的良性互动。总的原则是“和而不同”，体现主旋律和多样化的统一，统一性与差异性结合，既要承认各种差异存在的合理性，又在统一的核心价值观旗帜下，体现各自的具体实现形式，使铁路企业文化建设各具特色，充满活力。从全路来看，就是要按部党组要求，把企业文化建设纳入企业经营管理全过程，以爱国奉献为追求，以人本管理为核心，以服务发展为宗旨，以学习创新为动力，制定并实施企业文化建设规划，形成体现新时期“火车头”精神和富有铁路特色的企业文化，激发干部职工的创造力，增强企业的凝聚力。从上海局来看，就是要紧紧围绕树立“用心经营、精细管理”理念和实施“打造精品局，创一流企业”战略规划这一主线，切实做好企业文化从上到下的推广与执行工作。路局重在规划指导，重在核心价值观培育，普及企业文化知识，推广先进典型经验。基层站段是落实企业文化建设的主体，要以路局企业文化建设规划为指导，充分发挥直管站段新体制优势，紧密联系本单位实际，努力与地域文化相融合，与职工需求相统一，重点打造服务文化和安全文化，营造风正人和的企业环境。通过细化落实，制度跟进，合力共建，把企业文化建设任务真正落到实处。

（本文原载 2003 年第 2 期《思想政治工作研究》）

企业文化是“思与行”的和谐统一

企业文化体现为思考问题和做事的方式。故而可把企业文化概念表述为“思与行”的和谐统一，既便于广大员工理解企业文化的内涵，又能在实践中方便操作，更好地在建设中落实企业文化。

目前，形式主义的企业文化之所以大行其道，一方面，很大原因在于文化的概念太宽泛。《辞海》对“文化”一词的解释是指人类社会历史实践过程中所创造的物质财富和精神财富的总和。另一方面，由于企业文化理论是舶来品，翻译上的口径不一，概念上的五花八门，理解上的盲人摸象、各执一端，从而造成实践上的各行其是。其结果是，有的昙花一现，有的成为一块“软肋”。因此，建设企业文化必须从源头——什么是企业文化抓起。否则，连企业文化概念都说不清楚，是很难实质推动这一系统工程的。我以为，可把企业文化概念表述为“思与行”的和谐统一，既便于广大员工理解企业文化的内涵，又能使在管理者在实践中容易操作，更好地在建设中落实企业文化。

所谓“思”，就是企业自己的一套管理哲学和经营思想，表现为一种价值观，一种理念，一种精神，一种使命。核心价值观是企业文化的基石，是成功企业的基因密码；理念是核心价值观的具体化；企业精神是企业的灵魂和状态；企业使命就是企业存在的理由和目的。企业文化建设的终极意义就在于要将一套有利于企业发展的价值观念、企业精神、企业使命等一系列的企业哲理提炼出来，还原为事实，“定格”为形象，并渗透到每一个员工的思想当中去。从而使他们自觉按照这些理念的要求指引他们的行为。实践证明，这种统一的价值观念和企业精神一旦形成，将表现出一种类似宗教的神奇的力量，使大家团结在一个旗帜下，变多元文化为一元文化，变经营理念为发展思路，从而促进企业健康发展，实现远大目标，自觉担负起应承担的社会责任。

所谓“行”，就是符合企业发展规律的一套行为模式，也就是全体员工必须遵守的行为规范、管理制度和由此养成的工作习惯。其实，企业文化的源头来自于企业家在经营管理实践中的深层次思考，其目的是将这一思考和假设，通过一定的方式和途径贯彻于企业的经营管理全过程，体现于员工的行动中，外显于每一个企业行为和企业形象的细节中。一般来说，“行”具体体现为制度文化和行为文化两个方面。企业的制度文化是由企业的组织形态和管理形态构成的外显文化，一般包括企业法规、经营管理制度，它是企业文化的中坚和桥梁，能把物质文化和精神文化有机地结合成一个整体；企业行为文化是指企业员工在生产经营、学习娱乐中产生的活动文化，它包括企业经营、教育宣传、人际关系活动、文娱体育活动中产生的文化现象，它是企业经营作风、精神面貌、人际关系的动态体现，也是企业精神、企业价值观的折射，是企业文化中最真实、最直接和最重要的部分。理念决定行为，而行为决定了企业的命运。这是企业文化存在的理论基础和意义所在。海尔集团经验表明：管理是一种实践，其本质不在于知而在于行，其验证不在于逻辑而在于成果。因为一个企业真正的文化，并不是那些冠冕堂皇的“书面文化”或者“口头文化”，而是企业员工的行为方式和有形的成果。

所谓“和谐”，就是一种完美境界，就是要把思与行的具体内涵，通过“三个统一”体现出来。一是员工价值与企业价值的统一。实践证明，那些成功企业的文化建设之所以能够成为推动企业发展的动力，一个重要原因就在于把员工价值与企业价值相统一，使员工理想与企业目标相融合，与企业形成荣辱与共的命运共同体。因此，企业文化建设只有坚持群众路线，自始至终从群众中来到群众中去，调动广大员工参与的积极性和创造性，使企业核心价值观得到全员认同并共享，并转化为员工的具体行为导向，才能形成推动企业发展的持久动力。二是制度约束与文化约束的统一。制度约束是硬约束，而企业文化是一种软约束。这种软约束正是通过“文化自觉”实现的。制度约束与文化约束的区别就在于前者是自觉行为，而后者却是被动行为。没有文化基础的制度约束其结果往往会使员工“以身试法”，而通过企业文化建设而逐渐形成的那种心理契约却能使员工“自觉践行”。即使制度没有明确规定，他的行为也不会偏离方向，并会主动帮助企业不断地完善制度。因此，软约束不仅可以弥补硬约束的不足，还可以减轻企业的管理成本。要使制度约束与文化约束相融合，必须从思想上真正使抽象的理念制度化，使“说就是要做的，做就是说的”成为行为规范，使企业理念真正落地。海尔企业文化建设中的“三部曲”值得我们借鉴。他们首先提出理念与价值观；而后推出典型人物和事件；再是在理念与价值观引导下，制定保证人物与事件不断涌现的制度与机制，使理念、行为和制度和谐统一。三是战略与文化的统一。之所以目前企业文化理念四脚朝天，悬在空中，而战略行为在地上爬，原因就在于企业战略与企业文化的严重分离，许多企业制定战略并没有把企业文化纳入进去，作为企业战略的重要组成部分。殊不知，“上下同欲者胜”，无论是制定战略还是实施战略都需要一致性的文化认同。文化认同度高，执行就到位，战略就能顺利实施。反之，企业战略没有企业文化配合，就会因思想障碍难以达到预定的彼岸。因此，我们不仅要从文化角度制定战略，更要从执行战略角度体现文化，从而实现两者的融合与统一。

实践——假设——验证——实践，这是企业文化的生成和发展的运行规律。企业文化的建设和弘扬过程，就其本质而言，就是企业文化理念复归于实践的过程，也就是知与行统一的过程。提出企业战略的假设固然重要，但验证这种假设并付诸于实践更重要。目前，企业文化之所以给人以虚化的感觉，关键是知与行不统一，说的和做的不一致，显规则和潜规则并行。表现在，很多的企业有很多闪光的理念和口号，却没有相应的制度和管理去实施，以至于说多了人们也就习以为常了，以为这只是领导糊弄人的表面文章。比如，时下最典型的是，每个企业都喊“以人为本”，到底以什么人为本？以人的什么方面为本？如何实现以人为本？缺乏具体的制度和规范支持；许多企业高喊“顾客就是上帝”，但缺乏一套优质的服务管理流程去保证，最终“上帝”真有问题时往往难以得到妥善解决。这实际上是企业不诚信的表现，也是企业衰败的文化根源。因此，作为反映核心价值观的企业理念、精神决不是挂在墙上给人看的，也不是喊在嘴边给人听的，更不是华而不实的诱人幌子，而是扎扎实实、锲而不舍的苦功夫。如果一家企业的核心价值观不是由企业家本人身体力行，那么他又有什么资格要求员工信奉并将其行为化呢？也就是说，一个企业如果真要推崇某种文化理念，必须通过建立相应的制度规范固化下来，真正通过企业的各种行为和细节表现出来。否则，就不是搞真正意义上的企业文化。如果说的是一套做的又是另一套，这样的企业理念永远只能是一种毫无价值的口号，这样的企业文化永远只能是一座虚幻的空中楼阁。“道不合不同与谋”，这是中国人的古话，也是企业文化建设的核心所在。没有共同的价值观念，员工就无法团结在一个企业大旗下形成战斗力，纵然企业很大，但在激烈的市场竞争中，也只能是一群乌合之众，散兵游勇，一遇风浪就会分崩离析，败下阵来。

综上所述，企业文化建设的实质上就是把思想变成行为，把理想变成实践，把实践变成一种习惯，一种形象，一种作风。也就是说，企业倡导的理念只有引起员工的真实共鸣，转化为员工的行为习惯，理念也才能真正落地生根，产生核心竞争力，形成真正意义上的企业文化。实践证明，一个优秀的企业文化之所以优秀，并不在于其提炼得多么完美，而是在于企业能否始终将其作为持之不渝的核心思想，保证企业理念与行为的高度一致性。基业长青的企业之所以百年不倒，其秘诀也正在于此。毛泽东同志在《实践论》中指出：“实践、认识、再实践、再认识，这种形式，循环往复以至无穷，而实践和认识之每一循环的内容，都比较地进到了高一级的程度。这就是辩证唯物论的全部认识论，这就是辩证唯物论的知行统一观。”其实，这一知行统一观鲜明揭示了企业文化建设的本质和过程。简言之，作为企业潜规则的企业文化，就是企业信奉并实践的一套管理思想和行为方式，就是价值理念实践化，就是“思与行”的高度和谐统一。

从文化视角落实“强基达标、提质增效”工作主题

“强基达标、提质增效”体现了目标和手段的统一，也体现了“做正确的事”、“正确地做事”和“持续把事情做好”的统一。“做正确的事”体现为一种战略思路和管理理念，而“正确地做事”和“持续把事情做好”体现了一种凝聚力和执行力。这一价值准则一旦被全员认同并践行成为一种文化，将会使员工保持严谨的工作态度和高效的工作状态，对铁路发展的导向性、凝聚力和影响力将是持久、深远、潜移默化和根深蒂固的。

陆东福总经理在总公司工作会议上强调，贯彻中央稳中求进工作总基调，结合铁路实际，就是要突出把握“强基达标、提质增效”工作主题。强基达标，既是科学管理的理念、方法和思路，更是铁路企业长期坚持形成的基本管理经验。铁路的各项工作都要着眼于强基达标的思路来推进。提质增效是强基达标的目的和结果，无论是工作措施的落实，还是服务质量的改进，提质增效应成为检验其成效的重要导向。笔者以为，“强基达标、提质增效”体现了目标和手段的统一，既是铁路全部工作的重要抓手，也是引领铁路创新发展的指导思想和价值准则。这一价值准则体现了“做正确的事”、“正确地做事”和“持续把事情做好”的统一。正如GE原CEO杰克·韦尔奇曾经说过：“把梯子正确地靠在墙上是管理的事，领导的作用在于保证梯子靠在正确的墙上。”“做正确的事”体现为一种战略思路和管理理念，而“正确地做事”和“持续把事情做好”体现了一种凝聚力和执行力。这一价值准则一旦被全员认同并践行成为一种文化，将会使员工保持严谨的工作态度和高效的工作状态，对铁路发展的导向性、凝聚力和影响力将是持久、深远、潜移默化和根深蒂固的。因此，落实这一工作主题任重道远，不能当作口号，仅停留在活动层面，而是着眼于“做正确的事”、“正确地做事”和“持续把事情做好”，善于从文化视角构建导航系统、保障系统和助力系统，在工作主题价值理念内化、制度机制固化、群体合力汇聚上着力，使其成为推动铁路创新发展的动力源、方向盘和催化剂。

一、围绕“做正确的事”构建导航系统，在“强基达标、提质增效”价值理念内化上着力

企业是船，理念是帆。企业理念是企业之魂，是引领企业“做正确的事”，进而成为推动发展的发动机和方向盘。实践表明，不同的思维方式，决定了不同的

做事理念，而不同的做事理念，决定了不同的工作成效。工作主题要成为企业理念，为企业发展战略导航，需要突出“做正确的事”，从转变思维方式手入，在认知度、认同度和自觉度上着力。一要提高认知度。营造实践工作主题活动的氛围，崇尚基础、标准、质量、效益价值导向，通过文化的方式的手段，采取理念故事化、精神人格化、规范案例化等方法，使“做正确的事”成为企业发展的主旋律和最强音。特别是通过开展工作主题形势任务宣讲，强化工作主题的背景和意义的解读，让每个员工都清楚地知道工作主题是什么、为什么要树立这样的主题、为什么自己要践行这一主题，使主题内涵和要求深入人心。二要强化认同度。从一定意义上讲，没有员工认同的文化不成其为企业文化。一个企业的文化真正成功的标志就在于，企业的价值观及其相关理念被员工认同后变成全员的自觉行动，体现在安全、服务、管理的全过程。要围绕工作主题找差距，开展主题大讨论、合理化建议和立功竞赛活动，以身边案例为切入点，围绕“我们与强基达标距离有多远”、“立高铁标准，创一流业绩”开展思想碰撞，激发思维火花。在此基础上，改进思维方式、管理方式和工作流程，通过管理实践的跟进，使员工强化对工作主题的认同度。三要升华自觉度。工作主题能否让员工自觉内化，把思维方式转变成行为自觉，取决于真知真行的人格力。要发挥领导的带头、带动作用，党员先进的引领示范作用，使员工主动按照工作主题导向去思考、去行动，自觉履行岗位责任，变“要我干”为“我要干”，进而达到人企合一境界。因此，着眼于“做正确的事”，必须在强化认知认同自觉基础上，把工作主题转化为指导铁路转型发展的价值取向，细化为具体的安全、经营、服务激励考核机制，才能形成引领企业不竭进取的导航系统。

二、围绕“正确地做事”构建保障系统，在“强基达标、提质增效”制度机制固化上着力

做正确的事是前提和基础，但如何把事情做正确是关键。要突出“正确地做事”，着眼于工作主题常态化，构建权责利统一的安全经营管理机制，把立标对标达标贯穿于践行工作主题全过程，实现制度、流程和文化的交互渗透、同频共振。一要立标。无规矩不成方圆。要研究制定与工作主题相适应的各项工作标准，实现制度管理规范化、基础管理标准化、现场管理精细化，让企业倡导什么、反对什么有规可行、有据可循，使工作主题真正成为促进企业长远发展的行为规范和制度安排，融入安全、服务、经营文化建设全过程。二要固标。注重在实践中把行之有效的做法进行总结提炼，并固化为制度机制，为工作主题长效运行提供制度保障。围绕提高工作主题的常态化，做好制度机制的立改废工作，使工作标准、考核机制有利于员工履行价值理念，做到凡是影响工作主题要求的制度都要废止，凡是影响主题要求的工作流程都要改变，进而以安全、经营、服务质量的达标促进企业效益的提高。三要对标。推行对标管理，运用“拿来主义”，以路内外

一流企业作为标杆，从各个方面与标杆进行比较、分析、判断，学习他人先进经验来改善自身不足，从而在向一流标杆模仿中学习，在探索中超越标杆，从机制上激励创新创效，引领企业挖掘潜能、追求卓越。同时，着眼自控型班组建设，推行“6S”管理文化进班组，以强化作业指导科学性为抓手，以现场标准化倒逼管理规范化。四要达标。强化绩效达标考核的认同，审视企业现行的绩效考核制度、个人绩效管理制度的正向激励性和可操作性，引导职工自觉规范作业行为，告别低标准的陋习，切实提高标准化作业水平，引领“标准化”转变为“常态化”。达标考核的重点是注重沟通和反馈，注重考核结果的应用，与培训、晋升和奖惩等相结合。

三、围绕“持续把事情做好”构建助力系统，在“强基达标、提质增效”群体合力汇聚上着力

工作主题长期实践的目的，就是要让员工学会正确地做人做事，进而形成“持续把事情做好”的行为方式和习惯。作为各级组织，要着眼“持续把事情做好”，加强学习平台建设、沟通平台建设和传播平台建设，着力把文化力转化成创新力、凝聚力、传播力，助推员工汇聚与工作主题相适应的群体合力。一是搭建学习平台，把文化力转化成创新力。要坚持学习工作化、工作学习化，以问题和目标为导向，着眼移动互联网时代学习方式变革，推行“菜单式”培训，强化“问题导向式”学习法，在岗位实践中找问题，把学习当作课题来攻关，在提出问题、寻找答案、学习共享、分工负责、解决问题中总结完善，在持续提高学习能力中促进创新创效。二是搭建活动平台，把文化力转化成凝聚力。坚持人本管理，围绕工作主题开展谈心活动，深入了解员工所思、所想、所盼，对员工关心的热点、难点问题予以有效的解疑释惑，实现人与人、心与心的零距离接触；主动设置网络议题，充分发挥“两微一端”功能，发挥职工网上论坛作用，激发员工的聪明才智，为企业创新发展出谋划策；开展青年职业生涯设计，辅以结对子活动，帮助和鼓励员工与企业发展共成长，增强对企业的归属感和向心力。三是搭建传播平台，把文化力转化成品牌影响力。以主题实践活动为载体，利用各种方式培养和挖掘弘扬工作主题的“铁路工匠”和优秀操作法（工作法），让员工学有榜样、赶有目标。同时，利用多种平台讲好铁路品牌故事，传播践行体现工作主题的先进人物正能量，放大铁路各类先进典型的品牌效应，使“强基达标、提质增效”成为影响社会的舆论强势。

（本文原载 2017 年第 4、5 期《铁路政工》）

为全面从严治党提供文化支撑
——浅谈加强党内政治文化建设

建设党内政治文化的根本目标，就是要用文化的方式和手段实现以文化人、锤炼党性自觉，以共同的价值观统一全党的思想认识，建设全体党员一致认同的政治信仰和精神家园。党内政治文化的形成过程其实就是一个政党的核心价值理念内化于心、固化于制、外化于行的过程，是全体党员共同参与党内政治生活的心理反映和精神积淀的过程。

习近平总书记在党的十九大报告中指出："发展积极健康的党内政治文化，全面净化党内政治生态，坚决纠正各种不正之风，以零容忍态度惩治腐败，不断增强党自我净化、自我完善、自我革新、自我提高的能力，始终保持党同人民群众的血肉联系。"这就非常明确地提出了发展积极健康的党内政治文化对全面净化党内政治生态的重大作用。习近平总书记关于加强党内政治文化建设的重要论述，是马克思主义政党理论建设的重大创新，为深入推进全面从严治党提供了文化支撑，具有深远的历史意义和现实意义。

一、深刻认识提高党内政治文化建设的重要性和紧迫性

在全面推进从严治党新形势下，提高对党内政治文化重要性和紧迫性的认识极为必要。

1. 党内政治文化是决定政党兴衰成败的关键因素。

任何政党都有党内文化，但其先进与否、纯洁与否，是影响政党兴衰成败的关键问题。习近平总书记在十八届中央纪委第二次全会上曾严肃指出：我们国家无论在体制、制度上，还是在所走的道路和今天面临的前所未有的境遇，都与前苏联有着相似或者相近乃至相同的地方。弄好了，能走出一片艳阳天；弄不好，苏共的昨天就是我们的明天！这是对党内政治文化建设的深刻反思。因此，必须从我党长期执政的战略高度加强党内政治文化建设，才能始终保持和发展党员的先进性，增强党员对党的认同感和忠诚度，增进人民群众对党的信任感和支持度，使党的形象不断得到优化，进而转化为重要的执政资源。

2. 党内政治文化是我党的优良传统。

加强党内政治文化建设，注重文化强党是我党一贯坚持的优良传统。我党正是在重视文化强党中走向成熟，从胜利走向胜利。1922年的第一部党章到今天的党章，历经多次修改，但始终都把忠诚老实铭刻在党章上，把马克思主义作

为根本指导思想，体现出党内政治文化的传承。关于真理标准问题的大讨论为全党实现工作重点转移作了思想文化上的准备。党的十八大以来，以习近平同志为核心的党中央开展了一系列学习教育活动，引导党员干部端正政治思想、强化政治认同，是文化强党的具体实践。特别是党的十八届六中全会明确要求加强党内政治文化建设，标志着全面从严治党进入了思想建党、组织建党、制度治党、文化强党的新阶段。

3. 解决党内政治文化存在的突出问题刻不容缓。

不良党内政治文化是影响政党先进性的短板。有的单位党内政治生活存在随意化、形式化、平淡化、庸俗化的现象。甚至有的单位一度出现形形色色的“潜规则”、大大小小的关系网、“劣币驱逐良币”的逆淘汰现象，严重损害了政治生态。有的党员干部对共产主义远大理想心存怀疑，有的不信马列信“大师”，甚至从封建迷信中寻找精神寄托。有的人格分裂，信奉“两个嘴巴说话，两张面孔做人”。这些病态政治文化不能有效更除，将直接影响党的凝聚力和战斗力。

二、把握党内政治文化建设的根本要求

党内政治文化是党内政治生活的灵魂，是政党性质的根本体现，表现为政党为之奋斗的价值理想、党员行为方式的价值标准和党内政治生活的价值原则等。党内政治文化建设是长期起作用的过程，是党的深层次、基础性建设，渗透于党内生活和党的建设的方方面面。党内政治文化一旦形成，就会对党的全部活动起到极为重要的引领、激励和约束作用。

习近平总书记指出：“要注重加强党内政治文化建设，倡导和弘扬忠诚老实、光明坦荡、公道正派、实事求是、艰苦奋斗、清正廉洁等价值观，旗帜鲜明地抵制和反对关系学、厚黑学、官场术、‘潜规则’等庸俗腐朽的政治文化，不断培厚良好政治生态的土壤。”这一重要论述为加强党内政治文化建设指明了目标和方向。因此，加强党内政治文化，就是要着眼厚植良好政治生态的土壤，建设共产党人共有的精神家园，培育有吸引力和凝聚力的政党精神，提高党的建设文化软实力，增强全体党员的政治信仰和政治能力，持续为我们党赢得伟大斗争，推进伟大工程和伟大事业提供强大的精神动力和文化环境。建设党内政治文化的根本目标，就是要用文化的方式和手段实现以文化人、锤炼党性自觉，以共同的价值观统一全党的思想认识，建设全体党员一致认同的政治信仰和精神家园。从某种意义上讲，党内政治文化的形成过程其实就是一个党的核心价值理念内化于心、固化于制、外化于行的过程，是全体党员共同参与党内政治生活的心理反映和精神积淀的过程。

三、着力把加强党内政治文化建设落到实处

党内政治文化源于政治生态系统的优劣，与每个人息息相关。对一个单位

来说，坚守正道的人多了，热衷于关系学、厚黑学、官场术的人就落了下风；坚持原则的人多了，投机取巧、四处钻营、八面玲珑的人就自讨没趣；清正廉洁的人多了，拉帮结派、吹吹拍拍、拉拉扯扯的人就不会吃香。因此，加强党内政治文化的过程，就是着眼净化党内政治生态，用文化的力量补钙壮骨、战胜浅规则、弘扬正能量的过程。

1. 加强党内核心价值观建设，核心是用文化的力量补钙壮骨。

文化自信具有基础性、长远性、根本性，其核心是以理想信念为核心的价值观的自信。习近平总书记指出："我们的党内政治文化，是以马克思主义为指导、以中华优秀传统文化为基础、以革命文化为源头、以社会主义先进文化为主体、充分体现中国共产党党性的文化。"既体现了文化自信的源头，也明确了加强党内政治文化、坚定理想信念的路径。从长远和根本上来看，党员领导干部要坚定理想信念必须依靠文化自信，用优秀传统文化、革命文化、先进文化强基固本、补钙壮骨，才能拧紧"总开关"。一要加强社会主义先进文化教育，特别是用马克思主义最新成果的习总书记系列重要讲话精神武装头脑，模范践行社会主义核心价值观，为坚定"四个自信"、补钙壮骨提供精神导向；二要弘扬中华优秀传统文化，通过现代性转化、创新性发展，从中汲取做人做事的智慧和营养，为补钙壮骨提供历史镜鉴；三要弘扬革命文化，从中汲取昂扬奋进、团结拼搏的精神力量，传承和激活红色基因，为补钙壮骨提供不竭源泉和动力。

2. 加强党内制度规则建设，重点是用文化的力量战胜潜规则。

文化具有渗透性，注入党内制度以文化内涵，用文化的方式渗透制度规则建设，明确应该倡导什么、什么事能做、什么事不能做，可以降低制度的执行成本，从而让明规则战胜潜规则，成为唯一的行为准则。党的十八届六中全会通过的《关于新形势下党内政治生活的若干准则》，对新形势下加强和规范党内政治生活作出全面部署，为严肃党内政治生活、净化党内政治生态提供了基本遵循。一是树立党章的权威。党章，是党内的根本大法，是立党、管党、治党的总体章程，是党的组织制度的理论基石，是全面从严治党的根本依据，是全党必须遵守的根本行为规范。着眼于"两学一做"常态化建设，引导党员干部牢固树立党章意识，自觉用党章规范自己的一言一行，在任何情况下都要做到政治信仰不变、政治立场不移、政治方向不偏。二是牢固树立政治纪律和规矩。严明党的纪律，强化党的政治纪律、政治规矩，牢牢抓住纪律规矩这个关键导向，增强党员干部的政治意识、大局意识、核心意识、看齐意识，使纪律规矩成为全体党员共有的思想自觉。自上而下要强化党员意识，旗帜鲜明地倡导清清爽爽的同志关系、规规矩矩的上下级关系，坚决抵制和反对关系学、厚黑学、官场术、潜规则等不正之风。三是强化制度与文化的互动。要注重党内制度与文化的联动机制建设，既要用文化的方式传播，强化制度的认知度、认同度，进而提高制度的执行力；又要着力把党的优良传统作风和行之有效的做法通过规则条例的形式固化下来，使之成为全党共同遵守的行为准则，进而通过长期践行成为一种行为素养，变成一种自然而然的文化自觉。

3. 加强党内行为文化建设，关键是用用文化的力量弘扬正能量。

目前，党风廉政建设取得显著成效，是与以习总书记为核心的党中央以上率下、带头示范所释放的正能量分不开的。打铁还需自身硬，党员干部特别是领导干部要首先成为铁打的人，才能在打铁过程中弘扬正能量。一是强化知行合一的人格力弘扬正能量。邓小平同志说："共产党人干事业，一靠真理的力量，二靠人格的力量。"真理的力量要靠人格的力量来体现。我党尽管犯过错误，人民没有忘记党，仍然拥护党，关键是一大批优秀党员干部知行合一的人格魅力感召。党员领导干部要坚持"三严三实"，经常想一想什么是"做人"、什么是"公仆"、什么是"权力"、什么是"考验"，要求别人做到的自己首先做到，要求别人不做的带头不做，才能用行为示范的正能量引领干部职工为共同的目标前进。二要强化正确用人导向弘扬正能量。用人导向正确，既是风向标，也是一种正能量。党的十八届六中全会通过的《准则》强调坚持正确选人用人导向是严肃党内政治生活的组织保证。因此，必须严格标准、健全制度、完善政策、规范程序，使选出来的干部组织放心、群众满意、干部服气，形成能者上、庸者下、劣者汰的选人用人导向。要从源头严防"带病提拔"，坚决剔除党内政治文化建设的负能量，把好干部用起来，树正党内政治文化建设的正能量和风向标。三是强化"关键少数"的监督力，弘扬正能量。把从严管理监督干部与加强正向激励结合起来，推动形成风清气正环境的正能量。腐败的实质是权力滥用，依规治党的核心是依规治权。因此，抓住"关键少数"，就是要针对权力制约和监督机制这个核心问题，建制度、立规矩，强化刚性执行，做到制度面前人人平等、制度面前没有特权、制度约束没有例外，使党内法规制度真正成为带电的"高压线"。

（本文原载2017年第4期《上海建设交通政工研究》，入编《第十四届长三角地区党校校长论坛论文集》，有修改）

着力加强党校文化建设

党校文化的核心是精神，精神的核心是党性。建设有党性特色的党校文化，就是要弘扬一种精神、提升一种能力、坚守一种规矩、塑造一种形象。

作为一个党校教职工对照理想信念、工作作风、遵章守纪、职业道德和精神状态，理应思考三个问题：党校是什么？办党校为什么？我们作为其中的一分子应当做什么？其实，这三个问题体现了党校的使命、追求和担当，涉及教职员工的人生观、世界观和价值观，关乎整个党校的学风、作风、校风等，这既是党校自身建设的问题，也是党校文化的核心问题。从某种意义上说，建设有党性特色的党校文化，就是要弘扬一种精神、提升一种能力、坚守一种规矩、塑造一种形象。

一、突出党性强，着力建设以忠诚奉献为核心的精神文化

党校文化的核心是精神，精神的核心是党性。习近平总书记讲："严以修身，就是要加强党性修养，坚定理想信念，提升道德境界，追求高尚情操，自觉远离低级趣味，自觉抵制歪风邪气。"如何突出党性？作为党校人主要体现在两个方面。一方面要忠诚于党的培训事业。党校"姓党"，核心是"忠诚"，具体表现在"政治强、业务精、品德好"。作为党校教师，只有忠诚于党的干部培训事业，具有政治信念的坚定性、政治立场的原则性、政治鉴别的敏锐性，才谈得上忠诚于党，也才能使自身的政治素养达到党性规定的标准和要求，进而在课堂上传播科学的、正确的理论，才能与中央保持高度一致。从此意义上说，党性是党校教师的立身之本，忠诚于党的培训事业是忠诚于党的具体体现。另一方面，要甘于寂寞、乐于奉献。党校工作是奉献的工作。奉献精神不仅是对领导干部的要求，也是对党校教职工的要求。选择做党校人，就意味着选择了付出；选择党校，就意味着选择了奉献。因此，党校的教职工，无论是教师还是后勤服务人员，都要毫无例外地融入中心、服务大局，始终保持良好的精神状态、饱满的工作热情、振奋的工作精神、过硬的工作作风，才能以崇高的理想信念、高尚的人格力量、无私奉献的精神感染学员。

二、突出业务精，着力建设以能力为基础的学习文化

打铁还须自身硬。作为党校教职工，仅有德还是不够的，还要有深厚的理论素养和业务功底，这是党校教职工必须具备的看家本领，也是发挥作用、体现作为的重要前提。一是要有本领恐慌意识。当前，世界发展变革突飞猛进，新观

念、新理论、新技术、新产品层出不穷。特别是随着我们曾拥有的知识日益折旧，学员的学历和能力要求越来越高，教学的专题越来越新，必须要有本领不足、不进则退的恐慌，必须要有时不我待的危机意识和事业责任感，才能以真本领立身，适应铁路发展对干部培训工作的新要求。二是养成读书习惯。时任中央党校校长习近平同志曾在中央党校发表了《领导干部要爱读书读好书善读书》的重要讲话，不仅是对领导干部的要求，也是对党校教职工的要求。要打造一流党校，就必须以学习型党校建设为目标，开展"书香校园"活动，倡导教职工以锲而不舍的精神，常读常新的态度，百读不厌的劲头，形成读书的好习惯，认真学习原著、研读经典，特别是学好习总书记系列重要讲话精神，打牢马克思主义理论功底。要营造书香氛围，形成有效的学习制度，不断提升学习的针对性和有效性。三是提升科研能力。如果说读书是选择吸收知识的过程，那么科研攻关就是接纳和消化的过程。对党校老师来说，既要有嘴皮子，更要有笔杆子。党校教师写作的意义，除了应对岗位需求，更重要的在于强化问题反思，能升科研工作能力，否则，"教学出题目、科研做文章、成果进课堂"就是空话。因此，要有"板凳要坐十年冷，文章不写一句空"的精神，以服务中心、服务教学为目标，以问题为导向，以课题攻关为目标，在勤于笔耕上下功夫，以过硬的笔杆子发挥在党校科研工作中的作用。

三、突出讲规矩，着力建设以制度机制为保障的管理文化

没有规矩，不成方圆。在十八届中央纪委五次全会上，习近平总书记花大篇幅论述"政治纪律和政治规矩"，强调"要加强纪律建设，把守纪律讲规矩摆在更加重要的位置"。讲规矩的前提是要有规则意识、法制意识。党校不仅要制定科学合理的规章制度，更重要的是要形成主动执行制度的管理文化。首先要带头坚守党章。党章是全党必须遵循的总章程，也是总规矩。党章要求我们每名党员带头遵纪守法，时刻不忘党员的身份，提高觉悟，不谋私利，奉公守法，一切行为符合组织的要求。作为党校教职工理应成为带头遵守党章的模范。其次要遵守党校各项规章制度。作为教师要遵守学校学习、集体备课制度、新课试讲流程，以及外出送教上门审批制度。同时，还要遵守课堂教学纪律。坚持"科学研究无禁区，党校讲坛有纪律"，既不能道听途说，更不能随心所欲、信口开河，做"吃党的饭砸党的锅"的事。再次，要制定有利于教职工发挥积极性的制度机制，以精神激励和物质鼓励的方式营造人才辈出、积极进取、团结协作的良好环境。

四、突出品行好，着力建设以环境为载体的形象文化

良好的党校校风和党校人形象，对加强教职工的作风建设和促进党校事业的发展十分重要。要突出讲党性、作表率，不断优化人文环境、人际环境和心态环境，努力塑造具有"品德高尚、作风过硬、状态良好、敬业向上"的党校人形象。

一要以愉悦的人文环境激励人。要营造浓厚的学习环境、舒畅的工作环境、积极向上的人文环境，增强“党校是我家，发展靠大家”的归属意识。要推选大家公认的“学习之星”“教研之星”和“服务之星”，让人格化的典型弘扬光大。要体现思想性、艺术性、时代性的统一，注重学校壁画、园林绿化等布置的美感，发挥校园环境在培养情操、净化灵魂、愉悦身心方面的作用。二要以和谐的人际环境感染人。学高为师，德高为范。作为一名党校教师，首先应该是道德上的合格者，以德施教、以德立身的楷模，理应带头加强社会公德、职业道德、家庭美德和个人品德建设，坚守为教之道、职业之道、做人之道，把做人、做事、做学问结合起来，从一点一滴处提高道德修养、提升人格品质，才能把正确的道德观传授给学员，进而形成进取、和谐、友善、互助的人际环境。三要以健康的心态环境影响人。要做好一人一事的思想政治工作，突出职业道德、责任心和感恩教育，引导教职工践行正确的人生观和价值观，正确认识社会和自我，正确对待工作和生活中的困难与挫折，培育沉着淡定、不骄不躁的心理品质，养成奋发进取、理性平和、开放包容的健康心态。

（本文原载 2015 年第 9 期《党政论坛》）

“播种机”·“探路者”·“挖掘机”

无数企业的沉浮史告诫人们，企业的兴衰在管理，管理的活力在文化，文化的真谛在理念。

时代飞速发展，留不住岁月的脚步。1985年我从基层单位调入蚌埠铁路分局机关从事宣传思想工作，到今年分局机关撤销，转眼间已经20年了。回首走过的路，既忐忑不安又倍感欣慰，不安的是许多工作做得很不到位，计划做的事有的还没有做完，大有“壮志未酬”之憾；欣慰的是，多年来，我在搞好本职工作的同时，把企业文化当作一种事业，一种责任，一种追求，不失时机地当好“播种机”“探路者”“挖掘机”，既体现了自身价值，又为企业赢得了荣誉。在和同志们共同努力下，原蚌埠铁路分局在全局首家荣获中国企业文化建设“实践创新奖”称号，“9字号服务品牌”推广组荣获全局精神文明建设奖，宣传部被荣获上海铁路局“学习型组织创建奖”。

当好“播种机”，传播企业文化知识。兴趣是最好的老师。从上世纪80年代中期，一本企业文化著作——《企业文化：企业生活中的礼仪和仪式》引发了我对企业文化的浓厚兴趣。于是，我用心学习，注意收集企业文化方面的文章，并通过自办《宣传》月刊连载。进入21世纪，企业文化再掀热潮，我利用分局《宣传之窗》网页和《思想工作研究》杂志，固定“企业文化”专栏，推荐专家论述，介绍先进经验，潜移默化渗透企业文化知识。撰写编发“视点诚信系列言论，尤其是把企业文化知识纳入到两级党委中心组学习计划，组织收看《海尔经验》《企业文化理论与实践概述》等光盘，在基层形成了紧密联系本单位实际，学习研究企业文化的浓厚氛围。2004年，借分局大力推进企业文化建设之机，组织编写了10余万字《企业文化知识百问》一书，以问答的方式印发基层4 000册，作为基层普及企业文化知识的基本教材。2005年，在铁路局典型岗位培训班和“两线”建设培训班上专题讲授“铁路企业文化”，既强化了自身系统学习，又传播了企业文化知识。

当好“探路者”，探寻企业文化之路。路是人走出来的。要走出新路必须多方面探索。一是考察问路。2003年，在领导支持下，为汲取和借鉴成功企业的成功经验，本着带着问题出去、带着成果回来的原则，组织骨干人员投石问路，前往海尔集团和大连铁道有限责任公司、青岛铁路分局进行了调研考察，并形成有成果、有分析、有对策建议的考察报告。二是问卷探路。为准确把握定位，了解现状，以问卷形式开展了大范围摸底调查，充分听取基层干部职工意见，经过细致的梳理、统计，掌握了职工群众需要建设什么样的企业文化的第一手资料。三是研讨定路。通过发动原分局站段两级思想工作研究会和特约研究员力量，在《思想工作研究》开展“企业文化大家谈”征文，广泛开展研讨，集思广益，就怎样建设企业文化等问题进行深入思考，进一步明确了分局企业文化建设的定位。在群策群力基础上，分局出台了企业文化建设战略思考和三年规划，确立了企业文化建设的指导思想、基本原则、目标任务、实施步骤和保障措施。完成了《分局企业文化建设战略思考》和《铁路诚信建设实践与思考》课题，前者还收入路局重点课题一书。同时，不遗余力加强重点窗口单位企业诚信文化建设试点，特别是以极大的热情指导试验田——蚌埠铁道大酒店建设企业文化建设，该单位企业文化建设红红火火，“满意加惊喜”的服务理念正在成为全体员工的共同追求。

当好“挖掘机”，深挖企业文化真谛。无数企业的沉浮史告诫人们，企业的兴衰在管理，管理的活力在文化，文化的真谛在理念。之所以目前形式主义的企业文化泛滥，关键是对企业文化内涵的理解莫衷一是，造成实践中企业理念与管理实践“两张皮”。为还企业文化的本来面目，我致力于企业文化理论与实践的研究，孜孜不倦地挖掘企业理念的实现途径。梅花香自苦寒来，宝剑锋从磨砺出。经过无数个“熬更受夜爬格子，苦思冥想作文章”的激情凝聚，《核心价值观是企业文化的基石》《打响 9 字号系列服务品牌》等 60 多篇企业文化研究文章在全国、省部、路局级期刊发表，有的还在全国征文中获奖。特别是目前，上海局敢为人先提出“精品局”战略，率先在东部实现铁路现代化，这是内涵丰富、催人奋进的系统工程，如何使“用心经营、精细管理”的理念落到实处。我潜心研究这一理念的内涵和外延，先后撰写了《精品局战略与细节文化》《标准·习惯·理念·品牌》等 4 篇文章在路局《上铁论坛》等刊物发表。随着铁路发展步伐加快，企业兼并重组力度加大，迫切要求观念的变革、管理方式的创新、新的企业文化的整合和融合。在这一过程中，如何形成与精品局战略相适应的管理理念和管理方式，如何通过有效的文化融入、理念引导，最大限度凝心聚力，形成“形散而神聚”的企业命运共同体，确保铁路企业持续和谐发展，是一个长期而又严峻的课题，也是我今后“挖掘”的重点方向。

雄关漫道真如铁，而今迈步从头越。新岗位，新机遇，新起点。我决心从零起步，继续发扬燕子衔泥、锲而不舍的精神，牢牢抓住企业文化建设这一课题不放，始终不渝地做企业文化的“播种机”“探路者”“挖掘机”，为铁路改革发展贡献聪明才智。

（本文原载 2006 年第 6 期《思想政治工作研究》）

后　记

《华为基本法》有这样一句话：物质资源终会枯竭，唯有文化才能生生不息。这既是激励华为人的精神动力，也成为我多年来不懈追求的信念和信仰。30多年来，本人尽管工作岗位在变，但对企业文化的情结与信仰没有变，矢志不渝为铁路企业文化鼓与呼的执着与热情没有变。一份耕耘，一份收获。参与企业文化建设专题授课近百场，发表企业文化理论与实践研究文章百余篇，20余篇企业文化论文在原铁道部、铁路总公司、铁路局主题征文活动中获奖，其中《着力构建"四位一体"高铁服务文化新格局》《安全文化建设是落实安全风险管理的根本保证》《提速安全保障体系可靠性的文化支撑》《充分发挥职工在铁路运输企业市场主体地位中的主人翁作用》等5篇论文获铁路总公司企业管理协会组织的专题论坛一等奖。

在整理这部文集过程中，不禁让人联想起那些年传播、助推和践行企业文化过程中的场景和画面。

忘不了，传播企业文化的一幕幕。企业文化建设并不是一场急风骤雨式的运动，而是需要通过各种载体和方式传播，润物无声地实现认知、认同并践行的过程。一是运用报刊等载体传播。1992年，我担任原蚌埠铁路分局党委宣传部《宣传》责任编辑，在刊物上连载企业文化理论的来龙去脉。利用分局《宣传之窗》网页和《思想工作研究》杂志，开设"企业文化"专栏，推荐"专家论述"，介绍先进经验，潜移默化传播企业文化知识。2004年主持分局党委宣传部工作期间，先后组织编写了10余万字《企业文化知识百问》《蚌埠分局企业文化建设资料汇编》。2009年起担任《理论园地》执委，积极编发铁路企业文化建设方面的探索与思考文章。二是运用时评传播。担任《上海铁道》特约评论员，积极关注基层单位企业文化建设的点点滴滴，撰写《企业之魂落地生根的关键环节》《精心培育服务文化之"魂"》《"精细管理"理念的生动实践》等以企业文化为主题的时评文章60余篇，其中《安全源自责任心》获全国企业报第十七届新闻评选一等奖。担任上海建设交通职工思想政治工作研究会特约研究员以来，在《上海交通政工研究》发表企业文化理论研究文章40余篇。三是运用讲台传播。2005年，蚌埠铁路分局撤销后，我来到上海铁路局党校工作，先后讲授《企业文化理论与实践》《企业文化与安全文化》《企业文化与班组文化》等课程。在校内授课同时，积极向新入路大学生传播铁路企业文化，重点讲授了《路情局情与企业文化》《培育和践行社会主义核心价值观》《强国之魂与兴路之道》等等，足迹遍及上海、杭州、南京、蚌埠、徐州各职工培训基地。四是运用主题活动传播。2003年，以一封旅客来信为契机，在全分局开展企业文化知识和“诚信服务大家谈”“我为企业文化献一计”问卷大调查主题活动。着眼安全文化进一线，组织开展“文化列车”“三讲”演讲小分队、事故安全反思会等，把安全文化传递到铁路沿线小站工区。近年来，围绕路情局情与铁路企业文化专题，参与铁路局《争做最美上铁人——员工思想政治教育读本》企业文化章节的撰写，并积极运用新媒体（比如 360 个人图书馆、新浪博客、微博、微信）传播铁路企业文化新理论、新探索。

忘不了，助力企业文化建设的重要时机。实践告诉我们，企业文化首先是领导者的文化，没有领导者的高度重视，企业文化不可能自上而下开展起来；但是企业文化没有少数觉悟者的倡导，也不可能变成领导者的共识，并由自发到自觉建设。企业文化建设是个逐步深入的过程，既需要领导者的重视，更需要觉悟者以问题为导向，把握文化建设的时机和切入点，让企业文化从口号变成实践。一是思想政治工作创新突破之机。2003 年，在全面加强政治工作创新的大背景下，蚌埠铁路分局思想政治工作的突破口和切入点在哪里？在一次年度政治工作研讨会上，我大胆提出以企业文化建设为载体创新宣传思想工作的思路，得到时任党委主要领导的肯定。为此，我牵头组成蚌埠铁路分局有关部门和站段人员参加的课题组，考察海尔文化及大连、徐州等兄弟分局企业文化建设经验，组织撰写调研报告，群策群力出台了蚌埠铁路分局企业文化建设三年规划。二是企业文化总结推广之机。2000 年，全路开展三新教育活动。为发挥劳模和服务明星的示范效应，以总结推广全国劳模、蚌埠站 39 号服务员路洪祥服务品牌经验为切入点，逐步形成了创立“9 字系列”服务品牌的工作思路，即以蚌埠站 39 号客运值班员路洪祥为龙头，在分局主要客货窗口单位选树一批服务明星，对他们的服务工号尾数作统一规定，打出“9 字号”，并赋予丰富的品牌内涵。这样，“9 字系列”服务品牌不仅形成了覆盖蚌埠铁路分局范围的群体效应，而且由点到面在站车延伸。《打响“9 字号”系列服务品牌》的经验在全局企业文化建设研讨会上交流。三是新时期铁路企业文化大发展之机。十八大报告从增强国家文化软实力高度提出文化强国战略，对文化建设提出新要求。自此，铁路文化建设从自发变成自觉，中国铁路总公司、上海铁路局竞相出台企业文化建设规划。特别是近年来，随着铁路体制转型，铁路安全文化、服务文化和经营文化建设再度成为增强企业软实力的新热潮。我先后受邀参加铁路总公司铁路服务文化、经营文化理论专家研讨会，先后撰写《践行新时期铁路精神要弹好“四部曲”》《服务文化重在系统加强》《经营文化建设是经营理念转化工程》等论文并在报刊发表，为铁路企业文化建设提供理论支撑。

忘不了，身体力行企业文化的点点滴滴。目前，虽然企业文化建设喊得震天，由于对企业文化建设的认识不一、职工思想的多样化、企业发展水平的参差不齐等原因，企业文化理念与企业管理实际相分离的“两张皮”现象极为普遍。企业文化弘扬既需要传播，但更需要知行合一。特别是对于人们所信奉的，其是否去践行并率先垂范是关键。喊破嗓子，不如甩开膀子。30多年来，本人岗位虽然有变化，但知行合一是不变的承诺和追求，自觉在岗位上落细落小落实企业文化。一是推进学习型部门建设。在蚌埠铁路分局党委宣传部主持工作期间，把推进学习型部门作为企业文化建设突破口，发挥读书小组组长的责任，用业余时间组织学习交流分享会。积极探索时事热点分享、上级精神传达、部门重点提示"三段式"学习法，促进学习型文化环境的形成。二是探索党校文化建设。在党校工作期间，积极参与党校文化建设的研究与实践，倡导党校精神提炼，参与策划有党性特点的主题活动，比如"两高一创""三比三优""妙笔扬国粹 、墨香进党校"等特色文化活动等。先后在《学习时报》《党政论坛》发表《推进党校思想库建设》《加强党校文化建设》等文章。担任党支部书记期间，注重开展继承革命传统主题活动，率先利用微信群加强支部党课学习。三是涵养文化人格。一方面，持续关注企业文化前沿理论，积极参与铁路企业文化理论与实践研究，总结先进企业文化建设经验，经常参与原铁道部、铁路总公司宣传部、铁道党校、上海铁路局各类征文活动，并参与铁路总公司《铁路企业文化建设》《铁路改革发展形势下培育职工良好行业心态研究》等重点课题的研究。另一方面，坚持用人格的力量鼓舞自己、影响他人，培育和践行博学深思、豁达大气、合作共享、精益求精的精神和作风。

宝剑锋从磨砺出，梅花香自苦寒来。呈现在大家面前的这本文集式著作，是我多年矢志不渝为企业文化鼓与呼的结晶。收录的文章，绝大多数发表于各类报刊，时间跨度近30年，从一个侧面见证了波澜壮阔的铁路改革发展历程，记录了铁路企业文化的探索进程。全书以党的十九大精神为主线，从10个视角诠释了企业文化种种现象，透析了企业文化建设中的突出问题，提出了加强和改进铁路企业文化的对策和思路。

不忘初心，方得始终。与其说这本书是平时学习思考的结晶，不如说是长期积累、坚定信念的硕果。这本文集从构思到出版，历经多次修改，得到了许多领导和朋友们的关心支持，特别是中国铁道出版社、中国企业文化研究会、中国铁路总公司宣传部、铁道党校领导和同仁们的大力支持和精心指导，在此表示衷心地感谢。我衷心希望本书的出版，能对中国铁路企业文化建设提供促进作用，能对中国铁路在新时代做大做强做优提供绵薄之力。

王兆善

2017年12月

（本文原载2016年第4期《上铁建设交通政工研究》，作了较大修改）

参考文献

[1]习近平.在中国共产党第十九次全国代表大会上的报告[M].北京:人民出版社,2017.
[2]王成荣,周建波.企业文化学[M].北京:经济管理出版社,2007.
[3]约翰科特,詹姆斯·赫斯克.企业文化与经营业绩[M].曾中,李晓涛,译.北京:华夏出版社,1997.
[4]迈克尔·茨威尔.创造基于能力的企业文化[M].王申英,唐伟,何卫,译.北京:华夏出版社,1999.
[5]塞缪尔·享廷顿·哈里森.文化的重要作用[M].北京:新华出版社,2002.
[6]杨代利.企业战略管理[M].北京:企业管理出版社,2007.
[7]杰克韦尔奇.杰克韦尔奇自传[M].北京:中信出版社,2001.
[8]韦华伟.文化驱动企业[M].北京:人民邮电出版社,2009.
[9]彼得德鲁克.卓有成效的管理者[M].上海:上海译文出版社,1999.
[10]汤姆·彼得斯,罗伯特·沃特曼.追求卓越[M].北京:中央编译出版社,2000.
[11]弗兰西所·福山.信任——社会道德与繁荣的创造[M].内蒙古:远方出版社,1998.
[12]詹姆斯·C·柯林斯,杰里·I·波拉斯.基业长青——企业永续经营的准则[M].北京:中信出版社,2002.
[13]马克斯·韦伯.新教伦理与资本主义精神[M].北京:三联书店,1987.
[14]彼得·圣吉.第五项修炼——学习型组织艺术与实务[M].上海:上海三联书店,1998.
[15]保罗·斯图伯特.品牌的力量[M].北京:中信出版社,2000.
[16]王吉鹏.价值观的起飞与落地[M].北京:电子工业出版社,2004.
[17]涩泽荣一.论语与算盘[M].上海:上海社会科学院出版社,2016.
[18]赵建平.企业文化——管理的灵魂[M].北京:中国石化出版社,2002.